中国文化遗产
CHINA CULTURAL HERITAGE

辉煌历程
庆祝新中国成立60周年重点书系

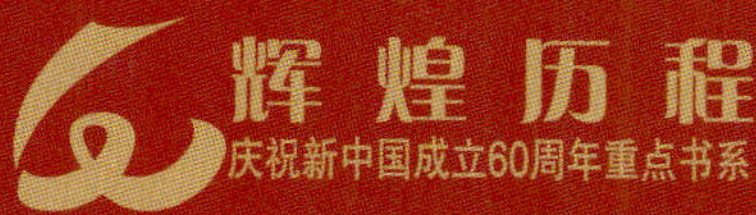

中国考古60年

1949～2009

国家文物局　主编

文物出版社

《中国考古60年（1949～2009）》

编辑委员会

在新的历史起点上再创辉煌

——《辉煌历程——庆祝新中国成立60周年重点书系》总序

柳斌杰

1949年10月1日，中华人民共和国诞生了！中国人民从此站起来了，中华民族以崭新的姿态自立于世界民族之林！新中国成立以来的60年，是中国社会发生翻天覆地变化的60年，是中国共产党带领全国各族人民同心同德、奋勇向前、不断从胜利走向胜利的60年，是中华民族自强不息、顽强奋进、从贫穷落后走向繁荣富强的60年，是举国上下自力更生、艰苦奋斗，开创社会主义大业的60年。60年峥嵘岁月，60年沧桑巨变。当我们回顾60年奋斗业绩时，感到格外自豪：一个充满生机和活力的社会主义新中国正巍然屹立于世界的东方。

在新中国成立60周年之际，系统回顾和记录60年的辉煌历史，总结和升华60年的宝贵经验，对于我们进一步深刻领会和科学把握社会主义制度的优越性、党的领导的重要性，进一步增强民族自豪感，大力唱响共产党好、社会主义好、改革开放好、伟大祖国好、各族人民好的时代主旋律，高举中国特色社会主义伟大旗帜，坚定走中国特色社会主义道路的决心和信心，在新的历史起点继续坚持改革开放，深入推动科学发展，夺取全面建设小康社会新胜利、开创中国特色社会主义事业新局面，都有十分重要的意义。

一

中国走社会主义道路，是历史的选择，人民的选择，时代的选择。在相当长的历史时期内，中国是世界上一个强大的封建帝国。1840年鸦片战争以后，由于帝国主义列强的侵入，中国由一个独立的封建国家变为半殖民地半封建的国家，中华民族沦落到苦难深重和任人宰割的境地。此时的中华民族面对着两大历史任务：一个是争取民族独立和人民解放，一个是实现国家繁荣富强和人民富裕；需要解决两大矛盾：一个是帝国主义和中华民族的矛盾，一个是封建主义和人民大众的矛盾。近代中国社会的主要矛盾和我们民族面对的历史任务，决定了近代中国必须进行反帝反封建的彻底的民主主义革命，只有这样才能赢得民族独立和人民解放，也才能开启国家富强和人民富裕之路。历史告诉我们，一方面，旧式的农民战争，封建统治阶级的“自强”“求富”，不触动封建根基的维新变法，民族资产阶级领导的民主革命，以及照搬西方资本主义的其他种种方案，都不能完成救亡图存挽救民族危亡和反帝反封建的历史任务，都不能改变中国人民的悲惨命运，中国人民依然生活在贫穷、落后、分裂、动荡、混乱的苦难深渊中；另一方面，“帝国主义列强侵入中国的目的，决不是要把封建的中国变成资本主义的中国”，而是要把中国变成他们的殖民地。因此，中国必须选择一条适合中国国情的道路。“十月革命一声炮响，给我们送来了马克思列宁主义。十月革命帮助了全世界的也帮助了中国的先进分子，用无产阶级的宇宙观作为观察国家命运的工具，重新考虑自己的问题。走俄国人的路——这就是结论。”中国的工人阶级及其先锋队——中国共产党登上历史舞台后，中国革命的面貌才焕然一新。在新民主主义革命中，以毛泽东同志为代表的中国共产党人带领全党全国人民，经过长期奋斗，创造性地开辟了一条农村包围城市、武装夺取政权的革命道路，实现了马克思主义与中国实际相结合的第一次历史性飞跃，最终建立了伟大的中华人民共和国。从此，中国历史开始了新的纪元！

新中国成立初期，西方国家采取经济封锁、政治孤立、军事包围等手段打压中国，妄图把新中国扼杀在摇篮中。以毛泽东同志为核心的党的第一代中央领导集体，领导全国各族人民紧紧抓住恢复和发展生产这一中心环节，在继续完成民主革命遗留任务的同时，有步骤地实现从新民主主义到社会主义的转变，迅速恢复了在旧中国遭到严重破坏的国民经济并开展了有计划的经济建设。从1953年到1956年，中国共产党领导全国各族人民有计划有步骤地完成了对农业、手工业和资本主义工商业的社会主义改造，实现了中国社会由新民主主义到社会主义的过渡和转变，在中国建立了社会主义基本制度。邓小平同志在《坚持四项基本原则》一文中，对中国为什么必须走社会主义道路作了明确的说明：“只有社会主义才能救中国，这是中国人民从五四运动到现在六十年来的切身体验中得出的不可动摇的历史结论。中国离开社会主义就必然退回到半封建半殖民地。中国绝大多数人决不允许历史倒退。”

但是，探索社会主义道路是一个艰辛的过程。社会主义制度是人类历史上一种崭新的社会制度，代表着人类历史前进的方向。建设社会主义是前无古人的崭新事业，没有任何现成的经验可资借鉴，只能在实践中不断探索适合中国国情的社会主义发展道路。毛泽东同志很早就指出：“我们对于社会主义时期的革命和建设，还有一个很大的盲目性，还有一个很大的未被认识的必然王国。”正是由于中国共产党人有这种认识，所以这种探索贯穿在社会主义建设的全过程。

在新中国成立之初，以毛泽东同志为主要代表的中国共产党人在深刻分析当时国内外形势和中国国情的基础上，开始了从“走俄国人的路”到“走自己的道路”的历史性探索。这表明中国共产党力图在中国自己的建设社会主义道路中打开一个新的局面，反映了曾长期遭受帝国主义列强欺凌的中国人民站立起来之后求强求富的强烈渴望。探索者的道路从来不是平坦的。到了50年代后期，党的指导思想开始出现“左”的偏差。特别是60年代中期，由于对国际和国内形势判断严重失误，“左”倾错误发展到极端，造成了延续十年之久的“文化大革命”。“文化大革命”的十年内乱，给我们党和国家带来了极其严重的创伤，国民经济濒临崩溃的边缘，人民生活十分困难。1976年我们党依靠自身的力量，粉碎了“四人帮”，结束了十年内乱，从危难中挽救了党，挽救了革命，使社会主义中国进入了新的历史发展时期。在邓小平同志领导下和其他老一辈革命家支持下，党的十一届三中全会开始全面纠正“文化大革命”及其以前的“左”倾错误，冲破个人崇拜和“两个凡是”的束缚，重新确立了解放思想、实事求是的思想路线，果断停止了“以阶级斗争为纲”的错误方针，把党和国家的工作中心转移到经济建设上来，做出了实行改革开放的历史性决策。改革开放是党在新的时代条件下带领人民进行的新的伟大革命。从此以后，社会主义中国的历史掀开了新的一页。经济改革从农村到城市、从国有企业到其他各个行业势不可挡地展开，对外开放的大门从沿海到沿江沿边、从东部到中西部毅然决然地打开了，社会主义中国又重新焕发出了蓬勃的生机和活力。以党的十一届三中全会为标志进行了30多年的改革开放，巩固和完善了社会主义制度，为当代中国探索出了一条真正实现国家繁荣富强、人民共同富裕的正确道路。

二

新民主主义革命的胜利，社会主义基本制度的建立，实现了中国几千年来最伟大最广泛最深刻的社会变革，创造和奠定了新中国一切进步和发展的基础。中国是有着五千年历史的文明古国，但人民当家作主人，真正结束被压迫、被统治的命运，成为国家、社会和自己命运的主人，只是在中华人民共和国成立后才成为现实。在中国共产党的领导下，中国人民推翻了“三座大山”，夺取了新民主主义革命的胜利，真正实现了民族独立和人民解放；彻底结束了旧中国一盘散沙的局面，实现了国家的高度统一和各民族的空前团结；创造性地实现了从新民主主义到社会主义的转变，全面确立了社会主义的基本制度，使占世界人口四分之一的东方大国迈入了社会主义社会；建立了人民民主专政的国家政权，中国人民掌握了自己的命运，中国实现了从延续几千年的封建专制政治向人民民主政治的伟大跨越；建立了独立的、比较完整的国民经济体系，经济实力、综合国力显著增强，国际地位大幅度提高。社会主义给中国带来了翻天覆地的变化。

那么，面对与时俱进的世界，中国的社会主义建设如何在坚持中发展呢？这就要进行新的探索，新的实践。胡锦涛同志在党的十七大报告中强调，“我们党正在带领全国各族人民进行的改革开放和社会主义现代化建设，是新中国成立以后我国社会主义建设伟大事业的继承和发展，是近代以来中国人民争取民族独立、实现国家富强伟大事业的继承和发展”。正是在改革开放的伟大实践中，中国共产党人开辟了中国特色社会主义道路。这是一条能够使民族振兴、国家富强、人民幸福、社会和谐的康庄大道，是当代中国发展进步和实现中华民族伟大复兴的唯一正确的道路。在当代中国，坚持中国特色社会主义道路，就是真正坚持社会主义。

“中国特色社会主义道路，就是在中国共产党的领导下，立足基本国情，以经济建设为中心，坚持四项基本原则，坚持改革开放，解放和发展社会生产力，巩固和完善社会主义制度，建设社会主义市场经济、社会主义民主政治、社会主义先进文化、社会主义和谐社会，建设富强民主文明和谐的社会主义现代化国家。”改革开放是中国的第二次革命，给我国带来了历史性的三大变化：一是中国人民的面貌发生了巨大变化，许多曾经长期窒息人们思想的旧的观念、陈腐的教条受到了巨大冲击，人们的思想得到了前所未有的大解放，解放思想、实事求是、与时俱进、开拓创新开始成为人们精神状态的主流。二是中国社会面貌发生了巨大变化，社会主义中国实现了从“以阶级斗争为纲”到以经济建设为中心、从封闭半封闭到改革开放、从高度集中的计划经济体制到充满活力的社会主义市场经济体制的伟大转折。我国获得了自近代以来从未有过的长期快速稳定发展，社会生产力大解放，社会财富快速增长，人民的生活水平实现了从温饱不足到总体小康的历史性跨越。满目疮痍、饱受欺凌、贫穷落后的中国已经变成政治稳定、经济发展、文化繁荣、社会和谐的社会主义中国。三是中国共产党的面貌发生了巨大变化，中国共产党重新确立了马克思主义的思想路线、政治路线和组织路线，在开辟中国特色社会主义伟大道路的过程中，在领导中国特色社会主义现代化进程中，始终把保持和发展党的先进性、提高党的执政能力、转变党的执政方式、巩固党的执政基础作为党的建设的重点，实现了从革命党向执政党的彻底转变，成为始终走在时代前列的中国特色社会主义事业的坚强领导核心。

新中国成立60年来，特别是改革开放30多年来的伟大成就生动展现了我们党和国家的伟大力量，展现了13亿中国人民的力量，展现了中国特色社会主义事业的伟大力量。“中国特色社会主义道路之所以完全正确、之所以能够引领中国发展进步，关键在于我们既坚持了科学社会主义的基本原则，又根据我国实际和时代特征赋予其鲜明的中国特色。”胡锦涛同志在纪念党的十一届三中全会召开30周年大会上的重要讲话中强调：“我们要始终坚持党的基本路线不动摇，做到思想上坚信不疑、行动上坚定不移，决不走封闭僵化的老路，也决不走改旗易帜的邪路，而是坚定不移地走中国特色社会主义道路。”

坚定不移地走中国特色社会主义道路，就必须牢牢把握和坚持中国共产党的领导这个根本，这也是我们走上成功之路的实践经验。中国共产党是中国工人阶级的先锋队，同时是中国人民和中华民族的先锋队，是中国特色社会主义事业的领导核心。自诞生之日起，中国共产党就自觉肩负起中华民族伟大复兴的庄严使命，带领中国人民经过艰苦卓绝的奋斗，取得了革命、建设和改革的一个又一个重大胜利。中国特色社会主义道路是中国共产党领导全国各族人民长期探索、不懈奋斗开拓的道路，党的领导是坚持走这条道路的根本政治保证和客观的内在要求。没有共产党，就没有新中国，就没有中国的繁荣富强和全国各族人民的幸福生活。

坚定不移地走中国特色社会主义道路，就必须牢牢把握和坚持解放思想、实事求是的思想路线，充分认识我国处于并将长期处于社会主义初级阶段的基本国情，深刻认识社会主义事业的长期性、艰巨性和复杂性。过去的一切失误，在很大程度上就是因为没有正确地认识中国的国情，离开或偏离了发展的实际。我们要牢记教训，一切从实际出发，一切要求真务实。

坚定不移地走中国特色社会主义道路，就必须牢牢把握和坚持“一个中心，两个基本点”的基本路线。以经济建设为中心是兴国之要，是我们党和国家兴旺发达和长治久安的根本要求。四项基本原则是立国之本，是我们国家生存发展的政治基石。改革开放是决定当代中国命运的关键抉择，是发展中国特色社会主义、实现中华民族伟大复兴的必由之路。我们必须坚持改革开放不动摇，决不能走回头路。

中国特色社会主义事业是一项前无古人的创造性事业，是一项极其伟大、光荣而艰巨的事业。我们必须清醒地认识到，“我们的事业是面向未来的事业”，“实现全面建设小康社会的目标还需要继续奋斗十几年，基本实现现代化还需要继续奋斗几十年，巩固和发展社会主义制度则需要几代人、十几代人甚至几十代人坚持不懈地努力奋斗”。在新的国际国内形势和新的历史起点上，只要我们不动摇、不懈怠、不折腾，坚定不移地坚持中国特色社会主义道路，坚定不移地坚持党的基本理论、基本路线、基本纲领、基本经验，勇于变革、勇于创新，永不僵化、永不停滞，不为任何风险所惧，不被任何干扰所惑，就一定能凝聚力量，战胜一切艰难险阻，不断开创中国特色社会主义事业新局面。

三

把马克思主义基本原理同中国实际相结合，坚持科学理论的指导，坚定不移地走自己的路，这是马克思主义的本质要求，是中国共产党人在深刻把握马克思主义理论品质、清醒认识中国国情的基础上得出来的科学结论。毛泽东同志指出：“认清中国社会的性质，就是说，认清中国的国情，乃是认清一切革命问题的基本的根据。”邓小平同志指出：“马克思列宁主义的普遍真理与本国的具体实际相结合，这句话本身就是普遍真理。它包含两个方面，一方面叫普遍真理，另一方面叫结合本国实际。我们历来认为丢开任何一面都不行。”中国共产党之所以成功地领导了革命、建设和改革，就是因为以科学态度对待马克思主义，正确地贯彻马克思主义基本原理与中国具体实际相结合的原则，推动马克思主义中国化，并不断丰富和发展了马克思主义。

以毛泽东为主要代表的中国共产党人，创造性地运用马克思主义的基本原理，认真总结中国革命胜利和失败的经验教训，重新认识中国国情，探讨中国革命的规律性，把马克思主义与中国革命的具体实践结合起来，提出了新民主主义理论，阐明了中国革命的一系列重大问题，实现了马克思主义和中国实际相结合的第一次历史性飞跃，产生了毛泽东思想这一马克思主义中国化的重要理论成果，引导中国革命不断走向胜利，完成了民族独立和人民解放的历史任务，创建了新中国，建立了社会主义制度。新中国成立初期，我们党在把马克思主义和中国实际相结合方面做得比较好，因而社会主义革命和建设都比较顺利，很快建立起了比较完备的社会主义工业体系和国民经济体系，显示了社会主义制度的优越性。

党的十一届三中全会之后的30多年，我们党紧紧围绕中国特色社会主义这个主题，在新的历史条件下继续推进马克思主义中国化，形成和发展了包括邓小平理论、“三个代表”重要思想以及科学发展观等重大战略思想在内的中国特色社会主义理论体系。以邓小平同志为主要代表的中国共产党人，开创了改革开放的伟大事业，并在总结当代社会主义正反两方面经验的基础上，在我国改革开放的崭新实践中，围绕着“什么是社会主义、怎样建设社会主义”这个基本问题，把马克思主义基本原理和中国社会主义现代化建设的实际相结合，系统地初步回答了在中国这样的经济文化比较落后的国家如何建设社会主义、如何巩固和发展社会主义的一系列基本问题，创立了邓小平理论，实现了马克思主义和中国实际相结合的又一次飞跃，奠定了中国特色社会主义理论体系的基础。党的十三届四中全会以后，以江泽民同志为主要代表的中国共产党人，在新的历史发展时期，把马克思主义的基本原理与当代中国实际和时代特征进一步结合起来，在建设中国特色社会主义新的实践中，进一步回答了什么是社会主义、怎样建设社会主义的问题，创造性地回答了在长期执政的历史条件下建设什么样的党、怎样建设党的问题，形成了“三个代表”重要思想，进一步丰富和发展了中国特色社会主义理论体系。党的十六大以来，以胡锦涛同志为总书记的党中央，站在历史和时代的高度，继续把马克思主义基本原理与当代中国实际相结合，在推进中国特色社会主义的实践中，全面系统地继承和发展了马克思列宁主义、毛泽东思想、邓小平理论、“三个代表”重要思想关于发展的重要思想，依据我国仍处于并将长期处于社会主义初级阶段而又进到新的发展阶段这个现实，进一步回答了新世纪新阶段我国需要什么样的发展和怎样发展的重大问题，形成了科学发展观等重大战略思想，赋予中国特色社会主义理论体系以新的丰富内容。

胡锦涛同志在党的十七大报告中强调："改革开放以来我们取得一切成绩和进步的根本原因，归结起来就是：开辟了中国特色社会主义道路，形成了中国特色社会主义理论体系。高举中国特色社会主义伟大旗帜，最根本的就是要坚持这条道路和这个理论体系。"中国特色社会主义理论体系坚持和发展了马克思列宁主义、毛泽东思想，凝结了几代中国共产党人带领人民不懈探索实践的智慧和心血，是马克思主义中国化的最新成果，是党最可宝贵的政治和精神财富，是全国各族人民团结奋斗的共同思想基础。在当代中国，坚持中国特色社会主义理论体系，就是真正坚持马克思主义。只有坚持中国特色社会主义理论体系不动摇，才能坚持中国特色社会主义道路不动摇，才能真正做到高举中国特色社会主义伟大旗帜不动摇。

四

站在时代的高峰上回望我国波澜壮阔的奋斗之路，我们感慨万千。正如胡锦涛同志所指出的，"没有以毛泽东同志为核心的党的第一代中央领导集体团结带领全党全国各族人民浴血奋斗，就没有新中国，就没有中国社会主义制度。没有以邓小平同志为核心的党的第二代中央领导集体团结带领全党全国各族人民改革创新，就没有改革开放历史新时期，就没有中国特色社会主义"。"以江泽民同志为核心的党的第三代中央领导集体"，"团结带领全党全国各族人民高举邓小平理论伟大旗帜，继承和发展了改革开放伟大事业，把这一伟大事业成功推向21世纪"。我们"要永远铭记党的三代中央领导集体的伟大历史功绩"。

新中国60年的辉煌历程充分证明，没有共产党就没有新中国，没有中国共产党的领导就没有国家的繁荣富强和全国各族人民的幸福生活，也就不会有社会主义现代化的中国。新中国60年的伟大成就充分证明，只有社会主义才能救中国，只有中国特色社会主义才能发展中国，只有走中国特色社会主义道路才能建设富强、民主、文明、和谐的社会主义现代化国家。新中国60年的宝贵经验充分证明，只要始终坚持马克思主义基本原理同中国具体实际相结合，在科学理论的指导下，不断丰富和发展中国特色社会主义理论体系，就能坚定不移地走自己的路。新中国60年特别是改革开放30多年的伟大实践昭示我们，中国的崛起是历史的必然，只要我们高举“一面旗帜”，坚持“一条道路”，在新的历史起点继续推进改革开放的伟大事业，不断开创中国特色社会主义事业新局面，当代中国、整个中华民族，就一定能走向繁荣富强和共同富裕的康庄大道。

庆祝新中国成立60周年，是今年党和国家政治生活中的一件大事。新中国60年的辉煌历程、伟大成就和宝贵经验，蕴含着丰富的教育资源，是进行爱国主义教育的生动教材。深入挖掘、整理、创作、出版有关纪念新中国成立60年的作品，是出版界义不容辞的责任和光荣使命。为隆重庆祝新中国成立60周年，中共中央宣传部、新闻出版总署组织出版了《辉煌历程——庆祝新中国成立60周年重点书系》，目的在于充分展示新中国成立60年来翻天覆地的变化，充分展示中国共产党领导全国各族人民在革命、建设、改革中取得的伟大成就，深刻总结新中国60年的宝贵经验，努力探索人类社会发展规律、社会主义建设规律、中国共产党的执政规律；宣传中国特色社会主义，宣传中国特色社会主义理论体系，进一步坚定走中国特色社会主义道路的决心和信心；大力唱响共产党好、社会主义好、改革开放好、伟大祖国好、各族人民好的时代主旋律，不断巩固全党全国各族人民团结奋斗的共同思想基础；为在新形势下继续解放思想、坚持改革开放、推动科学发展、促进社会和谐营造良好氛围，激励和鼓舞全党全国各族人民更加紧密地团结在以胡锦涛同志为总书记的党中央周围，高举中国特色社会主义伟大旗帜，为开创中国特色社会主义事业新局面、夺取全面建设小康社会新胜利、谱写人民美好生活新篇章而努力奋斗。

该书系客观记录了新中国60年波澜壮阔的伟大实践，全面展示了新中国60年来社会主义中国、中国人民和中国共产党的面貌所发生的深刻变化，深刻总结了马克思主义中国化的宝贵经验，生动宣传了新中国60年来我国各方面所取得的伟大成就及社会主义中国对人类社会发展进步所做出的伟大贡献。该书系所记录的新中国60年的奋斗业绩和伟大实践，所载入的以爱国主义为核心的民族精神和以改革创新为核心的时代精神，都将永远激励我们沿着中国特色社会主义道路奋勇前进。

目录

中国考古60年
1949～2009

中国考古研究60年

1949~2009

中国考古研究60年

新中国成立60年来，中国考古学取得了长足的发展。一系列的重要考古发现和各种专题与综合研究，极大地促进了对中华民族所创造的辉煌灿烂的古代历史与文化的认识。目前，中国考古学研究进入到又一个新的发展时期。本文拟对60年来中国考古学研究的重要进展进行简单的回顾。

一　旧石器时代考古和古人类学研究

1949年以来的旧石器时代考古和古人类学研究，首先是继续发掘周口店北京猿人遗址，并在全国各个省区探索直立人、早期智人与晚期智人及其文化遗存，填补地域与时代空白。新发现60多处古人类化石地点、近千处旧石器时代文化遗址和地点。探索中国境内人类的演化和旧石器文化传统，将中国境内人类活动的时间追溯到距今200万年前后，区分出北方小型石片石器和南方砾石石器的两个文化传统。一系列的发现与研究成果，表现出不同阶段的人类化石和旧石器文化的连续发展的特征。形成的综合性著作《中国远古人类》[1]大致反映了20世纪90年代以前的研究成果与重要进展。

（一）早期人类文化遗存的探索

60年来，旧石器时代考古研究的一项重大突破，是发现了一批年代早于北京猿人的文化遗存。目前我国发现距今100万年前后的人类文化遗存的遗址主要有：陕西蓝田公王岭、湖北郧县学堂梁子、河北阳原泥河湾村附近的小长梁、东谷坨、霍家地、岑家湾等，它们的地质年代属早更新世，有的地点接近中更新世。其中，1964年在蓝田公王岭发现的蓝田直立人，年代为距今110万～115万年；1985、1990年发现的郧县人的年代，最新的研究认识为接近距今100万年。

发现的距今150万年以前的人类文化遗存，主要有1961、1962年在山西芮城西侯度地点发现的距今180万年前后的石制品；1965年在云南元谋上那蚌一带发现的元谋人的两颗牙齿化石和后来发现的若干件石制品，经古地磁测定为距今170万年前后；1985～1988年、1997、1998年在四川巫山龙骨坡发现的距今约200万年的被认为是人的牙齿化石和几件不是很典型的石制品及大批哺乳动物化石等；1994年以来在

[1] 吴汝康、吴新智、张森水主编：《中国远古人类》，科学出版社，1989年。

泥河湾盆地的半山、马圈沟等地点相继发现的距今150万年前的石制品；1998、1999年在安徽繁昌癞痢山人字洞发现了距今200万～240万年的石制品等人类文化遗存。这些发现，与非洲发现的最早的人类文化遗存的年代已经较为接近，意义十分重大。但目前对这些发现的年代或性质的认识，只有泥河湾盆地的发现取得了共识，而其他的都存在分歧，还需要开展更深入的研究。

（二）约70万年以来的直立人及其文化研究

60年来，发现的70万年以来的直立人文化遗存，有150多处。其中，陕西蓝田陈家窝发现的人类化石和文化遗存的年代约距今65万年。陕西洛南东河村龙牙洞发现的人类化石和文化遗存的年代约距今50万年。1980年在安徽和县龙潭洞出土的一具距今约20万年的直立人头盖骨，以及1993年在江苏南京汤山发现的约距今35万年（后测定为50万年）的直立人化石等资料，表明长江下游地区也是直立人活动的重要地区。1964～1973年发掘贵州黔西观音洞遗址获3000多件石器品，表明我国西南地区的旧石器文化传统与北方地区的接近。1973年以来在广西百色盆地70多处地点发现的8000多件石制品，1987年以来在湖南西部以及在安徽东南部水阳江流域发现的多处石器地点群，开辟了石器地点群的研究。1992、1993年发掘贵州盘县大洞遗址获得大批距今13～26万年的石制品和人类化石，提出了中国境内有无勒瓦娄哇石制品技术问题。1949年以来，对周口店北京猿人遗址进行了多次发掘，1978年后又进行了包括九个课题的多学科综合研究，裴文中和张森水则系统研究了北京猿人遗址的石制品[2]。研究表明，北京猿人洞穴中厚达40多米的文化堆积，大致形成于距今70万年至20万年前。

（三）早期智人和旧石器时代中期文化的研究

60年来旧石器时代考古的又一项重要成果，是早期智人化石的发现。自1954年发现山西襄汾丁村人以来，已发现10多处，并在研究中逐步认识到早期智人出现的年代是在旧石器时代早期，与直立人有过并行发展的阶段。1976～1979年发现的山西阳高许家窑人化石有20件，代表10多个男女老幼不同的个体，年龄从7岁到50岁，平均寿命为30岁。1978年发现的陕西大荔人头骨，保存相当完整，年龄约30岁，约距今18万年。1984年发现的辽宁营口金牛山人除有较完整的头骨外，还有许多体骨，测定的有关年代分别为距今23万年和28万年。

目前已发现的旧石器时代中期的文化遗存，约有50多处地点，大致处于晚更新世早期的距今5万～12万年之间。其中在丁村发现石制品2000多件，许家窑发现石制品14000多件，河南荥阳织机洞发现石制品6000多件。在湖北江陵鸡公山下层发现了

[2] 裴文中、张森水：《中国猿人石器研究》，科学出版社，1985年。

人类活动场所和数以万计的石制品。在三峡地区、丹江口水库区发现了一批旧石器地点。在许家窑遗址还发现了大量野马、野驴、赤鹿、扭角羊等大型食草性动物化石，结合发现的大量石球及进步的石制品，表明当时的狩猎经济已有了显著的提高。

（四）旧石器时代晚期人类文化遗存的研究

60年来发现的旧石器时代晚期的人类文化遗存，已遍及全国各个省区。经发掘的重要遗址，北方地区主要有：河北阳原虎头梁与马鞍山、玉田孟家泉，山西朔县峙峪与南磨、沁水下川、榆次大发、吉县柿子滩，内蒙古萨拉乌苏，辽宁海城小孤山，吉林榆树周家油坊，黑龙江哈尔滨阎家岗，河南安阳小南海、许昌灵井，陕西韩城禹门口、宜川龙王辿，甘肃环县刘家岔，青海小柴达木湖等；南方地区主要有：湖北江陵鸡公山上层，安徽怀宁腊树，湖南石门燕儿洞，四川汉源富林、铜梁张二塘、资阳黄鳝溪，云南昆明大板桥，贵州普定白岩脚洞，广西柳江通天岩、柳州白莲洞下层，福建漳州莲花池山、三明船帆洞以及台湾左镇菜寮溪、长滨海雷洞等。发现的晚期智人完整头骨化石的有柳江人、资阳人、穿洞人和黄龙人，为研究蒙古人种的形成增添了重要资料。众多遗址的发现和发掘研究成果表明，这时期人类的许多创造，使其对自然环境的适应能力大大增强，生存活动的范围比以前有了很大的扩展。

众多的发现，还引发了许多重要课题的研究进展。如峙峪、虎头梁、下川等遗址发现大量细石器，提出并确立了华北地区是细石器发生地之一。1999～2003年对宁夏灵武水洞沟遗址的再次发掘，依据石叶工业，再次提出并认证欧亚大陆晚更新世人类迁徙与文化交流问题。小孤山遗址发现的早于山顶洞人的骨针等骨制品，反映了距今2万～4万年间的成熟的骨制品制作技术，在世界范围内开阔了对人类骨制品制作的认识。阎家岗遗址发现的距今2万年前的利用动物骨架搭建的窝棚遗迹，提出了古营地的研究。马鞍山、南磨等遗址发现的灶坑、火塘等，提出了人类营建居所起源的问题。而台湾长滨文化的发现与研究，则表明台湾早期文化源于大陆。

二　新石器时代考古研究

1949年以来的中国新石器时代考古，大致以20世纪70年代后期为界，可分为前后两个大的发展阶段。其中1972～1978年是经历了因“文革”而短暂停顿之后的复苏时期。这个复苏时期既是前一个发展阶段的延续，也是后一个发展时期的前奏。

1950年至20世纪70年代后期，新石器时代考古研究工作的重点在黄河流域。主

要是：解决黄河流域约公元前5000年以来的新石器文化编年及文化发展序列问题；探索仰韶文化、龙山文化时期的经济形态、聚落形态、社会组织结构；在辽西、长江中下游地区及华东、华南等其他地区也展开了工作，初步明确了这些地区公元前4000年以来的新石器文化特征。

20世纪70年代后期以来，考古发掘遍及全国各个省区，基本建立起各地区的新石器文化编年，明确了一些主要区域的文化发展谱系，深化新石器时代各发展阶段的社会经济与生存环境、生产技术与社会组织结构、物质文化遗存与意识观念的研究。重点探索早期新石器文化，加强聚落形态的考察，探讨中国文明起源的形式，探索研究方法与理论，进一步应用现代自然科学技术。

60年来的中国新石器时代考古研究成果，使得中国境内公元前10000年以来的中国史前史以及走向文明社会的发展道路，逐渐清晰明了，内涵丰富多彩。先后形成的《新中国的考古发现和研究》[3]一书中的第二章“新石器时代”，苏秉琦主编、严文明、张忠培等执笔的《中国通史》第二卷《远古时代》[4]，以及《中国考古学·新石器时代卷》[5]等综合性研究成果，分别反映了20世纪80年代初、90年代初以及21世纪初三个时间段的我国新石器时代考古研究的总体情况。

（一）新石器时代早期文化的探索

早在20世纪60、70年代，在华南地区发现了若干新石器时代早期的文化遗存，但对其进行实质性的探索并得到学术界的确认，则是1987年对河北徐水南庄头遗址的发掘并对其年代的测定。90年代以来，在北方地区相继发掘了北京怀柔转年、北京门头沟东胡林等遗址，在南方地区相继发掘了江西万年仙人洞与吊桶环、湖南道县玉蟾岩、广西邕宁顶蛳山、桂林甑皮岩等遗址，或是重新分析研究华南地区以往发掘的一些遗址中的早期新石器文化遗存。

这些遗址中发现的新石器时代早期的文化遗存，有墓葬、火塘、灰坑、灰沟等遗迹，有打制石器、细石器、磨制石器、陶片、骨角器、蚌器，以及大批陆生、水生、禽鸟等动物骨骼和植物遗存，其年代大致在公元前10000年至公元前7000年前。这批早期新石器文化遗存的发现，为研究当时的埋葬习俗、意识观念及社会形态提供了重要资料，但有关的研究尚待开展。而对磨制石器的起源、陶器的起源，以及农作物栽培与家畜驯养的起源及其有关问题，已引起了较多的关注。

1．磨制石器起源的探索

目前中国发现的公元7000年以前的磨制石器或局部磨制石器，主要见于北京怀柔转年、河北徐水南庄头、陕西宜川龙王辿、江西万年仙人洞与吊桶环、广西柳州

[3] 中国社会科学院考古研究所：《新中国的考古发现和研究》，文物出版社，1984年。

[4] 苏秉琦主编：《中国通史·远古时代》，上海人民出版社，1994年。

[5] 中国社会科学院考古研究所：《中国考古学·新石器时代卷》，中国社会科学出版社，2009年。

大龙潭鲤鱼嘴、柳州白莲洞二期、英德青塘与牛栏洞等10多处遗址。而超过公元前10000年的磨制石器，都是局部磨制石器，大部分是磨制刃部，其年代可早至公元前13000年以前。公元前13000年以前局部磨制石器的发现，改变了磨制石器的起源是与农业生产有关的传统看法。

2．陶器起源的探索

目前在中国境内发现的公元前7000年以前的陶器或陶器残片，主要见于北京怀柔转年、河北徐水南庄头、阳原于家沟、江西万年仙人洞与吊桶环、湖南道县玉蟾岩、广东英德青塘与牛栏洞、广西桂林甑皮岩与庙岩、临桂大岩、邕宁顶蛳山等遗址。

这10多个遗址出土的陶器残片，以桂林市庙岩遗址陶片的测定年代为最早，在公元前13000年以前。而器形则以临桂大岩二期出土的捏塑陶制品最为原始，其年代约在公元前10000年以前。如果说这两个地点的测年数据都是可靠的，那么中国陶器的起源应在公元前13000年前后。公元前13000年前后陶片的发现，亦改变了陶器的起源是与原始农业有关的传统看法。

3．农作物栽培起源的探索

关于中国农作物栽培起源的研究，重点是栽培稻与栽培粟类作物起源的探索，并且通常以农业起源为题进行研究。

栽培稻的起源，以20世纪70年代浙江余姚河姆渡遗址发现大批公元前5000～前4000年的栽培稻遗存为契机，开始了实质性的探索，并依据考古新发现，提出了长江下游起源、长江中游起源、长江中下游起源、淮海流域起源、华南起源等多种看法。还归纳出稻作农业“边缘起源”理论和“中心起源、边缘发展”说。现在看来，与探索稻作农业起源有关的重要发现，主要是湖南澧县八十垱、河南舞阳贾湖、浙江浦江上山等遗址先后发现的公元前6000多年及公元前5000年的稻作遗存，以及江西万年仙人洞与吊桶环遗址、湖南道县玉蟾岩遗址的稻作遗存。其中澧县八十垱、舞阳贾湖、浦江上山遗址发现的稻谷、稻壳等稻作遗存，其年代可能都在公元前7000年以内。依据这些发现，虽然可以据此探索栽培稻起源的区域，但因都不是栽培稻起源阶段的遗存，尚不足以说明栽培稻起源问题。

关于栽培粟类（粟、黍、稷）作物起源的探索，20世纪70年代以前限于对仰韶文化的有关发现的认识，后因在磁山文化、裴李岗文化、大地湾文化、新乐文化、兴隆洼文化中先后发现了粟类作物而获得突破，证实公元前6000～前5000年前后，在黄河流域、辽河流域的那些自然条件较为优越的区域已普遍种植了粟类作物，旱地农业在那些地区已经兴起。至于更早的属新石器时代早期的粟类农作物，至今尚

未发现。有研究者依据旧石器时代晚期及华北地区早期新石器文化的发现情况，分别推测粟作农业起源于黄河中游粟作农业发达的地区，栽培粟可能于公元前8000年前后在太行山东侧及燕山南麓的山谷平原地带率先发生。也有研究者依据2003年在内蒙古敖汉旗兴隆沟遗址发现的兴隆洼文化粟类作物，改变以往强调的兴隆洼文化无农业经济的观点，推测西辽河上游地区可能是黍和粟的起源地。

总之，60年来，史前考古在农业起源方面的研究已获得了重大突破。基本揭示了公元前6000年前后至公元前5000年原始稻作农业与粟作农业兴起阶段的文化面貌与栽培农作物的特征，为探索解决栽培稻与栽培粟类作物起源问题奠定了重要的基础。而栽培稻与栽培粟类作物起源问题的解决，还需要作进一步的探索，尤其是寄希望于在新石器时代早期文化遗存中发现稻作与粟类作物遗存的突破。

4．家畜驯养起源的探索

家畜驯养起源的研究，主要是在考古发现的基础上，进行出土动物骨骼的鉴定分析与比较研究。目前已确认的我国最早的家畜是公元前6000～前5000年的猪、狗、鸡。即在裴李岗文化、磁山文化、大地湾文化等黄河中游地区的新石器时代中期遗址中发现了猪、狗、鸡等遗骸。河北徐水南庄头遗址发现了距今万年左右的狗与猪的骨骼，曾推测为家养动物，后认为对这些动物骨骼缺少测量数据方面的证据。它们是否为家畜，目前仍然存疑。总之，关于中国家畜驯养起源的研究，目前的认识仍然限于对新石器时代中期的发现，还需加强对新石器时代早期文化遗存中有关动物骨骼的发现与研究。

（二）新石器时代中期文化的研究

我国新石器时代中期的年代大致是公元前7000年至公元前是5000年。探索这时期的文化遗存，最初是从中原地区寻找仰韶文化的前身开始的。至20世纪70年代后期在河北南部发现磁山文化、在河南中部发现裴李岗文化之后，这方面的研究才获得突破。

迄今为止，在黄河流域、长江中游、辽河流域、钱塘江流域以及华南地区已普遍发现了公元前7000年至公元前5000年的文化遗存。根据它们的文化面貌和特征，可区分为若干个考古学文化。如主要分布在河南省境内的裴李岗文化，主要分布于关中、甘肃东部以及陕南的大地湾文化，主要分布在河北省中南部太行山东麓的磁山文化，主要分布在山东省泰沂山北侧的后李文化，主要分布在西辽河流域的兴隆洼文化，主要分布在洞庭湖周围和长江三峡东部至江汉平原长江沿岸的彭头山文化，主要分布在浙江省中部丘陵盆地至杭州湾南侧丘陵地区的上山文化，主要分布在广西南宁地区的顶蛳山文化等。这些考古学文化的年代，大都在公元前6000至公元前5000年之间，个别的如后李文化、彭头山文化等，年代可早至公元前6500～公元前6300年。此外，还有一些考古学文化，其早期年代大都在公元前5000多年或达到公元前5500年前后，而后期则大都进入公元前5000年至公元前4500年之间。如主要分布在下辽河流域的新乐文化和辽西地区的赵宝沟文化，主要分布在山东地区的北辛文化，主要分布在洞庭湖周边地区的皂市下层文化，主要分布在钱塘江中下游地区的跨湖桥文化等。

通过近30多年的研究，大致明确了我国新石器时代中期的文化分布状况、聚落与房屋建筑特点、生产力水平和经济形态，以及精神文化生活等。

这时期的聚落址，面积在数千平方米至3万余平方米之间。大的面积在6万～10多万平方米，最大的达30万平方米。有的聚落址已初具规模，似经过规划设计，表明当时处于基本固定的居住状态。有的聚落有外围设施，如内蒙古敖汉旗兴隆洼聚落址。

这时期的房屋，主要是半地穴式。目前在黄河流域发现的这时期的房址约有200座。兴隆洼文化的房址已发现有360余座。南方地区还出现了地面建筑，如湖南澧县彭头山遗址发现立柱式的地面建筑。营建房屋大概是在这时期才普遍发展起来的一种文化特征，是农业文化发展的重要内涵。

这时期的墓地规模和墓葬数量，较前一时期有着很大的发展。目前在黄河流域发现的这时期的墓葬近1000座。墓地通常位于聚落址的一侧，但有的墓葬位于房址附近。在兴隆洼遗址发现的墓葬在房址内，称为居室葬。其中对河南新郑裴李岗、郏县水泉、舞阳贾湖等遗址的墓地进行了全部揭露，发现墓葬数量分别达百余座至300余座。表明当时的聚落及其人口数量已发展到一定的规模。

体现这时期的生产力水平，主要是发现的工具、陶器、手工制品等。

生产工具以磨制的石器为主，有锄形器、铲、斧、镰、刀、凿、磨盘、磨棒等；打制石器及细石片制成的复合工具仍在使用，骨角器也有较多发现。其中，石工具以裴李岗文化的较进步。兴隆洼文化中复合工具和骨角器较多。

这时期的陶器制作已脱离了原始制陶阶段。其中裴李岗文化的陶器烧成温度在900℃～960℃，表明是在陶窑中烧成的。在裴李岗、水泉遗址分别发现了横式陶窑。

手工制品方面的突出成就是出现了彩陶、白陶、玉器、竹木器等制作品。可能还掌握了原始纺线织物技术。

近30多年来的研究表明，公元前7000年至公元前5000年是我国农业文化形成与发展的重要时期。在这时期内，由于农作物的普遍种植和家畜、家禽的饲养，空前

扩大了食物的来源，原始文化在较为优越的自然地理环境中迅速发展，呈现出相对稳定的农业定居生活聚落。适用于农业定居生活的一些发明和创造，大多形成于这一时期。

（三）新石器时代晚期与末期文化的研究

60年来，我国对新石器时代晚期与末期文化研究所取得的最重要的成果，是通过对众多遗址的发掘，建立各区域的考古学文化编年与文化谱系，探讨公元前5000年至公元前2000年间的聚落形态及其演变和社会的发展状况。

各区域考古学文化编年与文化谱系的建立，以黄河中游地区的研究最为深入，揭示的文化谱系格局也最为复杂，而且对文化命名、类型划分的争议也最多。不过对文化发展演变的总体趋势的认识基本上是一致的：即仰韶文化经庙底沟二期文化，发展为中原龙山时期的诸文化类型。划分的仰韶文化各类型有半坡类型（前4900～前4000年）、庙底沟类型（前3900～前3600年）、西王村类型（前3600～前2900年）、后岗一期类型（前4500～前3500年）、大司空类型（前3100～前2700年）、大河村类型（前3900～前2900年）、下王岗类型（前4600～前2700年）等。有的研究者将这些类型都作为文化来认识，或是将仰韶文化限定于甘肃东部至晋南、豫西和陕南地区存在着早晚演变关系的半坡、庙底沟、西王村类型。龙山文化阶段的诸文化有王湾三期文化（前2500～前1900年）、陶寺文化（前2400～前1900年）、后岗二期文化（前2600～前2000年）、客省庄二期文化（前2600～前2000年），以及三里桥类型、下王岗类型、王油坊类型等。

黄河下游地区的文化谱系主要为北辛文化（前5400～前4200年）、大汶口文化（前4200～前2600年）、龙山文化（前2600～前2000年）。黄河上游地区的文化谱系为仰韶文化半坡类型、庙底沟类型、马家窑文化石岭下类型（前3500～前3300年）、马家窑类型（前3300～前2800年）、半山类型（前2800～前2400年）、马厂类型（前2400～前2000年）。

长江中游地区的文化谱系为大溪文化（前4500～前3300年）、屈家岭文化（前3300～前2600年）、石家河文化（前2600～前4000年）。安徽江淮地区的文化编年大致为双墩文化、黄鳝嘴文化、凌家滩文化类型、薛家岗文化等。长江三角洲地区的文化谱系为马家浜文化（前5000～前4000年）、崧泽文化（前4000～前3300年）、良渚文化（前3300～前2000年），杭州湾以南地区的还有跨湖桥文化、河姆渡文化等。长江上游成都盆地的有宝墩文化（前2800～前2000年）。西藏地区的有卡若文化（前3300～前2300年）和曲贡文化（前2000～前1500年）。

内蒙古中南部地区的文化编年为仰韶文化、海生不浪文化（前3300～前2800年）、阿善文化（前2800～前2500年）、老虎山文化（前2500～前2300年）与大口一期文化类型等。

辽西地区的文化编年有赵宝沟文化、红山文化与富河文化、小河沿文化等。辽河平原有新乐文化（前4500～前4000年）、偏堡子文化类型（前3000～前2500年）等。辽东半岛的文化编年为小珠山下层文化（前4500～前4000年）、后洼上层文化（前4000～前3500年）、小珠山中层文化（前3500～前3000年）、小珠山上层文化（前2200～前2000年）等。吉林与黑龙江地区有昂昂溪文化（前4000～前3000年）、新开流文化（前4000～前3000年）与左家山文化遗存（前4000～前3000年）等。

珠江三角洲地区的文化编年为咸头岭文化（前4000～前3000年）、涌浪文化遗存（前3000～前2000年）等。粤北地区有石峡文化（前3000～前2000年）。闽台地区的文化编年为壳坵头文化（前4000～前3500年）、昙石山文化（前3000～前2000年）与牛鼻山文化（前3000～前2000年），以及大坌坑文化（前4000～前3500年）、圆山文化（前2500～前1000年）与芝山岩文化（前2000～前1500年）等。

各地区考古学文化编年与文化谱系的建立，得以勾勒出公元前5000～前2000年这段历史的基本情况。而在建立各地区的文化谱系过程中，以苏秉琦划分的六大条块，即以关中（陕西）、晋南、豫西为中心的中原、以山东为中心的东方、以燕山南北长城地带为中心的北方、以环太湖为中心的东南部、以鄱阳湖—珠江三角洲一线为中轴的南方、以环洞庭湖与四川盆地为中心的西南部，在学术界产生了广泛的影响，为动态地研究各个大区域的各种考古学文化与类型的形成与演变，客观地揭示我国新石器时代考古学文化的谱系结构奠定了基础。

新石器时代晚期与末期的聚落形态研究，自20世纪50年代发掘西安半坡遗址、探索聚落布局以来，一直是我国新石器时代考古研究中探索当时氏族社会组织结构和生活场景而被十分重视的一项内容。在50年代后期还大面积揭露了陕西宝鸡北首岭、华县元君庙、华阴横阵等聚落址或墓地，70年代又全面揭露了临潼姜寨聚落址、河南淅川下王岗长屋、郑州大河村聚落址、山东兖州王因墓地、青海乐都柳湾墓地，80年代以来又发掘了山东长岛北庄聚落址、辽宁建平牛河梁红山文化积石冢群，以及安徽蒙城尉迟寺、河南邓州八里岗、灵宝西坡等聚落址。90年代以来，还开展区域聚落调查，并重点勘察发掘史前城址。以城址的发现研究成果最为瞩目，目前已发现公元前2000年以前的城址有70多座。

在调查发掘的基础上，对聚落形态进行了平面分析与发展演变的研究。对聚落

形态的平面分析，主要是在对发掘的聚落址进行分期分段研究的基础上，解剖聚落的平面结构，由此探讨当时的社会结构、生活场景等社会活动的各个方面。如石兴邦通过半坡遗址研究当时的氏族社会生活情景[6]。严文明等通过姜寨遗址分析当时氏族社会的结构。

对聚落形态的发展演变的研究，主要是分析聚落形态由早及晚的发展演变特征，以探讨社会组织的发展和社会文明化进程的状况。这方面的探索，以严文明的《中国新石器时代聚落形态的考察》[7]一文开先风，梳理出中国新石器时代聚落演变的总体特点，他指出："中国新石器时代的聚落是随着农业的发展而发达起来的，并因地理环境和经济类型的差异而表现为不同的形态，但总的说来是凝聚的、内向的、比较封闭的。公元前3500年以后，中心聚落、专业性经济中心和宗教中心开始出现，聚落形态呈现多样化倾向，公元前2600年以后更出现了最初的城市，从而产生了城市与乡村的相互对立与相互依存的新的社会格局。"这种对新石器时代聚落形态及其发展演变的研究，在后来的中国文明起源研究中得到了普遍的关注，并引进、探索区域聚落考古方法，开展某一区域内聚落的分布及其演变的调查研究。如洹河流域、伊洛河流域、日照地区、周原七星河流域、赤峰半支箭河流域、澧阳平原等区域的聚落考古研究。

60年来，在新石器时代晚期与末期的考古学文化与聚落形态研究的基础上，对当时的生产经济形态、建筑技术、手工业技术与工艺、精神文化与社会制度等进行了广泛的研究，对公元前5000～前2000年间的社会发展状况有了充分的了解。如明确了北方地区以粟作农业为主、南方地区以稻作农业为主及其各发展阶段的农业生产水平。明确了在公元前3500年之后伴随着中心聚落的出现，一些地面式的大型房屋逐步出现，如甘肃秦安大地湾仰韶文化晚期"殿堂式"建筑展现了我国北方大型土木结构房屋传统的形成；而河姆渡遗址榫卯结构的干栏式长屋则体现了南方公元前4500年前后木作建筑的工艺水平。明确了史前玉器的起源在公元前5000年以前，以及在公元前3500年以来至公元前2000年前的使用与兴衰情况；明确了公元前3000年以前存在丝织品的制作、在公元前3000年前后已存在冶铜工艺以及在公元前2000年前铜器的使用情况。明确了各地区各阶段的埋葬习俗和公元前2000年前使用棺椁和人殉与人牲的特点，以及精神文化生活的特征与特点。明确了中国以土墙与水壕圈围的城起源于公元前4000年前后，并在公元前2600年之后普遍兴起，形成了城邑林立的社会发展特点；明确了中国初期的礼制在陶寺文化早期已经形成。

[6] 中国科学院考古研究所、陕西省西安半坡博物馆：《西安半坡》，文物出版社，1963年。

[7] 严文明：《中国新石器时代聚落形态的考察》，《庆祝苏秉琦考古五十五年论文集》，文物出版社，1989年。

各考古学文化的时间、地域、特征、分期断代和文化性质的认定以及考古学文化之间彼此关系的初步认识。大致说来，可以从以下几个方面看夏商周考古学发展的历程及取得的成就。

1．中原文化区中心性城址的考古发现与三代考古学文化体系及其分期断代标尺的初步建立

新中国成立之初，就开始进行考古学的工作。1950年8月，中国科学院考古研究所成立后随即组队，由夏鼐率领赴河南辉县，发掘了琉璃阁商代墓葬[17]。

通过多年的对二里头、偃师商城、郑州商城、安阳殷墟、丰镐、周原以及东周时期诸国都城或墓地的考古发掘与研究，建立了由二里头文化、二里冈文化、殷墟文化、丰镐、周原地区西周文化、东周时期主要国家考古学文化等为主干的从早到晚的考古学文化序列。中国考古学界一般认为这一序列与文献记载的中国早期国家——夏商周对应。

从考古学文化分期研究成果看，丰镐遗址的周文化遗存被分为六期，其中，第一期约相当于文王迁丰至武王伐纣时期的先周文化晚期，第二期约相当于西周初期成王前后，第三期约相当于西周康昭王时期，第四期约相当于穆恭王时期，第五期约相当于懿孝夷王时期，第六期约相当于厉宣幽王时期。殷墟遗址被分为四期，第一期约在武丁早期，第二期约在武丁后期至祖庚、祖甲时期，第三期约在禀辛、康丁、武乙、文丁时期，第四期总体上约当商代后期两王帝乙、帝辛时期，最晚阶段或到西周初年。中商时期的洹北商城可分为两期，其中早期的年代接近郑州白家庄阶段而略晚，晚期年代与晚商文化的大司空一期接近而略早。郑州商城二里冈文化分为四期，其中第一期为商人定居和城市修建时期，第二期为兴盛期，第三期为繁盛期，第四期为郑州商城的最后阶段。偃师商城被分为三期，其中第一、二期又各分为早、晚两段，第三期分为早、中、晚三段，共三期七段。二里头遗址被分为四期。

1996年，夏商周断代工程启动后，三代年代学研究由单个遗址的年代序列研究到将夏商周三代各重要遗址贯通，进行三代考古学文化年代的整合研究。例如，在周原遗址和丰镐遗址的考古工作中，不仅建立和细化了先周文化和西周文化的分期研究，还将西周考古学文化与先周考古学文化结合起来，整合从先周到西周的考古学分期，并在此基础上进行先周和西周年代学研究。将洹北商城的考古学文化分期与郑州商城和安阳殷墟的考古学年代分期整合起来，将郑州商城、偃师商城与二里头遗址的考古学分期整合起来研究彼此之间的关系和年代等等。这些研究不仅促进了夏商周三代年代学的整合研究，而且对促进三代时期若干重要问题，如先周文化

[17] 中国科学院考古研究所编：《辉县发掘报告》，科学出版社，1956年。

面貌的认定，二里头、偃师商城、郑州商城性质讨论起到了重要作用。

2．夏商周三代考古学文化区系类型的初步建立

自1974年开始，中国科学院考古研究所等开始对山西夏县东下冯遗址进行发掘。发现了与以二里头遗址为代表的二里头文化面貌相类似，又具有自身特点的东下冯遗存[18]。有学者据此提出存在一个二里头文化东下冯类型。其后，关于二里头文化地方类型的研究不断深化，有学者提出在豫东地区存在二里头文化的牛角岗类型[19]，豫东南地区存在杨庄类型，豫南存在下王岗类型[20]。

通过60年的工作，我们知道早商文化的考古学类型有二里冈类型、琉璃阁类型、台西类型、东下冯类型、北村类型、盘龙城类型、大城墩类型和大辛庄类型等。晚商文化有殷墟类型、苏埠屯类型、安邱类型、前掌大类型、天湖类型、老牛坡类型等。

迄今发现的西周封国文化遗存有強国、吴、虢、应、燕、邢、晋等。近年来，又有一系列与西周封国有关的考古发现，比较突出的有：陕西韩城梁带村的芮国墓地[21]，曲沃县史村镇羊舌村南的两周时期晋国的国君墓地，绛县横水镇西周倗伯家族墓地[22]、黎城黎国墓地，翼城县大河口西周墓地，甘肃礼县大堡子山、西山坪等秦文化遗存[23]。

正是这些考古发现和研究使我们对夏商周时期考古学文化的类型特征、分布及其与封国的关系有了较明确的认识。

3．周边区域考古学文化谱系的初步建立

1950年，裴文中率领东北考古发掘团对吉林西团山石棺墓地进行了发掘。这是新中国成立以后对周边地区考古学文化遗存进行的首次发掘[24]。

通过大量这类的工作和相关研究，60年来，我们初步掌握了三代时期周边区域的主要考古学文化的文化面貌和分布状况，以及它们与中原地区文化之间的关系，即：

夏、商时期，在黄淮下游地区有岳石文化、斗鸡台文化、珍珠门文化，在长江下游地区有马桥文化、点将台下层文化和湖熟文化，在长江中游地区有荆南寺文化、周梁玉桥文化、对门山——费家河文化、吴城文化等，在四川盆地与峡江地区有三星堆文化、路家河文化，在汉中地区有出土大量青铜器的商时期文化，在关中地区有先周文化与羌戎文化等，在甘青地区有齐家文化、四坝文化和卡约文化，在内蒙古中南部和晋陕高原地区有朱开沟文化、李家崖文化等，在燕山南北地区有夏家店下层文化、大坨头文化、围坊三期文化、魏营子文化，在辽中及辽东半岛有高台山文化、庙后山文化，在闽东沿海有黄瓜山文化、黄土仓文化，在珠江三角洲有一批沙丘类遗址，在粤东闽南有浮滨文化等[25]。

[18] 东下冯考古队：《山西夏县东下冯遗址东区、中区发掘简报》，《考古》1980年第2期。

[19] 赵芝荃：《关于二里头文化类型与分期的问题》，《中国考古学研究（二）》，科学出版社，1996年。

[20] 中国社会科学院考古研究所：《中国考古学·夏商卷》，中国社会科学出版社，2003年。

[21] 陕西省考古研究所、渭南市文物保护考古研究所、韩城市文物旅游局：《陕西韩城梁带村遗址M26发掘简报》，《文物》2008年第1期。

[22] 山西省考古研究所、运城市文物工作站、绛县文化局：《山西绛县横水西周墓发掘简报》，《文物》2006年第8期。

[23] 早期秦文化联合考古队：《西汉水上游周代遗址考古调查简报》，《考古与文物》2004年第6期；早期秦文化联合考古队：《2006年甘肃礼县大堡子山21号建筑基址发掘简报》，《文物》2008年第11期；早期秦文化联合考古队：《2006年甘肃礼县大堡子山祭祀遗迹发掘简报》，《文物》2008年第11期；早期秦文化联合考古队：《2006年甘肃礼县大堡子山东周墓葬发掘简报》，《文物》2008年第11期。

[24] 东北考古发掘团：《吉林西团山石椁墓发掘报告》，《考古学报》1964年1期。

[25] 中国社会科学院考古研究所：《中国考古学·夏商卷》，中国社会科学出版社，2003年。

两周时期，在西北有辛店文化、寺洼文化和沙井文化等，在北方有夏家店上层文化、玉皇庙文化、桃红巴拉文化、毛庆沟文化、杨郎文化，在四川地区有巴蜀文化，在云南地区有古昆明、古滇文化等[26]。

60年来，新疆境内发现一大批早期青铜时代至早期铁器时代的墓葬和遗址，较早期的有罗布泊地区的孔雀河古墓沟墓地、塔城卫校墓地、石河子水泥厂墓地、和硕新塔拉遗址等，距今约3800年。较晚期的遗址和墓葬在东疆的哈密巴里坤、木垒、阜康、奇台、吐鲁番、托克逊、且末、乌鲁木齐南山矿区、和静、轮台及北疆的昭苏、新源、阿勒泰、乌苏等地都有发现。时代为距今约3000～2500年，最晚或至西汉前后[27]。进入21世纪，重要的发现有鄯善海洋墓地、于田县昆仑山流水墓地、新疆罗布泊小河墓地等[28]。

香港大屿山东湾、沙螺湾、路过湾等遗址出土的刀、箭镞、戈等精巧的青铜兵器和空銎斧、鱼钩等青铜工具，及南丫岛大湾和沙埔村出土的青铜器和牙璋等，足以表明3000多年前香港就已与珠江三角洲，甚至与中原地区建立了密切联系，表现出与中原文化的同步性。

台湾地区自1896年发现第一个古代遗址——芝山岩遗址，1897年发现圆山遗址以来，发现的金属器时代考古文化有十三行文化、番仔园文化、崁顶文化、大邱园文化、茑松文化、龟山文化、北叶文化、静浦文化等[29]。

以上这些只是一些有代表性的周边区域的考古学文化发现。

这些周边文化有自身的特征，是生存在不同区域的古人的存在及其发明创造的证明。同时这些区域文化又与中原文化有着千丝万缕、或多或少的联系，比如二里头文化与夏家店下层文化在鬶、爵等礼器上显示出密切的联系；中原地区商文化与长江流域诸文化的密切关系是学术界的共识；中原农耕文化与北方游牧文化的互相影响的证据越来越多，其在各自文化发展过程中的重要性正受到学界的特别关注；中原地区文化与广东地区在古代虽然生产、生活方式方面差异很大，但在玉器、铜礼器等方面都显示出彼此之间存在联系；考古学文化面貌所显示的二里冈文化时期，商人在整合夏商文化上的成绩，西周时期周人在整合商周文化和各区域文化方面的政策、措施，东周时期，楚在整合南方文化、秦在整合西方文化、燕赵在整合北方文化、齐鲁在整合东方文化的成就均有目共睹。而三晋、齐秦楚燕鲁彼此之间又有共同的宗周礼乐文化的核心与认同。正是这种文化上的多元一体，使中国历史在经历数百年的春秋战国的多元的政治分立后，到秦代又能走向一统。从此，在中国历史上，大一统成为主流和人们追求的目标，奠定了中国封建王朝国家的基本政

[26] 中国社会科学院考古研究所：《中国考古学·两周卷》，中国社会科学出版社，2004年。

[27] 新疆文物事业管理局、新疆文物考古研究所：《新疆维吾尔自治区文物考古五十年》，《新中国考古五十年》，文物出版社，1999年。

[28] 国家文物局主编：《2005中国重要考古发现》，文物出版社，2006年；新疆文物考古研究所：《新疆罗布泊小河墓地2003年发掘简报》，《文物》2007年第10期。

[29] 刘益昌等：《十三行博物馆展示单元细部内容文字、图像数据库建立项目报告》，台北县立十三行博物馆筹备处委托中央研究院历史语言研究所之研究报告，2001年；臧振华：《台湾考古》，艺术家出版社，1999年。

治格局。这种一统不仅是军事强力和政治强权维持的结果，也应该有其文化和情感上的认同。所有这些发现和研究使学术界对现代中国区域内三代时期多元文化互相影响、彼此融合、共同发展的“多元一体”历史发展模式有了新的认识。

（二）夏商周三代文化的溯源研究

夏商周王朝的考古学文化在中国学术界成为共识的过程中，关于它们的来源研究，即它们来自何处？经历了怎样的一个过程？建立夏商周王朝以前的文化面貌如何？彼此之间的关系如何？从考古学物质文化遗存去追溯夏、商、周文化的源流能否超越文献的记载？如何处理文献记载与考古发现的关系？等等诸问题自然成为学术界关注的对象，并取得了系列成果。

1．关于先夏文化的讨论

当代学术界一般认为，夏王朝纪年范围在公元前21世纪至公元前16世纪，而据研究，二里头文化的年代范围为公元前19世纪中叶到前16世纪中叶。早期夏王朝文化已超出二里头文化，进入龙山时代。

20世纪70年代末至80年代初，河南登封王城岗发现两座河南龙山文化晚期小城和夯土基址、奠基坑、铜器残片等[30]。2002～2004年又发现一座大城城址，面积约30万平方米[31]。加之新砦遗址[32]、禹州瓦店等早于二里头文化的中心性遗址的发掘，为探索早期夏文化提供了新的资料。

有学者提出，二里头文化的核心类型是在豫西地区龙山时代王湾三期文化的基础上经由新砦期发展而来。“新砦期”遗存是夏人建立夏王朝前后的文化遗存。至于建立王朝前的“先夏文化”与夏代早期的夏文化如何准确划分，尚待相关考古发现与研究予以解决。此外，也有学者提出龙山文化的三里桥类型、陶寺文化与夏文化有关系[33]。

2．关于先商文化的探索

20世纪30年代，梁思永在发现安阳后岗的三叠层后，即对龙山文化与“殷代文化”进行了比较，找出两个文化的很多相似点，认为“后岗二层不但是较早的，而且也是豫北殷文化的直接前驱”[34]。1936年中央研究院历史语言研究所李景聃等在豫东的调查和发掘，揭开了先商文化探索的序幕[35]。50年代，随着郑州二里冈、洛达庙、邯郸涧沟等遗址的发现，先商文化问题被正式提了出来。

经过多年来的田野工作和研究讨论，多数学者承认先商文化的存在，但在选择具体探索对象方面仍存在分歧，一种意见将探索目标集中于豫北、冀南地区的下七垣文化并由之上溯；另一种意见倾向于豫东及鲁豫皖交界地区的岳石文化、龙山文化

[30] 河南省文物研究所、中国历史博物馆考古部：《登封王城岗与阳城》，文物出版社，1992年。

[31] 北京大学考古文博学院、河南省文物考古研究所：《登封王城岗考古发现与研究（2002～2005）》，大象出版社。

[32] 北京大学震旦古代文明研究中心、郑州市文物考古研究所：《新密新砦——1999～2000年田野考古发掘报告》，文物出版社，2008年。

[33] 中国社会科学院考古研究所：《中国考古学·夏商卷》，中国社会科学出版社，2003年。

[34] 梁思永：《龙山文化—中国文明的史前期之一》，《考古学报》第7册，1954年。

[35] 李景聃：《豫东商邱永城调查及造律台黑孤堆曹桥三处小发掘》，《中国考古学报》第二册。

遗存。

3．关于先周文化的研究

从考古学角度探索先周文化始自1933～1937年前北平研究院史学研究所在陕西宝鸡斗鸡台的发掘，其成果见于1948年出版的《斗鸡台沟东区墓葬》[36]。迄今为止，关于先周文化的观点，围绕郑家坡类遗存、刘家类遗存和碾子坡类遗存谁是先周文化，以及更早的客省庄龙山文化、齐家文化和晋南的光社文化可能与先周文化的关系，有七种以上不同观点[37]。

4．关于早期秦、楚文化的研究

对早期秦文化和楚文化的探索也是三代考古的热点问题，几十年的探索取得了一系列重要的收获。随着礼县大堡子山秦公大墓及圆顶山秦贵族墓的发掘以及近年发现的多座城址、祭祀遗址和密集的聚落遗址，甘肃礼县的西汉水上游被公认为是探索早期秦文化及秦人活动的最重要地区之一[38]。关于早期楚文化的中心地——丹阳地望的研究则基本集中在商州、丹淅之会说和沮漳河流域的枝江说[39]，对于早期楚文化陶器群与周文化的异同也有了初步认识。

三代时期中心区域的考古学文化序列、地方类型与封国考古学文化体系、周边区域考古学文化体系三者构成了这一阶段的考古学文化区系类型谱系。虽然对这一谱系中相关文化的性质和年代学研究常常参照文献的记载，两者之间往往可以互相对应、证明，但本质上讲，这一考古学文化谱系是完全建立在考古发现和研究基础上的，以考古发现的物质文化特征为标准的，有别于传统文献史书中的王朝、王世体系和中原王朝政治为中心的另一个古史体系。当然，三代时期考古学文化谱系还有诸多的缺失和问题，有待于不断补充、修正和完善。但这一体系的建立应该说是六十年考古的最大成就，为今后多角度、更深入的三代史研究奠定了坚实的基础。

（三）都城等遗址考古由重在定性与年代学的研究到聚落考古思路下的聚落布局和区域调查研究

从研究的方法、内容和思路来看：

（1）由点到面，由对单个遗迹现象的发掘、考证与年代研究到系统发掘、考察和研究，将每个遗迹现象放在共存的遗存背景情境中去研究它们的关系、功能，由重在对遗址年代、古文献指导下的定性研究到更广泛内容的社会关系、文化特性等的研究。

比如在殷墟的考古工作中，由专门墓葬的发掘到注意到墓地内各类遗存与墓葬同样重要，发掘中重视彼此关系及其反映出的居住模式、人口变化等问题。过去对殷

[36] 苏秉琦：《斗鸡台沟东区墓葬》（1948年北平版）及《图说》（1954年中国科学院版）。

[37] 王巍、徐良高：《先周文化的考古学探索》，《考古学报》2000年第3期。

[38] 早期秦文化联合考古队：《西汉水上游周代遗址考古调查简报》，《考古与文物》2004年第6期；早期秦文化联合考古队：《2006年甘肃礼县大堡子山21号建筑基址发掘简报》，《文物》2008年第11期；早期秦文化联合考古队：《2006年甘肃礼县大堡子山祭祀遗迹发掘简报》，《文物》2008年第11期。

[39] 石泉：《楚都丹阳地望新探》，《古代荆楚地理新探》，武汉大学出版社，1988年。王光镐：《楚文化源流新证》，武汉大学出版社，1988年。

墟西区墓地的发掘，只挖墓葬，给人影响似乎殷墟西区就是一个大墓地。然而，近年在殷墟西区孝民屯一带的新发掘中采取了分区全面揭露的方法，发现了大量遗址与墓葬共存和相互打破的关系，除清理出大批墓葬外，还清理出近百座半地穴式房址和大量铸铜遗址。说明西区一带在商代也是一处重要的居住区和手工业作坊区。

通过调查和发掘，我们发现西周时期墓葬在周原遗址范围内广为分布。居址、灰坑与墓葬互相打破，不似其他遗址，墓葬往往集中在一处或几处，居址与墓葬往往分开。或认为这是周原地区人口密集原因造成的，或认为是周原地区土地所有权不断变更引起的。这些发现对研究都城聚落内居址与墓葬的分布关系和不同时期内人口分布和居址区域的变化提供了有价值的资料。

（2）由重在单个遗迹的年代、性质研究到聚落概念下的整体研究，即对聚落布局、同一区域内的聚落间关系、聚落与环境的关系研究，以及同一区域内不同时期聚落和人口的变化及其原因探求。

早期阶段，在学术研究方面，提出了“陶寺文化为夏文化说”、“二里头汤都西亳说”、“偃师商城西亳说”、“偃师商城界标说”等诸说，建立了二里头文化分期、偃师商城文化分期、中商文化确立、殷墟文化分期、西周文化分期等等。发掘了许多著名的考古学遗迹，并对它们进行了相关研究，比如二里头遗址宫殿和重要墓葬的发现，偃师商城形制、宫殿的发掘和研究，殷墟宫殿基址、重要作坊、甲骨坑和一系列墓葬和墓地的发掘和研究，丰镐遗址宫殿区和井叔家族墓地的发掘、研究，周原大型建筑基址、手工业作坊、甲骨文、青铜器窖藏的发现及相关研究，琉璃河西周墓地的发现与研究等。

随着聚落考古观念的推广，在此思路指导下，三代聚落考古取得了新的收获。尤其是20世纪90年代以后，三代都城聚落布局考古取得重大进展。偃师二里头遗址在都邑结构和布局上有了突破性的发现。偃师商城多年来田野考古工作连续不辍，对城址的布局和性质有了全面的掌握和认识。郑州商城除了发现宫殿、作坊区外，还发现了外郭城，对殷墟布局的认识进一步深入。1999年，又在殷墟遗址东北发现洹北商城[40]。周原遗址通过20世纪70年代和90年代的大规模发掘和研究，对布局有了初步了解，形成了大周原考古的思路。

近年来，在二里头遗址所在的伊洛盆地，殷墟遗址所在的洹河流域，周原遗址所在的七星河、美阳河流域分别进行了区域调查。这些调查不仅厘清了与这些中心遗址同时共存的聚落群的分布状况，而且还对这些区域不同时期聚落、人口的变化及人与环境的关系进行了非常有意义的探讨[41]。洹北商城还是这种区域调查的重要

[40] 中国社会科学院考古研究所：《中国考古学·夏商卷》，中国社会科学出版社，2003年。

[41] 中国社会科学院考古研究所二里头工作队：《河南洛阳盆地2001～2003年考古调查简报》，《考古》2005年第5期；中国社会科学院考古研究所、美国明尼苏达大学科技考古实验室中美洹河流域考古队：《洹河流域区域考古研究初步报告》，《考古》1998年第10期；周原考古队：《2002年七星河流域区域调查报告》，《考古学报》2005年4期。

发现成果。

对三代时期重要城址聚落布局研究的成果非常明显，对偃师二里头遗址、偃师商城、郑州商城、安阳殷墟、陕西周原、东周诸国都城等中心性遗址中宫殿区、手工业作坊区、墓地、居民区、水道与道路、宫室建筑等结构、布局均有了大致了解。

除了中心性聚落外，近年来，对一般性聚落的考古工作也有了一定收获，例如，为配合“南水北调中线工程”，发掘了河南荥阳关帝庙商代晚期聚落，对认识商代社会一般聚落形态和普通商人的生活状态具有代表性[42]。

另外，近年来，在周边地区，例如在赤峰地区对夏家店下层文化和夏家店上层文化区域聚落调查和研究，以及在山东鲁东南沿海地区进行的聚落形态变迁与社会复杂化进程研究的调查[43]也取得了重要成果，比如对英金河流域聚落群的调查和三座店等夏家店下层文化石城的发掘[44]。

（四）墓葬发现与研究的不断深化，由年代、性质研究到社会组织、葬俗等的探讨

1950年4月，中国科学院派郭宝钧率队赴河南安阳，发掘了殷墟武官村商代晚期大墓。这次发掘，是新中国成立以后首次对商周时期遗存的考古发掘[45]。此后，各地发掘了大量三代时期墓葬，例如20世纪70年代在殷墟西区发掘了近2000座商代晚期墓葬。这些墓葬分成若干个区，各区的随葬品组合和铜器上的族徽均有所不同。发掘者通过对这些墓葬的缜密研究，提出这些墓葬为商代晚期生活于王畿地区的殷人族墓地的观点[46]。

20世纪90年代以来，对三代墓葬的发掘由单纯性的墓葬发掘到墓地的整体揭露，以及墓葬与居址遗存地层关系的综合发掘和考察，例如，殷墟孝民屯等处遗址与墓地的发掘，天马—曲村晋国墓地和晋侯墓地的发掘等等。对墓葬的研究则由对墓葬年代、性质的研究到对墓葬所反映的葬俗现象、时代和区域文化特征、社会基本组织、政治结构与制度、礼乐制度与观念、信仰等方面的全方位研究。比如通过三代墓葬的等级现象研究当时的社会制度与等级分层现象，通过三代墓地的分区现象探讨当时的族葬制度及其所反映的血缘组织广泛存在的可能性[47]，通过随葬品中青铜礼器和玉器等作为等级、地位象征物的普遍存在探讨当时的礼乐制度及其背后的基本信仰——祖先崇拜[48]。

（五）由器物、遗迹等物质文化遗存描述到背后的人及其社会组织、观念的探讨

早在“五四”前后，马克思主义传入中国，马克思主义的史学在中国史学界已引起反响。郭沫若等一批人以马克思恩格斯的唯物史观为指导，利用甲骨文、金

[42] 国家文物局主编：《2007中国重要考古发现》，文物出版社，2008年。

[43] 方辉等：《鲁东南沿海地区聚落变迁与社会复杂化进程研究》，《东方考古》第4集，科学出版社，2008年。

[44] 徐光冀：《赤峰英金河流域石城遗址》，《中国考古学研究》，文物出版社，1986年；国家文物局主编：《2006中国重要考古发现》，文物出版社，2007年。

[45] 郭宝钧：《一九五〇年春殷墟发掘报告》，《中国考古学报》第五册，1951年。

[46] 中国社会科学院考古研究所安阳发掘队：《1969～1977年殷墟西区墓葬发掘报告》，《考古学报》1979年1期；中国社会科学院考古研究所：《殷墟的发现与研究》，科学出版社，1994年。

[47] 朱凤瀚：《商周家族形态研究》，天津古籍出版社，1990年。

[48] 徐良高：《中华民族文化源新探》，社科文献出版社，1999年。

文来研究中国古代文化和社会[49]。1949年以后，马克思主义在中国确立了他的指导地位，大批唯物史观的史学著作出版。这一时期，考古学的具体研究目标被确定为“作为一门历史科学，考古学的研究不应限于对古代遗迹、遗物的描述和分类，也不应限于鉴定遗迹、遗物的年代和判明它们的用途与制造方法。考古学研究的最终目标在于阐明存在于历史发展过程中的规律，而马克思列宁主义的历史唯物论便是指导研究这种规律的理论基础”[50]。在这种史学观的指导下，中国考古学界取得了一批研究成果，如系统地发掘了原始社会文化遗址，研究了母系社会、父系社会在中国古代的情况，对中国原始社会、奴隶社会的存在情况及性质等作了探讨，对中国国家起源、文明起源、公有制向私有制的转变及商周社会制度等均作了一定的讨论等等。这些探讨中国古代重大史学问题，寻找历史发展规律的愿望和动机无疑是正确的，但由于受到环境和考古资料不全的影响，在很多具体理论研究中，存在着以偏盖全，削足适履的倾向。

早在20世纪50年代，尹达先生就提出考古学家的任务是要透过遗迹遗物以了解当时的社会组织与人们的生活[51]。苏秉琦先生指出：“关于学科发展的目标，我们是不是可以这样来概括：建立新的中国考古学学科体系，通过它来阐明中国文化的起源和发展，中华民族的形成和发展；统一多民族国家的形成和发展，并以它为骨骼系统复原中国历史的真实轮廓。”[52]

早在20世纪60年代，李济发表了《殷商时代的研究并由此窥测中国文化的渊源及其所代表之精神》一文[53]，将考古学研究从物质资料上升到精神世界。其他有：对仰韶文化社会形态的研究，新石器时代发展动力的研究[54]；以“萨满教文明”解释中国古代文明的特征，用交互作用圈解释中国古代文明在空间范围内的形成过程[55]；探讨新石器时代至商周至秦汉时期社会等级制度及其世界观的变化[56]；以及通过对三代时期考古发现的陶器、青铜器、玉器、城址与建筑基址、墓葬、文字等的分析研究，探讨当时社会组织形态和突出的礼乐文化特征，分析其背后的精神信仰——祖先崇拜等[57]。这些新的探索带动着中国考古学向更深层次迈进，也与时代对考古学的要求相一致。

这一时期，中国考古学界与国外学术界的交流导致国外考古学思潮的影响也是重要的方面之一。早期主要是受到苏联考古学思想的影响，后期受到西方考古学新思潮的影响越来越强烈，比如20世纪90年代的新考古学思潮，当代的后过程主义考古学思潮等。中国考古学界不断强调研究要“由物见人”。甚至有学者提出，当代中国古史研究中有关中国文化的民族性形成问题、文明的起源问题、国家的形成问题、中华

[49] 郭沫若：《中国古代社会研究》，人民出版社，1954年。

[50] 夏鼐、王仲殊：《考古学》，《中国大百科全书·考古学卷·序》，大百科出版社。

[51] 尹达：《新石器时代》，三联书店，1955年。

[52] 苏秉琦、殷玮璋：《关于考古学文化的区系类型问题》，《文物》1981年第5期。

[53] 张光直、李光谟主编：《李济考古学论文集》，文物出版社，1990年。

[54] 严文明：《碰撞与征服——花厅墓地埋葬情况的思考》，《文物天地》1990年第6期。

[55] 张光直：《中国青铜时代》（一、二集），三联书店，1983年、1990年；《中国相互作用圈与文明的形成》，《庆祝苏秉琦考古55年论文集》，文物出版社，1989年。

[56] 俞伟超：《中国古代公社组织的考察》，文物出版社，1988年。

[57] 徐良高：《中华民族文化源新探》，社科文献出版社，1999年。

民族的形成问题、中国是否存在亚细亚生产方式问题等许多重大课题，都希望中国考古学通过研究客观实在的古代文化遗迹遗物后，发表自己的观点。另外，中国古代文明作为世界古代文明的一个重要组成部分，通过研究中国古史发展规律，进而为探讨世界历史发展模式、法则作出贡献的重任向中国考古学界提出了更高的要求。

（六）多学科手段的采用与获取古代历史信息的多元化和研究视野的多方位拓展

60年来，多学科手段的应用经过了从无到有，从少到多的不断拓展过程。

在考古发掘中，越来越多地借助全球定位系统和电子全站仪等建立发掘工地的统一测绘坐标系统，采集数据；注重沉积环境、埋藏学等发掘现场分析；并且逐步推广各类发掘记录的计算机数据库管理等。通过这些方法，中国考古学界在古代历史信息的获取数量、质量和系统性方面都有了很大进步。

研究观念上也由专注于传统考古的发掘和对遗存年代、性质研究到重视多学科结合的考古发掘和多角度、全方位的古代社会、文化研究，如地理信息系统的引入，利用航空和遥感技术、全球卫星定位系统以及使用地理信息系统处理资料，提取信息。古动物学、浮选与古植物学、^{14}C测年、天文学、古环境、古地理分析等的结合，实验考古学方法的尝试等等。各学科也由专注于自身的学术问题，如农作物起源、动物驯化、制陶、制玉、铸铜、漆器制造等工艺复原到真正将多学科结合起来去认识古代社会和文化，如动植物品种的出现与人群迁徙、文化传播、气候变化和社会变化之间的关系，城市内手工业作坊的政治、经济意义，工匠与社会的关系等。利用多学科手段研究中国文明起源与早期发展的“中国文明探源工程”是这方面的典型研究案例，并初步取得了系列成果。文明起源研究也由过去的金属器、文字、城市等文明因素标志出现的简单认定到将文明形成与发展视为人类社会发展中的一种过程来研究其本质、特征、历程、物化标志和机制，即促使文明出现与早期发展的各种可能的因素等。

其中比较典型的研究有：

1．三代时期铸铜作坊遗址及古代铸造业研究

从考古发现看，二里头遗址发现的铸铜作坊遗址及早期青铜器，说明当时已经有了比较成熟的青铜铸造技术。20世纪50年代以来，在商代早期的郑州商城发掘了南关外、紫荆山北两处铸铜作坊遗址[58]，在晚商的安阳殷墟发现和发掘了苗圃北地、孝民屯、薛家庄和小屯村东北地等多处作坊遗址，在西周时期的周原发掘了庄李铸铜作坊，在洛阳发掘了北窑铸铜遗址[59]，在侯马发掘了典型的东周时期铸铜作坊遗址[60]。

[58] 中国社会科学院考古研究所：《殷墟的发现与研究》，科学出版社，1994年。

[59] 洛阳市文物工作队：《1975～1979年洛阳北窑西周铸铜遗址的发掘》，《考古》1983年第5期。

[60] 山西省考古研究所：《侯马铸铜遗址》，文物出版社，1993年。

几十年来，三代铸造业研究思路不断发展、变化。早期主要是通过铸铜作坊的发掘来研究当时的制范、熔铜、浇铸、打磨等铸造工艺和流程。随着三代铜器研究的深入，对铜矿的来源和开采技术的探讨越来越被重视，江西、安徽、湖北、辽西等地一系列古铜矿遗址的发现及三代铜器中合金成分和铅同位素等的分析，为我们了解三代铜矿的来源提供了线索，并为我们研究商周王朝向周边地区扩张的背景和目的提供了新的视角。这些铜矿遗址的发现不仅为研究商周时期的采矿工艺提供了重要资料，而且为研究商王朝对江南地区拓展其势力的背景和原因提供了线索[61]。近年来，随着对特定资源、工业在古代社会中重要作用认识的深入和古代社会对特定资源开采、流通、管理所显示的社会政治管理状况的重要价值的重视，通过铸铜作坊遗址和铜矿遗址的发掘资料以及特殊物资流通来研究当时的社会组织、管理和区域间文化的分工与交流等越来越受到关注，成为新的学术研究方向之一。

2．盐业考古的兴起与重要认识

一些特定资源的开发、流通对某些区域社会的存在、运行模式等具有重大影响。因此，古代社会中重要资源的开发利用正越来越成为中国考古学界研究的重点。过去学术界对青铜等金属资源的研究较多，近年来，随着四川和山东等地区一系列重要的古代盐业生产遗存的考古发现和研究，古代盐业资源的开发利用及其对当地社会的影响渐渐成为学术界的热点问题。四川盆地及临近地区古代盐业的景观考古学研究，试图重建四川盆地及临近地区早期制盐技术，揭示早期盐业生产的组织和管理方式，把盐业生产视为“产业系统”的一个组成部分，来探讨制盐业这种在生态背景下的“经济行为”与“社会——文化发展”之间的互动关系[62]。近年来，对山东沿海地区商周时期的盐业遗址的考古研究也正方兴未艾[63]。

3．利用古地质学、古动物学、古植物学等多学科手段，综合分析三代时期特定区域人地关系虽然还处于探索阶段，但其学术前景和价值已被学术界所关注。近年来，在周原地区、洛阳地区和安阳地区所做的区域调查都取得了理想的成果。

此类多学科手段在三代考古中成功应用的例证还有很多，将来会越来越多。

综上所述，我们认为60年来三代考古学的成就彻底改变了传统先秦史的内容，甚至表述方式。“五四”时期，疑古风气的兴起使中国史学界对先秦史，尤其是西周以前的历史产生了怀疑，希望通过科学的方法，重建科学的中国古史体系。梁启超等人又提出要打破传统的封建帝王将相史，建立科学的、内容更广泛的新史学。通过60年的考古工作，我们认为已经形成了以考古学文化谱系为框架的三代史学框架体系，虽然我们还常常用夏、商、周这类来自传统文献史学的名称来定性考古学

[61] 夏鼐、殷玮璋：《湖北铜绿山古铜矿》，《考古学报》1982年第1期；刘诗中、卢本珊：《江西铜岭铜矿遗址的发掘与研究》，《考古学报》1998年第4期。

[62] 李水城、罗泰主编：《中国盐业考古——长江上游古代盐业与景观考古学研究》（第一集），科学出版社，2006年。

[63] 李水城等：《莱州湾地区古代盐业考古调查》，《近年来中国盐业考古领域的新进展》，《盐业史研究》2003年第1期；朱继平等：《鲁北地区商周时期的海盐业》，《中国科学技术大学学报》第35卷第1期。

文化。此外，无论是在新资料的发掘、积累方面，还是在研究内容的拓展方面；无论是一系列新方法的引进、利用方面，如考古学地层学与类型学、多学科手段的使用，还是各种新理论在解读考古发现的广泛引入方面，比如世界体系理论、人地关系理论、阶级斗争与五阶段理论等等，与建立在文献记载和考证基础上的传统史学相比，三代历史均发生了根本性的变化。过去，苏秉琦先生曾经提出过去是疑古，通过几十年的工作，现在中国史学界到了重建中国古史的时代。通过以上的总结，我们可以说，60年来，中国考古学家们一直在向重新建构符合新时代精神和需要的夏商周三代古史迈进，并取得了巨大成就，即考古学由证经补史的辅助学科到以考古写史的主流学科；先秦史由以文献为基础的传统王朝政治体系史转变为以考古学为基础的全方位文化、社会发展史。史观方面，由传统的中原中心论转变为多元一体史观，由以王朝帝王为核心的政治体系史到以古人社会、文化为核心的社会文化社会发展史。关注重心由精英历史向大众历史转变。

四　秦汉至元明清考古研究

秦汉至元明清考古是历史时期考古学的重要组成部分，在60年的研究历程中，经历了资料积累、初构框架和发展繁荣的不同阶段。无论哪个阶段，秦汉至元明清考古的研究成果始终受到田野考古成果的深刻影响，有的重大发现甚至在较短时期内引发较广泛的研究，如秦始皇陵兵马俑坑的考古发掘与研究；也有的田野工作经过长期积累之后，相关研究的内容逐步丰富、层次渐渐深化，如超过半个世纪考古工作的西汉长安城、洛阳汉魏故城、隋唐长安城等方面的研究。与此同时，某些具有前瞻性的研究成果也促使秦汉至元明清田野考古工作的探索与反思，进而不同程度地影响到历史时期考古学研究的整体水平，如20世纪70年代后半期北魏洛阳城外郭城的考古研究，直接影响了80年代中后期相关田野考古成果的形成。

（一）都市城邑遗址研究

秦汉至元明清考古发现的城址规模差异很大，这既有历代政治、军事、文化中心的都城遗址，也有地方性城址和规模不大的纯军事边镇遗址等。

1. 秦汉都市城邑遗址研究

秦咸阳城遗址自1959年以来开展了长期的考古工作，相关研究甚多，但由于最关键的秦咸阳城城墙、城门、城内道路、宫城等遗迹没有发现，因此对秦咸阳城都城布局的认识还没有权威的研究成果。地处渭河南岸的秦阿房宫遗址有高大夯土台基，20世纪90年代前期曾进行考古勘探，有研究推测是秦始皇在渭河南岸修建的大朝正殿；2003～2007年再开考古勘探试掘工作，又有未建成之说，并引发了一系列研究讨论[64]。在秦离宫遗址中，20世纪80年代在辽宁绥中发现的姜女石遗址是较重要的一处，有关研究认为，该遗址属于秦始皇东巡碣石的行宫——碣石宫[65]。同一时期在河北省秦皇岛金山嘴遗址，也发现了一处规模宏大的秦代宫殿建筑群，其建筑布局与性质还有待深入研究。对其他秦离宫遗迹和地望研究也有相关学术成果，如成山宫、甘泉宫、信宫等。

西汉长安城的考古工作开始于1956年，历经50余年考古工作。20世纪50～70年代考古工作主要是勘探城墙、城门、主要道路，勘探了未央宫、长乐宫、桂宫以及建章宫等范围，确定了西汉长安城范围和大体格局。80年代以后，汉长安城遗址考古开始对城址内宫城、市里、手工业作坊遗址进行发掘，如通过未央宫、桂宫的大面积发掘，较深入地了解了宫城布局。关于西汉长安城的考古学研究也多与发掘成果相关，如西汉长安城布局结构的研究、南郊礼制建筑性质讨论与复原、市场与作坊遗址研究、宫城及宫殿建筑遗址研究与讨论、上林苑等皇家苑囿研究等。其中西汉长安城布局结构的学术讨论、宫城内建筑性质的讨论等，都促使了考古学研究的深入思考[66]。

2．三国至南北朝都市遗址研究

20世纪80年代以前，对三国至隋唐时期城址的考古学研究主要集中在几个主要的都城遗址，如汉魏洛阳城、隋大兴唐长安城、隋唐洛阳城等遗址的研究[67]，涉及的内容也以建立框架和平面布局研讨为主。80年代之后注意都城时代特色共性研究的同时，对于具体都城遗址个案研究也进一步展开。

汉魏洛阳城自1954年开始考古调查至今也已半个多世纪。20世纪50～60年代主要勘探调查了汉魏洛阳城城墙、城门、道路、宫城、金墉城等遗迹，大体确定了城址范围与平面布局。70年代对于一些重要的遗迹进行了发掘，如永宁寺遗址等。有的学者通过研究复原，提出北魏洛阳城在更大的范围兴建了外郭城，这一观点引起高度重视。80～90年代通过汉魏洛阳城持续不断的考古工作，获得一系列重要成果，其中就包括北魏洛阳城外郭城和重要的水系。通过研究，对汉魏洛阳城年代复杂性有了进一步认识，即北魏洛阳城内城经历了西周经秦汉至北魏由小到大的发展过程；北魏时期外郭城建设更引发了城市布局的根本性改变[68]。又如对金墉城年代的再认识研究等[69]。这些方面的研究对于汉唐都城制度的讨论具有积极意义。近10年来，汉魏洛阳城考古工作进一步深化，为配合国家大遗址保护工作，勘探发掘宫

[64] 中国社会科学院考古研究所等：《阿房宫前殿遗址的考古勘探与发掘》，《考古学报》2005年第2期；王学理文：《“阿房宫”、“阿房前殿”与“前殿阿房”的考古学解读》，《周秦汉唐文化研究》第四辑，三秦出版社，2006年。

[65] 辛占山等：《辽宁绥中姜女石遗址的发现与研究》，《远望集——陕西省考古研究所华诞四十周年纪念文集（下册）》，陕西省人民美术出版社，1998年。

[66] 中国社会科学院考古研究所汉长安城考古队等：《汉长安城遗址研究》，科学出版社，2006年。

[67] 中国社会科学院考古研究所：《新中国的考古发现和研究》，文物出版社，1984年。

[68] 中国社会科学院考古研究所汉唐研究室：《考古研究所汉唐宋元考古二十年》，《考古》1997年第8期。

[69] 钱国祥：《汉魏洛阳城金墉城形制布局研究》，《新世纪的中国考古学——王仲殊先生八十华诞纪念论文集》，科学出版社，2005年。

城区相关遗址、全面发掘了宫城正南门阊阖门等。

邺城是中国古代都城平面布局关键转型期的城址，为深入研究汉唐都城制度，1983年开始主动开展对该遗址持续的考古工作。经过考古勘探发现了城墙、城门、马面、主要道路、宫城、主要宫殿基址等遗迹，结合重点发掘确认了遗迹的年代和性质，20世纪90年代先后发表了邺北城遗址和邺南城遗址的考古工作简报。相关研究认为，曹魏时期的邺北城出现了明确的全城中轴线，城内唯一的东西大道把全城分为南北两部分，南半部主要为里坊区，北半部主要为宫殿区、苑囿和贵族居里，开创了秦汉以来都城的新格局。东魏北齐邺南城沿承曹魏邺城传统，并直接影响隋大兴城的规划建设[70]。近10年在邺城遗址还发掘了东魏北齐佛寺遗址和塔基遗迹，引起了国内外学者关注，并促进了相关研究。

2000年以前大同北魏平城、南京六朝建康城等重要都城遗址鲜有重要考古发现，因此考古学研究成果较少。随着大同市北魏明堂遗迹发掘、操场城一号殿址发掘，南京市大行宫地区六朝道路及建筑基址发掘、大批六朝砖瓦出土整理等工作的开展，北魏平城、六朝建康城的考古学研究也日渐活跃[71]。

3．隋唐都城与地方城址研究

隋唐两京考古研究是隋唐考古的重点，20世纪50、60年代主要搞清了隋大兴城唐长安城和洛阳城遗址的基本形制布局，究明了两京城市为典型的封闭式里坊制，绘制出了城址实测图。70年代，尤其是80年代以后，研究工作主要着力探究城址中不同性质建筑遗址如城门、宫殿、园林（九洲池、太液池等）、宗教建筑（西明寺、青龙寺等）、礼制建筑（圜丘、明堂、天堂等）、宅居（白居易故居）、仓储（含嘉仓、何家村窖藏）等具体形制和特征，对长安、洛阳两京都城内涵的研究也不断深入。同时，隋唐离宫遗址例如隋仁寿宫唐九成宫遗址、唐华清宫遗址的考古研究也取得了显著的突破。

唐代扬州城是重要的商贸城市，其城址的考古工作自新中国成立以后即有零星的展开，大规模系统的工作则主要是在1987年以后开始的，从而对子城和罗城的范围、罗城的修建年代以及城内道路、水网及里坊的布局等有了较明确的认识。渤海国是唐代在东北地区的少数民族地方政权，其最重要的首府为上京龙泉府，该城址的大规模考古工作开展于1963～1964年，究明了城址的范围和建制布局以及寝殿、官署佛寺等各类建筑遗址的内涵和结构，揭示出其布局设计受到唐长安城的影响。近年来还发掘了部分宫殿和门址。

4．宋元都城与地方城址研究

[70] 徐光冀：《东魏北齐邺南城平面布局的复原研究》，《宿白先生八秩华诞纪念文集》，文物出版社，2002年。

[71] 贺云翱：《六朝瓦当与六朝都城》，文物出版社，2005年；王志高：《论南京大行宫出土的孙吴云纹瓦当和人面纹瓦当》，《文物》2007年第1期。

辽宋金元明时期，是中国古代都城形制规划和布局最为鼎盛的阶段，城址考古研究主要包括了开封北宋东京城、杭州南宋临安城、北京元大都城等方面。北宋都城东京开封府城的考古工作始于1981年。学者根据考古新发现，对开封城的形制布局等进行了探讨，但存有不同的认识[72]。多数学者结合文献，认为宫城周长为5里，但有人提出宫城周长9里的新说。进而在原三重城的基础上，提出开封城为四重城环套的新认识，即宫、皇城分别有两重城。同时对宋金两朝皇城的范围也有不同看法，有关开封府城形制布局的研究，反映了当前这方面考古学研究的最新进展[73]。南宋临安城的考古工作，启动于20世纪80年代，90年代以后屡有重要发现，如南宋太庙遗址、临安府治遗址、老虎洞南宋官窑遗址等。2005年基本确定了皇城四至范围以及重要宫殿基址位置，相关考古学研究也随之展开[74]。辽上京、辽中京、金上京、金中都、元上都、元大都、明北京、明南京、明中都等遗址曾有一些考古调查发掘工作[75]。其中元大都考古工作始于1964年，已基本搞清其形制布局，并对一些重要机构遗址进行了研究。近年，有学者提出了元大都城市规划的中轴线与宫城规划的中轴线不同的新认识。元大都秉承了北宋东京开封城的规划传统，是我国古代晚期城市的典型代表。

宋金元明时期的地方城市发现很多，有关学者对地方城市形制布局特点做过概要的阐述。但大多城址因缺乏考古调查勘察，而缺乏系统深入的考古学研究。

（二）陵寝与墓葬研究

秦汉至元明清时期考古发掘的陵寝墓葬数量极大，尤其是一批墓主人身份、埋葬年代明确的墓葬，更具有学术价值，通过大量资料开展的编年研究、文化区域性研究直至社会政治制度研究等等，可谓成绩斐然。

1. 秦汉帝陵与墓葬研究

60年来业已发掘的古墓葬中秦汉时期墓葬所占比例很大，因此这方面的研究成果非常丰富，一些地区建立起墓葬发展演变的考古学年代谱系[76]。通过墓葬资料研究出的秦汉时期考古学文化特性，一定程度反映了秦汉封建集权帝国的统一与中华民族形成与发展。

秦始皇陵是中国古代规模最大的帝陵，自20世纪60年代开始勘探调查至今已持续工作近半个世纪，特别是70年代发现清理兵马俑坑后，考古研究成果丰硕。陆续发现了数百万平方米的建筑基址，600余座各种陪葬坑（墓），发掘出土了5万余件各类器物。随着一些重要遗迹的发现发掘[77]，秦始皇陵墓陵园布局、出土文物的研究日渐深入。而对秦代一般墓葬的认识则有一个发展过程，70年代中期以后随着发

[72] 开封市文物工作队编：《开封考古发现与研究》，中州古籍出版社，1998年；刘迎春：《北宋东京城研究》，科学出版社，2004年。

[73] 孟凡人：《北宋东京开封府城的形制布局》，《故宫学刊》总第四辑，2008年。

[74] 《杭州南宋临安城皇城考古新收获》，《2004中国重要考古发现》，文物出版社，2005年。

[75] 《中国大百科全书·考古学》“宋元明考古”条，中国大百科全书出版社，1986年；中国社会科学院考古研究所：《新中国的考古发现和研究》，文物出版社，1984年。

[76] 中国科学院考古研究所：《烧沟汉墓》，科学出版社，1960年；以及《广州汉墓》、《西安地区汉墓》等。

[77] 陕西省考古研究所：《秦始皇帝陵园考古报告（1999年）》，科学出版社，2003年；袁仲一：《秦始皇陵兵马俑研究》，文物出版社，1990年；段清波等：《秦始皇帝陵的外藏系统》，《考古》2003年第11期。

葬，重要者如隋李静训、唐独孤思贞墓、金乡县主墓等。有关研究就西安地区唐墓的形制进行了讨论[93]。洛阳郊区的隋唐墓葬以20世纪80年代发掘的偃师杏园墓群最为重要，其他地区重要的墓葬还有河南安阳隋代墓群、宁夏吴忠市隋唐墓葬、山西隋虞弘和唐李宪墓等。

隋唐时期边远地区的墓葬考古也取得了显著的突破，发掘的重要墓葬有宁夏固原和吴忠北郊墓群、新疆吐鲁番阿斯塔那和哈拉和卓的麹氏高昌和唐代墓群、黑龙江宁安渤海国墓群、青海热水血渭吐蕃吐谷浑邦国墓葬等，出土的雕刻石椁、文书、东罗马金币、粟特文等多种文字墓志、各种丝绸织物等，对中外经济文化交流历史、吐蕃历史以及边疆地区的历史文化研究提供了极其重要的实物资料。五代十国时期的墓葬也发掘了许多，重要者有杭州和临安的吴越钱氏王室和重臣墓葬、福建福州闽国刘华墓、河北曲阳五代王处直墓等。

4．宋辽金元明清陵墓研究

宋元明清发掘的帝陵不多，但是都十分重要。北宋皇陵位于河南巩义市西南部，共葬七帝八陵，还祔葬后陵22座以及上千座皇室陪葬墓。20世纪50年代以来，对宋陵的多次调查、勘测、发掘，基本搞清了北宋帝陵的陵园建制和平面布局，取得了研究成果[94]。南宋帝陵，葬有六帝，因没有正式的考古工作，研究很薄弱，根据间接资料并结合文献，大体认为南宋帝陵攒宫的石藏子制度[95]。辽代设有祖陵、怀陵、庆陵、乾陵和显陵，共5处，近年来，在配合大遗址保护工作中，对辽祖陵陵园进行了一系列工作，进而推动了祖陵陵园布局、辽代陵寝制度的研究[96]。金代帝陵位于北京周口店镇北，共葬金国七帝和10位先祖，1986年开始考古工作，发掘了金太祖完颜阿骨打睿陵等，对金陵形制有了初步认识[97]。西夏王陵位于今宁夏银川西贺兰山东麓，有9座帝陵，现确认了第7号陵为西夏第5个皇帝李仁孝的寿陵，其余8陵尚有争议。在考古工作基础上，有关研究探讨了西夏帝陵的平面布局[98]。明代共五陵,即明皇陵、祖陵、显陵、孝陵和明十三陵。明十三陵位于北京昌平天寿山中，唯一经科学发掘过地宫的陵墓是定陵[99]，这对于研究明代帝陵制度具有重要学术意义。近年对明代五陵及诸侯王陵墓制度研究也有新的认识[100]。

宋辽金元明时期的墓葬，由于民族间文化差异，丧葬制度和习俗各具特色。考古研究主要集中在分区分期、形制类型、墓葬壁饰和主要葬俗等几个方面。其中宋墓和辽墓的研究略显丰富[101]。出版于20世纪50年代的《白沙宋墓》，开创了宋元墓葬研究方法的先河[102]；也有根据文献《大汉原陵秘葬经》的有关记载，对唐宋墓葬进行研究的范例[103]。此外，有的通过宋代丧葬习俗及其体现的社会意义的深入探

[93] 宿白：《西安地区的唐墓形制》，《文物》1995年第12期。

[94] 河南省文物考古研究所：《北宋皇陵》，中州古籍出版社，1997年；冯继仁：《论阴阳堪舆对北宋皇陵的全面影响》，《文物》1984年第8期。

[95] 苏州市文物保管委员会等：《苏州吴张士诚母曹氏墓清理简报》，《考古》1965年第6期。

[96] 中国社会科学院考古研究所内蒙古第二工作队等：《内蒙古巴林左旗辽代祖陵陵园遗址考古述要》，《考古》2009年第7期。

[97] 北京市文物研究所：《北京金代皇陵》，文物出版社，2006年。

[98] 宁夏文物考古研究所：《西夏陵》，东方出版社，1995年；宁夏回族自治区文物研究所等：《西夏三号陵》，科学出版社，2007年。

[99] 中国社会科学院考古研究所、定陵博物馆、北京市文物工作队：《定陵》（上、下），文物出版社，1990年。

[100] 孟凡人：《明孝陵陵园形制布局及其相关问题的探讨》，《新世纪的中国考古学——王仲殊先生八十华诞纪念论文集》，科学出版社，2005年；刘毅：《明代帝王陵墓制度研究》，人民出版社，2006年；董新林：《明代诸侯王陵墓初步研究》，《中国历史文物》2003年第4期。

[101] 参见秦大树：《宋元明考古》，文物出版社，2004年；董新林：《中国古代陵墓考古研究》，福建人民出版社，2005年。

[102] 宿白：《白沙宋墓》，文物出版社，1957年。

[103] 徐苹芳：《唐宋墓葬中的“明器神煞”与“墓仪”制度》，《考古》1963年第2期。

讨，推进了宋代墓葬研究的层次；有的研究通过区分契丹和汉人的墓葬，逐渐构建辽代考古学的时空框架；也有对辽代墓葬壁画进行集中研究的[104]。

（三）农业手工业遗迹遗物研究

建国60年来有关农业手工业遗迹与遗物的研究内容广泛，涉及农田水利灌溉工程遗迹、金属矿冶遗迹、农具制作作坊遗迹、陶瓷窑址、钱币铸造作坊遗迹等，以及上述遗迹中出土遗物研究等多方面。20世纪90年代中期之前，农业手工业研究具有新发现带动新研究的特点，如陕西径阳谷口秦郑国渠与汉白公渠渠首工程遗迹发现与调查、四川灌县都江堰遗址东汉测量水位石人像的发现、安徽寿县安丰塘汉代水堰灌溉遗迹的发现等，推动了对上述农业水利工程遗址的研究；90年代中期以后，随着研究的积淀和考古资料的不断丰富，出现了专题研究逐渐系统化的趋势，有的研究迎来了主动设计学术课题、多学科合作的可喜局面，例如古代金属铸造制作技术研究、古代盐业遗迹遗物研究等。

1．矿冶遗迹遗物研究

汉唐宋元明时期矿冶遗迹与遗物的研究。这是一项重要的学术课题，经考古调查发现的汉代冶铁遗迹分布十分广泛，主要集中在黄河流域各省区以及江苏、四川、新疆等地，其中河南省内发现遗迹比较集中，且具有较大规模。经多学科共同研究，对汉代铁作坊中遗迹遗物有了科学认识，汉代冶铁作坊中使用了耐火材料，创造出热鼓风熔炉和日产吨铁的大型高炉，广泛使用了铁范和叠铸范，并生产出“球墨可锻铸铁”和铸铁脱碳钢等产品，是世界冶金史上的一朵奇葩[105]。汉代一批铁官作坊遗址的发掘，获得了丰富的冶铁遗迹、遗物第一手资料，促进了学者对汉代冶铁制造的组织管理、铁器使用、文化交流等方面进行了多角度的研究[106]。发现的唐宋时期之后矿冶遗迹，其分布范围有所扩大，矿冶种类、产品也更加丰富，如江西分宜县唐宋采矿冶铁遗址、南京的丸华山唐代铜矿遗址、安徽铜陵的汉唐至北宋采矿冶遗址、河南桐柏围山城唐宋至明清银矿遗址、栾川红铜沟金银铅锌共生矿遗址、灵宝明清秦岭古金矿遗址、北宋煤矿遗址等。在研究中发现这些矿冶遗址有的集采矿、冶炼、铸造遗迹于一地，代表了唐宋矿冶生产的水平与特点。古代铸钱是官府管理的重要手工业，随着铸币遗址的发现也有相关的研究[107]。

2．农业遗迹遗物研究

就社会经济类型而言，中国古代社会是农业经济型社会。农具和农田水利工程自秦汉时期开始得到迅速发展，生产力的发展推动了社会进步。汉代铁农具种类繁多，形态甚至沿用至近代，较多地发现铁犁铧和耧足等，说明当时犁耕的普及，汉

[104] 李逸友：《辽代契丹人墓葬制度概说》，《内蒙古东部区考古学文化研究文集》，海洋出版社，1991年；刘未：《辽代汉人墓葬研究》，《汉学研究》第二十四卷第一期，台湾，2006年。

[105] 北京钢铁学院“中国冶金史”编写小组：《中国冶金史》，科学出版社，1978年。

[106] 白云翔：《先秦两汉铁器的考古学研究》，科学出版社，2004年。

[107] 河南省文化局文物工作队：《河南鹤壁市古煤矿遗址调查简报》，《考古》1960年第3期。

墓壁画中耧播图等生产画面的资料，正是对当时农业生产水平的最好诠释[108]。生产工具的进步极大地提高了农作物产量，仓储遗迹的发现从另一个侧面反映了汉唐宋元社会农业经济的缩影。有关研究涉及洛阳汉河南县城粮仓遗址、陕西华县西汉京师仓遗址、隋洛阳含嘉仓遗址[109]等。此外，通过研究农田遗迹、各种大型农具以及画像石、壁画等考古资料，对秦汉至宋元农业发展水平有了更丰富而形象的认识。农作物方面的研究，既有通过出土壁画上的园圃图、宴饮图、采桑图等资料层面的研究，也有通过多学科合作对仓储、墓葬等遗迹出土遗物的综合研究，这些促进了我们对于汉唐时期农作物品种的认识[110]。

3．陶瓷业遗迹遗物研究

陶瓷手工业的发展引发了汉唐宋元时期社会生活习俗的改变。60年来对于陶瓷器作坊遗迹与制品的考古学研究取得了极大的成就，从20世纪50年代窑址踏查、采集标本、对比研究，发展到80年代有目的较全面地发掘研究不同窑系的窑址[111]；近10年随着全国各地不同窑系窑址研究的深入，更引发了在瓷器研究领域中以窑系划分为研究脉络的反思[112]。

秦汉时期瓷器的生产逐渐兴起，为此后瓷器成为社会中最重要的日常器类奠定了基础。有关研究认为，浙江上虞等地发现的汉代瓷窑遗址完成了从原始瓷向瓷器的过渡。江浙一带发现了密集的瓷窑遗址，显示东汉时期瓷器手工业发展迅速；瓷器、釉陶器在汉墓普遍随葬，也说明瓷器在人们的日常生活中逐渐普及。经过三国两晋南北朝时期南北文化的交融，隋唐之后南方和北方瓷器制作逐渐形成地域特色，特别是官窑的形成极大推进了瓷器工艺水平[113]。

隋唐时期是中国瓷器发展的重要阶段，经过几十年大规模的考古调查和发掘，文献所记的唐代各著名窑口已基本找到，不同地区的窑系基本区分清楚，南方地区主要有浙江上虞、余姚、慈溪的越窑，浙江金华地区婺州窑窑址，江西丰城洪州窑址，安徽淮南市寿州窑窑址，湖南湘阴岳州窑、长沙铜官窑和四川邛崃县邛窑等，这些窑址形制以长条斜坡状龙窑为主。北方地区主要有河北内丘、临城的邢窑窑址，河北曲阳涧磁村的定窑窑址，河南安阳北郊安阳窑址，河南巩县的大小黄冶村巩县窑窑址，陕西铜川耀州窑窑址，这些窑址形制以圆形、马蹄形口为主，主要烧造白瓷、三彩。通过研究相关遗迹和遗物，一般认为隋唐瓷窑较普遍使用的匣钵、化妆土等技术，达到当时陶瓷制造业的新高度。值得指出的是，自20世纪70年代末在扬州等地陆续发现唐青花瓷片以来，唐青花问题引起了人们的注意。

宋元时期进入了中国古代陶瓷业生产的黄金时期，在大江南北形成了异彩纷呈

[108] 孙机：《汉代物质文化史图说》，文物出版社，1991年。

[109] 河南省博物馆等：《洛阳唐含嘉仓的发掘》，《文物》1972年第3期。

[110] 王仲殊：《汉代考古学概说》，中华书局，1984年。

[111] 中国硅酸盐学会主编：《中国陶瓷史》，文物出版社，1987年。

[112] 秦大树：《论“窑系”概念的形成、意义及其局限性》，《文物》2007年第5期。

[113] 中国社会科学院考古研究所等：《南宋官窑》，中国大百科全书出版社，1996年。

的局面。元代以后，制瓷业重心为景德镇一枝独秀。1959年铜川耀州窑址的发掘，开启了瓷窑址考古的序幕[114]。近年来，宋代瓷窑址的重要成果相继公布，促使学术研究不断深入[115]。此外，辽代陶瓷考古也有一些新的进展[116]。宁夏灵武西夏窑址的发掘[117]，对于认识西北党项族的制瓷业有着重要的意义。明代是中国古代瓷器制造业的一个新阶段。以景德镇官窑为代表的精品瓷器生产技术的发展[118]，突显了景德镇全国制瓷业中心的地位。

4．其他手工业遗迹遗物研究

在秦汉至宋元明时期手工业遗物专题研究比较活跃的还有金银器研究、玻璃器研究、漆器研究、纺织品研究等[119]。

（四）佛教考古与中外文化交流研究

1．佛教石窟寺考古研究

中国石窟寺考古研究从初创建立到发展至今，经历了不同的阶段。20世纪50～70年代是石窟寺考古学研究的开创阶段，80年代至今为发展繁荣阶段。

第一阶段石窟寺研究，经历了从佛教美术史研究向石窟寺考古研究的转变。20世纪50年代初夏鼐先生提出了敦煌石窟研究中如何应用考古学方法的问题[120]，此后的1956年有《参观敦煌莫高窟第285窟札记》一文发表。这是首次运用考古学类型学方法研究石窟寺的论文，对285号窟壁画进行了分类对比，进而推断该窟同层壁画不是同时绘制的，在年代学上存在早晚关系[121]。这种研究方法对此后敦煌石窟寺考古研究产生了深远影响，直到60年代初石窟寺考古学研究初步形成[122]。

第二阶段石窟寺研究逐渐成熟起来，特别是很多石窟寺积累了发掘、调查和实测的资料，进一步推动了学术研究。考古工作较深入的地点主要有新疆拜城境内的克孜尔石窟、大同云冈石窟、洛阳龙门石窟、巩县石窟、邯郸响堂山石窟、太原天龙山石窟、甘肃敦煌石窟、永靖炳灵寺石窟、 天水麦积崖石窟、南京栖霞山石窟、四川大足石窟等，在上述石窟工作的基础上发表了一批重要的研究论文[123]。这一阶段《中国石窟寺考古》一书的面世具有较重要的学术意义[124]。近10年石窟寺研究还显现出一些新的特点，就是研究方法更加成熟，对于个案研究更加深入。尤其是一些石窟寺遗址、摩崖刻经的调查发掘，运用了包括激光三维扫描测量、全站仪测绘等技术，极大提高了原始资料的精确度，同时还取得一些新的发现[125]。

2．佛教寺院遗址考古研究

佛教考古除石窟寺研究之外，佛寺考古也是一项重要的工作。迄今发掘的北朝至宋代一些佛寺遗址，如洛阳北魏永宁寺遗址、邺城东魏北齐赵彭城佛寺遗址、

[114] 陕西省考古研究所：《陕西铜川耀州窑》，科学出版社，1965年。

[115] 北京大学考古学系、河北省文物研究所、邯郸地区文物保管所：《观台磁州窑址》，文物出版社，1997年；河南省文物考古研究所：《禹州钧台窑》，大象出版社，2008年5月；陕西省考古研究所：《宋代耀州窑址》，文物出版社，1998年。

[116] 彭善国：《辽代陶瓷的考古学研究》，吉林大学出版社，2003年。

[117] 中国社会科学院考古研究所：《宁夏灵武窑发掘报告》，中国大百科全书出版社，1995年。

[118] 刘新园等：《江西省景德镇市珠山明、清御窑遗址考古发掘获重大成果》，《中国古陶瓷研究》第十辑，紫禁城出版社，2004年；北京大学考古文博学院等：《江西景德镇市明清御窑遗址2004年的发掘》，《考古》2005年第7期。

[119] 齐东方：《唐代金银器研究》，中国社会科学出版社，1999年；安家瑶：《中国的早期玻璃器皿》，《考古学报》，1984年第4期；沈从文：《中国古代服饰研究》，台北南天书局，1988年。

[120] 夏鼐：《漫谈敦煌千佛洞与考古学》，《文物参考资料》1951年第5期。

[121] 宿白：《参观敦煌莫高窟第285窟札记》，《文物参考资料》1956年第2期。

[122] 宿白：《敦煌七讲》，1962年敦煌文物研究所油印本。

[123] 晁华山：《克孜尔石窟的洞窟分类与石窟寺院的组成》，《北京大学考古专业三十周年论文集》，文物出版社，1990年。

[124] 宿白：《中国石窟寺考古》，文物出版社，1996年。

[125] 山东省石刻艺术博物馆等：《山东泰山经石峪摩崖刻经及周边题记考察》，《考古》2009年第1期。

隋唐长安城青龙寺遗址、西明寺遗址、洛阳城南郊奉先寺遗址、山西太原唐童子寺遗址、新疆吉木萨尔县北庭镇高昌回鹘佛寺遗址等，都有十分丰富的信息量，对上述佛寺遗址也有一些专门研究。由于迄今基本没有全面发掘的佛寺遗址，因此十六国、南北朝至隋唐时期佛寺布局的研究，还需要把考古资料与历史文献研究结合起来展开。

佛塔属于佛寺中重要的建筑物，随着时光的流失，古代佛寺建筑可能逐渐被湮灭在历史的长河中，而佛塔塔基或地宫有时还能幸存至今，成为佛寺考古的重要资料。近60来已清理了数十座佛寺塔基遗迹[126]，这些塔基出土了大量重要的文物，通过对比研究，认识到了北朝至隋唐时期舍利瘗埋方式及舍利具的演变规律，同时还对5～7世纪东亚地区佛塔建造技术有了一定的认识[127]。

3．其他宗教遗迹遗物研究

佛教以外的宗教还有道教，以及从国外传入中国的景教、祆教、摩尼教等。发掘调查的道教遗迹有河北易县龙兴观遗址、唐大明宫内三清殿遗址、唐华清宫中朝元阁和老君殿遗址等。有学者通过在新疆吐鲁番吐峪沟进行的研究，鉴别出一批摩尼教石窟壁画遗存，摩尼教遗存在新疆并非仅此一例，值得今后加强研究。此外，许多学者还对西安碑林《大秦景教流行中国碑》进行了较深入研究，与此相关的遗物还有2006年在洛阳出土的唐元和九年(814年)《大秦景教宣元至本经》经幢。祆教的遗物虽未发现，但北周和隋唐时期祆教徒墓葬近年屡有发现。

4．中外文化交流与丝绸之路考古学研究

汉代的丝绸之路不仅是一条商旅之路，同时也是承载了东西文化交流的通廊，汉代丝织品等商品由长安远销西域、中亚、西亚乃至欧洲各地。至隋唐时期，丝绸之路在东西文化交流上依然发挥巨大的作用，丝绸之路沿线中国境外的古代遗址出土了中国生产的瓷器、铜镜、唐三彩等，还有为了满足西方市场需要而制作的特殊纹饰的丝织品。而在中国境内出土了大量的外国钱币，其中波斯萨珊朝银币的数量最多，其出土地点大部分分布在丝绸之路沿线及国内交通干道附近。此外中国内地出土的萨珊玻璃器、波斯釉陶器等都应是从伊朗输入的，其中波斯釉陶器很可能是途经海路输入中国的。辽宋时期的墓葬和佛塔中，都发现了精美的伊斯兰玻璃，这反映了中外文化交流的情况[128]。至元代，海上的“陶瓷之路”取代了以往的海上丝绸之路，出现了外销瓷器贸易异常繁荣的局面[129]。

（执笔：王巍　朱乃诚　徐良高　朱岩石　龚国强　董新林）

[126] 徐苹芳：《中国舍利塔基考述》，《中国历史考古学论丛》，台湾允晨出版社，1995年。

[127] 《历史与文化特集——东亚地区六至七世纪佛寺塔基考古学研究论集》，日本东北学院大学，2006年。

[128] 阿卜杜拉·马文宽：《伊斯兰世界文物在中国的发现与研究》，宗教文化出版社，2006年。

[129] （日）三上次男著、李锡经等译：《陶瓷之路》，文物出版社，1984年；马文宽、孟凡人：《中国古瓷在非洲的发现》，紫禁城出版社，1987年。

中国考古工作60年

1949~2009

北京市

中国考古60年

中国考古60年 北京市

一 60年的考古历程

北京地区的现代考古前奏，最早是1918年由瑞典学者安特生在对周口店猿人遗址的调查和试掘中奏响的。1949年北平和平解放时，为了保护城内的文物古迹，中共北平军事委员会特设了文物部，从国民党手中接管故宫博物院、清代的皇家园林以及其他古代建筑，可以说是新中国文物保护工作的开始。1951年7月，北京市文物调查组成立，在全市范围内开展了第一次全面的文物普查工作，真正拉开了北京地区现代考古工作新的一幕。

北京市文物调查组成立伊始，就有计划地组织人员对当时市属的11个区县地上文物及古代墓葬、古遗迹进行登记，登记的总数量达到7445项，在开展文物普查的同时，还有计划地重点对金中都进行了考古调查，对明代万历皇帝陵进行了考古发掘，对董四墓村明代妃嫔墓做了清理。1962年，北京市文物工作队在房山县进行田野考古调查时，发现了琉璃河西周遗址，并在刘李店及董家林两地进行了小规模的试掘。

“文化大革命”开始以后，北京市的文物考古事业进入了一个缓慢发展的阶段。根据北京市文物研究所所藏文物普查档案统计，在“文革”中被砸毁佛像700多尊、石碑121通，甚至还有54公里长城多处被拆毁。1984年全市第二次文物普查登记资料结果表明，文物已锐减到19个区县共1457项。即使在考古工作遭遇严冬的情况下，文物工作者仍然从炼钢炉前抢救出金属文物117吨，从废纸堆中抢出图书资料320余万吨，从查抄物资集中点里选出的各类文物53.8万件。其间，还对元大都遗址和大葆台西汉墓进行了断断续续的发掘。1972年，国家文物事业管理局、北京大学历史系考古专业、北京市文物管理处的有关人员，再一次对琉璃河遗址进行了全面的勘察，并在1973年由北京市文物管理处与中国科学院考古研究所、房山县文教局等单位共同组成了琉璃河考古工作队，对遗址进行了长达数年的大规模发掘。此前，史学界对《史记·燕如公世家》记载的“周武王之灭纣，封召公于北燕”中的北燕封地的具体位置一直众说纷纭，琉璃河遗址的发现与发掘成果，对周初封燕问题的认识及周初燕都的具体定位，起到了关键的作用。

改革开放以后，北京地区的文物考古工作也迎来了一个新的发展机遇。其主要表现在以下几个方面：

一是考古工作逐步走上了法制化、规范化的轨道。1982年11月19日，全国人大常委会颁布

了《中华人民共和国文物保护法》，文物考古步入了有法可依的正轨。1984年，为了配合全国的文物普查工作，文物工作者首先在全市范围内开展了第二次全面的文物普查，发现了第一次文物普查未曾登记的文物4772项。1984年5月，中华人民共和国文化部颁布了《田野考古规程（试行）》，1985年5月，北京市文物研究所正式成立，主要负责北京市的田野考古工作。

二是随着科学技术的飞速发展，考古学与其他各学科的联系也越来越紧密。先进国家的一些考古思想和理念也不断传入我国。

1985～1991年，北京市文物研究所就广布于辽西地区的以含曲刃青铜短剑为主要特征之一的夏家店上层文化与分布于冀北山地一带以含直刃匕首式青铜短剑为其主要特征的另一文化，在分布地域、文化内涵、埋葬制度以及文化性质上的区别问题，组织专题研究，并组织了山戎课题组在北京市北郊军都山地带开展田野调查与考古发掘。这项为解决学术问题而主动开展的考古调查与发掘工作，最终取得了较为理想的成果。

三是随着全国城市基本建设的飞速发展，北京作为首都，城市基本建设更是呈现出点多、面积广、速度快的特点，配合城市基本建设的田野考古工作全面铺开。北京市文物研究所科学组织人员，积极应对，把田野考古、文物保护与深入开展科学研究三者紧密结合起来。在注重配合城市基本建设工程考古的同时，还树立了大遗址保护的观念，目前琉璃河商周遗址和金陵遗址两项大遗址保护工程已经启动。

二　追寻远古时代先民的足迹

远古时代是指史前人类使用文字之前的历史时代，学术界一般将其划分为两个阶段，即旧石器时代和新石器时代。北京地区的史前时代，占据了北京历史99.3%的时间，是一个非常漫长的历史发展过程。从1918年瑞典学者安特生对北京周口店古猿人遗址的试掘开始，到1949年新中国成立，中、外科学家对北京地区远古时代历史发展脉络的追寻，就一直没有停止过。

（一）旧石器时代的北京先民

新中国成立以后，北京地区旧石器时代的田野考古工作大体可以分为两个阶段。第一个阶段自20世纪50年代到70年代末，主要由中国科学院古脊椎动物与古人类研究所主持，对周口店遗址开展了多学科研究。第二阶段是20世纪90年代开始至今，主要由北京市文物研究所、中国科学院古脊椎动物与古人类研究所等多家单位在全市范围内进行广泛的田野调查，新发现了一批旧石器时代遗存。迄今发现的北京地区旧石器时代各阶段遗址和石器出土地点约48处，涉及到北京的9个区县，大多数集中于山区、半山区，平原地区只发现3处。北京地区旧石器时代文化可以分为早、中、晚三个时期。早期大约属于地质时代的中更新世，绝对年代为距今60万～20万年前，当时的北京人已进入直立人阶段。中期在地质时代属于晚更新世初期，大约距今约20万年～10万年，当时的北京人已进入早期智人阶段。晚期属于地质时代的晚更新世晚期，距今约10万年～2万年，此时的北京人已进入晚期智人阶段。

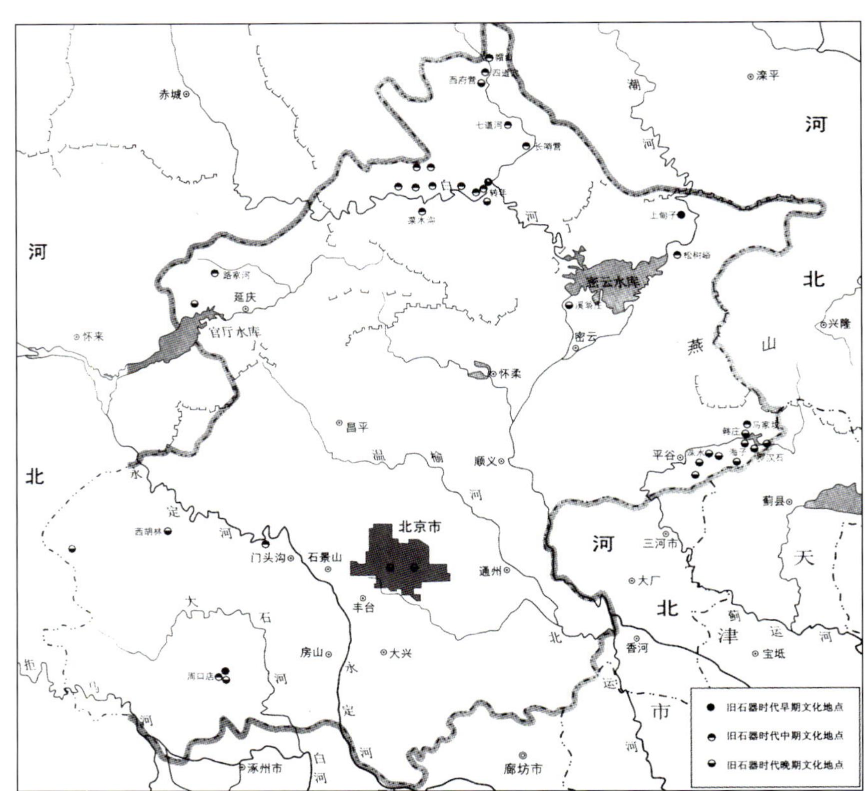

北京地区旧石器地点分布图

北京地区旧石器时代早期的遗址迄今发现的地点有4处，为周口店第一地点、第十三地点、第十三A地点和密云上甸子乡黄土梁地点。其中，第十三、第十三A地点于20世纪30年代进行发掘，发现了丰富的哺乳动物化石、用火遗迹和少许石制品，其所代表的时间晚于山西、河北、云南等地已发现的旧石器早期遗址；黄土梁地点是1991年新发现的一处旷野类遗址，位于潮河右岸的三级阶地。标本采集自红色砾石和亚黏土中，发现了50余件石制品，包括石核、石片、刮削器、砍砸器和有人工加工痕迹的石块等，加工水平低而粗糙，加工方式均为背向加工，与北京人的文化有着密切关系。

北京地区旧石器中期人类活动遗址目前发现22处。比较典型的有周口店新洞、周口店第十五地点及平谷县马家坟等。周口店新洞距周口店第一地点约70米。1973年2月，中科院古脊椎动物与古人类研究所对新洞的堆积物进行清理，发现一颗保存完整的人类牙齿化石，称之为“新洞人”，证明了在北京猿人之后与山顶洞人之前，周口店一带人类活动一直绵延未绝。在新洞中发现2件磨过的骨片标本，是迄今我国发现的最早的磨制骨制品，代表了一种新的磨制工艺技术的开端。马家坟地点位于平谷县东部约21公里，出土石制品19件，地面采集7件，多为小型石片，其中5件为石片加工的刮削器，长度在40毫米以下。加工原料以石英岩和燧石为主，采用锤击法打片，偶见砸击法。修整石器的方式多为向背面加工。

北京地区旧石器晚期遗存分布比较广泛，已发现的有房山周口店山顶洞、田园洞，密云东智，延庆佛峪口，怀柔杨树下、东帽湾，平谷罗汉石、马家屯、上堡子、刘家沟、海子、洙水、

小岭、豹峪、甘营、夏各庄和安固，门头沟西胡林和齐家庄，朝阳双桥，王府井东方广场，西城西单中银大厦等22处。除此之处，还在阜城门、上地等地点发现了披毛犀下颌骨、古菱齿象象牙等古生物化石。

周口店山顶洞遗址发现于20世纪30年代，在遗址发掘区的西南，因洞穴位于龙骨山顶，因而称之为山顶洞。山顶洞据其形状和堆积，分为洞口、上室、下室和下窨四个部分。接近洞口的上室较为宽阔，有烧过的灰烬，可能是住宿的地方。下室狭小阴暗，集中摆放着人骨，人骨旁边有不少红色的赤铁矿粉末和装饰品，当为有意识的埋葬，可以认定就是当时的墓地，这也是迄今中国境内发现的最早墓地。山顶洞出土石器数量为25件，原料主要是脉石英，其次为砾岩和燧石，使用锤击法和砸击法打片。在遗址中还发现大量的碎骨片和一些打击的骨器以及有磨痕的下颌骨，以1枚骨针和1件有磨痕及刻纹的鹿角棒尤为精美。骨针的出现意味着当时已可以用兽皮缝制原始衣服，抵御严寒。在山顶洞文化层中，还发现了很多鲤鱼骨和一条长约3尺的青鱼骨，说明鱼类也是山顶洞人食物的主要来源之一。据研究，与北京直立人相比，山顶洞人的脑容量增加，平均1393毫升，在现代人的变异范围之内，脑内动脉分支也与现代人接近，说明智力发达程度已同现代人接近。男性平均身高1.74米，女性平均身高1.59米，高于北京直立人。从铲形门齿这一显著特征来看，周口店地区发现的北京人、新洞人、山顶洞人之间存在着一定的继承关系，他们在原始蒙古人种的形成和东方文化的起源过程中起到了重要的作用。这一时期文化发展的另一重要标志，是山顶洞出土的大量装饰品。考古工作者在人骨化石附近已采集到的装饰品有石珠、钻孔砾石、孔鱼骨、穿孔兽牙、骨管、穿孔海蚶壳等141件，当属随身的佩饰、坠饰类，说明当时人类已经有明确的爱美观念。利用加速器质谱^{14}C测年法对山顶洞的年代再次进行测定，得出的年代为距今2.7万年左右。

新中国成立以来发现的旧石器时代晚期古生物化石有相当一部分是与人类活动遗迹共存的。大多数地点的标本无冲磨和风化痕迹，表明这些古生物骨骼在当时应属于原地较快掩埋的，据此推测当时人类已频繁活动于河岸和丘陵地区，在进行采集和狩猎时，就近制作生产工具，短期停留后随即离去。北京东城区东方广场就是这样的一处旧石器晚期人类临时活动的重要遗址。东方广场遗址面积约2000平方米，考古发掘揭露面积约780平方米，1996年12月～1997年8月发掘并进行了重要遗迹的迁移。出土标本近2000件，其中石制品占700余件，有石核、石片、石锤、石钻、刮削器及雕刻器等，以石片器为最多。另有一些骨器，有些骨器上有人工砸击和刻划的痕迹，或附着有赤铁矿粉。遗址上还有烧骨、烧石及木炭、灰烬等人类用火的遗迹。同时出土的还有牛、马、鹿、兔、鸵

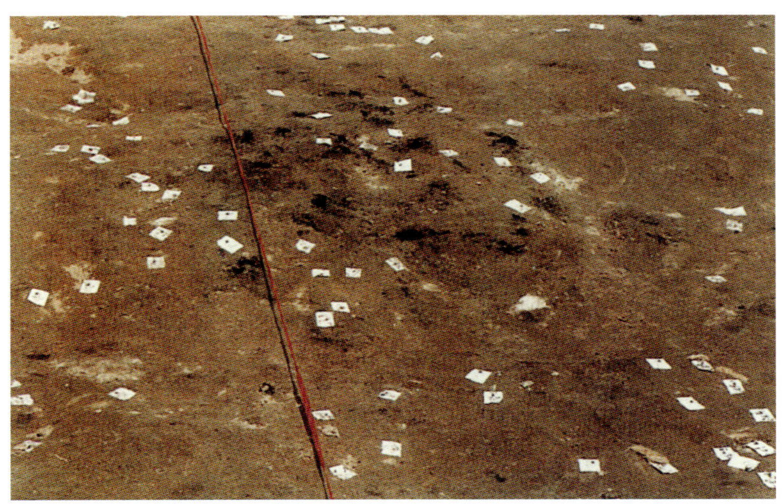

东方广场遗址烧火遗迹

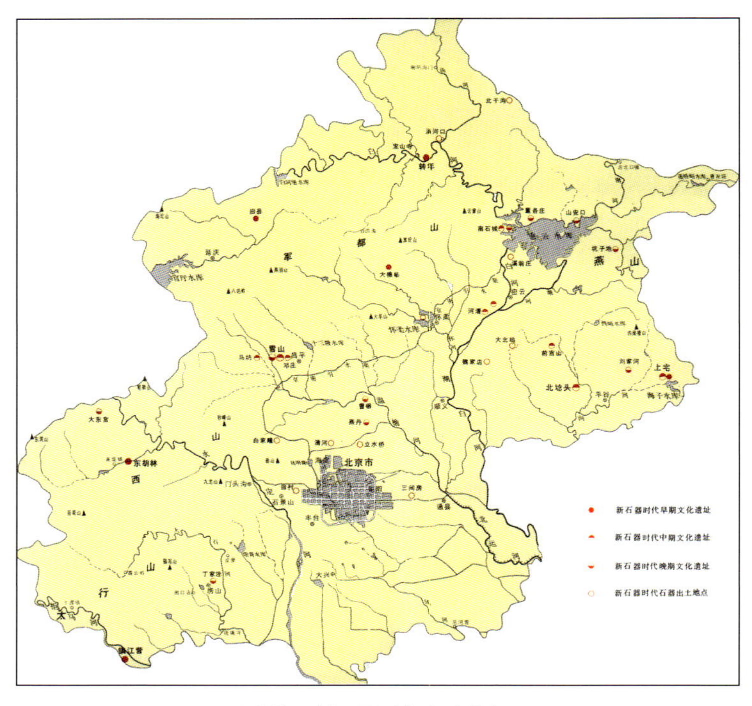

北京地区新石器时代遗址分布图

鸟等动物化石。^{14}C年代测定数据之一为距今24030±350年。可知旧石器时代晚期的人类已经越来越频繁地到平原地带活动，不断地增强生活能力，为最终走出洞穴做好了准备。

（二）新石器时代的北京先民

北京地区在不晚于1万年前已开始进入新石器时代。新石器时代的地质年代属全新世，这一时期的人们逐渐使用研磨的方法制造石器，开始制作陶器、定居生活固定化、产生原始农业并饲养家畜。在此基础上，人们从山洞中迁徙出来，选择平原地区定居。也就是说，这一时代的先民已从依赖天然赏赐进入到一种主动的生产经济阶段。北京地区的新石器时代考古资料，全部都是在新中国成立以后获得的，目前已发现的遗址、墓葬和零散遗存点约有40余处，较早时期的有门头沟东胡林遗址、怀柔转年遗址等，绝对年代在距今约11000～9000年前。

东胡林遗址位于门头沟区斋堂镇东胡林村西，处在黄土高原和华北平原的过渡地带，现存面积约3000平方米。1966年在该遗址发现新石器时代墓葬1座，墓内葬有2名成年男性个体和1名16岁左右的少女。少女属一次葬，两男性骨骼杂乱，应属二次葬。少女高约165厘米，颈部有穿孔螺壳项链，腕部戴有骨镯。因人骨发现于马兰黄土上，处于全新世黄土的底部，所以推断该遗址应属新石器时代早期遗址。2001～2006年，北京市文物研究所与北京大学考古文博学院又对该遗址的西南部进行了连续发掘，发掘面积总计270平方米。用^{14}C及热释光测年方法测出东胡林遗址的年代大致在距今11500～9000年间，属于新石器时代早期。

通过数次对东胡林遗址的发掘，共清理新石器早期墓葬2座，另有半具被扰动的人骨架及灰堆13座、灰坑5座，还有人类活动面、烧烤面、石器加工地点等重要遗迹，获得了石器、陶器、骨器、蚌器、动物骨骼等大量遗物。出土的石制品可分为打制石器、磨制石器、细石器、小石器四类；发现陶器计有60余片，多为器物腹片及底片，亦有少量口沿残片。陶片多为红、褐色，因烧制火候不高，大多数颜色斑驳。器表多为素面，少数饰有附加堆纹、压印纹。从陶片的断面看，有泥条盘筑法和泥片贴筑法。从器形看，一般为平底器，未见圜底器，主要有盆（盂）、罐等；骨制品有锥、尖状器、笄等；出土的骨梗石刃器和骨鱼鳔十分精美，皆用动物肢骨制成。蚌制品主要是用蚌壳或螺壳制作的装饰品，一般在一端或两端穿孔，可供系挂；动物骨骼数量较多，多为鹿类动物的肢骨及颚骨、牙齿等，还发现有猪骨、大型禽类骨骼等。表明当时人类获取食物的方式是以狩猎为主；墓葬形制为竖穴土坑墓，M1葬式为仰身直肢。人骨的鼻与口间，随

葬一件磨制而成的棍状玉石制品，初步鉴定为方解石。墓葬M2保存完好，葬式为仰身屈肢。头向东北，在墓主人的头部放置1件磨光小型石斧。根据地层关系断定，M2在时代上晚于M1，但仍属新石器时代早期墓葬。颈部及胸腹部发现有多枚穿孔小螺壳，应为墓主人生前佩挂之物。东胡林人将遗骸掩埋在黄土台地上，说明当时的人们可能已离弃世代居住的岩洞，开始在河畔的台地上，开辟新的劳动和生活区域。保存完好的古人类遗骸的发现填补了自山顶洞人、田园洞人以来，北京地区人类发展史的一段空白，为了解全新世以来人类的发展与演化提供了科学的依据。

东胡林墓葬M2

新石器时代中期较为重要的遗址有平谷上宅遗址、北埝头遗址，密云县燕落寨遗址及镇江营遗址等，绝对年代在距今约9000～7000年前。

上宅遗址位于平谷县城东北17公里处，金海湖镇上宅村西北，1984年北京市第二次文物普查时被发现，1985～1988年，北京市文物研究所和平谷县文管所对遗址进行了正式发掘。遗址自上而下可分为8层，其中③～⑧层为新石器时代文化层，主要遗迹为一条灰沟，出土陶器1000余件，皆为手制，有的以“贴筑法”成型。器壁较厚，火候不均，颜色不纯。灰陶多采用“盘筑法”，器壁较薄，陶质以夹砂和夹滑石陶为主，质地疏松，火候不高。还有少量泥质陶，以红褐色居多。大多数陶器表面都有纹饰，主要有抹压条纹、刮条纹、压印之字纹、篦点纹、剔刺麻点纹和刻划纹等。陶器以平底器为主，造型较简单，另有一些圜底器和圈足器，主要器形为深腹罐和各式钵；出土的石器约有2000余件，大多为打制、琢制或磨制的大型石器，以盘状器和单面起脊的斧状器数量最多。细石器多数是用间接打法制成的长条形石片，其种类有石镞、尖状器、刮削器、石刃等。此外还有打猎用的掷球、弹丸以及捕鱼工具，雕刻工艺品小石猴、小石龟、小石鱼等。推断遗址年代，大约在公元前5400～公元前4300年前后，差不多经历了1000多年时间。

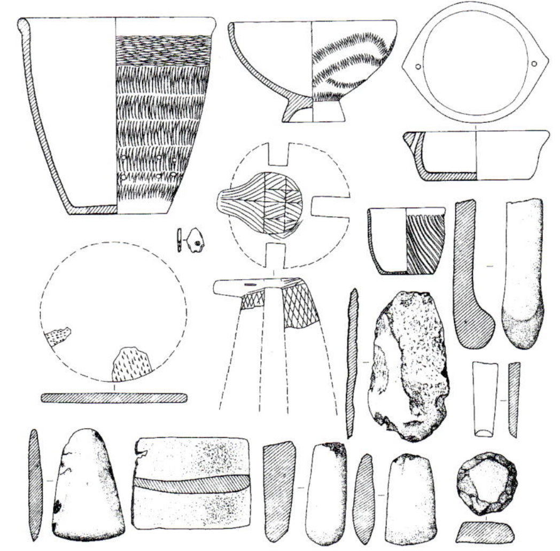

北埝头遗址出土陶、石器

北埝头遗址位于平谷县城西北7.5公里的大兴庄乡北埝头村西台地上，现存面积约6000平方米。1984年，北京市文物工作队和平谷县文物管理所对遗址进行了发掘，发现半地穴式房址10座。平面呈不规则的椭圆形，直径4米以上，室内无明显门道。每座房址居住面中部埋有一二件深腹罐，内存灰烬和木炭，靠墙的地面上发现较多的陶、石器。这批居住房址的分布比较密集，单体房屋的面积也比较大，室内地面经过烘

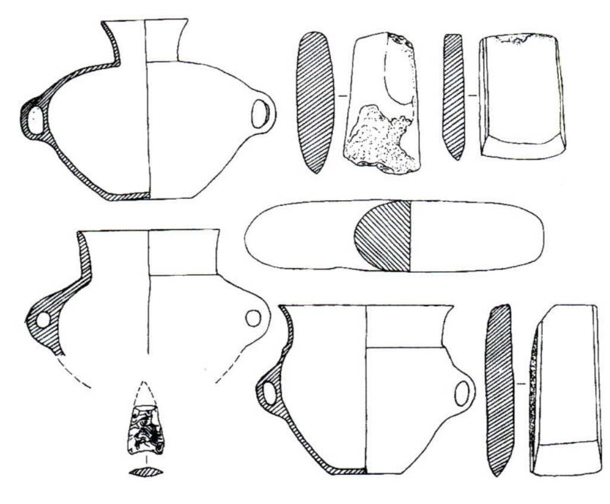
雪山遗址一期陶、石器

烤，从发现的几个柱洞的位置看，可以推测当时的房屋是一种篱笆墙式的半地穴建筑。

北埝头遗址主要遗物为陶器和石器。陶器完整器不多。陶质以夹砂为多，泥质陶很少，夹砂陶一般都掺滑石粉，陶色多褐色及红褐色。陶器全部手制，以泥条盘筑为主。陶胎较为厚重，厚薄均匀。由于火候不均，同一个体上往往有不同颜色。陶器上为缀合裂隙而钻孔的现象较为普遍，钻孔皆外大内小。纹饰以压印的“之”字纹数量最多，其次为划纹、刮条纹、篦点纹等，素面陶较少。器类中常见中大口深腹陶罐、圈足碗、鸟首镂空支座、圆陶饼等；石器计73件，细石器约占到三分之一，由硬度较高的燧石石料打制而成，采用直接或间接打击，有一些石器的刃部经过二次加工。器形有石镞、石刀、尖状器、刮削器等。大型石器有磨石、石斧、石铲、石磨盘、石磨棒等。制作方法以磨制为主，其次为打制和琢制。

北京新石器时代晚期遗存的典型代表有雪山遗址。该遗址位于昌平县城西4公里的雪山村，1982～1983年进行发掘，文化遗存分为两期。一期的石器种类有斧、凿、刀、磨棒、环、镞等。陶器以夹砂褐陶为主，其次是一种掺贝粉的泥质红陶，纯泥质陶很少。陶器的火候较低，陶质较疏松，陶色也深浅不一，在一件器物上，褐陶多数是红褐相间或者是灰褐相间。所有陶器中，除一件陶罐上饰有几组不规则的划纹以外，其余都是素面陶。陶器皆为手制，器类主要是罐。红陶钵和红陶黑彩陶片，透露出中原仰韶文化和北方红山文化某些信息。推测此期遗存的时代大约相当于仰韶或红山文化晚期。

雪山二期遗存发现有半地穴式房址地基3座，灰沟一条。房基呈椭圆形，东南方向开有斜坡门道。F3门道中部和地面上发现有柱洞痕。室内地面中部有平石一块，与门道柱洞相对，可能为柱础石。室内地面上有灶址，周围有木炭屑及陶、石遗物。灰坑皆为椭圆形锅底状，以H16为代表。此期遗存的陶器以夹砂褐陶为主，也有相当数量的泥质灰陶，其次有泥质黑陶、灰陶和红陶。还有少数白陶，因出土都是碎片，所以无法说明器形。器表纹饰以绳纹为主，其次是篮纹、弦纹、方格纹、附加堆纹等。大型器物为泥条盘筑、快轮修整；小件陶器则为快轮制陶，一些陶罐底部留有偏心涡纹。典型陶器有高领深腹罐、夹砂褐陶鬲、曲腹盆、平底盆、器盖、鼎、斝、曲腹碗、豆、纺轮等。石器以石斧数量最多。由于雪山二期文化与雪山一期文化内涵相差较大，有研究者认为，来自豫北一带的中原龙山文化北上，形成了雪山二期文化。雪山二期文化与雪山一期文化属不同的文化谱系，应反映了共工氏北迁的历史传说。

三　青铜时代的北京人生活

大约在公元前2000年左右，北京地区进入青铜时代，即历史上的夏至西周这一历史阶段，历史学家通常也将这一时代称之为“三代”。公元前1045年，周武王灭商后，分封周王室同姓贵族

召公于北燕，即今天的北京及周围地区。

北京地区的夏商周考古工作，始于20世纪60年代，此后，特别是70年代以来，取得了重大的突破。迄今已发现的夏商周时期重要遗址和墓葬有夏家店下层文化遗址、张营遗址、镇江营与塔照遗址、龙坡遗址、琉璃河遗址、夏家店下层文化墓葬、刘家河商墓、琉璃河西周燕国墓地、白浮村西周木椁墓、金牛村墓葬等。此外，还有一些其他零散发现。随着田野发掘所获得的考古信息的不断增多和考古学文化的确立，目前学术界已对这一时期的年代谱系认识日趋完善，研究表明，北京地区夏商周时期的考古学文化，主要包括了夏家店下层文化、张家园上层文化、商文化以及西周燕文化等几个部分。

夏至商早期，北京地区的原始文化属夏家店下层文化的范畴。在昌平区雪山村、下苑和张营，密云县燕落寨、凤凰山，平谷区刘家河，房山区塔照村、镇江营、西营和刘李店等都曾发现此类遗存。

1978年，北京市文物管理处对平谷县刘家河村附近遗址进行调查和小面积试掘，在刘家河村东南、海子北干渠附近土坡断崖上，清理夏家店下层文化灰坑1座。灰坑的西半部已被破坏，形状呈椭圆形，坑内堆积分四层。出土陶器以泥质和夹砂的黑衣陶为主，其次是夹砂褐陶。素面磨光陶的数量最多。纹饰以绳纹为主，其他仅有少量附加堆纹和篮纹等。器形有罐、盆、盘、碗等。从陶器特征看，灰坑的年代应属于夏家店下层文化偏早阶段。

1986年，在拒马河流域开展考古调查过程中，房山区南尚乐乡塔照村、镇江营、西营三处遗址的地表，发现有夏家店下层文化的陶片。

北京地区的夏家店下层文化，因其多属发掘其他时代遗址时的偶然发现，资料较为零散，目前比较单纯、完整的夏家店下层文化的遗址还未能发现。

比夏家店下层文化略晚的遗址中，以夏商之际的昌平张营遗址、商代中晚期的平谷区刘家河商墓最为重要。

张营遗址位于昌平区东约4.5公里张营村东的平缓坡地上，1984年北京市第二次文物大普查时发现。1989年3～6月、2004年3～5月，北京市文物研究所与昌平县文物管理所对张营遗址进行了抢救性试掘。两次发掘面积总计1570平方米，发现夏商时期灰坑122座、房址6座、陶窑1座、灶址11座、墓葬1座、瓮棺葬3具、灰沟1条。出土完整或可复原的陶器约90件，石器约334件，骨、角器约30件，铜器17件，玉器10件。另外，还获取了大量的陶、石、骨器标本和可供鉴定种属的动物骨骼标本等。

张营遗址发现的各类生产工具中，用于农业生产和农作物加工的工具如斧、铲、刀、磨盘、石杵等和用于制陶、纺织等日常生产、加工的工具如陶拍、陶垫、陶纺轮等所占比重较大，而与渔猎等有关的工具如鱼钩、网坠等所占的比重较小，由此可知，张营遗址的社会经济形态是以原始农业为主，同时兼营渔猎业。另外，斧、刀、镰、磨盘、石杵等始终是遗址主要的生产工具，一段、二段与三段遗存中出土的生产工具的种类比例变化不大，张营遗址这种生产工具的稳定性表明当时经济因素在其社会发展中变化得相当缓慢。

张营遗址发现的房址按形制分为圆形半地穴式和方形地面式两种。建筑形式比较简单，一座房址一般由居室、灶、门、柱洞等部分组成，部分房址还残存有墙壁。居室面积一般不超过13平方米。居住面多为黄土垫底，也有细砂垫底，均经烧烤。半地穴式房址F1主室平面呈葫芦形，由西南至东北形成三级踩踏台阶面。内壁有12个横向灰孔斜入进壁，可能是为了防潮而搭建交叉树干而形成的痕迹。在主室之西、南最上层台面还各有一个近椭圆形灰坑，可能是与F1一体的次室或偏室建筑。因遗址破坏较为严重，房址数目较少，分布散乱，整个聚落在空间分布上没有呈现出明显的规律性。从所揭露的房址和灶址存在的若干差别推断，该聚落内部阶层或有一定分化，社会内部各组织单位地位并不平等。发现的1座墓葬与居址范围没有分离，但因数量太少，无法了解当时埋葬习俗等有关情况。从两次发掘情况来看，张营遗址的经营是由南至北不断游移、扩大的过程。张营遗址面积较小，其性质为一般村落。

墓葬M6为长方形竖穴土坑墓，带生土二层台，东西向，墓底有黑灰色的木棺痕迹，木棺底部有一层青灰色的膏泥。人骨架1具，头向东，仅存股骨。随葬器物有陶罐、折腹盆、玉饰等。另一座墓葬W3的瓮棺平面为椭圆形，剖面呈锅底状或斜坡状，由2件陶器对接而成，瓮棺内仅存儿童牙齿1枚，出土器物有陶瓮、罐、鬲。

张营遗址中的夏、商文化遗存，可分为三个阶段：一段的年代大致为夏代中期至晚期，二段的年代在夏末商初之际，三段的年代自二里岗上层至白家庄期。张营遗址的文化内涵复杂，至少表现出曾受到中原、内蒙古中南部及东部、辽西、晋中及冀北等周邻地区的文化辐射，其中中原、北方两大文化阵营的对峙是最主要的方面，但遗址主要的文化因素明显更与北方系统相亲近，而与永定河以南地区者差异较大。

镇江营与塔照遗址地处华北平原和长城地区的连接点上，隶属于北京市房山区南尚乐乡。1986～1990年，北京市文物研究所连续5年对两遗址进行了发掘。两个遗址的揭露面积共计2170平方米，分属新石器时代和夏商周时代。其中夏商周时代有五种文化，一至五期分别为塔照一期遗存、塔照二期文化、张家园上层文化、西周燕文化、东周燕文化。从陶器器形、制陶传统看出，塔照一期遗存、塔照二期文化、张家园上层文化一脉相承，是西周封燕前的当地土著居民的文化，与商文化有着密切的联系；西周燕文化是西周封燕后的文化，对土著文化采取先排斥后融合的态度。

北京地区的张家园上层文化，其命名始于天津蓟县张家园遗址，商末覆盖了永定河南北区域，目前北京地区发现的地点有房山区镇江营遗址、琉璃河遗址，平谷区韩庄，顺义区牛栏山等。张家园上层文化可区分为三段，^{14}C树轮校正数据为公元前1408～前930年，经历了商末至西周中期的阶段。分布区域可东至滦河沿岸，北到承德一线，西止太行山，南达大清河。在这样大的范围内，永定河以南地区与商文化和周文化首先发生碰撞，而永定河以北地区与北方的文化有着更密切的联系，因此张家园上层文化客观上有区分地方类型的可能性。由夏家店下层文化、塔照二期文化一脉相承而来的张家园上层文化，商末达到鼎盛时期。有专家考证，该文化具备建立国家政权的实力，否则很难抵御商文化的强大攻势。商王乙、辛之前，燕国的族徽就出现在金文

中，如果商代有燕国存在，那必定是张家园上层文化建立的古国。

北京地区商代文化遗存发现较少，比较典型的有平谷县城东北14公里处的刘家河墓葬。该墓为南北向，似有二层台，墓底有红黑相间的泥状物。青铜礼器出土于南端的二层台上，金饰、玉饰、铜人面饰及铁刃铜钺等均出于墓葬底部。墓中出土金、铜、玉、陶、铁等文物40多件，是迄今北京地区发现的年代最早的商代中期的文物。出土的云雷纹小方鼎的形制和花纹，都与郑州出土的2件大方鼎相近；弦纹鼎、鬲、甗及鸟首鱼尾纹盘、盉等，形制与湖北盘龙城李家嘴墓出土的器物基本相同；饕餮纹鼎具有郑州二里岗上层器物的特点；三羊罍与郑州白家庄二号墓所出铜罍相似；铁刃铜钺与河北藁城台西村出土的标本基本相同；人面纹铜饰与安阳西北岗出土的人面铜饰相似。与上述殷商青铜文化因素伴存的，还有另外一种属于北方青铜文化因素的器物，如1对扁喇叭口式金臂钏和1件扁喇叭口的环钩形金耳环等，明显地与夏家店下层文化同类器物相似，表明刘家河这批青铜器遗存，至少包含两种文化因素，而装饰品的形式、风格与佩戴部位，是最能反映民族特性的，所以，这里的中原殷商青铜礼器很可能是属于外来输入文化因素，而以扁喇叭口式金臂钏和金耳环等看似少数的土著文化因素，才是真正体现其文化性质本质的固有文化因素。

刘家河墓葬的年代和文化性质，目前学术界尚存在不同意见，有的定位商代中期，有的认为应属夏家店下层文化遗存，有的认为可能为肃慎、燕亳或附近其他方国的遗存。根据该墓所出青铜礼器的总体特征，其时代推定在商代中晚期至殷墟早期阶段。从该墓出土的质量很高、工艺精致的金臂钏和金耳环，还有象征权力的铁刃铜钺，以及16件一套的成组青铜礼器分析，该墓墓主应为商代中晚期至晚期前段北方某方国的一位握有重权的贵族首领人物。

夏家店下层文化在北京消失后，北京地区已进入商代晚期。据文献记载，商代晚期北京地区有孤竹与燕亳两个著名的部族。这两个部族是商王朝北方的附属国，也是北方的屏障，它们与商王朝有密切联系。

西周燕文化以镇江营遗址最为典型。遗址的西周时期文化堆积，叠压在相当于商代的先燕土著文化之上，又被春秋时期的灰坑打破。从地层、房址、灰坑的相互打破和叠压情况分析，这一时期的文化堆积至少可分为三层，为北京地区西周遗址的分期提供了地层资料。

在镇江营遗址发现的房址较少且破坏严重，大部分房址只有垫土痕迹，形状不够规整，还有更多零星的与房址和垫土相关联而已被破坏的柱洞。房址基本平地起筑，内外套间，修建前地面均经过细致铺垫，整平地面后挖柱洞，较好的柱洞填土经分层夯实、烘烤形成坚实的柱础，柱础的平面呈现同心圆形，剖面锅底形，每层夯土厚薄均匀。居住面叠压在立柱周围填土之上，分层夯实。西墙处建有烧灶，并有烟道通向墙外。灰坑平面多为圆形，其次为长方形和不规则形。有的坑底出有兽骨，有的坑壁留有掘土工具痕迹。剖面直壁平底、袋形、锅底形、盆形等，其中圆角长方形灰坑形状规整，一侧多有柱洞，底部经铺垫加工，应是贮藏用的窖穴。

镇江营遗址出土遗物较丰富，陶器有鬲、罐、簋、盆、甑、拍等，还有骨簪、骨镞、骨锥、骨梭、铜镞等。陶质中含细砂，掺少量云母粉和粗砂粒，表面多呈灰色，有相当数量的褐色胎质，泥质灰陶较少。豆、簋等较细腻的泥质陶器轮制成形，鬲、罐、盆等胎质略粗的陶器采用泥片套接法，在器物的折沿、颈、肩、中腹、靠底的部位都可看出接茬的痕迹。除小型罐、簋器表素面外，一般都滚印整齐的竖绳纹，有的加弦纹隔断绳纹，器形中最常见的是袋足鬲，其次为罐、盆，簋较少，豆更少见。袋足鬲、矮足跟鬲、侈口罐、四系罐、多孔甑、高圈足簋等为常见的陶器组合。遗址中出有卜骨，背面经过平整和钻凿，正面刻出米粒大小的两行数字，专家鉴定为易经卦象。

镇江营遗址西周燕文化的初期曾与张家园上层文化的最晚期并行过一段时间，但前者很快覆盖了整个遗址，说明燕文化的人群较快地迫使张家园上层文化的人们离开了家园。镇江营遗址与琉璃河遗址在陶器方面共性较多，是燕文化的组成部分之一。

琉璃河遗址位于北京市西南43公里处的房山区琉璃河镇以北地区，范围包括洄城、刘李店、董家林、黄土坡、立教、庄头等村落周围。遗址东西长3.5公里，南北宽1.5公里，面积5.25平方公里。1958年，北京市进行文物大普查时发现该遗址。1962年，北京市文物工作队在房山县琉璃河公社北部的洄城、刘李店、董家林、黄土坡、立教、庄头村周围发现了商周时期遗址，并在刘李店、董家林村进行了小规模试掘。此后，一直到2002年，北京市文物管理处、中国社会科学院考古研究所、房山县文教局等单位共同组成的琉璃河考古工作队，以及北京市文物研究所与北京大学考古系等多家单位先后对琉璃河遗址进行了多年的调查和发掘，发掘面积大致超过20000平方米，在遗址内不仅发现了城址、城墙、护城河、大型宫殿类建筑遗迹、居址、房基、灰坑、窑址、铸铜作坊遗迹、各类墓葬、车马坑等各类遗迹，而且获得了上万件的重要文物。其聚落格局主要分为居住址、城址和墓葬区三部分。根据发掘积累的资料可知，城址位于遗址中部的董家林村及其周围，略呈长方形，南半部被河水冲毁，城址现存形状呈“门”字形。东西长约829、南北残长300余米。由于城址的最南端发现一处残存的城墙内护坡，推测南、北城墙的距离应有700米左右。城墙外发现有城壕。城墙的部分地段挖有基槽，大部平地起筑，采用分段、分层夯筑的方法，分为主墙和内外护坡，主墙基宽3米左右，夯打坚实，模板夯筑的痕迹清晰，板宽20厘米，夯层亦厚20厘米，此种筑城方式是西周燕都城的建筑特点之一。内外护坡夯打稍差，城外有宽3米的护城河，形状不规整，深度相对较浅，水面较宽，为城址的防卫设施。东城墙的北端发现一条卵石铺就的排水沟，东西向，用卵石砌成，沟底西高东低，沟口无盖板的痕迹并打破城墙夯土。城中偏北有夯土台基6处，应为宫殿区。在夯土台基的中部偏西，还发现1处平面呈长方形的水井，

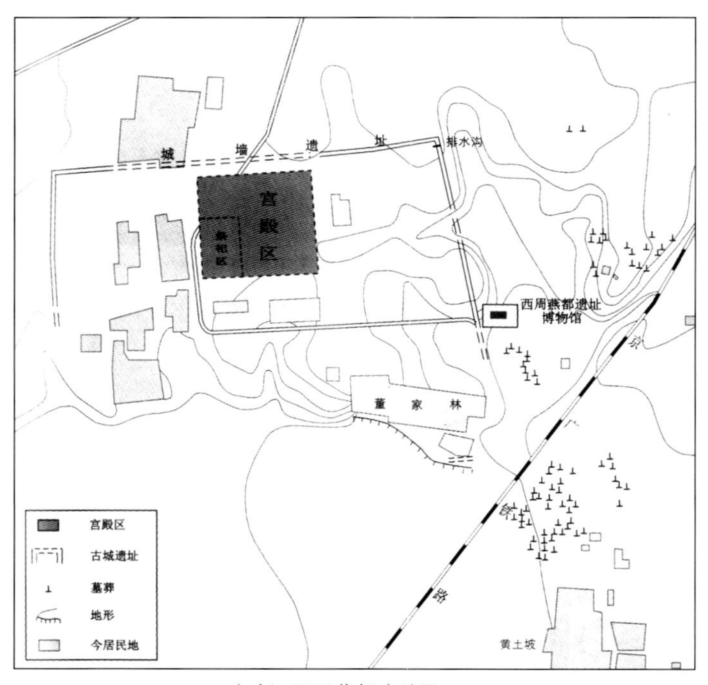

琉璃河西周燕都遗址平面图

井四壁皆由方木垒砌，上部只发现朽木痕迹。城址内还发现西周时期的板瓦、筒瓦，瓦上一般带有瓦钉，应是大型建筑上的遗存。在宫殿区周围还发现西周时期的陶质绳纹水管，这些都足以证明，在燕都城内曾存在过经规划的大型建筑。宫殿区的西南是祭祀遗迹，有的祭祀坑中葬有整头的牛或马，出有很多经过钻、凿的卜甲、卜骨，其中一片刻有“成周”2字，为琉璃河遗址的分期与断代提供了新的依据。城内西北部为手工业作坊区和平民生活区。城内陶器的器类比镇江营遗址丰富，如原始青瓷器、仿铜陶礼器、铸铜的陶模和陶范。

琉璃河遗址的文化堆积分为早、中、晚三期，分别相当于西周早、中、晚期。早期周文化、商文化、张家园上层文化共生。中期以后，商文化、张家园上层文化逐渐消失殆尽。

琉璃河遗址排水沟

四　东周时期的燕文化与玉皇庙文化

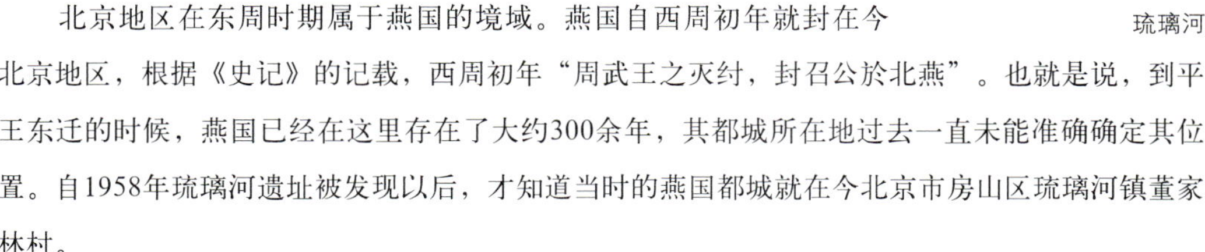

北京地区在东周时期属于燕国的境域。燕国自西周初年就封在今北京地区，根据《史记》的记载，西周初年“周武王之灭纣，封召公於北燕”。也就是说，到平王东迁的时候，燕国已经在这里存在了大约300余年，其都城所在地过去一直未能准确确定其位置。自1958年琉璃河遗址被发现以后，才知道当时的燕国都城就在今北京市房山区琉璃河镇董家林村。

考古学的发现和研究表明，东周初年乃至整个春秋时期，当时的北京地区始终存在着南北两个不同系统的考古学文化，一个是位于北京南部的燕文化，另一个则是位于北部燕山山地间的“玉皇庙文化”。这意味着当时在北京地区很可能存在着两个不同的政治、经济、文化实体。从目前的考古发现来看，春秋时期燕国的境域或许并不能够覆盖今天的整个北京地区，春秋时期燕文化的遗存，大部分分布在今北京西南部的房山区境内，如镇江营与塔照遗址、丁家洼遗址、前后朱各庄遗址等，只有一处发现于顺义区境内，而该处遗存的年代已经到了春秋晚期或春秋战国之际；“玉皇庙文化”主要集中分布于北京市延庆县北部的军都山等燕山余脉的山前地带，主要遗址有玉皇庙墓地、葫芦沟墓地、西梁垙墓地等。春秋时期是玉皇庙文化的繁盛时期，这种繁盛的局面可能一直持续到春秋战国之际。

进入战国以后，随着玉皇庙文化向北、向东——主要是向今河北省怀来、滦平等地的迁移，燕国的境域基本完全覆盖了今天的北京地区，甚至还向东北等地有了较大的扩展，考古发掘资料表明，当年的燕国长城已经延伸到了今天的辽宁、河北、内蒙古等境内，证实了文献记载的战国时期燕国向北开疆拓土的事实，而文献记载的上谷、渔阳、右北平、辽西、辽东等燕北五郡的大致范围内，也发现了较多战国时期燕文化的遗存，基于这些发现，我们可以说，战国时期的今北京地区，基本是燕国一统的局面。

（一）东周燕文化的重要考古发现

东周燕文化来源于本地传统的西周燕文化，但又明显不同于西周燕文化，是一个崭新的考古学文化。从目前的研究来看，东周燕文化大致形成于春秋中期，目前北京地区所见的春秋时期遗存以房山镇江营与塔照遗址、丁家洼遗址等为代表，其代表性的遗迹为圆形、方形以及不规则形等各类灰坑，房山前后朱各庄遗址还发现了一座升焰型陶窑，代表性的文化遗物是燕式高足陶鬲、近乎平裆的袋足陶鬲、折沿深腹圜底陶釜、细高柄陶豆、折沿盆等陶器，陶器表面以不同形式的绳纹为主要装饰纹饰；北京地区春秋晚期至战国时期的燕文化遗存发现数量较多，其中包括城址、聚落遗址、墓葬、窖藏等各种类型的遗存。

东周时期的城址多经考古调查或小规模的发掘，主要见于房山区，年代基本集中于战国时期。主要有窦店战国城址、蔡庄城址、长沟城址等。

窦店战国城址位于拒马河支流大石河东岸，隶属北京市房山区窦店镇，一度被称为“芦村城址”。1957～1990年，河北省文物工作队、北京市文物工作队及其后来的北京市文物研究所等单位先后对此城址进行了调查或小规模试掘。至1990年的考古工作开展时，窦店战国城址的南城墙还残存了高于地表6～7米的墙体，根据残存的墙体和地表以下的墙体基础，大致明确了该城址的轮廓。从已发表的调查报告中可以得知，该城最早的建筑和使用年代不晚于战国早期，是东周燕国境内一处重要的城镇。城带水而建，后世因河道的变迁使城址的北墙被毁，东西两道城墙也因为靠近村庄而遭到严重的破坏，只有南城墙保存情况较好。从残存的城墙遗迹可以得知，该城占地面积约128万平方米，周长约4500米，城平面近方形，残存的每面城墙各开设一座城门。城墙均为夯土墙体，墙体宽度约为16米。战国早期，燕国为了抵御齐、赵，建造了这座城池，该城在战国晚期进行过一次全面的整修，汉代在此基础上设置了良乡县，北魏时弃大城更筑小城，作为良乡县治，大城至此遂废。城内外一些地方可能存在冶铁遗址和建筑基址。调查和试掘过程中，还发现了一些灰坑和陶罐、陶釜、板瓦等遗物。

蔡庄城址位于周口店西南与河北省涞水县交界处，在顺拒马河右分支向下约2.5公里的一块高敞台地上。1959年初文物普查时发现。城大体呈正方形，长、宽各约300米。现仅存东、西、南三面，东南、西南两城角，保存尚完整，高约3.5米。南墙和西墙中部各有一处向外突出，或为城门。南墙突出处遗有豁口，顺豁口处直入城内河沿，有深沟一道，将城内耕地分作两半，或为原城内街道久经雨水冲刷而致。城墙为版筑。遗址地表散布有大量陶器残片，均为夹砂陶，包括红、灰两种，纹饰以粗绳纹为主。采集到的标本有青石镰残段、兽面纹半瓦当、夹砂红陶鬲足、汉五铢铜钱等。当地村民还曾发现过瓮棺墓、铜铁箭镞等。由此推测，该城址可能建于战国而沿用到汉代。

长沟城址位于房山县城西南约15公里，距长沟村东约250米，城为方形，每面长约500米。土城墙大部被毁坏，仅东南角较完整。出土灰陶瓮口沿、兽面纹半瓦当、夹砂红陶系的敞口折沿深腹圜底釜、钵口沿等，从出土遗物判断，城址的时代可以早到战国时期，至汉代可能还在使用。

北京地区发现的东周时期的聚落遗址多属零星发现，2005年房山南正遗址的发掘属于规模

较大的，包括灰坑、灶址、窑址等遗迹，内涵较为丰富。南正遗址战国晚期的遗存包括灰坑11座、灰沟3条、灶1座、陶窑5座。灰坑的形状有不规则形、近长方形、椭圆形、圆形等4类；灰沟均为长条形；灶的结构简单，平面近椭圆形，底和壁残存红烧土痕迹。南正遗址发现的战国晚期陶窑，大致可以分为升焰窑和半倒焰窑两类，其中升焰窑3座，半倒焰窑2座。陶窑一般长4.92～6.45米、宽3.1～4.85米，全倒焰窑一般仅存操作间、窑门、火膛，火膛以上部位均为破坏无遗。半倒焰窑保存情况略好，一般由操作间、窑门、火膛、窑室、烟道各部分组成。南正遗址是近年北京地区发现的为数不多的战国（包括两汉）时期的聚落遗址。

考古发现的东周时期的墓葬主要有顺义龙湾屯春秋战国之际的墓葬、怀柔城北战国时期墓地、昌平半截塔村战国墓、昌平松园村战国墓、通县中赵甫村战国墓、房山岩上墓葬区战国墓葬等。这一时期的墓葬均为长方形竖穴土坑墓葬，所见葬具以木质棺、椁为主，少量为形制简单的瓮棺葬墓，墓葬表现出不同的社会阶层，其中包括若干出土成套青铜礼器的贵族墓，这些贵族墓除青铜礼器外，还出土青铜兵器、车马器等，其余大量则为随葬仿铜陶礼器或仅见一般日用生活陶器的普通民众墓，还有一些没有随葬器物的贫民墓葬。燕文化的铜器，包括青铜礼器、兵器、车马器等，器型包括鼎、豆、壶、盘、匜、簋、敦、钫、灯、戈、剑、镞、车軎、盖弓帽等，这些器类均见于中原东周时期的考古学文化，但其造型均带有本地燕文化的特色，如器盖的兽组风格、细高柄盖豆、椭圆体簋、三环组敦等，铜器表面装饰的各类兽纹、狩猎纹等也是北方长城地带流行的纹饰。各类仿铜陶礼器与所见铜礼器形态近似，而独具特色的燕式高足陶鬲也存续至战国晚期，并不断演化出新的形式。另外，各类遗址、窖藏中出土了大量尖首刀、“郾”字刀币，也是燕文化具有代表性的遗存。

另外根据数十年来的考古发掘资料粗略统计，在北京的15个区县范围内，都出土过燕国金属铸币，具体出土地点有40余处，表明约当春秋晚期，金属货币即已开始在燕、赵地区铸行。这是北方地区社会生产力和商品交换关系获得较大发展的重要标志。刀币，作为燕国最主要的金属铸币形制，在春秋、战国之际及整个战国时期，不仅在燕都所在的腹地，而且在其邻近地区和其文化影响所及地区，都有广泛的分布。其流布地域包括今北京、天津地区和河北、辽宁、吉林、山西、山东、河南、陕西等省和内蒙古自治区，以至远及朝鲜半岛南部、日本九州等地。

（二）玉皇庙文化的重要考古发现

玉皇庙文化是一支独立的考古学文化，具有着十分鲜明的特色。迄今为止，发现出土富有典型山戎文化特色的直刃匕首式青铜短剑等遗物的地点已有十余处，如延庆县大柏老乡（旧县）常里营、古城村葫芦沟、西梁垙、靳家堡乡玉皇庙、永宁乡东灰岭、新华营、清泉铺乡马蹄湾、康庄乡大营村，以及西拨子乡东河滩等。出土器物数量较多，种类也比较丰富，包括青铜器、金器、玉石器、陶器、蚌器等，其中青铜器可以分为容器、兵器、工具、车马器、装饰品等几类，金饰品、玉石器、陶器数量较少，主要器型包括青铜短剑、铜刀、铜镞、铜车軎、铜马衔、铜豆、铜锛、铜凿、铜带钩、铜锥、铜锥管、铜牌饰、铜泡、铜坠饰、铜耳环、铜扣、金饰件、玉璜、玛瑙环、绿松石珠、石珠、蚌片、陶罐等，就目前发现而言，玉皇庙文化在北京地区局限于

玉皇庙墓地全景

延庆县北部八达岭以北的军都山带。根据墓中出土器物与其他文化中发现的同类器物比较，学术界普遍认为玉皇庙文化存续的年代，大致在西周晚期到春秋晚期或春秋战国之际，其后就大致退出了今北京的范围，而转向河北宣化、怀来、滦平等地。

玉皇庙文化在北京地区的考古发现，以墓葬为主要形式，以葫芦沟墓地、玉皇庙墓地、西梁垙墓地等三处墓地为代表。

玉皇庙文化在墓葬方面的共同特点，一是墓地基本依山而建，而且都比较集中于东坡和东南坡，而没有在西坡和南坡的，说明当时玉皇庙文化生活圈里的人已经在选择茔地上，有了自己共同的文化和风俗习惯；二是墓葬均为竖穴土坑墓，平面近长方形，绝大多数死者都是单人仰身直肢葬，还有少量的屈肢葬、俯身葬等；死者的头向，绝大多数朝东，少数南北向墓，死者皆头朝北；三是玉皇庙文化呈东西向的墓葬中，约有四分之一到二分之一存在覆面习俗，死者面部一般遗有覆面铜扣，而在南北向的墓葬中则未发现有这种习俗；四是呈南北向的墓葬不仅均无葬具，而且几乎有一半没有任何随葬品，少数有随葬品的，数量和种类也十分贫乏。说明南北向墓葬的人与东西向墓葬的人相比，地位相对比较低也相对比较贫困；五是玉皇庙文化的墓葬在墓圹填土中发现有殉牲，主要是牛、羊、狗，以殉狗最为普遍。殉牲方式，是将牲畜杀死后，只取头和腿作象征性祭牲，并不像中原地区和燕国等诸侯国家贵族墓葬那样，皆以杀殉整体牲畜为祭牲形式。牲头和牲腿的摆放形式，多是将牲腿放在下边，牲头置于牲腿之上，一般是以一只牲腿加上一个牲头，代表一个牲畜。祭牲陈放位置，绝大多数都集中陈置于墓东端死者头上方的填土中；六是玉皇庙文化的墓葬中，一部分属于儿童和婴儿的墓葬都比较集中地分布于墓地的一个区域，墓葬皆为长方形竖穴土坑墓，彼此间很少有打破关系，表明葫芦沟墓地，在最初营造之始，就有族群既定的墓地使用布局规划。

玉皇庙墓地出土青铜礼器

玉皇庙文化的墓地中出土的随葬品，主要有青铜器、陶器、石器、玛瑙器和骨器，其中青铜器数量较多，包括兵器、工具以及各种形式的装饰品。出土陶器的墓约占墓葬总数的一半，大多是每墓随葬1件陶器，陶系与器类都比较简单。随葬的青铜器，以直刃匕首式青铜短剑、铜刀、铜带钩、弹簧式铜丝耳环和动物纹铜牌饰最富文化特色。特别值得一提的是，在墓地南区出土了数例尖首刀币，这不但使青铜刀的发展轨迹序列更为清晰，而且为探索春秋战国之际燕、齐、赵地区的铜刀币起源问题，提供了新的资料。墓地中出土的铜饰牌皆为写实动物纹浮雕图像，佩戴在死者颈部，这也是中原地区和燕文化以及辽西地区东胡文化中罕见的。

五　汉唐时期的军事重镇

汉唐时期在考古学上一般是指秦朝建立之后至北宋建立之前这段时间，而就北京地区而言，这个时期的结束是在后晋天福三年（938年），时后晋高祖石敬瑭将幽云十六州之地献给契丹，北京地区自此进入契丹政权的统治时期。汉唐时期，北京地处北方草原文化与农耕文化的融合、过渡区，是各朝的北部边陲重镇，历朝历代对其在地理位置上的重要战略意义都十分重视，因此，这一时期在考古学上呈现出鲜明的军事色彩与民族融合特点。

（一）汉唐时期北京地区的城址

新中国成立后，北京地区在汉唐城址的考古发现上取得了重大进展，两汉10个县城、西晋蓟城、唐幽州城城址的具体位置通过考古调查和发掘已经基本得到确定。作为北方重镇与民族融合的重要区域，这一时期北京地区发现的城址所体现的军事防御功能与民族贸易中心的特征尤为强烈。

西汉建立后，实行郡、国并行制度，郡和王国以下设县，现在的北京地区在当时分属于涿郡、广阳、上谷和渔阳等四郡十五个县的统属之下。东汉基本沿袭西汉旧制，北京地区时属涿郡、广阳、上谷、渔阳、右北平等五郡十四县的管辖之下。自20世纪50年代始，至今已发现两汉时期的县城城址10余处，这些城址分布较为密集，其中，较为重要的大致有6处，即朱房村古城、蓟城、良乡、广阳、西乡、阴乡等县城城址，这些城址多为战国或西汉时期修筑，东汉时期继续沿用。1954～1958年，考古工作者在清河镇西约1公里的朱房村，发现了一座古城，并先后5次对该城址进行了不同规模的发掘，城墙遗址大小基本符合秦汉时期的县城规制，推测可能是秦汉时期防御胡人的重要军事基地和贸易集散地，但目前该城在汉代的名称尚无法确定。1956年，在北京的宣武门至和平门一带发现最为密集的战国至西汉陶井群，据其地理位置，基本可以推断两汉时期的蓟城在宣武门至和平门一带。1959年，在今房山区窦店镇西侧发现一座古城遗址，经考证为汉良乡故城。1962年，在位于房山区良乡镇东4.5公里的广阳城村调查时，发现村东南有一段长约40米、高约4米的残土城墙，经考证确系为汉广阳城旧址。1962年，在房山区长沟镇东侧，发现一座保存较好的城址，从城址规制和城中采集物判断，该城址为汉西乡县故城。2001年7～9月，北京市文物研究所和大兴区文物管理所对大兴县芦村古城进行了考古调查和勘探，调查者依据现场调查和历史文献记载，认为该城址为汉阴乡县城遗址。

1974年，为配合白云观西的基建施工，北京市文物工作队对《水经注》中记载的“蓟丘”做了发掘工作，经清理发现这是一座城墙的西北转角遗址，在清理过程中，又发现3座东汉中、晚期的墓葬，其中2座位于城墙残墙夯土层之下，为城墙所压，另外一座可能为城墙修筑时破坏，这种现象说明城墙的筑造要晚于东汉。由此，可以确定该城墙建在东汉中晚期之后，北魏之前，当为东晋蓟城城址。1965年在八宝山迤西约500米处，发现了西晋华芳墓，出土墓志记载华芳墓的埋葬地点在“燕国蓟城西二十里”，因此可以大致确定西晋蓟城的西城垣位置在今北京市石景山区会城门村稍东一带地方。

隋文帝统一全国后，废燕郡存幽州。隋亡，自称幽州总管的隋将罗艺归于唐，唐改涿郡为幽州，治蓟城(又称幽州城)。唐玄宗天宝元年(742年)，幽州改称范阳郡，仍设治蓟城。安史之乱中安禄山、史思明先后称帝，相继以范阳(幽州)为都，安史之乱平定后，改范阳郡为幽州，以蓟城为州治。根据60年来考古发现的部分唐代墓志，结合房山石经题记，已基本可以复原唐代幽州城的城址四至：东墙约在今法源寺东墙的南北延长线上，西墙大致在今会成门村稍东一带，南墙大致在今白纸坊东西街一带，北墙约在今头发胡同一线。幽州城内部分巷坊的名称虽已经明确，但具体位置目前尚难以确定。此外，已发现的唐代墓志与房山石经题记对于幽州城郊的蓟、幽都、潞、昌平、良乡等五个县属乡村（里）均有记载，其中蓟县7乡15村、幽都县9乡11村（里）、昌平县4乡4村（里）、潞县1乡2村（里）、良乡县5乡18村（里）均有记载，这些乡村（里）中的一部分地理位置已大致考订。

（二）汉唐时期北京地区的墓葬

建国以来，北京地区田野考古发现的汉唐时期墓葬计有80余处，广泛分布在今北京城区与各郊县，而两汉与唐代墓葬占了绝大数量。其中可以确定为两汉墓葬的点共发现40多处，墓葬约1540多座，既有等级较高的燕国诸侯王及王后墓，也发现了数量众多的墓葬群。唐代的墓葬大部分已遭到盗毁，许多墓中仅存墓志，这类墓葬约有数十座，除此以外，还清理了唐墓约30余处，这些墓葬中最为典型的是少数民族首领墓葬的发现，为研究唐代幽州地区的民族关系与羁縻府州制度提供了实证材料。考古发现的魏晋北朝墓葬较少，共清理13处19座，主要分布在海淀、顺义、石景山、延庆、房山等五个区县。

在北京地区考古发掘的两汉墓葬中，位于今丰台区郭公庄的大葆台汉墓和位于北京市石景山区老山教练车场东南环路北侧的石景山老山汉墓，是迄今发现的两座最高等级的墓葬。

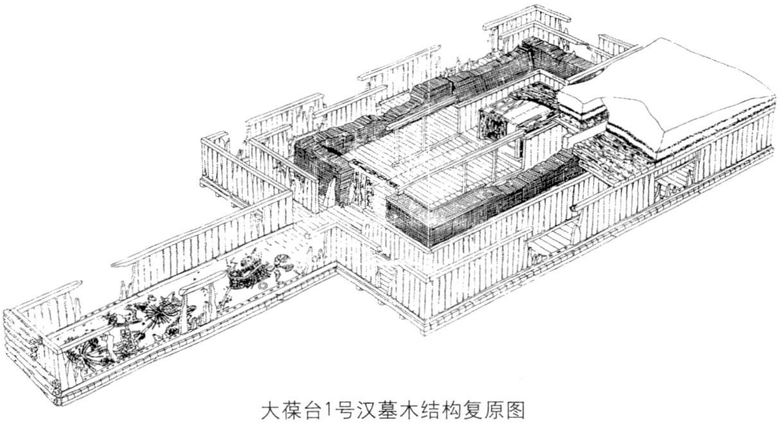

大葆台汉墓共发掘墓葬两座，发现于1974～1975年。两座墓均坐北朝南，平面呈凸字形，墓坑口大底小，形如斗状。1号墓由封土、墓道、甬道、外回廊、黄肠题凑、前室、后室等部分组成，是目前国内发现最大的西汉时期的“黄肠题凑”墓，墓主是一位身着玉衣的男性，葬具为二椁

大葆台1号汉墓木结构复原图

三棺。2号墓位于1号墓的西侧，封土压在1号墓封土之上，形制与1号墓相同，墓主为一位年龄在20～25岁之间的女性。从两墓的“明堂”、“梓宫”、“便房”、“黄肠题凑”规制、玉衣与随葬遗物分析，两座墓的年代应在西汉中晚期之间，且2号墓较1号稍晚，墓主当为燕国（广阳国）某位诸侯王。另外，墓中出土了针刻“二十四年五月丙辰丞”字样的纪年漆器，采用的是诸侯王在位纪年的方法，按文献资料记载，燕国（广阳国）诸侯王中在位24年以上的有四位，即燕康王刘嘉、燕王刘定国、燕剌王刘旦与广阳顷王刘建。墓中随葬有大量的西汉五铢钱，未见王莽时期的钱币。按五铢钱的实行，是在汉武帝元狩五年（前118年），据此，墓主下葬年代当在汉武帝元狩五年以后，而燕康王刘嘉死于景帝前元五年（前152年），燕王刘定国死于武帝元朔二年（前127年），皆在行五铢钱之前，因此两人可以排除。燕剌王刘旦企图谋反，昭帝将其赐死，刘旦死后葬于“梁山”，即今石景山，也可以排除。因此，大葆台1号墓主当为元帝时广阳顷王刘建，2号墓主当为广阳顷王王后。两墓为夫妻并穴合葬，即所谓“同坟异藏”。

石景山老山汉墓

石景山老山汉墓是因1999年这里有盗墓活动而被考古工作者发现。2000年北京市文物研究所组织考古人员对其进行发掘清理。该墓为凿岩而成的长方形竖穴岩坑墓，由封土、墓道、墓坑、外回廊、黄肠题凑、内回廊、前室、后室等部分组成，规模、形制、棺椁层数与大葆台汉墓相同，但无殉葬车马，表明老山汉墓墓主的入葬年代当在汉成帝废除殉葬乘舆车马禽兽制度之后。考古发掘初期，部分学者根据文献资料中戾陵及燕剌王旦陵位于梁山的记载，推断该墓有可能是燕剌王刘旦之墓。后吉林大学边疆考古中心鉴定墓主骨骼为女性，加之下葬时间在汉成帝废除殉葬乘舆车马禽兽制度之后，按文献资料记载，燕王刘旦王后随旦自杀于昭帝时，故研究者否定了墓主为燕王刘旦王后的可能，认为墓主可能是成、哀时期的广阳穆王刘舜的王后或广阳思王刘璜的王后。

老山汉墓出土漆器局部纹饰

老山汉墓出土丝织品

此外，北京地区还发现了大量两汉时期的墓葬群，较为大型的墓葬群情况如下：1959年至1960年，北京市文物工作队在怀柔县城北发掘两汉墓30座，其中西汉墓21座、东汉墓9座。1960年北京市文物工作队在昌平白浮村发掘汉墓46座，均为中小型墓，时代主要为西汉初期、西汉中期和新莽前后。1960年3～5月，北京市文物工作队在昌平史家桥村发掘汉墓48座，主要为西汉早期、西汉中期和新莽至东汉早期墓。1960年，北京市文物工作队在昌平半截塔村发掘两汉墓21座，其中西汉墓16座，东汉墓5座，时代定为西汉早、中期和东汉晚期。2005年11月～2006年5月，配合南水北调工程，在房山区南正村北南正遗址墓葬区，发现东汉砖室墓23座。2006年12月～2007年1月，北京市文物研究所在平谷区杜辛庄村东北，发掘两汉墓葬21座，发掘者认为墓葬时代为西汉中晚期和东汉中晚期。2007年7～9月，在延庆县延庆镇南辛堡村东，发掘东汉砖室墓22座。2007年4～6月，在大兴区亦庄开发区10号地鹿圈镇鹿圈村，发掘汉墓59座，其中，王莽至东汉初期竖穴土坑木椁墓2座，东汉时期墓57座。2007年12月至2008年1月，在丰台区王佐镇银河星座居住小区内，发掘汉代墓葬37座，时代跨西汉中、晚期和东汉。

北京地区考古发现的魏晋北朝时期墓葬较少，共有13处，其中魏晋时期9处，北魏、北齐各2处。魏晋9处墓葬分布在海淀区清河镇、海淀区八一小学、海淀区景王坟、海淀区八宝山、顺义县马坡公社大营村、石景山老山南坡、石景山八角村、房山区小十三里村和延庆县东王化营村等地。北魏2处墓葬分别为房山区长沟镇南正村北魏纪年墓和大兴黄村镇小营村北魏墓。北齐的2座墓葬，其一在怀柔县韦里村，据出土的墓志，墓主为傅隆显；其二在西城区王府仓。魏晋北朝时期较为典型的墓葬当数西晋华芳墓，该墓位于北京西郊八宝山迤西约500米许，发现时间为1965年。华芳墓墓室平面呈长方形，由墓室和墓道两部分组成。墓道在墓室南端偏左，砌成拱券形。墓道中设有二重石门和四堵封门砖墙。墓内出土华芳墓志一方，墓志内容丰富。该墓早年被盗，出土随葬器物不多，其中较为重要的是一把骨尺，出土时长24.2厘米，是标准晋尺，为研究西晋计量单位和社会经济提供了重要资料。据墓志记载，下葬地点在“燕国蓟城西二十里”，以该尺折算则蓟城的西垣当在今会城门村稍东一带地方，恰好印证“蓟丘”处发现的残破城址即西晋蓟城。

北京地区已发掘的唐代墓葬数量较多，墓主既有下层民众，也有官员富室，但最有历史意义、反映唐代幽州地区民族融合特点的当属史思明墓与归义王李诗与其妻的合葬墓。史思明是唐代“安史之乱”的主要发动者之一，1966年在丰台区林家坟村西发现了史思明的墓葬，1981年考古工作者对该墓进行了抢救性发掘。发现该墓为单室，仿帝陵形制，用汉白玉石条砌成，墓室前设有20余米长的斜坡式墓道，墓道内填满石料，并发现有石像生的残断手臂，墓室两侧各设有一耳室，东侧耳室已毁，唯西侧耳室残存，耳室内有壁画残迹。该墓随葬品除60年代搜集到的铜牛、嵌金铁马镫外，还出土了40余枚玉册。1993年北京市文物研究所在房山县医院，对唐归义王李诗及妻合葬墓进行了发掘。该墓早年被盗，男主人墓志仅存志盖，上书“李府君墓志”；女主人张氏墓志则被完整地保存了下来。张氏墓志书有“唐故归义王李府君夫人故贝国太夫人清河张氏墓志铭”等字样。据两《唐书》记载，唐代共设了四个归义王，分别为西突厥处罗可汗、东突厥颉利可汗、史思明，以及奚族酋长李诗。这四人中除李诗外，其余三人均未取得唐朝国姓。且处罗可汗在唐高祖武德初

年死于长安、颉利可汗卒于唐太宗贞观八年（634年）、史思明墓则已在北京丰台区林家坟发现，由此推知，在房山县医院出土的唐归义王李府君墓墓主当为李诗夫妇。唐代曾在幽州设立了众多的羁縻府州用于安置内附的少数民族部落，归义州便是其中一个用于安置奚族的羁縻州。史思明墓与李府君夫妇墓葬的发现，为研究唐代的藩镇与羁縻府州制度提供了重要史料。

（三）汉唐时期北京地区的宗教遗迹

据文献资料记载，佛教传入中国是在东汉永平八年。北京地区魏晋时期佛教已开始传播，隋唐以后信众广泛，房山石经刻经人数量众多、社会阶层广泛即是这种盛况的反映。

1977年北京市延庆县宗家营村社员耕地时，在距地表约30厘米的耕土层偶然发现了一尊鎏金铜佛造像。该造像为正面高浮雕释迦牟尼说法像，铜质、鎏金，表面光亮，除部分文字被戳损和背光丢失外，通体完好。造像底座背面自右至左刻铭：“大代□□□□□日弟子□德□□为□……”大部分字磨损，无法辨认。北魏拓跋部初建国时国号“大代”，拓跋跬继代王后改国号为北魏，但这尊造像铭文的“大代”，却是指拓跋跬改国号后的北魏。造像的形制特征也属于典型的北魏时期作品。

1981年房山县石经山雷音洞在修补时，发现隋代安置的佛舍利2粒，舍利用汉白玉大石函、青石函、汉白玉函、小型白玉函层层包裹，引起佛教界和社会的高度关注。云居寺石经始刻于隋代，时幽州智泉寺静琬法师秉承师父刻造石经的遗志，从隋炀帝大业中始刻，至唐贞观十三年（639年）去世，刻经不辍。其后历经唐、辽、金、元、明各代，历时千余载，均有续刻，现寺中存有石刻大小经版共计14278块，镌刻佛教典籍1122部，3500余卷，堪称世界上最巨大的文物宝库之一。这些经文后常附有题记，共约六千余则，记载着刻经时间以及发起人等内容，尤以唐代的题记最为丰富。寺内还有隋建的舍利塔，唐睿宗至玄宗年间修建的金仙公主塔和四座小石塔。云居寺、房山石经和塔群共同构成了我国佛教文化的一大宝库，被誉为“北京敦煌”。此次隋代石经山佛舍利的发现与房山石经为研究北京地区佛教兴衰与传播提供了丰富的一手资料。

六　辽金元时期的政治经济中心

大约在公元10世纪初期，由于中国北部少数民族的崛起，中国社会的政治格局发生了重大的变化。兴起于中国北方的契丹、女真等少数民族相继在北中国建立政权，北京地区的社会政治和经济地位随之也发生了重大的改变。从10世纪初到14世纪中叶，先是契丹统治者在得到燕云十六州之后，于公元947年改国号为大辽，以幽州为陪都，称南京，又称燕京。到辽圣宗开泰年间，辽在南京置析津府，治所也在南京。其后，金人南迁，在原辽南京的基础上建立金中都，正式在北京建都。元朝建立后，又在原金中都的北部，建元大都。北京地区由汉唐时期的边镇，逐步上升为局部政权直至全国的政治、经济、文化中心，历史地位不断提升。

（一）辽金元城址考古

1. 辽南京城址

新中国成立以后，考古工作者对辽南京城的考古调查研究取得了很大的进展。根据文献资料及考古调查和发掘资料研究，辽南京城是在唐幽州城旧址上加以修建而成的，大致位于今北京市西南部的宣武和丰台区，由大城和皇城组成。据《悯忠寺重修舍利记》称："悯忠寺在大燕城内东南隅，子城之东。"按今之法源寺即当年悯忠寺旧址，据此可以推测燕京东城墙当在此寺的东边。《日下旧闻考》记载，乾隆三十五年（1770年）在海王村发现了辽御史大夫李内贞墓志。据文献记载，辽海王村原是辽南京城东门外郊区的一个小村落，而当时的海王村就是今北京的琉璃厂。1953年在姚家井，发掘一座唐墓，出土了一方唐信州刺史"河东薛府君"墓志，根据"墓葬多在城外"的一般规律，由此墓南北作线延伸，恰与法源寺接近，故基本确定辽南京的东城垣在法源寺以东。又根据在复兴门外铁旗杆庙附近出土的唐元和元年幽州大都督府录事参军蓟州刺史陆日岘妻王氏墓志记载，陆日岘妻"葬於蓟北归仁乡刘村之原"。而白云观后身有版筑败垣两小段，附近出土许多方石，很可能就是当时的城墙基石。由此败垣向东直线延伸，迄头发胡同，向西延伸达会城门村，似即燕京城北面。因此可证辽南京城北垣在复兴门南，即今会城门村一线。同样，结合文献和考古资料，考古工作者基本确定其南城垣大致与右安门城墙相近，西城垣在今会城门东。

辽南京皇城位于城西南隅，幅员五里，四面均有门。《辽史·地理志》云："西城巅有凉殿，东北隅有燕角楼"，凉殿遗址大体在西城垣南端，而燕角楼的位置，据《京师坊巷志稿》曰："今南北烟阁经三里许，皆以燕角楼得名。北烟阁直抵西便门，正如辽史所云东北隅也。"现在广安门内有南北线阁胡同，即南北烟阁旧址。

金中都水关遗址

2．金中都城址

对金中都的考古调查及清理工作始于20世纪50年代，当时在修建广安门火车站时曾发现几百座辽墓，以护城河与之相隔的陶然亭正北也发现了金代建筑遗址，出土沟纹砖以及石球等，根据墓葬一般在城外，石炮弹一般储存在城边作防守的规律，基本确定金中都的东城墙在直贯陶然亭南北一线不远，发现的建筑遗址可能就是东墙遗迹。金中都的北垣与辽南京北垣重合，东北转角在今宣武门内翠花街，今白云观西1公里有会城门，是北垣西边的门。西垣的北端在会城门东不到半公里的地方，南端在今万泉寺西南的凤凰嘴村，南北端之间有断断续续的城墙遗迹，1992～1994年配合北京西

厢工程中发现地下遗迹700余米。南垣的西南转角在今凤凰嘴村，东南转角在今永定火车站东南的四路通，两端之间一段由西向东的凉水河，曾作为金中都的南护城河，其岸可见断续土丘状城墙。1991年发现的金代水关遗址，基本确定了南垣出水口的具体位置。这些考古发现资料，基本都与文献记载相吻合。

据文献资料记载，金帝完颜亮天德五年（1153年），金朝正式迁都燕京，改名中都。金中都城位于今北京城西南部，是金统治者仿照北宋“皇城位于城中央”的设计，同时扩大都城规模，以辽南京城为基础，向东、西、南三面扩建而成的。扩建后的金中都形成宫城、皇城和外城三重相套，皇城位于大城的中央偏西部，宫城位于皇城中部的布局。

金中都的皇城与宫城也是在辽南京皇城的基础上增建和扩建而成的。皇城四周城墙均在原辽南京皇城之外；宫城按照北宋开封都城设计，九重宫殿均配置在从应天门到拱辰门的中轴线上。1990～1991的西厢考古工程中，发现夯土13处、路土9处、水井和墓葬10余处。从鸭子桥到椿树馆街之间发现连续的大片夯土区，最大的一片南北长70、东西残长60米。据推断夯土区由南而北应是应天门、大安门、大安殿遗址，仁政殿在其北。又据《金史》，大定二十八年所记仁政殿是辽的旧殿，推测金宫城的中轴线很可能也是辽皇城的中轴线。

金中都在建筑过程中，利用了辽南京旧有的存在坊墙的坊，与新建的无坊墙的坊交错分布，使金中都的各坊分布多不规则。正如研究者所言，“金中都属于辽南京旧城的部分仍保留了唐以来封闭里坊制的痕迹，新扩建的东、西、南三面则是新规划开放式街巷”。

3．元大都城址

元世祖忽必烈继承皇位后，为适应当时的统治形势，定都燕地，并于至元四年（1267年）开始在金中都的东北方修建大都都城。至元二十四年（1287年），筑城工程全部完工。

元大都城的修建利用了金代离宫的旧有基础，都城的布局安排，大体沿袭了金中都的做法，外郭城、皇城、宫城三重城套合组成，规模宏大，形制整齐，既是当时全国的政治中心，也是闻名世界的国际大都会。元大都后直接为明清北京城所继承，直至今天北京的许多街道和胡同仍保留着元大都布局的旧迹。

元大都和义门瓮城城门遗址

根据对元大都的考古调查、勘探以及发掘资料，元大都外郭城平面为长方形，经实际勘测，北城垣长6730、东城垣长7590、西城垣长7600、南城垣长6680米，周长共约28600米，这与史料中记载的“城方六十里”、“周长二十四英里，每边为六英里”大体相吻合。元大都北面的城墙和东西两面城墙的北段，至今地面上仍旧保存有遗迹，即今北京北二环外的所谓“土城”。元大都东西两面城墙的南段，与明清北京城的东西城墙一致；南城墙的位置在今东西城长安街的南侧。1969年发现的和义门瓮城城门遗址中保留较为完整的铁“鹅台”（即承门轴的半圆形铁球）和《营造法式》的记载完全一样，为考古发现中仅见的实例。这座城门在明代继续使用了60多年，明太祖洪武十四年（1381年）曾重修一次，到明英宗正统元年（1381年）重建北京各城门、瓮城时，才被废弃而包入西直门箭楼下的城墙内。元大都皇城俗称“阑马墙”，位于大都城南部的中央地区。宫城偏于皇城东部，南门约在今故宫太和殿，北门在今景山北。

近些年来对元大都的考古工作最重要的有两项。2002年在元大都北土城花园路段的西部清理了一处水关遗址，南北向穿通土城，用砖石垒砌而成。2007年玉河遗址的发掘中，发现了一处元代的堤岸遗址，下层为石结构，上层夯筑而成。

（二）辽金元时期的墓葬考古发现

据初步统计，北京地区辽金元时期考古发掘的墓葬共约260余座，形制主要有砖室墓、石椁墓、砖石混筑墓和土坑墓四类。其中砖室墓沿用时间较长，三个时代均有较多发现，而以辽代为最。发掘的辽墓90%以上为砖室墓，墓内多见壁画、仿木结构建筑、影作桌椅、斗拱等。墓葬平面形制分为长方形、正方形、圆形、六角形、八角形等，其中圆形单室墓最多，数量达100余座，重要的有洪茂沟董匡信夫妇合葬墓、丰台镇王泽夫妇合葬墓、石景山区韩佚墓、李继成夫妇合葬墓、大兴区青云店辽墓、亦庄开发区辽墓、门头沟龙泉务辽金墓、大兴区新城北区16号地辽金墓等。此外，还有圆形前后两室墓如百万庄辽墓；圆形多室墓如丰台区辽赵德钧夫妇合葬墓等。金代砖室墓较为重要的如石景山八角村墓、延庆张山营墓等；元代如耶律铸夫妇合葬墓，由墓道、墓门、前室、前室的东西侧室、后室及后室的东西侧室组成，规模宏大。2007年1～3月，北京市文物研究所在密云县文物管理所的协助下，配合基本建设考古工程抢救性发掘的密云县大唐庄墓地，共清理8座属辽代晚期的墓葬。2007年1～5月，北京市文物研究所在丰台区抢救性发掘了2座规模较大的辽代墓葬。其中M1保存相对较好，为砖结构多室壁画墓，由墓道、天井、前室、东西耳室、后室组成。据出土的墓志铭文记载，M1为刘六符及四位夫人合葬墓。按《辽史》，刘六符的社会关系和家世，在五代到辽世都是相当显赫的。他本人在辽兴宗、道宗朝也官至太尉、兼侍中，墓中出土的墓志铭，对研究五代至辽朝的社会政治史有着相当重要的历史意义。

元代耶律铸墓全景

北京地区考古发现的金代墓葬中，石椁墓占据着主流地位。这一类墓葬年代多为金代中晚期，墓主以女真贵族居多。石椁大多由六块石椁板构成，构成方式为四壁各立砌四块椁板，底和顶各用一块。这类石椁墓推测应当属于女真普通贵族阶层的墓葬形制。女真贵族中品官较高的有椁室，由八块或十块石椁板构成，一般为四壁立砌四块，底和盖则各使用二块或三块石椁板。石料一般是青石，也有规格较高的汉白玉石质的，如乌古论元忠夫妇

合葬墓。已发现的这类石椁墓的墓主有加赠金紫光禄大夫、驸马都尉，其妻为太祖第二女毕国公主的乌古论窝论，以及其子尚书右丞相、驸马都尉、任国公，其妻为世宗长女鲁国大长公主的乌古论元忠。还有虽系汉族，但其妻为女真贵族的石宗壁，曾官正五品定威将军。在丰台王佐M1和通县石宗璧妻纥石烈氏墓中，还发现石椁四角各置一鹅卵石，在纥石烈氏墓所葬木匣内，发现有毡毯衬套，充分反映了女真的葬俗特点。近年来发掘的鲁谷金墓有双重石椁的墓例，如鲁谷金墓M35，外椁由五块青石板组成，未见底板，椁壁以榫卯结构相连接。内椁的椁盖为覆斗形，椁身由一整块青石凿成，素面。墓志一合，青石制，出土时放置于外椁盖上方。

砖石混筑墓在金、元时期也有一定数量的发现，只是该类墓例不多。金代的砖石混筑墓主要有门头沟永定金墓M2和丰台王佐M2，分别为砖石混筑和砖圹石盖的形制。元代有海淀颐和园元墓、朝阳酒仙桥元墓、石景山金顶街元墓等，有单室、双室、三室墓及多室墓等形制。

土坑墓在辽、金、元三个时期均有少量发现，规模较小，形制较为简单。辽代和元代各发现2座。近年来大兴亦庄发掘的一批墓葬为金代土坑墓增加了新材料。

在对辽金元墓葬的考古发掘中，金代皇陵是近年来北京金代考古的最重要发现之一。金陵位于房山周口店镇西北十余里的龙门口村北大房山下。这是有史以来在北京地区营建的第一个封建王朝的帝王陵墓群。明天启二年（1662年），统治者惑于形家之说，对金陵进行了毁灭性破坏。满清入关后，虽曾派人对金陵进行了部分修建，但历经300余年的风雨，陵区内的地面建筑早已荡然无存。

新中国成立以后，在金陵的主陵区内不断发现金代墓葬，并有零散文物出土。1971年初，在周口店坟山村，曾出土6具石棺，在随葬品中发现鎏金面具1件；1972年12月，长沟峪煤矿在陵区兆域内的猫耳山断头峪基建施工中发现一组石椁墓，由5具石椁组成十字形，主墓正中，石椁东西向，椁内有一具柏木红漆残棺，外壁用银钉嵌錾精美华丽的火焰云龙纹，棺内瘗葬11件精致的雕花玉佩和花鸟饰件；1978年冬，在金陵主陵区内的陪葬墓中，出土宋代三彩琉璃枕一件；1986年北京市文物研究所再次对金陵进行了历时三年的考古调查，发现了大量的汉白玉、青石花岗岩等建筑构件。2001年春，北京市文物局责成北京市文物研究所对金陵主陵区进行全面考古调查，并在2002年6月，经国家文物局批

金陵

金太祖睿陵地宫

睿陵石椁龙纹拓片

睿陵石椁凤纹拓片

准，对主陵区进行考古勘查和试掘，通过一年多的田野考古工作，基本了解了主陵区地上地下遗存的具体位置、形制和结构等，根据田野考古调查和发掘资料可知，金陵主陵区的平面布局以神道为中心轴，两侧对称分布，由石桥、神道、石踏道、东西台址、东西大殿、陵墙及地下陵寝等组成。此次对金陵的清理和试掘，还基本确定了《金史》中记载的十帝陵的位置，最重要的收获是清理了金太祖睿陵地宫和坤厚陵，还发现了睿宗景陵碑。金太祖睿陵地宫为石圹竖穴，平面长方形，内共瘗葬4具石椁，M6-1、2为两具青石素面椁，南北向放置于地宫西侧。M6-3、4为汉白玉雕凤纹、龙纹石椁，东西向放置于地宫中部偏北。坤厚陵由五个石椁组成，三个东西向，两个南北向。主墓石椁中有木棺一具，棺两侧为四角云纹嵌云龙卷草纹，石椁淤土中及残骨上有水银。

（三）辽金元时期的宗教遗迹考古调查和发掘

大兴辽金塔林基址

根据文献记载，早在辽南京时期，北京地区的佛教即得到了空前的发展，城内外庙宇相望，古塔林立。到了金中都时期，城内更是“僧居佛寺，冠于北方”。随着历史的发展和朝代的更迭，大量的辽金元时期的佛教寺庙早已不存，因此，新中国成立以来的考古调查和发掘中，这一时期的佛教遗迹的发现，就成了辽金元时期考古发现的一大收获。

在北京地区发现的辽金元佛教遗迹中，塔基的发现是最多的一项。已发掘的辽代塔基最主要的有房山区云居寺南塔塔基、密云县冶仙塔塔基、顺义县净光舍利塔塔基、通州辽代塔基和地宫等共计7处。金代有丰台区瓦窑村塔基和房山县坨里乡上万村的“土寺”塔基。2008年北京市文物研究所在大兴康庄发掘的25座塔基，是国内迄今为止考古发现的最大规模的塔基，均为砖塔，塔上部已被破坏，塔基形状可分为方形、圆形、六边形等。塔基前有踏道，塔基四周有散水，塔座转角处用经过加工磨制成各种样式的砖砌成。其中1座大型塔基前不仅有踏道，而且有祭台和经幢座。出土瓷器主要有瓷香炉、白釉杯、黑釉茶盏、白瓷盘、白釉印花瓷碟、白釉印花瓷碗、白瓷杯、黑釉茶盏、白釉长颈瓶等。另外还出土有石菩

昌平银山塔林

萨、铜菩萨、舍利盒、描金皮盒、石块等。

此外，较为重要的宗教遗迹还有是昌平银山宝塔群，20世纪70～80年代对该塔群进行了考古调查，确认了该宝塔群中七座宝塔的建筑年代为金代五座，元代两座。这是当年北京地区的一座以墓塔为主体的寺院，当时认为可能是金中都延圣寺的下院和塔院。后据90年代的考古清理，证明银山塔林的塔与寺庙不是同时期的建筑，后者年代大约在元末或明初。

（四）辽金元时期的窑址与窖藏

北京地区墓葬中出土的大量陶瓷器，除了来自外地窑口烧造之外，也有一部分是自己生产的，近些年发现的辽金元时期的窑址已经证实了这一点。

20世纪90年代，北京市文物研究所、中国文物研究所、门头沟区文物保管所等单位组成联合考古队，对北京市门头沟区龙泉务窑址进行了大规模的科学发掘，发掘面积1278平方米，发现窑炉13座，作坊2处，出土窑具及各类可复原的器物8000余件。龙泉务窑是现存唯一一处从辽代早期到辽末金初最完整的制瓷手工业遗址。通过对该窑场的性质及窑场的遗迹、遗物所代表的契丹文化与汉文化关系的研究，认为龙泉务窑为民窑性质，部分精细产品及建筑构件专供辽代贵族及上层统治者享用。龙泉务窑的发掘证实了辽代陶瓷手工业的中心在辽的燕京地区，进而说明辽南部地区(燕云十六州)是辽代经济的中心。此外，辽金元时期较为重要的窑址还有密云县小水峪瓷窑、房山区磁家务窑、密云庄窝瓷窑、大兴县元代烧炭窑址、海淀白琉璃窑址等，以民窑居多。

建国60年以来，北京地区考古发现的辽金元时期的窖藏遗迹数量较多，内容丰富，大致可以分为钱币窖藏、铁器窖藏和生活用具窖藏三大类。

辽金时期钱币窖藏有较多发现，共计15处，出土大量的跨时期的铜钱，其中以北宋钱为多。重要的如2002～2003年在金皇陵发现的铜钱窖藏，位于金世宗小宝顶西侧20余米。这些铜钱直接埋于土坑中，坑口直径约60、深35厘米，铜钱码放整齐，出土时用绳串联的痕迹清晰可辨。此窖共藏钱币2255枚，年代从西汉直至金大定年间数量不等。顺义县尹家村乡北大段村出土宋铜钱256公斤，全部装在一个陶罐内。在平谷县东高村乡西高村西北，出土宋钱150公斤。

铁器窖藏如1961年发现于房山县焦庄村的一处金代窖藏，共出土铁器64件，包括生产工具、生活用具两类。生产工具有锄、铡刀、镰刀、钩镰、铧、犁镜、镐、耘锄、斧、矛头、长柄刀等，以及笼头、马衔、链等车马具。生活用具有铛、流勺、扁担钩、菜刀、锁、钩、环、支架、剪刀、三足釜等。此外，在西便门外石桥东断崖上发现一处埋藏17件铜器的窖藏，有龙纹圆盒、扁壶、托子、火盆、水注、铜龟、八角洗等，经研究可能是寺庙的祭器。

元代窖藏多为生活用具窖藏。如在房山区良乡南街发现一处窖藏，开口距地表深约3米，出土器物共计52件，其中瓷器35件、铁器13件、铜器4件。这些器物大部分放在两口大缸内，均为实用器，有的器物还经过修补。

三类窖藏中，钱币窖藏由于数量多，范围广，较为引人注意。铜钱的埋藏方法比较一致，其盛装器大多为陶、瓷、铁等不同质地的生活用具或生产工具。入藏时，通常用麻绳串连成串，层层叠放，可见是一种有目的、有计划、有准备的活动。对金代钱币窖藏的出现，有学者研究认为，交钞的贬值与铜钱的难得，是珍藏铜钱的前因；铜钱短缺迫使金政府制定的严格的铜禁政策是其间接原因，金末的蒙金战争是金代铜钱窖藏的最直接重要原因是很有说服力的。

七　明清时期的首善之区

公元1421年，明永乐帝迁都北京，自此，北京成为继辽金元之后明清两代的政治、经济、文化中心，也成为全国的首善之区，至今给人们留下了这一时期的无比丰富的物质文化遗产。

北京地区的明代考古起步于20世纪前半叶有关学者对明北京城及宫苑的考古调查研究和中国营造学社对十三陵、长城进行的考古调查研究。而清代的考古则因为长期受厚古薄今观念的影响，一直没有得到应有的重视。新中国成立后，北京地区的明代考古工作有了较大的进展，而清代的考古则直到20世纪90年代以后，才逐渐引起了人们的普遍关注。

（一）明代城垣考古

根据文献记载，明代的北京城是在元大都基础上修筑的。洪武元年（1368年）明军攻占元大都不久，出于军事防御目的，废弃大都城北部，在北城墙南2.5公里一线，新筑城墙，其余三面城墙则继续沿用元大都土城垣。同时拆毁元故宫，改大都为北平府。永乐十五年（1417年）营建新宫城。永乐十七年展筑南城垣，十八年正式迁都北京。正统元年（1436年）为城墙内外壁包砖，嘉靖三十二年（1553年）又在内城以南增筑外城，北京城的建筑格局从此固定了下来。

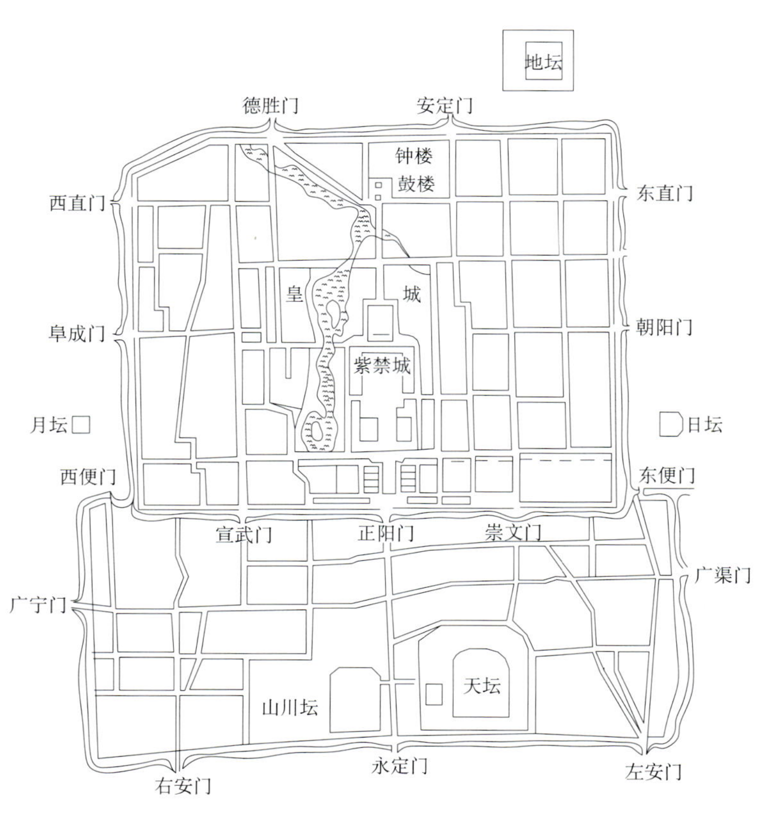

明代北京城平面图

20世纪60年代，为配合大规模城墙拆除工程，考古工作者对明北京城的内城垣进行了局部的发掘清理；1998年改建平安大道时在北海中学发现一段明皇城北墙基础；2001年，北京市文物研究所又对明皇城遗址公园进行了勘探和发掘，大致明确了皇城东墙的走向及建筑结构，并发现了东安门、望恩桥燕翅等重要遗迹多处。通过对内城城垣的解剖，基本弄清了明北京城内城以及皇城城垣的结构和砌筑方法。如东西城墙由内到外可分为四层。第一层为元代用纯黄土夯筑的土心部分；第二层为明代夯土层，包筑在元代夯土层上；第三层为明代夯土层，为掺杂大量砖头、瓦片和明代瓷片的灰渣土；第四层即为内外墙皮的包砖层。不过内城四垣因修筑年代不同，其结构也有所不同。

明代北京外城城垣的规制比内城城垣小。外城垣的土墙心均以黄土夯筑而成，每隔四、五层黄土夯层，则夹夯一层碎砖头瓦片与土的混合物，其厚度大约10厘米左右。从土心的断面看，没有明显的二次夯筑现象。外城垣的基础部分随地势的高低而深浅不同，有的地段深达2.5米，有的地段仅深1米左右。外城垣内、外壁包砖，全部是用白灰浆砌筑的大城砖，外包皮砖层厚近1米，内包皮砖层厚0.7米左右。城垣上顶部的构造与内城相同，是在厚20厘米左右的三合土夯层上海墁一层大城砖。内、外包皮城砖的下部亦垫有2～3层衬基大条石。

（二）明代陵寝考古

明朝在北京建立的帝陵共有两处，分别为十三陵和景泰陵。十三陵位于北京昌平区以北10公里的天寿山，从明成祖朱棣至崇祯帝朱由检，除景泰帝别葬金山外，其余十三个皇帝均埋葬在这里，合称十三陵。另外十三陵还葬有从成祖到崇祯帝的十三位皇帝的皇后，少数享有特殊礼遇的嫔妃也从葬于此。景泰陵则除葬有在“夺门之变”中被废的景泰帝外，还葬有早夭的诸王、公主以及不从葬的嫔妃。

1956年，北京市文物调查组和中国科学院考古研究所联合对位于十三陵中部偏西的大峪山下明神宗朱翊钧与其孝端皇后王氏及孝靖皇后王氏的合葬陵墓定陵进行发掘，发掘历时2年多，共出土文物2648件。根据发掘资料，定陵宝城城墙内径216米，平面略呈圆形，城中填以黄土，夯实，宝城正中的宝顶由白灰掺黄土夯筑而成。宝顶之下就是玄宫。自玄宫入口向内依次建有砖隧道和石隧道，隧道末端是金刚墙，墙面下设进入玄宫的通道。玄宫由五殿组成，均为起券石

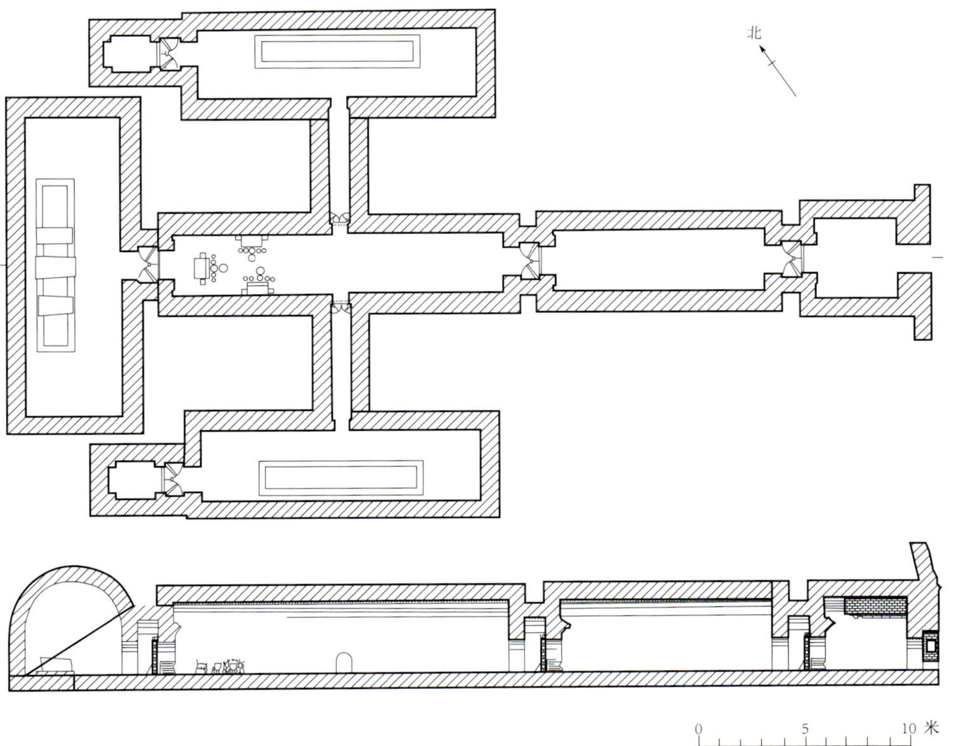

明定陵地宫平、剖面图

定陵地宫

室，中轴线上为前、中、后三殿，另外两殿位于中室横轴线上。中殿西端设石神座三座，神座的主人从左至右依次是孝端皇后、万历皇帝和孝靖皇后，三座神座前均有黄琉璃五供，五供前均置长明灯。两配殿中，靠北侧处各有宝床一座。两殿内均无任何随葬品。后殿是玄宫中的主殿，为放置帝、后棺椁之处。随葬器物多置于棺椁内和棺床上。随葬品包括纺织品、衣物、金银器、铜锡器、瓷器、琉璃器、玉石器、漆木器、首饰、冠带和配饰、梳妆用具、木俑、武器和依仗、谥册、谥宝、圹志等。这些随葬物的出土，对研究明代帝陵的丧葬制度、丧葬思想及礼仪制度，对研究明代的各类工艺技术、帝后冠服制度等都有很高的价值。到目前为止，定陵是明帝陵中唯一一座经过考古发掘的陵墓。

此外，1989年12月，为配合十三陵主神道复原工程，北京市文物研究所、古建研究所联合对十三陵主神道进行了试掘。试掘范围南起大碑楼、北至棂恩门（龙凤门），全长1060米。共发现3段原主神道，均为卵石路面，宽3.84米，以明代大砖竖砌双层或单层砖牙子。卵石路面厚0.1米，其下为褐色砂土，夹有碎石。在大碑楼南北两侧距今地表0.25～0.3米处，均清理出卵石路面，路牙子有的为双层砖，有的为单层砖。在神道石像生卧、立两麒麟之间，也清理出一段卵石路面，路牙子为双层砖，外层是整砖，里层是半砖。据文献记载，这条南起大碑楼、北至棂恩门的神道，应是明代宣德年间形成的，嘉靖年间曾大修过。《明实录》也记载长陵神道确曾以石铺

道，但这段总神道是否就是长陵神道，目前仍需要有新的考古资料来证明。

（三）明代嫔妃墓的考古发掘

明代的嫔妃墓地在北京有两处，一在十三陵内，另一在西郊金山，即今北京海淀区青龙桥西北。从葬在十三陵的嫔妃较少，其身份也可分为两种，一种是明早期（英宗朝以前）的嫔妃，二是生前显赫一时、死后受到特殊礼遇的嫔妃。除此之外，其余的明代嫔妃死后皆葬金山。

1951年8～11月，在董四墓村发掘出两座明代妃嫔墓。一号墓葬天启帝的3个妃子，二号墓葬万历帝的7个内嫔。通过发掘，初步摸清了明代妃嫔墓葬结构形制。另外，也证实了明代妃嫔多人合葬一墓的相关记载。

1963年，在镶红旗营发现7座成化帝的妃子墓。这7座墓均已在早年被盗毁，都是南北向，在金山阴坡并列成一横排。地上宝顶部分已无存，仅残存灰土渣残痕。墓室形制相同，平面均呈“工”字形，砖石结构。玄宫由墓门、前室、后室等部分组成。前室中央设宝座，其前置五供和万年灯。后室中央设有大理石棺床，上置一具棺椁。棺床中央有方孔，内实黄土。墓门为整块青石或大理石制成，正面雕兽头铺首，背面刻有半圆凸起以承托自来石。前、后室顶部两坡平铺方砖，脊饰已无存。

通过对董四墓村和镶红旗营妃嫔墓的发掘，证实了明代不从葬的妃嫔俱葬金山的文献记载。出土的妃嫔圹志有16合，是明史研究罕见而难得的实物资料。有学者根据妃嫔圹志等资料，对明代妃嫔制度和宫廷生活进行了探索与研究，同时订补了有关历史典籍。

（四）明代的贵族墓葬

建国以来，在明代墓葬的考古发掘中，还发现了其他一些比较大型的墓葬，其墓主或为龙子龙孙，金枝玉叶，或为皇亲国戚，豪门显贵，如1957年发掘的位于右安门外关厢的万贵夫妇合葬墓，1961年发掘的南苑苇子坑正德皇帝的岳父、庆阳伯夏儒夫妇合葬墓，1977年发掘的位于北京西郊八里庄慈寿寺塔西北约1公里处的李伟夫妇合葬墓，2001年9月发掘的位于北京海淀区香山路明宪宗长子墓，2007年4月发掘的位于朝阳区奥运村地区的明代昌宁侯赵胜夫妇合葬墓，2007年9月发掘的位于北京市丰台区北京西站南广场东南部的李文贵墓，2008年6月发掘的位于朝阳区十八里店乡的德清公主夫妇墓等等。这些墓葬的发现，对于研究明代社会外戚的政治和经济生活，皇子与公主的葬制以及明代官制、兵制及社会生活等，都有着十分重要的价值。另外2005～2007年在朝阳

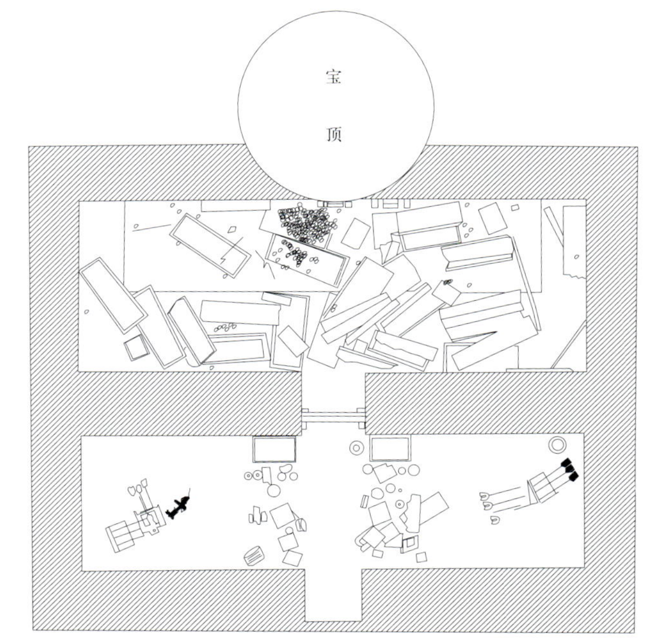

董四墓村M2平面图

区王四营乡华能热电厂院内发掘的明怀柔伯施聚家族墓地，共清理墓葬5座，5座墓葬呈“人”字形按长幼序列排列，为研究明代宗法制度和家族墓葬“昭穆制度”提供了资料，如此典型且等级又高的明代家族墓地，在北京地区考古发现中尚属首见。

（五）明代太监墓

太监是人造的第三性，是古代封建社会中的一个特殊群体。明代太监数量众多，设在宫廷的以太监为主体的衙门就有十二监、四司、八局，统称“二十四衙门”，另外还有一些非常设宦官机构，负责监军、采办、征税、开矿等任务。除宫廷使用宦官外，宗室和王公贵族也大量任用宦官。有明一代，阉党专权，明朝的灭亡就与宦官的专权有着直接的关系。这些宦官大多在北京终老，因此北京地区的太监墓数量颇丰，形成一种独特的文化现象。从发掘的太监墓的丧葬文化现象可折射出这个群体的一些生活特征。

自1950年以来，北京地区发现了大量明代中晚期的太监墓葬，据不完全统计，总数不下百余座。今广安门以北、西便门以南地带，曾发现许多塔墓，可能是明太监的丛葬区。墓葬建筑规模大小不一，随葬品也多寡不等，但一般都建有石制或砖制的长方形墓室，内置木棺，随葬品有陶瓷器具和小件玉佩饰，都有墓志出土。另外较重要的有香山饭店发现的太监刘忠墓、地质力学研究所太监墓、北京工商大学太监墓以及北京射击场太监墓地、国家体育总局射击射箭运动管理中心射击场内市政工程M1、门头沟区潭柘寺太监墓等。

（六）明代长城考古调查

明长城是为防御北方游牧民族而修建的防御工事，规模宏大，历来为文物工作者所关注。1949年以前，就有学者开始了对明长城的研究，但大多停留在对文献史料的考证上。自1952年郭沫若先生提出要维修长城主要遗址的意见后，文物局开始派专家对明长城各线进行初步普查。

八达岭长城北路北四楼

司马台长城西十四台

1981年，国家文物局派出4个小组，对明长城进行全线实地勘察。近年来，北京市文物研究所还对明代长城的一些遗址做了考古发掘工作，获得了大量的第一手材料。经过几次大规模的调查、勘测，目前已对其分布、走向、结构和保存状况有了基本了解。

北京地区明长城呈半环状分布在北部山区，从东到西横跨平谷、怀柔、门头沟、昌平四区及密云、延庆两县。据2005年以前调查，北京地区明代长城全长约629公里，其中主干线长城长539公里，支线长城长95公里，全线共有城台（包括墙台、敌台或战台）1325座，关口120余座。

从山海关蜿蜒而来的长城，经辽宁、河北、天津，在平谷区金海湖镇红石门村大松木顶进入市界，沿平谷区与河北省兴隆县界向西北至将军关、黄松峪，经南独乐河，向北经山东庄等6个乡镇19个自然村，至罗营镇北水峪村北山，进入密云县大城子镇下栅子村，东北至新城子花园村，向西偏北至冯家峪镇白马关村，再折向南偏西，随山脊走势至西田各庄镇西沙地村，共11个镇54个村庄，进入怀柔区怀北镇大水峪村。向西经神堂峪、慕田峪，在怀柔区黑坨山以南旧水坑附近，长城分成两支：其一，呈北西走向，经延庆县的四海黑汉岭、刘斌堡以北，由白河堡出市界进河北赤城；其二，南西走西，分成南北两线：北线沿延庆海子口、东灰岭、小张家口、八达岭而达青水顶；南线从怀柔区旧水坑西南开始，经黄花城进延庆县龙泉峪后不见。北线构筑于延庆盆地南缘，南线构筑于军都山中。两者在青水顶汇合后，继续向西南延伸，在禾子涧以北再度分成南、北两线。北线在黄楼洼越出市界后在镇边城以西重新进入市界，在笔架山、广坨山等地中断；而后在沿河城附近复出，经黄草梁、东灵山越出市界，然后向河北省易县、山西灵丘方向延伸。南线沿禾子涧、郭定山、老峪沟、大村一带东山脊南延，至得胜寺中断。

将军关—墙子路—古北口—白马关—慕田峪—黄花城—八达岭青水顶—笔架山—东灵山，这一线构成北京长城的主体，保存较完好。城台最为密集，墙体高大宽厚，气势雄伟。墙体建筑以砖包结构为主，石砌山墙次之，山险墙也有多处分布。九眼楼—四海—暴风顶—白河堡一线长城主要是砖石结构墙体，城台分布均等，并兼有山险墙的分布。旧水坑—东灰岭—西拨子—青水顶一线墙体主要以砖石墙为主，石砌墙次之，仅局部有少量山险墙。城墙大部严重损坏，其中仅西拨子附近墙体、女墙及垛口完整，砖石齐全，虽然残留不多，仍然不失为北线长城的代表。

（七）明代其他考古发现

2005年7～8月，北京市文物研究所与西城区文物管理所联合对发现于西城区毛家湾1号院内的明代瓷器坑进行了抢救性考古发掘，出土了大量瓷器残片，仅收归北京市文物研究所的就达85万片，另有200余箱暂存于西城区文物管理所，总数逾100万片。

这批瓷器大部分属明代早、中期产品，也有少量元、辽金、唐代瓷器。窑口较多，至少涉及到景德镇窑、龙泉窑、磁州窑、钧窑四大窑系，另有少量瓷器不能确定窑口。出土瓷器中无完整器，但有大量可复原器，普遍带有使用痕迹。其中的绝大部分属于民窑产品，仅有极少量官窑瓷器。除瓷器残片外，坑内还出土个别骨牌、猪下颌骨、石雕等遗物。

另外，2007年4月～2008年5月，根据北京市文物局的批示，北京市文物研究所对万宁桥至北河沿大街段的玉河遗址进行了考古发掘。此次玉河遗址的发掘，对探讨古玉河的走向、建造年代及河道变迁等问题都有重要意义，并能够为古代北京漕运和水源、供排水系统、环境变迁的研究提供新资料。

（八）清代考古

20世纪90年代以前，北京地区发掘的清代重要墓葬，见诸记载的主要有以下几处：1952年在车道沟发掘的洪承畴墓和在右安门外祖家庄发掘的福建总督祖泽溥墓，1953年在人民公墓发掘的常宁园寝，1961年在海淀门头村发掘的杰书园寝，1962年7月发掘的位于小西天的四座清墓，1964年在安定门外发掘的五座清火葬墓，1965年发掘的清仁宗嘉庆皇帝第四女庄静固伦公主和第三女庄敬和硕公主园寝，1977年在中央气象局发掘的一座清火葬墓，1979年在西郊政治干校和公安印刷厂之间发掘的一处清火葬墓等。另外还有位于恩济庄茔地的清末大太监李连英墓和位于北京市朝阳门外高碑店乡西花营村荣家茔地内的荣禄墓，这两座墓的发掘年代大约在“文化大革命”期间，由于考古资料的缺失，具体时间未详。

圆明园含经堂遗址

20世纪90年代后，随着大量基建工程的开展，清代考古渐渐走进人们视野，目前所涉及到的主要有墓葬、园林水系、宫苑署邸和寺庙宫观等方面。

根据已发表的资料统计，北京地区已发掘的清代墓葬有41处，近2000座，其中比较重要的有1993年8～10月，对清河永泰庄墓地的发掘，共清理出一处墓园基址和清代墓葬8座，根据出土墓志盖上刻文并结合文献记载，推测此墓地为祖大寿之子祖泽润的家族墓地。2004年11～12月，对位于北京市丰台地区的刘秉权墓地进行的调查及清理工作。2005年6月，对位于朝阳区高碑店乡光辉桥东通惠河北40米左右的和硕和嘉公主园寝的发掘，清理发现了碑楼基础、泊岸基础和2处石像生基础。

此外，北京市文物研究所近年来组织科研人员对清代园寝制度进行了深入的研究工作，在此基础上，2008～2009年间，完成了对近300个清代园寝的考古调查。清代园寝是包括清代历朝帝王的妃子、公主、皇子及宗室王公等在内的有封爵人员的墓葬，是清王朝独特的

清玉河堤岸遗址

清恭王府银安殿遗址

一种丧葬文化现象。清园寝大多分布在北京地区，也有一部分分布在河北、天津、辽宁、吉林、内蒙等周边省市。这些园寝目前多数已随着历史的变迁而被毁，故通过考古调查来尽可能还原其历史的真实面貌，就成为一项十分迫切的重要工作。

近年来在北京地区的考古中，对清代的园林水系遗址的考古调查和发掘工作，也是一项非常重要的内容。1994～2008年间，北京市文物研究所共勘探和发掘清代园林水系遗址12处，其中7处遗址位于圆明园遗址内，另外5处遗址分别是畅春园大宫门建筑遗址、西花园石桥遗址（位于万泉河桥以西）、金台夕照遗址（位于东三环中路北侧）、香山静宜园来清轩遗址和玉河遗址。从这些遗址中清理出的不仅有宫殿、斋、堂、亭、轩、楼、馆、榭、寺庙等建筑基址，还有广场、假山、水池、水闸、桥、道路等遗迹。圆明园内的七处遗址分别是含经堂

清国子监祭酒院落遗址

遗址、长春园宫门遗址、藻园遗址、北夹墙遗址、水闸遗址、正觉寺天王殿遗址和正觉寺门前道路等遗址，其中，含经堂遗址和长春园宫门遗址有研究性的发掘报告发表。在玉河遗址发掘中，清理出了清玉河堤岸及其河道和两座便桥遗址。

2003～2007年间，北京市文物研究所发掘清理的清代宫苑署邸遗址包括故宫内西河沿遗址，清理出建筑基址、水井、灶、灰坑和排水沟等遗迹，并出土了大量纪年器物，如瓷器残片、铜钱、琉璃瓦等；在恭王府，清理出银安殿庭院基址及东路乐道堂庭院南侧的垂花门基址，此次清理发掘对研究清恭王府的建设布局、形制、规模有重要意义；在学署国子监处，清理出国子监祭酒院落、西厢琉球学馆基址和国子监街路面及牌楼月台等遗迹。

在对清代寺庙宫观的考古发掘方面，2004～2008年间，北京市文物研究所先后发掘清理的寺庙宫观遗址包括天宁寺钟楼遗址、崇文区夕照寺遗址、玉河庵遗址、平谷丫髻山碧霞元君祠遗址和北顶娘娘庙遗址等。

（执笔：夏连保　董坤玉　丁利娜　张利芳）

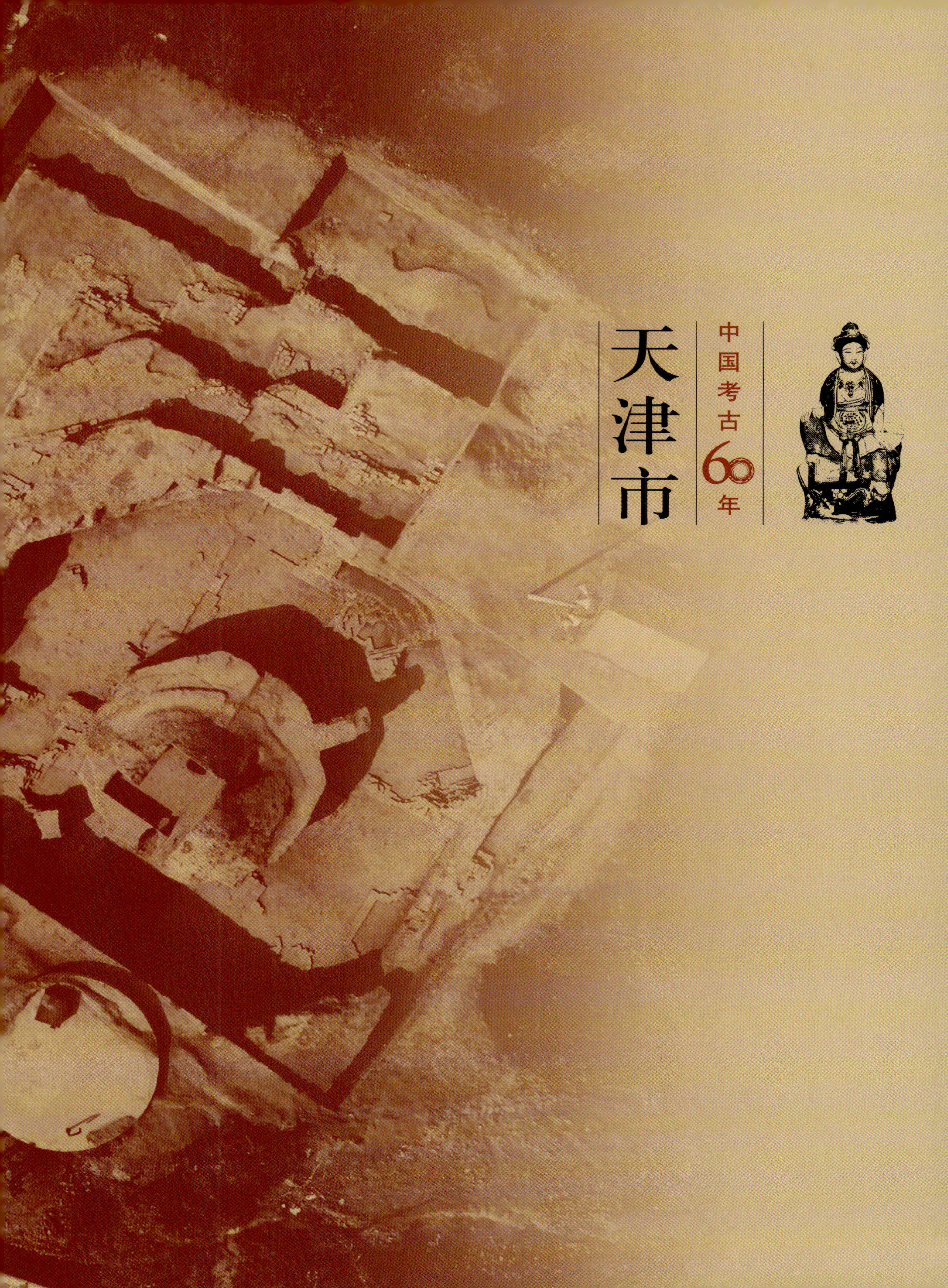
天津市
中国考古60年

天津市

中国考古60年

1949～2009年，天津文物考古工作在党和政府的领导下，认真贯彻执行《中华人民共和国文物保护法》，遵照“保护为主、抢救第一、合理利用、加强管理”的文物保护方针，积极做好各项考古工作，取得了一系列重要收获。

一　旧石器时代考古

2005年5月，天津市文化遗产保护中心在蓟县北部地区开展了旧石器考古调查，共发现旧石器地点27处，分布范围覆盖蓟县下营镇、孙各庄满族乡、罗庄子镇、官庄镇、邦均镇、城关镇等6个乡镇，采集到各类石制品近千件，包括各种刮削器、尖状器、钻器、砍砸器及石核、石片等，还发现有少数细石核和若干不典型的细石叶，表明该地区旧石器文化的多样性。从石器加工技术来看，除细石器以外，几乎都是直接打制的，修理方式主要为向背面加工，错向、复向、交互加工等较少。根据采集到的石制品标本及其出土地点的地貌特征初步推断，石制品的年代为旧石器时代晚期，距今10万～1万年，属于中国北方小石器传统。蓟县旧石器地点及人工制品的发现，不仅填补了天津地区旧石器考古的空白，而且将天津市域的人文史提前到距今至少1万年以上。

以此次考古调查为契机，2007年5月，天津市文化遗产保护中心与中国科学院古脊椎动物与古人类研究所组成联合发掘队对东营坊遗址进行了发掘，获得了丰富的石制品。东营坊遗址位于蓟县城关镇东营坊村附近，地理位置北纬40° 3′ 32.6″，东经117° 26′ 8.4″，海拔高程60米。考古发掘前在遗址周围进行了较大规模的详细勘查，选取地层序列完整、石制品出露丰富的区域进行布方，发掘面积200平方米，分为A、B两区。从两区地层堆积来看，地层保存不甚完整。从文化层位置及与基岩的关系来看，A区文化层要比B区年代稍早。

石制品共出土2000余件。原料主要为节理发育的劣质燧石，此外还有石英、石英砂岩、硅质岩、脉石英、白云岩等。石制品以小型为主，微型和中型次之，大型标本少见。类型主要有石核、石片、碎屑、断块等。工具类型复杂多样，主要有刮削器、尖状器、雕刻器、石钻等，工具所占石制品比例相对较少。工具类中，刮削器是主要类型，主要有单直刃、单凹刃、单凸刃、双刃及复刃刮削器等，其中以单直刃数量最多，其他器型较少。值得注意的是，存在一定数量的使用石片，还需微痕和残留物分析来验证。石核主要为锤击石片石核，包括单台面、双台面石核，以前者为主。

蓟县旧石器地点采集石制品

剥片方法主要以锤击法为主，也有一部分使用了砸击法；修理方式以锤击法正向加工为主，反向加工、对向加工、错向加工等较少。工具毛坯以片状毛坯为主，块状毛坯较少。

根据遗址的埋藏环境和石制品特征分析，东营坊旧石器遗址的石器面貌具有中国北方旧石器主工业的鲜明特点。通过对遗址周围地区进行小规模区域地质调查和石制品原料开采情况分析，该遗址古人类因地制宜、就地取材制作石器，所用的石器原料应采自附近河床和基岩，绝大部分为黑色或灰黑色燧石；石器原料具有高含量、低质量的特点，这对原料的开采和石器加工有着重大的影响，导致原料的利用率较低。遗址内存在较多石器废片、断块，绝大多数个体较小，边缘不甚规则，一些边缘锋利、个体适中的燧石石片被直接使用。综上所述，东营坊遗址可能为一处古人类活动场所，在该遗址进行过简单的石器加工。据石制品面貌和出土地层推测，该遗址属于旧石器时代晚期。

东营坊遗址是天津考古首次进行的旧石器时代遗址发掘，该遗址的发现与发掘为中国北方旧石器主工业增加了新的材料，扩大了其分布范围。遗址出土的石制品对于揭示晚更新世古人类对该遗址占据的行为特点以及环境动因，研究环渤海地区旧石器时代晚期以来人类生活的环境背景、旧石器文化内涵、东北亚地区旧石器文化之间的关系以及旧石器时代向新石器时代过渡具有重要的学术意义。

二　新石器时代考古

据统计，目前天津地区共发现新石器时代遗存地点近20处，分石器出土地点和遗址两类。石器出土地点分布在北辰、武清、宁河、宝坻等区县，石器多发现于距地表较深的灰土层中。遗址大多位于蓟县和宝坻，进行过考古发掘的有蓟县张家园、弥勒院、下埝头、青池、围坊和宝坻牛道口等遗址。

青池遗址出土陶筒形罐

青池遗址位于蓟县九百户乡青池一村西北，于桥水库南岸阶地上，1997～1999年连续进行过三次考古发掘，出土遗物以石器和陶器为主。石器有磨盘、磨棒、石斧和少量燧石细石器等。陶器以夹砂为主，夹云母和泥质陶次之。广泛流行“之”字纹以及由“之”字纹带组成的绞结状图案，另有少量弦纹和网格状划纹。代表性器物有“之”字纹筒形罐、盆、圈足钵、碗、鸟首形支座、夹云母素面盆等，晚期出现了少量泥制素面陶器。青池遗址新石器遗存年代距今约在8000～6000年，与兴隆洼、赵宝沟等同期文化面貌很接近，属以筒形罐为炊器的燕山南麓文化系统，也是天津地区迄今为止发现的年代最早的新石器时代遗址。

蓟县下埝头遗址出土陶釜

弥勒院遗址位于蓟县别山镇弥勒院村南台地上，东、北为燕山余脉，南面为平原。1990～1993年进行多次发掘，总面积近4000平方米，新石器时代遗存分布在遗址高台地的中南部。早期遗存发现有房址、灶址、窖穴、灰坑等遗迹。典型陶器有夹砂褐陶釜、支脚、小口壶、盆、红顶钵等，器表多素面，也有少量弦纹、“之”字纹和压印纹等。石器以磨盘、磨棒为主。

下埝头遗址位于蓟县李庄子乡下埝头村西北，1988～1992年发掘。新石器时代遗物以陶器为主，石器较少。陶器以夹砂陶为主，泥质陶较少。器类有釜、瓮、支脚、壶、红顶钵、碗等。在夹砂陶器的上腹部较流行饰数周旋纹，折肩处常见一周压印纹，下腹部多显粗糙。泥质陶多素面。发现石器70余件，以磨制石器为主，有磨盘、磨棒、石斧和凿等。细石器较少，有镞和刮削器等。共发现保存较好的新石器时代的房址4座、灶址9座、窖穴和灰坑近百座，房屋均是直接挖破山皮或生土的半地穴式，以坑壁和坑底作为住宅的居住面和墙体的一部分，平面形状有扁圆形和椭圆形两种。

蓟县弥勒院、下埝头遗址第一、二期遗存的面貌与北京房山镇江营遗址同时期遗存相近似，距今约在6000～5000年，属以釜、支脚为炊器的太行山东麓文化系统。这一时期遗址中发现的房址、灶址、窖穴等建筑遗迹，充实了天津地区史前文化的内涵。

2003年的考古调查，在蓟县马伸桥镇于各庄村东又发现一处新石器时代遗址，含有圆形支脚、侈口罐、筒腹罐等陶器。该遗址的发现对于探讨以青池遗址和以下埝头、弥勒院遗址为代表的两类史前遗存之间的关系，具有十分重要的意义。

新石器时代后期，主要以弥勒院遗址第三期遗存为代表，还包括张家园与牛道口遗址等相关遗存，典型陶器为夹砂褐陶绳纹罐、泥质灰陶篮纹罐、瓮、大口尊及素面杯等，与北京昌平雪山二期等龙山时期遗存联系密切。

三　夏商周考古

据统计，天津域内目前已发现商周时期遗存30处，其中蓟县24处、宝坻5处、武清1处。遗址多数分布在蓟县山前丘陵高地和低矮的小山阳面坡地，向南地势较低的平原地区数量逐渐减少。遗址年代相对较早的多分布在北部山前丘陵台地，年代较晚的则分布在南部平原地区。目前已经发掘的商周遗址有蓟县围坊、张家园、青池、刘家坟、弥勒院、下埝头遗址，宝坻牛道口等遗址。经小面积发掘或试掘过的遗址有南城子、西山北头、看花楼、大安宅、东大井、西庄户等遗址。遗址的年代，上限可早到夏商之际，下限约与春秋时期相当。

张家园遗址位于蓟县许家台乡张家园村北，燕山南麓的丘陵山地上，南面紧邻沙河，1965、

1979、1987年分别进行发掘，累计发掘面积441.5平方米。商周时期文化堆积主要分两层，下层发现有房址、窖穴等遗迹，出土青铜刀、耳环以及陶、石、骨、角等文物；上层发现房址、窖穴等遗迹，出土铜器、陶器、石器等遗物。

到目前为止，天津发现的属于商周时期的遗迹，以张家园遗址上层遗迹最为丰富，不仅有房址、窖穴和灰坑，还有墓葬。张家园遗址共发现了房址4座，1979年发掘的F1是一座圆形浅穴窝棚式建筑，门道设在东南部，舌形坡状，长1.1、最宽处0.8米，居室圆形，东西直径3.2、南北直径3.55，穴壁残高0.2米，居住面和门道砸实后，又经火烤十分坚硬。主室中间有一柱洞，直径16.5米、深0.5米。在室内西侧有5个浅槽状的柱洞和1个较深的柱洞；室内东侧有两个较大的椭圆形坑，坑底比居住面低，内壁成坡状，与居住面相连。蓟县刘家坟和弥勒院遗址也发现与之形制完全相同的房址。

张家园遗址还发现4座随葬有青铜器的墓葬，皆为长方形竖穴土坑墓，俯身葬，头东向，随葬器物有青铜鼎、簋、金耳环、绿松石串珠等。

围坊遗址位于蓟县城东围坊村东北的高岗上，1977年和1979年进行发掘，发掘面积164平米。该遗址二期遗存与三期遗存商周时期遗物较为丰富。二期遗存发现有房址、灰坑等遗迹，出土遗物有陶、石、骨、铜器，陶器以鬲、甗、罐、盆为主。三期遗存发现有残灶址等遗迹，出土遗物有陶、石、骨、铜器，陶器以鬲、甗、罐、盆、钵等为主。

蓟县张家园墓葬出土铜鼎

夏至商代前期，天津域内以蓟县张家园遗址第三期遗存（下层）和蓟县围坊遗址第二期遗存为代表，出土的典型遗物有敛口鼓腹袋足鬲、束腰甗、折腹盆、喇叭口状铜耳环和翘首弧背铜刀等。关于这一时期遗存的考古学文化属性，有学者认为属于夏家店下层文化，或夏家店下层文化的一个地方类型，也有学者认为应独立命名一个考古学文化，即“大坨头文化”。

晚商至西周时期，天津域内存在以蓟县围坊遗址第三期和以蓟县张家园遗址第四期为代表的两类遗存。前者典型陶器为斜领无实足跟鬲、甗、罐、盆、瓮、钵等，鬲的特点是高领、凹沿，领、腹有明显分界，附加堆纹均饰于口沿唇部以下，多饰交叉僵直绳纹。后者典型陶器为叠唇高领柱状实足跟鬲、甗、罐、盆、瓮、钵等，鬲的特点是直口、叠唇、深垂腹、柱足，口腹之间分界不明显，叠唇与唇边平齐。对于这两类遗存之间的关系，有学者认为这是大约相当于黄河流域商末至西周时期，具有文化谱系方面差别的两类遗存，也有学者认为这两类遗存是前后相衔的两种考古学文化。

蓟县张家园墓葬出土铜簋

这一时期除张家园遗址发现铜器墓外，刘家坟遗址也发现墓葬4座，只有1座墓葬出土铜簋、铜鼎各1件，绿松石珠4颗，墓主人口含10

片白石块。弥勒院遗址发现墓葬11座，均为土坑竖穴，墓圹呈长椭圆形，多有单棺，头东足西，随葬品放置棺外头前，多敛口钵，有的有罐。

四　春秋战国考古

目前天津地区尚未发掘春秋时期遗址或墓葬，但从津南巨葛庄遗址、商家岭子遗址采集到的绳纹陶鬲观察，此时期天津南部地区应属燕文化范畴，但在天津北部蓟县的西山北头曾采集到1件青铜短剑剑柄，柄首为镂空兽首形，此青铜短剑与中原式青铜短剑形制完全不同，与北京延庆军都山出土的同类器相同，应属北方直刃匕首式青铜短剑系统，由此推定天津北部山前丘陵地区尚存在北方系青铜文化遗存。

战国时期，天津地区的考古学文化主要为燕文化，但在天津北部山前丘陵地区则发现有北方游牧民族的文化遗存，而在海河南部平原地区则发现了齐、赵文化的部分遗存。

天津地区已经发掘的战国时期墓葬主要位于东丽张贵庄、津南巨葛庄、宝坻牛道口、静海西钓台、宝坻歇马台、蓟县西北隅、蓟县辛西、宝坻秦城、蓟县西关、蓟县崔店子等地。

从目前掌握的考古资料看，天津地区的战国墓葬形制主要有土坑竖穴墓和瓮棺墓两种。

土坑竖穴墓一般面积较小，葬式一般为单人仰身直肢葬。此类型的墓葬的随葬品具有一定的规律性：一类为仅随葬夹云母红陶直腹柱足鬲，即“燕式鬲”；一类为随葬泥质灰陶的仿铜陶礼器，一般为鼎、豆、壶成组出现；还有一类为随葬没有实用价值、具有明器性质的灰陶三足罐。从考古学文化渊源考虑，上述三类随葬不同器物的墓葬应该分别渊源于战国燕文化、中原周文化及本地土著文化；而从墓葬的共生关系看，上述出土不同随葬品的墓葬又共处于东郊张贵庄、宝坻歇马台等墓地。三类不同渊源的墓葬能够共存于一个墓地，是一个值得研究的现象。

在蓟县西关发掘了一座青铜短剑墓，该墓土坑竖穴，随葬青铜戈、青铜短剑、灰陶壶等器物，其中青铜短剑为直刃，剑柄尾部饰小兽首，具有十分显著的北方系青铜文化特征。可见春秋战国以来，天津北部蓟县山前一带一直受北方游牧民族文化的影响。

天津地区的瓮棺墓最早出现在战国中期，主要分布于两个地区，即天津南部（现津南区南部、大港区北部的高地及贝壳堤）、天津北部（现潮白河中游地区）。此期用做葬具的器物有筒形釜、圜底瓮、卷沿盆等，常见釜—釜、釜—瓮、瓮—瓮组合。瓮棺葬多与土坑墓混杂，尚未形成专用于埋葬儿童的瓮棺葬墓地。

天津地区已经发掘的战国时期遗址主要有静海西钓台、宝坻秦城、武清兰城、静海古城洼、静海鲁辛庄、津南巨葛庄等遗址。

静海县西钓台古城址出土的带有“陈和忐左廪”戳记的量器残片以及大港沙井子出土的“平阳”戈等遗物，为考古工作者提供了天津南部存在战国齐文化遗存的线索，随着近年来基本建设工程的开展，先后

静海西钓台出土“陈和忐左廪”陶量铭文拓片

对天津南部静海西钓台、古城洼、鲁辛庄，津南巨葛庄等遗址进行了考古发掘，其中以静海鲁辛庄为代表的包括西钓台、古城洼、鲁辛庄三处遗址的考古学文化面貌基本一致，典型器物有圜底釜、折肩尊、浅盘豆、敞口罐等，豆均为素面，釜、罐等器物表面多饰压印的粗绳纹，在器物颈部压印戳记的现象普遍。在2008年发掘的津南巨葛庄遗址则与上述三处遗址文化内涵完全不同，其器类十分单一，仅见夹砂红陶圜底瓮一种。津南巨葛庄、静海鲁辛庄遗址应属于区别于燕文化的两种性质不同的战国时期考古学文化，这正好与文献记载的今天津海河以南地区在战国时期被燕、齐、赵三国交替控制的情况相吻合。

宝坻秦城是天津地区发现的唯一一座战国时期城址，城平面为不规则四边形，北墙长910（中间磬折，东段长462、西段长448米）、东墙长658、南墙长820、西墙长474米，总面积近50万平方米。经过1989年、1990年两次发掘，此城建于战国晚期当无疑问，发掘者将此城废弃年代定为西汉时期。据此次发掘清理的W5、W6、W56三座瓮棺葬，均打破夯土城墙，其中W5、W6应为战国晚期瓮棺葬，由此推断该城墙应毁于战国晚期，即秦王政二十一年（前226年）秦攻占蓟都不久，此城便被攻破废弃。西汉时期出现大量的瓮棺葬，则说明至西汉时期此城已废弃良久。

五　秦汉考古

秦代因其存在时间短暂，在天津地区可确认为秦代文化的遗存寥寥。在秦城遗址采集到的石质印母范，为双面印，阴文，反书，分别刻有“泉州丞印”和“范阳丞印”，田字格，为秦印无疑。近年来，通过运用考古类型学对宝坻秦城遗址发掘资料加以研究，已确认宝坻秦城W56，虽然其在文化属性上与战国燕文化一致，但在类型学变化规律的时间坐标上其已处于战国晚期之后西汉早期之前的位置，在年代上应属秦代。天津地区秦代遗存在考古材料不断积累和深入研究情况下逐渐明晰。

两汉时期，中国社会进入大一统时期，社会经济繁荣发展，物质文化空前丰富，区域文化交流频繁，这些情况反映在天津地区的汉代文化遗存上，既有汉代文化的普遍特征，又有与周边地区结合的独特区域特征。

目前，天津地区可以明确认定为汉代的城址有3处，即：静海县西钓台古城址、武清区城上村城址和武清区大宫城城址，这三处城址的边长一般均在500～600米之间，符合汉代县城的规制。除静海县西钓台城址进行过部分考古勘探外，其余两处城址均未进行过文物保护工作。

以往对武清区兰城遗址是否为汉代城址，考古界一直持怀疑态度，1991年和1992年连续两次对该遗址进行了勘探和试掘，未发现城墙遗迹，但从出土的大量瓦当、板瓦、筒瓦及大体量精美磨光陶器看，又绝非小型聚落址所能比拟。2006年在兰城遗址附近又清理出汉代道路、水井、陶窑等遗迹。

2003年，在蓟县独乐寺西墙外清理了一处地层剖面，发现在明清时期城墙基址的下部叠压有汉代壕沟，这个迹象为我们提供了在现今蓟县县城下叠压着汉代城址的线索。

宝坻秦城采集印范打本

蓟县大安宅1号水井及出土木牍

蓟县东大井106乙号西汉墓

天津地区汉代遗址发掘不多，收获最大的是蓟县大安宅遗址的抢救性发掘。此次发掘共清理汉代水井11座、窖穴2座以及灰坑、车辙等遗迹。汉代水井主要是砖木混合结构，少量为圆形砖结构。完整的砖木混合结构水井自上至下包括：陶制圆形盘口井沿、圆形陶井圈、砖砌井圈、方形木井圈。木井圈一般用长1～1．4米左右的圆木、半圆木或板材采用搭口法进行搭砌，井圈外侧填以五花土，并加以夯实。砖结构水井全采用弧形绳纹小砖平砌。两种形制水井的井身均底大口小，由下向上逐渐内收，井深一般5～7米。从1号水井中发现了一方木牍，木牍长21、宽4.2厘米，出土时残断，经处理拼复，缀合成一方基本完整的木牍。木牍书于东汉建安十年（205年），墨书文字6行138字，可释读出较清晰的85字，为国内首次发现的东汉道教方术文书。

天津地区正式发掘汉墓始自1972年，当时农民在北郊双口附近疏浚永定河故道时发现，考古人员清理了西汉土坑竖穴墓葬1座。自此之后，随着农田基本建设的发展，考古工作人员又陆续在南郊窦庄子、蓟县邦均、武清高村兰城、蓟县别山、宁河田庄坨等地清理了一些汉墓。20世纪80年代至今，因建设工程，又先后在静海东滩头、西钓台，蓟县逯庄子、西北隅、辛西、别山、邦均、吴家埝头、东关、西北隅、电厂、西关、小毛庄、东大屯、东大井、崔店子，武清齐庄等墓地进行了大规模考古发掘，共发掘500余座汉代墓葬。这些墓葬一般以城址或大型聚落址为中心分布，主要集中在蓟县城郊（包括东大井、小毛庄、崔店子、西关、七里峰、东大屯等墓地）、蓟县周边以邦均为中心的邦均墓葬区和以别山为中心的别山墓葬区、兰城周边（包括以武清兰城遗址为中心的高村兰城、里罗等墓葬）、西钓台古城周边（包括以静海西钓台古城址为中心的西钓台、东钓台等墓葬）。墓葬形制大致可分为土坑墓、砖室墓、砖石混合墓三大类，其中土坑墓中依葬具的制作材料，又可划分为木椁（棺）墓、石椁（棺）墓、砖椁墓、瓦椁墓、瓮棺墓五种类型；砖室墓依墓室的数量，又可分为单室墓和多室墓两种类型。

蓟县东大井M106乙为天津地区迄今发现最大的西汉土坑竖穴墓，全长24米，墓道长14米，墓室长10、宽5.5、深6.5米，墓圹和墓道内的填土经过逐层夯打，土质坚硬，夯打技术主要有单夯和排行两种，夯窝亦有5～6厘米和10～12厘米两种，夯层11～20厘米不等。椁板四周及顶部、底部填有用于防盗的陶片、瓦片。

蓟县东大井M109为天津地区首次发现的汉代带陪葬车马坑的土坑竖穴墓。陪葬坑长4.5、宽1.8米，北侧有一小洞室，陪葬有两套木质明器车、马，明器铜马具、车具位置固定、配件齐全。

2004年发掘的蓟县小毛庄东汉彩绘画像石墓为天津地区首次发现。该墓正南北方向，全长22.8米，由墓道、甬道、前室、中室、后室和4个侧室构成，每座墓室的门楣、立柱、门扉的内外两侧均刻有图案，题材主要有四神、日月、瑞兽、瑞禽、人物等。图案由线刻和减地浅浮雕两种手法刻成，并在细部施有红、黑、黄等颜色的彩绘。

2002年在蓟县七里峰汉代墓葬保护区的西北部，发掘了一座东汉中晚期石刻遗迹。该遗迹为石板围成的方台子，上部已残失，四边石板也残失过半，但仍能判断出该遗迹平面呈正方形，边长490厘米，每边各用四块石刻围成，两块石刻之间均有一块桩石加以固定。所有的石刻上面均采用剔地浅浮雕的形式刻有图案，题材主要有门吏、伎乐、杀牲、侍女、青龙、白虎、朱雀、玄武、骏马、禽鸟等。七里峰东汉石刻遗迹的发现，又一次填补了天津地区汉代考古的空白，石刻的题材亦不像山东、河南等地出土的画像石那样青龙、白虎、朱雀、玄武四神各守四方，而是青龙、白虎放在西部，

蓟县小毛庄东汉画像石墓

蓟县崔店子汉墓出土玻璃珠串饰

蓟县西关汉墓出土白玉龙形璜

朱雀、玄武放于南部，这一反常的现象一定有其深刻的内涵，从石刻的布局和题材看，该石刻遗迹极有可能为墓前祭祀建筑——祭坛。

另外，1977年发现的延熹八年（165年）《汉故雁门太守鲜于璜碑》，圭首，通高2.42、宽0.82米，碑阴、碑阳共刻碑文827字，记述了鲜于璜生平及上下七代家族成员名字、官职，字口清晰、书法遒劲古朴，为汉碑珍品。

天津地区两汉时期墓葬具有鲜明的时代特征和地域特征，经过近年来不懈努力，天津地区两汉时期墓葬的时空框架已基本建立。

天津南部和北部地区西汉时期墓葬随葬器物组合完全一致，均为敞口圈足壶、长颈敞口罐、敞口圜底瓮、三足盒。说明天津地区西汉墓葬区域文化属性一致，且这种属性与河北省沧州地区北部、保定地区中北部、张家口地区绝大部分以及北京市、河北廊坊、承德、唐山等地区同时期墓葬文化属性相同。据《汉书·地理志》记载上述地区皆属幽州管辖，可见西汉时期的行政地理区划与墓葬所反映的考古学文化在空间上具有对应关系。

天津地区东汉时期墓葬随葬器物组合在器类上大致相同，具体器形以海河为界，南、北差别较大。北部以盘口高圈足壶、直口短颈平底罐、圆头三角形灶、连枝灯为典型陶器；南部以盘口短颈弧腹罐、梯形灶、豆形灯为典型陶器。北部与北京地区以及河北廊坊、张家口、唐山、秦皇岛等地同时期墓葬文化属性相同，据《后汉书·志·郡国》记载上述地区属东汉时幽州管辖；南部与河北省沧州、保定、石家庄、衡水、邢台和邯郸等地同时期墓葬文化属性相同，据《后汉书·志·郡国》，上述地区属于东汉时冀州勃海郡、中山国、常山国、河间国、安平国、巨鹿郡、赵国、魏郡、清河国，几乎涵盖了整个东汉时期的冀州。说明在东汉时期墓葬所反映的考古学文化在空间上与当时行政地理区划范围仍然大致相同。

六　魏晋北朝考古

曹魏时期遗存在天津地区发现很少，武清兰城遗址第四阶段可以看作是有明确地层关系的曹魏时期遗存，其以C型板瓦（俗称“花边瓦”）为代表，这种板瓦也见于东丽西南挞、宁河城顶子及静海杨家疙瘩等遗址，只是由于文化层较薄、遗物不丰富，此期的文化面貌廓清尚待时日。曹魏时期

大港窦庄子窖藏出土北魏铜造像

武清齐庄北齐墓出土铭文砖拓片

的墓葬也已在蓟县发现。

天津地区发现的北朝时期遗存相对较少，主要有大港窦庄子北魏铜造像窖藏，共计发现12尊，造像由佛像、背光、佛座构成，佛像面颊清癯、栩栩如生；背光一般鎏金，正面为火焰纹，背面为线刻佛像图案；佛座为方形，多数刻有铭文，见有“延兴”、“永平”等年号。

2006年武清齐庄遗址发现的北齐天保八年（557年）火葬墓为天津地区首次发现有明确纪年的北朝墓葬。该墓以灰陶罐做葬具，上面扣压2块素面砖，其中一块为志铭，刻有“大齐天保八年”等字。同年，在武清兰城遗址附近发掘了2座北朝墓葬，均为南北向，土坑砖棺，棺采用饰细绳纹的青砖砌成，头部较宽，平面呈倒梯形，在棺外随葬有肩部饰有刻划波浪纹或压印方格纹的夹砂鼓腹褐陶罐；棺内无随葬品，人骨保存较好，葬式为仰身直肢。

七　隋唐考古

隋代遗存目前只是零星发现，仅有墓葬见于津南窦庄子和静海张村。墓葬均为圆角弧方形砖室墓，有的有棺床，砖为单面绳纹，长28、宽14、厚5厘米。随葬的器物有双耳灰陶罐、青釉瓷

武清白古屯唐代窑址

碗、四系罐、盘口长颈瓶、敛口平底钵等。

近年来，随着基建考古工作的增多，发现的唐代遗存也逐渐丰富起来，类型增多，见有城址、村落址、庙址、墓葬、水井、窑址等。

唐代城址以东丽军粮城刘台古城址为代表，其发现于1987年文物普查，采集的遗物多为唐代早期，不见后期遗物，应属于唐代前期的城址，发掘者认为此地为《通典》所记的“三会海口”。

唐代村落址目前发掘的有宝坻西辛庄遗址、辛务屯遗址以及静海杨家疙瘩遗址。唐代遗址的特点是地层堆积较薄，遗物少。遗迹有灰坑、水井等。水井为圆形土圹竖穴。出土遗物一般有陶罐、钵、盘，红胎黄釉陶碗，玉璧底白瓷碗，粗白釉瓷碗等遗物。

唐代墓葬近年发现相对较多但未见大规模墓地。主要散见于军粮城附近的刘台子、唐洼、白沙岭，蓟县城关镇，静海西钓台等地，武清、宝坻也有零星出土。墓葬类型有石棺墓、砖室墓和土坑墓等形制。

石棺墓见于军粮城刘台子村西，1957年发现。石棺为长方形，由6块大理石板合成，上刻有龙形图案，出土器物有武士俑、胡俑、人面鱼身俑和人面兽身双首俑以及羊、马、猪，磨、灶、碓等明器，年代为唐早期。

砖室墓有圆形、弧方形、方形、船形等，由墓室、甬道、门楼、墓道等构成，均为单室墓，多为唐代晚期，发现于军粮城唐洼、白沙岭、刘台子，蓟县城关，宝坻辛务屯以及静海西钓台等地。墓室内一般有影作结构，内设棺床。西钓台唐墓棺床上还饰有彩绘。

唐代窑址近年来也有发现，主要见于蓟县西关，武清东岗子、白古屯等地。窑址均为砖室，有单体窑和连体窑两种，均由操作间、火道、火膛、窑室和烟道组成。单体窑平面为椭圆形状，由操作间、火门、火膛、窑床和烟道组成，有的窑床上还遗留有未烧成型的唐代砖坯，形状类似于晚唐时期的砖室墓。连体窑由两个单体窑组成，窑室平面略成弧圆形，两个窑室相互贯通，各自有窑床、火膛、火门、操作间等。

八 宋辽考古

宋辽时期，北宋和辽以海河、白沟为界南北对峙，在遗存上表现出既相互区别又相互联系的特点。

宋代遗存主要分布在海河以南，目前所见遗存有寨铺遗址和墓葬及沉船等。寨铺遗址分布于海河南岸，未做过正式发掘。

蓟县独乐寺塔出土辽水晶龟形盒

蓟县独乐寺塔出土辽白釉方盘

墓葬发现不多，目前仅清理2座，见于静海东滩头村，砖室墓，墓室呈圆形和长方形两种。圆形墓由墓道、墓门、甬道、墓室组成，墓室内砌棺床，置木棺。墓壁影作木结构。长方形墓头宽尾窄，无铺地砖，内置女性骨架一具，随葬的遗物有灰陶双耳罐、红陶双耳罐、黑釉双耳罐、白瓷碗、白瓷杯等。

宋代沉船1978年出土于静海元蒙口村古河道中，属内河运粮船，是天津完整清理的唯一一艘木船，其形制为齐头齐尾，平底，翘首，船内通仓。体长14.62米，出有宋代的陶碗、瓷碗、草绳、麻绳、苇席残片和“开元通宝”、“政和通宝”铜钱等，该船发现的尾舵，印证了古代文献关于平衡舵的记载。

辽代遗存较为丰富，主要分布在海河以北。以往考古工作涉及的辽代遗存既有地上遗存也有地下遗存。地上遗存主要是蓟县独乐寺、独乐寺塔、段庄子塔、天成寺塔等，以往资料多有记述。

近年辽代遗存较重要的工作是对千像寺造像群的调查。该造像群位于蓟县官庄镇联合村北的盘山东麓，以往的文献鲜有记载。为彻底摸清造像的数量、分布时代、刊刻内容以及保护现状，为其整体保护提供依据，2003～2005年，文物部门对千像寺造像群进行了拉网式调查，基本摸清了造像群的基本情况。造像群主要分布在千像寺遗址的西北、东北、西南和东南部的孤石或崖壁上，空间分布范围约为0.4平方公里，海拔在100～200米之间，最高处与最低处高差95米。造像分布于124处地点，共计535尊，全部采用阴线刻法，造型简练，线条粗旷。造像最大者高2.2米，最小者高0.6米。分立姿和坐姿两种，均有头光，莲座多为单层覆莲，少数双层覆莲和须弥座。坐姿造像高度一般为0.9米，立姿造像高度一般为1.1～1.5米。造像题材绝大部分为佛造像，可以辨认出释迦牟尼佛、大日如来佛、药师佛、弥勒佛、观音菩萨、地藏菩萨等。

蓟县千像寺辽32号石刻造像

菩萨可辨识的有7尊，均与佛造像刻于同一岩石表面，此类造像全部为立姿，单重头光，头戴宝冠，身体纤秀，衣纹疏朗，臂搭帔

蓟县西大佛塔塔基

帛，宽衣博带，莲座均为单层覆莲，左手提净瓶者为观音菩萨，集中分布于千像寺遗址的东南和西南部。

比丘造像可辨的有10尊，均与佛或佛、菩萨共存于同一块石块的平坦平面上，可以看出具有组合关系，此类造像全部为立姿，单重头光，体态挺拔，身披袒右式袈裟，下身着裙，赤足，单层覆莲莲座，所持法器可以辨识为宝珠的1尊。

另有一类特殊的造像，均为坐姿，从头部看为佛，刻划细致，发髻、肉髻、髻珠、白毫清晰可见，但颈部以下是圆弧形线条组成，简洁疏朗，不见手足，似用布裹身一般，集中分布于千像寺遗址西北方，应具有特殊的含义。许多造像旁刻有榜题，带栏框，文字大多漫漶不清，可辨识的文字多为“弟子某某为亡母敬造”或“弟子某某敬造”一类的内容。根据造像的特征分析，其刊刻时间集中于辽代。

千像寺遗址现存大殿及配殿基址，该遗址南部现有辽统和五年（987年）《盘山千像祐唐寺创建讲堂碑》，据载，该寺古名长兴寺，一名祐唐寺，唐末毁于兵燹。2003年对该遗址进行了发掘，发现了叠压于金元时期地层之下的建筑遗迹和一条石砌排水道。年代与讲堂碑所记历史年代相吻合。

辽代遗址发掘不多，有蓟县鼓楼南大街遗址第一期、宝坻哈喇庄遗址第一期遗存。出土的遗物差别不大，多为陶、瓷器，在鼓楼南大街遗址发现了辽代的房址。

辽代考古较为重要的发掘是蓟县西大佛塔塔基的清理。2006年、2007年两次进行抢救性发掘。塔基位于盘山南麓的山前高地，为一不规则形大土台，高于现地表约6米。塔基在平面上分三个层次，自外及内为方形基岩台基、方形夯土基座、八角形夯土基座。方形基岩台基边长为39、高1.4米，是在自然的山体修整而成的；方形夯土基座边长26.5、高2.8米；八角形夯土基座边长3.6、高4.6米，方形夯土基座和八角形夯土基座均以黄砂土为原料采用排夯的方法人工夯制而成。在塔基的上述组成部分（尤其是八角形夯土基座）的外部当初都包砌有青砖，现绝大部分青砖已不存在。

从各遗迹的叠压打破关系看，该塔历经三次修建。在塔基的填土中清理出磨砖、瓦当、铜钱、绿琉璃建筑构件、瓷碗残片、陶罐残片等文物，表明该塔的建筑规格很高。而且在塔基外部填土中出土了较多带有红、黑彩绘的白灰块，说明该塔的外部曾做有彩绘装饰。该塔不见于文献记载，故始建及重修年代不详。根据出土的青砖判断，修建年代为晚唐至辽代。西大佛塔唐辽塔基从其体量看，为天津地区目前已知最大的塔基，塔基建造技法独特，其内部为八角形夯土基座、外部砌砖，重修时又在外部夯土加固的建造方法，为我国现存唐、辽佛塔所不见。

辽代墓葬存在以蓟县抬头辽墓和官庄辽墓为代表的汉人和契丹墓葬。天津地区发现的辽墓见于蓟县西辛、弥勒院、五里庄、西关、西北隅等地，均属汉人墓葬，多为仿木结构砖室墓，墓室内有影作的直棂窗、壁柱等。墓室多为圆形，有棺床。五里庄清理了4座辽墓，均为火葬墓，其中4号墓为圆形多室墓，是唯一发现的多室墓，残存主室和西耳室，耳室内也有棺床。个别辽墓为八角形和长方形，八角形墓见于蓟县西关，仿木结构，有彩绘。上述辽墓出土的遗物有白瓷碗、陶筒形罐、鼓腹罐、陶剪等，与抬头辽墓出土器物较为一致。

九　金元以降考古

金元时期随着漕运的兴起，天津地区经济逐渐走向繁荣，也是天津城市萌芽和起源时期，遗存在天津南北均有分布。

金代遗存目前发现的有遗址、墓葬、窖藏等。经过考古调查和发掘的有蓟县小云泉寺遗址、千像寺遗址，宝坻哈喇庄遗址二期及三期遗存、东辛庄遗址、武清齐庄遗址、大港建国村钱币窖藏、静海后石门遗址。在齐庄遗址中的灰坑中，出土了金代磁州窑釉上彩观音像，十分精美。

大港建国村金代窖藏钱币一次性出土了上自西汉下至金代的各时期铜钱2.2万枚，重达150公斤，该窖藏位于渤海湾西岸第二道贝壳堤第二层，何种原因有窖藏于此地，尚待研究。

金代墓葬发现不多，只见于静海东滩头，墓葬呈椭圆形，设有棺床。

金代窑址发现一处，位于蓟县东营房村东的山岗上。窑址形制独特，呈长条形，长11.6、宽3.2、深0.5米，窑底部西南低东北高，作坡状，由操作间、火门、火膛、烟道构成。与一般窑体不同的是，该窑具有一个主火道和十二个副火道，不见窑床。主火道位于西南端，副火道由西南向东北依次排列分布，如十三孔桥状。火道及窑室内出土了大量草木灰。火膛和操作间长度相当且平行分布。在窑址西部约5米处，有一长方形水井，深达4米，直接下挖至河沙层，应为此窑取水之用。

武清齐庄出土金磁州窑釉上彩观音像

武清十四仓出土元青釉狮子

武清十四仓出土元钧釉尊

河东区大直沽天妃宫元代建筑基址

蓟县西庄户元代居住遗址

其他金元时期遗址见于静海后楼、王匡、杨家疙瘩、谭庄子，西青小淀子、武清十四仓，河东区大直沽中台，武清八里庄，蓟县西庄户等遗址，这些金元时期遗址的发掘，为天津地区考古编年研究提供了资料。

在上述遗址中，近年来较为重要的考古收获当属河东大直沽天妃宫遗址。1998年底～1999年初，对该遗址进行抢救性发掘，发掘出元代建筑基址和元代地层堆积。元代建筑基址发现有砖砌墙基、磉墩、地面等遗迹。从出土遗物分析，可大致分为两个时期。早期不见钧窑瓷片，仅见磁州窑白瓷碗和龙泉窑青瓷片。晚期则钧窑、龙泉窑、磁州窑瓷器共出。在出土遗物中，还发现有金代建筑构件出土。在元代堆积之上，发现有明、清时期天妃宫大殿基址。该遗址文化内涵丰富，层次清晰，是天津市区内已发掘的堆积最厚的古代遗存，反映出元代海上漕运的兴盛。2000年9月，国家文物局考古专家组对遗址鉴定后认为，大直沽是天津历史文化名城的原生点，天妃宫则是这个原生点的标志。天妃宫遗址由考古发掘到整体保护与展示，以及成功申报为第六批全国重点文物保护单位，是天津城市考古的成功范例。

蓟县西庄户遗址是一处较为重要的元代居住址。该遗址发掘出元代房址25座，分布密集。以单室房址为主，双室较少。单室房址多抹角长方形，面积近20平方米，室内多一炕一灶，炕台上有平行的烟道与灶台相连。在房址周围的灰坑中，发现有丰富的蚌壳和动物骨骼。该遗址发现的器物有酱釉碗、白釉褐花碗，泥质灰陶盆、罐及敛口錾耳锅等，均为北方地区常见生活器皿。该遗址的发掘对于了解元代天津地区村落房址布局及结构特点具有重要意义。

元代窑址近年来也有新发现。静海袁家疙瘩遗址共清理5座，保存完整，一般由操作间、火膛、窑室、烟道构成。操作间位于窑室外侧，隔窑门与火膛相连，窑室呈圆形，内有窑床，烟道位于窑壁外侧，呈弧形。在个别窑址的操作间中还发现有砖砌的出灰口，与圆形的盛灰坑相连。

元代墓葬发现较少。2003年在宝坻辛务屯发掘时清理3座，均为长方形南北向竖穴单室砖墓，皆用砖错缝平砌，墓壁下部较直。随葬器物有韩瓶、酱釉瓷罐、铜钱、项链等器物。

近年来，天津考古工作对象的时间下限不断向后延伸。因建设工程需要，发掘了蓟县桃花园、东营坊、上宝塔，武清太子务，宝坻辛务屯等明清时期墓群，发掘墓葬达600余座。以明清墓地考古发掘为契机，对墓葬出土人骨标本进行全面采集、照相，室内清理消毒、修复记录及测量等，这在国内尚属首次。在此基础上与高等科研院校进行古生理、古病理、人种等课题合作研究，已取得初步研究成果。

明清时期遗址发掘主要集中在人口相对集中的城市区域。蓟县鼓楼南大街遗址发现了明清时期连排的街道商业店铺及水井、菜窖、排水系统、手工业作坊等遗迹。结合大直沽地区平房改造工程，先后发掘了大直沽后台遗址、中台遗址。大直沽中台遗址发现了明清时期天妃宫大殿基址，建立在高大的台基上，面向海河。台基宽17.4、进深10.5米，大殿面阔三间，宽13、进深6.3米。该遗址的发掘是天津明清时期城市考古的一个重要收获。

静海袁家疙瘩遗址元代窑址

近年来，天津在做好基本建设工程中考古工作的同时，也注意将考古工作纳入到文化遗产保护体系中来，积极参与国家组织实施的大型专项调查工作，同时开展主动性考古工作，为相关文物保护规划编制提供基础依据。

2004年，为编制塘沽大沽口炮台遗址整体保护规划提供依据，对大沽口南炮台遗址进行了考古勘探，确定了炮台遗址地层堆积情况。同时搞清楚了南炮台遗址地下遗迹的埋深和布局，炮台东侧、西侧围墙的大致走向和残存墙基顶部的宽度遗迹围墙的形状。

2006年，因大沽船坞遗址保护需要，对其进行了考古勘探。发现2处大型槽状遗迹与1处平台遗迹，均面向海河，东临正在使用的船坞。1号槽，长25、宽13米左右；2号槽，长25、宽13～16米，整个槽都是上宽下窄，大致为倒梯形。平台遗址位于2处大型槽状遗迹之间，叠压在砾石层之下，开口距地表1.4～1.5米，上部堆积为人工夯筑的红土层，下部堆积为自然淤积层。根据考古勘探结构结合文献，2处大型槽状遗迹为北洋时期修筑的土坞遗存，为炮舰壁冻之用；平台遗迹为北洋时期修建的小船的小船台遗存。据史载，大沽口船坞始建于1880年，先后建有5个船坞，2个土坞，后废弃淤塞变为遗址。此次勘探基本吻合。

2007年，为配合国家长城资源调查项目，天津组成联合调查队对天津段明长城进行了田野调查。调查发现天津段明长城均为石质墙体，还发现多条二道边长城。本次还调查发现了大量与长城相关的遗存，类型丰富，有关

蓟县前干涧段明长城

京杭大运河静海唐官屯段

城、寨堡、敌台、烽火台、火池、烟灶、居住址、水窖、水井等。其中火池和烟灶是此次调查发现较多的遗存，多位于敌台的南侧，成组分布。居住址、水窖、水井和坝台是此次调查新发现的长城相关遗存。此次调查测量出了明长城天津段的长度，对于所有长城本体、附属设施、相关遗存全部绘制了平、立、剖面图纸，并作了详细的文字记录和相对应的摄影和摄像记录。调查确定，天津市域内的长城本体、附属设施、相关遗存的修建年代均为明代；明长城天津段是一个完整的防御体系，报警系统齐全。

2008年进行的京杭大运河天津段文物资源调查，旨在通过基础田野调查工作，摸清大运河天津段文化遗产资源的情况。京杭大运河天津境内的南运河南起静海九宣闸，北运河北起武清木厂闸，流经静海、西青、河北、红桥、南开、北辰、武清7个区县，全长近180公里，调查发现包括古遗址、古墓葬、古建筑、古码头、沉船点、古窑址、碑刻等不同类型古代遗存近100处，年代涵盖战国至明清时期，许多遗址属于首次发现。

建国以来，通过几代考古工作者的努力，天津考古从“无古可考”的局面逐渐发展到今天，已初步建立起天津地区考古学文化编年，取得了许多重要发现，使天津考古学文化面貌清晰呈现在世人面前，为天津古代史、地方史研究提供了支持。天津作为南北文化交汇地区，文化具有鲜明的地域性，考古工作者以“边角下料做文章”，使天津考古工作不断得到提升。纵观过去，天津考古经历了20世纪50～60年代以年代学与历史地理研究为主的阶段，70～80年代侧重于遗址编年分期和专题研究阶段，90年代天津考古学科目的及研究体系逐渐形成阶段。进入新世纪，天津考古在做好基础工作的同时，积极向文化遗产保护领域拓展，天津市文化遗产保护中心的成立，是天津考古理念开始转变的标志，天津考古工作又有了新的视野。一些大型文化遗产保护项目如千像寺石刻文物调查，京杭大运河天津段文物资源调查、第三次全国文物普查、天津明长城资源调查、蓟县清代皇家陵寝清理与测绘、塘沽大沽口炮台遗址与大沽船坞遗址整体保护规划编制等都留下天津考古人的身影。

在回顾天津考古60年所取得成绩的同时，面对现实也必须要有清醒的认识。新时期天津文化遗产事业如何更好的融入经济社会发展，如何多出高水平研究成果，文化遗产保护成果如何更好的惠及广大民众，是摆在我们面前的紧迫任务。

（执笔：梅鹏云 盛立双 姜佰国）

河北省
中国考古60年

河北省

中国考古60年

新中国成立60年来，河北考古工作硕果累累，发现大量新的文化遗址点和众多的墓葬，并对其中一大批进行了考古发掘，有部分发现是闻名中外的重大考古发现，其中八项荣列年度“全国十大考古新发现”，出土了大量丰富多彩的各类文物；这些考古发现以及科研成果，引起了国内外学术界的极大关注。河北考古为中国的文物考古事业作出了积极的贡献。

一　旧石器时代考古

阳原泥河湾盆地是河北旧石器考古的中心，考古工作起步很早，自20世纪20年代，一些西方学者就开始在泥河湾进行地质和古生物学考察研究工作。1965年以后，陆续发现了许多重要的遗址或地点，如虎头梁、许家窑（侯家窑）等。1978年以来，新发现旧石器遗址或地点50余处，重要的有小长梁、东谷坨、岑家湾、新庙庄和漫流堡、益堵泉、西白马营、西水地大西梁南沟和豹峪、油房、籍箕滩、火石沟和新庙庄大西沟、雀儿沟、飞梁和马鞍山等。　这些发现为泥河湾旧石器文化详尽发展序列的建立，提供了最新资料。

泥河湾盆地最早的文化遗存当属马圈沟遗址，其与东谷坨、小长梁旧石器遗存，属旧石器时代早期阶段。文化遗物埋藏于下泥河湾层的黏土或砂层中，地质时代属早更新世。石器制作以锤击法打片为主，砸击法辅之，石器形体普遍较小，器形以刮削器为主，尖状器较少。石器加工技术属华北地区小石器文化系统。属于旧石器时代中期的遗址或地点有板井子、新庙庄、漫流堡、雀儿沟和许家窑（侯家窑）等，文化遗物多埋藏在湖相或河相沉积中，其中以许家窑遗址面积最大、文化内涵最为丰富，被称为许家窑文化。许家窑文化包括古人类化石、石器、骨角器和大量的动物化石。许家窑人化石计有顶骨、颌骨等17块，代表十多个男女老幼不同的个体，体制特征具有一定的原始性，但比北京人有所进步。石器以细小型为主，制作工艺上承小长梁—东谷坨文化，属华北小石器系统，器形主要有刮削器和尖状器等。石球数量很多，构成了许家窑文化的显著特色。动物化石经铀子系法测定，年龄为10万年左右。根据地层分析和动物群性质推断，地质年代属晚更新世初期。旧石器时代晚期的泥河湾盆地，以虎头梁遗址群为代表的虎头梁文化最具典型性。文化遗物多埋藏在桑干河第二阶地的砂质黄土层中，地质年代属晚更新世较晚阶段。虎头梁73101地点和马鞍山遗址发现有人类烧烤取食的灶坑遗迹。石器加工技术发达，工艺为进步

发达的细石器文化系统。石器类型有细石核、细石叶、圆头刮削器、尖状器和雕刻器等。有研究者将虎头梁、籍箕滩、油房等遗址为代表的石器文化，归入细石器文化系统，其石器制作工艺应属细石器工业传统的开始；而将西白马营遗址一类遗存视作传统小石器文化系统的继续发展。特别指出的是，1997年于家沟遗址发现了距今约1万余年的陶片，这是我国华北地区目前发现的最早的有陶石器时代遗存之一，为研究新旧石器时代过渡和陶器起源等重大学术课题，提供了重要信息。与上述考古发现相应，一些学者对泥河湾旧石器进行了深入研究，特别是对岑家湾等遗址石制品的拼合研究，开辟了旧石器文化研究的新途径。

二　新石器时代考古

1986～1987年，徐水南庄头遗址发现了距今万余年的有陶新石器遗存，这是我国北方地区第一次发现地层清楚、年代最早的有陶新石器遗存。1997年对南庄头遗址进行了正式发掘，重要收获是发现了用火的遗迹和获取陶片40余片。用火遗迹是一条自然小沟和附近的红烧土面，上面分布着烧过的树干、木炭、破碎的动物骨骼、石块和陶片等。出土遗物有陶片、石器和石料、骨器以及大量的动物骨骼。陶片的陶质均系夹砂陶，颜色不纯，灰色或褐色，质地疏松，火候低。器表除素面外，纹饰有绳纹、堆纹和刻划纹。器形可分辨出有平底直口或微折沿的罐类。石器主要是石磨盘和石磨棒。骨器以磨制精致的骨锥为代表。动物骨骼多为肢骨碎片，推测为人类食用的残留。

1976年武安磁山遗址的发掘，揭开了黄河流域早期新石器文化探索的序幕。磁山遗址经过1976～1977年、1978年、1985～1988年、1994～1998年等多年连续性发掘，获得了丰富的考古资料。以磁山遗存为代表的考古学文化被命名为磁山文化，因此而掀起的一场热烈讨论华北早期新石器文化的研究活动，成为70年代末80年代初考古学界的一件盛事。磁山文化的遗迹非常丰富，磁山遗址发现有半地穴式房址、石器陶器组合堆积、石片砾石堆积、窖穴和灰坑等，其中尤以大量的深井式直壁竖穴状的深窖穴和石器陶器组合堆积最具特色。有的深窖穴底部堆积着大量腐朽的粟的遗存，反映了旱作农业的发展。石器陶器组合堆积一般由石斧、石铲、石磨盘、石磨棒和陶盂、支脚、三足钵、双耳壶等组成，这些堆积往往许多组相邻连成一片，其确凿性质尚待研究。磁山遗址的器物群以石磨盘、石磨棒、夹砂褐陶盂和支脚最具代表性，晚期泥质红陶双耳壶和三足钵的数量有所增加。磁山文化的生存年代据^{14}C测定，约在公元前6400～5400年左右。磁山文化的遗址发现的较少，且主要集中在冀南地区的洺河流域。

北福地一期陶刻人面具

冀中地区发现的与磁山文化年代相当，并具有一定联系的文化遗存是北福地一期文化。主要遗址有容城上坡一期、易县北福地一期等，其陶器群是以直腹盆和支脚为代表，与磁山文化相比存在不少的地域性差异，而且不见流行于磁山遗址的有足石磨盘等器形。

与北福地一期文化的生存年代大致同时，分布于燕山南北地区的考古学文化是兴隆洼文化。主要遗址有三河孟各庄、迁西东寨、迁安杨家坡、承德岔沟门等。文化面貌与辽西地区基本相似，属同一文化系统。陶器群以夹砂红褐陶筒形罐和钵为主要器形，不见泥质陶。流行压印或刻划的几何形纹饰。石器除磨制石器外，还有打制石器和细石器。

太行山东麓地区的北福地二期文化，是略晚于磁山文化阶段而早于仰韶时代的考古学文化，其与周边的北辛文化和赵宝沟文化的年代大体相当。主要遗址有易县北福地和七里庄、涞水炭山、三河刘白塔、徐水文村、安新留村、正定南杨庄、任县卧龙冈、永年石北口等。陶器群以夹砂红褐陶釜和支脚最具典型性，其次有泥质红陶钵、壶和盆等。无论从地层关系上，还是从器物演化轨迹上观察，都反映出北福地二期文化是后冈一期文化的直接前身。

河北仰韶时代文化主要有两大系统：冀中南地区的后冈一期文化——大司空文化；燕山南北地区的赵宝沟文化——红山文化。冀西北地区这一时期的文化表现出较为复杂的形态。河北的后冈一期文化遗址主要发现在冀南地区，重要的有正定南杨庄、磁县界段营、武安赵窑、永年石北口以及蔚县四十里坡下层等。文化遗物有石器、骨器和陶器等。石器分打制和磨制的两种，种类有斧、铲、刀、镰和镞等。陶器以泥质红陶为主，次为夹砂褐陶和灰陶。器表以素面为主，有少量的弦纹、划纹和彩陶。器形以各式的钵为主，多为敛口或直口，圜底或小平底，常见红顶式钵。鼎和罐是仅次于钵的器种，其次还有盆、细颈瓶和双耳壶等。彩陶多见于钵类陶器上，红彩为主，次为黑彩，图案有带状纹、多组竖线纹、平行线组合的斜三角纹和网纹等。

大司空文化的遗址主要在冀南地区，重要的有磁县下潘汪、界段营，邢台柴庄、永年洺关等。文化遗物有石器、骨器和陶器。陶器以泥质和夹砂的灰陶为主，其次是泥质红陶和夹砂红陶。器表以素面或磨光为主，纹饰主要是篮纹，还有少量的绳纹、划纹和堆纹。有一定数量的彩陶，彩色以红彩和棕彩为主，图案主要有弧形三角纹、平行曲线纹、蝶须纹、水波纹、同心圆纹和锯齿纹等，主要施于钵盆类陶器上。陶器以平底器为主，主要器形有折腹盆、曲腹钵、高领罐等。冀中地区发掘的容城午方和东牛遗址，也发现了类似大司空文化的遗存。但冀中区的遗存表现出有别于冀南的较浓厚的地方特色：如陶器群中除了类似大司空文化的器形外，还存在大量的刮条纹筒形罐、敛口罐和小口斜肩鼓腹双耳彩陶瓮等一批具有独特特征的器类。经调查，以午方和东牛遗址为代表的遗存，在冀中地区有较广泛的分布，它们的文化性质应至少是大司空文化内的一个地域类型，或者是一支新型的文化。

1997年，对钓鱼台遗址进行了正式发掘，获得了丰富的彩陶文化资料。钓鱼台遗址的彩陶与庙底沟类型的比较相似，可视为庙底沟类型彩陶向太行山东麓地区传播的一个重要代表。

辽西地区赵宝沟文化的确立，推动了燕山南北地区新石器文化的认识和探讨。燕山南北地区属于赵宝沟文化的遗址主要有迁安安新庄、三河孟各庄、滦平后台子和迁西西寨等，其中以西寨遗址的文化遗存最为丰富。西寨遗址的文化遗迹发现有半地穴式房址、灰坑和陶器群堆积等。有

的灰坑底部铺有一层砾石。陶器群堆积的器形包括筒形罐、红顶钵和碗等，有的筒形罐内发现有石球等遗物，堆积中还发现有小型的石雕人头像。出土遗物有石器、骨器和陶器。石器分磨制石器、打制石器和细石器，种类有斧、锛、铲、石坠、盘状器和刮削器等。陶器以夹砂褐陶和灰陶为主，其次是泥质红陶和黑陶。器表大多数饰有纹饰，主要是压印或刻划的几何形纹饰，种类有之字纹、斜条纹、折线纹、横条纹、坑点纹和刮条纹等。器形以筒形罐为主，其次有碗、钵、尊形器等。燕山南北地区继赵宝沟文化之后是红山文化。目前红山文化的遗址在这一地区发现的较少，主要有玉田西蒙各庄等，文化面貌与辽西地区的大致相似，应属同一文化系统。

仰韶时代向龙山时代的过渡遗存或称龙山时代早期遗存，在河北发现的较少。河北平原地区以永年台口遗址一期遗存为代表；冀西北桑干河流域地区以宣化贾家营遗址早期和阳原姜家梁墓地为代表。1995年发掘的姜家梁遗址和墓地，发现房址8座、墓葬70多座。这是河北首次发现大规模的新石器时代墓地。墓葬分布有一定规律，形制分土坑竖穴墓和洞室墓两种，葬式多为仰身屈肢葬。多数墓葬有随葬品，以陶器为主，陶质多为夹砂灰褐陶，有陶器上饰红色或黄色几何形彩绘。陶器群特征与雪山一期文化和小河沿文化的陶器有不少相似之处。这批墓葬资料，为研究燕山南北地区仰韶末期文化的面貌与性质、墓葬制度以及与周边文化的关系等问题，都提供了最新依据。

河北龙山时代文化从目前的考古资料观察，主要有三个文化系统：河北平原地区的华北平原龙山文化、冀西北地区的黄土高原龙山文化和燕山南麓地区的大城山类型遗存。河北平原上的龙山文化南北面貌基本一致，冀南地区以邯郸涧沟和龟台、磁县下潘汪、永年台口遗址等为代表，冀中地区以任邱哑叭庄遗址为代表，涞水北封村也发现有龙山遗存。河北平原龙山遗存出土遗物有石器、骨器、蚌器和陶器等，涧沟遗址发现大量的家猪头骨，标志着养畜业的发达。陶器以夹砂和泥质的灰陶为主，其次是泥质黑陶。器表纹饰以绳纹和篮纹较多，方格纹次之，素面磨光也占相当的比例。器形以平底器为主，主要有深腹罐、小口瓮、大口瓮、甗、盆等，另外还有少量的鬲、鼎等陶器。冀西北龙山文化遗址以蔚县境内的庄窠、筛子绫罗和三关等为代表，宣化贾家营、怀来小古城、崇礼石嘴子等遗址也都发现了龙山文化遗存。文化遗物包括石器、骨蚌器和陶器。石器分打制石器、磨制石器和细石器三种。陶器以夹砂和泥质的灰陶为主，颜色一般较浅，其次是褐陶。器表以篮纹和绳纹为主，次为素面和堆纹等，方格纹极少。主要器形有鬲、罐、甗、斝、瓮、盆和豆等，与河北平原上的龙山文化的陶器群有较大差异。燕山南麓的龙山文化遗存以唐山大城山遗址为代表，出土遗物有石器、骨蚌器和陶器。石器除磨制石器外，还存在大量的打制精细的细石器。陶器以夹砂和泥质的灰陶为主，其次是泥质黑陶。器表以素面和磨光为主，纹饰主要是绳纹和篮纹。器形以平底器占多数，主要是各种类型的罐和瓮，流行子口和横耳。陶器群特征兼具河北平原龙山遗存和山东龙山文化的因素，同时更具自身独有的特色。

三　夏商周考古

河北夏商时期的考古学文化大致可分为两个区域或系统：冀中南地区的下七垣文化（先商文

化）和商代文化；燕山南北地区的夏家店下层文化和围坊三期文化（或称张家园上层文化）。两个区域的文化互相交流影响，其分界大致在拒马河流域一带并因时间不同而南北有所偏移。

学术界一般将下七垣文化视作先商文化。河北的下七垣文化遗址主要有石家庄市市庄、邯郸涧沟和龟台、磁县下七垣、下潘汪和界段营、永年何庄、内邱南三岐、邢台葛庄等。20世纪80年代以来，冀中地区发现了一批文化面貌与下七垣文化相似的遗址：如容城午方和白龙、安新辛庄克、唐县北放水、定州尧方头、易县下岳各庄、七里庄等。下七垣文化的遗迹发现有灰坑、房址和陶窑等，午方遗址发现了水井，井底有木制的井盘起加固作用。文化遗物发现有石器、骨器、陶器和铜器。石器以磨制为主，铜器仅见小铜泡和小刀。陶器以夹砂和泥质的灰陶为主，次为黑陶。器表除素面磨光外，以绳纹为主。器形主要有鬲、盆、罐、甗、瓮、器盖、豆和鼎等。冀中地区的陶器群与冀南地区的有不少差异：如冀中缺乏冀南常见的深腹罐、鼎和素面盆等，一些器形与夏家店下层文化的同类器物相似。冀中地区的独特特征，或是一种文化内的地域性表现，或是另一种系统的考古学文化。

冀中南地区继下七垣文化之后，在其基础上发展起来的是商代文化。重要遗址有邢台商代遗址群的曹演庄、南大郭、贾村、尹郭村、东先贤和西关外等，邯郸涧沟和龟台、磁县下潘汪、界段营和下七垣、武安赵窑、藁城台西和北龙宫、灵寿北宅和西木佛、正定新城铺、新乐中同村和无极东侯坊、沧县倪杨屯、定州北庄子等。1991年发掘的北庄子墓地发掘商墓42座，皆土坑竖穴墓，有二层台和腰坑。大型墓中有殉人，随葬品亦依墓葬形制大小而多寡有别。随葬品种类有铜器、陶器、玉器和骨器等，铜器包括礼器和兵器，有鼎、簋、斝、觚、爵、卣、戈和斧等。1998年正式发掘的东先贤遗址，发现了丰富的与曹演庄下层相似的商代遗存，其年代晚于白家庄期，而早于殷墟一期，为商王祖乙迁邢说的最终确定提供了重要的考古学依据。台西、东先贤遗址和北庄子墓地的发掘，是殷墟以北商代考古的重要发现，为研究商代的北方和商文化的分布及地域特征，提供了重要依据。新城铺、西木佛、中同村、东侯坊等地出土的带铭青铜器，对研究商代的族群及方国部族等问题具有重要意义。另外在蔚县庄窠和四十里坡、涞水富位、安新辛庄克等遗址也都发现了商代文化遗存，但其文化内涵中又含有不少独特的地方文化因素，反映了商文化与北方文化的融合和交流。

藁城台西出土铁刃铜钺

燕山南北地区夏家店下层文化的遗址主要有唐山大城山和小官庄、承德伊犁庙、平泉化营子、沟门子和黑山口，兴隆小东沟以及隆化于家沟、大厂大坨头、卢龙东阚各庄、滦南东庄店、唐山古冶、蔚县三关、庄窠、筛子绫罗和四十里坡、涞水渐村和庞家河、张家口市白庙、宣化李大人庄等。文化遗迹发现有灰坑、房址和墓葬等。墓葬以长方形土坑竖穴墓为主，随葬陶器组合为鬲、豆、盆、罐等。小官庄发现有石棺墓，形制较独特。出土遗物有石器、陶器和铜器等。石器以磨制为主，另有打制石器和细石器。陶器群以夹砂绳纹褐陶和灰陶为主，有的黑陶器上饰红、白、黄粉彩。器形主要有鬲、甗、盆、罐、豆和瓮。拒马河

流域附近的文化遗存含有一些下七垣文化的因素，冀西北地区的陶器群存在一定数量的三足瓮和卷沿高领绳纹鬲等特色器类。河北的夏家店下层文化大致可分为三个区域：一是以大坨头、大城山等遗址为代表的燕山以南地区；其次是壶流河流域诸遗址代表的冀西北地区；至于燕山以北则与辽西同属一个区域。

燕山南北地区夏家店下层文化之后，取而代之的是围坊三期文化或称张家园上层文化，其与辽西地区的魏营子类型文化有可能属同一文化系统。主要遗址有卢龙双望和东阚各庄、唐山古冶、遵化西三里、迁安小山东庄、易县北福地、七里庄和涞水炭山、北封村，唐县洪城等。陶器群以夹砂或夹云母的褐陶为主，器表除素面外，以绳纹和附加堆纹最为常见。主要器形有鬲、甗、罐、盆、豆、钵和瓮等，其中尤以口沿饰附加堆纹的花边口沿鬲最具特色，是典型代表性陶器。陶器群中还含有一些晚商和早周文化的因素，小山东庄墓葬出土了周式青铜礼器，反映了其与商周文化的互相交流和影响。

太行山以东的河北平原地区进入西周时期以后，文化面貌趋于统一，基本处于周文化控制之下，这是周人和周文化向东方扩展的结果。西周文化的遗址主要有磁县下潘汪和界段营、邯郸龟台、大厂大坨头、唐县南伏城、元氏西张村、满城要庄、邢台南小汪和葛庄等。1978年西张村发现的西周早期墓葬，出土铜器和玉器39件，其中铜器34件，分礼器、兵器、工具和车马器等。礼器包括鼎、簋、尊、盘、卣和爵等，其中簋和卣上有长达几十字的铭文，记载了邢侯与戎作战和軧国的情况，反映了軧国的存在和邢国与戎的关系，证明了西周邢国的初封地即今天的邢台。西张村铜器群对研究西周史尤其邢国史，具有很高的史料价值。1982～1983年发掘的要庄遗址和1991年发掘的南小汪遗址，都是重要的大型聚落遗址，特别是南小汪遗址发现了一块西周刻辞卜骨残片，残存文字11个，这是河北首次发现的甲骨文。1993年以来，葛庄西周墓地发掘墓葬200多座，车马坑20多座，出土一批铜器、陶器、玉器等重要遗物。墓葬均为长方形土坑竖穴墓，分大、中、小型三种，大型墓有墓道。这批墓葬资料对研究西周邢国的墓葬制度，具有重要意义。河北西周文化的陶器群与陕西关中地区的陶器面貌基本一致，唯其早期的陶器明显含有浓厚的商文化因素，当与该地区原属商人故地有关。另外，冀中地区的遗存还含有一些北方文化的因素，反映了与北方邻境文化的交流。

燕下都城墙遗址

东周考古主要有两项内容：都城城址的勘察和各种类型墓葬的发掘。燕下都、中山灵寿城遗址和赵都邯郸城，是河北东周时期三个著名的都城城址。燕下都和赵邯郸城早在三四十年代就做过小规模的调查工作。1957年以来，河北省文物工作队对这两座城址进行了多次详细的勘探和发掘工作，基本搞清了两座城市的

赵王城垣内侧的排水槽道

辛庄头墓区M30出土金饰件

中山王兽墓出土铜山字形器

布局，发现了许多重要的遗迹和遗物。1977～1982年，又对中山灵寿故城遗址进行了全面勘察。中山灵寿故城址位于平山县北7公里处的三汲村附近，是战国时期中山国都城遗址。城址平面呈不规则形，东西宽约4公里，南北最长处约4.5公里。分东西两城，中央有一道隔墙。东城的中部和北部是宫殿区，西部是手工业作坊区。东城和西城的南部是一般居民区。西城的北部是王陵区，另外，城址以西2公里处还分布着另一处王陵区。城址东北分布着中小型墓葬。城内出土遗物主要是陶器，包括生活用陶和建筑用陶两大类。

此外，还在许多地方发现一些规模较小的一般城址或聚落遗址：如临城柏畅城战国城址、武安午汲战国城址、石家庄市市庄遗址、邢台南小汪遗址、丰润东欢坨遗址等。东周墓葬发掘较多，时代多属战国时期，形制以中小型墓为主。战国时期大型墓葬的发掘主要有两处：一是1974～1978年发掘的平山中山国国王的两座王陵1号和6号大墓；二是1978年发掘的赵都故城西北王陵区的周窑1号大墓。这些大型墓葬皆有封土和墓道，墓主身份是国王或王室的高级贵族。中山灵寿故城址王陵区的1号大墓墓室平面呈中字形，有南北两个墓道。椁室内积石积炭，被盗扰严重，但在椁室两侧的器物坑内出土有丰富的随葬品，种类有铜器、漆器、陶器和玉器等。铜器大多有铭刻，具有极高的史料价值，其中的铁足大鼎、夔龙纹方壶和圆壶是刻有长篇铭文的重器。椁室出土的兆域图铜版不仅用金银镶错了一幅陵园平面规划图，并注明了建筑各部分的名称、位置及尺度，而且还刻有中山王命的铭文，是一件珍异的重要文物。许多铜器造型独特，工艺精美，如错金银虎噬鹿形器座、错金银龙凤方案、错金银犀形器座、错银双翼神兽等。大墓周围有陪葬墓和外藏坑，外藏坑包括车马坑、船坑和杂殉坑。墓主身份依铜器铭文推断，应是中山王兽。6号大墓的形制与1号大墓大致相同，亦出土了丰富精美的重要文物。中山王陵的发掘是我国东周考古的重大发现，出土的珍奇文物制作之精、史料价值之高世人瞩目。燕下都九女台墓区发掘的16号大墓，墓室平面呈中字形，有南北两个墓道。椁室盗扰严重，但出土了大量随葬陶器、石器和骨器等。陶器是整套的彩绘仿铜陶礼器，种类有鼎、豆、壶、盘、鉴和编钟等，其中鼎为列鼎九件一组。该墓的墓主人至少是王室高级贵族。赵城王陵区的周窑1号墓是一座带东西两个墓道的中字形大墓，椁室积石，盗扰严重，墓主身份亦应是王室贵族一级。

东周中小型墓葬发掘的主要有1977～1982年在中山灵寿故城址发掘

中山王嚳墓出土错金银四龙四凤案

中山王嚳墓出土铜错银双翼神兽

的东周墓葬多座、1986年发掘的徐水大马各庄春秋墓葬37座、1998年在中山灵寿故城址内和城外东北部的岗北、青廉墓区发掘战国墓葬500多座等等。此外，零星清理发掘少量战国墓葬的地点还有行唐李家庄、唐县北城子、三河大唐回和双村、永年何庄、新乐中同村、灵寿岔头村、临城中羊泉和迁西大黑汀等。这些地点的中小型墓葬以长方形竖穴土坑墓为主，随葬品依墓葬形制大小有所区别，中型墓随葬大量铜器和陶器等，小型墓一般仅随葬几件陶器。北城子、中同村等地的战国墓随葬品中含有一些北方文化的因素，如铜釜、动物形牌饰、兽首直刃剑和金盘丝等，反映了北方文化对中原周文化的影响。

1983年发掘的滦平后台子遗址上层，属夏家店上层文化遗存，出土遗物有石器、陶器和骨器等。陶器以夹砂红褐陶为主，器表多为素面，主要器形有鬲、甗、罐、豆和钵等。

在冀西北和冀北地区，还发现一批具有浓厚北方文化色彩的东周墓葬1979年在滦平虎什哈炮台山发掘的35座墓葬、1980年在怀来甘子堡清理的21座墓葬、1985年发掘的宣化小白杨墓地和1988～1989年清理的滦平县梨树沟门墓地等。这些墓葬的形制多为长方形竖穴土坑墓，多数有木棺。有棺椁的墓室填土中，流行埋葬杀殉的马、牛、羊和狗等。随葬品有铜器和陶器等。铜器主要有直刃匕首式短剑、环首刀、动物形牌饰以及各种小型装饰品，另外还有鼎、豆、壶、盘和各种车马器等具有中原周文化特色的铜器。陶器主要是褐陶素面罐。随葬器物群具有浓厚的北方文化色彩，但其中也包含有许多中原文化的因素。

中山王嚳墓出土铜十五连盏灯

四 秦汉考古

秦皇岛金山咀秦代建筑群遗址总面积近10万平方米，其中1986～1991年在横山点发掘15800多平方米，揭露出四组大型建筑基址，以及灶、水井、水管道和窖穴等遗迹，出土了大量板、筒瓦、瓦当等建筑构件和盆、甑、鉴等少量生活用具。中央区域分布着三个大型院落，两翼分布着两个南北狭长的院落。每一相对独立的建筑单元外围都普遍环以围墙，单体建筑内部多分室或分堂、室。整个建筑群基址布局紧凑，采用因地制宜不对称建筑组合形式，构思巧妙，布局合理。建筑结构上采用夯土筑墙和室内用柱，设瓦顶，其性质初步推测为秦始皇东巡的行宫遗址。秦皇岛金山咀秦代建筑群遗址的发掘，是我国秦代考古的重大收获。

河北中南部汉为常山、中山、河间、赵国和真定国等诸侯国地域，近些年发掘了一批包括中山靖王刘胜、常山宪王刘舜在内的诸侯王墓，以及高等级的贵族墓和官僚士绅墓。1968发掘的满城陵山一号和二号汉墓，是西汉中山国靖王刘胜及其妻窦绾的并穴合葬墓，是我国汉代考古的重大发现之一。墓葬位于定州市西面的陵山上，凿山为陵，是一处大型石洞室墓，由墓道、甬道、南北耳室、中室和后室组成。刘胜和窦绾身穿金缕玉衣，这是我国考古工作中首次发现成套的玉衣，为研究汉代玉衣形制结构和玉衣使用制度提供了珍贵的实物资料。两墓还出土了丰富的随葬品，共计约4200多件，其中许多铜器造型精美、设计独具匠心，如“长信宫”灯、错金博山炉、错金银鸟篆文壶、鎏金银蟠龙纹壶和鎏金银镶嵌乳丁纹壶等，有的还刻有精美的铭文，有的带有“中山府”、“中山内府”字样，是汉代铜器中的艺术珍品，对研究汉代历史文化具有极高的价值。另外还出土了金银医针和刻有“医工”铭文的铜盆等一些医用器具，为研究医学史提供了珍贵的第一手资料。1970年在刘胜夫妇墓南面的山梁上，还发现了陪葬墓十八座，出土一件刻有“食官容五斗重七斤九两”的铜鼎。满城汉墓是“中国20世纪100项考古发现”之一。

满城汉墓出土铜错金银鸟篆文壶

满城汉墓出土铜鎏金长信宫灯

满城汉墓出土铜错金博山炉

定州汉时名卢奴，是中山国的首府，在其周围分布着稠密的汉代墓葬群，已经发掘的大型陵墓主要有1959和1991年两次发掘的定州北庄汉墓，是一座以石材为题凑的大型砖墓。出土有鎏金铜器、玉器、陶器等400余件和分属两个个体的铜缕玉衣片5169片。在砖室外侧，用经过加工的石块单道叠砌成一围绕墓室的石题凑，其中的174块有刻铭和墨书题字，内容多为进贡石材的县名和工匠的籍贯、姓氏，个别的有尺寸，是判定墓葬年代和研究古代建制、历史地理及书法的重要史料。发掘者依据弩机上的铭文和石刻题铭所提供的年代范围，推测墓主人可能为死于公元90年的东汉中山简王刘焉及其夫人墓。定州北陵头汉墓，也是一大型多室砖墓。出土金银器、铜器、玉器和银缕玉衣片1000多片。墓主人可能是中山穆王刘畅。

高庄汉墓鸟瞰

1965年发掘的定州120、121、122号墓，因封土高如巨阜，俗呼“三盘山”，三墓均为平面刀柄形的大型土坑竖穴木椁墓。其中M122共出土遗物200余件。其车饰器物表面金银错各种人物、鸟兽、云山、树木、间镶嵌玉、玛瑙、绿松石，结构严谨，色彩艳丽美观，实不可多得，其中狩猎纹错金银铜伞铤仅长26.5、直径3.6厘米，有各种鸟兽125个，精美艳丽，巧夺天工。墓主人推测为刘胜之后。八角廊汉墓是一座木构黄肠题凑墓，发掘者推测是中山怀王刘修之墓，出土有麟趾金、马蹄金、玉器和金缕玉衣片1203块等随葬品。最重要的收获是墓中还发现了大批炭化的竹简，竹简内容包括《六安王朝五凤二年正月起居记》、《论语》、《文子》、《太公》等重要古籍八种，为研究中国古代思想史提供了新的文献材料。除诸侯王墓之外，定州市的南关还发现了一批平民墓，为中山国的研究增添了新的考古材料。

高庄汉墓出土铜凤鸟鼎

高庄汉墓出土银盆

河北汉常山地域内也发掘出土了一批高等级的贵族墓。1992～1994年发掘的高庄汉墓，为一双墓道“中”字形土坑石椁墓，由东西墓道、墓室、石椁室、外藏椁等部分组成，规模宏大，墓室残口宽34.2米，四周外藏椁相拥，总长95.4米，虽然被盗并焚烧，仍出土了丰富的随葬品，有铜器、银器、陶器和木俑、木马俑、船等，另有车3辆、马14匹、明器车9辆，铜器铭文中有“常山”、“常山食官”字样，发掘者推测是常山宪王刘舜墓。在西北距高庄汉墓约2公里北新城村西，1998年发掘了两座封土相连的中字形汉墓，两墓南北并排，南侧一座大型“中”字形土坑石室墓，石室内原应有木结构。北侧之墓残长约36米，由墓室、墓道和外藏椁等部分组成，为大型“中”字形土圹积炭木椁墓，有东西两条墓道、墓道两侧的耳室、围绕整个墓室的复杂的回廊外藏椁，是汉代中原一带流行的诸侯王墓葬形制。出土铜器、陶器和玉衣片130余片，两座同坟异穴的汉墓应为王侯级的高等级贵族墓，西北距高庄西汉常山王刘舜墓仅两千余米，推测为其后代，即为武帝所封某代真定王之墓。

安平壁画墓墓主人坐帐图局部

安平壁画墓中室北壁壁画局部

1978年发掘的石家庄小沿村西汉墓，是一座“中”字形大型土坑木构题凑墓。墓内除出土六博棋和铜、陶、铁器124件外，还有一枚篆刻有“长耳”二字的印章，据此推测墓主可能是汉初赵王张耳。另，邯郸车骑关“黄肠题凑”石室大墓的发掘及插箭岭、张庄桥大型汉墓中的玉衣片和大批带铭文铜器的出土，为确定赵郡国王公贵族墓葬的分布范围提供了依据。

河北的其他地区，也发现了两汉时期大批重要墓葬。邢台北陈村西汉墓、蠡县城西东汉墓和石家庄市柳辛庄东汉墓等墓出土有玉衣片，献县上寺村大型土坑木椁汉墓，出土了部分玉器和玉鼻、耳塞及玉饰件，其墓主身份当为王侯或高级贵族。另有，武邑中角斜坡长墓道七室砖墓、抚宁郦各庄发现的三墓道十室东汉砖墓、迁安于家村由东西主通道和四面回廊连成一体的多室东汉砖墓、沙河兴固砖石混合结构的多室东汉墓、阳原三汾沟西汉时期斜坡式和竖井式墓道洞室木椁墓、石家庄肖家营封土下三座墓并列多室砖墓等等，反映了河北汉墓形制的多样性和地域特色。

1952年和1955年发掘的望都两座东汉大型砖室壁画墓，墓内都有精美壁画，并附墨书榜题。1号墓壁画保存较好，内容有属吏，祥瑞图，流动的云气和奔腾的仙禽瑞兽，两墓壁画以墨线勾勒、平涂施色的传统技法为主，线条简练流畅，兼有细笔阔笔，形象生动，性格鲜明，是东汉时期壁画艺术的杰出代表。依据2号墓砖质买地券推算是东汉灵帝光和五年（182年）太原太守刘公墓。

1971年清理发掘了安平逯家庄东汉壁画墓，这一大型多室砖墓中布满了壁画，内容有恢宏的车马出行场面，一座带五层瞭望楼的大型建筑，这是一幅建筑规模宏大、庭院重叠错落的建筑群鸟瞰图，堪称为目前我国发现最早的大型界画。壁画气韵生动，技艺娴熟，是东汉时期的绘画珍品。“惟熹平五年”的题记，提供了该墓的明确年代，为其他年代不明确的汉代壁画和画像砖、

画像石墓的断代提供了标尺。出土2米多高五层仿木结构精美釉陶楼的阜城桑庄东汉墓，也是座壁画墓，但发掘时壁画已脱落。这些墓葬壁画为我们提供了极为丰富的历史信息，具有十分重要的史料价值。

两汉时期中小型墓葬较为常见，多成群分布在城址附近，分为土坑、木椁、砖室、石室数种，以冀中南部为最，主要有1964～1982年易县燕下都遗址内发掘两汉墓葬100余座 、1999年清理深州下博汉墓23座，邯郸市建设大街清理汉墓34座，1999年怀来官庄发掘汉墓15座等等，丰富了汉代考古的内容。

五　魏晋北朝考古

自东汉末年三国鼎立局面形成后，曹魏开始营建邺都。临漳邺城迅速崛起，先后成为曹魏、后赵、冉魏、前燕、东魏和北齐等朝代的都城，历六朝，经370年，成为六朝政治、经济、军事和文化的中心。邺城遗址位于临漳县城西南20公里处，由邺北城和邺南城衔接的城址组成，现今的漳河横贯其间。1983年秋，由中国社会科学院考古研究所和河北省文物研究所合作组成的邺城考古工作队，开始对邺城遗址进行全面的勘探发掘工作。现已基本搞清了邺城遗址的结构和布局。邺北城由曹操于东汉献帝建安九年（204年）灭袁绍同时营建，已探明了东、南、北三面城墙，西城墙也已得线索，邺北城平面呈长方形，东西长2400米，南北宽1700米。探明了中阳、凤阳、广阳、广德、建春5座城门，以及中阳、凤阳、广阳、广德4条大道，和10余处夯土建筑基址的位置。确定了城内北部中央为宫殿区，其东为贵族所居戚里及官署区，以西为禁苑铜爵园，城址南部是一般衙署和居民区。这种规制改变了先秦时期都城所遵循的“面朝背市”的原则，开辟了我国都城布局的新形制。并探明了城墙上矗立的铜爵台、金虎台两座夯土台基址，对三台的用途和性质有了进一步的认识。

公元534年东魏自洛阳迁都邺城后开始建新城，即邺南城，成为东魏、北齐两朝都城，而邺北城也在同时使用。大象二年（580年）在杨坚平定尉迟迥之乱后邺城被彻底焚毁。南城依北城南墙而建，由于漳河泛滥，已全被湮没于地下。城址平面基本呈长方形，经勘探和实测，城区东西最宽处约2800、南北长约3460米。城东、南、西三面城垣不是直线，而是都有舒缓的弯曲，墙外筑有“马面”，马面的出现，是中国古代城市在建设防御体系方面的一大突破。东南和西南城角为弧形圆角，城墙大部分仅剩基槽，墙体和基槽均为夯土筑成。城外有护城河，圆角、马面、舒缓弯曲的城墙，再加上护城河形成了完整的军事防御体系。

宫城位于邺南城中央偏北，东西约620、南北970米，四面还有宫墙的遗迹，在宫城内及其附近发现有15处建筑基址。探明了东城墙的仁寿门，南城墙的启夏门、朱明门、厚载门三门，以及西城墙的纳义门、乾门、西华门、上秋门四座城门的位置，并对南面的正门——朱明门进行了考古发掘，基本搞清了城门的规制和布局结构；确定了启夏门大道、朱明门大道、厚载门大道三条南北大道，以及朝门大道、西华门大道、上秋门至仁寿门大道三条东西大道；明确了中轴线，即

邺城三台遗址

以朱明门大道、宫城正南门、宫城主要宫殿等为中轴线，全城城门道路、主要建筑等呈较严格的中轴对称布局。邺城布局对后世的都城建设具有深远的影响。在中国都城发展史上，邺城遗址占有重要的地位。

曹魏时期墓葬资料公布的极少，晋代墓葬也仅零星发现。20世纪80年代邯郸市内一砖室墓中发现有砖质“魏郡邯郸李进玄孙”东晋墓志铭。2007年在磁县槐树屯发掘3座西晋墓，均为由墓道、墓室、过洞、天井构筑成的土洞砖墓，墓室呈方形，四壁外弧，四角攒尖顶。“天井”的出现，是国内所见年代最早的墓葬之一。已发掘的墓葬还有沧州刘胖庄西晋墓、抚宁郦各庄西晋墓、邢台县青山村西晋墓、邢台市郊西晋墓、邯郸市户村和北羊井魏晋墓、容城南阳晋墓等。

北朝的墓葬主要分布在邺城的北郊和西郊，今磁县西南地区（南水北调在漳河的南岸安阳与邯郸相邻地区也发现了大批的北朝平民墓），特别是历史上所谓的“磁县七十二疑冢”，实为东魏、北齐的王陵及贵族墓葬区，经勘探，发现墓葬123座，现存坟丘最大的一座，俗称“天子冢”，封土东西121.5、南北118、高21.3米。已确定墓主人的有大冢营村西神武帝高欢的陵墓、刘庄村东兰陵王高肃陵墓、东小屋村东北宜阳王元景植陵墓，经过清理发掘的有：磁县东魏茹茹公主墓、尧赵氏胡仁墓、湾漳北朝大墓、元祜及其家族墓，以及北齐尧峻墓、高润墓、元良墓、元始宗墓、李尼墓等。湾漳大墓虽无墓志和文字资料出土，但据发掘者推测当为北齐文宣帝高洋的武宁陵。这些墓葬均为单室砖券墓，有多重封门，墓室基本呈方形，四壁略有弧度，多设砖或石棺床，墓道和墓室内多饰彩绘壁画，内容是以青龙白虎为先导的仪仗出行队列、墓主人起居生活与侍从形象，羽人神兽、彩云花朵以及天象图等，画面宏伟，艳丽华美，线条匀称豪放，人物形态鲜明，达到了极高的艺术境界，成为隋唐辉煌绘画艺术的先声。随葬品盛行陶俑，另有瓷器、陶器及金银器等。陶俑主要为仪仗俑、侍从俑和镇墓俑等，均饰彩绘，制作精美匀称，形象生动传神，对研究当时的社会生活、服饰装束、雕塑艺术和工艺水平具有极高的价值。茹茹公主墓出土的“萨满巫师俑”，应是与公主族属即柔然族有关的文化遗物，反映了民族特色；发现的拜占庭金币，佐证了中西经济文化交流的史实。墓中还常伴有墓志出土，据不完全统计，仅磁县北朝墓群就出土了50余盒，不仅为墓葬年代的确定提供了直接的证据，而且还为证史和补充文献之缺提供了珍贵的实物和文字资料。

东魏茹茹公主墓出土
东罗马拜占庭金币

河北的其他地方也发现有不少的北朝墓葬，重要的有景县封氏墓群、无极甄氏墓群、河间南冬村北魏邢伟墓、赞皇东魏李希宗墓、平山北齐崔昂墓、黄骅北齐常文贵墓和吴桥北朝墓、北魏封龙墓、东魏封柔墓等。其中景县封氏和高氏、无极甄氏、河间邢氏等墓地，是北朝豪门望族的

湾漳北朝壁画墓壁画——神兽

湾漳北朝壁画墓壁画——仪仗人物

族墓地。这些墓葬出土的精美的瓷器等随葬品及墓志，对研究北朝的经济、文化和工艺水平具有重要价值。

魏晋北朝是佛教得到广泛传播的重要时期，河北这一时期的佛教遗存较多，特别是六朝古都的邺城附近及其周边地区遗迹遗物比较丰富。2002年在邺城发掘一座方形木塔的基址，出土了大量建筑构件，以及与佛教有关的彩绘佛像、彩绘残件等遗物，遗址规模宏大、规格较高，是我国目前发现的东魏北齐时期唯一的一座佛寺方形木塔基址，塔基中刹柱础石、塔基砖函等的发现填补了汉唐考古学的一项空白，对于探讨北朝佛寺规制和佛教考古等课题具有重要价值。邺城的近畿，石窟寺院遗迹主要有峰峰南、北响堂寺石窟，以及水浴寺（小响堂）石窟、涉县娲皇宫、艾叶峧石窟等。1986～1987年在对南响堂石窟晚期建筑进行拆除时，新发现了北齐仿木建筑窟檐遗迹和7座佛龛，南北响堂石窟寺在中国佛教发展史上占有重要的地位。现已查明，娲皇宫中皇山的北齐佛教摩崖刻经包括佛经6部，共计13.1万字，是国内现存石刻面积最大、文字最多、保存最好的早期佛教经籍。

佛教寺院遗迹和造像遗存主要有曲阳修德寺出土石造像达2200余尊，其中刻有纪年铭的造像有240余尊，以东魏、北齐和隋代造像居多。这批石造像以小型单体像为主，造型生动，是佛教考古的一项重要收获。定州永孝寺出土石造像百余尊，从九尊纪年造像可知时代为东魏武定四年（546年）至隋开皇十年（590年）。定州城内东北隅佛寺塔基下出土北魏石舍利函一件，函盖上刻北魏孝文帝于太和五年在此建塔之事，函内有金、银、铜、琉璃、珠宝玉器和波斯银币211件。波斯银币共计41枚，均为萨珊王朝遗物，对研究中西方交通史提供重要资料。在邺南城郊出土了石造像和铜造像，1997年又在邺之近畿成安南街寺庙遗址出土北魏至北齐石造像100余尊，其中20余尊有铭刻题记，2006年在南宫市后底阁村出土石造像及残块324件，其中汉白玉造像量多质高，石质洁白细腻，雕工精致，造像仪态端严，衣纹生动自然，线条流畅，刀法纯熟，且有彩绘和刻铭，初步判断为北朝至唐代的艺术品。这是继曲阳修德寺后河北佛教考古的又一重大发现。1960年和1979年曾对北响堂山西麓的常乐寺做过清理，出土了石造像400多件。其他地方也有造像出土，主要有藁城北齐石造像 、唐县北朝隋唐石造像等等。为北齐佛教及考古史研究提供了形象的实物资料。

六　隋唐考古

隋朝在中国历史上是一个短命的王朝，隋朝的考古发现也很少，隋墓仅在冀南地区零星发现，主要有获鹿大业六年迁葬的北魏东梁州刺史阎静墓、平山西岳村李丽仪和崔大善迁葬墓、饶阳开皇六年迁葬的定州刺史李敬族夫妇合葬墓、曲阳王家弓村大业八年尉仁弘墓、深州下博村隋仁寿三年墓、邢台粮库隋大业三年墓等。隋代墓葬多承北朝，墓由墓道、甬道和砖砌墓室组成，墓室方形弧边，四角攒尖顶或穹隆顶。随葬品以陶俑为主，另有生活和生产用具，瓷器数量很少。白瓷器仅在尉仁弘墓中见盘口壶。

唐皇陵集中于都城西安附近，河北隆尧境内为其祖陵所在地。即高宗时追尊的祖宣皇帝的建初陵和祖光皇帝的启运陵。两座大型陵墓陵区破坏严重，封土已平，仅存一些石刻，有石马、石柱、石狮等，雕刻生动，与陕西诸唐陵的皇家陵墓雕刻遥相媲美，弥足珍贵。陵区的附属建筑光业寺已毁，幸存有一通《大唐帝陵光业寺大佛堂之碑》，其碑文证实李唐祖籍的“赵郡李”说当属正确，亦即今河北隆尧应为李唐祖籍。

唐墓过去一直发现较少，20世纪70年代末期以来唐墓出土逐渐增多，才使人们对河北隋唐墓葬情况有了较为清楚的认识。唐代墓葬多为中小型墓，且多为零散发现，集中的唐墓群见于唐山刘庄、安国市梨园。易县北韩村卒于咸通五年孙少矩墓、清河丘家那村咸亨元年孙建和孙玄则墓、沧县前营村咸通九年刘元政墓、南和侯郭垂拱四年郭祥墓、唐垂拱四年吕众墓等均出土了墓志，为考古断代研究提供了标尺。献县唐墓、文安麻各庄咸亨三年董满墓，均出土了丰富的陶俑，是研究雕塑艺术、工艺的形象资料，为探讨北方地区与中原文化统一和差异提供了材料。正定木庄大中九年成德军节度使王元逵墓、涿州杨楼大历十二年张光祚墓、大名万堤咸通六年魏博节度使何弘敬墓都出土了墓志，均反映了晚唐时期河北一带藩镇割据、社会混乱的局面，具有较高的史料价值。张光祚墓志书法俊美，还具有较高的艺术价值。临城刘府君、赵天水夫妻合葬等7座唐墓出土的一批邢窑白瓷器，为邢窑研究和断代提供了标准器。石家庄市元和七年孙岩墓发现的贴花人物瓷壶、晋县北张里唐墓出土的白瓷执壶等，是唐代瓷器的重要产品。宽城唐代窖藏出土的鎏金银盘和银执壶，是河北唐代金银器中的精品。邯郸南吕固发现有石结构的墓室。

曲阳五代同光二年（924年）下葬，曾任易、定、祁州节度使、北平王王处直墓，是一座石室墓，由墓道、方形前后室、左右侧室组成，墓室内保存有精美的壁画，面积约100平方米，内容包括前室墓顶绘天象图，墓室四壁绘湖石树木、鹤禽蜂蝶、翔云牡丹，奉侍屏风，色彩艳丽、布局合理、运笔流畅，尤其是前室北壁中央的山水画，描绘了一幅层峦叠嶂、曲径通幽，古树干枝交错挺拔，河水平缓的自然景色，这是目前发现的古代墓葬中时代最早的一幅独立山水画。该墓前、后室分别镶嵌有十二生肖和“奉侍”、“散乐”汉白玉彩绘高浮雕，浮雕刻工精美，是古代雕刻艺术的精品。

邢窑白瓷执壶

中国古代被国外称为“瓷器”之国，而河北是中国古代瓷器的主要产地。唐宋时期河北有“四大窑”，分别是邢窑、定窑、磁州窑和井陉窑。改革开放以来，四大古窑的考古和研究工作均取得了较大进展。80年代以前一直未发现邢窑址，80年代初，在临城县西部的岗头、祁村和西双井一带，陈刘庄至贾村之间，与临城毗邻的内邱城关和中丰洞一带，陆续发现了邢窑遗址。1984年，在河北内邱调查发现了17处隋唐窑址，至此，长期以来悬而未决的邢窑窑址问题终于有了确切的答案。1987年～1991年对邢窑遗址进行了较为系统的调查，并在内丘城关和临城祁村两处遗址进行了试掘，1992年又在临城山

邢窑窑址

下遗址进行了考古试掘，发现了窑炉和丰富的遗物。邢窑创烧于北朝，历经隋、唐300多年，至五代走向衰败，是一个群体遗迹遗物特征的总称，烧造区域包括邢州及其邻近地区。烧造器物种类多、规模大，有白瓷、黑釉瓷、酱釉瓷、黄釉瓷和三彩器等，常见器形有碗、杯、盘、罐和盆等生活用器，另有执壶、粉盒、盏托和小瓷塑等。隋代创烧细白瓷，其薄胎透影白瓷厚仅0.7毫米，应即历史上“类银”、“类雪”的著名唐代邢窑白瓷器，开创了薄胎瓷器的新纪元，近期还发现了一批“官” 字款和“盈” 字款并存的邢窑瓷器。磁县贾壁村还发现有隋代的青瓷窑址，进一步丰富了邢窑的内容。

七 宋辽金元考古

1997年，在河北省清苑县东安村发现了两个卧式石虎，后又陆续发现了石象残块和石人，调查者结合历史文献，推测此处即为“宋祖陵”或名“宋皇祖陵”。井陉柿庄宋墓群共发掘墓葬14座，形制以带墓道单室仿木构砖室墓为主，基本有壁画，其中尤以6号墓的“捣练图”壁画最为完整精美。河北平山县两岔宋墓，为北宋晚期的一处平民家族墓地，是继柿庄宋墓之后河北发现的又一处宋壁画墓。共发掘墓葬7座，除1座为石室外，余均为仿木结构砖室墓。平面分圆形、六角形和八角形三种。壁画内容有侍女送食、卧犬、牛、花卉、祥云，采用沟边填色画法，人物、动物具有小写意风格。内容简约，用笔简括，线条古拙，人物比例适度、生动传神。

1971年发现的宣化下八里张氏家族墓群，目前已探明有辽金时期的墓葬29座，发掘了其中的17座，出土壁画181幅，面积454平方米，是一处辽金时期中层官吏汉人家族墓地。宣化辽墓壁画内容丰富，其壁画内容包括出行图、散乐图、备经图、备茶图、宴饮图等生活享乐场面，有汉装、胡装持杖门吏和持钵、温酒、妇人启门等侍者，金刚像，神荼、郁垒人像，五鬼图，三老对弈等佛教和神话传说中的人物，儿童跳绳童趣图，壁画中共出现人物208个，另还绘有山石、仙鹤花卉等自然景物，垂莲藻井以及彩绘星图等。宣化辽壁画墓，内容丰富，题材多样，色彩鲜艳，技艺纯熟，线条优美，为过去所罕见。1998年，在宣化张氏家族墓西北500余米又发现了一处契丹人墓地，探明辽墓7座，发掘了其中的2座，均为壁画墓，为辽契丹文化的研究增添了珍贵的实物资料。

元中都宫城全景

1994年石家庄市后太保发掘墓葬8座，墓葬形制有方形单室砖墓、六角六边和八角八边仿木结构砖雕墓等，其中1号墓规模最大，为一座仿木构大型砖雕室墓，主室八角形，东西侧室为圆形。该墓群出土有瓷器、铜器，以及金、银、玉装饰品等，并墓志一方，发掘者据此推定1号墓为元初中书右丞相史天泽夫妻合

葬墓，该墓群为其家族墓地。史氏家族墓地的发掘是元代考古的一项重要收获。

元中都俗称白城子，自1997年开始勘察与发掘以来，确认即元代的中都城址。经勘察与发掘证实，元中都有三套城垣，即由内至外依次相套的宫城、皇城和外（郭）城。元中都宫城城墙高约3～4米，四角有角台，四面墙体中部有城门；皇城城墙高出地表0.5～1米，宽5～7米。探出有门道和水道，发掘了宫城南门、皇城南门、1号排水涵洞和西南角台等，宫城南门有阙台、墩台、隔墙、门道、门内广场及两侧马道等。三套城内已发现建筑遗迹41处，宫城内建筑以1号台基为中心南北轴线对称分布。1号台基呈“土”字形，南北通长95.4米，东西最宽49米。上建筑“工”字殿，现存工字殿的两层台基，从南向北由月台、前殿、穿廊、后殿、东西夹、香阁组成，下层宽出周匝平台。共计7条上殿通道，不同道路和坡以不同花纹砖铺设，前殿两侧上殿通道正对东西城门。推测为大朝正殿。发掘出土有汉白玉螭首、牡丹龙纹角石、宝装莲花柱础、龙纹琉璃瓦当滴水、屋脊琉璃走兽、阿拉伯数码幻方等珍贵文物。元中都考古是我国近年元代考古的重大收获。

元中都皇城南门遗址

海丰镇的考古发掘是金代考古的一项重要考古发现，发掘共进行了三次，发掘面积合计3700余平方米，均为基本建设中的考古任务，海丰镇在文献记载中是一处海盐手工业发达的地方，发掘出土的建筑遗迹，和大量的河北本地及全国各名窑的瓷器证实，到了金代此处已经发展成为水陆交汇，并以瓷器为主的贸易集散地，出口韩国、日本等国外的瓷器，以及输往沿海各地的瓷器很可能由此出海。海丰镇的考古发掘是金代考古的一项重要发现。

2002年发掘的涿州元代壁画墓，是一座底层官吏的夫妻合葬墓。该墓是一座穹隆顶单室八角形仿木砖室墓，墓内满布壁画，内容有竹雀屏风、奉侍备宴、祥云瑞鹤及孝义故事等，构图精细，敷色和谐，人物形象生动。出土陶瓷器等随葬品64件，并墓志1方，是一座近年少见的有明确记年的元壁画墓。重要的元代墓葬还有满城元蔡国公张柔墓，易县还发现有张柔第九子张弘范的墓志。

明代墓葬的清理基本均为抢救性的，出有丝织品、精美瓷器等。

定窑是北宋“五大名窑”之一，创烧于唐，盛于北宋，至元逐渐衰落。曲阳县涧磁村一带，附近的瓷窑址总面积达10平方公里，应是定窑的主要生产区。1985～1987年，在涧磁以及北镇、野北和燕川等地进行调查发掘，发现大量窑炉和各种瓷器遗物15000余件，为研究定窑烧制史增添了新资料。定窑已发掘的窑炉20座，均为“馒头窑”，定窑的釉色有白釉、青黄釉、褐釉、黑釉、酱釉、绿釉等，器形主要有碗、

定窑“尚药局”白瓷盒

定窑白瓷卧女枕

观台磁州窑窑炉

观台磁州窑龙纹瓷盆

钵、盘、盏托、罐、壶、高足杯、三足炉、枕、瓷塑等。唐五代时期定窑产品粗细掺半，青白兼有，北宋时期定窑白瓷烧制工艺成熟，产量迅速增长，并创烧成功了“紫定”、“黑定”和“绿定”新品种，烧制出了造型和装饰都很精美的孩儿枕、美女枕、龙凤盘等等精品器形，还有“官”、“新官”、“龙”、“花”、“尚食局”等款识，北宋末定窑一度停顿，金代又恢复了生产，大定、泰和纪年的印纹陶模的出土即是实证。定窑的调查和发掘是瓷器考古的一项重要成果。

磁州窑发现于20世纪50年代初期，是宋元时期北方著名的民窑体系，窑址位于今磁县观台镇和彭城镇一带，其中观台窑址是其中心窑场之一，继1958和1960～1961年两次发掘之后，1987年又对观台窑址进行了考古发掘，发现窑炉遗迹9座，加工石碾槽1座，出土各种完整或可复原的瓷器2000多件，瓷片数十万片，为磁州窑的研究提供了一批新的材料。观台窑的主要产品釉色有白釉、黑釉、绿釉、红绿釉、黄绿琉璃器等，器形主要有碗、盘、香炉、罐、盒、水注、瓶、枕等，装饰手法有划花、篦划花、白地绘划花、白地黑花、黑剔花和模印花等。发掘证明，磁州观台窑创烧于宋初年或稍早，停烧于元代末年至明初。

近年来新发现的井陉窑是“河北第四大窑”。1989～1990年在井陉旧城关（天长镇）、河东坡等地发现了古瓷窑址。1993年及1998～2000年间，在基本建设考古中曾四次对分布面积达40余万平方米的河东坡、城关窑址进行抢救发掘，先后清理了晚唐、金代窑炉10座，金代作坊2处，澄浆池1组，获得了丰富的井瓷标本和大量窑具。井陉窑创烧于隋，极盛于金，衰于元，至明仅冯家沟窑场独盛。井陉窑是以烧制白瓷为主，并兼烧黑釉、褐釉、双色釉、绿釉、黄釉以及三彩器等制品的窑口。器形以碗、盘为主，另有杯、盏、托子、碟、花口钵和葫芦瓶、长颈瓶以及瓷塑等等，还有“官”字款的细白瓷器，并出土有印花模子和支圈等大量窑具。井陉窑受到越来越多学界同仁的关注。

1999年发现清理了隆化鸽子洞元代窖藏，出土珍贵文物66件，其中丝织品45件，有绫、罗、缎、绢、纱、纳石失（织金锦）等多个品种，另有民间契约、官吏俸钞记事等元代文书6件，内涵十分丰富，特别是种类多样、织绣精工、纹样生动、保存完好的丝织品，是元代考古的重大发现，为研究元代的丝织工艺提供了不可多得的实物资料。

（执笔：韩立森　段宏振）

山西省

中国考古60年

中国考古60年 山西省

山西省地处黄河流域中游，是华夏文明重要的起源地之一，地下埋藏了丰富的古代文化遗产。历年来，山西的考古发现与研究受到了国内外考古学界与历史学界的重视，因此，科学地发掘、保护和研究这些珍贵的地下文化遗产成为山西考古工作者一份重要的职责。

山西考古工作的开始最早可以追溯到20世纪20年代。1926年著名考古学家李济先生主持了山西夏县西阴村仰韶文化遗址的发掘，为山西考古拉开了序幕，这也是首次由中国人自己主持的史前考古发掘，在中国考古史上具有里程碑的意义。

然而对山西来说，真正系统地、有组织有计划地进行地下文物的考古发掘和保护工作是从新中国成立之后开始的。这60年来，随着我国经济的不断发展，山西的考古工作也取得了众多重要成果，先后有11个考古项目获得年度“全国十大考古新发现奖”，8个考古项目分别获得国家文物局“田野考古奖”。在考古研究方面，发表考古调查发掘简报、报告和研究论文数百篇，出版考古发掘报告和研究专著50余部，其中许多论著获省级以上科研奖励。

一　旧石器时代考古

山西是中国旧石器考古和古人类发展演化研究最重要的地区之一。60年来共发现旧石器时代文化遗存300余处，经过系统发掘的遗址有近30处，其中有国家重点文物保护单位5处、省级重点文物保护单位20余处、市县级文物保护单位近百处。发现人类化石的遗址6处，出土早期智人和晚期智人化石20余件。西侯度、匼河、丁村、许家窑、峙峪、下川等一系列重要遗址的发现与研究，成为华北地区旧石器时代文化发展序列不可或缺的重要组成部分，为研究山西乃至我国史前人类发展历史积累了丰富的科学资料。

山西省的旧石器考古工作大致可以分为两个阶段。1953～1965年，山西省发现了大量的旧石器时代遗址。其中，丁村、匼河、西侯度等遗址成为了新中国建国初期最重要的考古发现，山西也成为中国旧石器考古研究工作的重点地区。在裴文中、贾兰坡两位中国旧石器考古学奠基人的率领下，在短短数年时间里取得了令人瞩目的科研成果。出版的《山西襄汾县丁村旧石器时代遗址发掘报告》、《匼河》和《山西旧石器》，为山西省的旧石器考古奠定了一个坚实的基础。1973年以后，山西的旧石器考古进入了深入研究和开拓创新阶段。下川、许家窑、丁村、薛关、

青瓷窑、柿子滩等许多遗址的以及陵川塔水河遗址的等东部太行山区洞穴或岩崖遗址发现与发掘，取得了重要成果。

西侯度遗址　令人瞩目的位于山西省芮城县风陵渡镇西侯度村后的“人疙瘩”北坡。1960年发现，是目前中国境内已知最早的旧石器时代文化遗存之一，也是是东亚地区发现的首个早更新世旧石器文化遗存。出土有石核、石片、砍斫器、刮削器、三棱大尖状器、烧骨和带有切痕的鹿角等。2005年再次发掘，获得石制品和1500余件，石制品以碎屑和断块为主，也有石核、石片和石器，这些石制品表面都有一定程度的磨蚀，但其中也不乏打击痕迹十分清楚的精品和规范制品。根据发掘所获地质资料的综合分析表明，西侯度的石制品虽然受到河流搬运埋藏的影响，但人类行为及其特征毋庸置疑。

匼河遗址发掘场景（1960年）

匼河遗址群　位于芮城县风陵渡镇附近，由近20个地点组成。1959年发现，1960年以来考古工作者进行了5次正式发掘。出土的哺乳动物化石有肿骨鹿、扁角鹿、水牛、剑齿象、纳玛象等13种，表明其地质年代为中更新世早期。石制品大部分以石英岩为原料。有石核、石片、砍斫器、刮削器、三棱大尖状器、小尖状器和石球。研究者通过对地层、动物群、石器工业的比较分析，认为匼河文化早于北京猿人文化，属于旧石器时代初期文化遗存，并与丁村文化有着密切的文化关系，即丁村文化是由匼河文化逐渐发展而来的。

丁村遗址群　位于襄汾县丁村附近的汾河两岸。1953年发现，1954年首次发掘。在汾河东岸第三级阶地上共发现11个石器地点和3个动物化石地点，获得石制品2005件，哺乳动物化石27种和3枚“丁村人”牙齿化石。1976～1980年，山西省文物部门在汾河两岸新发现旧石器时代早、中、晚期的石器地点12处，并且在54：100地点又发现一块幼儿顶骨化石。1994年，王建等人的研究表明：丁村遗址群包含了旧石器时代早、中、晚三个不同时期的文化遗存。旧石器时代早、中期的石制品显现出较为一致的文化性质，以大石片、三棱大尖状器、大尖状器、斧状器、宽型斧状器、双阳面石刀、石球等为特色和纽带。它们在丁村遗址群内三套不同地质时代的地层中重复出现，说明三者之间有着密切的传承关系。而旧石器时代晚期77：01地点的石制品组合中，虽然粗大石器延续了前期特点，但出现了以燧石为主要原料的细石器，类型有锥状石核、楔状石核、船形石核、细石叶以及石核式小刀、短身圆头刮削器、修边雕刻器、琢背小刀、圆底石镞、楔形析器等细石器类型。1994年以后，又发现石器地点7处。经过多年的持续调查发掘，证实丁村遗址已不是仅限于1954年汾河东岸的11个地点，单一的旧石器时代中期文化遗址，而是扩及汾河两岸，地点达30个，时代包括旧石器早、中、晚期，具有5个文化层的遗址群。

西侯度遗址石制品

丁村遗址出土三棱大尖状器

许家窑遗址　位于山西阳高县古城乡许家窑村东南1公里的梨益沟右岸。1973～1975年

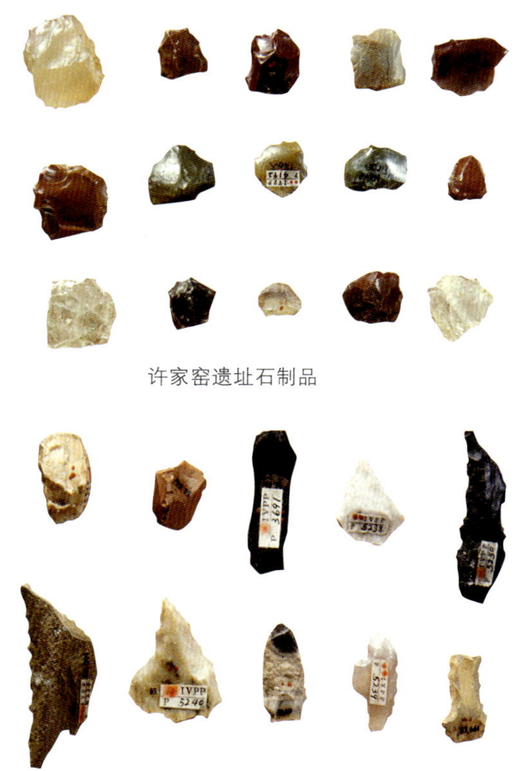

许家窑遗址石制品

峙峪遗址石制品

发现并进行了首次发掘，1976、1977和1979年又进行了三次田野发掘，在距地表8～12米深的湖相地层里发现了人类化石近20件、石制品近2万件和大量哺乳动物化石。石器类型包括刮削器、尖状器、砍斫器、雕刻器、石砧和石球。其石器组合代表了“北京猿人文化—峙峪文化”之间的一种过渡类型文化，许家窑人的头骨相当厚，超过了尼人的最大值，达到了北京人的平均值。枕骨圆枕位置高、上颌骨粗壮、吻部前倾、牙齿粗大、齿冠嚼面纹理复杂，具有直立人向早期智人过渡的特点。

峙峪遗址　位于朔州市峙峪村附近，1963年发现，在峙峪河第二级阶地底部的杂色亚沙土中发掘出15000余件石制品、一块人类枕骨化石、大量动物碎骨和用火遗迹灰烬层。峙峪遗址出土的石器有尖状器、刮削器、雕刻器、小型砍斫器、斧形小石刀和石镞等。有一件石墨制成并有磨擦痕迹的穿孔装饰品。峙峪文化的主体是利用不规则的小石片制造细小石器。贾兰坡等根据对比研究首次提出著名的华北旧石器文化的“两大传统”的理论，而峙峪文化是“周口店第1地点—峙峪系”或“船头状刮削器—雕刻器传统”发展到典型细石器文化之间的重要环节。

下川遗址群　中心位于沁水县中条山主峰历山的东麓的一个山间小盆地内，是我国最早发现的几个旧石器时代晚期细石器遗存之一，经^{14}C年代测定为距今2.4～1.6万年前。发现于20世纪70年代初，1973～1975年山西省文物工作委员会王建等，在沁水、垣曲、阳城三县交界的近百平方公里的范围内进行了连续数年的调查和发掘，发现16处细石器地点，获得1800余件石制品，包括细石器和粗大石器两大类。细石器以黑色燧石原料为主，类型有锥状、半锥状、柱状、楔状等各种形制的细石核和细石叶、尖状器、雕刻器、琢背小刀、石镞、石锯、锥钻、石核式石器以及各种式样刮削器等40余种。此外还有以砂岩、石英岩等为原料的砍斫器、锛状器、石锤、研磨盘等粗大石器。1976～1978年中国社会科学院考古研究所与山西省共同进行了3个年度的发掘，获得了大量文化遗存。1980年以后，考古工作者在太行山麓西侧和中条山腹地榆社、高平等地又发现多处与下川文化特点相似的细石器文化遗存，进一步丰富和扩大了下川文化的分布范围。

柿子滩遗址群　位于吉县境内的清水河畔。1980年发现。石制品以细石核、细石叶以及用小石片压制加工成尖状器、刮削器、雕刻品、石镞等器物为代表。另有以石英岩砾石为原料，加工成各种各样的尖状器和刮削器等石片石器。其特点与薛关遗址的大致相同。2000年，山西省考古研究所等单位在清水河沿岸进行了更大范围的调查，新发现24处地点，并对第9、第12、第14等地点进行了持续发掘，发现用火遗迹、修整石器的工作区等，取得了丰硕的成果。研究表明，其石制品组合特征代表了旧石器时代晚期之末广泛分布于黄土高原和黄河中游一种独特的区域文化。柿子滩遗址发掘及研究的深入开展对探索中国北方旧石器时代晚期向新石器时代早期过渡等

有着十分重要的学术意义。

山西省是中国旧石器文化埋藏最丰富、文化类型复杂多样的省区之一。新中国成立以来，山西发现了大量旧石器时代文化遗存。特别是丁村遗址，它是新中国成立以来在周口店以外地区发掘的第一个大型旧石器时代遗址，对我国旧石器考古工作的推广和普及起到了不可估量的推动作用，因此，被看作是我国旧石器考古学发展的一个里程碑。

柿子滩旧石器时代遗址发掘（2005年）

二　新石器时代考古

山西省新石器时代文化遗存的发现可追溯到1926年对夏县西阴村遗址的发掘，由李济先生主持。1931年，董光忠先生在万泉（今万荣县）荆村瓦渣斜又进行了小规模的科学发掘。

20世纪50～70年代初期属于摸底和起步时期，山西的考古调查、发掘和研究从一开始就与配合基本建设密切相关。晋南地区是古代中国最发达的地区之一，遂成为学者们关注的重点区域。1959～1963年，以探索夏文化为主要目标，各级考古部门先后4次调查了中条山南麓的黄河沿岸、涑水河流域、汾河下游、浍河流域的低平区域。这期间为配合三门峡水库的建设，较大规模地发掘了芮城西王村与东庄村遗址，同时小规模地清理和试掘了平陆盘南村和芮城南礼教遗址。这些工作成果在今天仍旧是研究山西省乃至整个陕、晋、豫地区考古学文化发展不可或缺的珍贵资料。晋中和晋北等地也有一些零星发现，但无论对遗存报道的详细程度，还是对这些资料的认识都不尽如人意。

20世纪70年代后期～80年末期属于资料积累和认识阶段，对夏县东下冯、襄汾县陶寺遗址的先后发掘，认识了东下冯龙山到夏时期的考古学文化，确立了陶寺文化。此后，太谷白燕遗址的发掘、晋中和吕梁地区的调查和忻州游邀遗址的发掘使山西中部地区史前文化较清晰地展现出来。垣曲古城盆地的调查与东关遗址的发掘揭示出一个区域文化的变迁。晋东南地区对长治小神村遗址的发掘第一次梳理出太行山区的史前文化序列。这一时期，还对晋南的翼城、曲沃、洪洞、襄汾、侯马等地的10余处遗址进行了不同规模的发掘或调查。

20世纪90年代是对山西各地考古学文化的重新认识时期。从90年代中期开始，全省性的文物普查发现了大批新地点，建立了较详细的文物档案资料。1991年翼城枣园遗址的发现是这一时期最重要的调查成果之一，世纪之交对该遗址的发掘则确立了山西目前所知年代最早的新石器时代文化。同时，翼城北撖遗址的发掘也是一个亮点，4期遗存的划分和枣园遗址前后呼应，让我们找到了庙底沟文化的渊源。另外，对大同马家小村的发掘对认识仰韶最兴盛时期的山西北部地区文化至关重要。1994年，山西省考古研究所再次发掘了夏县西阴村遗址，提出了新的认识。配合小浪底水库建设发掘的垣曲宁家坡遗址也有重要发现，目前保存最完整的2座庙底沟二期文化陶窑址，保存了窑

北撖遗址房址F2

体、窑前活动场、小路、制坯取土坑等要素，对史前制陶技术的研究十分重要。中华文明探源工程为山西史前考古的升温提供了一个重要的契机：停止田野工作多年的陶寺遗址又于1998年开始发掘，随着工作的深入，大、小两重城址和中期大墓、观象台遗址相继发现，又一次给学术界很大的震动，目前该遗址的发掘仍在进行，将对中华古代文明的起源提供更多、更重要的新信息。临汾下靳墓地的发现和发掘，是继陶寺遗址之后，在临汾盆地发现并进行正式发掘的又一处属于陶寺文化的墓地。该墓地与陶寺遗址在等级上的区别使其具有了另一种标本性的意义。

进入21世纪，配合高速公路建设中发掘的临汾高堆、灵石马和等面积较大的遗址，为认识汾河流域的南北文化交流提供了新的资料。需要特别提出的是2003～2005年对芮城清凉寺墓地的调查、发掘与研究，该墓地发现的特殊葬式、随葬品中的大量玉器等为中原地区所罕见，因此入选2004年度全国十大考古新发现，并获得2003～2004年度国家文物局田野考古奖三等奖。

通过考古工作者的辛勤工作，基本建立了山西各区域新石器时代文化的序列与谱系，在一些重大课题研究中取得了较大突破。

1984年，山西省考古研究所征集到据说出于武乡县石门乡牛鼻子湾的石磨盘、石磨棒，这是山西仅有的前仰韶时期磁山文化遗存。1991年，翼城县北撖乡枣园村发现年代较早的遗址，被称为“枣园文化”，其中第一期属于前仰韶时期的最后阶段。当时居住地穴式的房子，陶器的主要器类有口沿饰一周彩带的各种小平底钵、假圈足钵和折沿盆、敛口高领双耳壶、釜、器座。该文化分布区域覆盖山西南部到豫西及关中东部地区。

仰韶前期，山西南部地区延续了枣园文化一期遗存的风格和特点，具备了庙底沟文化早期的基本要素，与陕西关中地区的半坡文化东西对峙。小型房子建在地面之上，用横穴式陶窑烧制陶器、袋状窖穴储粮，成人用土坑竖穴墓埋葬，小孩多见用泥质红陶钵、夹砂罐扣合的瓮棺葬。晋中地区的太谷上土河、娄烦童子崖等遗址为代表的遗存与东部的后岗一期文化和南部的枣园文化中晚期共存，具体文化面貌有待进一步探索。进入仰韶中期，主体因素起源于晋南地区的庙底沟中晚期文化占据了山西的大部分地区，该文化在向周边扩张的过程中，将双唇小口尖底瓶、折沿盆、敛口或直口钵、侈口或敛口夹砂罐为主要组合，在瓶、盆、钵等类泥质器物外表饰繁缛绚丽图案的陶器风格传遍了整个黄河流域，甚至更远。山西各地大型聚落星罗棋布，代表性遗址有翼城北撖、夏县西阴、垣曲下马等，创建了史前时期大一统的兴盛局面。仰韶晚期，各地的文化走向分崩离析，虽然不再强大，但特色鲜明。晋南地区的西王村文化的陶器延续了前期的一些文化因素，开始流行喇叭口尖底瓶、带流器、侈口鼓腹夹砂罐和退化的彩陶装饰，而晋中地区的义井文化则与河北等地的大司空文化加强了交流，从而脱颖而出，这些不同的文化特征为庙底沟二期文化各地方类型的兴起奠定了基础。

垣曲下马遗址瓮棺葬

垣曲宁家坡庙底沟二期陶窑

由于黄河下游文化向西溯河而上的传播，在中条山东南一带的黄河两岸地区率先开始了不同传统文化的碰撞。于是，在西王村文化的基础上，形成了灰陶为主，篮纹、绳纹和附加堆纹发达，以斝、鼎、釜灶、夹砂罐和小口高领罐为主要组合的陶器群，兴起了独具特色的庙底沟二期文化。这一新的风格很快向西、北方向传播，成为山西大部分地区的主流文化，但由于各地前期已经存在的文化差异，融合过程中产生了晋西南、晋南、晋中和晋东南等不同的类型。这一时期居址较多铺白灰面的地面房子，用斜穴的陶窑烧制陶器，出现了具有明显阶层分化的大型墓地，进入文明因素的积累阶段。

下靳墓地

芮城清凉寺墓地M51、M61

龙山时期的山西，文化成分复杂，最重要的是临汾盆地的陶寺文化。以晋中、晋西南等区域为媒介，来自东南方、西方、南方等地的文化因素，在开放的文化理念引导下，相继出现在临汾盆地，文化面貌呈现出一种前所未有的汇聚趋势，从而具备了北到长城地带、南到长江沿岸的不同特点，兴起了一支实力雄厚的部族文化。陶器群中的肥袋足鬲、扁壶、圈足罐等器类颇有气魄，城市规模宏大、城内各区域分工明确、各种功能齐备，甚至有了用于授时的观象台，不同阶层的成员生前有不同的居住区域和住房条件，死后有不同的丧葬习俗和随葬器类，不仅对内形成了等级分明的阶梯状统治制度，而且成为统领整个中原地区的盟主。这是不同文化汇聚、融合、撞击产生的“火花”，是“文明的火花，人类智慧的火花”。与陶寺文化相互并存的有晋中地区的白燕类型、晋东南的小神类型、晋西南地区的东下冯类型等区域文化遗存，为陶寺文化与周边其他文化的交流提供了重要的途径和平台。

下靳墓地M483出土多片联缀玉璧

三　夏商周考古

夏商周时期考古一直是山西考古的重点部分，这不仅因为晋南素有夏墟之称，而且历史上两周时期晋国的主体就是以山西为主，但由于山西特殊的地理位置，又使得山西在夏、商和西周时期的考古学文化异彩纷呈，表现强烈的地域性和多样性。

（一）夏时期重要考古发现

山西境内探索夏文化的主要对象是二里头文化东下冯类型和晋南地区龙山期文化晚期阶段。20世纪50年代末，考古工作者对晋南地区的汾河流域、涑水河流域进行了多次的普查，从70年代开始，对重要遗址进行了重点发掘。

山西境内的夏代或相当于夏时期的文化遗存可以分为两种类型：一个是与二里头文化相同或相近的文化遗存，主要发现在晋南地区，曾为夏王朝直接统治地区；另一个是既有二里头文化因素，又有自身特点的遗存，主要在晋中地区，是受夏文化影响的地方类型。

运城盆地的夏文化遗址有夏县东下冯、小王村、闻喜大泽、绛县赵村、永济东马铺头等。重点发掘的有东下冯遗址，位于夏县东下冯村青龙河畔，面积25万平方米。遗址可分为6期，其中1～4期属于东下冯类型。遗迹有灰坑、房址、墓葬、水井、陶窑等。房址有半地穴式、窑洞式、地面建筑3种。遗物以陶器为主，有鬲、尊、罐、盆、甑、斝、蛋形瓮等，时代较河南二里头文化略晚，文化面貌相近，参照二里头的^{14}C测年，时代大致在公元前19～前16世纪。

临汾盆地东下冯类型的分布地点在有襄汾大柴、曲沃曲村、南石、安吉、东白冢、翼城感军、苇沟 — 北寿城、天马、侯马西阳呈等。其中襄汾大柴遗址位于县城西南的汾河西岸，1986年发掘，文化内涵单一，遗物主要为陶器，时代大约相当于东下冯遗址的第二、三期。

晋中地区文化面貌基本相同又有地区差异的、相当于夏时期的有太谷白燕、忻州游邀、太原狄村、东太堡、汾阳杏花村、峪道河等数处遗址。白燕遗址位于太谷白燕村，地处太原盆地东南缘，1980、1981年发掘，整个遗址分6期，第4期为夏时期遗存，侈沿鬲与东下冯遗址的鬲形制接近，年代也大约相当。游邀遗址位于忻州游邀村南，遗址面积20万平方米，1987、1989年发掘，遗址可分为早、晚两期，晚期为夏时期的文化遗存。

（二）商时期考古重要发现

山西境内的商文化遗址丰富，可分为商代前期和商代后期两个阶段。

商代前期以二里岗文化为代表，分布区域包括忻州、晋中、临汾、运城、长治地区。

平陆前庄遗址　位于坡底乡前庄村的黄河之滨。1990年初发现，面积约1万平方米。遗迹有半地穴式的居住址、窖穴，出土铜器有大型方鼎、圆鼎、釿、针，陶器有鬲、大口尊、三足瓮、簋等。还有钻、灼、凿的无字甲骨。时代与东下冯遗址第6期陶器相近。

垣曲商城遗址　位于古城镇南关黄河、亳清河、沇西河交汇地的高台地上。1984年发现。古城略呈方形，周长1470米。城内中部偏东有宫殿区，有大型夯土台基6座。出土陶器有尖足鬲、大口尊、平沿盆、罐、豆等，另有少量只钻不凿的无字卜骨。年代不晚于商代二里岗上层时期。

太谷白燕遗址第五期文化的早期，属于二里岗时期，遗迹主要是灰坑。陶器主要流行大型侈沿深腹鬲和翻沿小鬲，与之并存的有狐腹鬲和斜腹鬲，晚期有大型直腹鬲等。

山西商代晚期的殷墟时期商文化分为两大部分：一部分是分布临汾盆地以东至晋东南地区的长子、潞城和黎城等地，与河南殷墟相邻，文化面貌一致，可以浮山桥北、长子北高庙商代墓葬出土的青铜器为代表。另一部分是方国文化，主要分布在吕梁山区，在石楼、永和、柳林、隰县、吉县、忻州、保德、右玉、乡宁、洪洞一带均有发现。其文化面貌一方面表现出与殷墟文化的相同，另一方面更富于地方色彩，主要表现在生活用具、武器、小工具上，普遍地使用铃铛和动物图案，有特色的器物如马头刀、铃首剑，墓葬中还经常出土金质盘丝形珥饰、金质弓形器、

灵石旌介2号商墓

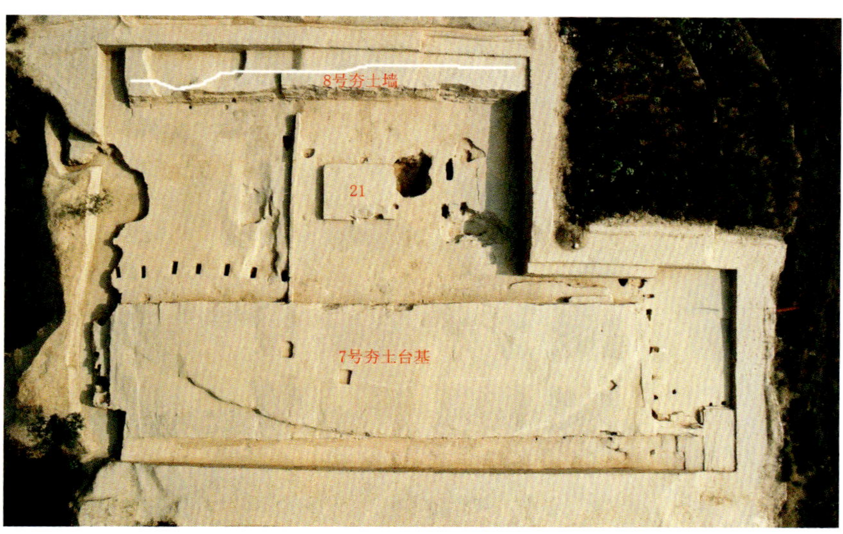

柳林高红商代夯土基址（2004年）

金饰品等。经重点发掘的有灵石旌介墓、柳林高红夯土基址、浮山桥北墓地。

灵石旌介墓葬　位于晋中盆地东南缘，1976年和1985年发掘3座墓葬。M1、M2均为夫妻合葬墓，其西面为一个车马坑。出土有铭文的青铜器41件，其中，有族徽“卨”者占36件之多。随葬青铜器与殷墟遗物相同，主要有鼎、簋、觚形尊、罍、卣、觚、爵、觯等，还有少量青铜器具有北方草原民族文化特征。男性墓主人应该为方国首领。

柳林高红商代夯土基址　位于柳林县城以西的三川河北岸村南垣顶上，发现夯土基址20处，总建筑面积4000平方米。7号夯土东西长46.8、南北宽11米，现存高度1米，8号夯土基址东西26、南北宽2～2.5米，现存高度1.8米。时代约当殷墟的二、三期。

浮山桥北商代墓葬　位于临汾盆地东南缘。被盗严重，追缴回文物中有带“先”铭的商代铜器。2003年发掘。清理大型墓葬5座、中型墓9座。大型墓均由墓道和墓室组成，南北向，除一座为“甲”字形外，其余均为长方形。其中M1、M18规模较大，墓道中有随葬的殉人及车、马。14座大中型墓的年代上限是商代晚期，下限不晚于西周中期。墓主人应当是商王朝管辖下的方国首领。

（三）两周时期考古重要发现

山西两周时期的考古工作成果显著，发现和发掘了晋文化以及其他封国文化的许多重要遗址、墓地。

曲村—天马遗址　西周时期晋国都城所在地，位于山西曲沃县东北，北倚塔儿山。遗址面积约11平方公里，内涵丰富，包括居住址、邦墓区和晋侯墓地。居住址遗迹有房子、水井、陶窑、灰坑等，时代从西周早期到春秋晚期。邦墓区在曲村镇村以北，已经发掘的西周、春秋时期墓葬600余座、车马坑6座。墓向主要为北向和东向，均为竖穴土圹墓，墓口平面大体呈长方形。铜器墓共47座，出土各类礼器，最高鼎数为四鼎。晋侯墓地位于曲村—天马遗址中心略偏北，东西长约170、南北宽约130米，共发现晋侯及夫人墓9组19座。各墓均为南北向略偏东，形制为“甲”字形或“中”字形。每组墓之东面有附属车马坑一座，1号车马坑是M8组晋侯及夫人即晋献侯夫

北赵晋侯墓地M93

晋侯墓地1号车马坑

妇的陪葬车马坑，面积300平方米，殉马105匹，用车48辆，是北赵晋侯墓地中面积最大的车马坑。在每组墓的近旁，有数目不等的陪葬墓和祭祀坑。出土的青铜器铭文中有6位晋侯名字，其中M8有晋侯稣，与《史记·晋世家》记载吻合。以此为基点，推定9组晋侯及夫人墓葬依时代先后排序为：

M114（晋侯燮父）→ M9（晋武侯）→ M6（晋成侯）→ M33（晋厉侯）→ M91（晋靖侯）→ M1（晋僖侯）→ M8（晋献侯）→ M64（晋穆侯）→ M93（晋文侯或者殇叔）

羊舌晋侯墓地　与北赵晋侯墓地隔滏河河谷相望，2005年发掘。墓地大体范围东西300、南北400米，由大型墓葬和中小型墓葬组成。已经发掘的M1和M2是两座异穴并列带南北墓道的中字形土圹竖穴大墓，方向北略偏西。M1全墓总长近48.3米，北墓道为台阶状，南墓道斜坡状，墓底积石积炭。墓室南部和南墓道上，有大规模祭祀遗迹。墓主人可能是晋国历史上著名的晋文侯。

侯马一带是晋国晚期都城所在地，晋国于公元前585年迁都于此，直至公元前403年韩赵魏三家分晋。

侯马晋国遗址　位于汾、浍交接的三角地带，总面积约40平方公里以上。遗址于1952年发现，其布局目前已经基本清楚：建都模式是以自然的汾、浍为防御体系，在汾、浍之间置宫城，在宫城以东设置数座小城作为防御的卫星城，整体气势恢弘。宫城位于新田遗址的核心区域，有牛村古城、台神古城、平望古城呈“品”字形分布。牛村古城平面略呈梯形，边长1500米左右，在城内中心位置有大型的夯土建筑基址。平望古城内也发现了大型的夯土建筑基址。卫星城均位于宫城区的东部，目前发现有呈王、马庄、北坞、北郭马4座，边长均不超过500米，城内遗迹不多。宗庙建筑位于宫城区正东1500米，发现大型夯土建筑基址70余处，最大的面积50×60米。建筑成组分布，个体布局规整。墓地主要分布在宫城区的南、西、北面，距离宫城仅数公里，有上马、下平望、新绛柳泉、马虒祁、乔村、东高、牛村古城南墓地。柳泉墓地级别最高，可能是晋国晚期的公室墓地所在地。手工业作坊有铸铜作坊遗址、石圭作坊、制骨作坊和制陶作坊。这些作坊区均位于宫城区牛村古城之南的数百米

范围内。铸铜遗址面积在5万平方米以上，发现用于铸造的鼓风陶管、铜锭，出土陶范3万余块。祭祀遗迹共发现11处，分布于宫城区的南、东、西数公里范围内，各祭祀地点的祭祀坑方向以南北向为主。其中，比较著名的有盟誓遗址。

铸铜遗址发掘现场（1963年）

晋阳故城　位于今太原市西南约15公里，东临汾水，西近吕梁。古城平面呈横长方形，西墙长约2700、北墙约4500米。在古城北的金胜村一带是东周墓地，其中有著名的赵卿墓。该墓为长方形土圹竖穴墓，东西向，墓口长11、宽9.2、墓深14米，墓内积石积炭。随葬青铜礼器、乐器百十余件。车马坑在其东北，平面呈曲尺形，车坑殉车最少16辆，马坑葬马44匹。该墓时代为春秋早期，墓主人为70岁左右男性，可能是赵鞅、赵无恤父子之一。

夏县安邑故城，俗称禹王城，是战国初年魏国都城所在地。位于夏县县城西北约7公里。该城可分大、中、小三城，中、小城居大城之内。大城周长15.5公里。小城平面近方形，位于大城中心部位。整体时代上起战国下至汉代，在小城内还发现有“安亭”铭的陶器，为确定此处是安邑城提供了依据。

另外，在各地发现的东周时期城址还有芮城魏故城、闻喜大马古城、襄汾赵康古城等。

晋文化考古中，除上面提到的重要遗址和墓地外，其他还有长治分水岭墓地、临猗程村春秋墓地、运城南相墓地、曲沃望绛墓地、潞城潞河墓地、长治长子牛家坡和孟家庄墓地、榆次猫儿岭战国墓地。

坊堆—永凝堡遗址，位于临汾盆地北部边缘、霍山西南麓，在今洪洞县县城东北部，包括南秦村、坊堆、永凝堡三个自然村，范围东西3000、南北1500米，以周代遗存最为丰富。从20世纪50年代～90年代做过多次调查和发掘。1954年发掘出西周有字卜骨，1980年，在永凝堡东堡一带两次发掘22座墓葬，获得大批资料。墓葬分属西周早、中、晚期，全部皆为长方形竖穴土圹，规模最大的M5，墓口长5、宽3.7、深8.5米，为三鼎两簋墓，并出土车马器，时代为西周晚期。西周三鼎两簋墓的存在和有字卜骨的发现说明这一地区在西周时期并非一般村落，可能是某诸侯国的国都所在地，可能与霍、杨国有关。

绛县横水西周墓地

绛县横水墓地　位于绛县县城以西约11公里的横水镇村北，墓地北依绛山，南临涑水，

绛县横水西周墓地出土荒帷遗迹

翼城大河口西周墓葬M1部分随葬铜器

北高南低呈缓坡状。2004～2007年发掘墓葬近1300座，主要是西周墓葬。西周墓葬中除了倗伯夫妇墓和M1011为斜坡墓道的“甲”字形墓葬外，其余均为土圹竖穴墓，墓葬方向为东西向，头向西的墓葬占绝大部分。部分墓葬设腰坑，腰坑内一般殉狗，部分墓葬殉人。墓主葬式男性俯身直肢多于仰身直肢，女性绝大部分为仰身直肢。墓地出土大量青铜礼器、乐器、玉石器等，大量青铜器有铭文。其中，M1即倗伯夫人毕姬墓中出土的荒纬，为解决文献中的荒纬提供了宝贵资料。

翼城大河口墓地　位于翼城县县城东约6公里。已发掘6座墓葬，均为东西向土坑竖穴墓。M1为西向，墓口长4.25、宽3.22米，墓室二层台之上四壁有壁龛和漆木俑。青铜器有礼器、乐器70余件。墓葬时代为西周中期，墓主可能为男性，应该是隗姓九宗之一。

另外，在晋中、晋北滹沱河流域的代县、原平、忻州、定襄、昔阳等地还发现一批有别于中原地区富于特色的东周时期墓葬。

北魏方山永固陵遗址

四　秦汉隋唐考古

中华人民共和国成立以来，山西两汉至隋唐的考古成绩突出，发现许多重要遗址和墓葬，出土大量珍贵文物，对研究诸朝代社会、经济、艺术等，均有重大价值。

汉代至北朝重要遗址有夏县禹王城遗址、平城遗址、晋阳城遗址等大型城址和大同北魏明堂辟雍遗址、云冈窟前遗址等。重要墓葬有

平陆枣园汉代壁画墓、太原东太堡西汉清河太后墓、右玉大川西汉墓、平朔汉墓群、吕梁汉画像石墓和右玉善家堡鲜卑墓地、大同方山永固陵、大同石家寨北魏司马金龙墓、寿阳北齐厍狄迴洛墓、太原北齐东安王娄睿墓、大同电焊器材厂北魏墓群。此外在各地还发现一批北朝小型石窟和造像碑刻，较好的有高平羊头山石窟、高庙山石窟和沁县南涅水北朝石造像、太原西山大佛等，在灵丘县还发现了北魏文成帝《南巡碑》。

永济唐代蒲津渡遗址发掘现场（1991年）

唐代重要遗址和墓葬有永济唐代蒲津渡遗址和黄河漕运遗迹，太原金胜村唐代壁画墓，长治范澄夫妇墓、冯廓墓、王休泰墓等一批纪年墓以及1995年在万荣皇甫村发掘的唐代薛儆墓等。五代时期墓葬最引人注目的是后唐开国皇帝李存勖之父李克用墓。

黄河漕运遗址

近十年间，汉唐考古又有新的重要发现，其中包括遗址和墓葬。

大同操场城北魏皇宫遗址　2003～2008年进行了基建考古发掘，发掘面积达5000平方米，包括两处宫殿遗址、一处粮窖遗址。

一号遗址是在北魏平城遗址内发现并发掘的第一处大型建筑遗址。出土遗物主要是建筑构件，数量最多的是磨光的黑色筒瓦和板瓦，其中有文字的瓦片达百余件，如瓦当有“大代万岁”、“皇魏□岁”、“万岁富贵”、“传祚无穷”、“永□寿长”等文字瓦当，另外还有莲花纹、兽头、莲花化生等纹饰瓦当。

二号遗址是北魏粮窖遗址，坐落在夯土台基上，发掘面分布有50多个柱础石和5个圆缸形粮窖遗迹。5座粮窖由西向东依次排列。粮窖平面圆形，口大底小，整体呈圆缸形。

三号遗址是一个残存的北魏夯土台基，南沿距一号遗址北沿仅10余米。台基南部边缘外侧有包砖，这种包砖也见于一号遗址东侧和北侧。发现水井遗迹，井壁无砖，井口直径1.2米。在三处遗址下均有汉代地下窖穴式建筑或灰坑。

三处遗址内涵表明，这里曾存在过两座大型殿堂以及大型粮窖遗址，该遗址正是寻找已久的北魏皇宫建筑遗址。

此外还有发现从汉代、北魏到辽金的陶器、瓦当、瓦钉、箭镞、石柱础、琉璃构件、石雕残片、瓷器、铁器、花纹砖、绘红彩的白灰皮、铜泡钉、黑色的陶制脊饰等。特别是发现不少战国

大同操场城北魏宫殿基址

建筑构件，如动物纹瓦当、同心圆纹瓦当、树木纹瓦当等，还采集完整的素面半瓦当，都属于初次在平城遗址上发现的战国建筑构件。

两汉建筑构件有筒瓦、板瓦、瓦当和砖。瓦当以卷云纹为主，其中尤为重要的是在汉代灰坑H1中出土有多件阳文隶书“平城”二字的瓦当，分大、小两种，共29个的个体。

北魏夯土建筑遗址直接压在汉代遗址上，汉代文化层中出土大量绳纹、布纹、菱形纹筒瓦、板瓦和日用陶器残片，说明这里可能是汉平城遗址。考古发现对探寻汉代平城县和北魏宫城的位置以及北魏平城布局皆有重大的学术价值。

垣曲上亳汉代墓地　2001年发掘，内涵包括汉代墓葬150座，有竖穴土坑、洞式墓和砖室墓三种，其中汉代空心砖墓由铺地砖、立砖和蓬顶砖组合建成墓室。出土物以陶器（多为彩绘陶）为主，另有少量铜器和玉器。

榆次校园东路墓葬　2002年12月～2003年配合城市建设，发掘汉代至曹魏时期墓葬225座，出土铜、铁、玉、釉陶、陶、玻璃等不同质地的文物1000余件。

大同周围北魏墓葬较多，重要墓葬有太延元年破多罗氏墓、和平二年散骑常侍梁拔胡墓、雁北师院太和元年敦煌公宋绍祖墓等。初步统计，迄今为止，在大同及其周围地区，发掘的北魏墓葬已达数百座之多。

大同雁北师院北魏墓葬　2000年发掘了北魏前期墓葬11座，其中砖室墓5座、土洞6座，出土各类文物近300件，有陶俑、镇墓兽、壶、罐，漆盘，银镯，铁镜，琥珀饰件以及陶制牛车、毡

太原北齐徐显秀墓墓室北壁壁画

帐、牛、马、骆驼、虎、猪、羊、狗、灶、碓和石磨、灯台等。

大同沙岭北魏砖室壁画墓　位于大同市沙岭村，2005年发掘。甬道、墓室皆有壁画，保存较好，内容丰富。在随葬品漆片上，发现一段墨书隶体残文，据残文推算，墓主人卒于太延元年（435年），鲜卑人，是侍中、主客尚书、平西大将军破多罗氏夫妇。

北齐、北周和隋唐墓葬重要的有北齐武安王徐显秀墓、隋代虞弘墓和襄垣隋唐墓葬等。

北齐东安王徐显秀墓　位于太原王家峰，2002年发掘。全墓的彩绘壁画共约330平方米，墓道、过洞、天井内为迎送墓主人的仪仗队列；东、西两壁壁画基本对称，共有人物86个，驱神避邪的怪兽4个，鞍马6匹。还出土器物500余件。

隋代虞弘墓　1999年对太原市晋源区王郭村南隋代虞弘墓进行抢救性清理，出土汉白玉石椁、八角形汉白玉柱、石人物俑、残陶俑、白瓷碗、墓志、铜币等共80余件。在石椁正面、里面正壁和两侧壁及椁座四周均有浅浮雕彩绘图案，表现出浓厚的中亚波斯文化色彩，图中人物皆深目高鼻卷发，内容有宴饮、乐舞、射猎、家居、出行等，是研究丝绸之路入华中亚人的重要资料。据墓志，男主人姓虞名弘，字莫潘，鱼国人。曾在茹茹、波斯、吐谷浑、北齐、北周和隋任职，在北周一度“检校萨保府”，职掌祆寺及入华西域诸国人事务。

在太原、长治、大同、运城还发现和发掘多批北朝隋唐墓葬，出土了大量的随葬品，有北方游牧民族特有的、有粟特人通过丝绸之路带入的、还有北朝社会广泛存在的日常用品。

在佛教考古方面，山西也有重要收获。

太原龙泉寺唐代地宫出土银椁

山西的中小石窟、摩崖造像，多分布于太原以南地区。经过多年调查，发现有一定规律。如这些石窟多分布在晋阳至洛阳、晋阳至邺城，或者晋阳至西安的交通要道两侧区域。2005年，我省文物工作者曾与日本东京文化财研究所联合调查了晋阳到邺城沿途的佛教文化遗迹。

另外还发现几批佛教窖藏。2000年，阳泉市郊区下章召村佛教造像窖藏抢救性发掘。这是该村农民在取土时发现。该窖藏位于金代禅智寺东南方向的陡壁上，经清理，该窖藏内有佛教石造像24件，其中北齐佛像3件，金元之际的罗汉像10件、具有中亚形象的供养人像10件、化缘僧人像1件。

2001年，榆社县村民在福祥寺维修过程中，在大殿地面下发现一个埋藏着一批石造像的窖穴，发现的石造像绝大多数为单体的佛教造像，共有40多个的个体。2002年，榆社县再次发现石造像窖穴，清理出近百件佛教造像的个体。两次发现的石造像有立佛、坐佛、菩萨、弟子等，大者3米多，小者数十厘米，有的还有供养人题记，时代大约是从北魏晚期到唐末五代。

2007年，在太原市晋源区太山景区的龙泉寺内，发现一个呈六角形的唐代地宫，其中放置一件石函，长约60、宽约50厘米，上面刻满供养人的名字。石函内装木椁，木椁内分别套置铜棺、银棺和金棺。

五　宋辽金元考古

宋辽金元时期是山西历史上一个重要的历史时期，宋辽对峙，宋金抗争，元朝一统，中原文化与北方游牧民族文化相互碰撞融合，形成了这一时期独特的文化面貌。从考古学上观察，主要成果体现在宋辽金元时期墓葬的发掘、清理和保护，古瓷窑遗址的调查与发掘，居住址的发掘和古塔地宫出土文物等方面。

（一）宋辽金元墓葬考古

宋墓　主要集中于太原、忻州、长治和左权等地。

1956年，太原市西郊的小井峪村东发现了一处规模较大的宋、明墓群，发掘清理宋墓58座。

墓葬形制有长方形土洞墓、砖室墓和圆形拱顶洞室墓三类，是从北宋仁宗起直到北宋末年一般平民和中小地主的墓葬群。1958年，忻州市发现政和四年（1114年）武功大夫河东路第六将田子茂墓，是山西发掘宋代官职品位较高的官员墓葬。

20世纪八九十年代，长治地区陆续发现了一批带有明确纪年的宋代墓葬，具体有五马村宋墓（元丰四年，1081年）、壶关南村宋墓（元祐二年，1087年）、壶关下好牢宋墓（宣和五年，1123年）、长治故县村宋墓（元丰元年，1078年）和西白兔村宋墓等，时代集中在宋代晚期到末期。均为砖室墓，有单室和多室之分，墓内作仿木构斗栱，壁面砖雕板门和直棂窗，壁面多以砖雕二十四孝、武士、侍女等题材，体现了这一地区墓葬的主流特征。也有个别墓葬采用仿木构和壁画的形式，体现了当地墓葬传统的多元性。这些墓葬中有相当一部分是多室砖室墓，对于研究宋代家族丧葬习俗提供了有价值的材料。

2002年，左权县发现了上下两层墓室的元祐四年（1089年）赵武墓，是在山西首次发现的宋代双层墓。

辽墓　辽代墓葬主要发现于晋北的大同市周边地区，约有50余座，已发表材料的有：十里铺9、10、15、27、28号墓，新添堡29号墓，卧虎湾1～6号墓，马家堡辽墓，许从赟夫妇墓及机车厂辽墓等。时代多为辽代晚期，一些墓葬还出土了纪年墓志，墓主人多是汉族中级官吏和地主。墓室壁画内容多为表现“开芳宴”、“车马出行”、“持乐吹奏”及墓主人隐于花卉围屏后侧立侍从等，墓顶一般绘日月星宿。流行火葬，骨灰多盛放于石棺、瓷罐或陶罐中。随葬品少。许从赟夫妇墓是晋北地区目前发现的唯一一座辽代早期纪年墓（乾亨四年，982年），墓中仿木建结构和壁画风格都具有明显的晚唐五代遗风，对于研究辽墓形制和墓葬壁画的发展序列有着重要的意义。

此外属于辽地的朔州也有零星辽墓发现，时代约为辽代末期。

金墓　金代墓葬广泛分布于晋北地区的大同、朔州，晋中地区的太原、汾阳、孝义，晋东南地区的长治、长子、屯留、沁县和晋南以侯马为中心的金代绛州地区。各地发现的金墓，基本上都是仿木结构的砖室墓，但呈现一定的地域差别。

晋北地区自20世纪50年代以来，先后在大同市西南郊、朔州市平朔露天煤矿等地发现过金墓。1957年大同市西郊发掘的大定四年（1164年）吕氏家族墓，形制特殊，是形似穹隆顶的圆形竖穴土坑石棺火葬墓。1973年发现的明昌元年（1190年）阎德源墓，随葬有木质家具模型、漆器和瓷器等50余件，甚为珍贵。大同南郊金代壁画墓和正隆六年（1161年）徐龟墓体现了大同地区金墓的地域特色，墓室形成了空间较小而平面呈方形的特点，装饰题材多出现散乐等内容。壁画反映了当时一般士族生活中的宴饮形式、酒具使用，以及散乐的配置、乐器组合形式等等，是难得的图像材料。80年代初，平朔露天煤矿发掘了3座大定十五年（1175年）周氏墓，墓室平面呈“品”字形分布，墓道均向品字中心聚集，较为罕见。1987年朔城区发现了一座辽金僧人丛葬墓，时代跨度从辽寿昌六年（1100年）至金大定十九年（1179年）。

20世纪五六十年代，太原市小井峪、义井、西流村等都有金墓发现。义井金墓的墓门内侧有

“大定十五年”题记，为太原地区金墓断代提供了依据。

汾阳市和孝义市是金墓发现密集的地区。1959年孝义下吐京发现承安三年（1198年）金墓，1990年汾阳县发掘金墓8座，1992年孝义发现大安元年（1209年）墓，在杏花村汾酒厂发掘金墓60余座，2008年汾阳东龙观发现宋金家族墓地等等。下吐京承安三年墓为晋中地区金墓断代提供了标尺。汾阳8座金墓，按墓葬形制可分为八角形、六角形和方形三类，墓室全部为仿木结构，并有精美砖雕和彩绘装饰。墓室壁面上雕饰墓主人夫妇对坐宴饮、妇人启门、侍童侍女、门窗隔扇、桌椅屏风以及廊前帷幔、卷簾，还有猫狗等内容，均是墓主人生前家居及生活场景。在东龙观宋金墓地M5的墓道东侧发现了王氏家族墓地的规划图——明堂。

晋东南地区的金墓主要有长治故漳村大定二十九年（1189年）墓、安昌村明昌六年（1195年）墓、安昌村皇统三年（1143年）墓、长子县石哲村正隆三年（1158年）墓、小关村大定十四年（1174年）壁画墓，沁县金代砖雕墓，屯留宋村天会十三年（1135年）金代壁画墓等等。

晋南地区是山西金墓发现最为集中也最为重要的地区，主要分布在以金代绛州为中心的新绛、稷山、侯马、闻喜、垣曲、绛县、襄汾县一带，具有鲜明的地方特色，其中以稷山与侯马两地发现最多，最具代表性。稷山金墓总计约30余座。最为重要的当属马村段氏墓地。墓葬结构形制基本相同，但有体量大小和装饰繁简的差别。墓门外有装饰华丽的仿木构门楼，墓室平面多为长方形，墓顶覆斗式。墓室建筑以表现墓主人生前豪华的住宅为主要目的，檐下斗栱结构精巧复杂，四壁一般表现为前厅后堂、左右厢房式的四合院布局，壁面雕饰孝子故事和杂剧作场等内容。侯马市

汾阳东龙观宋金墓地M2墓室局部

汾阳金墓墓室局部

区与周边农村时有金墓发现，如20世纪五六十年代发现的董氏家族墓、1995年大李村发现大定二十年（1180年）墓、1994和1995年牛村发现天德三年（1151年）金墓和晋光制药厂大安二年（1201年）金墓以及1995年交电二级站金墓等等。其中最具代表性的是董氏家族墓，先后发掘了大安二年（1210年）董明墓与董玘坚兄弟墓，大定十三年（1173年）董万墓、明昌七年（承安元年、1196年）董海墓和一些无纪年的墓共8座。这批墓葬装饰十分精细，雕刻玲珑剔透，显示了高超的营造墓室技术。

侯马周边地区发现的金墓还有垣曲县东铺村大定二十三年（1183年）张氏墓，绛县裴家堡金墓，闻喜县小罗庄与下阳金墓、寺底金墓，新绛三林镇金墓、南范庄金墓，襄汾县荆村沟、上庄、西郭、曲里金墓与南董村金墓等等，也各有特点。

稷山马村1号金墓

元墓　山西见诸报道的元代墓葬材料相对较少，据不完全统计约有30座，分布较分散，时代大多集中在元前期和中期。无论墓葬形制还是砖雕艺术、壁画内容，大多继承了金代墓葬的一些特征。墓葬形制多样，有单室的有多室的，有砖室墓，也有石室墓，平面有方形、六角形和八角形等。

大同地区发现的元墓形制都较为简单，多为方形，穹隆顶。冯道真墓和齿轮厂墓有精美的壁画装饰。这一地区元墓随葬品普遍较多，东郊崔莹李氏墓和宋庄元墓都随葬以成套的陶器。冯道真墓和齿轮厂元墓则随葬大量不同质地的实用生活用具。

晋中地区所见报道的元墓有平定、太原、孝义和交城几处。其中1993年交城县发现的八角形仿木构石室墓，墓顶有石质垂花柱，壁面有精美的线刻人物故事，具有鲜明的地方特色。

晋南地区元墓多集中于新绛、侯马、襄汾一带，墓室平面方形，墓顶为叠涩攒尖顶。墓室内多以砖雕作为装饰，内容有杂剧人物、二十四孝故事等。运城西里庄元墓四壁绘有壁画，内容有戏剧图、宴享图等。

长治地区发现的元墓有捉马村元墓、郝家庄元墓、南郊元墓等，墓室平面均为方形，墓顶叠涩攒尖顶或穹隆顶，墓室内有简单的砖砌仿木构。墓壁有壁画装饰，内容较为简单。

天镇县夏家沟辽金居址出土黑釉剔花梅瓶

平定县天宁寺宋至道元年塔基出土熏炉

（二）宋辽金元陶瓷考古

陶瓷考古也是这一时期重要的内容，山西多数古代瓷窑在宋辽金元时期得以发展壮大，并达到顶峰，形成特色。目前的工作多数停留在调查、复查和小规模拭掘阶段。属于这一时期的窑址遍布南北，主要有浑源窑、青磁窑、怀仁窑、朔州窑、招贤窑、盂县窑、孟家井窑、交城窑、介休窑、八义窑和霍州窑等。山西制瓷业在自身的基础上，博采众长，受到定窑、磁州窑、当阳峪窑、耀州窑和钧窑等窑口的影响，装饰手法灵活多变，产品面貌多样，生产出了黑釉剔花、白釉剔花、青釉印花、白釉印花、白釉划花、镶嵌、红绿彩、柿色彩等极具地方特色的产品。

这一时期的陶瓷器除墓葬中随葬的以外，还出土于一些窖藏中，如天镇县夏家沟辽金居址窖藏中出土了3件山西北方特色的黑釉剔花梅瓶，太原西南郊一件黑瓷缸中出土了6件宋金瓷器，朔州市农业局元代窖藏出土了大量钧窑、龙泉窑瓷器和青白瓷等。

（三）宋辽金元遗址

宋辽金时期的遗址发现较少，目前已做工作的有平陆县唐宋时期集津仓漕运遗址和平鲁区庄子坪辽金北方民族聚落遗址2处。

此外，这一时期古塔的地宫中还出土了一批重要的文物。1995年清理北宋双塔寺熙宁二年（1069年）建造的西塔地宫，清理出石函、银棺、地宫碑、舍利瓶及铜镜等众多珍贵文物。2005年平定县天宁寺双塔西塔至道元年（995年）塔基中出土了银棺、舍利瓶、瓷器等，其中绿釉熏炉堪称精品，反映了北宋民众笃信佛教的历史事实。

（执笔：王益人　薛新明　吉琨璋　张庆捷　刘岩）

内蒙古自治区

中国考古60年

中国考古60年

内蒙古自治区

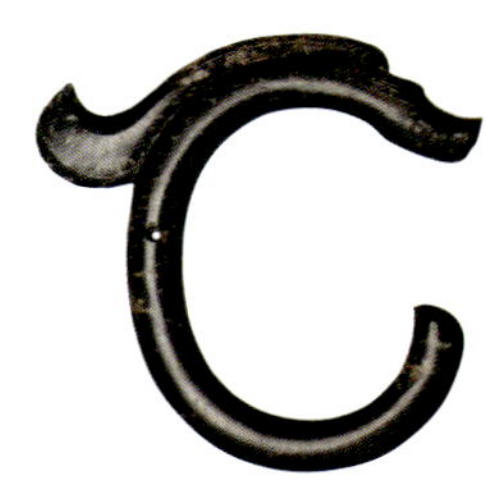

新中国建立以来，内蒙古自治区文物考古事业从无到有，不断发展，考古发现与考古研究均取得丰硕成果。回顾60年来内蒙古自治区考古事业，大致经历了初创期、停滞期和发展期。

从新中国建立到文化大革命开始（1949～1965年）是内蒙古自治区考古事业的初创期。经过20世纪50年代第一次全区文物普查，初步掌握了全区重要文物的分布情况。配合基本建设、课题研究进行的考古发掘，逐步开始认识一些考古学文化特征。在萨拉乌苏发现了河套人化石和旧石器时代遗物。从细石器文化中区分出富河文化，重新认识红山文化，确立了夏家店下层文化和夏家店上层文化。对汉代、鲜卑、辽代、元代的墓葬和城址都有较为深入的研究。

“文化大革命”时期（1966～1977年）内蒙古自治区考古事业进入停滞期，考古机构被拆散或合并，专业人员被迫改行或中断业务活动，考古调查和发掘全面停止，直到1972年以后，才陆续恢复一些业务活动，发现了小河沿文化。

改革开放以来（1978～2009年）是内蒙古自治区考古事业发展期。考古机构不断壮大，考古人员日益增多。通过20世纪80年代第二次全区文物普查，发现文物点约1.5万余处，使内蒙古自治区进入文物大省行列。21世纪初的第三次全区文物普查、长城调查和城址勘查，目前正在进行之中，新发现层出不穷，已经取得可喜成果，必将有更多新的发现。

在改革开放30年里，为配合基本建设和课题研究，展开了大规模考古调查和发掘工作，清理、发掘的遗址和墓葬500余处，基本建立起了内蒙古自治区史前考古学文化时空框架。历史时期考古成果颇丰，尤其在东胡、匈奴、鲜卑、突厥、契丹、党项、女真、蒙古、满族等民族考古领域取得了丰硕成果，聚落考古、文明起源、航空考古、环境考古、科技考古等方面均有突破性进展，出版的《内蒙古东南部航空摄影考古报告》，是我国第一部由考古人员完成的航空摄影考古工作的正式报告。

一　旧石器时代考古

经调查，内蒙古自治区旧石器时代遗址有11处，中石器时代遗址1处。从旧石器时代早期到晚期内蒙古自治区都有人类活动，文化特色鲜明。

1973年发现呼和浩特市大窑遗址，1976年在二道沟发掘，1979～1983年在四道沟发掘。四

道沟是目前我国发现最早的石器制造场，广泛采用交互打击方式修理石器的特点则不见于其他地点，被命名为“四道沟文化”。年代在中更新世晚期，热释光年代数据距今31万年，属于旧石器时代早期遗存。在地层中发现灰烬和火烧动物骨骼，是内蒙古地区最早用火的痕迹。二道沟在原生岩层开采石料并加工石器。龟背形刮削器形制规整定型，是大窑旧石器时代晚期石器制造场典型石器，命名为“大窑文化”。

自1922年发现萨拉乌苏遗址以来，调查采集和发掘出土石制品的总数达到500多件、人类化石23件、动物化石45种。应用了间接打击方法制作规整石片，石器细小是萨拉乌苏石器的显著特点，被命名为“萨拉乌苏文化”。人类化石被称为“河套人”，属于晚期智人，很接近现代人体质特征，但仍保留一些原始性质。哺乳动物化石被称为“萨拉乌苏组”。时代为距今4万年左右，属旧石器时代中期向晚期过渡遗存。

2000～2001年发掘的金斯太洞穴遗址堆积深达5米，划分为上、中、下三层。最下层测年距今3万年，由下层到上层石器逐渐向小型化发展，清楚再现了旧石器时代晚期从直接打击法向间接打击法的发展过程。

1927年在扎赉诺尔煤矿区发现第一个“扎赉诺尔人”头骨化石以来，先后发现了19个头骨化石。与“扎赉诺尔人”伴出有刮削器、石叶、石镞、石片、石核等细石器，被称为“扎赉诺尔文化”，属于旧石器时代晚期向新石器时代过渡的中石器时代。

二　新石器时代考古

新石器时代遗存遍布内蒙古地区，据第二次文物普查统计，共有遗址2659处。在内蒙古东南部和中南部遗址数量多，研究比较深入。而在广大草原、沙漠、森林地区细石器出土最多，以狩猎为其主要生业。

石镞（新石器时代 海拉尔市采集）

（一）内蒙古东南部新石器时代

新石器时代，内蒙古东南部地区与辽西地区、河北省北部、北京市北部和天津市北部共同构成一个考古学文化区，属于东北筒形罐文化区的南部区的一部分。从19世纪末学者就开始调查这一地区的新石器时代遗址，通过一系列重要遗址的发掘，建立起考古学文化序列，就各文化谱系、聚落、社会组织、宗教、文明起源等展开广泛深入研究。

1988年、1989年和1990年三次发掘了赤峰市林西县白音长汗遗址，从地层和遗迹间的叠压打破关系确立了小河西文化 → 兴隆洼文化 → 赵宝沟文化 → 红山文化 → 小河沿文化的相对早晚关系，基本代表了内蒙古东南部地区新石器时代考古学文化演变序列。西梁文化的年代大致与兴隆洼文化相当，分布在西拉木伦河以北地区，与兴隆洼文化形成犬牙交错的分布态势。富河文化分布在乌尔吉木伦河流域，早期与赵宝沟文化并行，晚期与红山文化并存。

第二次文物普查时在敖汉旗发现以素面陶为特征的遗址，提出了“千斤营子类型”命名，1987年发掘了同类遗存小河西遗址，命名了“小河西文化”。有学者也称此类遗存为“素面陶文化”。距今在9000年前后。

1983年发掘了兴隆洼遗址，命名了“兴隆洼文化”。凹弦纹带、附加堆纹凸泥带和之字纹或交叉纹组成三段式纹饰布局是其陶器特点，玉器分为玦、管、弯形器、珠等装饰品，蚕等动物类，斧、凿、锥、匕形器等工具类。距今8400～7000年。查海类型分布在老哈河流域和教来河流域，以兴隆洼遗址为代表。兴隆洼遗址经过1983～1994年共7次发掘，划分为二期，一期聚落保存完整且经过全面发掘。聚落周围环绕一道椭圆形围沟，环沟内分布11排房屋，共有94座。面积多为50～80平方米，最大的两座并排位于聚落中心部位，面积达140余平方米。房址均为方形半地穴式，圆形坑灶位于房屋中部。有室内和室外两种墓葬形式。打制锄形石器数量最多。白音长汗类型分布在西拉木伦河流域，以白音长汗遗址兴隆洼文化聚落为代表。在相邻的两座山坡上有两座环壕聚落并列，每一座环壕内有成排房屋30座左右，各有一座面积约100平方米的房屋居于中部，其余房屋面积在20～70平方米。房屋为半地穴“凸”字形建筑，方形石板坑灶居于房屋中部。两座山顶各分布一处墓地。磨制方形石铲是主要生产工具。

陶筒形罐（兴隆洼文化 白音长汗遗址）

玉玦（兴隆洼文化 白音长汗遗址）

2003年发掘的赤峰市林西县西梁遗址，命名为“西梁文化”。房屋为“凸”字形半地穴建筑，成排分布，有大小之别。平行细附加堆纹带、几何形附加堆纹带和压印网格纹或人字纹组成三段式纹饰布局是其陶器特点。

1984年、1985年发掘敖汉旗小山遗址的两座房屋后命名了“赵宝沟文化”，距今7500～6500年。1986年大规模发掘了赵宝沟遗址，在居住址东侧有石头堆祭祀址。在老哈河流域的小山类型房屋为方形半地穴建筑，圆形坑灶。在西拉木伦河流域的水泉类型房屋为“凸”字形半地穴建筑，方形坑灶。扁平石耜、覆舟形石磨盘具有特色，之字纹、几何纹、动物纹特色鲜明。一方面继承兴隆洼文化筒形罐、之字纹传统，另一方面接受了来自西南的镇江营子一期文化、上宅文化和后岗一期文化早期的泥质红陶因素，泥质红陶由南向北传播。

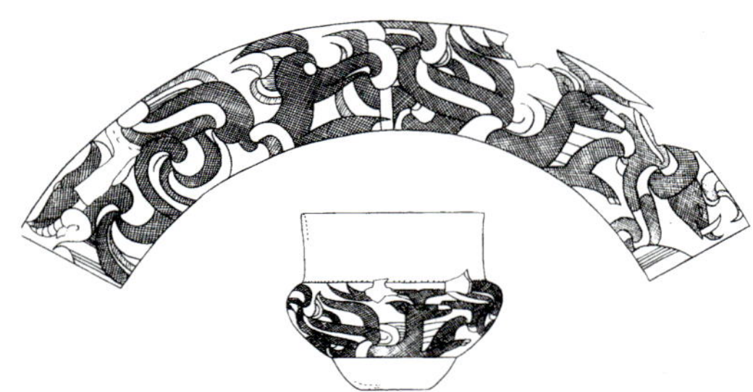

灵物纹尊形陶器及纹饰展开图
（赵宝沟文化 小山遗址）

为了在“细石器文化”中辨析出不同考古学文化，20世纪50～60年代在内蒙古东南部做了大量调查工作。1962年发掘了赤峰市巴林左旗富河沟门遗址，辨析出“富河文化”，篦点形之字纹陶器和细石器发达，

圆形和方形半地穴房屋。

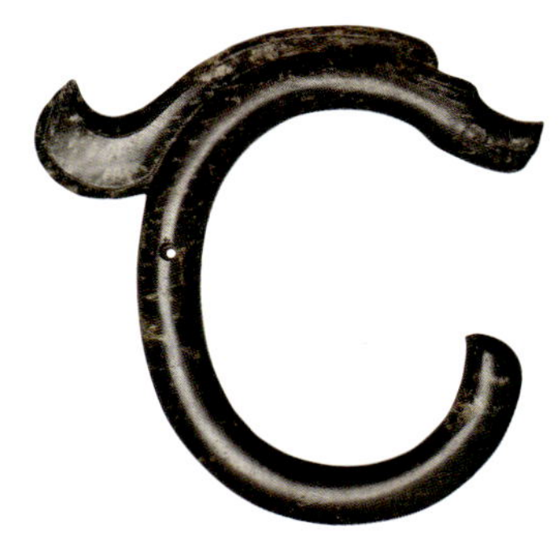

玉龙（红山文化 三星他拉出土）

勾云形玉器（红山文化 那斯台子遗址）

20世纪30年代发掘了赤峰市红山后遗址，提出了“赤峰一期文化”命名，50年代改称“红山文化”，距今6700～5000年。经过60～70年代调查和发掘，明确了红山文化基本特征，半地穴方形房屋，流行之字纹、成组划纹和彩陶。到70年代末～80年代，不仅确认了红山文化玉器，还找到了祭祀遗址，引发了文明起源的大讨论。玉器种类多，分为环、玦、珠等装饰类，斧、钺、仿瓜等工具类，龙、鸟、龟、鱼、蚕等动物类，立人等人物类，勾云形器、箍形器、璧形器等特殊类。红山文化聚落分化严重，出现了特大型中心聚落，巴林右旗那斯台遗址面积达150万平方米以上。房屋大者超过100平方米，小者不足10平方米。敖汉旗文物普查发现，在遗址较高的一侧有窑址，有的是两三个遗址就近使用一个窑区。四棱山发现了长方形单室窑、马蹄形单室窑和双火膛连室窑。在敖汉旗和喀喇沁旗发现多处红山文化祭坛和积石冢。草帽山发现了祭祀遗址群，遗址分东、中、西三处，坛、冢结合。墓葬等级分明，大型墓葬规模大，多用石板砌筑，随葬精美玉器。小型墓葬多为土坑竖穴墓，基本没有随葬品。从墓葬和房屋看，红山文化还没有严重的贫富分化，以祭祀为社会活动要务，进入到神权酋邦社会。红山文化与周围考古学文化关系密切，先后受半坡文化、后岗一期文化、庙底沟文化、半坡四期文化、海生不浪文化等的影响，融合成为发达的史前文化。

1974年发掘敖汉旗小河沿乡南台地遗址后，提出了“小河沿文化”的命名，圆形半地穴房屋，距今5500～4000年。翁牛特旗大南沟墓地墓葬为土坑竖穴墓和土洞墓。绳纹筒形罐和彩陶、彩绘多见。玉器有璧、环、镯、珠等器形。男性随葬成套手工工具，女性随葬纺轮和装饰品，男女分工明确。成年男女合葬墓，标志着已经进入专偶婚阶段。近年在扎鲁特旗发掘的南宝力皋吐和昆都岭墓地既有小河沿文化因素，又有偏堡子文化因素，同时还有来自松嫩平原昂昂溪文化因素，可能代表小河沿文化的一个地方类型。

小河西文化、兴隆洼文化、西梁文化、赵宝沟文化中有砍伐工具石斧、掘土工具锄形器或石铲或石耜、加工谷物工具磨盘和磨棒，到红山文化出现了用于收割谷物的石刀，形成一套完整的农业生产工具。从数量上看农业工具在内蒙古东南部新石器时代考古学文化中占有多数，农业始终占优势，并有逐渐增加的趋势。同时狩猎、采集占一定比重，有逐渐减少的趋势。在富河文化中细石器数量多，发现的野生动物骨骼较多，说明狩猎经济比重较大。在兴隆沟遗址发现了栽培农作物粟和黍，证明在兴隆洼文化时期农业的存在。

（二）内蒙古中南部新石器时代

通过对内蒙古中南部地区的石虎山、鲁家坡、王墓山、白泥窑子、西园、庙子沟、海生不浪、阿善、小沙湾、寨子塔、寨子圪旦、老虎山、园子沟、永兴店、白草塔等一系列重要遗址发掘，建立起考古学文化发展序列，即鲁家坡类型、石虎山类型 → 王墓山下类型 → 海生不浪文

彩陶小口双耳壶（海生不浪文化 庙子沟遗址）

化 → 阿善文化 → 老虎山文化。

半坡文化沿黄河北上，在南流黄河两岸形成具有地方特色的鲁家坡类型，距今6800～6200年。同时后岗一期文化北上，经张家口地区，到达岱海和黄旗海地区，形成具有地方特色的石虎山类型。庙底沟文化的扩张，在内蒙古中南部迅速取代了半坡文化和后岗一期文化地位，形成具有地方特色的王墓山下类型，距今6200～5500年。

到半坡四期时分布在太行山东麓的大司空文化西进，同时内蒙古中南部地区受到来自东方红山文化影响，形成具有自身特色的海生不浪文化，距今5500～5000年，小口双耳壶特征鲜明。庙子沟类型分布在东部的岱海和黄旗海地区，具有特色的陶器有绳纹筒形罐、曲腹盆等。海生不浪类型分布在南流黄河两岸，代表性陶器有杯形口小口尖底瓶、敛口折腹盆等。

阿善文化是在海生不浪类型基础上发展起来的，距今5000～4500年。阿善类型分布在包头至呼和浩特一线的大青山南麓山前台地上，多数聚落成对出现，分别坐落在中间夹一条水沟的两个或三个台地上。代表陶器高领罐、单耳罐、敛口瓮等。寨子塔类型分布在南流黄河两岸，聚落多建在沟谷高台地的悬崖峭壁之上。典型陶器有尖底瓶、窄沿罐、侈口罐等。

1982～1986年四次发掘凉城县老虎山遗址，命名了“老虎山文化”，距今4500～4000年。老虎山遗址环绕石围墙，由居住区、祭祀区和烧窑区组成。在岱海和黄旗海周围分布着老虎山类型，与庙子沟类型有渊源关系，但两者之间还存在缺环。代表性陶器有单把釜形斝、斝式鬲等。在南流黄河两岸分布着永兴店类型，是在阿善文化基础上发展起来的，同时受到晋中和冀北同时期文化的强烈影响。典型陶器有鋬手鬲、带腰隔敛口甗等。

石虎山I聚落周围绕以圆角方形围壕，房屋向心分布，与姜寨遗址半坡文化聚落布局相近，两者社会组织应该相同，是以血缘为纽带的平等氏族社会。王墓山下类型房屋区分出大、小两种类型，大型房屋用来集会和议事，小型房屋内居住一个核心家庭或一个对偶婚家庭，没有明显的贫富分化，表现出大致平等的社会。阿善文化聚落出现了分化现象，大型聚落周围出现了石围墙，一般石墙筑在缓坡地带，在断崖和绝壁处一般不筑石墙，在一些必经之路筑两道或三道石墙，加强聚落防卫。在石围墙内有居住区、祭祀区和大型公共建筑。在包头阿善、黑麻板、莎木佳和准格尔旗寨子圪旦均发现有石砌祭坛。阿善遗址面积在5万平方米，在西台地南端有大型祭坛，面积达2000余平方米，是阿善类型的聚落中心和祭祀中心。寨子塔遗址面积近5万平方米，在寨子圪旦有面积达600平方米的祭坛，分别是寨子塔类型聚落中心和祭祀中心。在祭坛南侧有两座面积达60平方米的大房子，是祭坛的配套设施。阿善类型和寨子塔类型两个大型聚落群代表两个社会集团，它们各自的活动范围较小，还没有严重的贫富分化现象，还达不到国家程度，很可能属于两个部落联盟，人群间相互关系的空前紧张，战争成为日常大事。聚落内两三座房屋组成一组，构成一个家庭，家庭在社会中起主导地位。老虎山文化时期南流黄河两岸石城聚落继续发展，而大青山南麓台地石城聚落中断，而在岱海地区兴起了石城聚落，其结构、作用与阿善文

化基本相同。在园子沟遗址几座相邻窑洞式房屋构成一个院落，几个院落组成一排，几排房屋组成一区，聚落内有三个区组成，可能代表一个家族公社。老虎山类型和永兴店类型可能属于两个部落联盟。

三　青铜时代考古

内蒙古青铜器发达，遗址众多，经第二次文物普查统计遗址共有3591处，分布不均匀，内蒙古东南部最多，其次是内蒙古中南部，广大的内蒙古高原分布稀少。

（一）内蒙古东南部青铜时代

经过发掘的内蒙古东南部青铜时代遗址和墓葬较多，有夏家店、药王庙、大甸子、大山前、龙头山、南山根、小黑石沟、井沟子、水泉等，基本建立起内蒙古东南部青铜时代考古文化序列：夏家店下层文化 → 夏家店上层文化 → 水泉文化、凌河文化、井沟子文化。

20世纪30年代发掘赤峰市红山后遗址后提出了“赤峰第二期文化”命名，1960年发掘赤峰市夏家店遗址，首次将“赤峰第二期文化”区分为夏家店下层文化和夏家店上层文化。夏家店下层文化年代距今4000～3400年，分布在西拉木伦河以南地区，在老哈河中上游、教来河上游地区遗址密集，仅在敖汉旗就有2300余处。遗址分布呈立体式分布，有平地型、台地型、坡地型、高山型。遗址内堆积较厚，尤其平地型和台地型遗址堆积更为深厚，有的厚达10米以上。大甸子墓地面积达6万平方米，共发现804座墓葬，彩绘陶发达。以族为单位分为北、中、南三区，聚族而葬。各家族等级差别明显，出现了富贵家族。每一区内有若干个家族小区，小区内部成员尊卑有别，社会分化，等级明显，表明礼制已经出现。夏家店下层文化是在当地红山文化、小河沿文化基础上接受后岗二期文化的空三足陶器发展而来，推测部分后岗二期文化居民远距离迁徙来到辽西地区，带来的陶器使得以鬲、甗为代表的三足器取代了新石器时代的筒形罐。与分布在燕山以南的大坨头文化有亲缘关系，两者均见尊形鬲、鼓腹鬲、折肩鬲、尊和簋等陶器。还与高台山文化、朱开沟文化、二里头文化、先商文化、岳石文化、前白金堡文化、安德罗诺沃文化有直接或间接联系。

夏家店下层文化聚落以大型聚落为中心，周围分布若干中型和小型聚落，共同构成聚落群。城址多为石筑城，还有少量土筑城。城址分布在高山、坡地、台地、平川上，大小不等，往往大小两城并列一处。20世纪60～70年代在英金河、阴河沿岸60公里范围内发现43座城址，大致可划分为3个聚落群。对于山城性质有两种观点，一种认为是防御设施，另一种认为是祭祀场所。赤峰市三座店石城址，大小两座石城东西平列，是首次经过全面揭露的夏家店下层文化城址。城内有街道和20余处石砌院落，圆形石砌建筑基址65座、窖穴49座。大范围的区域集体防

彩绘陶鬲（夏家店下层文化 大甸子墓地）

御特征，表明社会已经进入方国阶段。

敖汉旗柳南为高台山文化墓地，在大甸子和范杖子等夏家店下层文化墓地中有高台山文化墓葬区，证明下辽河流域高台山文化有人群迁入到夏家店下层文化地区内生活。

在克什克腾旗天宝同、翁牛特旗头牌子和赤峰牛波罗发现商代晚期甗、鼎等青铜礼器，与此相关的陶器发现较少，花边鬲、抹平绳纹鬲（甗）足与魏营子文化接近，横鋬耳陶器特别，其面貌和性质还在探索阶段。

夏家店上层文化年代在晚商至春秋中期。在克什克腾旗龙头山遗址有祭祀区和居住区，在宁城县小黑石沟、南山根等地发现墓葬为大型石椁木棺墓、小型石椁木棺墓、石棺墓、木棺墓等，在窖穴和房子中有葬人的现象，在窖穴中流行多层叠葬。其中大墓中出土丰富青铜器，南山根101墓出土达500余件。青铜器分为四类，一类是中原文化青铜礼器和兵器，一类是与陶器相同器型的土著青铜器，一类是周邻地区的各种形式的短剑、生产工具、动物牌饰等，一类是吸收、融合中原或其他周邻地区青铜器的变体形式。林西县大井铜矿址是集采矿、冶炼和铸造为一体的矿址，反映了夏家店上层文化高超的青铜制作技术。

夏家店上层文化主体来源于高台山文化，最早形成于西拉木伦河流域，而后逐渐向南发展。关于族属问题有两种观点，一说为山戎，一说为东胡，前一种观点逐渐被学界认可。大型墓葬不仅规模大，出土青铜器数量多，种类全，规格高，而且还有金器、石器、骨器等，小黑石沟遗址一座大墓中随葬品达1000余件。小型墓葬只有少量陶器，从墓葬结构和随葬品充分反映出严格的等级制度，在祭祀中出现了人祭，说明当时的阶级分化已经相当严重。山戎贵族首领成为一方诸侯，南下积极参与春秋时期的诸侯争霸。

在夏家店上层文化结束之后至战国燕文化到来之前，也就是春秋晚期到战国前期，赤峰南部地区文化面貌复杂，在敖汉旗水泉墓地南区发现了凌河文化。在赤峰市松山区、敖汉旗、宁城县、喀喇沁旗发现了水泉文化，被学者考证为貊族遗存。在内蒙古东部地区春秋至战国活跃着井沟子文化，被认为是东胡遗存。水泉文化和井沟子文化均为土坑竖穴墓，普遍殉牲，随葬陶器数量较多，流行武器和工具及装饰品等青铜器，镞等骨器发达。

铜甗 （商代 天宝同窖藏）

“许季姜”铭文铜座簋
（夏家店上层文化 小黑石沟遗址）

铜六连豆
（夏家店上层文化 小黑石沟遗址）

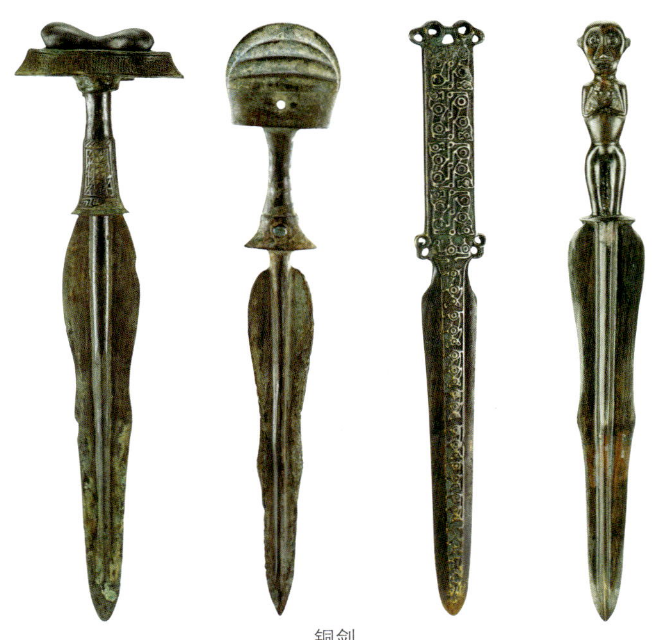
铜剑
（夏家店上层文化 南山根遗址 小黑石沟遗址 宁城县征集 南山根遗址）

夔耳铜鬲
（夏家店上层文化 小黑石沟遗址）

夏家店下层文化从砍伐的石斧、掘土的木耒、破碎土块的石锄、松土除草的有肩石铲、收割的三棱形或长条形石刀，以及加工谷物的石磨盘和石磨棒，农业工具分工明确，属于一种精耕细作农业。夏家店上层文化农业生产工具中缺少中耕石铲，是不甚发达的定居农业，畜牧业占重要地位。水泉文化用猪、牛殉葬，存在农业生产。井沟子文化墓葬中以马、牛、羊随葬，以畜牧业为主。内蒙古东南部青铜时代农业成分逐渐减少，畜牧成分逐渐加大，到了燕文化占领之前，东胡族的游牧经济占据了主导地位。

（二）内蒙古中南部青铜时代

内蒙古中南部青铜器以动物头或环首短剑、环首刀、动物纹牌饰、动物形竿头饰和腰带饰、车马器等为特点，早在19世纪末20世纪初就有发现，以“绥远式青铜器”著称，到20世纪70～80年代流行称为“鄂尔多斯式青铜器”。实际上内蒙古出土青铜器是中国北方青铜器的一部分，目前多数学者称为“北方系青铜器”。

1974年发现伊金霍洛旗朱开沟遗址，1977～1984年经过四次发掘，分5段。第1段属龙山时代晚期。第2～4段分别为步入夏代门槛、夏代早期、夏代晚期。第5段相当于早商时期。房屋由半地穴向地面建筑发展，以方形为主，还有少量圆形。多数墓葬为土坑竖穴墓，少数为瓮棺葬。典型陶器有花边鬲、蛇纹鬲、单把鬲、鋬手鬲、三足瓮、敛口甗、篮纹高领罐、双耳罐、单耳罐、带纽罐等。青铜器有北方系环首刀、短剑和商式戈等。关于朱开沟遗址性质认识争议较大，发掘者强调1～5段一脉相承，认为是一种文化，并提出了“朱开沟文化”的命名。有的学者看到各段差异，对朱开沟遗址进行详细划分。

1997～2004年在清水河县西岔遗址进行五次发掘，新发现了殷墟晚期至西周早期时期的考古学文化，被命名为“西岔文化”。长方形半地穴房屋，夯筑土墙。均为土坑竖穴墓，在灰坑中有

虎噬马纹铜牌饰（战国 郭县窑子墓地）

双驼纹铜饰牌（战国 鄂尔多斯市征集）

人祭和石祭现象。鋬耳鬲、高领罐等陶器和弹簧式耳环、管銎斧、直柄刀、直柄齿状格剑等青铜器特色鲜明。1998年发掘准格尔旗西麻青墓地为土坑竖穴墓，仰身直肢或仰身屈肢，羊殉牲置于尸骨一侧，随葬矮足鬲、高领罐、双耳壶、铜耳环、铜带钩等，年代在西周晚期至春秋早期。在准格尔旗黑麻介、董家圪旦、四道柳等遗址发现以铲足鬲为代表的一类遗存，年代在西周晚期到战国早期，这类遗存还没有进行过发掘，内涵有待进一步明确。

在春秋到战国时期内蒙古中南部地区发现一批墓葬，随葬短剑、腰牌饰、带扣、管等青铜器。在蛮汗山地区有毛庆沟类型、崞县窑子类型和小双古城类型，鄂尔多斯地区有桃红巴拉类型和八垧地类型，在河套北部地区有呼鲁斯太类型和西园类型。毛庆沟类型和崞县窑子类型殉牲以羊为主，还有牛、马、鹿、狗、猪，以畜牧经济为主，存在少量农业。墓葬方向有东向和北向两种，以东向为主。小双古城类型殉牲为羊、牛、马，西园类型殉牲为牛和羊，马只见在祭祀坑中，桃红巴拉类型和呼鲁斯太类型殉牲为马和牛，均为不同类型游牧经济。墓葬方向多为北向。除西园类型和小双古城类型以土洞墓为主外，其余均为土坑竖穴墓。阿鲁柴登墓地出土大量金器，金冠可能是统治者的王冠。关于内蒙古中南部的春秋到战国时期墓葬族属讨论热烈，有学者认为岱海地区属于赤狄楼烦遗存、鄂尔多斯和河套地区属于白狄遗存，大青山南麓的西园属于甘宁地区迁入西戎的遗存，白狄发展成匈奴主体。有学者认为是南匈奴重要源头，南匈奴发祥地在河套及阴山一带。有学者认为不能确知其属于三胡或楼烦，不能简单认为是匈奴祖先或早期匈奴遗存。有学者认为类型多样，正是“百有余戎”“然莫能相一”的真实历史写照。有学者认为至少与《春秋》和《左传》中的狄无关，与林胡、楼烦和胡有关。

金冠顶饰和带饰（战国 阿鲁柴登墓葬）

内蒙古中南部地区夏商西周时期，为定居文化，农业经济为主，畜牧经济占重要地位，伴随气候逐渐向寒冷和干燥方向发展，来自北亚人群进入本地，畜牧成分逐渐加重，到春秋时期形成游牧经济。

在乌拉特后旗霍各乞铜矿区发现了青铜时代采矿坑道3处，冶铜炉5座，矿料存放址1处，加工粉碎铜矿石臼8个，对中国北方地区青铜器的制作技术有重要研究价值。

四 战国秦汉时期考古

内蒙古自治区发现的战国秦汉时期城址众多，已经考证的郡县城址有34座，重要的有战国时期赵国至汉代云中郡（托克托县古城村）、九原郡（包头市麻池）、燕国和汉代右北平郡平刚（宁城县黑城）、汉代定襄郡成乐（和林格尔县土城子）、朔方郡三封县（磴口县陶升井）、临戎县（磴口县河拐子）、窳浑县（磴口县土城子）、西河郡（杭锦旗霍洛柴登）等。

在赤峰市发现燕国墓葬和内蒙古中南部地区发现的赵国和秦代墓葬均为小型墓葬，数量不多。汉代墓葬众多，主要集中在阴山以南、阿拉善盟、赤峰市南部和通辽市南部地区，发现多数为中小型墓葬，少量为大型墓葬。和林格尔壁画墓为砖砌多室墓，壁和顶部布满壁画和榜题，壁画46组57幅，榜题250条，描绘出庄园经济盛况，再现了东汉晚期长城内外政治、经济、文化、民族等方面情况。确定为匈奴墓葬的有准格尔旗西沟畔、大饭铺，东胜市补洞沟等。汉墓中不仅有仓、灶、井等与中原汉墓相同的随葬品，还有具有北方民族特色的随葬品；匈奴墓中既有匈奴特色随葬品，也有中原汉族随葬品，反映出汉族与北方民族杂居错处的局面。乌审旗郭家梁村田煛墓，为斜坡墓道土洞墓，墓志记载了田煛曾任官职，是首次发现铁弗匈奴所建大夏国墓葬，对研究十六国时期的大夏国考古遗存意义重大。

战国时期的赵国统治了内蒙古中南部地区，为防御匈奴，赵武灵王修筑了赵北长城，沿乌拉山、大青山、灰腾梁南麓东西延伸500公里。燕国统治了内蒙古东南部的南部地区，为抵御东胡南侵，燕昭王修建两条燕北长城，分别称为燕北内长城和燕北外长城，相距30～50公里。两条长城经过赤峰市南部地区，全长约450公里。秦昭王修筑的长城南自陕西神木进入伊金霍洛旗向东北延伸，至准格尔旗十二连城西沙漠中消失，残存部分长约120公里。秦朝将赵、燕长城连接起来，并加筑城堡、障、塞，在乌海市南部至东北部秦朝修筑了长城，长约30公里。汉代初期沿用秦长城，武帝沿线增设了一系列障塞，主动放弃上谷造阳地方，在燕、秦长城南另筑长城，由承德进入宁城县和喀喇沁旗，分南北两支，全长约135公里。汉武帝在五原郡修筑外长城，分南北两道。北线东起武川县向西北横贯阴山北部草原，至乌拉特后旗西北部深入蒙古国境内，全长527公里。后筑的南线，与北线相距5～50公里，全长482公里。在居延海附近兴筑了外长城，通称居延塞或居延边塞，有城、障、亭、塞址10余座，烽燧130余处，墙体长100余公里。汉代长城在内蒙古境内东西绵延2800公里，其中兴筑墙体和列燧的总长1600公里。

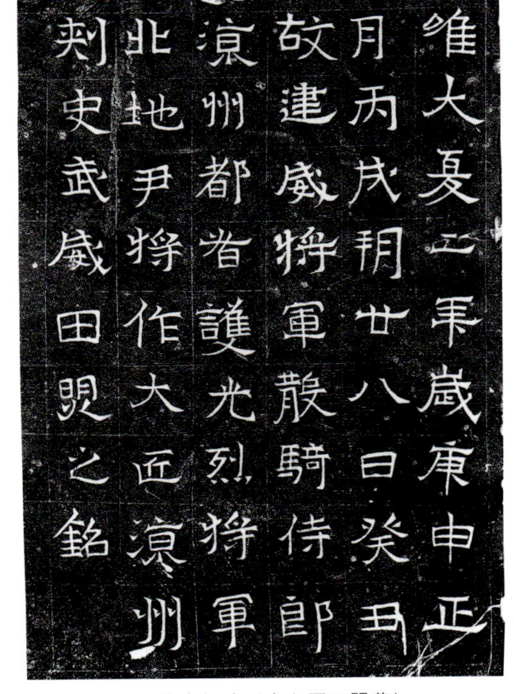

田煛墓志拓片（十六国田煛墓）

秦始皇兴筑了自云阳至九原的直道，沿子午岭主脉北行，进入伊金霍洛旗，经东胜市、达拉特旗，终点是包头市，南北长约200公里。直道两侧建有亭、障，是守卫官兵和过往行人的住所。直道是与长城配套的军事设施，在西汉时期继续使用。

托克托县黑水泉是一处战国中期至王莽中期陶器作坊及陶窑遗址，三角形陶窑烧制生活日用陶器。伊金霍洛旗王家坡窑址有亚腰形陶窑和工作间组成，烧制生活器皿和瓦等建筑材料。在和林格尔县榆林城西和磴口县纳林套海均发现碑形汉代烧砖窑址。在汉代右北平郡平刚城内发现大量铸钱陶范，陶范母中有“大泉五十”、“小泉直一”共1000余块，是王莽时期制钱作坊，为研究汉代冶铸史和经济史提供了重要资料。

居延遗址在额济纳河分布250余公里（其中在额济纳旗约230公里，宽约60公里）范围内，城、障、塞、烽燧相望，河渠纵横，屯田相连。出土的居延汉简与殷墟甲骨文和敦煌卷文被誉为20世纪考古三大发现，集中出土三批，分别被称为“居延汉简”（1930年出土100500余枚）、居延新简（1972～1976年出土20000余枚）和额济纳汉简（1998～2002年出土500余枚），共计30700余枚，内容极为丰富，涉及汉代政治、经济、文化、军事、法律、生活、交通、卫生和医药等领域，为研究汉代历史，以及汉代与匈奴关系提供了重要史料。

五　鲜卑考古

嘎仙洞中发现的北魏太武帝拓跋焘派中书侍郎李敞“太平真君四年”（443年）铭刻祝文，证实拓跋鲜卑起源于大兴安岭。公元前1世纪～公元4世纪初，在南迁过程留下了众多墓葬，有拉布达林、扎赉诺尔、孟根楚鲁、东大井、三道湾、百灵庙等，土坑和木棺均为前宽后窄状，流行殉牲，多见夹砂陶器，普遍随葬骨镞、弓弭和珠饰。公元315年拓跋鲜卑建立了代，以盛乐（和林格尔县土城子）为北都。公元376年代国被前秦灭掉，拓跋部仍然活动在内蒙古中部地区，公元386年拓跋珪复国，公元398年改国号魏，史称北魏，迁都平城（山西大同）。公元439年太武帝拓跋焘统一中国北方，结束了自东晋以来长达100多年的分裂割据局面。发现的墓葬有七狼山、叭沟、大学路、巴图湾水库、美岱等，流行砖室墓、侧室墓和土洞墓，多见泥质陶器，俑类增加。墓葬的变化反映了拓跋鲜卑逐渐汉化的过程。

经过考证的北魏城址除盛乐城外，还有北魏六镇中的怀朔镇（固阳县城圐圙）、武川镇（武川县二份子）、抚冥镇（四子王旗土城子）、柔玄镇（察右后旗克里孟），沃野镇最初设在汉代朔方郡临戎县城，后迁至杭锦旗东北石拉召一带，北魏末年迁至乌拉特前旗根子场。另外还有云

“猗㐌金”四兽纹金饰牌
（西晋 小坝子滩窖藏）

马头鹿角步摇冠和牛头鹿角步摇冠
（鲜卑 西河子窖藏）

中镇（托克托县古城村）、白道（呼和浩特市坝口子）、长川（兴和县土城）等。

在蜈蚣坝上建有椭圆形石砌基址，东西最大直径约80米，其内有圆形大土台，直径45米，是架设毡帐的台基。据《魏书》记载为北魏阿记头殿皇帝行宫。九十九泉分布着御苑遗址，在西、北、东用苑墙圈围灰腾梁上的小湖泊，苑墙长约40公里，南侧多为陡峭断崖峭壁。沿苑墙内侧高地势处分布38座望台，东、西、北三面各筑1座凉亭，驻扎官兵，管领其附近的苑墙和望台，保障皇帝游兴时安全。北魏开始建造和使用，辽、金、蒙元时期沿用。

北魏王朝为防御柔然南下，曾两度在北部边境兴筑长城。泰常八年（423年）将赤城至五原间的秦汉长城加以修葺而成。孝文帝兴筑长城西起武川县，向北经达茂旗南境，折向东经乌兰察布市中部和河北康保县，再向东经锡林郭勒盟南部，到河北丰宁县乌孙吐鲁坝西麓终止。全长约305公里，其中中部地段被改筑为金界壕南线。

内蒙古东南部地区发现的鲜卑墓葬有北玛尼吐、六家子、新胜屯、舍根和毛力吐等。均为竖穴土坑墓，流行泥质侈口舌状唇壶，马和鹿等动物纹金牌饰最具特色，研究认为属于慕容鲜卑遗存。在科左后旗布日敦嘎查发现有狭长形陶窑，烧制具有鲜卑特色马纹、回纹、菱纹图案陶器。察右前旗下黑沟石砌墓葬可能是慕容鲜卑一支吐谷浑由辽西向西北迁徙过程中遗留的遗存。察右后旗二兰虎沟墓地和卓资县石家沟墓地可能与宇文鲜卑在内蒙古高原活动有关。

在小坝子滩窖藏出土“晋乌丸归义侯”金印、“晋鲜卑归义侯”金印、“晋鲜卑率善中郎将”银印、四兽形“猗㐌金”金饰牌等，明确了鲜卑、乌丸与晋王朝的隶属关系。在西河子、前河窖藏出土金龙项饰和步摇冠金饰等珍贵文物，石豁子村和白音温都窖藏出土铁器和铜器，反映了北魏农业生产状况。

六　隋唐五代时期考古

隋朝势力到达内蒙古高原的中、西部地带，建立郡、州、县。经过考证的城址有榆林郡胜州（准格尔旗十二连城）、五原郡丰州（乌拉特前旗东土城）、榆林郡富昌县（准格尔旗天顺圪梁）、朔方郡长泽县（鄂托克前旗城川）等。内蒙古东部的契丹、奚、霫和室韦各族隋朝时期受突厥汗国的统治。

唐朝在内蒙古地区设置羁縻都护府，以及州、县。已经考证的城址有突厥单于都护府与振武节度使（和林格尔县土城子）、饶乐都督府（林西县樱桃沟）、兰池都督府（鄂托克前旗巴朗庙）、东受降城（托克托县托克托城中的大皇城）、中受降城（包头市敖陶窑）、西受降城（乌拉特前旗库伦补隆）、天德军（乌拉特前旗陈二壕）、胜州（准格尔旗十二连城）、胜州河滨县（准格尔旗天顺圪梁）、宥州（鄂托克前旗城川）、盐州白池县（鄂托克前旗大池）等。

银壶（唐代　李家营子墓葬）

在乌审旗郭梁发现了一批隋唐墓。隋代墓葬为带墓道的土洞墓，墓

辽上京城址全景

辽中京城址全景

彩绘贴金木雕七佛舍利塔（辽代 庆州白塔）

葬结构呈“凸”字形。唐代墓葬有墓道、天井和洞室三部分组成，墓葬结构呈刀形。在唐代城址附近发现许多唐代汉人墓，以天德军等军州都防御马步都虞侯王逆修墓较为典型，墓志准确指明了天德军城的方位，其形制和随葬品均与关中地区唐墓基本相同。在内蒙古高原的石堆墓和石圈墓被认为是隋唐时期突厥墓葬，一般墓内无尸骨和随葬品。敖汉旗李家营子发现2座土坑竖穴墓，出土粟特银壶、鎏金猞猁纹银盘等金银器，有学者认为是粟特商人墓葬，有学者认为是唐代突厥人墓葬。呼伦贝尔市的七卡墓地和谢尔塔拉墓地为土坑竖穴墓，流行随葬弓箭等武器，被认为是室韦遗存。

在清水河县山跳峁、刘胡梁和准格尔旗井子村发现五代时期仿木结构砖室墓，乌审旗十里梁墓群是五代时期割据夏州的拓跋部李氏家族墓地，出土四方墓志，对研究五代至宋初拓跋部李氏家族的族源世袭及社会生活具有较高的史料价值。

七　辽金及西夏考古

辽代城址种类多，分为都城，府、州、县城，头下军州，奉陵邑和边防城五类。20世纪五六十年代开始对辽上京和辽中京进行大规模勘测和发掘，20世纪初为配合大遗址保护又在辽上京进行了大规模发掘。辽上京分南北两座城。北城为皇城，是宫殿、署衙、寺庙分布区，为契丹贵族居住区。南城为汉城，是汉人居住、市肆、驿馆区。城市布局与辽代南北两面官制相一致。辽中京由外城、内城和大内组成，中轴线布局。在外城南部地区坊市分别分布，契丹和汉人分别居住，仿照宋汴京和唐长安建置，结合契丹社会实际营建。辽上京和辽

壁画寄锦图（辽代 宝山辽墓）

中京内都有大片空地，用来搭建毡帐，以供契丹贵族居住和驻扎卫戍官军，充分体现了契丹游牧民族特点。

辽代设置的府、州城被考证出来的有上京临潢府（巴林左旗林东镇）、中京大定府（宁城县大明城）、龙化州（奈曼旗西孟家段）、永州（翁牛特旗巴颜塔诺）、仪坤州（锡林浩特市巴彦锡勒牧场）、恩州（喀喇沁旗西桥乡）、高州（赤峰市松山区哈拉木头）、武安州（敖汉旗白塔子）、松山州（赤峰市松山区城子）、丰州（呼和浩特市东白塔）、云内州（呼和浩特市西白塔）、宁边州（清水河县下城湾）、东胜州（托克托县托克托城中的小皇城）、春州（突泉县双城子）、韩州（科左后旗城五家子）等。头下州城有丰州后改澄州（翁牛特旗乌兰板）、松山州（巴林右旗布敦化苏木）、豫州（扎鲁特旗格日朝鲁）、宁州（扎鲁特旗巴雅尔图胡硕）、灵安州（库伦旗黑城子）、于越王（巴林左旗查干哈达）等。奉陵邑有祖州（巴林左旗石房子）、怀

鎏金银冠（辽代 陈国公主墓）

鎏金银凤纹壶（辽代 吐尔基山墓葬）

高脚玻璃杯（辽代 吐尔基山墓葬）

摩羯形三彩壶（辽代 科尔沁左翼中旗征集）

剔花牡丹纹白瓷罐（金代 喀喇沁旗）

褐釉剔花牡丹纹瓶（西夏 纳林塔窖藏）

州（巴林右旗浩特艾勒）、庆州（巴林右旗索博日嘎）等。边防城有通化州（陈巴尔虎旗浩特陶海）、静州（乌兰浩特市公主陵）等。在庆州释迦佛舍利塔相轮樘中出土金银板佛教经卷、木质贴金佛塔、石雕等珍贵文物。

辽代墓葬不仅数量多，而且种类齐全，契丹族墓葬有皇陵、公主和驸马墓、贵族墓和平民墓等，具有浓郁的契丹民族特点。汉族墓葬有贵族墓和平民墓，还有一些族属不明墓葬。

在20世纪30年代发掘了辽代的庆陵，具有契丹游牧民族特色的四时捺钵壁画和契丹文字的哀册尤为珍贵，90年代重新对庆陵壁画进行临摹。20世纪90年代和21世纪初分别对怀陵和祖陵的陪葬墓和祭祀建筑进行了发掘。辽代帝陵位于山谷中，建有祭殿、膳堂、陵门等建筑物，并设有奉陵邑。在陵墓前竖立石刻的神道碑、经幢，以及石羊、石虎、石翁仲等石像生。

宝山契丹贵族墓为石室，均用彩绘装饰，布满壁画、诗词、题记，并用金箔装饰壁画，富丽堂皇，写实手法和工笔重彩保留了浓厚的唐代风格，同时也反映出五代时期的新变化。耶律羽之墓用绿色琉璃砖砌筑的多室墓，出土金器、银器、瓷器、丝织品等300多件组，精美无比。辽驸马赠卫国王墓为多室砖墓，按墓主人生前寝室布局设计主墓室，出土马具、武器、瓷器、金银器等珍贵文物。辽代陈国公主与驸马墓葬为多室壁画墓，完整保存了辽代公主和驸马殡葬制度，出土金器、银器、玉器、琥珀、马具、带具等珍贵文物达300余件组，是目前所见保存最完整、出土文物最丰富的契丹皇室墓葬。奈林稿辽墓群保存了大量壁画，反映了辽代社会的方方面面。吐尔基山辽墓为凿山而建的石洞室墓，内外两重木棺放置在木棺床上，内棺彩绘贴金，外棺雕花彩绘，内外棺之间夹有丝织品，内棺内发现大量水银。墓主人身穿十层华丽丝织衣物，出土金器、银器、铜器、漆器、木器、马具、玻璃器和丝织品200余件组，华美无比。辽秦王韩匡嗣家族墓地及祭祀址、居住址是目前发现最大辽代汉族家族墓地，是中原汉族堪舆学与契丹文化融合的典范。

巴林右旗罕山主峰正南，分布祭祀石碑和8处建筑基址，分别是祭室、碑亭和祭祀人员休息场所，是辽道宗及其以后的祭祀圣地。

缸瓦窑窑炉有马蹄形和龙窑两种，主要产品以白釉为主，器形多见碗、盘、罐、牛腿瓶等。创建于辽代，在辽中后期开始兴盛，并烧造三彩器，有可能存在官窑作坊。金代最盛，流行白釉黑花和剔花瓷器。元代以后逐渐衰落。早期受定窑影响较深，晚期与磁州窑关系密切。在辽

上京的南山坡和林东镇西白音戈洛都发现了辽代瓷窑。

在奈曼旗西奈曼营子村南分布着冶铁遗址，面积约30万平方米，风蚀处裸露着冶铁渣层，地表散布有铁器、焦碳和陶片，是辽代大型冶铁基地。

金代城址多沿用辽代城址，新建州、县城查明的有净州（四子王旗城卜子）、旧桓州（正蓝旗黑城子）、新桓州（正蓝旗四郎城）、抚州威宁县（兴和县台基庙）、抚州集宁县（察右前旗土城子）等。金代墓葬多为中小型墓，有土坑墓和砖室墓两种，一类埋葬尸体，一类为埋葬火化骨灰，随葬瓷器、陶器、铜镜等日用品。

金王朝在与北方塔塔尔、蒙古等部族战争中，不断向南败退，在每次南撤后在其北部边境兴筑界壕和边堡，先后修建了岭北线、北线、南线三条主干线和北线西支、东支及南线西支三条支线，总长约3816米。金界壕岭北线东部分布在呼伦贝尔草原上，西部进入俄罗斯和蒙古国境内，北线部分也进入蒙古国境内。北线和南线主要分布在内蒙古高原上，南线少部分进入到河北省境内。界壕以及内侧的边堡构成完整防御体系。

金代窖藏出土文物较多，有“承安宝货壹两半”和称量银铤、铜钱、瓷器、铁器、铜器等。铜印多为金代末年都统和提控等官印，有“西北路招讨司”、“都提控印” 铜印等。

额济纳旗黑城是西夏黑水城，是西夏王朝黑水镇燕军司驻地，元代的亦集乃路。新中国成立前有多位探险家来此进行盗掘，20世纪80年代进行了大规模发掘，搞清了城市布局。出土一批文物，其中西夏至北元汉文、西夏文、畏兀尔体蒙古文、八思巴文、藏文、亦思替非文字和古阿拉伯文文书，以及元代“至元宝钞”、“中统宝钞”等纸币尤为珍贵，反映出黑城建置与居民情况。被考证的西夏城还有黑山城（临河市高油坊）和白马强镇（阿拉善左旗希勃图）、丰州（准格尔旗城坡）等。

发现的西夏墓葬不多，准格尔旗大沙塔墓地多为小型仿木砖室墓，还发现了壁画。在黑山威福军故城、陶利苏木等窖藏中出土成吨铁钱、铜钱和金器、瓷器等珍贵文物。在鄂尔多斯地区发现多枚西夏文官印，有较高学术价值。

藏才族首领王承美兴建的城郭保宁砦在准格尔旗土墩墕，北宋赐名丰州。在准格尔旗城圐圙、石洞梁有北宋城址各一座。

八　蒙元考古

内蒙古高原是蒙元时期的腹地，大部分地区为皇族和部族封地，部分地区归中央管辖。遗留下大批遗存，有城址、墓葬和窖藏等。

忽必烈在其封地兴筑开平府，继位后扩建，改为元上都，位于正蓝旗五一牧场，是元代夏都，每年夏天皇帝及其臣僚来此避暑和处理政务。由外城、皇城和宫城组成，城外有护城河，城外东、南、西三面为关厢地带，城内有宫殿、楼阁、亭台、官署、佛寺、道观、清真寺、孔

金马鞍饰件及复原（蒙元时期 乌兰沟墓葬）

元上都城址全景

子庙、作坊、苑囿等建筑，既有中原传统城市布局特点，又有草原特色。在东西分别建筑东凉亭（多伦县白城子）和西凉亭（河北境内），为皇帝狩猎巡幸驻跸处。

诸王在其封地内筑有城郭，成吉思汗母亲和幼弟兴建城郭在鄂温克旗巴彦乌拉，其两座护卫城是大浩特罕和小浩特罕；成吉思汗二弟兴建城郭在额尔古纳右旗黑山头；安西王兴建察罕脑城在乌审旗三岔河。各部族也建有城郭，汪古部所筑黑水新城（赵王城），后改为德宁路，在达茂旗敖伦苏木。弘吉剌部鲁王城，即应昌路，在克什克腾旗巴彦门都。一些府、路城沿用金代、西夏城垣，新建的城有砂井总管府（四子王旗大庙）、集宁路（察右前旗土城子）、全宁路（翁牛特旗乌丹镇西门外）、松州（赤峰市红山区西八家）等。

元代皇帝及蒙古宗室大贵族死后都归葬本土，每年设坛祭祀，正蓝旗羊群庙祭祀遗址就是为举行隆重的祭典而建造的，不仅有祭坛，还有汉白玉石雕像。蒙古贵族墓葬发现不多，镶黄旗乌兰沟墓葬出土马鞍饰、高足杯等金器，及丝织品等。蒙古族中下级官吏和平民就地埋葬，和汉族一般墓葬一样有砖室、石室和土坑墓，分为埋葬尸体和火葬骨灰两种葬式。汉族官僚墓葬多为砖室墓，富贵者墓内绘有壁画。在阴山以北汪古部驻地毕其格图好来、木胡索卜尔嘎、王墓梁等地都发现了带有宽头十字架和古叙利亚文的墓顶石，主要是元代遗存，少量为金代遗存，个别为唐代遗存，是景教徒墓葬，证实了汪古部信奉景教的史实。在亦集乃路城外西南角建有穆斯林墓地上的拱北，在拱北附近有200余座穆斯林墓葬。

元代窖藏发现较多，在集宁路故城、丰州故城、燕家梁等窖藏出土丝织品、青花瓷器、釉里红瓷器、钧窑香炉、龙泉窑缠枝花瓶、金质“至大元宝”春钱、“蒙山课银”银铤等稀世珍品。

釉里红玉壶春瓶
（元代 集宁路窖藏）

青花缠枝花卉纹罐
（元代 燕家梁窖藏）

钧窑“小宋自造香炉”
（元代 白塔子村窖藏）

九　明清考古

明初在内蒙古境内设置的卫所有大宁都司设在大宁卫（宁城县大明城）、全宁卫（翁牛特旗乌丹镇西门）、新城卫（宁城县黑城城址）、开平卫（正蓝旗五一牧场）、东胜卫（托克托县托克托城，其东胜右卫在准格尔旗十二连城）、镇虏卫（托克托县黑城）、玉林卫（和林格尔县榆林城）、云川卫（和林格尔县大红城）、宣宁卫（凉城县淤泥滩）。土默特蒙古在土默特右旗兴建城寺一体的福化城（又称美岱召），在呼和浩特市兴建了归化城（又称库库和屯）。察哈尔蒙古在阿鲁科尔沁旗白城子修建了城郭。

明朝为防御北方蒙古和东北女真南下修建了长城，内蒙古明长城位于内蒙古南部，主要是大边，东部多数地段为今内蒙古自治区和山西省的分界线，西部多数地段为今内蒙古自治区和宁夏回族自治区的交界地带，长约465公里。在大边北面为次边（二道边），两者相距2～50公里，长约350公里。内长城由清水河县丫角山向西延伸到山西省偏关县，有三条复线，长约5公里。

清代在归化城东兴建了绥远城，是一座军营，主要居住满洲八旗官兵及其家属，城内建有将军衙署。清代内蒙古地区实行编旗制度，各旗扎萨克郡王都建有王府，喀喇沁王府和奈曼旗王府保存较为完整。呼和浩特市公主府建于清康熙年间，园林殿堂融为一体。

清代皇室与蒙古保持联姻，公主下嫁蒙古王公。在内蒙古发现了一批清代公主和蒙古王公墓葬，重要有固龙雍穆长公主墓、固伦淑慧公主墓、固伦荣宪公主墓、和硕端静公主墓、巴林右旗扎萨克多罗郡王墓地等，出土珍珠团龙袍尤为珍贵。

明清以来蒙古族一直信奉藏传佛教，召庙遍布内蒙古地区各地，著名的有大召、小召、席力图召、乌素图召、美岱召、五当召、五塔寺、汇宗寺、兴源寺、贝子庙、甘珠尔庙等，多为汉藏结合式建筑。呼和浩特市清真大寺建于明代，清代不断增修扩建，成为内蒙古地区最大的清真寺。

十　岩画、摩崖石刻和石窟寺考古

内蒙古地区岩画分布于草原、沙漠、山地，一般刻于岩石向阳处，很少刻于岩阴处，个别刻于石窟之中。岩画分布面广，已有25个旗、县、市发现了100余处岩画，阴山、乌兰察布、巴丹吉林地区岩画尤为集中。从旧石器时代晚期到明清延绵不断，留下了史前人类、匈奴、突厥、回鹘、党项、蒙古等族的岩画。作画技法多样，有吹喷、磨刻、凿刻及刻划等。岩画内容丰富多彩，有动物、山川和太阳等自然景观，狩猎和放牧等生产活动，舞蹈和杂技娱乐场面，村落和房屋等建筑形式，骑马和车辆等交通工具，祭祀和祈祷等宗教信仰，生殖崇拜，以及各类符号，包罗万象。岩画充分反映了内蒙古地区3万年以来的社会生活、经济活动和宗教信仰，是弥足珍贵的史料。

在腾格里沙漠里的一处山崖上，刻有东汉窦宪率军追击匈奴归还时勒石记功的文字，是研究汉匈关系的重要史料。在苏尼特左旗都拉图镇有四块永乐八年（1410年）石刻，是明永乐皇帝朱棣出征北元记功刻石。

围猎图（铁器时代 阿拉善盟）

内蒙古地区石窟寺不多，保存较好的更是稀少。真寂寺石窟建于辽代，清代续建善福寺筑在石窟洞前，俗称后召庙。开凿于桃石山上，面东，分南、北、中三窟，刻造圆雕和半浮雕佛涅槃（卧佛）、菩萨、力士、天王及供养人像等，是辽代雕刻艺术珍品。在阿尔寨四周砂岩陡壁上雕凿有67座石窟、26座浮雕石塔，山顶有6座建筑基址，数量之多在内蒙古草原绝无仅有。造像基本不存，保留大量壁画，内容丰富，以佛教题材为主，佛像、天王像、明王像和佛经故事，以及僧侣是壁画常见形象，有中原传入的汉传佛教禅宗也有西藏传入的藏传佛教密宗内容。石窟延续时间长，虽然开凿时间还不确定，但兴盛时期经历了西夏、蒙元时期和北元时期，毁于明末战火。

内蒙古60年的考古风雨历程，几代考古人的不懈奋斗，不仅建立起史前考古学文化序列，明晰了各文化谱系，而且民族考古成果卓著，科技考古方兴未艾。展望未来，信心百倍，内蒙古考古前景会更加美好。

（执笔：塔拉　索秀芬　李少兵）

辽宁省
中国考古60年

中国考古60年

辽宁省

辽宁地处祖国东北南部，山地丘陵、平原与海岸交错分布的自然地理环境，适于多种文化的成长和交会，遗留下丰富多样的文化遗存。辽宁近代考古始于19世纪末～20世纪初，又以新中国成立以来特别是近30年来成果最多。

一　旧石器时代考古

20世纪50年代以前，辽宁地区缺少旧石器时代考古资料。1957年鉴定出建平县收集的智人上臂骨化石。近30年来，连续有不同时期的旧石器时代文化遗存发现。

辽宁目前尚无更新世早期人类遗迹，最早的旧石器时代遗址是本溪庙后山与营口金牛山遗址。

庙后山洞穴遗址位于辽东山区的本溪县山城子村东太子河支流汤河河畔，1978～1982年发掘。遗址下层出中更新世动物化石、以大型石器为主的石制品和人牙化石，距今约40～14万年。这是迄知最北的旧石器时代早期遗址之一，也是接近于以华北匼河为代表的大石器系统的一处遗存。

金牛山洞穴遗址位于辽宁省营口县西南8公里的永安乡西田村，1974～1994年发掘。确定了金牛山A地点的地层堆积、洞穴范围、动物群的组合等，特别是在第8层发现包括头骨的共56件属于一个青年女性的骨骼和由灰烬堆、有人工敲击痕的骨片层组成的人类活动面，灰烬堆有能助燃和封火的垫石。第8层铀系法测定年代为距28万年。金牛山人化石的发现填补和连接了人类进化系列上的缺环，对研究直立人向早期智人转变、不同地区古人类体质发展的不平衡性和古人类进化的非单一性，具有很高的学术价值。

辽宁地区旧石器时代晚期遗址较为丰富，已发现7处，重要的有：

鸽子洞洞穴遗址。位于喀喇沁左翼蒙古族自治县甘昭乡的大凌河西岸，1973年发掘。这是一处宽敞、高大并包括有若干附生小洞的岩厦式洞穴群，发现有晚更新世的哺乳动物化石、人类化石、以石英岩为主的打制石器和人工生火形成的可分层的灰烬层。是目前辽西地区发现的时代最早的旧石器时代遗址。

小孤山遗址。位于辽宁省海城千山山脉西缘的丘陵地带，1981～1983年发掘。在叠压于新石器文化层下的地层中，发现了属于晚更新世的动物化石、人骨化石，上万件以脉石英岩为主、个别为玉石质的石制品，双排倒刺骨鱼镖和钻孔骨针，有穿孔兽牙和带刻纹的蚌壳等装饰品。热释

光测年为距今4万±3500年。这是辽东地区发现的时代和内含与北京周口店山顶洞遗址相近，更具进步性的一处旧石器时代晚期遗址。

西八间房遗存。位于辽宁省凌源县城西北8公里，1972年发掘。石器以火石、水晶、玛瑙、石英岩和火成岩等为材料，有用压削法剥离的小石片，时代在旧石器时代晚期之末，其上并叠压有红山文化遗存，为在辽西地区寻找旧石器时代向新石器时代的过渡遗存和新石器时代早期文化提供了线索。

小孤山旧石器遗址出土装饰品

二　新石器时代考古

20世纪50年代以前有辽西和辽东半岛小范围的调查和锦西沙锅屯、大连四平山等遗址及墓地的发掘。70年代以后成果显著，可分为两大部分，一是在确立多种考古文化基础上进行分区和建立年代序列；二是红山文化及有关文化的新发现。

辽宁省的新石器文化以辽西地区为丰富，已建立查海—兴隆洼文化、赵宝沟文化、红山文化、小河沿文化的年代和先后发展序列。辽西以外地区虽遗址点少，堆积不厚，但也已可分区并初步建立起年代序列。其具体情况是：

（一）下辽河流域

新乐遗址和新乐文化。新乐遗址位于沈阳市区北部一东西走向的黄土岗上，1974～1978年发掘。该遗址在青铜时代层下有偏堡文化层，而以最下层的新乐文化遗存为主，有成行排列的房址和饰压印纹的筒形罐，还出有细石器、煤精制品和玉工具。^{14}C测定年代为距今7300年。以新乐遗址下层遗存为代表的新乐文化的发现，改变了此前这一地区缺少明确新石器时代文化的局面。

偏堡遗址和偏堡文化。1956年在沈阳市新民县发现的偏堡遗址，以饰竖堆纹带的筒形陶罐为主要特征。1997年大连渤海西岸的三堂遗址发现这类遗存叠压于小珠山上层文化层下，靠近鸭绿江口黄海北岸的岫岩石佛山遗址有相近遗存，从而对这类遗存的年代与分布范围都有新认识。

（二）辽东半岛区

20世纪40年代旅顺老铁山发现过积石冢，四平山积石冢发现有山东龙山文化式黑陶器和玉牙璧，长海县獐子岛、旅顺文官屯分别发现过饰压印之字纹陶和彩陶，但年代关系不清。70年代末～80年代初对郭家村和小珠山遗址的发掘，初步建立起辽东半岛南端的新石器时代年代序列，又以对小珠山遗址的发掘和小珠山下层文化的确立为重要。

小珠山遗址位于大连长海县广鹿岛，1978年发掘。分为三层堆积，叠压在具较多山东龙山文化因素遗存（小珠山上层文化）之下的可分辨出两层文化，上面一层以饰刻划纹筒形罐为主，共出的彩陶，鼎、鬶、三足觚形器等具胶州湾大汶口文化早期到中期早段特点（小珠山中层文

吴家村新石器遗址出土玉牙璧

辽代皇族耶律氏和后族萧氏的家族墓地在辽宁西北的阜新、彰武、康平、法库及北票等地有集中分布，重要的有义县清河门萧慎微家族墓地，法库叶茂台萧氏墓群，北票莲花山耶律仁先家族墓等。其中叶茂台7号墓保存完好，随葬的两幅保存完整的辽代绢画、刻金山龙纹衾、立翅缂丝包边的冠帽等，都为首次发现。2000～2001年在阜新大巴镇车新村关山种畜场发掘的萧和家族墓地，共发掘9座墓葬，出土5方汉文墓志和1方契丹小字墓志，还包括高达4.8米门神在内的多组精美壁画以及大量瓷器等，对补正《辽史》和辽代契丹贵族墓葬制度的研究都有重要价值。这一区域内还在阜新白玉都，阜新海力板，彰武朝阳沟发掘了一批辽代早期墓。出土的契丹文墓志中，有与汉文对照的许王墓志、萧袍鲁墓志和耶律延宁墓志。

继20世纪50年代建平张家营子等地辽墓的发掘之后，朝阳地区发现的辽代汉族大臣家族墓地中，朝阳县西涝村刘氏墓地出有刘承嗣、刘宇杰、刘日泳祖孙三代墓志，对五代史和辽史有所补正。朝阳市龙城区边杖子乡姑营子村耿延毅家族墓地，墓志记有耿氏家族与后族萧氏、韩德让家族互为婚姻的重要史实。

辽代城址共发现117座，重要的如彰武四堡子乡西南城址、喀左县大城子城址、昌图县八面城城址等。考古材料与文献、金石碑刻相结合，考证出数十个头下州、地方府州县的地望，填补了辽代历史地理的空白。如阜新县塔营子城址为懿州，阜新红帽子乡西红帽子村城址为成州，阜新旧庙乡他不郎古城为徽州，彰武小南洼古城为豪州等。

辽塔考古。结合维修工程发掘的朝阳北塔地宫和天宫分别发现了刻有“辽重熙十三年重修”字样的完整石经幢，有“重熙十二年”题记的线刻石佛像等。沈阳塔湾辽代无垢净光舍利塔地宫出土了刻有“重熙十三岁”等铭文的石函。配合奉国寺维修进行的考古发掘，所得辽代佛寺平面图为回廊加配殿的布局。

金代遗存发现较少，继20世纪50年代绥中城后村金元遗址、1961年朝阳市区朝阳师范学院内发现金大定二十四年（1184年）马令墓之后，1987年在铁岭县前下塔村发掘了金泰和五年（1205年）冯开父母合葬墓，北票扣卜营子、开原老城镇后三台子村分别出土了金天德三年（1151年）吴舜辟墓志和金明昌元年（1190年）刘元德墓志。1980年普兰店双塔乡马屯村西北和尚帽山发现有金大定三年（1163年）阴刻题记的17尊以罗汉为主的浮雕摩崖造像。朝阳县南双庙乡石匠山发现的辽、金、元时期的摩崖石刻，有题诗、行龙、鹿、鸟、鱼、佛像等。在凌源天盛号有金大定十年（1170年）题记附倒拱形护底石的单拱石桥仍保存至今。

元代墓葬最重要的发现是凌源富家屯墓地，其中1号壁画墓尤为重要。1980年发现的建昌县玲珑塔乡白塔子村李伯宥墓是一座有明确纪年的元代墓葬，村西还发现了元代城址。辽北康平县也发现等级很高的元代建筑址。

明清时期重要考古工作有绥中九门口长城遗址，新宾永陵镇赫图阿拉老城内发掘的后金汗宫殿遗址等。

（执笔：郭大顺　田立坤　李新全　华玉冰　吕学明　万雄飞）

吉林省
中国考古60年

吉林省

中国考古60年

吉林省位于我国东北的中部。东南部属长白山地，海拔一般在1000米以上，间有河谷低地分布。龙岗山脉以东区域临近朝鲜、俄罗斯，是环太平洋文化圈的有机组成部分。长白山地区以长白山主峰为界，向北为图们江流域，与牡丹江流域及朝鲜北部、俄罗斯滨海地区存有一定文化联系；以南地区属鸭绿江流域，与东夷文化关系较为紧密；西部松辽平原位于东北平原的中部，海拔一般约200米。西连内蒙古，北接黑龙江省，地处欧亚草原东部，是欧亚草原文化分布的最东端。松辽平原以松辽分水岭为界，北为松嫩平原，南属辽河平原。吉林省的中部属第二松花江流域，多山间盆地和河谷平原，海拔大都在500米以下，是长白山地向西部平原的过渡地带。吉林省复杂多变的地貌形态、生态环境的差异及由此产生的不同区域的古代文化在生产、生活方式上的不同特点是造成吉林省古代文化复杂性和多样性的主要因素。

一

吉林省境内最早的考古活动，可追溯至20世纪初叶日本人鸟居龙藏在吉林的考古调查。20世纪30年代日本侵占东北期间，日本学者在吉林省境内进行了大量的调查与部分试掘工作：三上次男分别调查了吉林市团山子、骚达沟遗址和集安部分高句丽遗迹；藤田亮策对延吉小营子进行了发掘，并调查了大墩台、小墩台遗址；池内宏、梅原末治等根据对集安高句丽遗迹调查、测绘与试掘所撰写的《通沟》，是这一时期较具代表性的著述。新中国成立之前，李文信对龙潭山周边区域的调查，以及1948年杨公骥等对西团山墓地的发掘，可视为中国学者在吉林省考古工作的开始。

新中国成立后，吉林省的文物考古工作得到飞速发展。经过1960年和1982～1986年两次大规模文物普查，共调查、复查文物遗存6015处，征集、采集了大量的文物标本；1997年对洞沟古墓群、丸都山城、龙头山墓群、西古城等进行了大规模的调查与测绘。这项文物考古基础建设浩大工程的实施与完成，使我们对吉林省境内不同时期遗存的分布特点、遗址规模和不同文化的概貌有了基本的了解，为吉林省境内的文物遗存的保护与研究打下了坚实的基础。

吉林省考古发掘、调查工作大体经历为四个阶段。第一阶段，20世纪50～60年代，试掘调查和小型发掘。本阶段主要以年代学研究、填补区域性考古学遗存的空白为主，发掘集中于西团山文化遗存和高句丽墓葬。第二阶段，20世纪70～80年代，侧重于新石器时代、青铜时代及两汉

时期遗存的编年分期和专题研究，初步建立起吉林省的考古学文化区系类型框架与编年。第三阶段，20世纪90年代，学科目的日趋明确，课题化意识增强，围绕着高句丽文化起源、夫余王城探索、高句丽、渤海、金代城址研究而进行的万发拨子、揽头窝堡、汉书、永胜、干沟子墓群、宝山——六道沟铜矿址、二龙湖、东团山、塔虎城、敖东城等的发掘，收获斐然。夫余考古、高句丽考古、渤海考古、金代城址研究体系逐渐形成。第四阶段，2000年以来，为配合集安高句丽王城、王陵及贵族墓葬和吉林省重点渤海遗存的大遗址保护工作，对国内城、丸都山城12座高句丽王陵，26座贵族墓葬，赤柏松古城、自安山城、罗通山城、西古城、八连城、敦化六顶山墓群、和龙龙头山墓群等进行了大规模的调查、测绘与考古发掘工作，获得了重要学术研究成果，在高句丽王陵研究、高句丽城址研究、渤海都城建制研究、渤海墓葬研究等方面取得了突破性进展。

二

20世纪60～90年代，吉林省境内陆续发现了一些旧石器时代遗址和古人类与古动物化石产地，例如榆树周家油坊遗址、榆树大桥屯遗址、前郭王府屯遗址、前郭青山头遗址、抚松仙人洞遗址、乾安大布苏细石器地点、安图石门山遗址，“榆树人”、“安图人”的发现以及省内诸多大小河流域内猛犸象、披毛犀、原始牛等化石的出土。到20世纪90年代初，吉林省考古研究所多次与吉林大学考古学系，吉林大学边疆考古研究中心展开合作，分地区以旧石器时代考古专题调查研究的形式，在我省内又陆续新发现了十几处旧石器时代遗址及地点，如桦甸寿山仙人洞、蛟河新乡砖场、吉林九站西山，长春红嘴子，延边珲春北山、和龙柳洞、和龙石人沟、和龙青头、和龙大洞、安图砂金沟、图们歧新B及C地点、龙井后山、安图石人沟、安图立新、图们下白龙，白山抚松新屯子西山、辉南邵家店、镇赉丹岱大坎子等等。以上诸多遗址及地点的发现不但在空间和时间上填补了空白，其丰富的文化内涵也为进一步研究人类迁徙、文化传播提供重要的资料。吉林省境内发现的旧石器时代遗址或地点年代跨越旧石器早、中、晚的各个时段，受文化传统、环境等因素影响，体现出文化面貌的多样、复杂性。

1989年11月，在前郭尔罗斯蒙古族自治县哈拉毛都乡王府屯西北沟发现了几件具有打击痕迹的石制品；经过1990年发掘，又获得数十件类似的标本。发现者倾向于认为他们属于人工制品。这批标本出土于平台组和白土山组的砂砾石层中，以片状毛坯占优势，基本上都是小型的，多刮削器，以向背面加工为主，具有华北旧石器文化共有的特点和性质，与河北阳原泥河湾组小长梁和东谷坨旧石器文化相近，属于早更新世。这一发现，为探讨吉林省旧石器时代早期文化和早期人类向北扩散的进程展示了充满希望的前景。

抚松新屯子西山旧石器遗址出土石器

桦甸寿山仙人洞位于吉林中部丘陵地带，哈达岭山脉之寿山的顶部，文化层分为上下两层，其中下文化层年代为距今16.21±1.8万年（铀系法测定骨化石），上文化层为距今34290±510年（加速器质谱

^{14}C年代测定）。该遗址上下两文化层之间具有相似的文化特征：原料主要为角岩，还有石英岩、石英、流纹岩等，主要为就地取材；打片以锤击法为主；石制品以小型为主；存在少量骨制工具。伴生大量的动物化石。上文化层中还出现磨制骨器。仙人洞遗址具有以小石器为主体的中国北方主工业的普遍特征，与辽宁营口金牛山遗址具有众多的相似之处，为东北地区旧石器时代早期文化研究提供了新材料，上下层文化之间密切的传承关系反映了旧石器时代早期晚段向中期及晚期的过渡和延续。

蛟河市新乡砖厂遗址相当于旧石器时代中期晚段，位于蛟河盆地北缘拉法河的二级台地上。石器以大砾石为原料，形体较大，制作粗糙，采用锤击法和碰砧法打制石片，器形有石核、砍砸器和手斧等，不见刮削器。同时发现有松花江猛犸象等3个种属的哺乳动物化石。文化特征与华北匼河——丁村系相似，绝对年代距今6.2±0.6万年。

旧石器时代晚期晚段遗存在吉林境内分布广泛，受东西部不同地质地貌的影响，文化特征也形成了鲜明的对比。

西部的科尔沁沙地区的文化特征表现为两种类型：一、小石器文化传统，主要以前郭青山头遗址为代表。二、细石器工艺传统，以燧石、玛瑙、变质硅岩等为主要原料，体现细石核、细石叶工艺，并伴生大量细石器工具类型。与华北地区的下川、虎头梁等细石器传统文化有着密切联系，主要以镇赉丹岱大坎子遗址为代表。

镇赉大坎子旧石器地点位于吉林省镇赉县丹岱乡北约2千米的嫩江左岸，海拔157.6米。为嫩江的二级阶地，高出江面约30米。该地点位于松嫩平原的南部，周围地势比较低洼，最高岗地海拔约157米，一般海拔约130米。嫩江在该地点的右侧由北向南流过，由于整个东北平原是一个缓慢的下降区，因此，河床滚动较大，河曲发育，河漫滩最宽约8千米。位于左岸的大坎子细石器地点是嫩江的侵蚀岸，形成了2千米的断崖，地点遭到严重破坏。该地点获得的石制品一般特征为：原料以角岩为主，玛瑙和碧玉次之。石片、细石叶、砸击石核、细石叶石核有见。剥片技术以锤击法为主，间接剥片技术稍次，还有少量的砸击技术。工具修理采用锤击和压制两种方法，修理方式以向背面加工为主。工具加工精制，器形较小，最具代表性的工具类型有圆头刮削器、盘状刮削器、锛状器、修边雕刻器、舌形器和尖刃器等。遗址地表未见到陶片，但根据器物组合和加工技术分析，认为文化年代相当于地质年代的晚更新世晚期之末期，文化年代为旧石器时代晚期的末期或新、旧石器时代的过渡时期。

东部长白山地地区，以图们江流域、牡丹江流域和第二松花江流域为主，在同时期内表现为两种截然不同的文化面貌：一种是以黑曜石为绝对主要原料，体现石叶和细石叶技术并伴生大量细石器的文化特征，以和龙石人沟遗址、和龙柳洞遗址、和龙大洞遗址、珲春北山遗址、抚松新屯子西山遗址、辉南邵家店遗址等为代表；另一种是以砾石为石材，以大型砍砸器及手斧为主要工具的砾石文化特征，以安图立新遗址和图们下白龙遗址为代表。

和龙石人沟遗址位于和龙市龙城镇石人沟村西面的缓坡台地上，台地的东缘邻近图们江的支流红旗河。遗址海拔790米，高出河床110余米，遗存分布面积约3万平方米。文化特征表现为：石

制品原料以黑曜石为主，种类包括普通石核、石叶石核、细石叶石核、石片、石叶、细石叶以及以石片和石叶为毛坯的圆头端刃刮削器、边刃刮削器、雕刻器、尖状器等小型石器。充分体现了旧石器时代晚期东北亚地区存在的以黑耀石为主要原料，以石叶、细石叶工艺为主要特征的石器文化。2007年，在石人沟遗址东南约16千米的图们江与红旗河交汇处，发现一处达100万平方米的大型旷野遗址，采集和试掘出土石制品1万余件，文化面貌与石人沟遗址相同。

抚松新屯子西山遗址位于抚松县新屯子镇的西山上，主要发现石圈遗迹一处，以黑曜石为原料的石制品30件。石圈遗迹是石块围成的椭圆形，石块来自周围的玄武岩层。石圈分为内外两圈，内圈石块少，主要分布在西北角；外圈石块多而密集。石圈可能与古人类建筑有关，石圈内的中西部地面平坦比室外地面略低，推测是人类活动的场所；石制品主要发现在石圈之内，原料均为黑曜石，包括石叶石核、细石叶、石片等。其中1件石叶石核重达17.4千克，台面经过修整，工作面上留下的石叶疤痕修长且两边平行，堪称东北亚地区最典型的石叶石核，充分体现了当时人类娴熟的制作工艺水平。

安图立新遗址位于延边地区安图县永庆乡立新村北东方向约2千米的坡地上，西距永庆乡至两江镇的公路约1千米，距富尔河约3千米。文化特征主要为：石材多为取自河滩的砾石，工具包括锤击和砸击石锤，大型的刮削器、尖状器、手斧、砍砸器等。在遗址中还发现1件以黑曜石为原料的细石叶，体现了两种不同文化间的碰撞与交流。

以上长白山地区旧石器时代晚期的遗址，经与周边同类型遗址的比较，其年代可能距今约1.5～1万年。

不论是黑曜石文化还是砾石文化都和邻近的俄罗斯远东滨海地区、朝鲜半岛以及日本列岛有密切联系，该区域是东北亚地区旧石器时代晚期晚段环日本海文化圈的有机组成部分，因黑曜石原料的大量存在使石叶和细石叶技术均得到了极大的发展，而手斧和大型砍砸器的发现为研究南方砾石主工业经朝鲜半岛向北扩展提供了有力证据。

吉林省新石器时代考古起步较晚，自20世纪60年代张忠培先生对吉林市附近发现的“文化一”遗存性质确认之后的20多年间，多为地面调查。由于缺乏明确层位关系的支持，只能通过简单的类比进行一些年代学的推测。1985年吉林大学考古专业对左家山遗址、吉林省文物考古研究所对元宝沟遗址的发掘与研究大大拓展了人们对吉林省新石器时代遗存的认识。此后，陆续发掘的东丰西断梁山，镇赉黄家围子，长岭腰井子，九台腰岭子、大青嘴、二青嘴，白城靶山墓地，伊通羊草沟、杏山，长春腰红嘴子，公主岭肖家屯，龙井金谷，和龙兴城以及通化万发拨子等，基本揭示出吉林省不同时期、不同地域新石器时代遗存的文化面貌。

嫩江流域的新石器时代遗存从相对年代上大致可划分为黄家围子类型和以镇赉南岗Ⅱ区F1、F2为代表的遗存两个发展阶段。黄家围子类型的年代距今约6500～6000年。陶器以烧制火候不高的掺蚌粉筒形罐为主，纹饰多见附加堆纹、戳印纹和压印纹。高度发达的压剥、琢压而成的各类石器，大量的骨鱼镖、锥等反映出渔猎经济在该区域经济生活中占有重要比例。黄家围子类型与昂昂溪文化有很大的一致性，是大兴安岭东麓以细石器、附加堆纹为特征的草原文化系统的重要

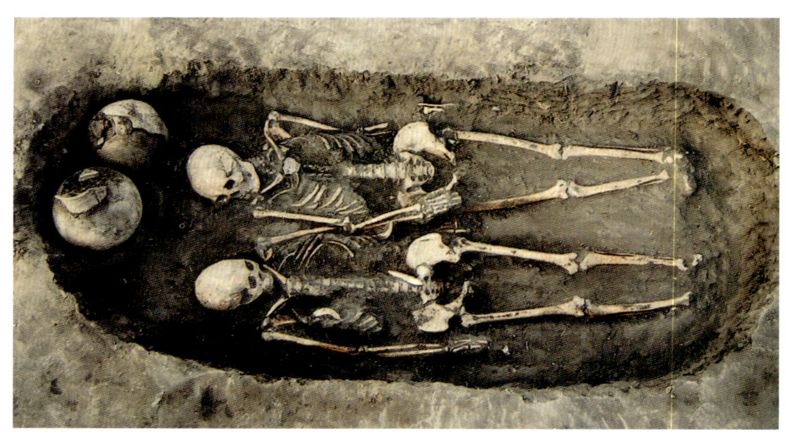
白城双塔遗址春秋战国时期双人合葬墓

吉林帽儿山墓地出土汉代帛画

致相当于西汉中晚期至南北朝。此外，二者在墓葬形制、出土遗物等方面所反映出的某些差异，代表着大坡与帽儿山墓葬的高下之别。根据已有资料，帽儿山墓地范围很大，墓葬分布密集，总数当在七八千座以上。墓群中发现敷有膏泥的单椁、双椁、三椁的竖穴墓，精美的漆奁盒、耳杯、勺、丝织品及铁制生产工具和武器均与中原汉文化相似。具有浓郁地域性特色的素面夹砂陶双桥耳罐、横桥耳斜颈壶是夫余文化墓地陶器群的主要标识。动物形金牌饰、金泡饰、鎏金铜泡、人头形车辖饰、铜釜等则表现出与北方草原地带同时期遗存的某些共性。位于帽儿山西侧的东团山古城，有学者认为属夫余早期王城。现有发掘资料显示，此城确有经夯打的土垣，城内也发现有相当于西汉中晚期的遗存，但城内布局尚不清晰，城址的性质有待进一步确定。相当于这一阶段的遗址经发掘的有宝山上层、大架山上层、泡子沿上层等，其中以大架山上层遗存最为丰富，发掘者将其命名为大架山上层文化。陶器以手制素面夹砂褐陶罐、壶、碗、盆、豆为基本组合，流行斜颈壶、筒形罐、叠唇盆。从墓葬与遗址普遍发现的斜颈壶看，其与松嫩平原青铜时代晚期墓葬出土的同类器具有文化渊源关系。值得注意的是，这类器物的出现与吉长地区和辽源地区土坑墓出现的年代大体吻合，由此推测，夫余文化是源自松嫩平原青铜时代文化，结合吉长、辽源地区土著文化因素，并大量吸纳中原汉文化而形成的一种独具特色的考古学遗存。

吉林省西部松嫩平原地区在吸纳汉文化的影响，开始广泛使用铁器的同时，文化的主体仍保持着固有的文化传统。从汉书二期文化和相当于该阶段的通榆兴隆山、大安鱼场墓地所获资料看，这一区域西汉时期遗存承续了松嫩平原青铜时代晚期的文化因素。陶器多泥质红陶，器形以绳纹鬲、船形器和彩绘的壶、罐、碗、钵最富特色。有学者认为这两处墓葬属西汉时期鲜卑遗存，通榆兴隆山年代略早，约当西汉中期，大安鱼场的年代则在东汉前后。

五

鸭绿江流域是古代高句丽的发祥地。公元前37年，高句丽建都卒本川（今辽宁桓仁）。公

元3年，高句丽迁都国内城（今吉林集安），并筑有尉那岩城（丸都山城）。至公元427年迁都平壤（今朝鲜平壤）前的425年间，国内城与丸都山城一直是高句丽的政治、经济、军事和文化中心。濒临鸭绿江的国内城是一座石城，周长2741米，有城门6座，四面城墙共有14个马面。据文献记载，尉那岩城始建于公元3年，公元198年山上王迁都后更名为丸都山城。经实测，丸都山城呈不规则长方形，周长6395米。城内大型宫殿址的发现，证实丸都山城不仅为国内城的军事卫城，也可能在东川王、故国原王期间曾作为高句丽王都使用。

集安太王陵出土鎏金冠、铜铃、鎏金马镫（高句丽）

集安将军坟（高句丽）

集安丸都山城及山城下墓地（高句丽）

1997年调查、测绘资料表明，洞沟古墓群现存墓葬6854座。其中，可确认王陵12座、壁画墓32座。以国内城为中心，高句丽王陵、王室贵族墓（壁画墓）呈半环状分布，形成了以王都为中心的较完整的王陵区。以禹山2110号王陵为中心的大型陵墓群，包括俗称“五盔坟”与“四盔坟”的两排封土石室墓、四神墓和2112号墓，在葬制上反映了高句丽王室与宗室、亲缘、辈行、尊卑等关系。高句丽壁画多姿多彩的画面和场景，鲜明生动地展示了高句丽社会生活、精神世界、绘画艺术的方方面面。其中1041号墓第一次表明高句丽壁画墓也包括积石墓；而仅以黑墨绘制简洁影作梁枋的1368号墓，则标示了高句丽壁画墓的全新类型。1997年清理的3319号墓发现有“万世太岁在丁巳五月廿日”铭文瓦当，墓内西北砖墙上发现有壁画残迹，初步认定年代为4世纪中期。这一发现对认识高句丽石室墓和壁画墓的起源具有不容忽视的珍贵价值。60年来，吉林省清理、发掘高句丽古墓约1200座。现有研究表明，高句丽古墓分积石墓和封土墓两类，前者早于后者；积石墓向封土墓的演变大致在4世纪中叶至5世纪前叶，与之相适应的是高句丽火葬墓向土葬墓的转变。

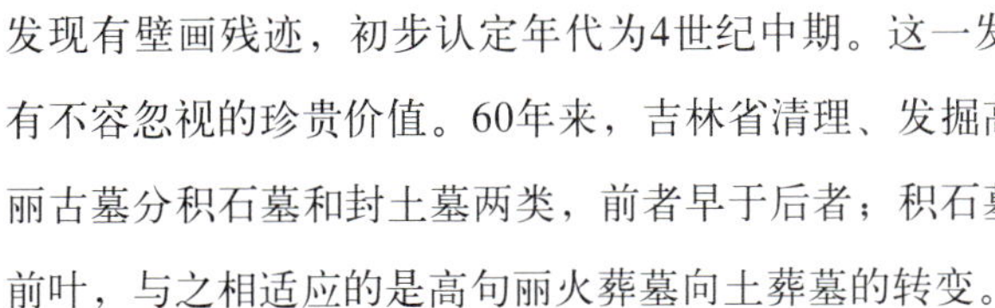

高句丽遗址和建筑址发掘不多，1959年在集安城东东台子清理发掘的一组建筑群是4世纪末高句丽王室的社祀遗址。相关的遗迹在韩国公州百济都城遗址也有发现，显示出高句丽文化对古

集安丸都山城宫殿址（高句丽）

集安壁画墓舞蹈图（高句丽）

集安丸都山城兽面瓦当（高句丽）

集安国内城莲花纹瓦当（高句丽）

代百济的深刻影响。20世纪80年代，我国学者对著名的好太王碑开展调查研究，新识读出碑文67字，被国内外学者誉为开辟了此碑研究的新时期。高句丽遗址只发现万发拨子五期一处，年代约在魏晋之际。这类遗迹具有浓郁的地域性特色，同时融入了中原文化因素。集安以外的高句丽遗迹多为山城，吉林市龙潭山山城是迄今发现的高句丽最北的一座山城，年代约在高句丽中晚期。

在靺鞨——渤海考古方面，进入21世纪以前，吉林省主要遵循了保护为主的方针、政策，学术认识仅仅局限于浑江永安遗址、永吉杨屯墓群、榆树老河深墓群、永吉查里巴墓群、和龙北大墓群、敦化六顶山墓群、和龙龙头山墓群等少数遗存的清理结果。近10年来，随着大遗址保护工程的启动，吉林省在渤海都城、王室贵族墓葬考古学研究方面取得了突破性进展。在都城研究方面，学术界依据历史地理学研究，认为敦化境内的城山子城址、敖东城城址、永胜遗址与渤海政权建立初期的都城有关，和龙的西古城城址是渤海国中京显德府故址，珲春的八连城城址是渤海国的东京龙原府故址。2001～2002年对永胜遗址、敖东城城址的清理，获取的主要是金代的遗迹、遗物，从而基本上颠覆了以往有关渤海早期都城的学术认识。2000～2007年对西古城城址、八连城城址的大规模考古清理，获取了一批极为丰富的田野考古学资料，结合黑龙江省宁安渤海上京城址的考古发掘，基本上廓清了渤海都城的发展历程。西古城城址的发掘，对学术界推测的内城5座大型宫殿遗址进行了全面清理，不但获取了大量的建筑类遗物，而且充分掌握

了内城大型宫殿建筑的布局与功能。西古城发掘确立了该城址的都城地位并进一步明确了界定渤海都城的3项标准：城市设施的中轴线布局、大型宫殿建筑、高等级的釉陶建筑构件。八连城城址的发掘，对其内城的1、2号宫殿区域进行了全面清理。通过发掘，一方面明确了八连城的渤海都城地位，另一方面补充、印证了西古城城址宫殿的基础设施细节，并在类型学方面明确了西古城、八连城的建筑构件可能出自相同的手工作坊。随着新的考古学资料的公布，八连城作为东京龙原府故址的认识已经得到学术界的普遍认同，在西古城的都城归属问题上则存在一定的分歧。

和龙西古城城址第一、二宫殿（渤海）

珲春八连城内城发掘区全景（渤海）

20世纪50、80年代，由于在敦化的六顶山墓群、和龙的龙头山墓群分别发现了渤海第三代王大钦茂女儿贞惠公主、贞孝公主墓，从而确立了上述墓区为渤海早期王室贵族墓地的地位。2004～2005年，随着渤海遗存大遗址保护工作的启动，对六顶山墓群、龙头山墓群进行了保护为主的新的考古工作，获取了一批极为重要的资料。在六顶山墓群1墓区，通过对1、3、5号墓清理，纠正了以往发掘的错误与疏漏，认定它们属于具有墓上建筑类型的高等级王室贵族墓葬，从而印证了文献记载的靺鞨人“冢上做屋”的丧葬习俗。同时，由于在2墓区发现了数量众多的土坑墓，促使学术界思考1、2墓区的相互关系。在龙头山墓群龙海墓区，确认了渤海第三代王大钦茂妻子孝懿皇后墓、第九代王大明忠妻子顺穆皇后墓，这是迄今为止通过考古清理确认的身份等级最高的渤海墓葬。同时两座墓葬墓志所蕴含的信息对于渤海文化研究具有里程碑性质的意义。此外，在龙海墓区山脚下清理的未经扰动过的同封异穴合葬墓，出土了一批珍贵的随葬器物，是诠释渤海文明所达高度的最佳物证。

七

长期以来，辽金时期的考古学研究一直是吉林乃至东北地区的薄弱环节，由于相对缺少系统的考古发掘工作，从而导致学术界一般将这一时期的遗存笼统地混称为辽金遗存。吉林省1998～

敦化六顶山墓群出土兽面装饰瓦（渤海）

珲春八连城出土建筑构件（渤海）

和龙龙头山墓群出土铜镜（渤海）

和龙龙头山墓群出土三彩女俑（渤海）

前郭塔虎城出土辽金陶佛造像

松原土城子明墓出土白釉描金麒麟执壶

1999年，发掘了德惠揽头窝堡遗址；2000年，发掘了前郭塔虎城城址。通过资料的整理，上述遗址、城址被确认为单纯的金代遗存，在类型学方面为辨识剥离辽、金遗存确立了重要的标尺。

揽头窝堡遗址历时两年的发掘，清理揭露了10余座具有取暖设施火炕的地面式房址，这一发现为了解金代居民的住房类型提供了重要的实物资料。通过综合分析，可以确认该遗址属于金代晚期遗址。在遗物方面，出土了一批珍贵的瓷器标本，其中翠蓝釉玉壶春瓶、盘、炉，在金代遗址中属较罕见的品种。塔虎城城址一直被学术界笼统地称为辽金时期城址。2000年开展的抢救性考古工作，发掘面积达5000平方米，在数以千计的遗物中没有发现明确的辽代遗物。

通过对揽头窝堡遗址、塔虎城城址的发掘，可以促使学术界思考，辽代掌控东北时期，虽然辽的政治统治达到了吉林省境内，但此时此刻的文化载体仍以当地的土著习俗为主，这应该是吉林省境内鲜见典型辽代遗址的原因之一。

（执笔：金旭东　宋玉彬　赵海龙）

黑龙江省
中国考古60年

黑龙江省

中国考古60年

黑龙江考古属于边疆考古，是一个区域考古概念。就自然指标取样含义而言，黑龙江是流经中国、俄罗斯、蒙古三个国家的界河，据此黑龙江考古应是全部黑龙江流域的考古；本文所采用的是人文取样标准，即对界定于黑龙江省辖区范围内古代文化遗存的综述。

黑龙江考古的年代，由于地缘和历史原因，从现代考古学出现开始至20世纪末，所使用的年代体系，一直采用前苏联模式。中国考古学年代分期是与中国历史分期密不可分的。由于分类标准不同，二者很难对接，使黑龙江考古界难以和国内学界开展交流，阻碍了黑龙江省考古的学科发展。至21世纪初，黑龙江的考古年代体系摒弃前苏联模式，开始采用中国考古学年代体系。根据切实的对比，黑龙江考古的青铜时代、早期铁器时代、渤海时期考古分别纳入中国考古学的商周、战国秦汉和魏晋南北朝、隋唐时期考古中，辽金时期考古可以和宋元时期考古对接。本文介绍的黑龙江1949～2009年的考古发掘成果，是按照中国历史时间顺序叙述的。

黑龙江省是中国最早开展考古活动的省份之一。早在20世纪20年代之前，考古活动就出现在黑龙江。1894年，俄国斯特列里比茨基中校调查金东北路界壕；1909年，日本白鸟库吉考察渤海上京城和金上京城遗址。

20世纪上半期的黑龙江考古具有浓重的殖民色彩，俄、日学者是从事考古工作的主体。1923～1931年，俄国人是黑龙江考古工作的主角。俄国学者在黑龙江从事考古活动，是沿其殖民大动脉——中东铁路进行的；1932～1944年，在东北沦陷的14年中，黑龙江考古的主角是日本学者，是在其武力强占后实现的。1930～1931年梁思永、尹赞勋等中国学者在黑龙江的考古活动，则是中华民族不甘屈辱的反殖民抗争。

20世纪中叶以后的20多年内，即新中国成立后至1976年，黑龙江省的考古工作以发现为主，主要是考古调查，并辅之于一些规模较小的考古发掘。

1977～1991年，黑龙江考古工作者根据黑龙江考古工作实际和研究现状，确定了在大规模发掘的基础上，开展系统考古学研究的工作方针，明确了以构建考古学文化时空框架和文化谱系为主的目标。

1992年以来，黑龙江考古坚持“保护为主，抢救第一”的方针，将课题研究与配合大规模基本建设考古相结合，取得了一批重大的考古发现和重要科研成果，使我省的考古学研究进入了新阶段。根据掌握的材料，黑龙江考古区域以自然地理坐标为依据，结合古代文化分布，可划分为松嫩平原地区、牡丹江—绥芬河流域和三江平原地区；新石器时代～隋唐时期的黑龙江考古学文化时空框架已初步构建，嫩江流域新石器时代晚期至东汉时期的考古学文化编年和谱系基本确立。宁安渤海国三陵2号贵族壁画墓、宁安虹鳟鱼场渤海平民墓地、阿城刘秀屯金代大型宫殿基址分别被评为1991年、1995年、2002年“全国十大考古新发现”；国家文物局重点项目“渤海上京城考古”和“七星河流域汉魏遗址群聚落考古计划”所取得的成果引起国内外学术界的广泛关注。

一

黑龙江的旧石器时代考古始于20世纪30年代初期，1931年我国著名地质学家尹赞勋先生和俄国学者B.B.包诺索夫等第一次在哈尔滨西郊顾乡屯发掘了旧石器晚期地点。70多年来，特别是新中国成立以后，中外学者在全省境内相继发现发掘了哈尔滨黄山、阎家岗、塔河十八站、呼玛老卡、五常学田、齐齐哈尔大兴屯、讷河清河屯、神泉等遗址，并对其中大部分进行了不同规模的揭露。这些遗址的年代属旧石器时代晚期，距今约1～5万年。据目前发现，其分布主要集中于我省中西部的松嫩平原及以北山区。前者的特点是年代相对较早，均出土大量第四纪哺乳动物化石，常见人工打击的碎骨和骨器，石制品较少，类型单调且加工技术不够规范；后者年代相对较晚，动物化石少见，地层堆积较薄，石制品数量大，特别是细小石器类型复杂且加工技术成熟，不乏精品。

值得注意的是上述不少遗址出土的楔形石核。从世界范围看，楔形石核的分布仅限于东亚、北亚和北美，几乎成为这些地区的共同文化特征。1925年，美国学者纳尔逊根据蒙古人民共和国大戈壁和美国阿拉斯加费尔班克斯校园同出楔形石核的现象，提出亚洲和美洲在石器时代曾经有过联系的观点。此后，这一观点逐渐为中外学界所接受。我国一些考古学者认为，细石器文化源于中国华北，经过东北传入西伯利亚、日本和北美洲。黑龙江省位于我国和俄罗斯远东、西伯利亚以及蒙古高原的交会处，即东北亚的中心地带。如果上述观点成立，那么从人文地理角度观察，黑龙江地区可能是古人类从亚洲腹地向北迁移扩散并进入北美洲的重要通道之一。

黑龙江东部地区考古工作较少，仅有一些线索，其实该地区晚更新世地层发育良好，相信将来一定会有新的重要发现。

1996年秋季，黑龙江文物考古研究所在阿城市交界镇发掘了一处石灰岩洞穴，获得近百件动物化石和若干石制品。在动物化石中，最重要的是梅氏犀标本，意味着这处洞穴遗址的年代可能相当古老。次年，经北京大学考古学系实验室铀系法对梅氏犀牙齿化石测定，其年代数据为距今17.5万年。如果这个年代无误且石制品可靠，其意义在于：其一，这是迄今黑龙江发现的最早的遗址，说明这一地区旧石器时代早期就已有了人类活动；其二，这是黑龙江首次发现的旧石器时代洞穴遗址，也是目前发现的我国最东北的一处旧石器时代早期遗址；其三，梅氏犀生活在温暖湿润的气候环境中，在我国北纬45°以北系首次出土，说明距今约20万年黑龙江气候还处于较温暖的时期，这对于研究我国东北地区古气候和古地理环境的变迁亦有重要价值。

关于旧石器时代向新石器时代转型期的遗址目前还没有明确发现或辨识出来，因此这方面的研究一直是黑龙江的薄弱环节。近年来，黑龙江左岸的考古资料、特别是黑龙江与俄罗斯哈巴罗夫斯克地志博物馆联合调查发掘的属于奥西波夫卡文化的奥西诺瓦亚列西卡10、11号遗址等，为我们这方面的研究提供了线索。

二

1930年，我国著名考古学家梁思永先生发掘齐齐哈尔昂昂溪遗址，这不仅是黑龙江新石器时代考古的起步，也是黑龙江现代考古学开端的标志。黑龙江新石器时代遗址迄今已发现百余处。

松嫩平原地区，以小拉哈一期甲组遗存和昂昂溪文化为代表。小拉哈一期甲组遗存，以直口筒腹罐为主，器表饰凹弦纹和刻划席纹，年代约为距今6500年，属新石器时代早期偏晚阶段。昂昂溪文化，其陶器基本组合有侈口圆腹罐、直口筒腹罐和带流钵，罐类器表饰细窄的附加堆纹，其上常见戳印纹和刻齿纹。时代属于新石器时代中期晚，年代为距今约4500～4000年。

牡丹江—绥芬河流域，以振兴一期甲类遗存、莺歌岭下层遗存和亚布力北砂场遗存为代表。振兴一期甲类遗存，其陶器种类仅见罐、盆和钵。几乎所有陶器都有纹饰，主要为压印篦点纹、压印窝点纹、压印菱形纹、压印三角纹、刻划纹、戳刺纹和附加堆纹等，年代为距今7500～6500年。莺歌岭下层遗存，其基本陶器组合为筒形罐和钵，器表饰篦点纹、划纹、压印纹、梳齿纹、圆窝纹等，年代为距今5500～4500年。亚布力北砂场遗存，其陶器基本组合为盘口罐和钵，器表饰绳纹、篦点纹、席纹、刻划纹，年代为距今6000～5500年。

三江平原地区，以新开流文化、小南山遗存和倭肯哈达洞穴遗存为代表。新开流文化，陶器基本组合有敛口筒形罐、直口筒形罐、侈口筒形罐和钵，器表饰有鱼鳞纹、菱格纹、席纹、篦点条带纹、圆窝纹、方格纹等，年代为距今约7500～7000年。小南山遗存，陶器基本组合为卷沿罐和钵，器表以素面居多，饰有菱格纹、篦点纹、波浪纹、弦纹等，年代为距今6500～6000年。倭肯哈达洞穴遗存，其基本陶器组合为双唇盘口罐和钵，器表饰圆窝纹、篦点纹、附加堆纹、刻齿纹等。

这一时期主要特点是磨制石器为主要生产工具，打制石器仍未退出历史舞台；专业陶工已出现，以各种筒形罐为代表的陶器是主要的生活用具；原始农业初露端倪，与狩猎、渔猎、采集等多种经济形式并存；人类结束了漫长的洞穴生活而转移到平原居住，这是人类发展史上一场具有划时代意义的定居革命；居住址一般选择在临近河流、湖泊等水源附近的岗地或山坡上，居住空间除较大的公共议事场所外，以原始家族为主要单位聚居形成村落；公共墓地以及多人合葬墓的埋葬形式，表明以血缘为纽带的氏族组织的存在，从随葬器物看没有明显的贫富差别。

提到各区域的主要差别，其一，确凿的农业生产工具只见于东南部的亚布力遗存，如石铲、亚腰石锄等，据此分析当时大部分地区的经济活动仍以渔猎、狩猎和采集为主；其二，就陶器表面的装饰而言，东部要比西部显得繁复；其三，石器方面，西部的细石器不但数量种类多，且制作精美，这应与旧石器的传统密切相关。

玉权杖首
（渤海上京城第2号宫殿基址）

宝相花纹陶砖
（渤海上京城第2号宫殿基址）

鎏金铜饰件
（渤海上京城第3、4号宫殿基址）

宫城南门是由中部的殿基和东西两侧门（第1、2号）组成，殿基东西42、南北27、高5.2米，为面阔9间、进深6间的大型建筑。

中轴大街贯穿皇城南门和郭城正南门，将郭城划分为东西两部分，全长2195米。大街两侧排列着整齐的街坊，经实测，其东、西坊墙内侧的垂直间距为110.2米，应为路的实际宽度。

渤海上京城由郭城、皇城、宫城三部分组成，三道城墙格局保存基本完整。经解剖得知，三道城墙采用了不同的建筑方法，这可能与其不同的功能有关，应是分别修建的。郭城是在已规划建墙的地方先筑起一道内缓外陡，截面呈梯形的土筑墙基，其上再以石砌城墙。皇城城墙的修筑方法是将原地面铲平至坚实的地层，然后于其上垒砌石墙。宫城城墙修筑方法是在挖好的地槽内砌剖面呈两层阶梯形，宽于地面墙体的石基础，然后再垒筑墙体。

渤海上京城发掘出土了大量遗物，按质地可分为陶（灰陶、釉陶）、石、铜、铁、鎏金、玉等。按功能主要分为三大类，建筑材料、生活用具和武器。其中以建筑构件数量最多，主要包括砖、瓦、瓦当、套兽、兽头、鸱尾、门鼻、门枢等。

通过考古资料的对比研究，可以明显看出渤海国的城市建制及政治体制等，基本是以隋唐王朝制度为蓝本，很大程度上反映了浓郁的汉唐风采。

中小城址在牡丹江流域有较多的分布。大致分为两类，为平原城和山城，也可再分出一小类，即军事城堡。以平原城为主，平面一般呈长方形或方形，个别特殊的呈回字形。城墙多以土

三彩釉陶兽头（渤海上京城第2号宫殿基址）

夯筑，个别城址的城墙有土石混筑的现象或用石垒砌。多数城的周围有护城壕，有的在城门处同时修建瓮城。1994年发掘的海林市兴农城址属小型平原城，平面近方形，南墙开门，墙外有壕，城内房址设有曲尺形火炕的地面建筑，城址建筑特点极近唐风。

在牡丹江流域发掘了海林市渡口、振兴、河口、细鳞河，绥芬河流域发掘了东宁团结、小地营子等渤海村落址。这些村落中的房址内多设曲尺形双烟道火炕，少数为“U”形三烟道火炕。多数为地面建筑，个别为半地穴建筑。海林细鳞河遗址，是一处保存较好的渤海村落址。其房址的结构为中央设地面灶的半地穴建筑。表明渤海的民居存在着不同的构造方式。设曲尺形双烟道和“U”形三烟道火炕地面建筑应代表当时最能抵御风寒的建筑技术。

渤海上京城以北的渤海王室贵族墓区——三陵坟，包括石围墙、墓葬和神道等。石围墙南北长约235、东西宽约112.5米；南北之间横设一道“腰墙”，将陵园分为前后两个区。1号墓分布于后区前部居中位置，2、3号墓在其两侧后位排列；3号墓位于其西北约31.2、与2号墓东西相距57.5米。4号墓在陵园的围墙外，位于1号墓西稍偏北244米处。在陵园的围墙南门外，发现有通往上京的神道遗迹。1、2、4号墓均为石室墓，分别于20世纪30～60年代、80年代、90年代进行过发掘。其中2号墓由墓室、甬道和墓道三部分组成，墓室和甬道绘花卉和人物题材的壁画；4号墓出土了十分珍贵的三彩熏香炉。2004年清理的3号墓为一座只有填石，没有埋葬人骨和任何随葬器物的空墓。

葫芦形瓶（海林细鳞河渤海遗址）

铜牌饰陶模具（海林河口遗址渤海遗存）

三彩熏香炉（渤海三陵墓地）

在牡丹江流域发掘了海林山咀子、北站、二道河子、羊草沟，宁安虹鳟鱼场，牡丹江桦林石场沟，东宁大城子等渤海平民墓地。其中1992～1995年发掘的宁安虹鳟鱼场墓地是迄今我国已发现的规模最大的一处渤海平民墓地，发掘墓葬320多座，墓葬形制包括土圹墓、有椁墓、墓室墓等。随葬器物达2000余件，包括陶、铜、铁、玉、鎏金、银器等，为渤海墓葬的分期提供了非常珍贵的资料。2004年在松嫩平原地区拉林河上游发

宁安虹鳟鱼场渤海墓地砖室墓

掘的五常响水河墓地，共清理了渤海早期墓葬48座。此处墓地的发现和发掘是黑龙江渤海考古的新进展，对研究渤海国早期历史及渤海遗存分布的西界提供了新资料。

距渤海上京城西南15公里的杏山，还发现和发掘了为建造上京城烧造砖瓦等建筑构件的窑址。共勘探出10多座，发掘清理4座。窑址的窑口向南，并列成排，间距约1.3米。平面呈袋状长方形；结构分别由火口、火膛、窑床、烟道口组成，前低后高，并逐渐加宽。火口外有一条横沟，将并列的几座窑址连通起来，便于通风和添柴。发掘出土了大量形制不一的板瓦、筒瓦、莲花纹瓦当、长方形花纹砖、宝相莲花纹方砖等。这些砖瓦应是通过牡丹江顺水运到上京城的。

七

黑龙江的宋元时期考古，主要是辽金考古，元代考古未曾开展。金代考古工作开展得较多，主要是围绕中小城址和墓葬的发掘，金上京会宁府遗址只是进行了调查和勘探，未进行发掘。

20世纪下半叶在嫩江流域陆续发现包括泰来平等、后窝堡等一批辽墓，年代包括辽代早期至晚期。墓葬为长方形竖穴砖壁，无墓道、墓门和券顶，发现木棺迹象。随葬器物中除泥质灰陶轮制的瓮、罐、壶外，还有马镫、马衔、匕首和锅等。这些辽墓的墓葬形制、随葬器物、埋葬习俗的多样性，表明这一地区居民成分的复杂性，这与辽朝曾在嫩江流域设置泰州相关，与泰来塔子城发现“大安七年刻石”所记47名汉人姓氏等情况相吻合。

70年代在三江平原地区发掘了绥滨3号墓，属于辽代女真人的文化遗存。这类遗存的基本陶器，为夹砂弦纹和拍印小方格纹重唇罐，泥质灰陶素面罐、瓜棱罐、喇叭口长颈壶和瓜棱壶等。

据调查，黑龙江境内有金代城址约近200处，应当包括都、府、州、县、镇及驿站等不同等级的建制。比较明确的有阿城上京会宁府遗址、绥滨奥里米城址、中兴城址、克东蒲峪路城址、肇东八里城等，少数经过发掘和清理。

石螭虎（阿城刘秀屯金代大型建筑基址）

2002～2003年发掘的阿城刘秀屯大型建筑基址，朝向正东南，由正门及回廊、主殿（前殿）、过廊、后殿组成，占地面积5万余平方米。正门位于东南回廊正中；主殿与正门对称，位于西北回廊正中；后殿位于主殿之后；过廊为连接主殿与后殿之通道；回廊呈正方形。主殿、过廊与后殿构成工字形一体建筑。主殿由正殿、露台、两侧挟屋和后阁组成，总体布局呈对称多角形。出土遗物以灰瓦青砖等建筑构件为大宗，基本不见琉璃制品。较精美与珍贵者主要是建筑构件，如石螭虎、石龙螭首、陶神鸟、人面瓦当。

陶神鸟（阿城刘秀屯金代大型建筑基址）

该建筑基址主殿中部的正殿为面阔9间、进深5间的建筑，完全符合中国古代建筑制度中历代皇帝所用的至尊等级规模。从该建筑基址本身特点、出土文物、地理位置、周边重要遗迹考察，并结合有关文献记载，应是一处金代皇家宫殿建筑，其建筑年代和使用年代均在金前期（1115～1153年）。阿城刘秀屯金代大型宫殿基址，是我国迄今考古发掘所见的宋金时期规模最大、等级最高的皇家宫殿建筑基址，无论对于黑龙江考古，还是全国宋金时期考古，都是极为重要的发现。该宫殿基址是我国传统礼制罕见实例，对研究宋金时期的政治体制、宗教信仰、风俗习惯以及建筑风格，提供了翔实的第一手资料，在中国古代建筑史上亦占有十分重要的地位。

位于克东县金城乡的金蒲峪路城址，属于金代中型城址，1975年发掘了南门址，搞清了城门及相邻接建筑的结构。经发掘得知，南门仅有一个门洞，正中立有挡门石，门洞两壁有立柱14根，中间两侧还有两根大圆柱。据残存遗迹推测，城门楼原应建于“过梁式”城门之上。城门楼顶上的瓦当、筒瓦、板瓦、脊兽、鸱吻等建筑饰件散布遍地。瓮城内的城门两侧用青砖砌筑，在城墙的转角处立有角柱。该城址内曾出土一枚铜官印，印文为汉字篆书“蒲峪路印”。

1999年发掘的双城市车家城子城址属于金代小型城址，可能为金初由上京（今阿城）通往南京（今河北卢龙）交通线上的驿站。

目前，黑龙江发现的金代墓地有10余处，但多处墓葬在发掘时已遭破坏。经发掘的有阿城金齐国王完颜晏夫妇合葬墓、绥滨中兴墓地、永生墓地、奥里米墓地、哈尔滨新香坊墓地等。墓葬形制分为三大类，即土坑墓、棺椁类墓、室类墓。其中棺椁类墓又分为5种形制，室类墓仅见砖室墓1种。年代包括金代早期至晚期。

1988年发掘的阿城金齐国王完颜晏夫妇合葬墓，为棺椁类墓中的土坑石椁木棺墓，年代为金代中期。出土有“太尉开府仪同三省事齐国王”的银牌、玉天鹅、金项链、金锭、金耳环、金鞘玉柄刀和男女墓主人多层套多款式服饰。男着8层17件，女着9层16件。这些丝织品种类有绢、绸、罗、锦、绫、纱等。这些服饰的发现，填补了中国服饰史有关金代部分实物的空白。

哈尔滨新香坊墓地是一处墓葬类型比较丰富的墓地，1983～1984年共清理墓葬13座。该墓地有木椁木棺墓、石椁木棺墓、砖室墓等形制。随葬器物可分为生活用具、工具、马具和佩饰等。

褐绿地全枝梅金锦绵襜裙（阿城金齐国王墓）

佩饰（阿城金齐国王墓）

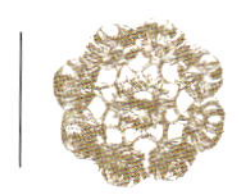

其中金佩铃、玉雕凤佩饰、金镶玉耳坠饰、银钏及饰有龙凤纹图案的镶银边鎏金鞍桥等，造型优美，工艺精湛。该墓地地表早年还立有石人、石虎等石雕像，表明墓地曾有神道设置，应为一处贵族墓地，多数墓葬年代在金代中期前后。

八

黑龙江的明代考古工作有绥滨县东胜村墓地的发掘。该墓地1991年清理墓葬14座，皆为小型土坑竖穴墓。发现有葬具的2座，13座为单人一次葬，1座为3人二次葬。随葬器物100余件，以铜器和铁器为主，还有少量的银器、石器。铜器包括牌饰、坠饰、环、戒指、花饰和铜钱。铜钱有“大观通宝”、“泰和重宝”等宋、金钱币，还有1枚“大元通宝”正面为八思巴文。发掘者认为该墓葬是明代兀的哈人墓葬。

清代考古工作主要在松花江中下游地区和嫩江中上游地区两个区域进行。1980年发掘的依兰县永和、德丰两处墓地，清理墓葬12座，皆为长方形土坑竖穴，10座有木质葬具。随葬器物主要包括瓷器、铜器、铁器、骨器等。出土有“康熙通宝”和“雍正通宝”铜钱，青花瓷器具有明显的清初青花器的特点，其中永和墓地出土的蓝花纹青花瓷盘与德丰墓地出土德龙纹青花盘都是康熙、雍正时期的代表作。据此，这批墓葬的年代应为清代初年。由于出土的鱼叉、鱼网、吊锅、牌饰、坠饰等具有强烈的渔猎经济色彩，这批墓葬被认为是世居松花江中下游赫哲人的遗存。

2002～2004年，在嫩江中游发掘了讷河市托拉苏将军墓、多福将军墓、威远将军墓、富源将军墓、嫩江县太子少保京口副都统海全墓、傲拉氏副都统墓等9座清代“将军墓”和讷河市工农墓地等5处清代平民墓地。将军墓多被盗掘，破坏严重；平民墓地保存较好。

威远将军墓据《讷河县文物志》记载，地表原有砖墙、墓碑等遗迹。发掘前墓墙和封土已毁。经过发掘找出墓园墙基址，墓园墙为东西向的长方形，方向为西偏北5°。东西边长19.5、南北边长16.5米，门居于西墙正中，墙和墓园门均用青砖摆砌而成，仅存基础。出土有雕花转、瓦当、滴水等建筑构件。主墓居于墓园东部正中，地平面用砖摆放了一东西4.5、南北5米的长方形砖框。墓位于砖框内偏北处，砖室，长方形，东西2.5、南北1.1米，中间用砖隔成南、北室，南室被盗，北室保存完好，两室内各有小木棺一具，内盛骨灰，均为火葬墓。墓室内未发现随葬器物。主墓的西北处有一近期大型盗坑，内有大量椁木碎片，应为威远将军后人的墓葬被盗扰。威远将军墓碑立于清嘉庆四年四月，碑额为九孔透雕龙，碑文用满、汉文镌刻。

工农墓地清理墓葬57座，出土瓷、铜、铁、金、银、玉石等器物1200余件。发掘之前所有的墓葬封土已不存，但墓室结构保存完好。墓葬均为长方形土坑木棺墓。其中规模较大的长6.3、宽4.2、深1.1米，木棺长6、宽3.95、高0.4米。小的墓葬长1.45、宽1、深0.5米，木棺长1.15、宽0.65、高0.8米。葬俗较为复杂，有单人葬和合葬，合葬又分二人葬和多人合葬。葬式为仰身直肢，头朝北或朝南。另外发现2座火葬墓，墓中无随葬器物。多数墓葬发现有殉马现象，数量多寡不一， 少则1匹，多则4匹。这类殉马的现象在明清墓葬中尚属少见。随葬器物十分丰富，

虎皮瓷碗（讷河工农清代墓地）

精粉瓷碗（讷河工农清代墓地）

镶嵌芙蓉石金耳坠（讷河工农清代墓地）

有生活用具、生产工具、兵器、马具、装饰品等。其中较珍贵的有瓷器、金银器、翡翠、玉器等，还有数量较多的铁器和铜器。瓷器有珐琅彩碗；青花碗、盘、碟；麻酱色碗；五彩盘、碗、碟；虎皮三彩碗；粉彩碗；酱釉瓷瓶；双系黑釉瓷壶等。纹饰十分精美，有山水、花草、诗文、人物、动物等。金银器有金簪子、金耳环、金耳坠、银镯、银耳环、银簪子、镶嵌宝石的银戒指等。还有铜吊锅、铁吊锅、铁马蹬等。

沿江墓地中发现有俄罗斯式瓷碟多件，为研究清代中晚期中俄两国的边贸情况提供了实物资料。多数墓地中出土不同质地烟袋锅等烟具，反映了清代黑龙江不同阶层的人有吸烟习惯。翡翠及各类玉饰在一些墓葬中也有发现。

根据发现的碑文和文献记载，这些将军墓属达斡尔人，埋葬时间在清代中后期。平民墓地根据墓葬形制和随葬器物的比较分析以及出土的“乾隆通宝”、“嘉庆通宝”、“道光通宝”等铜钱，推断其年代与将军墓同时，也属达斡尔人的墓葬。

嫩江流域发掘的清代墓葬，既有规格等级较高的将军墓，又有普通的平民墓葬，为研究黑龙江地区清代各阶层的生活状况提供了珍贵的实物资料。出土器物不仅种类齐全，而且制作十分精致，尤其是一些瓷器的纹饰非常精美，并发现有官窑制品。这不仅丰富了黑龙江省文物资源的内涵，也推动了清代考古学的深入研究。

（执笔：李陈奇　张伟）

上海市

中国考古60年

上海市

中国考古60年

上海位于长江的入海口处，北枕长江，南临杭州湾，东濒海，西接太湖平原，是以太湖为中心的碟形洼地的东缘部分。进入全新世后，随着全球性的气候转暖，冰川消退，海平面迅速上升。距今10000～7000年，除少数山丘成为孤岛外，上海绝大部分地区为一片汪洋。距今7000年后，海平面上升趋缓，西部地区率先沉积成为陆地。接着在波浪、海潮、江流的相互顶托、共同作用下，形成了长江南岸的沙咀。沙咀区域地势较高，沙咀以内变为海湾。在沙咀东侧的海浪波涛冲击下，将近海泥沙和贝壳残骸堆积在沙咀上。大约在距今约5500年，吴淞江以南地区形成了三道贝壳砂堤，即所谓冈身。以后砂堤以西的海湾封闭变成泻湖，并不断淤积，分割为众多的湖泊和沼泽，泻湖演变为湖沼平原。冈身以东区域继续在江海的共同作用下不断堆积，逐渐成为陆地。

据文献记载，上海的历史可以追溯到周代，吴立国后，为吴地。越灭吴，上海属越。后地属楚之江东郡，秦、西汉之会稽郡，东汉之吴郡。唐天宝十年（751年）置华亭县，上海在华亭县东北境。元设松江府，华亭县属之，又新立上海县，亦属松江府。清代先设江南行省，后分江南为江苏、安徽二省，松江府隶属江苏省。

因上海成陆较晚，汉代之前陆地面积很小，上海的历史地位在近代之前无足轻重，所以长期以来上海无古可考的观念成为人们的思维定势。实际上早在20世纪30年代就在上海发现了戚家墩遗址。新中国成立以后，上海考古力量逐渐壮大，考古工作日益蓬勃地开展起来。地下文物的出土毋庸置疑地证明，上海不仅是现代化的国际大都市，而且具有6000年的悠久历史。

一　新石器时代

新石器时代的遗址共发现17处，其文化内涵为距今约6000年前的马家浜文化、5000多年前的崧泽文化、4000多年前的良渚文化和距今4000年前后的广富林文化。

（一）马家浜文化

马家浜文化是上海最早的新石器时代文化，1961年发掘青浦崧泽时第一次在本地区发现，后来在青浦福泉山和金山查山也有发现，均属马家浜文化的偏晚阶段，为浙北、苏南地区较早阶段的马家浜文化随着成陆过程逐渐向东扩展而形成，这是目前所知人类的足迹第一次踏上上海的土地。

崧泽遗址有保存比较好的生活遗存和墓地。2004年发现的三处房址都是地面式建筑，其中一处F1的布局结构比较完整，平面为圆形，面积5.5平方米，周围一圈有15个柱洞，其中有2个间距较大，近1米，当为门道所在。门道外还有1个柱洞，是支撑门外廊檐的柱子所在。房址内现存地面硬实。根据柱洞形状、排列等分析，F1为矮墙、尖锥形屋顶。在距房址较远的另一区域发现两口水井。其中保存完好的一座为直筒腹，口略呈椭圆形，圜底，井壁较光滑，直径0.67～0.75、深2.26米。从井口往下约1米积满灰黑土，质地松软。出土夹砂深腹红陶盆、宽檐釜及人们食用后丢弃的麋鹿等动物的遗骸。浙江河姆渡遗址有一处年代大致相当、面积达28平方米的锅形浅坑，以木桩保护坑壁，被认为是年代最早的水井，实为一蓄水坑。崧泽遗址的这两口直筒形水井，形制为后世所延续，因此这是我国迄今发现年代最早、最有代表性的实例，在水井发展史上占有十分重要的一席之地。

崧泽遗址马家浜文化房址

崧泽遗址的马家浜文化墓地一共发现17座墓葬，多为平地掩埋，个别有浅坑，未见葬具。人骨架大多保存较好，均为单人葬，头向多偏北。葬式有仰身直肢、俯身直肢、侧身和屈肢等。男性墓主平均年龄30岁以上，女性约20岁。随葬器物极其贫乏，仅2座墓有随葬器物，1座2件；另1座的墓主口内有1件玉琀，为短管形，这将玉琀的使用提早到马家浜文化。

马家浜文化石器以磨制石斧、石锛为主，斧的穿孔已开始使用管钻法，也有琢凿而成者。玉器少见，上海地区仅见玉玦和玉琀。陶器中，夹砂陶以掺石屑、粗沙的红陶、灰褐陶器为主，形制有腰檐釜、鼎等。泥质陶中红陶居多，也有一部分灰陶和少量黑陶，器形有豆、钵、罐、壶等。还发现了陶塑，崧泽遗址出土的一件彩绘陶猪形象活泼可爱。骨器制作精美，有磨制骨笄、锥、镞、指环等。生活遗弃物中有大量的猪、麋鹿、梅花鹿、獐和鱼类等动物遗骸，反映猪是最重要的家养动物，同时渔猎业占有相当大的比重。

马家浜文化牛鼻耳陶罐

1961年崧泽遗址发掘出马家浜文化的炭化稻谷，经鉴定为籼、粳两个不同的亚种，都是人工培植稻。这是当时发现年代最早的稻谷标本，为探索水稻起源提供了珍贵的第一手资料。

（二）崧泽文化和崧泽—良渚过渡段

1961年发掘青浦崧泽遗址时，发现一处新石器时代墓地，叠压在马

崧泽遗址马家浜文化陶猪

崧泽文化带镦石斧

崧泽文化象牙镯

崧泽文化双层镂孔陶壶

家浜文化地层上，其文化内涵具有鲜明的自身特征，与当时在长江下游地区已经发现的良渚文化和马家浜文化明显不同。这类遗存后来被命名为崧泽文化。

1961～2004年崧泽墓地被多次发掘，共清理148座崧泽文化墓葬。崧泽墓地延续时间长，随葬器物丰富，是这个阶段规模最大的墓地。根据20世纪六七十年代的发掘资料，主要以陶器的形制演变和器类组合为依据，将墓葬分为三期。1990年代新发现17座墓葬有叠压或打破关系，为分期提供了可靠的地层学依据。崧泽墓地的三期基本上代表了崧泽文化完整的发展过程。通过崧泽墓地的分期工作建立了崧泽文化的年代标尺。

崧泽文化墓葬绝大多数是单人仰身直肢葬式，但也有个别墓葬的葬式比较特殊。崧泽M115为单人屈体葬，看上去就像被紧紧地捆绑在一起，有陶壶和陶鼎2件随葬器物。福泉山发现了青年男女的合葬墓和成年男性同两个儿童的合葬墓。

崧泽文化的石器多施精磨，穿孔用管钻法，形制有斧、锛、凿等。1995年崧泽墓地出土了1件带有骨镦的石斧，开良渚文化玉钺安装形式的先河。崧泽文化玉器用量增多，器形多见璜，少量环、镯和琀等。崧泽遗址出土的玉琀形制多样，有小饼形、鸡心形和环形等。上海地区崧泽文化玉石器原料的来源很可能就在距离遗址不太远的佘山、北干山等地，因为“崧泽遗址出土的石器和玉器的主要岩石类型和岩性与这些山上出露的基岩一致”。但也有一些石料可能来自于江苏苏州与浙江嘉善。装饰品中还有象牙镯。

崧泽文化陶器分夹砂陶和泥质陶两大类。夹砂陶多灰褐色，常以蚌壳屑和谷壳为掺和料，器表多见掺和料脱落后的微小凹窝。夹砂陶多用以制作炊器，以鼎为主，少见釜形器。泥质陶多灰黑色，常见器形有豆、盆、罐、壶、瓶，还有澄滤器和匜。陶器制作已经普遍使用慢轮修整，一些小型器已用快轮拉坯，杯与壶的内壁底部常保留轮制时形成的凸圆点与轮旋痕。陶器装饰流行压划竹编勾连纹和三角形与圆形组合的镂孔。崧泽文化陶器不仅满足生活需要，而且弥漫着浓郁的艺术氛围。如猪首形陶匜，将猪的凸吻巧妙地设计在匜的流部；双层镂孔壶，在满饰镂孔纹的陶壶中部另置内胆的设计充满想象力，它完全具备容器的基本功能，而外形又是件艺术品。

在青浦福泉山、松江汤庙村和姚家圈等遗址发现了一类介于崧泽文化和良渚文化之间的文化遗存，显示二文化之间的延续关系非常紧密。对这类遗存的属性，看法不尽一致，一般将其归入崧泽文化，为第四期。也有认为籍以命名的崧泽墓地是单纯的崧泽文化，对于那些出现了新文化因素的遗存，就不宜仍然放在崧泽文化内。另一方面，因为有部分崧泽文化因素的延续，所以放在良渚文化也不甚妥当。因此可以将这类遗存单独作为一个阶段，称之为“崧泽——良渚文化过渡段”。汤庙村和广富林二遗址最早的文化遗存都是“崧泽——良渚文化过渡段”，其所在的松

江地区在地理环境上属于由海湾转变为泻湖后的沉积区，地势低洼，自“过渡段”往前，长期以来无人类足迹。从“崧泽——良渚文化过渡段”开始这里成为聚居地，因此，以上海新石器时代的人地关系，“过渡段”单独列出还有一层特殊含义。

属于这一阶段的重要发现是使用石犁，汤庙村出土的1件三角形石犁，是我国迄今发现的最早石犁之一。犁耕的发明，提高了农业生产水平，标志着新石器时代农业发展新阶段的开始。甗的出现是另一项新的发明，在汤庙村、金山坟等遗址都有发现。甗的外形似鼎，但内壁有隔，可以承箅，隔下还有1个圆孔流，不用取出食物和箅即可注水，别具匠心。这种鼎式甗是环太湖地区的传统，经良渚文化一直延续至商周时期。

（三）良渚文化

良渚文化是中国新石器时代最辉煌发达的文化，在上海有广泛的分布，存在于青浦福泉山、寺前和金山亭林等16处遗址中。

20世纪60年代，在松江广富林发现良渚文化墓葬2座，上海县（今闵行区）马桥发现10座，这是上海最早发现良渚文化墓葬的两个遗址。在马桥遗址还发现良渚文化遗存直接叠压在贝壳砂堤上，确认了这里就是古海岸线，从而为深入研究上海的成陆进程提供了科学依据。另外，马桥遗址出土的1件良渚文化竹节形陶杯的底部刻有2个原始文字，是我国最早的文字连用的实物资料，对追寻汉字起源具有重要意义。

福泉山遗址的发现与发掘是良渚文化研究最重大的突破，20世纪80年代在这里多次发掘，以发现贵族墓地而著名。实际上这只是福泉山遗址的一部分，2008年底～2009年初在这个墓地以北大约300米处的回龙村吴家场又发现一处新的贵族墓地，称福泉山遗址吴家场墓地。

福泉山墓地虽然不是最早发现的良渚文化贵族墓地，但是第一次从地层堆积过程识别人工堆筑土台型墓地的特征，为随后环太湖地区发现多处良渚文化高等级贵族墓地、祭坛奠定认识基础。福泉山墓地的另一重要性是长期延续使用，有多组相互叠压关系，在良渚文化墓地中比较罕见。这为良渚文化的分期研究提供了可靠依据。

福泉山墓地从崧泽——良渚过渡段至良渚前期的墓葬，比较集中地分布在西部墓区。从随葬器物与埋葬方式看，3座墓的地位最高。其中M139随葬器物共47件，墓主的腰部到下肢放置了两排共12件石钺，脚端还有一屈肢殉人，侧身面向墓主。随葬器物最少的5座墓仅2～7件。墓葬的相互叠压现象都发生在西部墓区。良渚后期除了继续使用西部墓区，又在中东部开辟新的墓区，安排新产生的掌控玉琮的高等级贵族墓位。新墓区的墓葬排列有序，墓位经特意安排，各墓葬之间均无叠压关系，因此墓地应有专职管理人员。

吴家场墓地是人工堆筑的平面近似于长方形的台地，高2.45米，已经发掘2座墓葬。其中M204有弧形木棺，棺内葬有2具人骨。随葬的重要玉器有琮、钺、璧和锥形器等，1件神像纹玉琮套在一墓主右前臂上。随葬陶器多放置在脚端，有尊、鼎、壶、盉、簋、豆等。墓葬年代同福泉山墓地M9相当或略晚。

福泉山墓地和吴家场墓地是上海发现的最高等级墓地，墓葬随葬品丰富精致。玉器数量大、种类多、工艺精、用途广。玉器种类有琮、钺、璧、璜、梳背、项饰、柄形器和锥形器等，并发现年代最早的玉带钩。福泉山墓地M9的1件琮形镯是玉器中的精品，湖绿色透光，以四角为中线，各刻一组完整神像纹和4只小鸟，共四组神像纹和16只小鸟。吴家场墓地M204的1件玉琮白中泛青，分三节，共有四组神像纹、四组人面纹和8只小鸟。这2件玉琮的纹饰极为精细。石器精品有钺、有段锛、多孔刀等。不少经研磨抛光的钝锋石钺，毫无使用痕迹，明显用为礼器。福泉山还以出土形制多样、制作精湛的陶礼器堪称良渚文化之最，如器形奇特的鸟形黑陶盉、红褐色彩绘的高柄盖陶罐、刻划繁密纹饰的带盖鼎、高柄豆、双鼻壶和阔把壶等。它们不仅反映了良渚文化杰出的制陶工艺，也是古代艺术品的巅峰之作。

比福泉山遗址2处墓地次一等级的是金山亭林墓地，1988年和1990年两次共发掘23座良渚文化晚期墓葬。6座墓葬发现木质葬具痕迹，10座墓葬人骨严重错位，反映了良渚文化一种特异的埋葬习俗。该墓地等级最高的是M16，墓主为一老年男性，随葬玉、石、陶器共80件，包括1件九节玉琮和3件玉璧。亭林墓地的特色之一是随葬农用器具的墓葬较多，有5座墓随葬石犁，6座墓随葬石镰，4座墓随葬石耘田器（石刀），其中M15和M16三种农具齐全。从良渚时期的其他遗址也发现农具数量明显增加，是农业长足发展的佐证。

比亭林更低等级的墓地发现较多，有广富林、马桥、寺前等。广富林遗址的分布范围很大，墓葬的分布也很分散。从20世纪60年代初以来截止于2008年，一共发掘了33座墓葬，分布于几个不同区域。其中一处良渚前期墓地规模较大，已经发掘23座墓葬，只有一组2座墓有叠压关系，有的墓葬以石块作为地面标志物。随葬品数量差别不太大，以陶器和石器为主，少数墓有小型玉器，陶器中有1件三联匜造型别致。

良渚文化的去向是学术界关注的课题。1999年底～2000年初在松江广富林发现鱼鳍足鼎为代表的遗存，后来又发现属于这类遗存的H128打破良渚文化第四期的M30，从而为二者的相对早晚关系提供了直接的地层依据。自20世纪50年代发掘浙江钱山漾以来，一直认为这类遗存属于良

良渚文化琮形玉镯

吴家场墓地良渚文化大墓

良渚文化黑陶鸟形盉

良渚文化三联陶匜

渚文化前期的看法得以更正。广富林H128的陶器器物群由鱼鳍足鼎、细颈鬶、子口浅盘豆、高领壶等组成。综合上海与浙江的发现，这类遗存一方面同良渚文化的延续性比较明显，另一方面也出现了基本不见于以往所公认良渚文化的新因素，其中有相当部分属于黄河中下游地区的龙山因素。对于这种文化因素复杂的遗存如何定性，仅凭现有材料尚有难度，因这类遗存在浙江钱山漾发现最早，似可以将钱山漾作为其符号，称钱山漾遗存或钱山漾期。

（四）广富林文化

松江广富林遗址发现于20世纪60年代初。在1999～2000年的发掘中，发现并确认了非当地文化传统的新石器时代文化遗存，当时暂将这类遗存称之为广富林遗存。随着对其认识的深化，以及含这类遗存的遗址被发现数量的增加，2006年我们根据考古学文化的定名原则，以其首先在广富林遗址得到确认而正式命名为广富林文化。上海发现广富林文化的遗址还有福泉山，浙江、江苏也有发现。在广富林遗址，发现了广富林文化的村落。这一时期的居住点比较分散，其中一处位于遗址的北部，它的东北部是湖泊，湖岸线在这处居住点的东部向东南方向延伸。居住在湖岸上的广富林文化先民十分重视对湖泊的开发和利用，在湖边地带发现了大范围的竹、木建筑遗存，面积约900平方米。这些竹、木建筑遗存主要有三种形式：西部为较粗的木桩，分为两排；中部为穿插排列的竹、木桩，竹桩为东北—西南向成排分布，木桩夹在成排竹桩之间，与竹桩垂直分布；东部为排列整齐的竹桩。竹、木建筑形式多样，可能具有不同的功能。在湖边淤积层中，还发现了陶器残片和兽骨、菱角、炭化稻米等动、植物遗存。在这处居住点发现的房址有地面式建筑和干栏式建筑。地面式建筑有单间，也有多间。F3面积最大，共3间，面阔17.9米，墙体挖基槽，基槽内排列柱坑。各间南墙均有一个门道，西间的北墙也开了一处门道。西间北墙外有鼎、罐、瓮等残器，中间的北墙外发现了烧烤硬面和烧灰痕迹，应为厨房所在。F2为长方形单间，墙体为木（竹）骨泥墙，内壁面平整、光滑，外壁较粗糙。根据东墙整体坍塌现状复原其高度在0.95米以上。居住面经过烧烤。

广富林文化的生活遗迹还发现有灰坑、灰沟、水井和陶片堆等，其中灰坑数量最多，形状多样，坑口平面有圆形、椭圆形、长方形和不规则形等。陶片堆是在地层面上铺陈较密集的陶片等，当为生活废弃物的堆放处。

广富林文化墓葬

广富林文化侧扁三角足陶鼎

广富林文化平底陶鬶

广富林文化石犁

广富林文化墓葬共发现9座，其中6座分布在前述居住点的西北部，是一处相对集中的墓地，其余3座分散分布。通过这些墓葬，我们对广富林文化的埋葬习俗有所了解。墓葬以长方形土坑竖穴为主，长2～2.4、宽约0.6米，多为单人仰身直肢葬式，头向不一，有东北、西南和东南等不同方向。仅2座墓葬有随葬器物。M35随葬器物最多，共8件，有陶鼎、罐、杯、豆、纺轮和石刀，放置在墓主右侧下肢骨处。M40是唯一的屈肢葬式，身体扭曲，上肢向上抬起，下肢弯曲，没有随葬器物，墓主可能有特殊死因。

另外，在这处居住点的南侧发现了水稻田，形状为近似椭圆的洼地。洼地内堆积含少量陶片、稻米和稻壳，经土样检测，其水稻植硅体含量已达到水稻田标准。

广富林文化遗物有陶器、石器和骨角器。陶器按陶质分为夹砂和泥质两大类，泥质陶中包含少量印纹陶。印纹陶中极个别紫褐色者烧制火候较高，胎质较硬。陶器纹饰的制作技法主要有压印、刻划、堆贴和拍印，绳纹是最常见的压印纹饰，刻划纹样有方格纹、菱格纹、叶脉纹、错向斜线纹等，拍印纹主要是各种几何形纹饰。陶器主要器类有鼎、钵形釜、甗、瓮、罐、豆、盆、钵和器盖等。鼎的数量最多，大多数为侧扁三角足圜底鼎，个别为平底，足尖多被捏捺，鼎足部位的内壁多见椭圆形按窝。钵形釜为夹砂陶，胎较厚，有双鋬。非印纹陶的罐和瓮盛行平底或平底内凹的风格。印纹陶主要是罐类，形制多样，凹圜底或圜底附加圈足是其共同特征。豆有细柄和粗柄之分，细柄上常饰较粗大的凸棱，粗柄则饰凸弦纹。器盖流行覆碗式，平顶捉手。另外还有平底鬶。广富林文化中有几件特殊器物的残片，它们是白陶鬶、竖条纹杯和封口盉，都是孤器，虽然并不能反映广富林文化的基本特征，但对理解文化的源流关系具有非常重要的意义。广富林文化的石器有犁、镞、刀、斧、锛和凿等。犁为等腰三角形，中线上琢钻四孔。刀有半月形和双孔长方形等。镞的前锋截面有三角形、菱形和六边形等不同形制。

广富林文化中的良渚文化因素甚少，也不见鱼鳍足鼎和细颈鬶等和良渚文化相关的器类，而同王油坊类型的关系比较密切。根据新发现的材料我们提出对广富林文化来源的三点基本认识：1.广富林文化中的龙山文化因素以来自于黄河、淮河流域的王油坊类型为主干，同时也有龙山时代其他地域的文化因素。2.广富林文化中的南来者主要以印纹装饰的罐类器为代表，其原生地在浙南闽北地区。3.外来因素中只有个别者是制品的直接输入，相当一部分为仿制，另有一部分在综合多种因素的

基础上加以改造。

二　夏商周时期

上海地区的夏商周时期分三个发展阶段，夏商时期的马桥文化、商末至西周前期和西周后期至战国时期。

（一）马桥文化

马桥文化的代表性遗址马桥遗址发现于1959年。20世纪60年代进行了两次发掘，初步揭示出上海地区夏商时期的文化面貌。此后发掘的含有马桥文化遗存的遗址，比较重要的有金山查山和亭林、奉贤江海等。1993～1994年、1994～1995年、1997年又在马桥遗址进行了三次发掘，获得了大批重要资料，首次揭示了夏商时期环太湖地区的大型村落遗址面貌，对马桥文化也有了更为深入全面的了解。

马桥村落遗址座落在一道贝壳砂堤上，总面积超过10万平方米。村落布局为适应地理环境，平面呈宽带状，其走向与砂堤的走向完全一致。与居住遗存相关的遗迹发现了柱洞、陶片堆、水井、灰坑等。柱洞多为直立形，洞口近圆形，锥形底或圜底。也有少数倾斜柱洞，倾角40°～45°，是建筑在立柱旁的斜撑柱。陶片堆是一种比较特殊的遗迹现象，由成片堆积分布的残陶器、陶片、石器和动物骨骸构成，大多数为陶片。它们堆积在平地上或低洼地中，分布面积不等，周围边界不很清晰。陶片堆ⅡTD204，分布面积大约为6～7平方米。堆积陶片百余片，器类有鼎、豆、盆、罐、觯等，生产工具有石镰和石凿，在它的中部偏西处有2个柱洞。陶片堆ⅡTD205，分布面积大约为3～4平方米。陶片器类以鼎和罐为主，还有少量酒器，其中1件带把杯基本完整。　在陶片堆的中部有一对很大的麋鹿角，近旁有1个柱洞。这2处陶片堆在同一个探方、同一地层，二者之间只有一条比较窄的分隔带，陶片稀疏。陶片堆中有近乎完整的陶器和完好的石器，鹿角对称放置，似非随意丢弃，而且又有柱洞伴于近旁，据此判断这两处陶片堆可能是房址的废墟。当房屋因天灾等不同的原因倒坍之后，各类用具与摆设就被压埋在地下了。水井共发现12座，几乎都是土坑直筒形，坑壁近直，壁面似经过加工处理，比较平整。井口为圆形或近圆形，以直径约1米者最为常见。水井的底部近平或者微圜，直径略小于井口。水井自深1.2～1.78米。灰坑的坑口可以分为近圆形、近椭圆形、近长方形和不规则形等。一部分灰坑的坑壁经过加工，比较规整，有的灰坑壁上保留了明显的加工痕迹。灰坑ⅡH290，坑口近椭圆形，直径0.4～0.46

马桥遗址发掘情形

米，坑壁内收成小平底，深0.61米。从坑内出土1件饰叶脉纹和条格纹的红陶高领罐。

在马桥遗址还第一次发现了马桥文化的墓葬，共4座。其中1座（ⅡM102）墓口近似长方形，竖穴土坑，坑口长1～1.17、宽0.66～0.7、深0.3～0.44米，墓坑方向为正南北，单人屈体，上肢折向背后，下肢盘屈，作被紧紧捆绑状，为一青年女性。另2座为单人成人墓，无随葬器物。还有1座是儿童的二次葬。1996年在奉贤江海遗址发现了马桥文化唯一的1座陶窑。陶窑平面为长圆形，残长3.9米，分为窑口、火道和窑床。窑口部分已残损，火道内残存夹贝壳砂陶条，窑床由数道矮泥墙构筑，在窑底还残留着一层黑灰。

马桥文化的陶器分夹砂陶和泥质陶两大类。夹砂陶中最常见的器形是鼎、甗以及器盖。泥质陶比较复杂，色质、器类及其功能、纹饰、制法等方面呈现出纷繁的多样性和内在的相关性。从外观色质上，泥质陶可以分黑、灰、红褐等。从制作技法和器皿用途上看，一部分泥质灰陶和黑陶比较接近，普遍采用轮制法，器形大类主要是圈足器和平底器，如簋、豆、觯、觚、鸭形壶等，器表装饰多见云雷纹。它们同良渚文化的关系比较密切，又与黄河流域的夏商文化相互影响。在红褐陶中，色质也有差别，可细分为橘红、红褐、灰褐和紫褐等，硬度也随颜色的变化渐次变硬。红褐陶普遍采用泥条盘筑法制作，绝大多数都是盛储器，器表一般都拍印纹饰，条格纹与叶脉纹最常见。

原始瓷器的制作是马桥文化的一大发明。在马桥、金山坟等遗址出土的原始瓷器有施青釉，也有施黑釉，烧成温度接近1200°C。施黑釉的器物发现在相当于商代前期的地层中，釉层厚达到150～250毫微米，而且光亮透明，已经完全形成玻璃态，为黑釉原始瓷。值得注意的是在相当于夏代（二里头文化）的地层中也发现了器物上有人工施加的黑色涂层，涂层比较薄，约100毫微米，还没有完全形成玻璃态层，仅在局部处光亮，因此还不能称釉。

马桥文化生产工具与武器以磨制石器为主，有斧、钺、戚、锛、凿、锄、刀、镰、戈、矛和镞等。石器制作是在打制成型的基础上进行磨制，不很精致。钻孔以琢制法最为流行，还有锥钻法和管钻法。马桥文化铜器的种类和数量都比较少。经发掘出土的有斤、凿等小型工具。

马桥文化的一部分陶器上刻有陶文，在马桥遗址发现较多，经初步统计，20世纪90年代中的

马桥文化陶觯

马桥文化鸭形陶壶

资料共有250多个单字，大多数陶文刻在陶罐口沿的沿面上，一小部分刻在鼎类炊器的口沿上，只有极其罕见的几个刻在器盖和陶盆上。绝大部分陶文是入窑前刻的，极少数陶文为烧成后所刻。陶文分为59种，多数为一器1字，少数一器2字。陶文的载体绝大多数归类于红褐陶系，其特点是普遍采用泥条盘筑法成形，有的烧成温度很高。

马桥遗址在20世纪90年代的发掘中，特别注意对地层内包含的自然遗物进行收集与研究。对微体古生物的研究表明，良渚文化时期海水离遗址还比较近，遗址时常遭受海水的侵袭。到马桥文化，海水距离遗址比较远，文化遗存在砂堤两侧有广泛的分布。在动物研究方面，自良渚文化到马桥文化，猪、狗、牛的数量由多到少，而梅花鹿、麋鹿和小型鹿科动物的数量却由少到多。考虑到猪、狗、牛等与畜牧活动相关，鹿科动物则通过狩猎获取，动物比例的差异应该反映了人类获取肉食的方式有一个明显的变化。

（二）商末至西周前期

商末至西周前期，以青浦寺前中层和骆驼墩墓葬遗存为代表。这个时期的陶瓷器中，原始瓷和硬陶数量增多，质量明显优于马桥文化，器形比较规整，烧成温度也比较稳定，原始瓷釉的附着力有所增强，代表了当时陶瓷手工业最高的技术水平。硬陶的典型器有卷沿圆球腹圜底罍、扁腹平底瓿和卷沿高颈平底罐等，原始瓷的典型器为矮圈足豆。陶器种类丰富，炊器有甗和鼎，不见鬲。甗为鼎、甑合体形，从马桥文化的陶甗演变而来，口沿部位的变化比较多，有折沿、剖面为“T”形的口沿和外翻沿等。食器有高圈足簋、浅盘细高柄豆和高三足盘等。刻槽盆比较流行，器壁内刻多线菱形浅细槽。器表装饰可分印纹、刻划纹和贴塑三类，分别采用了不同的技法。印纹有压印的绳纹、拍印的梯格纹、席纹、叶脉纹、折线纹、云雷纹、回纹和复线菱形纹等，印痕多比较深。绳纹在鼎、甗等炊器上比较常见，刻槽盆上也有发现。拍印纹饰几乎都是通常所称的几何形纹饰，常饰于罍、瓿、罐等盛储器上。戳印纹饰比较少，只有圆点纹。刻划纹饰中的三角纹很有特色，以前未见。贴塑装饰有小圆饼和扉棱等。

（三）西周后期至战国时期

西周后期至春秋时期，上海进入新一轮发展期，许多遗址都包含这个时期的遗存。广富林遗址的周代遗存分布范围很大，从遗址中发现了一些与祭祀活动相关的灰坑，这类灰坑大多出土1～2件或数量更多的黑陶器，如H575，坑内有黑陶罐、青瓷碗、钵，铜削、陀螺形木器、残漆器等各种器物。有些灰坑中还埋藏了占卜祭祀用的龟甲，有的有凿痕。还发现开凿讲究的水井（J38），井圈为中间掏空的圆木，分上、下两层，上层直径大，用突榫与下部井圈固定，木井圈外部还垒砌石块加固，木质井圈具有保护水质的作用。20世纪60年代在广富林北面的佘山发现1件春秋时期铜尊，出土处未见同时遗存。2008年广富林发现1件残铜鼎，折沿，腹部饰鱼鳞纹，器身布满烟炱，为实用器物。这些重要发现充分显示广富林遗址在周代是一处相当繁荣且等级较高的聚落。

西周印纹硬陶罍

广富林遗址周代木、石圈水井

青浦重固、金山戚家墩等地发现了一批战国时期的墓葬。根据墓葬的随葬器物分析，这些墓葬可以分为两类，第一类墓葬以印纹硬陶和原始瓷器为主，具有浓郁的本地文化色彩，属于吴越文化传统，是当地原有居住者的墓葬。戚家墩的5座墓即为第一类墓葬，随葬器物中有坛、罐、盆、鼎、盅等。第二类墓葬以泥质灰陶为主，为楚人之墓，属于楚文化传统。重固的4座战国晚期楚墓，均为长方形土坑墓，随葬器物以鼎、豆、盒、壶为基本组合形式，此外还有陶罐、钫、勺，玉璧和残陶俑等。这是战国时期楚文化已经深入到上海地区的实证。

战国时期双尾龙纹青玉璧

春秋战国时期的陶瓷器制作相当规整，器壁厚度比较均匀，常见平底器，或平底下附3个乳丁小足，不见圜底器，有的陶器肩部附贯耳。陶器形制流行折沿或卷沿深腹坛、直口圆肩罐、敛口扁腹罐。这类陶器的陶质较硬，烧成温度高。器表拍印几何形纹饰，以席纹、方格纹、米筛纹、麻布纹、米字纹等最为常见。原始瓷器釉色青绿或青黄，器形主要有卷沿扁腹碗和直腹内饰轮旋纹的碗和盅等，“S”形纹原始瓷鼎是其中的精品。

春秋时期“S”形纹原始瓷鼎

三　汉至清代

（一）汉唐时期

已发现的汉代墓葬、遗存主要有福泉山、骆驼墩、外冈、佘山、戚家墩西汉墓，广富林西汉遗存，钟贾山东汉墓，双墩庙东汉水井等，皆分布在公元前10世纪海岸线以西的青浦、松江、嘉定、金山区。汉墓都葬在地势较高的冈、墩、山丘上，这同上海地处长江下游，土地潮湿，人们有目的的选择高地以避水侵有关。西汉墓葬基本为小型土坑竖穴墓，随葬器物有陶鼎、壶、盒、瓿、罐、铜镜、铜印、石砚、铁剑、泥半两、陶纺轮、泥龟等，数量有限，最多的一墓约40件，少者1～2件，反映出墓主生前的地位。埋葬制度与中原地区相近，表明进入郡县制后的上海地区，开始与中原文化逐渐融为一体。青浦重固福泉山汉墓是已发掘的规模最大、保存最完好的汉墓群，清理西汉早中期墓葬96座，分布密集，没有叠压关系。随葬器物以釉陶器为大宗，多仿铜礼器鼎、壶、盒、瓿组合。出土的1方石砚上保留墨痕，是研究我国古代制墨史的重要实物资

料。1件青黄釉陶香熏的盖纽呈鸟形，为江南所特有。松江钟贾山东汉土坑木椁墓，形制较大，内双棺夫妇合葬，棺椁所用楠木材质是从江西、福建运来的，反映两地间已有贸易往来。近年发掘的松江广富林遗址，发现西汉灰坑、陶片堆积、水井等，出土了绳纹板瓦、筒瓦、子母地砖等较高规格的建筑构件，显露出上海早期城镇的雏形。汉代考古揭示了上海境内的一部分地区虽已成陆，但地处海滨，咸水风潮，自然条件还很恶劣，社会经济正处于缓慢发展的状况，如《史记》描述的江淮以南的某些地区"地广人稀，饭稻羹鱼，或火耕水耨"，是故"无冻饿之人，亦无千金之家"，基本上是一种自然经济。

东汉晚期至南朝，文献记载上海地区出现了以顾雍、陆逊为首的顾、陆两大江东贵族，华亭（今松江）为陆机的故里，可东晋南朝考古遗迹却发现很少，主要有松江汤庙村遗址出土了东晋青瓷碗、钵、洗、罐等典型的越窑青瓷器，其遗迹可能同陆逊家族居住、活动区域有关。虹口广中路发现的瓷器窖藏，1件青瓷罐上盖1件青瓷碗，这是上海市区以至浦东地区至今发现年代最早的遗迹。

唐天宝十年（751年），在今天的松江城区设华亭县，上海地区自汉代以来的衰微势态逐步得到恢复。考古发现唐代墓葬、遗址皆分布在7世纪唐代海岸线以西的青浦、松江、嘉定、浦东、闵行地区，上海的陆地向东扩展，较汉代明显扩大。墓葬主要有闵行诸翟，松江中山二路，嘉定嘉泰，青浦崧泽、寺前、通波塘墓等。分砖室和土坑墓两种，平面略呈腰鼓形。出土砖墓志，铜镜，青瓷罐、盒、执壶及钱币等，数量较少，一墓2～3件。墓志记载墓主有湖北、山东、浙江、河南人等，安史之乱后，迁徙到上海定居，反映华亭作为新设的行政区域，社会经济有所发展，否则很难吸引外地人到此居住。

福泉山汉墓青黄釉陶香熏

唐天宝五年（746年），上海出现了最早的贸易港口青龙镇，推动了上海海上贸易发展，直接表现在青龙镇遗址、浦东严桥唐代村落遗址、闵行马桥唐代水井和松江城区、上海市区中山北路、共和新路的唐代墓葬中，都出土了来自浙江越窑和湖南长沙窑的精美瓷器。浦东严桥唐代村落遗址，发现了唐代瓷器、陶纺轮、石锤、砺石、牛头骨料等。北蔡川扬河唐代古船，发现于唐代海岸线外侧的海滩细泥沙堆积中。这两处遗址，加上广中路南朝瓷器遗存的发现，纠正了长期以来认为唐代上海市区的大部分以及整个浦东地区还在海中没有成陆的说法，初步确定了上海唐代海岸线已向东延伸到今天的下砂、周浦、北蔡、江湾、月浦一带，对于上海成陆年代和城市发展史研究有重大突破。考古发现在南起奉贤海边，经奉城、下砂、周浦、北蔡至宝山月浦一线，存在着断断续续的砂堤，这条砂带极有可能是史料记载的筑于唐开元年间（713～741年）的捍海塘遗迹。捍海塘的修建，有效地保护了新生的冲击平原免遭海潮侵袭。

青龙镇唐代水井长沙窑伎乐壶

（二）宋元明清时期

宋室南迁，我国经济重心南移，大批侨民定居上海，给上海的发展带来了前所未有的机遇。元代设松江府并新立上海县（1291年），加速了上海社会经济发展、城镇文化兴起并逐渐繁荣，考古遗迹明显增多。已发现宋元墓葬40多座，遗址40余处。宋墓有土坑和石板砖室墓两种。土坑墓一般为北宋墓葬，随葬器物仅有几件粗瓷碗、盘、釉陶瓶和钱币等；石板砖室墓是在青砖砌筑的长方形墓穴上盖石板为顶，多一墓双穴夫妇合葬。嘉定北宋嘉祐七年（1062年）赵铸夫妇墓，其夫人穴室四壁用皮纸包裹的糯米浆三合土砖块砌筑。闵行南宋张珒墓，形制较为特殊，墓室分上、下两层，每层又分为两间，出土墓志、铁牛、铜镜、影青瓷盒、影青贯耳瓶、钱币、石道教神像、砖刻道教插屏等，可能同墓主人生前信奉道教有关。宝山南宋端平元（1234年）年承务郎谭思通夫妇墓是已发掘的宋墓中随葬器物最丰富的一座，有陶屋，陶人像，漆器，金银器及石墓志等，其夫人棺内出土20多件精湛的金银发簪、耳坠、霞帔饰件等。2002年于松江城区发现的南宋金首饰罐藏，内有10多件金簪、耳坠、手镯、额带饰，从一个侧面反映出南宋上海地区繁盛的经济文化。浦东高桥发现的嘉泰四年（1204年）黄偰墓等，是研究老宝山一带的成陆年代和行政沿革的重要资料。元代新出现了火罐葬墓，普陀曹杨新村的1座火罐葬墓，墓室用砖砌成圆形，中间置放釉陶骨灰罐，随葬韩瓶，可能是一般平民使用的葬式。青浦重固元任仁发家族墓，是20世纪50年代最重要的考古发现之一，发现被破坏的墓葬6座，追缴墓志、墓碑、瓷器、漆器、铜器、金银器、玉器、铜镜、砚台、木梳等器物71件，其中南宋官窑长颈贯耳瓶、垂胆瓶、兽耳炉，景德镇枢府釉高足碗，龙泉窑青瓷碗、炉以及陶渊明东篱赏菊图漆盒、莲瓣形漆奁等均为宋元瓷、漆器中的上乘之作。

松江南宋执荷童子金耳坠

元任仁发家族墓陶渊明东篱赏菊图漆盒

宋元考古的一个显著特点是水边遗址增多。吴淞江畔的青龙镇，从唐代发展到宋代，前后繁荣长达500年，成为东南地区最大的贸易港口。集中反映在青龙镇遗址及其周边出土了大量五代至宋越窑、龙泉窑、长沙窑、吉州窑、建窑、磁州窑的瓷器和湖州铜镜等；奉贤三团宋瓷堆积，距离宋代海岸线里护塘遗迹不到400米，集中堆放北宋青瓷碗、盘等1000多件。而与其相距10公里的南汇黄路宋代木船出土点距离明钦公塘1000米，说明这一段海岸线从宋至明代几百年时间内曾保持了相对稳定；嘉定封浜宋代古船发现在宋吴淞江北岸黑色流沙层中，新泾码头遗址位于吴淞江南岸，为南宋时期吴淞江远较今天宽阔提供了实证；青浦塘郁、闵行浦江花苑码头遗址，除发现成排木桩、木板等建筑残件外，出土了大量元明龙泉窑青瓷、枢府瓷、青花瓷器残件等，显示出元明海上贸易的兴盛和黄浦江的发展；最瞩目的是普陀区志丹苑元代水闸遗址，位于明以前的吴淞江故道上，平面呈对称八字形，总面积1500平方米，保存有6米高的青石闸门，长47、高2米的青石驳岸，平整的过水石面以及衬石板、木梁、木桩等，部分木桩的上半部有墨书文

志丹苑元代水闸遗址

志丹苑元代水闸木闸板

字，并有八思巴文印章戳记。是迄今中国保存最好的古代水利工程之一，在中国水利工程发展史上具有极其重要的科学价值，是研究13世纪以后江南地区的水利工程、吴淞江对整个长江三角洲地区的经济发展所起作用的重要资料。

古塔地宫的发掘清理为宋元考古增加了新的内容，前后清理了松江兴圣寺塔宋代地宫和嘉定法华塔元代地宫。主要发现有宋鎏金铜卧佛、铜供养人、银舍利盒和元高浮雕龙、凤、狮石函，铜佛像，铜熏炉、双鼻壶，鎏金银盒，瓷舍利盒，玉舞女，玛瑙羊距骨形佩，水晶蝉及宋元钱币等。

明清时期，上海迅速崛起，已有“江海之通津、东南之都会”之称，成为最繁荣的国际都会之一。考古发现明清墓葬400多座，钱币窖藏10余处。其中调查、清理发掘400余座明墓，对研究上海地区明代政治制度、殡葬制度、经济文化生活以及服饰、妆饰、家具工艺，特别是世家望族的兴起等具有重要意义。明代墓葬遍布上海各个区县，埋葬方式采用聚族而葬。一个墓地内家族成员之间的尊幼、上下辈关系采用昭穆葬法。1960年发现的嘉定唐时升家族墓是典型的一例。从元至正二十二年（1362年）去世的始祖教授府君到明代末年的十一世唐时升辈，在近300年间

松江兴圣寺塔地宫铜鎏金卧佛

明潘允徵墓木仪仗俑

内，至少11世家族成员葬于前后两个墓地内，且整个墓地的布局严格按照左昭右穆排列。墓的结构分地面建筑、糯米浆三合土封土堆和墓室几部分。地面建筑有石牌坊、碑亭、望柱、翁仲、马、羊、虎、狮等，有地面建筑的墓占已发现明墓的20%以上。根据明代文武官丧葬制度，这些墓主应是六品以上朝廷官员。明太师大学士内阁首辅徐阶夫人沈氏、张氏墓和新近清理的左侍郎张任墓，原墓道上各立4尊翁仲等石像生，为上海地区等级最高的明代墓葬。墓冢90%以上用糯米浆三合土封筑，糯米浆三合土几乎成为上海明墓的代名词。墓室的形制70%以上为砖室石板墓，次为砖室券顶墓、砖砌券顶石板墓、石室墓、糯米浆三合土墓几种。葬具木棺椁和釉陶骨灰罐，骨灰罐墓系二次迁葬。随葬器物一般2～3件，多的100多件。主要有墓志、买地券、铜镜、金银玉饰件、木家具、木俑、锡器、服饰、折扇、文房四宝、度牒、书籍等。潘允徵墓内随葬的一队木仪仗俑，由乐俑、文武官俑、隶役俑、侍吏俑、侍童俑、轿夫俑及轿子等组成，场面宏大；一整套家具明器，从室内陈设床、榻、橱、箱、桌、椅、凳、几、衣架、盆巾架，到生活用器马桶、面盆、脚盆、砚台盒、长方盒、圆盒等应有尽有，是明代木俑、家具断代的标准器；陆深父子墓、顾从礼家族墓、李惠利中学家族墓中，男女墓主身着服饰以及佩戴金银玉饰件，如束发冠、发罩、发簪、头箍、耳坠、戒指、霞帔饰件、三事件、刚卯

李惠利中学明墓银鎏金发罩

明朱守城墓朱小松竹刻香熏

明朱守城墓大理石紫檀笔插屏

等。其中顾从礼之父太医院御医顾东川头戴乌纱帽，身穿鹭鸶补服，其母身着凤冠霞帔；李惠利中学家族墓一女主人发髻外套的银鎏金发罩上插有20多件金银玉簪，戴金嵌玉葫芦耳坠等。这些不仅是研究明朝品官、命妇服饰的珍贵实物资料，而且精湛的工艺代表了明代金银玉器的最高水准。宝山朱守城墓随葬的刘阮入天台竹刻香熏，是唯一一件考古发掘出土、且有款识的嘉定竹刻名家朱小松的雕刻作品；名家绘画、书法的泥金笺折扇，文房用具笔筒、笔插屏、砚台、镇纸、印盒等，反映了墓主生前的爱好。嘉定宣昶家族墓中发现的明成化七年至十四年（1471～1478年）北京永顺堂用竹纸刊印的11种“说唱词话”和1种南戏《新编刘知远还乡白兔记》，在中国古代小说、戏曲和唱本发展史的研究上，是一个很重要的新发现，为了解明代的“说唱词话”提供了第一手资料。2007年嘉定李先芳墓发现的成刀纸张，其中两刀侧面有官字戳记，极为罕见。另外，墓葬中发现的衣、裙、裤、袜、鞋及叠放在身旁的衣物、布匹等，同文献记载明代松江为全国重要的棉纺织业中心相吻合。

1994年清理的松江西林塔地宫和天宫，出土了鎏金银、铜、玉、石佛像，金刚铃，铜鼎、炉，铜镜、压胜钱，玉、琥珀、珊瑚、水晶饰件及《松江华亭西林禅院》、《西林大明禅寺重建圆应宝塔志》石碑等400余件，这批文物的下限为明正统十三年（1448年），为明代早期文物的断代提供了标尺。李塔地宫装藏银铜造像、银舍利塔、鎏金阿育王铁塔及琉璃豆、石钵、银鼎、水晶杯及玉、水晶、玛瑙、琥珀、青金石、珊瑚等饰件60余件。法华塔明代地宫是在元代地宫之上建造的一个象征性地宫，内供奉1面铜镜和25枚铜钱币等，一座塔中有两个地宫且为不同朝代十分少见。

清代考古主要有墓葬、钱币窖藏及炮台。清墓多为糯米浆三合土直接砌筑，木棺内有一层

闵行三友大队明墓蓝印花布被面

雕花盖板。随葬器物新出现了翡翠饰件、鼻烟壶、十字架等。徐汇区两座天主教徒墓，墓主不仅身着朝服，而且佩戴金拉丁纹徽饰、十字架、圣母领报缎绣件等，反映出这两位墓主既是清朝廷官员，也是虔诚的天主教教徒，其丧葬礼仪是研究徐家汇地区迅速成为上海的“拉丁区”、天主教活动中心和中西文化交流窗口的最好实证。黄浦区大沽路先后发现3处窖藏钱币，有墨西哥银元、西班牙银元和清代江西、山西、山东银锭等。金山清嘉庆八年王占山墓出土的陈曼生自铭竹节紫砂壶，是目前已知出土实物中唯一有年代可考的珍品。宝山吴淞炮台以及炮台内出土的清顺治三年铁炮、“平夷靖寇将军”炮和“振远将军”炮，是研究吴淞炮台史和19世纪鸦片战争时期江南提督陈化成吴淞抗英的珍贵实例。

（执笔：宋建　何继英）

江苏省
中国考古60年

中国考古60年 江苏省

江苏考古60年，无论是史前时期还是历史时期不断有新的发现和研究成果，取得了令人瞩目的成就。20世纪50～60年代，以全面普查和发掘所得的重要材料，提出了“青莲岗文化”和“湖熟文化”的命名，将江苏区域考古纳入到系统研究的范畴。同时期，一些重要考古发现在我国考古学界产生了一定的反响，如邳州四户大墩子新石器时代墓地、铜山丘湾商代祭祀遗迹、南京象山王氏家族墓地及出土墓志、南京宫山砖印壁画“竹林七贤”以及南唐二陵等。70～90年代，地层学和类型学方法的进一步发展和区、系、类型理论的提出，有力地推动了江苏考古学的健康发展，工作重心着力于构建史前和商周时期文化序列的框架，尤其是太湖平原史前时期文化发展序列和宁镇地区商周时期文化发展序列。同时，启动了具有江苏地区特色的江南土墩墓和六朝陵寝制度等研究课题。90年代以后，随着江苏考古队伍不断充实壮大，配合建设的新发现遍及大江南北，使研究领域不断拓展，从旧石器时代到元、明时期的考古学研究均得到蓬勃展开，顺应学科发展要求，结合考古工作实际，以多学科合作，综合研究的手段，提炼并明确重点课题，在良渚文化与古代文明进程、江淮之间史前文化面貌、西汉诸侯王丧葬制度和扬州唐宋城址课题领域，都取得了初步研究成果。进入21世纪，环太湖流域史前文化和吴、越文化，六朝建康宫城布局等研究课题，由于它在我国考古学研究领域占有重要地位，受到学术界的充分关注，江苏考古又迈上了新的台阶。

一　旧石器时代

旧石器时代分早、中、晚三期。

旧石器早期包括南京汤山葫芦洞人类化石地点，茅山旧石器地点群和位于南京长江两岸的高淳江浦的一些零星旧石器地点。

南京直立人1993年发现于南京市江宁汤山镇，包括2具颅骨和1枚人类右上第三臼齿。总体上看南京直立人2件颅骨的形制特征有许多重要的一致性。如穹隆顶在矢状方向上显得十分低平，而且较长。颅骨骨壁较厚。额、顶骨有矢状嵴存在。顶结节不发育，顶后外侧部角圆枕十分发育。枕骨圆枕比较发育，枕外隆凸突出，表面显得圆钝。颞鳞低，其上缘呈缓弧状。2件颅骨也有一些不同之处。如颅骨的大小厚重，矢状嵴形状及发育程度，枕骨圆枕及枕外隆凸的粗壮程度等有很大区别，许多测量数值也不一致、作为同一地点同一层位出土的标本，它们之间的差异可

能主要和性别、年龄以及个体的变异有关。牙齿齿冠的长、宽、高都在北京人臼齿的测量值范围内。齿根的高度小于北京人，长度在北京人范围内，宽度接近北京人的下限，不及北京人粗壮发达。根据2个方解石和4个牙齿的铀系法和5个牙齿的电子自旋共振法（ESR）测定，南京人的年代为距今约35万年，与动物群反映的时代基本一致。但根据热电离质谱仪（TIMS）法测定，南京猿人的时代大于距今50万年。

南京汤山溶洞古人类化石地点头盖骨

茅山旧石器地点群分布在宁镇山脉以东，太湖以西，溧阳、石臼湖以北广大地域，包括12处遗址、地点，是江苏目前发现最早的旧石器文化，也是长江下游地区继安徽水阳江旧石器地点群发现后找到的另一个区域性旧石器文化，展示了江苏南部数十万年前古人类生产生活的场景，主要代表为和尚墩遗址。

金坛和尚墩旧石器时代遗址

和尚墩位于金坛市薛埠镇附近，2002年和2005年两次发掘，面积500平方米。地层划分为12层，石制品出自第4～12层，文化层最大厚度6.2米。地层中发现面积150平方米的石器制造场，6个砾石堆和391件石制品。对石制品的初步观察表明，在原料素材、制作工艺、工具器型等方面与中国南方的砾石石器、砍砸器工业接近，但在工具尺寸、打片方法和器型组合方面又略有不同。

遗址属露天原地埋藏类型，丰富的遗迹和石制品表明，和尚墩是茅山旧石器地点群的中心遗址。茅山东南麓很可能是旧石器时代早期人类在江苏南部活动的主要区域。综合黄土地层和古地磁法等年代测定结果分析，遗址形成的地质时代从中更新世延续到晚更新世，含旧石器的文化层绝对年龄为13～60万年。

放牛山位于句容市春城，1999年发掘，面积300平方米。发掘和采集共获石制品54件，包括石核、石片、砍砸器、刮削器、石球、镐、薄刃斧、雕刻器等。文化面貌属于中国南方砾石石器工业。石制品分别出自第2、4、6～9层，根据修正后的ESR法测年结果，从上至下的石制品年龄为21～45万年，相当于中更新世中晚期。放牛山地点的堆积物属下蜀黄土。埋藏其中的绝大多数石制品保持了锐利的棱角或锋利的刃缘，说明放牛山地点的文化遗存属于原生堆积，应该是远古人类的一处临时停留地。

旧石器中期目前仅有莲花洞人类化石地点一处。

莲花洞位于镇江市蒋乔镇檀山村，1981年第一次发掘。出土人类下第二臼齿1枚，形制与现代人相同，时代最初判断为晚更新世晚期。2001年南京博物院和镇江市博物馆对莲花洞进行了第二次考古发掘，首次从洞内获7件石制品，包括5件石核和2件刮削器。根据对第2、3堆积层间的新生碳酸盐岩并参考动物化石的铀系年代测定，主要含化石的第2层的年代应在10～30万年之

徐州西汉刘和墓银缕玉衣出土情形

式木椁墓的完整结构，“题凑”内平面布局有厢、中椁、内外回廊、内椁。主要构件凿刻或漆书名称、顺序等文字。还有泗阳三庄泗水王墓。东汉诸侯王墓都为砖室结构，影响较大的有出土银缕玉衣的徐州土山彭城王及其家族墓，出土“广陵王玺”金印的邗江广陵王刘荆夫妇墓。

徐州发现有与诸侯王陵园修建相关的重要文物，云龙山北麓汉代采石场，包括采石坑、石渣坑、半成品坑、标号石坑等，一些采石的铁工具。羊鬼山西汉墓陪葬坑，羊鬼山经调查初步确定其为狮子山楚王墓的王后墓，在其东坡下早年曾发现过陪葬坑，2004年又发现彩绘陶俑坑、车马器构件坑、器物坑，是楚王陵园的重要组成部分。

徐州、睢宁、扬州、仪征、泗阳和南京还发现过一批列侯王族或高等级陪葬墓。如徐州簸箕山宛朐侯刘埶墓、火山刘和墓、天齐山刘氏墓；扬州“妾莫书”墓；仪征团山汉墓；泗阳三庄汉墓和南京湖熟汉墓等。这批墓葬规格高，分别出土有黄金饰，金印，人物画像镜以及银缕玉衣、琉璃衣、玉枕、玉面罩等重要文物。

地方官吏的墓葬以扬州、连云港附近发现较多，尤以东海县尹湾汉墓的发现最为重要，其中6号墓主人曾任东海郡五官司椽、功曹史的师饶，该墓出土简牍157枚，4万余字，依内容分为集簿、郡属县乡吏员定簿，长吏迁除簿、吏员考绩簿，武库永始四年兵车器集簿、礼钱簿、六甲阴

狮子山楚王墓出土玉枕

扬州西汉董汉夫妇合葬墓出土漆器

阳书、历谱、遣策、谒、元延二年起居记、行道吉凶、刑德行时、神乌傅（赋）等。属已发现我国最早的一批郡级文书档案和一篇亡佚二千多年西汉赋文。是研究西汉中晚期行政建置、官吏迁除设置以及社会生活等重要史料。

盱眙南窑庄窖藏出土西汉金兽

扬州附近发现的汉墓群很多，以胡场最为典型，该墓地面积1平方公里，已清理30余座西汉木椁墓，椁内多为一棺，墓主身份平民或小吏，出土器物中漆木器占随葬器物百分之七十以上，银扣，铜扣，金银贴饰、镶嵌的漆器，纹饰华丽，线条流畅，多飞禽、走兽、羽人图案。木器有各种形制的俑。2007年西汉董子翁墓是近年扬州发现的重要墓葬，由外椁和主室两部分组成，随葬器物有玉器、漆器、琉璃器、铜器、木器等942件（套），其中彩绘漆肩、漆角壶和金缕琉璃匣，工艺精湛，十分少见。

江苏汉画像石墓集中发现在徐州附近，年代从西汉晚期经新莽到东汉晚期。近60年来已发掘的画像石墓有近百座，经调查、征集的画像石已经达千余件。徐州茅村汉画像石墓、白集汉画像石墓等是典型代表。画像内容丰富多彩，有生活、生产、出行、乐舞等多种内容，是我国汉画像石发现的重要地区之一，此外，淮阴、扬州、苏州等地也有发现。

盱眙南窑庄金、铜器窖藏是我国汉代考古的重要发现之一，出土铜壶、金兽、黄金铸币等器物36件，黄金总重达19906.8克，数量之多，价值之高，弥足珍贵。

五　六朝时期

六朝时期政治、经济和文化中心在南京。江苏成为六朝考古的重要地区，发现的城址、陵墓、世族墓地、窑址、作坊等遗存尤为丰富。

六朝建康宫城遗址的探寻始终是考古工作的重点。进入21世纪，在南京大行宫地区进行的20多个地点城市考古发掘中，发现了大量和六朝建康宫城遗址有关的遗迹和遗物，终于取得了突破性的进展。包括多条高等级道路、城墙、城壕、桥梁、大型夯土建筑基础，房址、排水沟和砖井等重要建筑遗迹，以及一批云纹、人面、兽面、莲花纹瓦当和精美的各式釉下彩青瓷器残片。其中一条南北向主干道，上下叠压有从孙吴至南朝多个时期的路面，路幅早晚略作移位，早期路面宽15.4米，晚期路面宽达23.3米，各时期道路两侧对称分布有宽窄不等的砖彻路沟，东晋道路两侧为砖铺路面车辙印痕清晰，中间为夯土路面。东西向道路与南北向道路相互垂直，时代亦是早、晚叠压，南朝晚期道路保存完好，路面宽约20米，两侧砖砌路沟宽约0.85米。东西向道路北侧发现有东晋至南朝夯土城墙，外侧均有包砌砖墙，内侧勒脚处还填筑一层未经整修的大石块。晚期夯土城墙存残存高0.7米，墙基中间夯打木桩，基槽宽12.4、残深1.4米。城墙东延后向北折拐，折拐后的城墙逐渐加宽。东西向城墙外侧还发现有各个时期的濠沟，南朝壕沟宽5.6、深1.1米，孙吴时期壕沟宽9.7、深约2米，壕沟两岸有护岸木桩或砖墙。壕沟与道路交汇处发现一座六朝早期的木桥，仅见基桩，两排

6根，为单孔木桥，东西宽约4.7米，桥孔南北间距约4.5米，架桥部位濠沟两岸分布有较粗的护岸木桩。夯土建筑基址其上发现有2处大型础石，10余座砖结构房址非常密集，有砖砌散水和排水沟，砖井和主要排水沟底部铺木板。这些重要发现，其规模、等级非同寻常，无疑是与建康宫城有关，大行宫一带应属建康都城的核心区域。所发现的两段城墙可能属于建康宫（台城）城墙。

在南京市其他地段也发现过一些与建康城有关的遗迹和重要文物。包括船板巷木栅栏遗迹、中华门附近南北向道路和古河道，出土文物中大量的六朝瓦当，釉下彩瓷器，以及孙吴时期的简牍、象牙尺、木尺等。

镇江铁瓮城、扬州晋广陵城进行过小规模试掘 。铁瓮城为六朝早期的京口城，南北长340、东西宽220米，总面积7.5万平方米，筑城时将铁瓷山外侧略加修整成台阶状，依山堆筑城垣，“因山为垒，依江为屏”，使铁瓮城与山浑然一体。扬州晋广陵城，于蜀岗汉广陵城的基础上重建，砖砌城墙，城砖模印文字“北门”、“北门壁”、“城门壁”，多作隶书，正书或反书，说明发掘地点即在北门附近，“壁”即“砖”的别称，此城可能是东晋大司马桓温所筑的广陵城。

建国以来，江苏清理发掘的六朝墓葬，绝大部分集中在南京及其附近地区，约在千座以上，其中纪年墓百余座。

经考古发掘的六朝帝陵有10处，南京大学北园东晋帝陵（元、明、成）之一；南京幕府山东晋穆帝永平陵；南京富贵山东晋恭帝冲平陵（也有认为安帝休平陵）；南京西善桥宫山宋孝武帝景宁陵；南京郭家山宋明帝高宁陵；丹阳胡桥仙塘湾齐景帝修安陵；丹阳湖桥吴家村齐帝陵（宣、高）之一；丹阳建山齐废帝陵（或和帝）；南京西善桥油坊村陈宣帝显宁陵；南京灵山陈文帝永宁陵。王侯墓有5处，南京甘家巷梁安成康王萧秀墓；南京张家库梁桂阳简王萧融墓；南京刘家塘梁桂阳王萧象墓；南京白龙山梁临川王萧宏墓。六朝陵墓的特点为选择葬地“背倚山峰，面临平原”，即通常所说“山冲”之地，聚族而葬，不起陵冢，开凿墓坑（劈山营造），墓前设长排水沟，地宫单室，甬道设两道门槽，墓门石砌，门额半圆形，浮雕人字拱。南朝陵墓墓砖壁画，内容为“竹林七贤，”、“羽人戏龙”、“骑马待侍从”、“执戟侍卫”、“执扇侍从”。墓前神道设石兽、石柱、石碑，陵前石刻与地宫有较长的距离，且多不在中轴线上。由于陵墓均经盗扰，葬具及随葬制度目前尚不清楚。

南朝隋墓墓砖壁画“竹林七贤”

南京江宁上坊孙吴时期墓葬是迄今为止发现的规模最大，规格和结构极复杂的孙吴墓葬。其前室顶部为浮雕神兽纹巨形覆顶石，前、后室四隅的兽首形石灯台，后室的大型虎兽状石棺座，均是首次发现的高规格墓葬设施。所出的模型明器中柱形器、毛笔、书刀、斗、量以及用文字记号装配的牛车在以往孙吴时期墓葬随葬器物中所未见。墓主身份当是孙吴晚期宗室之王。

经发掘的世家大族墓地，有北方世族与江东世族。北方世族有南京老虎山东晋颜氏家族墓地；象山东晋王氏家族墓地；戚家山和铁心桥东晋谢氏家族墓地；吕家山李氏家族墓地以及郭家山温氏家族墓地。江东世族有南京杨梅山东晋高氏家族墓地；宜兴周氏家族墓地；苏州张林山张氏家族墓。象山东晋王氏家族墓地最具代表性，该墓地为东晋初尚书仆射王彬家族的墓地，已发掘墓葬10座，分布相对集中四个埋葬区，墓地范围总面积约几万平方米，依次有7号墓、1-5号墓、8-10号墓及6号墓，大部分墓葬出土墓志，墓主身份明确，因此，该墓地是研究东晋望族墓地，是以世系辈分和尊卑制度的排葬规律的典型墓地。南京郭家山温氏家族墓地4座砖室墓分前、后两排布列，前排墓主为东晋大将军、始安郡公温峤，是迄今发现地位最高的勋臣墓葬。后排为其次子新建县侯温式之，该墓出土墓志记述温氏四代与其他世家大族的联姻关系，并为寻找东晋帝陵提供了重要线索。

南京上坊孙吴墓

南京上坊东吴墓出土器物

苏州、镇江、建湖、金坛、扬州、连云港等地也发现一批六朝墓葬。

江苏发现的青瓷窑址，位于宜兴南山“均山”，现已发现四处。窑址年代西晋，从窑具、窑炉和产品看，均与浙江同时代窑址相近，应为同一系统，唯其产品、色泽造型、出烧造技术略逊一筹。

六朝墓葬出土的砖印壁画、墓志、青瓷器、玻璃器、陶俑在研究我国物质文化发展史、艺术史、中外文化交流方面都很重要。

宜兴周处墓出土青釉神兽尊（西晋）

六　唐五代时期

唐代扬州城是当时全国最为繁荣的商贸港口城市，时有“富庶甲天下”的声誉。20世纪70年代以来经过多年的勘探和发掘。唐扬州城由子城和罗城两部分组成，子城是衙署所在地，在今蜀岗之上，利用了隋宫城和东城旧址，平面呈不规则多边形，墙体周长约7000米，四面各开一门，城

扬州城遗址南门遗迹

内设十字通街大道，南北长1400、东西长1860米。街宽11、交叉路宽22米。南门是子城的主要出入通道，为一门三洞结构，门洞铺石，中门道宽7、两侧道均宽5、门洞深约14米。北城和东城各有一水门，子城墙角设角楼，墙体拐角内外包砖，内侧包砖作成斜面砖，使砌成的墙体自然收分。罗城是里坊区，位于蜀岗之下，初始，也利用了隋罗城的旧址，但随着商业和手工业的发展，在隋罗城范围之外，向南沿河两岸拓展，最终形成于中唐，晚唐进行过修筑，并增加了包砖。罗城为长方形，约南北长4300、东西宽3100米。城内交通有水、陆两系统，陆路南北主干道3条，每条间距350米，东西主干道4条，每道间距1000米，主干道贯通城门。干道之间有小道，南北干道与东西干道相汇的中间地带即为里坊范围。城内发现多道纵横交叉的河道，应是文献所载“官河”、“市河”、“柴河”及其支流，现已探明横跨河道上的著名的24桥桥址，考古发现的1座五跨木桥桥址，桥面宽7、长约30米。城内河道同时是供水的水源与排水的明渠。罗城城门靠近蜀岗的三个门均为三门洞，东西墙各有四门，均为一门洞，南城墙三个门，均为一门洞，正南门与西北偶门为瓮城。罗城范围内发现有密集的民居建筑以及排水设施，已揭露的排水沟长35、宽2、高1.5米，沟两侧用厚3厘米的杉木板作驳岸，上下两块，外侧紧贴木板用楠木桩固定。罗城官河两岸满布市肆，商易繁华，发掘出土的遗存中包括各种窑口的瓷器，包括长沙窑、寿州窑、巩县窑、越窑、宜兴窑以及波斯瓷，并有大量钱币。罗城西部为手工业作坊区，手工业作坊包括有金属熔铸，骨器，具雕和蚌雕等。罗城外东郊五台山和智禅寺一带为墓葬区，出土有墓志和彩绘俑。

唐代扬州的发展演变过程，以蜀岗之上的小城到唐中期以后蜀岗之下的罗城，不仅仅是城市规模扩大，关键是城市性质的变化，由地方行政性的城市发展成为人口密集程度很高的重要商贸城市和对外港口，唐扬州的研究成果，对我国中古时期城市发展及其模式研究提供极为丰富的资料。

镇江市发现有唐代官衙和木结构排水遗迹。南京张府园发现过南唐宫城护城河及石砌驳岸。

唐代墓葬遍及全省，迄今发现多为小型墓，墓葬形制以长方形、腰鼓形、梯形及凸字形券顶砖室墓为主，长约4米。扬州林庄唐墓是迄今江苏境内唯一长度超过10米的墓葬，出土彩绘俑60余件。值得注意的是扬州唐墓出土的瓷器，几乎当时全国各主要瓷器窑口的产品均有发现，反映了唐代扬州大商埠的历史风貌。扬州、镇江出土的唐代墓志、买地券，是研究当时社会政治、地望、职官制等诸多方面的宝贵史料。

五代墓虽然发现较少，但是扬州七里甸五代墓、苏州七子山五代墓和南唐二陵都是当时高规格的墓葬。七里甸五代墓棺椁前置木屋模型，结构仿真制作，是研究当时葬制和建筑史的好材

料；出土的乐器琵琶等器物，具有一定的艺术价值，墓主当为杨吴皇室成员。七子山五代墓结构保存完整，为前、中、后三室，中室西侧附耳室，全长14.34米，出土的越窑青瓷金扣边碗、金银器、青瓷器均为少见的精品，墓主应与吴越国钱氏关系密切的贵族。南唐二陵是南唐烈主李璟及皇后宋氏的钦陵和中主李璟及皇后钟氏的顺陵。墓室作仿木结构，构件上均绘有牡丹、海石榴，宝相花、柿蒂、云气纹等彩绘；顶部绘天像图，地面刻凿江河，室门两侧浮雕武士像；出土玉哀册和陶俑等。其建筑、雕塑风格和随葬器物极具南方特征。

镇江丁卯桥唐代窖藏出土金银器

丹徒丁卯桥唐代窖藏出土950余件金银器，其中涂金龟负“论语玉烛”酒令筹及令旗是一组宴席行令的专用器具，属首次发现，是研究唐代宴饮生活的珍贵资料。

南京近郊九华山唐代铜矿遗址，发现采矿场5个，矿场之间的通风设施、井巷，反映当时采矿利用顶底板结构原理分层开采的方法，同时发现一批采矿和运输工具，唐代矿冶遗迹极为罕见。

宜兴溧阳一带山区发现多处唐五代窑址，经正式发掘的涧众窑，填补了唐代民窑的空白，产品在江苏境内唐代遗址中常见，说明是销路很广的民间用具，此类产品在日本和韩国均有发现。

七　宋元明时期

扬州宋三城的勘探与宋城西门、东门、宋大城北门水门遗址的发掘，探明了宋大城、宝佑城、夹城的位置、范围和布局，宋大城西门城墙、城门坚固的结构，其特有的布局特点，充分反映了当时复杂的政治、军事形势。西门砖砌券洞城门是我国建筑史上由木结构过梁式城门向砖砌券顶式城门转型的最早实物。东门吊桥遗迹及南宋时期双瓮城的出现，对我国古代城市建设史和军事上均有极其重要的研究价值。北门水门则是为了解决城墙跨河问题而修建的门道设施，既可通航又可防御。

苏州大石头巷宋代坊市遗址，出土器物包括陶范、熔铸钳锅、骨器半成品、博具，是宋代平江城坊市商品经济的一个缩影。

江苏佛塔出土文物有镇江甘露寺地宫，连云港海清寺塔地宫，涟水妙通塔地宫，南京北宋长干寺地宫和苏州云岩寺塔天宫、瑞光塔天宫。其中瑞光塔天宫真舍利宝幢和四天王木函，长干寺七宝阿育王塔和墨书题记的丝织品是宗教文物中的精品。

宋代墓葬各地均有发现，除一般的土坑墓，砖室仿木结构继承前期传统，砖室木板顶或石板砌室则是地方的特点，开始出现浇浆木椁墓。两宋墓葬以北宋居多，南宋墓仅在苏南各地有一些

南京长干寺出土七宝阿育王塔

南京沐氏家族墓沐昌祚墓出土金饰

发现，规模总体来说都不大，长度很少超过4米。仅在淮安扬庙北宋墓墓室绘有壁画。出土的随葬器物数量从数件到数十件不等，一般以日常用品居多，其中不乏精品。如镇江北宋章岷墓的一批瓷器、常州前村宋墓的戗金漆器、金坛南宋周瑀墓的丝织品，溧阳竹箦的釉陶家具明器，江阴宋代葛闳夫妇墓的夹钢剑等。南京南宋秦桧家族墓地出土的玉、玛瑙器均反映出宋代手工艺技术达到了很高水平。此外溧阳平桥还发现过宋代银器窖藏。

元代墓葬发掘数量不多，大致可以分为砖室、石室和砖石合砌墓三类。徐州南郊发现的延祐七年（1320年）石室墓有石刻画像。苏州盘门张士诚父母合葬墓，封土到棺室有多达10道保护层，分别用夯土、三合土浇浆，层层护封。元墓中发现过一批重要金银器，其中以苏州吴中区吕师孟基和无锡钱裕墓中出土的一批最为著名。金坛洮西出土元代青花云龙纹灌和淮安季桥出土的元代青花枝牡丹纹双兽耳罐是不可多得元青花瓷精品。

明代早期定都于南京，地下保留有较丰富的文化遗存。

首先，明孝陵的考古调查和清理发掘自20世纪80～90年代，先后对明孝陵陵宫门、享殿基址、配殿、神厨、神库基址以及东陵（太祖朱元璋所立皇太子朱标陵墓）的考古勘探和清理发掘，获得了一批珍贵资料。南京中华门外聚宝琉璃窑，经过20世纪60年代和21世纪初两次清理发掘，发现几十座规模不等的窑炉结构和一批色泽艳丽、造型优美的建筑构件，充分说明著名的明初大报恩寺塔的建材即在此烧造。南京三汊河宝船厂六作塘遗址的全面揭露，清理出34处造船基础设施遗迹，出土的遗物包括船用构件、舵杆、压舵石、船板，造船工具有锉、钻、锥、刀和木尺等。明代徐州卫镇抚司遗址清理出以厅堂为中心的建筑基址，侧厢房内分别发现有手铳、火炮及铁胄，并有一批生活用具。南京城周和紫金山麓清理发掘过一批明初功臣墓，包括蕲国公康茂才、东胜侯汪兴祖、靖海侯吴桢、南安侯俞通海等。明代功臣的丧葬制度直接由中央控制，规格高、等级多、随葬器物丰厚，出土的瓷器和金银器非常精美。值得注意的是南京将军山朱元璋养子沐英家族墓地，自20世纪50年代初至今不断发现有其家族的墓葬，且多有墓志出土，包括黔宁王沐英，子定远王沐晟、定边伯沐昂、四世孙副总兵同知都督沐瓒、八世孙黔国公沐朝弼、九世孙黔国公沐昌祚、十世孙黔国公沐叡。沐氏家族世代镇守云南，有明一代，传承12代，现知其五～七世孙死后未归祖茔，葬在当地。该墓地对于研究明代重要功臣聚族而葬的葬制具有重要价值。墓内出土的青花梅瓶“萧何月下追韩信”、“黔宁王遗记”沐氏祖训金牌在明代文物中具有相当高的艺术、历史价值。淮安明弘治王镇墓中出土的25件书画则是我国考古史上出土书画最多的一次。

（执笔：邹厚本　林留根）

浙江省
中国考古60年

中国考古60年 浙江省

浙江，古越地。“文身断发，披草莱而邑”，是《史记》对越俗的描述，自此一直被传统史家指为荒蛮落后之地。20世纪30年代中期，在江浙财团兴起的社会经济背景下，一批有识之士成立的吴越史地研究会，旨在发掘、研究吴越文化。在这前后，小规模的考古调查和发掘工作开展起来。1936年，省立西湖博物馆施昕更发掘良渚遗址，随后出版《良渚》报告，可作为浙江考古学肇始的重要标志。研究、探索越地历史，成为浙江考古工作的神圣使命。

1949年新中国成立后，浙江考古工作由华东文物工作队负责。1954年华东大区撤销，成立浙江省文物管理委员会，1962年，浙江省文物管理委员会与浙江省博物馆合署办公。1979年，浙江省文物考古所成立（1986年更名为浙江省文物考古研究所）。20世纪80年代后，杭州、宁波等地的考古机构也更多地介入了区域内的发掘工作。

60年间，浙江考古从薄弱到繁荣，在古文化谱系的建立与深化、中华文明起源的探索与研究、古窑址、古城址、古墓葬考古等方面取得了重大的成果。

一 史前时期

（一）网纹红土中的新发现——旧石器时代考古

浙江蕴藏较多古生物化石，临海翼龙填补了我国无齿翼龙和晚白垩纪翼龙的空白。1974年冬，中国科学院古脊椎动物与古人类研究所和浙江省博物馆的专家，在建德市李家镇新桥村乌龟洞里发掘出一枚古人类的牙齿化石及大量古脊椎动物化石。经鉴定，这枚人牙化石距今约有5万年的历史，被中国科学院正式命名为“建德人”，但在地层中没有发现石制品等人类活动遗存。

合溪洞遗址1号地点遗迹

2002～2005年，在张森水先生的倡议和指导下，中国科学院古脊椎动物与古人类研究所和浙江省文物考古研究所联合组成调查组，开展了“中国晚更新世现代人起源与环境因素研究”项目。几年中，在浙西北的苕溪流域共发现旧石器地点58处，在网纹红土等中更新世地层中，科学采集人工石制品近2000件。另外，还对安吉上马坎、长兴七里亭、长兴合溪洞遗址进行了发掘，出土石核、石片、刮削器、砍砸器、石球、

石锥、手镐、短镐、雕刻器、尖状器等属于中国南方主工业的石制品组合，文化堆积丰厚，填补了浙江旧石器时代遗址的空白。

（二）早期新石器时代考古的突破

1988年，浙江省文物考古研究所成立河姆渡文化课题组，目标之一是探索先河姆渡文化。这是与早期新石器时代有关的第一个学术概念。1990年，萧山跨湖桥遗址的发掘，文化面貌新颖独特，年代早于河姆渡遗址。1995年，浙江省文物考古研究所"九五"学科规划将早期新石器时代文化的探索列入重点课题。2000年，对浙西衢州葱洞、观音洞进行调查和发掘，虽未发现明确的线索，但表明早期新石器时代考古（也包含旧石器时代考古的预设）开始了主动性的探索。

从后来的实际进展看，早期新石器时代的探索必须先破除河姆渡文化的禁锢。有必要强调偶然中带必然的两个认识现象：一是跨湖桥遗址的年代因为其陶器面貌比河姆渡还要"先进"，被质疑而犹豫，探索的时机被延误了10年；二是1999年诸暨楼家桥遗址的发掘，该遗址早期相当于河姆渡文化早期，但又出土大量的带"扉棱"的柱足鼎等陌生因素，说明浙江史前文化多元因素确实存在，钱塘江以南地区新石器时代文化的探索，不应受到河姆渡文化框架的限制。正是从楼家桥遗址扩展开来的浦阳江流域考古调查，才成就了上山遗址的发现和跨湖桥遗址的再发掘。

2004年"跨湖桥文化"的命名和2006年"上山文化"的命名，标志着浙江早期新石器时代考古的突破。

1.上山文化

上山遗址在2000年秋浦阳江流域新石器时代遗址专题调查中发现。2001年2～5月，进行第一次发掘，清理出以石磨盘、石球、夹炭红衣大口盆为特征的陌生遗存。2002年，为求证遗址的年代，对遗址出土的夹炭陶标本进行^{14}C年代测定，这也是浙江第一次用陶片标本进行^{14}C加速器年代测定，测定表明遗址的年代约距今11000～8600年。

上山遗址第二、三次发掘（2004～2006年）探明遗址的面积约25000平方米。遗址下层夹炭陶片中普遍掺杂稻壳、稻叶、稻秆遗存，反映稻米这一食物资源已经成为上山人经济生活的重要组成部分。通过对陶胎掺和料中保存形态较好稻谷小穗轴的抽样观察，发现其中既有野生稻也有栽培稻的性状特征，稻壳形状也存在粒形短而宽的非野生特征，说明稻作农业实践在上山阶段已经开始。上山遗址出土的陶器非常简单，以大口盆为大多数，另外还有双耳罐等，晚期出现夹细砂大平底盘；石器除大量的石磨盘、石磨棒、石球外，以打制石片石器为主，磨制石器较少。这些器物形态反映了早期农业、采集、狩猎相混合的原始经济形态。清理的遗迹有灰坑、器物坑等，值得一提的是，沟槽式、栽柱式建筑形式已经出现，反映了其定居或半定居的生活方式。

上山遗址所代表的文化类型已被命名为"上山文化"。从目前的发现看，这一文化主要分布在浙中的丘陵河谷，所属遗址有嵊州小黄山遗址，永康庙山、太婆山遗址等。

上山遗址出土陶盆

2.小黄山遗址

小黄山遗址发现于2005年1月的一次曹娥江流域考古专题调查。遗

小黄山遗址墓葬

小黄山遗址出土陶器

址早期有壕沟、房基、灰坑、墓葬等复杂的遗迹现象，说明其聚落规模巨大，推断遗址的面积约10万多平方米。柱坑分布密集，平面排列情况显示，当时住房的布局与壕沟有密切联系。墓葬散布于房址附近，没有专门的墓地，为竖穴土坑墓。出土器物主要是陶器和石器。陶器主要为夹砂红衣陶，少量为夹炭红衣陶，器形有敞口平底盆、平底盘和钵、罐、壶、背壶等。石器有磨石、磨盘及打制的砍砸器、刮削器，磨制的斧、锛。从文化面貌分析，其年代相当于上山文化晚期，但遗存现象更为复杂丰富，^{14}C年代测定其上限约距今9000多年。

叠压在早期遗存之上的还有跨湖桥文化和相当于河姆渡文化阶段遗存，这一现象在上山遗址中同样存在。在小黄山遗址的发掘与探索中，十分关注文化因素的连续性，体现了自河姆渡文化发现以来这一地区执著的学术思路之一。

3.跨湖桥文化

跨湖桥遗址位于钱塘江和浦阳江的交汇口附近，东接宁绍平原。1990年发现并进行第一次发掘，2001～2002年进行第二、三次发掘。遗址深埋在海相层之下，是全新世大海侵之前的文化遗存，^{14}C测年约距今8000～7000年。

遗址埋藏条件好，大量的陶、石、骨、木器很好地保存下来。陶器胎壁匀薄，黑光陶、彩陶是其中的精品；装饰技法分拍印、刻划、镂孔、彩绘等，有绳纹、篮纹、方格纹、太阳纹、垂帐纹、网格纹等。圜底器、圈足器发达，不见三足器，器类有釜、罐、盆、钵、圈足盘、豆、甑、器盖、纺轮等，器形特殊，釜的腹部多呈卵形，圈足器发达，迥异于后来的河姆渡文化、马家浜文化；丰富的彩陶也没有在钱塘江流域后来的已知文化中得到传承。通体磨制的釜、锛、凿、锤、

跨湖桥遗址独木舟遗迹

跨湖桥遗址出土陶釜

镞、钻孔璜以及穿插装柄的骨耜、钉形骨器、骨针、木锥、木盆等也很有特色，尤以独木舟、漆弓最为重要。独木舟是迄今发现的可以实证的最早的独木舟，漆弓也是迄今发现的最早的漆器。

跨湖桥文化所属遗址除了跨湖桥遗址，还有下孙遗址、上山遗址、小黄山遗址，后两处遗址说明该考古学文化的分布方向是浙中山地，与上山文化局部重合。

（三）长江流域史前考古的里程碑——河姆渡文化

1973年，河姆渡遗址的发现震惊了考古界和历史学界。遗址中发现的距今7000年的灿烂农耕文明丝毫不输于同时期华北地区的仰韶文化，就如一道闪电划破了南中国荒蛮蒙昧的原始夜空。长江流域与黄河流域同是中华文明的摇篮这一伟大命题，就源自于河姆渡遗址的发现。

1977年，夏鼐正式命名了河姆渡文化。学术界对河姆渡文化是限于河姆渡遗址的第4、3层，还是包括第1～4层的全部内容，一直有所争议，但这并不妨碍由河姆渡遗址开始展现的、以宁（波）绍（兴）平原为重心的钱塘江—杭州湾以南地区的史前文化，成为长江下游及东南沿海地区考古学文化分布的重要区块。近30年来，在这一地区发掘了慈湖（1988年）、名山后（1989、1991年）、塔山（1990、1993、2007年）、小东门（1992年）、沙溪（1994、1997年）、鲻山（1996年）、鲞家山（1997年）、寺前（2003年）、傅家山（2004年）、田螺山（2005～2008年）等遗址，这些遗址包括了河姆渡遗址早、晚期阶段，也包括良渚文化阶段，从而建立了具有地域特色的文化发展序列。

河姆渡遗址出土象牙雕

1.河姆渡遗址

河姆渡遗址面积约40000平方米。1973、1977年两次进行发掘，出土了骨器、陶器、玉器、木器等生产工具、生活用品、装饰品以及人工栽培稻遗物、干栏式建筑构件，动植物遗骸等文物近7000件，全面反映了我国原始社会母系氏族时期的繁荣景象。河姆渡遗址的发掘为研究当时的农业、建筑、纺织、艺术等东方文明，提供了珍贵的实物资料。其中的“双鸟朝阳”象牙雕刻作品，已经成为长江史前文明的标志。

河姆渡遗址出土陶釜

遗址第4、3层（距今7000～6000年）出土的夹炭陶绳纹带脊釜、双耳大口罐、宽沿浅盘、斜腹盆、环形单把钵，以及骨耜、骨哨、骨匕等器物，文化面貌独特，体现河姆渡文化的典型特征；第2、1层（距今6000～5300年）出土的鼎、落地式把两足异形鬶、垂囊式盉、敞口鸡冠耳釜、敞口扁腹釜、牛鼻耳罐、镂孔豆等，受到马家浜文化的更多影响。

2.田螺山遗址

遗址分布面积约30000平方米，是迄今发现的河姆渡文化中保存环境最好、地下遗存比较完整的一处依山傍水式的古村落遗址，在空间位置上与河姆渡遗址遥相呼应，并具有与河姆渡遗址相近的聚落规模和年代跨度，是继河姆渡遗址之后，河姆渡文化的又一重要发现。遗址出土的多层次柱坑遗迹，对以挖坑、垫板、立柱为建筑基础的营建技术有了更进一步

河姆渡遗址出土骨耜

田螺山遗址出土炭化米粒

马家浜遗址出土人面陶器

的认识。发掘充分利用了科技考古的手段，在自然遗存的综合研究方面取得了长足的进步。2008年在遗址外围发掘200平方米，发现了与遗址内部早晚文化层明确对应的两个时期的古稻田，下层古稻田是目前发现的中国史前遗址中年代最早并且可以与村落布局对应的水稻田。

（四）浙北考古学文化谱系的建立和聚落考古的开展

环太湖地区新石器时代考古学文化的基本发展序列为马家浜文化（距今7000～5900年）→崧泽文化（距今5900～5300年）→良渚文化（距今5300～4200年）。良渚文化是长江下游地区新石器时代文化发展的总结，在中华文明起源的过程中具有重要的地位。良渚遗址群是良渚文化的中心，最近20余年一系列重要发现更成为中华文明五千年的实证。良渚以后至越国建立，在浙江境内多发现“印纹陶”为特征的遗存，以淳安“高祭台类型”为代表，可称为先越文化。马桥文化相当于高祭台类型的早期。近年随着上海广富林、湖州钱山漾遗址第三、四次（2005～2008年）发掘而提出的“广富林文化”、“钱山漾类型文化”新命名促进了良渚末期或后良渚时期文化面貌变迁的探索。

1.马家浜文化

1957～1958年湖州邱城遗址的发掘，发现在高祭台类型（上层）、良渚文化（中层）之下，叠压着以夹砂粗红陶和泥质红衣陶为代表的邱城下层，这是在浙江第一次发现的三叠层。1959年对嘉兴马家浜和海宁彭城遗址的试掘，再次证实了邱城下层的存在，这种新的文化类型后来被命名为马家浜文化。邱城的发掘也是第一次在江南黏湿的熟土中辨认剥剔出史前墓葬的圹坑。

1979年末至1980年初，对桐乡罗家角遗址进行了发掘。罗家角第4～1文化层的遗存是一个连续发展和渐变的过程，罗家角第4层^{14}C测年约距今7000年，与河姆渡第4层大体接近。河姆渡文化和马家浜文化成为当时已知的分布于钱塘江以南宁绍地区和环太湖地区的新石器时代较早阶段考古学文化。

罗家角遗址早期存在绳纹带脊釜，贯穿始终的是筒腹腰沿釜和扁腹腰沿釜。发达的腰沿是马家浜文化陶釜的基本特征。马家浜文化晚期，以双目式足鼎为代表的三足炊器出现并逐渐替代了釜。另外，喇叭形泥质红陶豆、早期的侧把盉、晚期的异形鬶也是马家浜文化的典型陶器。嘉兴吴家浜（2001～2002年）、湖州塔地（2004年）等马家浜文化墓葬的清理，证明俯身葬是马家浜文化典型的葬俗，耳饰玦和条形璜是这一时期的典型玉器，吴家浜M5还出土了一件同心圆结合弦纹的刻纹象牙梳。

尽管在浙北地区目前还没有揭露出类似余姚河姆渡、田螺山遗址那样复杂的干栏式建筑遗存，不过桐乡罗家角遗址第3文化层（属马家浜文化早期）出土的一件“全形近似楼梯两侧之枋板”的锯齿形木板，被认为是干栏式建筑的重要证据。

马家浜文化主要分布于环太湖流域，20世纪70年代后，苏、浙考古工作者在区系类型的研

邱城遗址出土陶釜

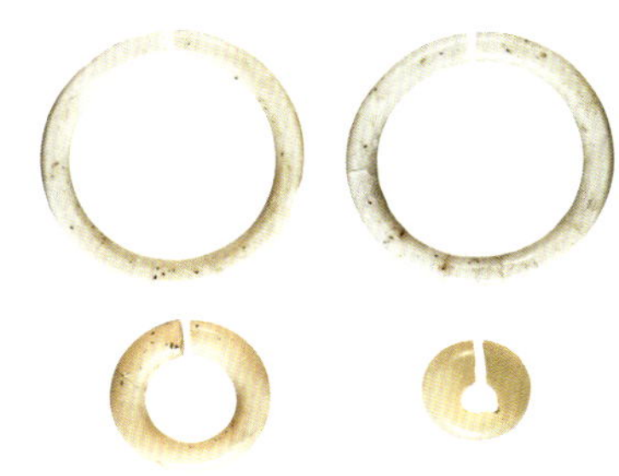

梅园里遗址出土玉玦

究上进行了颇有成就的尝试，近10多年来江苏考古在环太湖西北的探索尤为注目。据目前所知，浙北地区大致可以划分为以罗家角—马家浜为代表的罗家角类型和以邱城—吴家埠为代表的吴家埠类型。在良渚遗址群内也发现诸多马家浜文化遗址，如吴家埠（1981年）、庙前（1988～2000年）、梅园里（1992年）遗址。另外还有安吉的安乐和芝里遗址（2005年）、长兴江家山遗址（2005～2006年）等。这些发现与环太湖西北部的马家浜文化遗址相互呼应，为马家浜文化区系类型研究提供了重要的资料。

2.崧泽—良渚文化

湖州钱山漾遗址早在20世纪20年代就由慎微之先生发现，1956～1958年钱山漾第一、二次发掘是解放后浙江第一次比较正规的新石器时代遗址发掘。发掘以是否包含几何印纹陶将遗址分为上、下两层。在下文化层发现花生等农作物种子、竹木和丝麻制品等丰富的遗物，拓展了南方新石器时代考古的研究领域，引起了学术界的普遍关注。1960年夏鼐先生在长江流域考古会议上提出，应将钱山漾下层等遗址所代表的文化类型，从原先龙山文化的笼统归划中区别开来，单独命名为“良渚文化”。

崧泽文化因上海崧泽遗址而得名，1957年湖州邱城9座墓葬和1973年嘉兴双桥以H1为代表的下文化层就属于这一阶段。崧泽文化研究的突破是近年嘉兴南河浜和湖州昆山等重要遗址的发掘。

南河浜遗址出土陶鹰头壶

（1）南河浜遗址。1996年发掘的嘉兴南河浜遗址，是继崧泽遗址以后的一次重大发现。在近1000平方米的发掘区中，清理了崧泽阶段的墓葬96座、灰坑23个、房址7处，并揭示了一处崧泽文化“祭坛”。南河浜遗址上承马家浜文化，下接良渚文化，贯穿崧泽文化的始终，地层、遗迹和遗物均呈现出发展的延续性和不间断性，为认识崧泽文化的发展、演变提供了很好的资料，也为今后研究崧泽文化提供了一把时间的标尺。南河浜遗址不仅出土了崧泽文化阶段少有的玉钺，而且出土了相当数量的造型精美的陶器，如陶鹰头壶、陶龟等，为研究当时的精神和艺术世界提供了不可多得的实物资料。

南河浜遗址出土陶龟

（2）昆山遗址。湖州昆山遗址一直被认为是浙北地区一处商周时期的重要中心遗址。2004～2005年进行的发掘，清理出内涵丰富的崧泽文化

昆山遗址随葬石农具墓葬

晚期遗存，为浙西北地区崧泽文化的研究提供了重要的资料。在遗址的东、西两区共发现墓葬61座，出土编号器物501件（组），其中石器达102件，以石刀、石犁最为注目。石犁均为实用器，其形态特征为认识石犁的安装和使用提供了珍贵的资料。这批石器对于远古农具的研究具有重要的意义。

昆山崧泽文化晚期遗存在安吉安乐和芝里、长兴台基山和江家山、湖州塔地等都有类似的发现。

湖州地区西北分别与皖南和江苏宜溧山地以北相接壤，自古以来就是文化交通的要道，而东南及同属苕溪流域的良渚遗址群，地理位置和文化意义均十分重要，是今后浙北地区考古的重点区域之一。

（3）普安桥·新地里·仙坛庙——遗址堆积过程和聚落考古学的尝试与突破。桐乡普安桥遗址的发掘将是今后良渚文化考古的一座里程碑。1995～1998年对普安桥遗址的发掘在田野考古上取得了重大突破，明确了土台的营建过程和营建模式，尤其对“营建→使用→扩建→废弃”过程的认识取得了重大突破，在单元遗迹方面如“面”的确认和解释、墓葬封土和棺椁结构的揭示、土台与房子的关系、土台的拓展及与墓葬的关系、土台之间的关系等均取得了前所未有的成绩。崧泽晚期—良渚早期阶段的M8还出土一件块形龙首纹玉器。

庄桥坟遗址出土带木柄石犁

2001～2002年桐乡新地里、2002～2004年海盐仙坛庙等遗址的发掘延续了普安桥遗址的探索方向，并取得了进一步的成果。新地里的发掘，在2500平方米的发掘范围内较为完整地揭示了一处良渚文化高土台的营建和使用过程，清理了良渚文化墓葬140座及灰坑、灰沟、井、祭祀坑、红烧土建筑遗迹等多种遗迹，G1和H11出土的遗物还为认识嘉兴地区良渚文化晚期阶段提供了新资料。墓葬出土的分体式石犁，在平湖庄桥坟（2003～2004年）H70中也有发现，后者出土时还残存木柄。在仙坛庙遗址发现了分属于崧泽文化早期和晚期的人工营建土台遗迹，以及自崧泽—良渚过渡期到良渚文化晚期多次扩建、持续使用的高土台专用墓地一处，清理了各阶段的墓葬134座，其中M52出土的刻划干栏式建筑符号的陶器盖尤为珍贵。

仙坛庙遗址出土刻划符号陶器盖

嘉兴地区的桐乡、海宁、海盐是良渚文化遗址的密集分布区，也是近年来考古工作做得最多的地区。除了前述的诸重要遗址外，海宁荷

叶地（1988年）、海宁达泽庙（1990年）、海宁佘墩庙（1996年）、桐乡叭喇浜（1996年）、海盐龙潭港（1997年）、嘉兴凤桥高墩（1999年）、海盐周家浜（1999年）、桐乡姚家山（2004年）、嘉兴南湖（2008年）等地的重要发现丰富了嘉兴地区良渚文化的内涵，桐乡—海宁遗址群是良渚时期重要的集群之一。

（4）反山·瑶山·莫角山——良渚遗址群是中华文明五千年的实证。1978～1986年先后发掘了海宁千金角徐步桥、盛家埭，平湖平丘墩，嘉兴雀幕桥，德清辉山以及海宁三官墩、郜家岭等地的近百座良渚时期的墓葬，各墓的葬俗及随葬品的特征基本相同，既有石钺和陶鼎、豆、壶、罐、盘、杯等常见器物，也有陶双鼻壶、贯耳壶、三鼻簋、阔把带流杯、高颈圈足尊等特有器类；有的墓葬出土有璧、璜或冠状器等较大的玉器，也有较多的墓葬出土有管、珠及锥形器等少量的小件玉饰。通过对陶器类型学研究的深化，初步建立了浙北良渚文化的分期。

南湖良渚文化遗址出土陶杯

龙潭港良渚文化遗址出土陶鼎

卞家山遗址出土彩绘漆器残片

始自1936年的良渚遗址考古，后因战争动乱而停止，新中国成立之初也仅有朱村斗（1955年）和苏家村（1963年）的零星清理和发掘。至20世纪80年代，良渚遗址的考古工作才得到全面复苏，浙北地区小墓的发掘和墓葬分期为良渚遗址群的考古奠定了扎实的基础。

1981年发掘吴家埠遗址后，在良渚、瓶窑、安溪一带进行了全面的遗址调查工作，开始有了“良渚遗址群”的概念。“良渚遗址群”的提出掀开了良渚遗址考古新的一页，近30年来，遗址群内的考古工作一直未间断，在约50平方公里的范围内已发现130多处遗址。重要的考古工作有迄今揭露面积最大的庙前遗址发掘（1988～2000年）、聚落组成比较完整的卞家山遗址发掘（2002～2005年）、以姚家墩遗址为中心的考古调查和发掘（1988～2002年）、“土垣”调查中金村段制玉遗存的发现（1996～2001年）、遗址群南部石马斗崧泽墓地的发现（2004～2005年）等。最具里程碑意义的当属反山、瑶山和莫角山（后扩展为“良渚古城”）的发掘。

反山、瑶山、汇观山等高等级墓地和祭坛，出土了数以千计的精美玉器，无论是数量、组合还是雕琢工艺，均居良渚文化之首。规模宏大的莫角山遗址总面积约30万平方米，在中心部位发现以大面积的沙泥夯筑层为特征的建筑遗迹。如此大规模营建的遗址在整个良渚文化范围内以及同时代的其他新石器时代文化中都十分罕见，它证明这里应是良渚文化的中心所在。2006年，以莫角山为中心的“良渚古城”的发现，又一次受到了考古界和历史学界的关注。

反山遗址位于莫角山西北，高出地面约5米，为良渚文化人工营建的大型高台。1986年发掘了以M12为核心的良渚显贵者的墓葬11座，随葬品多达1200余件（组）。其中陶器37件；石器54件，均为石钺；玉器1100余件（组），有琮、璧、钺、柱形器、环镯、冠状器、三叉形器、锥形器、半圆形饰、璜、带钩、管、珠、鸟、鱼、龟、蝉及大量镶嵌玉片、玉粒等，是所有良渚文化遗址出土

反山M12

反山大墓出土玉琮

反山大墓出土玉钺

玉器数量最多、品种最丰富、雕琢最精美的一处墓地。反山M12、M14、M16、M17、M20均随葬玉钺，并有1～6件玉琮；M22、M23以随葬玉璜、成组圆牌为特点。前者的墓主可能为男性，后者的墓主可能为女性。反山以M12的豪华权杖、大玉琮、大玉钺、柱形器和M22的大玉璜上的神人兽面图像最为突出，这种完整的神人与兽面复合的图像，为解读良渚玉器上或简或繁、可分可合的类似图像和纹饰提供了可资对应的依据，近似微雕的浅浮雕和阴线纹相结合的工艺，充分显示了良渚玉器高超的琢玉水平。由于精心剥剔、操作得当，对玉器在墓内的原来位置、配伍关系、组合情况等有了全新的认识。反山墓地堪称“良渚王陵”。

1987年，在反山东北5公里处发现了与“祭坛”复合的瑶山墓地，清理了以M12为核心的良渚显贵大墓13座，出土随葬品700余件（套），其中玉器占90%以上，以相当数量的龙首纹玉器尤为重要。1996～1998年，为了保护遗址和全面了解遗址的营建和堆积范围进行了多次发掘，基本弄清了瑶山遗址的平面布局。反山、瑶山的考古发现将良渚文化的研究推向了新的高潮。

1991年，在距反山以西2公里的汇观山又有了与瑶山相似的发现，“祭坛”的平面也呈“回”字形三重结构，清理了显贵大墓4座，出土随葬品170余件（套），其中玉器有100余件（套），M4随葬48件石钺，成为引人注目的现象。

玉器的大量发现，丰富了良渚文化的研究内容，而且成为在更深层次上探索良渚文化的突破口。经鉴定，良渚文化玉器的材料绝大多数是具有显微纤维结构的透闪石—阳起石，属于我国传统的真玉，这为研究我国传统用玉奠定了矿物学基础，表明良渚文化是中华民族用玉的重要发源地之一。反山、瑶山所出玉器，有许多器形为以往的发掘或传世古玉所未见，按照它们的配伍情况，除了琮、璧、镯、纺轮等少数器类之外，可以区分为组装件、串缀件和镶嵌件三大类。

对莫角山遗址的考古工作始于1987年大量坯料型红烧土块废弃堆积的发现。1992～1993年，在莫角山遗址的大、小莫角山和乌龟山三座土台之间，清理出良渚人工夯筑的基址及两排大型柱洞，夯土由沙层和黏土层相间夯筑而成，厚约0.7米，经钻探，面积超过2万平方米。良渚遗址群的中心址得到最终确立。

2006年6月～2008年1月，主要围绕莫角山遗址的“良渚古城”被发现和确认。良渚古城南北长1800～1900、东西宽1500～1700米，总面积290多万平方米。平面布局略呈圆角长方形，正南北方向。城墙底部普遍铺垫有石块作为基础，在石头基础以上用较纯净的黄色黏土堆筑而成，城墙底部宽40～60米，现存较好地段高近4米。四面城墙的堆筑方式基本一致，从堆筑技术上反映

了城墙的整体性。城墙内外均有壕沟，壕沟边缘有叠压着城墙堆土的良渚文化晚期堆积。良渚古城的发现是良渚遗址群多年工作的一个继续，为良渚遗址群内诸遗址的整体布局和空间关系的研究提供了新资料。良渚古城是长江下游这一时期城址的第一次发现，也是同时代面积最大的古城。良渚古城的发现为良渚文化的研究提供了新视野，为中国文明起源的研究提供了重要资料。

瑶山祭坛和墓地全景

近年来，在紧邻良渚遗址群、介于桐乡—海宁遗址群之间的临平遗址群也有重要发现。继1993年发掘横山后，在后头山（2004年）、灯笼山（2008年）、玉架山（2008～2009年）等地又有重要发现，其中玉架山M16出土大玉璧的正面和凹缘面有铭刻符号。

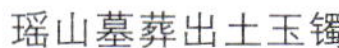

瑶山墓葬出土玉镯

好川墓葬出土镶嵌玉片

（五）浙西南新石器时代晚期的考古学文化——好川文化

1997年在遂昌好川遗址发掘了一个包含不同等级的80余座墓葬的完整墓地。随葬品以陶器为主，另有少量玉器、石器、漆器。陶器以泥质灰陶居多，泥质灰胎黑皮陶占一定的比例，夹砂陶、印纹陶较少。鼎(三足盘)、簋、钵、豆、罐、杯为随葬陶器的基本组合。镶嵌在漆器上的三重台阶状曲形玉片前所未见。石器有锛、钺、三孔刀。文化特征明显，是一种新的考古学文化类型。

好川文化是一支分布于浙西南仙霞岭山地的新石器时代末期的考古学文化。通过类型学排比，并与相关文化比较，推断好川文化的年代上限为良渚文化晚期，下限为夏末商初，约距今4200～3700年。好川文化遗址的发现填补了浙、闽、赣三省交界地区新石器时代考古的空白，是浙西南史前考古的重大突破。2002年在温州老鼠山遗址发现了好川文化类型的遗存，增进了对好川文化分布范围的认识。

二　历史时期

（一）越文化与越国考古——浙江青铜时代考古学文化的探索

1977～1979年，江山南区古遗址、古墓葬的调查和试掘，初步建立了浙江印纹陶古遗址的分期，也为随葬印纹陶和原始瓷为基本特征的土墩遗存的基础研究奠定了基础。从20世纪80年代开始，对土墩遗存的大规模、系统的考古调查和发掘取得了重要收获，并建立了成熟的浙江地区土墩墓的发展序列。如长兴卞山（1982年）和石狮（1989年）、海宁夹山（1984年）、慈溪彭东安东（1984年）、德清独仓山和龙王山（1999～2000年）等，在独仓山和龙王山的发掘中，充分吸收积累的野外工作经验，在石室结构、葬具与随葬品之间的关系上取得了重要认识。而1990年黄岩小人尖青铜墓的发掘，则是浙江土墩墓首次出土青铜礼器。此外，分布于浙南沿海地区的“石棚墓”，是与土墩遗存有别而又有颇多共性的另一类形制独特的墓葬，其中以瑞安岱石山（1993年）的发掘最为重要。

湖州地区是在浙江省发现商代铜器最为集中的地区，如安吉三官周家湾以墓葬为单元出土的商代成组铜器和雕琢有兽面纹的叶蜡石镦（1976年）、长兴上草楼出土的西周时期铜铙和簋（1959年），从安吉周家湾出土铜鬲、鼎、觚的形制和纹饰、图符分析，既受到中原商文化的影响，也具有浓郁的本地区特征。2003年温州瓯海西周土墩墓的发掘，出土了铜鼎、簋、铙共3件保存完好的大件铜礼器与乐器。瓯海西周墓、黄岩小人尖土墩墓出土的铜礼器、乐器与兵器，是研究商周时期浙南沿海地区瓯越先民的葬制与葬俗、商周时期越地铜器特征与组合关系、越地铜器与中原地区铜器关系的重要资料。

周家湾出土商代铜鼎

瓯海西周土墩墓出土铜簋

绍兴M306出土铜房屋模型

绍兴是越国早期的统治中心，从公元前482年越灭吴至公元前355年越为楚所灭，越国的势力一度极其强盛。近年来，越国考古取得了一系列的重要成果，也成为浙江商周时期考古的主要任务。

1.绍兴M306——铜房屋模型等重要遗物的发现

1982年春在绍兴坡塘发掘一座带阶梯墓道的残墓，它是在浙江发掘的第一座伴出铜礼器的先秦墓葬，出土了铜房屋模型，屋内有伎乐场面，伴出的有铜鼎、罍、鐎盉、甗、盉、盉方座及小豆、小壶等，特征与春秋时期东南诸国的铜器相同，其中纹样繁密带有针尖状芒刺的薄胎高领圈足尊更具有吴越风格。该墓是在浙江发现的第一座越国贵族墓葬，伴出2件有徐国铭文的铜器，应是从吴国得到的战利品。

2.印山大墓——木客大冢

1996～1998年发掘了绍兴印山大墓，墓葬建造在印山之巅，中心有高近10米的巨大封土堆，长达46米的长方形墓坑内搭建有断面呈三角形的木构墓室，用枋木构筑，三面髹漆，墓室内有长逾6米的独木棺。墓底铺垫厚达1.65米的木炭，墓室外包护多层树皮后再填筑1米厚的木炭层，整个墓坑填筑青膏泥。从墓内残存随葬品如玉钩形器、玉剑、玉镇等看，是高品位用玉的实证。

印山四周的隍壕布局规整，每面中间有40～60米宽的通道，隍壕之内形成了一个占地6万平方米的墓地空间，以前在南方地区未发现这种隍壕设施，可能是春秋时期先秦王陵制度南传的反映。根据《越绝书》

等文献记载，印山大墓有可能是越王允常的“木客大冢”。

印山大墓出土玉钩形器

长兴鼻子山器物坑出土原始瓷

3.越国大型贵族墓的发掘

重要的有长兴鼻子山（2003年）、东阳前山（2003年）、安吉龙山和笔架山（2004年）的发掘。鼻子山贵族墓系一座带墓道的长方形竖穴岩坑木椁墓，矩形箱式平顶木椁，椁外填炭填膏泥，墓上堆筑长方形覆斗状封土。出土随葬器物共62件（组），主要是陶瓷器、玉石器和料器，其中石瑗有14件。在墓外设置一个陪葬器物坑，器物多为原始瓷或硬陶的青铜大件乐器，有甬钟、磬、镈、句鑃、钲、錞于和镇。将仿铜礼乐器专门设坑集中陪葬于墓外，反映了越国贵族墓的一种葬制与葬俗，是越国墓葬考古的一次重要发现与突破。同类型的墓葬还有安吉龙山、笔架山古墓群，它们与安吉古城遗址可能有密切的关系。前山墓为浅土坑木椁结构，甬道与墓道为石砌结构，其形制、结构和砌筑方法与浙江地区西周、春秋时期流行的石室土墩墓相同。甬道和墓道之间有门槛、门框，这在石室土墩墓中罕见，可能代表越国土墩墓石室向土坑木椁墓发展的一种过渡形态。从封土剖面观察的迹象判定，原先的木椁应为两面斜坡式的形状，与绍兴印山越王陵的木椁相同。随葬品均为玉石器，除1件玉樽外，其余为管、珠和条，数量达3000多件（组）。

4.亭子桥窑址——为越国王室和显贵烧造高档生活与丧葬用瓷的窑场

亭子桥窑址位于德清龙胜村，2007～2008年的发掘揭露出7条窑炉遗迹，出土了大量原始瓷、少量印纹硬陶器和各种窑具。发掘情况表明，亭子桥窑址是一处主要烧造原始瓷器，同时兼烧极少量印纹硬陶器的战国窑址。出土的原始瓷产品的胎釉结合良好，基本无脱釉与剥釉的现象。部分产品的火候高，质地坚硬，釉面匀净莹润，玻光感强，产品质量基本达到了成熟青

东阳前山越国贵族墓全景

德清亭子桥战国窑址遗迹

瓷的水平。产品除一般日用器外，主要为仿铜礼器与乐器，器类丰富，堪称原始瓷中的精品。

亭子桥窑址是首次发现的一处专门为越国王室和上层贵族烧造高档生活与丧葬用瓷的窑场，为江浙地区越国贵族墓出土的大量仿铜原始瓷礼器与乐器找到了明确的窑口与产地。产品中大量烧成好、胎釉质量高的大型仿铜礼器与乐器，代表了原始瓷生产的最高水平，对于研究青瓷的起源具有重要的学术意义。

（二）青瓷的故乡——瓷窑遗址考古

浙江是青瓷的诞生地，越窑、龙泉窑等举世闻名。瓷窑遗址考古是浙江历史时期考古的传统课题。

1.越窑

20世纪80年代以前，越窑考古大体处于窑址地面调查与研究的阶段。历经两次全国文物普查及多次专题调查，在上虞、慈溪、余姚、宁波、德清、永嘉、金华、衢州等地发现了规模不等的东汉至六朝时期的窑址群。

汉六朝时期窑址的中心产地在上虞市曹娥江中下游流域，学界公认的最早的成熟青瓷诞生地——上虞小仙坛东汉窑址，即位于此。其后历经三国、两晋，该区始终是早期青瓷生产的中心区域。1978年对上虞帐子山东汉窑址、鞍山三国窑址进行了小规模的发掘，为探索东汉成熟瓷器的烧成、龙窑结构及早期越窑的生产工艺提供了珍贵的资料。2004～2006年发掘了大园坪东汉窑址、尼姑婆山三国西晋窑址，揭露了龙窑遗迹，出土了大量的瓷器标本，早期越窑鼎盛期的生产面貌日益清晰。

寺龙口窑址龙窑

2004年龙游白洋垅东汉窑址发掘，揭露了一条首尾完整的龙窑，是研究东汉龙窑工艺的重要资料。

南朝至中唐之前是早期青瓷发展的低谷期，窑址的数量骤减，产品的釉色偏黄，釉面容易剥落。该时期窑址经正式发掘的有丽水吕步坑、德清宅前窑址等。

中晚唐至北宋时期，越窑的生产规模空前扩大。制瓷中心由曹娥江流域转移至慈溪上林湖一带，在宁波东钱湖、上虞窑寺前、台州临海和黄岩、金华东阳和武义、温州永嘉等地亦有大规模的窑址群。

上林湖窑址群的高领墩、荷花芯、石马弄、寺龙口窑址皆经过考古发掘，尤其是1998～2000年发掘的寺龙口窑址，明确划分出自晚唐、五代、北宋至南宋早期的地层，为唐宋越窑的分期提供了充分的证据，并纠正了越窑“消亡于北宋”的传统认识。

另外，鄞州东钱湖郭童岙窑址、永嘉龙下窑址、武义水碓周窑址、东阳歌山窑址、东阳葛府窑址也经过考古发掘。上述窑址的年代集中于晚唐至北宋时期，传统曾标以“瓯窑”、“婺州窑”之目，其实产品的面貌则与越窑有颇多共性，它们是今后深化研究越窑地方区域类型的基

础材料。

2.龙泉窑

北宋中期以后，越窑渐趋衰落，浙西南山区的龙泉窑悄然兴起，历经南宋、元、明时期的大发展，终成“民窑之巨擘”。

龙泉窑考古始于20世纪30年代陈万里的龙泉之行。20世纪50～60年代，进行多次调查，并发掘了大窑、金村的部分窑址。

20世纪70年代末至80年代初，为配合紧水滩水库建设而进行的龙泉东区窑址的发掘，影响深远，为龙泉窑的地层编年和考古分期提供了坚实的考古学基础。尤其是1982年发掘的龙泉源口窑址，明确揭示了龙泉窑产品由厚胎薄釉→薄胎厚釉→厚胎厚釉的发展过程。

龙泉大窑枫洞岩窑址

南宋后期至元代是龙泉窑的极盛时期，窑址遍布浙西南各地，云和横山周、文成蟾宫埠以及泰顺县等地的部分龙泉窑类型窑址，也进行了规模不等的考古发掘。

以往的传统看法认为，龙泉窑至明代衰落。2006年大窑枫洞岩窑址的发掘，全面揭示了明代前期龙泉窑的真实面貌，许多产品与清宫旧藏及南京故宫遗址出土的龙泉窑瓷器相同，印证了龙泉窑明初曾为宫廷烧造御用瓷器的史实，也从根本上改变了传统看法。

3.南宋官窑

1956年杭州乌龟山窑址发掘后，1985年又进行了第二次发掘，揭露了保存较好的1座龙窑，清理出作坊中练泥、成型、修坯、上釉、素烧、烧成的系列遗迹，青瓷器的“薄胎薄釉、支钉支烧”和“薄胎厚釉、垫饼垫烧”，表现为早、晚两个阶段的特征。乌龟山窑址即为南宋郊坛下官窑已成学界共识。

关于文献记载中的修内司官窑，一度众说纷纭。1996～1998年对老虎洞窑址进行了发掘。近年随着整理工作的深入，“修内司窑置庚子年……匠师造记”铭文荡箍的发现以及部分南宋遗迹、遗物的确定，修内司官窑的问题有望在近期得以解决。

老虎洞窑址有明确的元代地层，伴出大量官窑类型的产品，有学者认为其即为“哥窑”，可备一说。

4.其他类型窑址

浙江数千年的窑业史，始终以青瓷生产为主流。宋元时期，浙南泰顺、文成的青白瓷，庆元竹口潘里垄建窑类型的产品，金华铁店窑的钧窑型乳浊釉瓷，衢县两弓塘的元代白地黑花瓷器，产品的面貌各异，分布的地域孤立，勾勒出浙江宋元时期窑业丰富而复杂的生态。

近30年来，经正式发掘的泰顺玉塔、下革方厝窑址及文成蟾宫埠窑址，是两宋时期以青白瓷为主的遗存。

1992年江山市碗窑乡达河窑址群的发掘，揭示了青绿釉瓷器→淡青釉瓷器→灰青釉瓷器→青白釉瓷器→黑釉瓷器→青花瓷器等不同产品类型的发展顺序。

上述瓷业，多非浙江本地传统，而是与浙江境外瓷业交流的产物。

（三）秦汉以降的墓葬考古

60年来，在杭州古荡及老和山、宁波火车站、萧山城南、绍兴漓渚、绍兴凤凰山、余姚老虎山、龙游龙华山、湖州杨家埠湖州钢铁厂、安吉高禹五福、安吉良朋上马山、嵊州剡山等地发现了大规模的西汉墓地。东汉时期的墓葬则分布更广，各地有数量不等的发掘资料，甚至在丽水山区的云和县也发现了东汉中晚期的砖室墓。

浙江西汉土坑墓的随葬品一般是以鼎、盒、壶、瓿、罐为组合的高温釉陶器。大量的西汉墓葬的年代为西汉中、晚期。近年，在安吉五福、上马山集中发掘了一批西汉早期墓葬，可与战国晚期墓葬紧密衔接。2006年，温岭大溪发掘了东瓯国时期的城址和贵族大墓。

水邱氏墓出土青瓷熏炉

新莽及东汉早期，流行铺盖木板的砖椁墓。东汉中期以后，盛行券顶砖室墓，且开始使用纪年砖，淳安进贤建初六年墓、奉化白杜熹平四年墓、上虞嵩坝永初三年墓是已知较早的券顶砖室墓。东汉墓的随葬品以青瓷器为主，画像镜也颇具特色。

值得注意的是，在海宁长安、德清凤凰山和秋山、长兴雉城西峰坝发现了东汉画像石墓。海宁长安东汉画像石墓的布局为前、后室带甬道，前室的两侧各有一耳室，画像题材有车马出行、宴饮、乐伎、百戏、庖厨和龙虎、飞马等，丰富了浙江东汉墓葬的类型。

六朝砖室墓遍布浙江省各地，其中在宁绍地区做过大量的考古工作，在黄岩秀岭水库、湖州杨家埠、龙游寺底袁也发掘了大规模的六朝墓地。对于金华、衢江区的三国两晋墓，温州地区的南朝墓，也有较多认识，已基本厘清六朝墓葬的发展序列。

正屏山南宋墓全景

隋唐墓葬的材料较为零碎，多为砖室墓与土坑墓。衢州地区龙游和衢县的早、中唐时期的部分土坑墓中置独木棺，具有地方特色。

钱氏割据两浙后，经济、文化迅速发展。已发掘的钱氏吴越国贵族墓葬有钱宽、水邱氏、钱元瓘、钱元瓘次妃吴汉月、马氏皇后康陵等墓，出土了大量精美的瓷器、金银器、玉器等，钱宽、钱元瓘、吴汉月墓及康陵的天文星图，亦较重要。吴越国中下阶层的墓葬较少，乐清五代土坑墓与2008年发掘的临安童

姓夫妇合葬墓是不多的例子。

北宋时期的墓葬较少。海宁东山、武义岩坞、兰溪、杭州邵逸夫医院等地发掘了北宋墓。南宋时期的墓葬稍多，如杭州半山韦谦墓、杭州北大桥南宋墓、新昌卢遡墓、诸暨董康嗣夫妇墓、衢州史绳祖墓、德清吴奥墓、磐安安文南宋墓、兰溪南宋墓、金华郑继道家族墓等。近年发掘的桐庐象山桥南宋墓、龙游寺底袁宋代墓地、湖州风车口南宋墓地、金华郑刚中墓、云和正屏山南宋墓、余姚汪大猷墓，在地表发现了茔园遗迹，出土了数量不等的建筑构件，宋墓研究的重心逐渐由地下遗存转至地面遗存。

元代墓葬不多，海宁袁花元至正十年贾椿墓、丽水城西武村莲花坟是不多的墓例。明代的墓葬稍多些，如临海王士琦墓、嘉兴项子京家族墓、余姚袁炜墓等。

南宋御街遗址

湖州唐宋子城东门排叉柱遗迹

（四）唐宋以来的城市考古、佛教考古、窖藏及其他

1.城市考古

20世纪80年代开始进行南宋临安城的考察。由于南宋临安城与现代杭州城重叠，调查和发掘的难度较大，但在配合基建的过程中取得了令人瞩目的成果。1983年，五代捍海塘（亦有学者认为是两宋海塘）的发掘，不仅查明了海塘的走向及构筑技术，也为界定南宋皇城的方位奠定了基础。稍后，通过调查与钻探，探明了皇城的北城墙、东城墙及城内若干夯土台基。1995年以来，南宋太庙、南宋御街、临安府衙、德寿宫、三省六部、恭圣仁烈杨皇后宅、老虎洞窑址、钱塘门遗址的发掘，成果丰硕，是临安城考古系统化的良好开端。

20世纪70年代末至80年代初，宁波和义路遗址、东门口码头遗址、宋元市舶司遗址、天后宫遗址的发掘，揭开了宁波城市考古的序幕。1997年公园路唐宋子城遗址的发掘，揭示了唐宋时期的墙体及城内的部分建筑。1999年在宁波月湖又发掘了宋代都酒物、高丽使馆遗址。2004年永丰库的发掘，揭示了元代衙署的仓储遗址。

2007年发掘的湖州唐宋子城东城墙遗址，由晚唐、五代吴越国、南宋三个时期的墙体组成。门道遗址保存较好，甬道上叠压三层地面，门道两侧对称设置太湖石质的柱顶石，呈排叉柱形式。遗址内出土了大量三国孙吴、两晋、南朝、唐宋时期的瓦当、瓦兽、瓷片等遗物。

雷峰塔出土鎏金纯银阿育王塔

雷峰塔出土鎏金铜释迦牟尼像

2.佛教考古

佛教考古主要是佛塔地宫和塔身的清理。

20世纪80年代以前，金华万佛塔、龙泉三塔（平林寺双塔和金沙塔）、温州白象塔、瑞安慧光塔、丽水碧湖南宋塔、东阳南寺塔、绍兴钱清塔等出土了大量文物，如万佛塔塔基出土的60多座铜造像；碧湖南宋塔出土的刻本佛经，其刊刻时间起自五代止于南宋；慧光塔出土的经函和舍利函以檀木为胎，外壁用漆堆出佛像、瑞兽、花鸟，并用金粉绘出各种图案，代表了宋代温州漆器制作工业的较高水平。

20世纪80年代以来，湖州飞英塔、黄岩灵石寺塔、宁波天封塔、杭州雷峰塔、海宁智标塔、海盐镇海塔、平湖报本塔等出土了大量文物，如飞英塔出土的吴汉月施舍刻本《妙法莲花经》及木胎螺钿漆箱、天封塔的南宋银殿、雷峰塔的舍利塔、报本塔出土的黄花梨木圆罐内郑和募捐的《妙法莲花经》长卷。

3.窖藏及其他

宋元时期的瓷器、铜器、金银器、铜钱窖藏，60年来多有所见，举其要者：

青田窖藏出土青釉葫芦形瓶

杭州市朝晖路窖藏、青田县鹤城镇前路街窖藏、义乌市工人路窖藏、泰顺县城窖藏，均为元代窖藏，出土了大量龙泉窑、景德镇窑的瓷器。

湖州儒林村元代铜器窖藏，出土了一批宋元仿古铜器。

永嘉县下嵊乡山下村宋元之际的窖藏，在一件磁州窑白地黑花罐内盛装的碗、钏、簪、钗等金银器，数量众多；洞头县北沙乡九厅村银器窖藏，亦有首饰多件。

唐宋元明时期的其他专题考古，如浙南山区宋元明时期的铜矿、银矿遗址，分布广泛，规模宏大；浙江沿海地区的海外交通史迹，遗存丰富，迄今未系统调查、发掘，是日后大有可为的领域。

（执笔：蒋乐平　方向明　郑嘉励）

安徽省
中国考古60年

中国考古60年

安徽省

安徽省境内有淮河、长江和新安江三大流域和大别山、皖南山地，由此而形成的地理特点主要为“三水两山两平原”。在这个区域的四周，分别有历史文化积淀深厚的中原、海岱、太湖、江汉四个文化圈。在长期的文化交融过程中，多样化的地理特点以及由此而形成的交通局限造成了文化面貌的多样化，但在不同时期，各文化与本土文化融合发展到一定阶段后又形成了颇具特色的本地文化，成为中华文明形成和发展过程中的一个重要组成部分。

科学意义上的安徽的考古工作始于20世纪30年代李三孤堆被盗后，中央研究院历史语言研究所在寿县进行的调查，但只是昙花一现，直到新中国成立和大规模建设工程的开展，安徽的考古工作才进入了一个新阶段。总体而言，安徽的考古工作经历了三个大的阶段。

第一阶段：1934～1978年，基本上是一些零星的调查和发掘，包括寿县蔡侯墓、宿县褚兰汉墓、屯溪土墩墓、萧县花甲寺遗址的发掘，数量和规模都较小。

第二阶段：1979～1998年，以1979年潜山薛家岗和含山大城墩遗址的发掘为标志，以主动性学术工作为主，建设工程中的考古为次。具体表现为：第一，旧石器时代考古有了较大突破；第二，新石器时代考古为主体，重点有皖河流域的薛家岗文化、淮河流域的大规模调查和发掘、巢湖流域的重点调查和发掘；第三，夏商周考古逐渐起步，皖南古铜矿考古取得突破；第四，战国及以后遗存的大量发现。科技考古中的遥感、成分分析技术在这一阶段也开始应用。

第三阶段：1999年至今，以建设工程中的考古工作为主，主动性学术工作贯穿其间。主要表现为：第一，建设工程中的考古工作获得了极大发展，呈现出三大特点：一是时代覆盖全面，二是商周遗址考古取得重要突破，三是取得了如柳孜运河、六安王陵等多项重大成果；第二，主动性学术工作多数为学科前沿课题，如以人字洞为代表的人类起源研究、以凌家滩为代表的文明起源研究、以孙家城和垓下为代表的史前城址的发现、以尉迟寺为代表的聚落考古、以繁昌窑为代表的窑址考古。此外，蚌埠双墩、凤阳卞庄春秋墓为探讨淮夷和钟离国史提供了珍贵的资料。科技考古技术的运用也日益广泛。

一　旧石器时代

20世纪80年代以前只在泗洪县下草湾（现属江苏省）发现了一段人类下肢骨，1980年和县

龙潭洞遗址发掘后，至今已发现人类化石地点2处、旧石器地点60处以上，集中在巢湖市、水阳江流域及皖江沿岸一带。时代以旧石器早中期或中期为主，晚期较少。历年成果可归纳为两大类：

繁昌人字洞发掘现场

第一类，人类起源与人类化石线索。早期人类起源线索来自繁昌人字洞遗址。1998～2005年，发现了一批早更新世灵长类化石、脊椎动物化石和174件石制品、12件骨制品，另有5件骨制品为中国早期旧石器遗址首次发现。石制品有石核、石片、刮削器等，石料中铁矿石占40%以上。打片和修理均用锤击法。遗址年代约200万年前，是目前欧亚大陆最早的人类文化遗址。

人类化石主要有和县猿人和巢湖银山智人。和县猿人遗址1980、1981年三次发掘，获得人类化石13件，其中一件完整的直立人头骨被命名为“和县猿人”，年代在25万～30万年前。银山智人遗址1982～1986年三次发掘，发现人类化石2件，分别为枕骨和右上颌骨，具有一些直立人的特征，同时又比直立人有较多的进步性，目前将其归于早期智人，年代在16万～20万年前。

晚更新世的现代人起源线索来自东至华龙洞遗址。2006年发掘了大量动物化石、百余件石制品与骨制品，以及初步鉴定出的2颗人牙与2块头骨化石。遗址年代可能属旧石器时代晚期，但人牙与头骨化石的年代与性质尚需进一步研究。

第二类，石器工业表现为两个时代，两大系统。目前的发现表明，旧石器时代早期偏晚到中期主要属我国南方主工业区的砾石工业类型，晚期出现了若干北方工业传统影响的迹象，属接近北方主工业的小石器工业类型。

（1）旧石器时代早期偏晚到中期。这是比较发达的时期，已发现的地点占全部旧石器地点的90%以上，基本集中在水阳江流域和巢湖望城岗一带，新安江中上游、长江两岸和皖河流域也有少量分布，淮北平原区则未发现。

水阳江流域，其中1987年和1991年广德独山关家湾、1989年宣州向阳陈山遗址的发现是其开端。陈山遗址于1989～1995年三次发掘，文化层厚7～11米，出土石制品400多件，器形以砍伐器、尖状器、刮削器、石核、石球为主，是目前长江下游年代最早、延续时间最长的旧石器文化，遗址剖面已成为研究长江下游地区中、晚更新世堆积物的标准剖面。1997年在宁国毛竹山遗址发现一处露天遗迹，为半圆形砾石环带，东西长约10、南北宽约6米，面积近60平方米；2002年在芜湖石硊镇金盆洞发现10余件人工石制品和哺乳动物化石伴生，其生存时代很可能是中更新世晚期；2003年在宁国安友庄遗址发掘出土石制品198件；2004年在宣州孙埠麻村遗址发掘出石制品510余件，最大石核重82.5公斤。

目前发现的20余处地点绝大多数埋藏于网纹红土和下蜀黄土中，年代在15万～90万年前。石制品原料均以石英砂岩为主，毛坯以河床砾石为主，大部分石器保留有不同程度的砾石面。打片和加工技术多用锤击

宣城陈山遗址出土石器

法，少量用碰砧法。石核以双台面为主。石器有砍砸器、尖状器、刮削器、球形器等，砍砸器约占90%。石器大都一次加工成型，属我国南方主工业区的砾石工业类型。

巢湖旧石器地点群已发现5处，1991年对屏风窑厂、红星窑厂两个地点进行了发掘。石器主要埋藏在网纹红土中，年代约为旧石器早期到中期。石器原料以石英砂岩为主。砾石石器占大多数，其次为石核石器，石片石器很少。打片和加工技术多用锤击法。石器以砍砸器等为主，球状器为次，刮削器较少，属我国南方砾石工业类型，但薄刃斧、刮削器明显多于水阳江流域，一些大石片的特殊打片方法也不见于水阳江流域，应该体现出某种地域或时间上的差异。

此外，在皖河流域、新安江中游和长江沿岸的铜陵、贵池、枞阳和庐江也发现旧石器早期或中期的地点近20处，石器以砍砸器为主，均属我国南方的砾石工业类型，但皖河流域的石片和刮削器较丰富。

（2）旧石器时代晚期。地点较少，绝大部分发现于皖河流域的怀宁、潜山县境内的低矮丘陵岗地上。原料有白色石英岩、玉髓、水晶等，都是由小砾石打制而成，石核普遍较小。加工技术有锤击法和砸击法两种。器形多为石片刮削器，以石片工具为主，属于接近北方主工业的小石器工业类型。在1996年发掘的怀宁油榨嘴遗址发现了类似石器制造场的大面积分布的小石器。

五河西尤遗址是在淮北平原区发现的唯一一处旧石器地点。发现石英岩打制而成的石核2件、石片2件、石片刮削器3件、尖刃器1件，打制技术均为锤击法。伴出有菱齿象、龟、鹿类化石。

东至华龙洞遗址100余件加工使用痕迹清晰的石制品与骨制品中，骨制品确凿无疑，石制品砍砸器的比重逊于刮削器，形态也非加工砂岩砾石所得，而是利用硅质岩天然的刃部，这与南方漫长的砍砸器传统有明显的区别，具有旧石器时代晚期工业的特征。

二　新石器时代

1979年以前新石器时代考古一直很薄弱，发掘面积总和不过百余平方米。1979年潜山薛家岗、含山大城墩等遗址的大规模发掘，才真正揭开了安徽新石器时代考古的新篇章。目前已知的遗址有400余处，其中约40处经过了发掘，主要工作区域有：因薛家岗遗址的发掘而带动的整个皖河流域，以大城墩遗址的发掘为起点、以凌家滩遗址的发掘为代表的巢湖流域，以国家文物局“苏鲁豫皖”课题促进的淮河流域，新安江流域及其后延伸的整个长江以南地区。通过发掘取得了四大成果：一是初步建立了淮河流域的年代框架，二是建立并完善了皖河流域文化演化的序列，三是凌家滩遗址反映了文明起源的重要线索，四是发现了固镇垓下、怀宁孙家城史前城址。

从已发现的新石器时代遗址分析，安徽新石器时代遗址的分布具有一定的特征：

首先，从遗址所在地貌看，淮北和沿淮的早期遗址一般位于山前平地，晚期遗址大多数位于平原区；江淮地区遗址大多数位于丘陵和岗地边缘的平缓地带，其中一种狭长平缓、面向河流的长岗成为先民们的首选之地；皖南除沿江平原的遗址一般分布在低岗边缘，其他山地、丘陵或山间盆地的遗址均因地就势，但总体上在河边的一、二级阶地上。

立或倒扣状陶器为特殊现象。同期遗址还有太湖王家墩、安庆墩头、枞阳小柏墩。

距今约5500年，在继承本地传统的基础上，又吸收了较多崧泽文化因素而发展起来了薛家岗文化，已发现遗址数十处。该文化可分早、晚两大期，包含两期的遗址有潜山薛家岗、天宁寨、望江黄家堰、太湖王家墩、怀宁孙家城等，单一的晚期遗址还有安庆夫子城、怀宁黄龙、望江汪洋庙、麻圆墩、太湖何家凸、岳西祠堂岗等。陶器以夹砂红陶、泥质灰（黑）陶和黑皮陶为主，以鼎、豆、壶、鬶、碗为主要组合。玉器较多，有钺、璜、珩、环、管、珠等。石器制作精细，特别是晚期以薛家岗遗址为代表的石器工业十分发达，多钺、锛、刀，其中多孔大型石刀是最具有地方特征的典型器之一。

潜山薛家岗遗址第三次发掘现场

潜山薛家岗遗址晚期彩绘石钺

潜山薛家岗遗址晚期十三孔石刀

距今约4600年，张四墩类型取代了薛家岗文化，遗址的数量大增，经发掘的有安庆张四墩、怀宁孙家城、潜山薛家岗、岳西祠堂岗遗址。虽然在分布地域上与薛家岗文化大体相当，但文化特征却颇不相同，石器的个体较小，磨制精细，种类仅有斧、锛、镞等，镞类最多，并出现了圆锥状或三棱锥状镞。玉器已较衰落，仅见少量璜类器。陶器以夹砂陶占绝对优势，其中夹砂黑皮陶具有明显特征；纹饰以篮纹为主；器形有鼎、豆、甗、鬶等。除少量因素外，它与薛家岗文化没有明显的传承关系，或与北方南下的外来文化有关，但发展过程中受到石家河文化较大影响和良渚文化部分影响。在怀宁孙家城还发现了这一时期的城址，外圈面积超过25万平方米，呈圆角长方形，是长江下游史前城址的一个突破。

第三，泛巢湖区。介于淮河、长江之间，以巢湖流域为主体。该区新石器时代文化主要集中在两个阶段：一是相当于大汶口文化早期，主要有古埂早期、含山大城墩第四次发掘的一期文化和凌家滩遗址；二是相当于龙山文化时期，以古埂晚期为代表。

古埂早期、大城墩一期文化的年代接近，面貌相似。陶器基本上为手制，陶质松软，火候不高，以夹砂红陶为主，灰陶次之，黑陶很少，另有少量彩陶和彩绘陶。以鼎、豆、壶、盆为主要器类，鼎多为折腹釜形，鼎足的形态多样，有些鼎足足面略凹，特征较明显，它们应属同一大的文化。

含山凌家滩遗址居住区的年代可早到距今约6000年，而墓地的年代可晚至大汶口中期或崧泽晚期，以红、灰（黄）陶为主，器类以鼎、豆、壶为主要组合，鼎足以宽扁形、扁条形为多，新出实足长喇叭口鬶。更重要的是在凌家滩墓地发现了一处大型祭坛，出土了大量玉器，表明这一地区曾经是当时全国的玉器制作中心之一，并可能对良渚文化产生了影响。

以古埂晚期和大城墩二期文化为代表的龙山时期的文化，陶器以灰陶为主，仍以鼎、豆、壶为主要组合，以篮纹鼎、长颈捏流或卷叶流袋足鬶为典型特征；鼎足多见侧装扁平三角形或横装扁平足，前者足背上常饰按窝或足侧面饰竖刻划纹，后者足面上常饰数道深凹槽。发现的薄胎黑陶杯、

含山凌家滩遗址07M23随葬器物出土情况

含山凌家滩遗址07M23出土玉猪

含山凌家滩遗址98M29出土玉鹰

含山凌家滩遗址98M29出土玉人

细长颈红陶鬶、“丁”字形鼎足和篮纹鼎表明此时已受周围多种文化的影响。同时期的遗址还有肥西塘岗、肥东吴大墩、刘岗遗址，刘岗遗址出土了高近40厘米的玉琮。它们的年代与凌家滩不能衔接，文化面貌也极不相同，不是凌家滩的继承者。

第四，皖南区。即长江以南，因考古工作的缺乏还不能划分出较明确的小区域，但可粗分为长江沿岸及青弋江（水阳江）流域、新安江流域两片。

长江沿岸及青弋江（水阳江）流域遗址的数量明显多于新安江流域。年代较早的遗址很少，目前最早的繁昌缪墩遗址位于现河床之中，发现了成片的木桩遗迹和动物骨骼、石器，陶片绝大多数羼和蚌末和炭，有部分外红内灰黑陶，釜的数量较多，年代不晚于马家浜文化早期。在当涂石臼湖附近，也有少量遗址可早至马家浜文化晚期。

相当于崧泽文化时期的遗址较多，尤以沿江平原和宣城一带为多。芜湖月堰遗址年代的上限可达距今约6000年，下讫距今约4000年，发现墓葬26座、房基5处。陶器以红陶和灰黑陶为主，早期陶器以鼎、豆、壶、罐为多，偶见牛鼻式罐耳，石器有斧、钺、镞、锛等。在马鞍山烟墩山遗址发现了9座长方形竖穴土坑墓，陶器以鼎、豆、壶、杯为主，另有少量石斧、钺和玉璜、镯、管、坠、珠等，其中侧面玉人头像反映了与崧泽文化的密切关系。青阳仓园塝遗址为一处相当于崧泽晚期的墓地，随葬器物以陶器为主，多为泥质灰（黄）陶，以鼎、豆、壶为主要组合，石器有钺、锛等。此外，还有宣城孙埠遗址等。它们既与宁镇地区的文化有密切关系，同时也受到了太湖流域文化的较大影响。

相当于良渚文化时期的遗址略少，面貌不清。芜湖月堰、马鞍山烟墩山都出土了良渚式的鼎足，月堰晚期还出现了卷边鼎足和良渚晚期的宽把壶、宽背“T”形鼎足，其他还有宁国周家村、黄山区蒋家山、繁昌鹭丝墩、青阳中平、石台沟汀遗址等。

周家村和蒋家山遗址距今约5000年。周家村的陶器以夹砂红陶占绝大多数，陶质疏松，纹饰仅有刻划纹等，器形有鼎、罐等。石器以镞、网坠最多，并大量利用河卵石打制网坠。蒋家山的陶器以夹砂红陶或红褐陶最多，以篦点纹最具特色，刻划纹最多且富于变化，并发现一件刻有

日月形状的刻划符号。器类有鼎、豆、鬶、碗、钵、纺轮等。石器的数量最多，其中镞占六成以上，而长度小于5厘米的小石钺和两侧出角或带短柄的石刀最具特色。仅在鹭丝墩遗址的最下层发现新石器时代末期遗存，年代距今约4500年以后。陶器以夹砂红陶为主，泥质灰陶次之，有少量黑皮陶，器形有鼎、豆、罐、钵等，有个别彩绘陶。石器的种类较多。

新安江流域地处皖南山区，遗址的数量少，多分布在山间盆地的河流阶地或山坡地带，文化堆积体现出明显的短暂性。目前发现了屯溪下林塘、祁门中土坑、歙县新州、下冯塘、太子山、岩寺桐子山等遗址，前4处遗址经过小规模的发掘。陶器以夹砂红、灰陶为主，器类有鼎、豆、小圈足大腹罐等，地方特征较明显，但大鱼鳍鼎足与良渚晚期或广富林文化有若干联系。石器的数量较多且制作较精细。此类遗址的年代基本为距今5000～4000年，早于或晚于这一时期的文化较少。因这类遗存中以新州遗址的材料最丰富，可以暂且命名为“新州类型”。

三　夏商周时期

相当于夏时期的文化遗存，主要分布在长江以北地区。在不同地域之间，文化面貌也有较大的差异，至少可划分为两区。其一，北区以淮河中游为中心，已发掘的主要遗址有寿县青莲寺、斗鸡台，六安西古城，霍丘洪墩寺，合肥烟大古堆、塘岗等。以寿县斗鸡台遗址为代表，称为“斗鸡台类型”。陶器以夹砂黑、灰陶和夹砂红褐陶为主，泥质陶较少；纹饰多见细绳纹、篮纹及少量方格纹和附加堆纹等。器类主要有鼎、罐、豆、盆等，鬲极少见。其年代相当于二里头文化时期。从文化面貌看，地方文化特征占主体地位，以大口平沿罐、高柄浅腹豆、敞口曲腹盆、侈口高领罐、扁三角足罐形鼎为主体的器物群，不仅数量最多，且为周边地区所不见，而与本地区龙山时期文化有较多的联系，应为承袭本地文化传统发展而来；以花边圆腹罐、鸡冠耳盆、尖锥足鬲为主体的器物群，与中原二里头文化器物的特征相近；以尊形器、瓦足盘、浅腹豆、子母口深腹罐为主体的器物群，与东部的岳石文化器物的特征相近。可以看出斗鸡台类型文化受到了二里头文化和岳石文化的较大影响。其二，南区以巢湖流域为中心，已发掘的主要遗址有含山大成墩、肥东吴大墩等，以含山大成墩遗址为代表，称为“大成墩类型”。陶器以夹砂灰陶和夹砂红陶为主，纹饰以细密的绳纹为主，还有篮纹、附加堆纹、云雷纹、几何形印纹等。器类主要有鼎、罐、豆、杯、觚等。零星发现铜铃、刀等。其年代约相当于二里头文化晚期。以扁锥足盆形鼎、深腹平底鼎、觚形杯、长颈罐、浅盘高柄豆等为主体的器物群，在其他地区不见或少见，代表了该类型主要的文化面貌，另见少量二里头文化因素，基本不见岳石文化因素。此外，在潜山薛家岗遗址H25中，出土有锥足平底鼎、深腹平底绳纹罐、平底爵、浅盘高柄豆等陶器，器物虽少，但特点鲜明，与上述两区有很大的差别，年代约为二里头文化晚期。

商时期遗址分布的地域已扩展到了安徽大部分地区。从分布情况看，大多在河流的二级阶地上，或离水源较近的地方，淮河干流及其几条主要支流两岸和巢湖周边的分布密度相对大些。在淮北地区，遗址多呈慢坡状，略高于周围地面，个别临水的遗址呈高台状。淮河以南则多为台形遗

潜山薛家岗遗址出土商代陶鸟形器

址，是明显高于周围地面的台地。这种状况与本地区新石器时代遗址的分布特点基本一致。从文化堆积情况看，有两种类型，一是单纯的商时期遗址，仅有商代的文化层，数量较少，如淮南市三江坝遗址等；二是有两个或两个以上时期的文化遗存，而以其他时期遗存为主，商时期遗存在遗址中仅有少量堆积，如霍邱红墩寺遗址、合肥烟大古堆遗址等。多数遗址属此类。从文化面貌看，大致可分为两区：其一，北区淮河流域经过发掘的遗址主要有霍邱红墩寺、合肥烟大古堆、淮南三江坝、六安众德寺、霍邱绣鞋墩、寿县斗鸡台等。陶器以夹砂灰陶为主，绳纹偏粗，器类主要有鬲、豆、罐、盆、大口尊、甑、簋、甗等，器物特征具有典型的商文化风格，如三江坝遗址的锥足鬲，瘦高、方唇口、裆部较高，以及黑陶假腹豆、凹圜底折肩深腹罐、大口尊等。根据典型陶器的排比，可以将上述商时期遗存分为早、晚两期，其年代大约相当于二里岗文化和殷墟文化。早期阶段仍承袭了一些斗鸡台类型的文化因素，到晚期几近消失，商文化势力差不多占据了主导地位。其二，南区包括长江流域和巢湖周边地区，主要遗址有含山大成墩、孙家岗、枞阳汤家墩、安庆张四墩、怀宁跑马墩、潜山薛家岗等。陶器以夹砂灰陶为主，纹饰多粗绳纹和附加堆纹，主要器类有鼎、鬲、豆、罐、盆、尊、斝、甗等，鼎多而鬲少，不少器物具有浓厚的商文化风格，如体形瘦高的锥足鬲、盘把间无明显界线的假腹豆等，但更多的如折沿曲腹尊、广肩折沿罐、平底锥足鼎、平底锥足斝、带流的盘口曲柄盉等，特色鲜明，且不见于其他地区。同时共存有一定数量的印纹陶和硬陶器，纹样有云雷纹、菱形纹、回形纹、编织纹等。显然这应是一个新的文化类型。总体来说，安徽地区商时期的文化面貌尚不太清晰，这也是今后要着力解决的课题之一。

商时期的铜器已发现近百件，但经过科学发掘出土的较少，大部分为出土后征集或从废旧物品回收中拣选的。比较重要的铜器群有：阜南县朱寨月牙河出土尊、斝、爵、觚等共13件；嘉山县泊岗引河工程出土斝、爵、觚、罍各1件；肥西县馆驿糖坊村出土斝、爵、觚共5件；肥西县馆驿大墩子遗址出土斝、铃、戈、削共5件；六安县土产公司拣选斝、爵、觚共4件，市区北郊出土尊1件；金寨县斑竹园出土“父乙”铭鬲、“父癸”铭爵和尊、斝各1件；颍上县王岗郑家湾村出土鼎、爵、尊、卣、戈、镞共9件；铜陵童墩村出土爵、斝各1件；马鞍山、青阳、潜山、庐江分别出土大铙1件。器类有鼎、鬲、斝、爵、觚、尊、罍等，纹饰有饕餮纹、兽面纹、窃曲纹、云雷纹、连珠纹、弦纹等。六安、肥西大墩子、铜陵等地的斝、爵、觚等，其特点与郑州二里岗商文化的同类器物基本相同，差异很小，应为商早期之器。说明本地区的青铜文化是在中原商文化的直接影响下发展起来的。铸造工艺比较粗糙，口部多加厚，器壁单薄，纹饰简朴，无地纹，显得略为原始。商晚期，铜器的数量和种类都大大增加，除礼器外，还出现了兵器、车马器和小件生产工具。如阜南月牙河、肥西糖坊、嘉山泊岗等地的器物，形体高大，造型庄重，纹饰遒劲，铸造较精，显得比前段更为成熟。从造型和纹饰等分析，商晚期的铜器多数与中原商文化晚期的同类器物基本相同，但有些已有部分改造和变化，并出现了与中原商文化不同的具有地方特点的器形，如阜南的龙虎尊。

西周至春秋时期的遗址已遍布安徽省各地，很多地方的遗址分布密集。这一时期的遗址大都位于河流或湖泊旁的堌堆或台地上，面积一般为几千至数万平方米，少数规模较大的中心遗址达数十万平方米；文化堆积较厚，一般厚2～4米，个别的厚5～10米；堆积中含有较多的动物骨骼等。可分为三个大区。

第一，淮河以北地区。发现的春秋时期的遗存甚少。西周时期的主要遗址有亳州钓鱼台、亳州程井、临泉老丘堆、灵璧蒋庙、萧县花甲寺等，陶器以夹砂灰陶和夹砂红陶为主，纹饰多绳纹和附加堆纹，器类有鬲、罐、豆、钵、簋等。可分早、中、晚三期，文化面貌基本一致并存在明显的演化轨迹，应是一脉相承连续发展下来的。在陶质、陶色及器物特征等方面与中原地区西周文化具有相当大的共性，因此应属周文化的系统。发现的铜器有鼎、爵、鬲、卣、尊、簋等近20件，也基本可以归为周式铜器的范畴。

第二，江淮地区。近10年来，重点发掘了一批西周至春秋时期的遗址，积累了丰富的资料，初步建立了该地区这一时期的文化谱系。在江淮地区西部确立了堰墩类型文化，在江淮地区东部确立了何郢类型文化。

堰墩类型文化以2000年发掘的六安堰墩遗址命名，已发掘的重要遗址还有六安庙台，霍丘红墩寺、堰台，霍山戴家院、赵士湾，合肥烟大古堆等。陶器以夹砂红陶和灰陶为主，有以折肩鬲、折肩罐、带流曲柄盉、宽沿豆、高圈足簋等为代表的一批独特的器物群。从西周早期至春秋中期可分为连续发展的五期。这一时期的遗址大多呈高台状，周围有环壕，并出现一批规模较大的城址，应是局部区域内的聚落中心，如六安东城都城址，面积近7万平方

霍丘堰台遗址F3

霍丘堰台遗址M36

霍山戴家院遗址春秋祭台

滁州何郢遗址2号动物坑

米，现存土垣高约9米。2004年发掘的霍丘堰台遗址，外围有两道环壕，遗址中央为公共活动场所，外围是房屋。房屋为长方形布局，如F3长6、宽3米，分前、后室，基槽内有木柱，屋内地面经多次铺垫。墓葬均为长方形土坑竖穴墓，多葬在房址附近，一般没有随葬品，有随葬品的通常放置在靠近墓坑口处。在霍山戴家院遗址还发现春秋早期祭台1座，该祭台略呈圆形，台面直径近6米。堰墩类型文化分布的地域也是文献记载的群舒活动的地区，在这里发现的铜器，其中牺首尊、带流曲柄盉、平盖鼎等被作为是群舒的代表性器物，都能在陶器中见到相似的器形。因此，我们认为堰墩类型文化与群舒有直接的关系。

何郢类型文化以2002年发掘的滁州何郢遗址命名。陶器以夹砂红陶为主，其次为泥质黑陶、夹砂灰陶、泥质红陶、泥质灰陶以及印纹硬陶，另有少量原始瓷器。器形主要有鬲、豆、盆、罐、钵、簋、甗、杯等，其中最具特征并大量出土的典型器物有夹砂红陶折沿深腹素面鬲、泥质黑陶折肩素面鬲、泥质黑陶高柄浅盘勾沿豆、夹砂红陶深腹平沿小平底盆、高圈足簋等。以素面陶为主，纹饰以绳纹最多，有少量弦纹、附加堆纹、按窝纹等。一般制作较粗糙，造型不太规整，多数陶器表面保留有清晰的刮削痕迹。铜器主要是小件兵器、工具之类，如箭头、刀、凿等，还有少量陶范、石范残片和铜渣。墓葬均为长方形竖穴土坑墓，葬式多为仰身直肢，没有随葬品，根据对人骨的初步观察，大多数应为未成年人。发现的动物骨骼较多，除大量零散骨骼外，还清理了20座动物坑，骨架均保存完好，其中有砍头和捆绑埋葬的现象，砍头的动物用石块放在头部，代替头颅埋葬。发现两具人头的顶骨部分，边缘有明显的砍削痕迹，周围散布鹿角和陶器等；发现一片较为完整的龟腹甲，上面有数十个浅圆形钻孔，排列整齐，并有烧灼痕迹。以上迹象均应与祭祀活动有关，表明该遗址的祭祀活动较频繁且集中。根据陶器的形态特征，可将何郢遗址分为两期，年代约相当于西周早期至中期。

春秋晚期的遗存，除早年发掘的寿县蔡侯墓、舒城九里墩墓外，近年又有重要发现。2007

凤阳卞庄1号墓底部

凤阳卞庄1号墓出土铜钟铭文拓片

年清理的凤阳卞庄1号墓为圆形墓坑，在墓底发现9具人骨架，排列有规律，随葬品尚存有14件铜编钟和鼎、豆等生活用具及车马器、兵器、石磬、陶器等数十件。在5件镈钟上发现300多字铭文。2008年发掘的蚌埠双墩1号墓亦为圆形墓坑，墓口直径20、底径14、深8米，东边一条墓道，墓壁用白泥抹平。封土堆底部与墓坑口之间铺垫一层厚约0.3米的白土层，直径约60米。墓坑内的填土经过特殊处理，墓壁一周建有大小不等的馒头状土丘18个和11组土偶群，并在坑内台阶上用土偶垒砌内壁。土偶未经烧制，用泥直接做成，呈圆形、方形和不规则形锥体，身有"十"字形绳索印痕。在墓坑底部，墓主居中，东、西、南、北四方置10个陪葬人，南部有器物坑，总体布局呈"十"字形。随葬品有铜器、玉器、陶器、石编磬等400多件，其中13件铜器上有铭文，其中有"童麗君柏"之名，据研究为钟离国君。这两座墓的形制独特，为前所未见。铜器铭文中均有关于钟离的内容，对研究钟离国的历史具有重要的意义。

蚌埠双墩1号春秋墓出土铜器

第三，长江以南地区。过去的考古工作较少，近20年在遗址、土墩墓和古铜矿等方面的调查、发掘均取得了重要成果。已发掘的遗址主要有南陵牯牛山、宁国官山、马鞍山五担岗和烟墩山、繁昌瓜墩、红灯、鹭鸶墩、板子矶等。南陵牯牛山遗址的面积近70万平方米，四周有水道环绕并与漳河相通。出土有陶器、印纹硬陶、原始瓷及石器等，文化面貌与江苏宁镇地区有很多相近之处，但又有很强的自身特点。该遗址可分为西周早、中、晚三期。

长江以南地区是土墩墓的重要分布区之一。1959年在屯溪发掘了2座西周时期的土墩墓，之后，又在屯溪、南陵等地发掘了数十座土墩墓，开展了皖南土墩墓专题调查，使皖南土墩墓逐渐显现出较清晰的轮廓。皖南土墩墓分布的西界大致在秋浦河—九华山—黄山一线，可分为四个小区。其一，新安江上游区。主要分布在山间谷地，1959～1975年在屯溪奕棋等地发掘8座。外观近圆形或椭圆形，平地起封，封土结构松散，不挖墓坑。在墩底部中央用鹅卵石铺设长方形石棺床，四周有排水浅沟。本区土墩墓可分两期，分别相当于西周早期和晚期。其二，郎川河流域区，与江苏、浙江相邻。土墩墓多坐落在丘陵地区的低山岗垅上，外观呈馒头状，底平面为圆形或椭圆形。2008年在广德赵联村等地发掘土墩墓20多座，有一墩一墓、一墩多墓，墩中的单体墓多数有长方形浅坑。可分为

广德赵联08GKZD3发掘现场

广德赵联08GKZD3M1

广德赵联08GKZD3M4

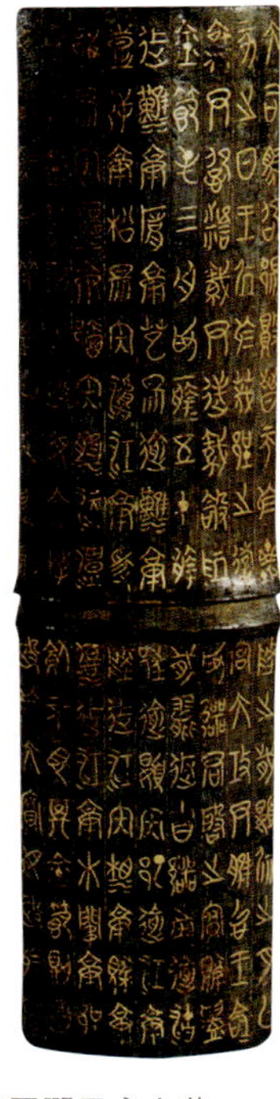
寿县寿春城出土战国鄂君启金节

西周后期和春秋前期两期。其三，漳河流域区。土墩墓多坐落在低山丘陵地区的岗垅或山顶上。多为集中成片分布，有数十座、数百座至上千座连成一片。如南陵县葛林乡千峰山土墩墓群，在近10平方公里的范围内尚存土墩墓908座，均呈馒头状，外观浑圆，大多为一墩一墓，平地起封，不挖墓穴，极少数在生土层上挖长方形浅坑。在南陵千峰山、繁昌平铺等地发掘土墩墓20余座。可分三期，第一期为西周前期略偏晚阶段，第二期为西周后期，第三期为春秋前期。其四，九华河流域区。分布在低山或平畈中，比较零散。在青阳庙前等地清理土墩墓近10座，封土经夯实，一部分墓不挖墓穴，随葬品放置在底部平面上；一部分挖竖穴浅土坑。分为两期，第一期为西周后期，第二期为春秋前期。土墩墓出土器物有铜器、夹砂陶器、印纹硬陶器和原始瓷器，另有少量石器。新安江区的器物风格独特，自成一体，与其他区的差异较大，而与浙江西南部淳安等地的文化面貌接近；郎川河区则与江苏高淳、溧阳等地的土墩墓一致；漳河和九华河区的面貌略复杂，一方面，其总体特征与江苏宁镇地区有很多相近之处，另一方面，又具有很强的区域性文化特征，如束腰平底双系耳甗、平裆鬲、双耳高领印纹陶罐等不见于其他地区，这与遗址所反映的文化面貌相吻合。皖南土墩墓自西周早期开始出现于漳河流域，并延续发展至春秋前期。春秋中晚期开始，挖墓穴、夯封土的做法渐多起来。1995年发掘的青阳县龙岗春秋晚期墓葬，为土坑竖穴墓，墓坑长5.4、宽3.9、深3.2米，坑内置木棺，四周用青膏泥填实封闭，已是典型的土坑竖穴木椁墓。

漳河流域及其附近地区，土墩墓不仅分布最密集而且规模宏大，自西周至春秋时期，其文化面貌一脉相承，没有间断，并形成了一个相对独立的文化区。同时，这一区域内还分布着众多台形遗址。而漳河上游又正是周代铜矿遗址分布的中心区域，已发现规模庞大的铜矿开采和冶炼遗址10余处，南陵江木冲遗址的面积约1.5平方公里，初步测算其冶炼废渣总数就有数十万吨。发掘了铜陵木鱼山和南陵江木冲、刘家井、西边冲等处，发现了采矿井、炼铜炉等西周晚期至春秋时期的遗迹和冶炼产品冰铜锭，反映出此时的冶炼技术已经较为成熟。

春秋中期以后，由于楚的东进，安徽地区成为吴楚争霸的要地，战国时期全境渐为楚所据，因而这一时期各遗址、墓葬和遗物都表现出了较多的楚文化色彩。楚在境内设县、置邑，后又设都于寿春，促进了一批城市的兴起，最典型的是楚国的寿春城，其外城面积约26平方公里。在其周围的六安、寿县、长丰一带，密集分布着大批楚墓，已发掘的有数百座，大多有棺椁、头箱、边箱，大、中型墓则有墓道，出土陶器的基本组合为

鼎、豆、壶、盒，还有大量的铜礼器、铜兵器、漆木器、玉器、陶器等。近年，在长江沿岸潜山林新、官山和枞阳旗山发现了大规模的战国楚墓群，已发掘100多座。此外，在安庆、繁昌、宣城等地也清理了一些小型战国楚墓。

长丰杨公战国楚墓出土玉佩

四　两汉至六朝时期

目前在安徽境内发现的汉代城址有100多座，其中约50座可与文献记载相印证。多数面积为0.2～1平方公里，大的约2平方公里。皖北因地处平原，比山区易于筑城，所以同类型、同性质的城址的规模要大于南方，均有人工开挖的护城河、夯土城墙，平面多呈方形、长方形。皖南多丘陵和山区，往往利用天然河道、山涧作为城壕，城的平面多呈长方形和不规则多边形。2005年对宿州蕲县故城进行了全面钻探和试掘，该城仍存有夯土城垣，周长5000米。

铜陵金牛洞汉代矿井1、2号面平巷

在长江流域调查发现了多处汉代铜矿遗址，并对铜陵金牛洞进行了清理，发现了竖井、斜井、巷道和铜器、铁器、竹木器、石器等大量采矿工具。

60年来，在安徽地区已发掘的汉代墓葬有数千座，较重要的有天长安乐西汉墓群、三角圩西汉墓群、潜山彭岭西汉墓群、庐江城关西汉墓群、六安城东西汉墓群、亳州东汉曹氏宗族墓群、萧县两汉墓群、阜阳西汉汝阴侯墓、巢湖放王岗西汉吕柯墓和北山头汉墓、宿州画像石墓、濉溪古城画像石墓、六安国王陵等。西汉前期流行土坑竖穴墓，西汉后期至东汉流行砖室墓，画像石墓也较多，并有少量土坑墓、石椁墓。画像石墓主要分布在北部的淮北、宿州、亳州地区，淮河以南的定远、凤阳、明光也有分布。

六安双墩一号汉墓的发掘和汉六安国王陵区的发现是汉代考古最重要的收获之一。双墩呈南北对称分布，为并列双冢墓葬（南墩为一号墓）。一号墓的封土底径50、高10米，墓坑为土坑竖穴，形状呈“中”字形，由墓道、椁室、题凑、回廊和外藏椁组成，墓葬全长45米，墓口长17、宽12米，东墓道长20、宽7米，西墓道长8、宽4.5米。墓室为“黄肠题凑”结构，重椁重棺。“黄肠题凑”长9.1、宽7米，南、西、北三面均用长方形方木，木心向内垒叠构筑，东端为对开式墓门，每扇门由7块木板组成，墓门外端北侧有刻划的数字和方向文字“南方、北方、上一、上二……上七”，门楣上有位置文字“北一、北二、北三”，椁室盖板有接缝数字“一、二……十二”等。外藏椁分为15个外藏室，东、南、北各4个室，西3个室，每个室长1～4米。外

六安双墩1号墓出土金银箔

六安双墩1号墓出土
“共府第十”铜壶

六安双墩1号墓出土
“共府第十”铜壶铭文拓片

层为木椁，内外均髹黑漆，椁室门为对开式，上、下有门枢。内层为石椁，石板之间结合处采用“凹、凸”形方式构筑，内髹一层黑漆，北侧上端石板有彩绘云纹。外棺长2.8、宽1.4、高1.4米，外面髹黑漆，棺盖的两侧绘三角形波浪纹；内棺长2.32、宽0.95、高0.95米，外髹黑漆，绘红色云纹；内棺外表用鎏金的柿蒂纹和菱形纹装饰，共9列17行，棺盖的四角与两侧中间各放置一面铜镜，镜纽均被砸除，残存镜纽根部；棺内髹红漆。回廊是外椁与题凑之间的空隙处。在墓道两侧对称分布2座车马坑，内有铅质小车马器模型90多件，应为冥器。在封土堆西部有3座墓葬和1座车马坑。3座小型墓葬均为“凸”字形带斜坡墓道的土坑竖穴墓，墓道朝东；车马坑总长28米，由斜坡道和车马坑组成，坑内四壁用木板作衬帮并用木柱撑挡，在坑底也铺一层木板衬底，坑内残存8匹马遗骸和4辆车残迹。墓中出土随葬品500余件，部分铜壶上有“共府第六”、“共府第十”、“沈氏容十升，重卅十斤，第二”、“樊氏容十升，重廿八斤十四两”等铭文；出土的封泥上模印有“六安飤丞”。

根据文献记载，六安西汉时为六安国封地，武帝元狩二年（前121年）封胶东康王少子庆为六安王（共王），历夷王禄、缪王定、顷王光、育五王，王莽时绝。“六安飤丞”为六安国负责膳食的官员，铜壶上的“共府”铭文与六安国第一代王共王庆对应，根据该墓的地望、规制、出土文物和相关文献记载分析，此墓应是六安国始封王共王庆的陵墓。

在双墩附近区域，目前尚存有多处大型墓葬的封土堆，几处较大的封土堆都是两个并列的墓冢，分布面积约6平方公里。已发掘的双墩一号汉墓即位于这个墓葬区的中心。根据双墩一号汉墓的发掘情况、墓主身份，以及现存墓葬封土的形制和规模推测，这一带应是西汉六安国的王陵区。

新发现的重要汉墓还有2006年12月发掘的庐江县服装工业园西汉墓。该墓为长方形土坑竖穴木椁墓，保存完整，没有被盗。墓坑长约7.5、宽5.5米。南北向，墓道在南侧。椁室及盖板用双层楠木建成。墓室由棺室、前室及东、西、北三个边箱组成，棺木保存完整，外髹黑漆，内髹红漆。墓室出土有釉陶器、木俑、漆器、铜器等。棺内出土有带鞘剑、玉佩、铜镜、五铢钱、漆器等，并有“临湖尉印”铅质印章1枚。

1999～2001年在萧县发掘了300多座汉墓。墓葬形制有竖穴土坑墓、斜坡墓道墓、砖室墓、砖石结构墓，葬具有木质和石质两类，随葬品有陶器、釉陶器、玉器、石器、漆木器、骨器、铜器、铁器、铅器、琉璃器等，以陶器居多。综合分为五期，分别相当于西汉早期、西汉中期、西

庐江服装工业园汉墓

当涂青山晋墓发掘现场

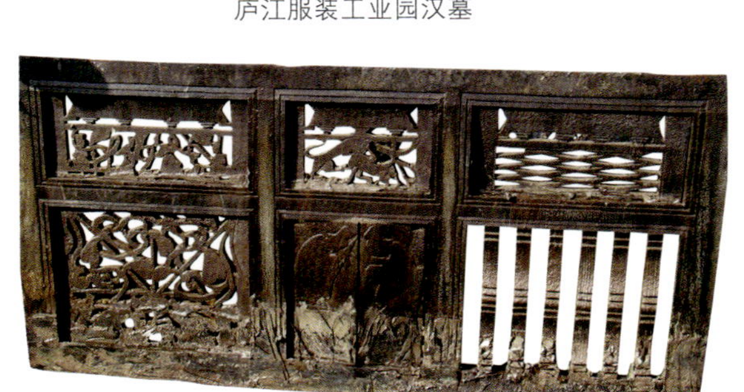

庐江服装工业园汉墓木雕隔板

当涂青山晋墓出土玉佩

汉晚期、东汉早期和东汉中晚期。

2004年对三国魏的重要军事据点——合肥三国新城进行了勘探和发掘。该城址呈不规则长方形，总面积约8万平方米，设三门，在城内发现夯土台基和窑址各1处、房址5处，出土了较多生活用器和大量擂石、铁镞等兵器。

在繁昌新潮、南陵麻桥、宣城、广德、巢湖、和县、全椒卞集、凤台、颍上黄壩等地发现了六朝墓葬，马鞍山、当涂是分布最密集的区域。在马鞍山、当涂发掘的100余座墓葬中，基本为砖室墓，上起东吴早期，下讫南朝晚期，以东吴和西晋时期为多，少数墓葬有明确纪年，墓葬的规模和等级较高，如1976年发掘的东晋太元元年散骑常侍孟府君墓，1984年发掘的朱然墓及1996年发掘的朱然家族墓，1987年发掘的疑为孙吴宗室墓的宋山东吴墓，2002～2003年发掘的当涂青山六朝墓地等，应与孙吴定都建业有关。

朱然墓的墓主为孙吴左大司马、右军师，出土140多件器物、6000多枚钱币和10余件木质谒和名刺，其中80余件漆器是六朝漆器的重大收获。在青山六朝墓地发现了5座纪年墓，出土的刻龙纹玉佩和玉璜、青瓷魂瓶、莲花盘三足炉是六朝墓葬出土器物中的精品。

淮北较重要的六朝时期墓葬有颍上黄壩乡魏晋墓，结构特殊，为砖、石混合结构，出土6块画像石，随葬有明二暗三层式陶楼、石羊等。

此外，当涂东吴凤凰三年锡质买地券，孟府君墓出土的隶书体墓志，来陇东晋墓出土的萨珊

蚌埠明代汤和墓出土青花瓷罐

此外，还有1967年在清阳红旗街宋塔地宫出土的鎏金佛塔，1977年在寿县报恩寺塔地宫出土的宋代佛像、石碑、石函、金银棺、玻璃瓶等，1995年在潜山太平塔地宫出土的宋代石函、铁函、青花舍利罐、舍利子、题铭砖等。

六　明清时期

明清时期的墓葬已发掘数百座，有砖室墓和土坑墓两种，少量墓葬用石灰糯米浆封顶或用覆盖瓷碗的伞筑形式。明代墓葬常有并穴合葬习俗，多者可达5穴以上，而清代较为盛行家族墓地。除个别显贵者的墓外，普遍实行薄葬，随葬品贫乏且多为日常生活用品，很多墓甚至无随葬品。

黄山区黄泥巷清代家族墓地

明代显贵墓有明光李贞夫妇墓、蚌埠汤和墓、凤阳严端玉墓、肥东郑成墓、歙县仪表厂明墓。1969年发掘的明光李贞夫妇墓，为朱元璋的姐姐、姐夫合葬墓，有一个前室和两个后室，出土遗物34件，有金器、玉器和一套铜质锅、铲、勺及一盒圹志。1973年发掘的汤和墓系明代开国功臣东瓯王汤和之墓，墓室开凿于山石之中，为长方形砖石结构单券，分前、后室，中部有石质棺床，残留遗物130余件和一方墓志。1990年发掘的凤阳余庄严端玉墓系明中都留守司副留守韦善母亲之墓，墓室为方形，有3个方形小耳室，残留遗物54件。1990年清理的肥东怀远将军郑成墓，为单砖室墓，出土有青瓷罐、墓志、城墙砖、花纹砖。1993年在歙县仪表厂工地发掘了一座明代土坑墓，木棺中出土了金帔坠、金凤钗、金簪、佛像金箔、金步摇、大玉圭、服饰佩件、玉版、玉带扣等46件随葬器物。

明代的普通墓葬中较重要的有1983年发掘的合肥三孝口何杨氏墓，分前、后两室，有棺椁，出土遗物20余件。形制特殊的如2008年发掘的蚌埠仇岗明墓，墓室用灰砖砌成近“非”字形，面积仅0.5平方米，出土遗物30余件。

清代墓葬有1998年在怀宁总铺发掘的桐城派重要人物方苞的后裔方柏堂墓，墓中出土了墓主本人所著书等；2004～2006年在黄山—塔岭、铜陵—汤口—屯溪的高速公路建设工程中发掘的100余座清代墓葬，多为较集中的家族墓地，部分为多穴并列合葬，其中黄山区黄泥巷家族墓地经过严格规划，整个墓地三面以碎石和土围成“U”字形，其内自上而下整齐规划了五排墓列，50余座墓排列有序。

除墓葬外，2003年为配合大遗址保护规划对凤阳明中都城遗址进行了局部发掘；2008年在繁昌新港发掘了3座明代烧造城墙砖的砖窑，这是安徽省首次对烧造南京城墙砖的窑址进行发掘。

（执笔：宫希成　朔知）

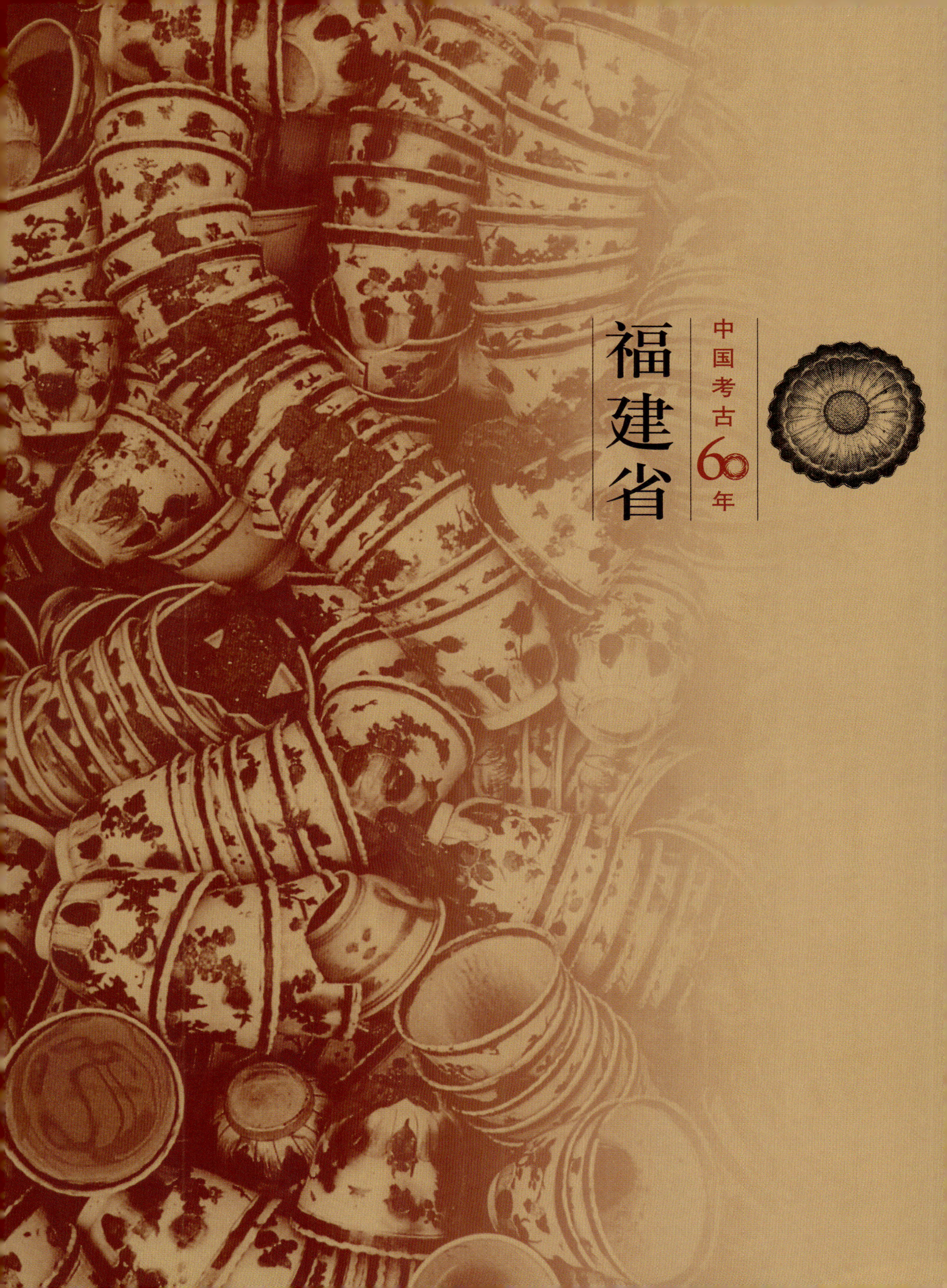
福建省
中国考古60年

中国考古60年

福建省

新中国成立60年来，特别是近20年，福建省的考古工作取得了令人瞩目的成绩，发现了为数众多的古代文化遗存，为配合基本建设和重要学术课题发掘了400多处古代遗址、窑址和墓葬，出土了丰富多彩的各类文物，其中三明万寿岩洞穴遗址、浦城县猫耳山商代窑群、浦城管九土墩墓群分别被评为2000、2005、2006年度全国十大考古新发现。

一　旧石器时代

福建地处中国东南沿海，是大陆旧石器文化与台湾、南岛旧石器文化交会的重要地带之一。至今全省已知旧石器文化遗址或旧石器出土地点、化石地点45处。通过科学发掘的洞穴遗址（地点）2处、旷野遗址（地点）3处，发现并出土了晚期智人牙齿化石6枚、肱骨化石2件、胫骨化石1件及大量的石制品。

1987年，福建东山岛渔民打捞出一批哺乳动物化石，经鉴定其中1件为古人类右侧肱骨化石残段，这件化石被命名为“东山人”，属于距今1万年左右的晚期智人。动物化石有中国犀、剑齿象、水牛、山羊、熊等。这批材料是研究古人类由“东山陆桥”通往台湾的物证。

1998年初冬，在石狮市祥芝镇发现了一批哺乳动物化石，经专家核实，其中有一件被确认为古人类的肱骨化石，被命名为“海峡人”。“海峡人”化石距今约2万年前。另外，还发现许多骨骼表面上，存在人工刻划和砍砸的痕迹。

1988年5月，在清流县沙芜乡洞口村狐狸洞采集到一批哺乳动物化石，经确认有一枚牙齿属晚期智人臼齿化石，其余为更新世晚期的哺乳动物化石。年代距今1万多年前，这是福建省第一次发现的层位明确的古人类化石，填补了福建旧石器时代考古的空白。1989年11月，对狐狸洞进行系统的科学发掘，出土古人类牙齿化石5枚，动物化石由原来采集的6种，增加到17种，分属于8个目。

清流狐狸洞晚期智人臼齿化石

三明万寿岩遗址位于三明市以西17公里，由灵峰洞遗址、船帆洞遗址、龙井洞遗址等组成，1999年夏发现，当年冬至2000年春进行首次发掘；2004年第二次发掘，共出土四个文化层，地质时代分别为：中更新世晚期（距今20万～18万年前）、晚更新世早期（距今10万年

前）、晚更新世晚期（距今4万年前）和晚更新世末期（距今3万～2万年前）。据对灵峰洞第3层与旧石器共存的钙板样品进行铀系测定，其年代距今约18.5万年，说明此时古人类已在福建境内繁衍生息。尤其是出土的锐棱砸击石片和石核，早于在台湾岛发现的同类石器，揭示了台湾岛在旧石器时代就与福建有着一脉相承的亲缘关系；在船帆洞，揭露出距今4万年左右的旧石器时代晚期人工铺就的砾石地面约120平方米，为国内少见。

莲花池山遗址位于漳州市北郊，1990年试掘20平方米，获得典型标本27件。石制品有石器、石片、石核和断块等，石器有刮削器、雕刻器、砍砸器等，年代为距今8万～4万年。2005～2007年发掘600平方米，在更新世地层中，共揭露出3个文化堆积层，出土石制品400余件。

三明万寿岩旧石器时代遗址

三明万寿岩旧石器时代遗址灵峰洞出土石制品

二　新石器时代

福建新石器时代考古发现及其研究，可以划分成东部沿海地区和西北部内陆山区、闽南沿海三大区块，并可初步梳理出它们各自文化发展序列。

（一）东部沿海地区

以贝丘遗址居多，且与隔海相望的台湾原始文化关系密切。先后发掘了福清东张、闽侯溪头遗址、庄边山遗址、平坛壳丘头遗址、昙石山遗址、霞浦黄瓜山遗址等。文化发展序列为：壳丘头文化（距今五六千年）→昙石山文化（距今四五千年）→黄瓜山类型文化（距今4000～3500年）。

壳丘头文化主要分布在福建东南沿海一带，已知遗址有平潭的壳丘头和南厝场、金门的富国墩（贝壳^{14}C测年距今7450～5890年）。壳丘头文化风格独特，反映出这一时期活跃于福建滨海沿岸的先民以渔猎经济为主的地域特征。

闽侯昙石山新石器时代遗址出土陶塔式壶

昙石山文化集中分布在以闽江下游为中心的福建东南沿海一带临水的山岗，典型遗址有闽侯昙石山、溪头、庄边山和福清东张、闽清小箬等，多以贝丘堆积为主，反映出此时先民依山临水的生活习性。此外还有大量的陶片、贝壳及动物遗骸。此时在昙石山遗址中已发现有公共墓地、半地穴式的房址，在居住区周边还发现有壕沟。

闽侯昙石山新石器时代遗址出土彩陶杯

（二）闽西北内陆山区

闽西北地区多为山间河谷的山岗遗址，相继发掘了明溪南山、南平宝峰山、浦城牛鼻山、浦城黑岩头、武夷山葫芦山、武夷山梅溪岗、邵武斗米山、浦城连墩遗址、连城草营山等遗址。距今5000～4000年前牛鼻山文化与距今4000～3500年前的马岭文化之间存在着一定的传承关系。

牛鼻山文化在闽西、闽北分布较广，典型遗存有南山、牛鼻山、梅溪岗下层、浦城连墩等遗址。牛鼻山遗址位于浦城县管厝乡党溪村牛鼻山南坡，1989、1990年先后两次发掘面积900平方米。共清理新石器时代墓葬19座，灰坑8个，出土石器、玉器、陶器等遗物300多件。牛鼻山文化有自己独特的风格，同闽江下游及东部沿海地区的昙石山文化有明显的差异，与毗邻的江西、浙江等地的同时期新石器时代文化有相似之处。

在邵武斗米山遗址发现类似于干栏式房屋遗迹一处，以及一批同时期的竖穴浅坑式墓葬。出土随葬器物有陶器、石器、玉器等。玉器的随葬是一个特别突出的发现，几乎每墓均有，最多的一墓达6件，这种情况是福建以往的新石器时代墓葬中所少见的。

马岭类型（或肩头弄类型）处于新石器时代末期至青铜时代早期的过渡时期，相当于中原的夏代至商代早期，距今4000～3500年。在光泽马岭、邵武斗米山上层、武夷山的葫芦山、浦城的猫耳弄山等遗址都有发现。其以黑衣陶为主要特色，出现了甗形器、敞口尊、曲腹盆、圜底钵、鱼篓罐、虎子等新的器物组合。在葫芦山遗址中发现有平面呈葫芦形、个别呈圆形或长条形的陶窑，在猫耳弄山窑群甚至出现了长达七八米的龙窑。窑中出土了黑衣陶、赭衣陶、红衣陶和彩陶器。

（三）闽南沿海地带

本地区新石器时代文化的年代框架，基本可以梳理出新石器时代中期偏晚的“覆船山—腊州山类型”、新石器时代晚期的“大帽山类型”。

大帽山遗址位于东山县陈城镇大茂村东北约1公里的大帽山东南坡，2002年首次发掘。出土遗物有石器、陶器、玉器、骨器、贝器以及大量陆生动物、海生脊椎动物和海生贝类动物遗骸等。石器种类有锛、镞、凹石、砺石、石球、穿孔器。骨器有箭镞、锥、匕、鱼钩、磨制骨片等。贝器仅1件。陶器盛行圜底器和圈足器，器形有釜、罐、豆、碗、纺轮、器盖和把手等。经测试大帽山遗址的年代为距今5000～4300年。

三　青铜时代

福建地区发现的青铜时代遗址数量已达3000多处，遍及全省各地，采集标本数量数以万计，说明此时人类活动相当频繁。

目前在福州、宁德、泉州、漳州、龙岩、南平等25个县区发现有零星的青铜器，总数共有160余件。器形有尊、盘、杯、剑、戈、矛、箭镞、刮刀、锛、戚、铙、铃、斧、削、锯、凿形器等。20世纪七八十年代在南安大盈出土的20件铜器，建瓯出土的铜铙、钟、觚、提梁卣等，是在福建发现的最重要的铜礼器，其中大铙是目前国内罕见的；浦城土墩墓发现了70多件铜器，是迄今为止福建发现数量最多的成批铜器，具有重要的意义。

建瓯小桥阳泽商周遗址出土铜铙

黄土仑遗址发现土坑墓30座，红烧硬面和柱洞各一处。出土陶、石器共198件。陶器绝大多数是拍印的几何印纹陶和刻划的几何纹陶，陶质多为泥、细砂灰陶，火候较高，质地坚硬，叩之声音清脆，有的在口沿和颈部有釉斑。器形有豆、杯、壶、罐、钵、盂、勺、簋、尊、盘、釜、鬶形器、虎子、鼓等15种。这批印纹陶器为福建乃至我国南方地区所罕见，具有强烈的仿铜作风和浓郁的地方特色。

东张遗址位于福清东张水库西侧，2004年发掘31座土坑墓，出土随葬品161件。

虎林山遗址，2001年夏发掘面积2314平方米，清理了19座商代晚期的土坑墓，其中带有腰坑的墓葬8座，初步呈现了按贫富等级分区埋葬死者的迹象。出土文物完整和可复原者321件。分青铜器、玉器、石器和陶器等四大类。

乌仑尾遗址，2002～2003年发掘清理了土坑墓葬23座。出土石器有石戈等。陶器组合为罐、豆、尊。器类还有壶、釜、杯、钵、盆、匜、瓮、器座和纺轮等。纹饰有方格纹、复线菱形纹、梯格纹、曲折纹、斜线纹、绳纹、篮纹、弦纹、锥刺纹等。陶器中高翻领小圜底或圜凹底的尊、卷沿圜凹底罐、浅盘折腹竹节状长柄豆、折腹长柄喇叭足豆最具特色。经^{14}C年代测定为3550±60年。

狗头山遗址，2003年发掘，面积825平方米，清理了5座商周时代的土坑墓，出土陶、石、玉器等文物100多件。石器有锛、钏、玦、戈、矛、砺石等，既有常形石锛也有凹刃石锛。玉器有璜和圆形玉料。陶器主要有长颈尊、盆形豆、钵形豆、浅盘喇叭足豆、折沿深腹壶、圈足罐等。

南靖石土地公山墓葬、浮山遗址、三凤岭墓葬、平和西山墓葬等也是重要的材料。上述遗址及墓葬的内涵中以虎林山遗址内涵最为丰富和最具代表意义，因此可命名为“虎林山类型”。该类型属于广泛分布于粤东闽南地区的“浮滨文化”的地方类型文化。

闽侯黄土仑商周遗址出土陶杯

闽侯黄土仑商周遗址出土陶提梁鼓形器

闽侯黄土仑商周遗址出土硬陶单鋬壶

漳州虎林山商周遗址出土石璋

浦城猫耳弄山商代窑址

浦城商周土墩墓发掘现场

浦城商周土墩墓出土印纹硬陶罐

浦城商周土墩墓出土铜戈、矛

此外，近年在浦城猫耳山发现的商代早期窑群、管九土墩墓群极具研究价值。

2005～2006年在浦城仙阳镇发现了商代窑群，清理陶窑9座。其中6座为椭圆形窑、1座为圆形窑，另有2座为长条形龙窑。窑炉结构分火膛、分焰柱、窑室、烟囱等部分，窑前多发现有窑前工作面。龙窑保存较为完好，窑壁尚存高五六十厘米，窑尾有高达120厘米的烟囱，年代为商代早期（距今3600年），堪称中国龙窑鼻祖。出土器物多为黑衣陶，主要器形有尊、罐、盆、釜、盅等。在窑址周边还分布有居住区和墓葬区，属于聚落遗址。

2006～2007年发掘的土墩墓群位于浦城县仙阳镇管九村低矮的山顶或山坡上。共发现33座土墩墓，出土随葬器物280余件，其中原始瓷器67件，主要器形有豆、罐、尊、瓮、簋、盂、碟等器；印纹陶器146件，主要为罐、簋、豆、尊、盅、虎子形器等；铜器72件，主要有矛、短剑、戈、锛、刮刀、匕首、箭镞、杯、盘、尊等；玉管佩饰7件；石器7件。

四　秦汉时期

福建秦代遗址发现较少，具有代表性的为闽侯庄边山遗址：先后发现9座战国晚期至汉初的楚墓，还出土了一批楚式陶礼器和部分闽越式陶器，推测有可能与秦代闽中郡有关联。

福建地区汉代考古成果除了武夷山（崇安）城村闽越国故城的发现外，在福州、浦城、邵武、龙海等地也先后发现了官署、别宫或邑落等建筑遗址。

1958年在武夷山兴田镇城村发现一座保存较完好、距今2000余年的汉代古城址。1959年汉城遗址进行发掘，发现了大型房屋基址一座，获得完整或能复原的陶、铜、铁器等遗物391件。自1980年起，福建省博物馆又组织了崇安汉城考古队，对这座古城址进行了规模较大的钻探和发掘。

这座城址的平面近似长方形，由于是按地理环境和形势，因地制宜建城。城南北长约860米，东西宽约550米，周长2896米，面积约48万平方米。方向北偏西25度。现存城墙及堆积的高度约4～8米，城外有护城壕沟，宽6～10、深2～5米，这种壕沟一般都是取土筑城时挖成的。根据对东城墙的解剖及东城门的发掘，可知城墙主体部分宽6～7米，夯层厚5～10厘米。

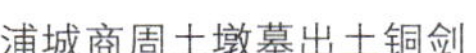

浦城商周土墩墓出土铜剑

浦城商周土墩墓出土铜戈

浦城商周土墩墓出土铜杯

浦城商周土墩墓出土铜盘

武夷山城村汉城遗址

这座城建筑在三组山岗和高坪上，地形呈西高东低。城内的大型建筑群基址有：中部的高胡南坪、北坪，西部的下寺岗和北部的马道岗等多处。大型宫殿区主要集中于城中心。其中以高胡南坪建筑群规模最大，宫殿群的基址面积达2万多平方米，在探掘时将其分为甲、乙两组建筑。其次，高胡北坪也有约2万平方米的宫室建筑群，在城内西部的下寺坪、南部的大岗头以及高胡坪东坡、高胡下坑等8处，发现了与宫殿区有关的遗址和居址，在下寺岗也发现了重要遗址。在城内发现古道路5条，路面均铺设河卵石。其中东起东城门，经高胡坪宫殿区南侧抵达西城门的主干道，路面宽10～12米。另外，在城内还发现两组排水系统和三处进排水口遗存。

1981年起，在高胡坪清理出一组面积达10000平方米的宫殿建筑群，定名为甲组建筑群。这座坐北朝南的大型建筑群，系由南面的东、西大门，侧门、门房、前庭后院、主、侧大殿，东、西天井（水池）、厢房、侧房、后房等组合成的一组封闭式宫室群。以殿堂（F1）为中轴，左右呈大致对称的布局。此外，在高胡北坪、下寺岗、下寺坪、高胡东坡等处，通过钻探都可确定有规模较大的建筑遗址。

经过近几年对城址东大门断断续续地清理，大体形制已初见端倪。城门道宽约近5米，门道两侧的墙体突出，突出部分的墙体宽约9.5米，北段长度约14米，南段长度约13.3米。门道两边的突出部分即城门楼阙的基座。门楼两侧的城墙宽6～7米。门道内侧两端也有台基，台基宽度约4米，为门卫房基址。根据遗迹现象，可确知当时东城门有高大雄伟的门楼阙，并且门内两侧有门卫房建筑，其中有曲回的阶梯通上城门楼。经1996年进行的精密磁测和铲探，探出了城址南门、西门、北门的准确位置和大体情况。但具体结构还有待考古发掘来揭示。

城外经过发掘的遗址有门前园遗址、元宝山遗址和北岗一、二号建筑遗址。北岗一、二号遗址经研究应当是庙、坛基址。门前园遗址局部发掘，出土了不少板、筒瓦、瓦当等建材和其他遗物。确知是一处有一定规模的重要建筑，推断应是宫室或官署一类的建筑遗址。1996年至2002年，在城外遗址群外围的东西南北四周先后勘探五处大型的墓葬区，使城址遗址的方位达十四平方公里。证明城村闽越故城是一个有内城（宫城）外郭的王都规制的城市。

在城址周围的崇溪河谷两岸，经考古调查，先后发现了不少与城址文化内涵几乎年代相同的汉代闽越国遗址。如在城址北部地区，现武夷山市区（原崇安县城关）南部和武夷山风景区一带，发现有三姑遗址、万家山遗址、果园遗址、赤石遗址、雾林山遗址、坑头村遗址、梅溪山遗址、苦竹林村遗址、下杜坝遗址、公馆遗址、杨梅口遗址等；城址西部有武夷华侨农场遗址等；在城址南部地区则发现有畲头遗址、南岸遗址及建阳县境的平山遗址、南林遗址等；城址东部，除崇溪东岸的渡头村墓区外，在其东的五夫及东北部的下阳等地，亦发现遗址或遗迹。在这些遗址中，还不乏面积较大或有一定规模的遗址。是以城南、北的崇溪流域为郊野之民的主要聚居区。因此河流两岸的汉代闽越遗址就较多较集中，并且大部分位于距河很近的较平坦的山埠高地上，河流成为连接闽越国城郭和郊野的交通要道。在周围一百多里之遥的范围内应属闽越国的王畿之地。

经过多方面的考察研究，城址的时代应是西汉前期及西汉中期的前段，绝对年代的上限不超过汉高祖五年(前202年)，下限则止于汉武帝元封元年(前110年)。城址的性质应是闽越国都中的王城(宫城)。

城村汉城发掘出了大批建材。这些建筑材料有陶、木、石、铁、铜等不同质地，其中以陶质建材为主。陶质建材有各种砖类、瓦类及水管道、井圈等。汉城遗址出土最多的是砖瓦类，这些应均由专门的制陶作坊生产。后来在城外北部的崇阳溪溪边发现成排的烧砖瓦的窑炉遗址。可知是大规模的建材作坊。这类作坊大都是官营的。这些建材的生产工艺和程序比较讲究，反映了手工业生产的较高水平。

城村汉城出土的生活用陶器按陶质分可分为泥质陶和粗砂陶两大类。其中大多数器物都装饰着或繁或简的花纹。按其用途分有储容器、炊煮器、饮食器、盥洗器、酒器、日用器及生产工具等。

从城村闽越国故城中突出数量甚巨的陶制建材和日用瓷器情况看，可知闽越国已有作坊集中、规模宏大的制陶手工业工场。在城村故城址出土的日用陶器上常见印文戳记，如"官黄"、"官径"、"官信"、"宫"、"黄"、"径"、"胡"、"林"、"夫唐"等凡数十种。这些戳印文

武夷山城村汉城遗址出土瓦当

武夷山城村汉城遗址出土铁齿轮

武夷山城村汉城遗址出土玉带钩

中除了少部分职官、吉语等铭文外，大部分是人名或官署和人名合称的印文。所反映的正是官营制陶手工业工场出现及管理、分工的实况。

城址出土了约300件铁器。按功能、用途，城址出土的铁器可分生产工具、兵器、生活用品、建筑构件和杂器五大类。通过金相组织观察和夹杂物的电子探针分析，26件武夷山城村汉城出土铁器中，有白口铁、灰口铁、韧性铸铁，脱碳铸铁、铸铁脱碳钢、炒钢及铸铁脱碳钢和炒钢复合材质2件，反映了当时闽越国的钢铁技术水平。

浦城锦城村金鸡山汉墓出土匏壶

此外，还有少量玉器的发现。

福州地区发现浮村遗址、屏山遗址宫署基址。福州西郊洪塘金鸡山墓群、祭酒岭、清泉山、新店和市区的多个工地均发现有闽越国时代的土坑墓和遗迹。

在闽侯庙后山遗址发现一座闽越国时代的小型墓葬。

此外，在闽侯杜武村、弯里村、关口村出土了闽越国时代的陶器。

锦城村遗址位于浦城县临江镇锦城村，在该遗址发掘了西汉闽越国的建筑遗存，出土遗物主要是板瓦、筒瓦，并发现了带印章戳记的筒瓦，基本可以确认其为闽越国的一处聚居的邑落遗址。在旁边的金鸡山遗址还发现有贵族墓葬，随葬品有陶器、玉器等。

除上述遗址外，浦城县越王山遗址、晒谷坪遗址、象口村后山、野山子、临江镇锦城小学、光山坪、吕处坞、下沙村、大窑村、田坞村也发现闽越国时期遗物。

建瓯市坑尾山遗址、鹅抱山遗址、山边村遗址、东峰村1号遗址、仙人岩遗址、龙井山遗址、城关水南遗址、吉阳镇放解同遗址，均发现闽越国文化遗存。

建阳市平山遗址、邵口布遗址、老虎窠2号遗址、老虎岗遗址、新建后门山遗址，均采集西汉闽越国时期的遗物。

闽南、闽西地区有龙海榜山雩林山遗址，长泰县岩溪、陈巷龙津溪沿岸、武平、宁化、上杭、连城等地也都有战国晚期至汉代的闽越文化遗存。

浦城锦城村金鸡山汉墓出土玉组佩

五　两晋南朝时期

60年来，福建省文物考古工作者在福州城市遗址考古中发现南朝时期的遗迹；在福州、晋江发现了南朝窑址；在全省各地发现、发掘了大批两晋、南朝时期墓葬，出土了一批珍贵的实物资料。

（一）遗址

在福州城市遗址考古中发现、发掘的重要遗址有福州市冶山路省财政厅工地、冶山路省二建工地、闽侯南朝独木舟遗址。

（二）窑址

福建地区南朝始烧瓷器，考古发掘的有福州怀安窑址和晋江磁灶溪口山窑址。

怀安窑址位于福州市仓山区建新镇怀安村，现存范围约10万平方米。1982年，福建省博物馆和福州市文物管理委员会联合进行发掘，清理出龙窑窑基1座，出土瓷器约15000件，在窑具上发现有“大同三年”和“大……贞元”纪年铭款，说明该窑烧造年代上限不迟于南朝，下限可至唐代中晚期。怀安窑的发现，解决了福州地区所出的部分六朝青瓷的产地问题，具有重要意义。

（三）墓葬

两晋、南朝时期墓葬在全省各地都有发现，以闽北、闽东、福州、泉州等地发现较多，闽西、闽西南地区发现很少。墓葬以中小型居多，结构多为砖构券顶单室，前加甬道，平面呈“凸”字形或刀形。闽北建瓯、政和等地的南朝墓结构较为复杂，有甬道、前后室、两耳室和多个壁龛设置。一墓地往往集数座至数十座墓葬。反映晋人南渡后聚族而居、实行族葬的习俗。

在已发现的50多座两晋南朝时期的纪年墓中，年代较早的是霞浦县古县的三国吴“汉永安六年（263年）六月三十吉乍”墓、眉头山墓群三国吴“天纪元年（277年）七月十日专瓦司造作当□天作□”墓。

另有一些较特殊的砖铭，如：福州市屏山东晋“永和元年”墓出土的“郑氏立子孙□令长多守□□”，南朝宋墓出土的“元嘉十七年(440年)八月丙辰□廿日□立家公故记之也”，建瓯市水西南朝宋“元嘉廿九年”墓出土的“郡卿邦孝廉郎中令詹横堂冢”，将乐县水南南朝齐“永明四年”墓出土的“八仙堂金玉床延福县梗”，泉州市丰泽区南朝梁“承圣四年”墓出土的“承圣四年上洪方建立”等。

此时期墓葬的多数墓砖还模印有纹饰，如：西晋墓砖上常见蝉形、人面、圆钱、蕉叶、团莲、网格、圆弧、米字纹等，东晋墓砖常见圆钱、蕉叶、网格、圆弧、米字以及兽面、摩羯、鱼龙纹等，南朝墓砖流行莲花、卷草、缠枝、忍冬、宝相、宝瓶、飞天、僧人、四神等。

魏晋南北朝兴薄葬之风，福建地区此时期墓葬的随葬品亦较简单，以青瓷器为主，另有少量铜、铁、陶、石器和金银、料器的小佩件。随葬青瓷器有一定组合，常见的有盘口壶、钵、盆、水盂、插器、五盅盘、盘、杯、瓶、炉、镳斗、灶、灯、博山炉、鸡首壶等，包含人们日常生活中的食、茶、酒和卫生洁具。其中多数为实用器皿，也有少量冥器。这批青瓷器一部分为本地产品（如福州怀安窑址、晋江磁灶溪口山窑址等），其他则可能来自江、浙、赣等地（如越窑、洪州窑等）。

近年来比较重大的发现有浦城吕处坞、南安丰州墓群等。

浦城吕处坞六朝墓群位于莲塘镇吕处坞村七坊山、鸡脖岗、社山一带山坡上，1986～2006年先后4次发掘了两晋南朝砖室墓40座。该墓群的时代从西晋至南朝，密集分布在几座山坡上，反映了选择墓地聚族而葬的特点。

南安丰州墓群位于南安市丰州镇西华村皇冠山，2006～2007年发掘了41座砖室墓，出土了瓷器、金器、银器、铜器、铁器、玉石器、料珠等数百件文物。有3座墓的墓砖上模印古乐器“阮咸”纹样，在福建省尚属首次发现，为研究中国乐器史及闽南地方戏曲史提供了重要材料。

晋江六朝墓出土青釉插器

闽侯南屿六朝墓出土青釉博山炉

南安丰州六朝墓出土料珠串

六　隋唐五代时期

隋唐五代时期是福建历史发展的转折时期，随着中原汉人的大量进入和文化、技术的传播，福建社会进入快速发展阶段。这时期政治安定、经济繁荣、文化勃兴，在考古方面的体现是发现、发掘了一批古代遗址、窑址、墓葬，出土了大量精美的文物。

（一）遗址

在福州、泉州、漳州、宁德等地发现了唐、五代时期的居住、城墙、铸币、水道等遗址，其中较重要的有唐代马球场遗址，唐、五代鼓角楼遗址，五代夹道遗址，五代分水关古城墙，福州市唐、五代城门遗址和泉州五代闽国铸钱遗址。

1998～1999年在福州市冶山东侧的省政府机关事务管理局宿舍建筑工地发现唐代马球场遗迹，发掘面积400平方米，地面平坦、坚硬，厚25～30厘米，分为5层，上4层均为夯筑。经与南宋文献《三山志》及1958年出土的唐元和八年（813年）《球场山亭记》残碑对照，确认其为马球场遗迹。

泉州五代闽国铸钱遗址位于泉州市承天寺内。2002年省考古所对其进行抢救性考古发掘。揭露烧制陶范的烘炉遗迹一处及若干炉壁、炉箅残片，出土“永隆通宝”铁钱（942年铸）陶范数千件以及孔雀蓝釉大瓶残片、五代陶瓷片等。其中孔雀蓝釉大瓶残片与闽国刘华墓出土的孔雀蓝釉大瓶相同。

（二）窑址

唐、五代时期，福建窑址的分布范围扩大，数量明显增多，以闽北地区为最多。此外，在福州、泉州地区以至闽西等地也都发现了这时期的窑址。较重要的有将口唐代窑址，晋江磁灶唐、五代窑址，建窑晚唐、五代窑址。

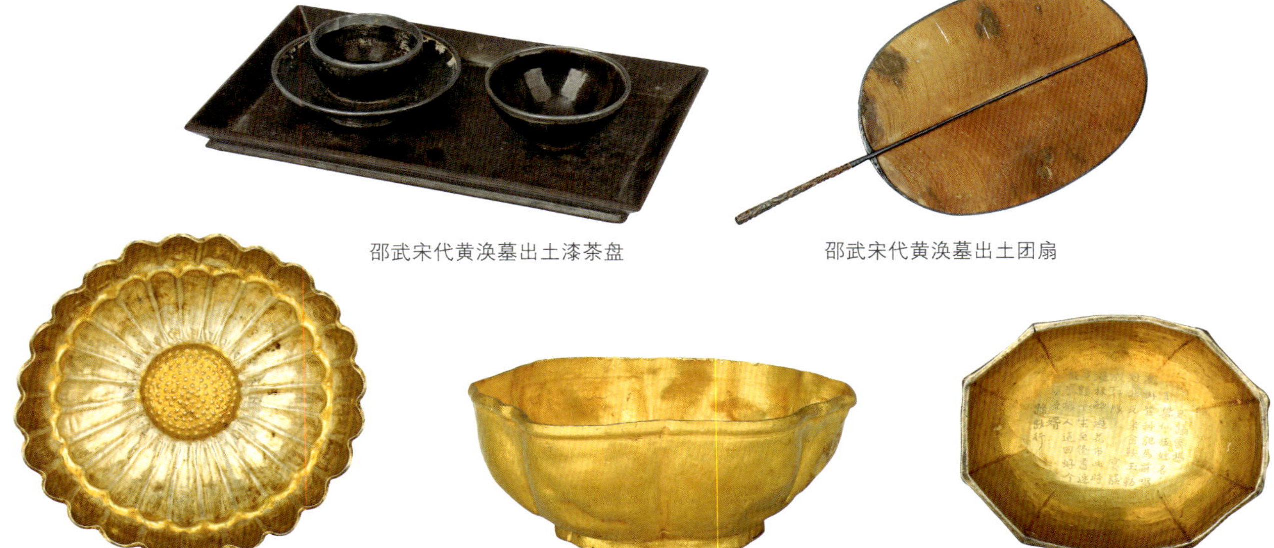
邵武宋代黄涣墓出土漆茶盘

邵武宋代黄涣墓出土团扇

邵武宋代窖藏出土鎏金碗

邵武宋代窖藏出土金碗

邵武宋代窖藏出土鎏金八角杯

是宋代铜器中的珍品。

（三）窑址

根据窑址调查发现，宋元时期福建地区的窑业达到鼎盛阶段，窑址遍布各地，集中分布于闽北、闽中以及闽南地区，形成以下特点：

其一，窑址的数量多。宋元时期的窑址有170 余处，比唐、五代时期窑址的数量多。

其二，窑场的规模大。往往一处窑址发现多座窑炉遗迹，形成一处窑场；窑址的废品堆积连绵几座山头，遗物分布面积达几万甚至几十万平方米。不论在闽北（如建窑、南平茶洋窑等）、闽南（德化窑、磁灶窑等）或闽中地区（连江浦口窑、福清东张窑等），都有数处这样的大规模窑场。

其三，陶瓷器产品种类全、质量高。宋元时期不仅青瓷的烧造继续发展、提高，黑釉瓷和青白瓷也后来居上，在福建形成了三大瓷系鼎立的繁荣局面，往往一处窑场兼烧几个品种的瓷器，有的并且达到很高的成就（如建窑黑釉瓷）。同时，福建窑业还善于吸收外来先进的制瓷技术，出现了绿釉、黄釉及釉下褐彩、剔刻花等制作和装饰工艺。

经考古发掘的较重要的窑址有建窑遗址、武夷山遇林亭窑址、南平茶洋窑址、德化碗坪崙窑址、德化屈斗宫窑址、磁灶窑址等。

建窑因生产兔毫、油滴、“曜变”等精美斑纹的黑釉茶碗而称誉当世，一度为宫廷烧制“供御”、“進琖”茶碗。1960、1977、1989～1992年进行过三次考古发掘，发现了包括目前所知最长的宋代龙窑（建窑Y3长135.6米）在内的唐、宋窑炉遗迹10余座，出土了大量的窑具、工具、陶瓷器，基本了解了建窑的制瓷历史及各时期产品的面貌。

建阳水吉大路后门宋代窑址出土鷓鴣斑黑釉盏

南平茶洋窑址的黑釉深腹碗，是日本茶道的“灰被天目”茶碗；另一类黑釉浅腹碗，在韩国新安海底沉船中成批发现。

1976年发掘了德化盖德宋代碗坪崙窑址、浔中元代屈斗宫窑址。碗坪崙窑址的上层堆积出土瓷器主要是青瓷及少量酱釉盏，装饰以划花为主。下层堆积出土白瓷和青白瓷，部分用伞状窑具装烧；碗、盘类器物多芒口、划花，盒类的数量多，均模制、印花。

磁灶窑烧造的黑釉、青釉、黄绿釉等陶瓷器，品种、釉色、纹饰丰富多样，产品大量外销。重点窑址土尾庵、金交椅山等经过考古发掘，发现有五代至元代的多座龙窑和一处作坊遗迹。

德化盖德宋代窑址出土青白釉军持

（四）水下考古

经过水下考古调查、发掘的遗址有连江定海白礁一号南宋沉船遗址和平潭大练岛元代沉船遗址。自1990年国家文物局首届中澳合作水下考古专业人员培训班的实习至2000年，我国水下考古队分别以中澳合作、独立自主等形式，在福建连江定海湾进行水下考古调查，并多次对白礁一号沉船遗址进行了水下考古调查与发掘。平潭大练岛元代沉船遗址于2006年秋发现并进行了水下考古调查，2007年秋冬之际进行了水下考古发掘，清理一艘元代木船残骸，出水一批元代晚期龙泉窑青瓷器。

连江定海白礁一号南宋沉船中瓷器

八　明清时期

明代的“倭患”与海禁，使福建的政治、经济、文化受到强烈影响，迫使私人海上贸易加速发展；晚明海禁的开放，西方市场的开拓，强烈刺激了福建沿海的商品经济，手工业生产规模空前扩大，海外贸易迅速扩展。

（一）遗址

经考古发掘的明清时期的遗址不多，以宗教、城市建筑为特色。较重要的有长乐漳港清代大王宫遗址，出土的44尊分别具有明、清时期风格的彩绘泥质塑像保存较完整；泉州明清德济门遗址，有石构城墙、城门门道、瓮城门道与城墙等多处建筑遗迹，出土了一批陶瓷器等生活用品。

（二）墓葬

经考古发掘的较重要的墓葬有明宣德年户部尚书陈山墓、漳浦卢维桢墓。卢维桢，明隆庆年进士，户、工二部侍郎。1987年清理其墓，出土“时大彬制”款复鼎足式紫砂圆壶一把以及菱形珠六仔十三档木算盘、錾花银耳挖筒、银镂花带板、昭明连弧镜、“卢维桢印”、“辛卯举人戊辰进士”黄杨木印、青玉笔架、白玉印盒、抄手砚等珍贵文物。

（三）窑址

明清时期的窑址多集中在晋江和九龙江流域，形成以德化为中心的德化窑和以平和为中心的漳州窑，窑址的数量多、规模大，产品大量外销。元代以来，青花瓷的烧造逐渐成为中国窑业生

平潭碗礁Ⅰ号清代沉船出水瓷器

产的主流。根据目前的考古资料，福建青花瓷大致出现于明代中期，明代晚期才渐渐兴盛，同时还有白瓷、青瓷以及蓝釉、黄釉、褐釉、酱黑釉等单色釉瓷和五彩、素三彩瓷等。其中德化的乳白釉瓷、漳州的米黄釉瓷、平和的五彩瓷和素三彩瓷等都达到很高的成就。

德化窑明代窑址集中于德化县浔中、三班一带，主要烧制白瓷器。清代窑址分布于德化、永春、安溪等地，大批生产青花瓷器。经过考古发掘的有德化甲杯山、祖龙宫明代窑址、杏脚清代窑址、漳州窑、华安东溪窑。

甲杯山、祖龙宫窑址分别于2001、2004年进行了考古发掘，均揭露有分室龙窑遗迹，出土了一批乳白釉瓷器，多为模制和印花，器形丰富，装饰纹样繁多，大部分与海外的同类收藏品以及沉船出水的同类器物相同或相似，证实其为明代烧造德化白瓷的主要窑场，产品远销海外。

漳州窑址主要分布于福建漳州地区，以平和县南胜、五寨为中心，烧造青花瓷为主，还有白瓷、青瓷、五彩瓷、素三彩、单色釉器等，是仅次于景德镇窑的明清时期最重要的外销瓷产地，其产品在日本、东南亚、中亚、东非、欧洲以及我国西沙群岛、东南亚海域的沉船等遗存中大量发现，曾被海外称为“SWATOW”（即汕头器）、“吴须赤绘”、“交趾三彩”等。

对漳州窑的部分窑址如平和县的花仔楼、田坑、大垅、二垅、洞口等窑址进行了考古发掘，发现多座明代晚期至清代早期的横室阶级窑和作坊遗迹。横室阶级窑是我国南方地区古代龙窑演变序列中的重要环节，已发现其分布范围至海南、香港等地，并影响了日本的窑业生产。

（四）水下考古

福建地区水下考古工作的持续开展，陆续发现一批明清时期的水下文化遗存，反映了当时重要的历史事件与经济交流活动。经过水下考古发掘的遗址有东山冬古湾清代沉船遗址和平潭碗礁Ⅰ号清代沉船遗址等。东山冬古湾清代沉船遗址于2001年经过水下考古调查，2004年进行了水下考古发掘，发现一艘清代初期的木制战船残骸，出水一批船上物品，其中有铁炮、铜铳、弹丸、火药、手雷、铠甲及陶瓷器、铜钱、文房用品等，可能与当时郑成功集团的海上活动有关。2005年对平潭碗礁Ⅰ号清代沉船遗址进行了水下考古发掘，发现一艘清代木船残骸，出水1.7万余件瓷器，大部分为景德镇民窑的产品，有青花、青花釉里红、单色釉、五彩等瓷器，其中不少为清代民窑的精品，初步推断其沉没的年代为清康熙中期。

（执笔：杨琮　栗建安　郑辉）

江西省
中国考古60年

中国考古60年

江西省

抚旧以怀远，温故而知新。回顾新中国成立60周年以来江西的考古工作可以用“丰硕成果”4个字来形容。60年来，有3项考古荣登百年百大考古殿堂，有7项考古列入全国年度十大考古新发现，出版了一大批影响巨大的考古发掘报告和论述专著。现在，让我们把目光投向江西的考古工作，看考古工作者如何用艰辛的劳动，发现历史、了解历史、再现历史。

一　史前时期

江西的旧石器时代考古是相对薄弱的环节。20世纪60年代初期在乐平涌山岩（洞）发现了多种哺乳动物化石和具有人工打击痕迹的石片，经鉴定属于旧石器时代晚期人类制品，为寻找原始人类及其文化遗物提供了线索。1988年，又在赣西北的萍乡市宣风竹园洞发现了哺乳动物化石和人类打制石器。1989年以后，又相继在安义县的樟灵岗、凤凰山、上徐北村以及新余市的罗坊等地发现了5处旧石器地点，共获取石制品标本80余件，其特征与华南各地旧石器晚期的石器相同，属于“砾石砍砸器—刮削器传统”。

万年仙人洞是我国一处重要的新石器时代早期遗址，有从旧石器末期到新石器早期上下两层地层堆积，出土的陶片距今约12000年，是目前发现的最早的陶片之一，20世纪60年代初曾进行过两次科学发掘。1993～1995年，中美联合考古队对仙人洞与吊桶环遗址进行了两次取样和发掘，两处遗存都有野生稻和人工稻的线索，进一步证实了长江中下游地区是人类稻作农业的一个重要发祥地。

新石器时代中期文化发现很少，以新余拾年山一期文化为代表，年代上限距今约6000年。

新石器时代晚期遗存主要分布于鄱阳湖、赣江中下游地区及其五大支流附近的丘陵、山岗或二级台地、土墩之上。这一时期大约距今5000年～4500年，最主要的特点是聚落遗址数量的增多和分布地域的扩展，以及中心聚落的逐步形成，我们称之为“筑卫城—樊城堆文化”。它是赣鄱地区新石器晚期的一支主体文化，此后的商周青铜文明就是由此而发生、发展起来的，重要的有樟树营盘里、南昌齐城岗、修水山背、新余拾年山、龚门山、靖安郑家坳、永丰尹家坪、九江神墩、樟树樊城堆、筑卫城、湖口史家桥、进贤城墩、广丰社山头等遗址。

新余拾年山为江西新石器晚期最典型的遗址，20世纪80年代先后进行了3次发掘，称为“拾年山类型”。共清理墓葬136余座、房址10余座，出土文物5000余件。拾年山遗址大量流行长方形

土坑火烤墓壁的二次葬习俗。墓葬多深穴，布局统一，排列整齐，多数东西向，极少有相互打破的现象。随葬物品放置在墓穴的两端；随葬品主要是陶鼎、豆、壶的组合，以及陶纺轮、石斧、石镞等，少量有随葬猪下颌的现象。陶器多为黑衣灰陶，瓦形足和“丁”字形足浅盘鼎较流行。

20世纪80年代，对靖安郑家坳新石器时代墓地进行了两次发掘，其文化面貌与拾年山类型有较大差异。郑家坳墓葬流行长方形土坑墓，浅穴，墓葬长达2米以上，墓向为东西向，随葬品在墓穴内“一”字形排开，显然是下葬时放置在死者身上。陶器所反映的文化面貌与安徽薛家岗文化相似，表明薛家岗类型的文化已进入赣鄱地区。

赣西北山区修水县发现的山背遗址是一支区别于“筑卫城—樊城堆文化”的原始文化，被命名为“山背文化”。1961年先后进行了3次考古调查和试掘。2005年又进行了较大规模的调查和发掘。确认遗址有48处，发掘了房屋、灰坑、墓葬等遗迹。连间式木骨泥墙地面建筑，面积约30平方米，房屋中央有圆形火塘，火塘内出土石器，完整陶器、石器的品种丰富，钻孔技术较发达。

广丰社山头遗址是赣东北地区一处典型的古文化遗址，经过4次较大规模的发掘。发掘的遗址可分为三期，一、二期为新石器晚期文化。一期的出土物与筑卫城文化相同或相近；到二期，筑卫城文化因素趋少，突出了自身的文化特征。三期文化具有夏时期的特点。

2001年，发掘了新余龚门山新石器晚期遗址，发掘面积1750平方米。遗址周围有宽6.5～16、深3.5米的大型壕沟环绕，是该聚落遗址的“护城河”。东部多为大型房基及其墓葬区，房基最大的面积达80平方米，柱洞大的直径80、深约75厘米。许多柱洞经火烤，做工考究，规模宏大。西部为相对较小的房基和灰坑。中部为空旷地带，可能是聚落的活动广场。墓葬有4座，分布于发掘区东部房基南侧，均为土坑浅穴墓，形状不甚规整，略呈长方形，多数墓壁经火烤，墓底留有灰烬，墓向略为东西向，无葬具和随葬品。龚门山聚落遗址是一处重要的聚落遗存，其火烤墓壁的特点与新余拾年山遗址一致，表明两者之间有一定的渊源关系。

二　商周时期

夏代考古一直比较模糊，有关田野发掘报告也多表述为新石器至商周时期，较少将夏代或夏文化识别出来。比较一致的观点是，高安下陈遗址、广丰社山头三期、鹰潭龙冈、板栗山、新余珠珊以及萍乡市虹桥等遗址中，出土了类似河南偃师二里头二期文化的器物。这些遗存具有夏时期文化的特征，为进一步研究江西的夏文化（或夏代）考古提供了新的资料。

商代的考古发现较多，商代中晚期的文化遗存可分为三区：赣东北及赣东地区，赣北鄱阳湖周围及赣江中下游地区和赣南区。第一区以20世纪60年代发现的万年肖家山遗址为代表，称为万年类型；第二区以20世纪70年代发现的吴城遗址为代表，称为吴城类型；第三区以20世纪90年代发现的赣州竹园下遗址为代表。

万年类型文化随着20世纪80年代中期至21世纪初鹰潭角山窑址、都昌小张家遗址、浮梁燕窝山遗址和婺源茅坦庄遗址的发掘而得到了充实，表明鄱阳湖东岸、抚州临川以北的赣东北大片区

鹰潭角山窑址

鹰潭角山窑址出土陶甗形器

新干大洋洲商代墓葬出土铜双面神人像

新干大洋洲商代墓葬出土铜立鸟双尾虎

鹰潭角山窑址出土陶斝

域都是万年类型文化的分布区域。角山窑址是目前所见中国最大的一处商业性商代窑场，对于中国陶瓷史的研究具有重要意义。万年类型文化是一支明显有别于吴城文化的土著商代文化系统。

吴城文化因樟树吴城遗址的发掘而得名，吴城遗址是目前南方地区已发现的众多商周文化遗址中规模最大、出土遗物最丰富的遗址，先后进行了10次科学发掘。吴城文化主要分布在赣江中下游及鄱阳湖西岸一带，以樟树、新干、新余、九江、瑞昌、德安等地区最为密集。

吴城文化因新干大洋洲商代铜器群的发现而得到充实。1989年，在距吴城遗址20余公里的赣江东岸发现了大洋洲墓。它是目前已发现的规模最大、等级最高的吴城文化墓葬，也是目前南方地区已发现的最大的一座商墓。研究表明，远在3000多年以前，赣江流域就有一支与中原殷商文化关系密切的土著青铜文化，存在一个青铜文明高度发达的青铜王国。

吴城文化还因瑞昌铜岭矿冶遗址的发现而得到提升。20世纪80～90年代的5次考古发掘，总面积1800平方米。根据出土陶器分析，并参照^{14}C木样测定，铜岭遗址的开采年代自商代前期一直延续到战国，是目前所见中国最早开采的一处矿山。

从吴城文化的总体内涵分析，它具有中原文化因素，又具有本地特色。专家们认为，吴城遗址具有高等级的文明，是一支与中原商王朝并存的南方青铜王国，具有方国性质。方国在形成

过程中，尚有江汉地区的“三苗”，以及被商人逼迫南迁的夏人支系虎氏、戈氏加入，并逐渐融合，形成独有的吴城文化，但吴城文化的主体还是南方地区固有的古越先民，即扬越先民。

赣南区可称为竹园下类型文化，以20世纪90年代发现于赣州市竹园下遗址而得名。该文化区位于南部赣州盆地，远离江西新石器至青铜主体文化圈。出土陶器、石器，未见青铜器，陶器以圜底、圜凹底和圈足器为主。器形主要有鱼篓形罐（釜）、圆腹罐、盆、豆、瓮、尊等，并以鱼篓形罐（釜）、尊为代表，未见甗形器。这是既区别于万年类型文化的鬶、甗形器、三足盘的陶器组合，又区别于赣中主体文化吴城文化的鬲、折肩罐、大口尊等陶器组合。出土的陶器与粤东浮滨文化遗存和广东三水、东莞一带的贝丘遗址出土的器物相似，表明它可能是一种面向海洋的文化。

西周时期，江西地区有两个方国。一个是在今鄱阳湖东岸的余干县境内，为西周初年建立的应国；另一个是位于赣西北地区今修水境内，西周晚期周王室建立的艾国。

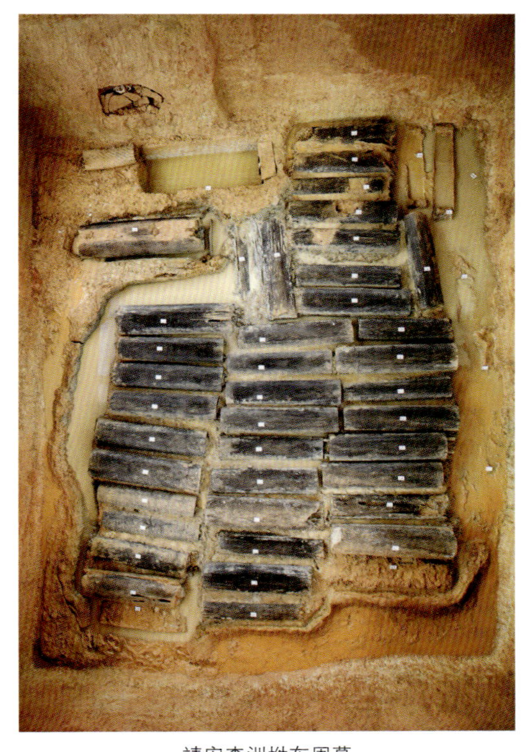

靖安李洲坳东周墓

20世纪80～90年代，在距吴城遗址约20公里的赣江东岸发现了牛城遗址。经调查发现，整个城址的外形呈北窄南宽的梯形，面积为32.2万平方米，由外城、内城以及内壕三部分组成。外城墙全长为2565米，局部高6米。四面有豁口，可能是城门。东部城门有瓮城，形状为半椭圆形。2006年进行了大规模的发掘，发现了大型建筑夯土台基，面积达5000平方米。整个牛城始建于中商时期，消亡于西周早期。根据20世纪70年代在中棱水库发现的周代列鼎墓葬判断，牛城遗址所代表的应当是一个沿用周朝礼制、至少使用了五鼎四簋的方国，但这个方国与吴城文化的关系还有待深入研究。与此同时，2008年以来，在靖安县南河流域的水口盆地发现了80余处商周时期的文化遗址，其中以周代遗存最丰富，还发现了面积达30万平方米的具有内、外城墙的城址。这些发现表明靖安南河一带可能也是周代的另一个政治中心。如此看来，周代在江西或许有4个高等级的政治集团。春秋时期考古的一个重要收获就是发现了国别青铜器。早在清乾隆年间，在樟树临江镇出土了11件铜钟，其中10件有铭文。据铭文知其为工敷王钟，属吴国青铜器。清光绪十四年（1888年），在高安出土了12件青铜器，其中一件铜器上刻有铭文“徐王义楚”。1979年在靖安县李家村再次出土了3件春秋时期徐国的铜器。郭沫若先生认为徐国青铜器的出土，与“徐人取舒”有关，即徐人曾经来到赣西北地区。

靖安李洲坳东周墓出土狩猎纹织锦

2007年，在距李家村徐国青铜器出土地点约500米的李洲坳，发现了一座春秋晚期的大型土坑墓。该墓的面积达160平方米，深4米。在墓底密集地排列47具木棺，是目前国内发现的时代最早、一次出土木棺最多、结构最复杂的一坑多棺墓葬。该墓出土了大量的竹木漆器、瓷器、青铜器和纺织

靖安李洲坳东周墓出土彩绘木剑

靖安李洲坳东周墓出土纺织工具

品，还保存了较完好的人类遗骸。出土了中国最早的织锦实物和最早的服装及几种复杂的纺织新品种，可以改写中国纺织织造的历史。纺织工具的出土，表明这批纺织品由靖安本地织造。从出土的瓷器、青铜器和随葬品组合分析，墓主人应当为古代越人系统，从一些漆器的风格看，又受到了楚文化的影响。由于地处徐国器物出土的地区，种种迹象表明其可能与徐国有一定的联系。

20世纪70～80年代，对贵溪崖墓进行了科学考察和发掘，对其时代、分布范围、墓室结构、随葬品、葬具和墓主人族属等有所了解，后来又对悬棺进行了模拟吊装实验。对出土的纺织工具进行了研究，认为它们是早期斜织机的构件和用于配合织造的工具。

三　汉晋时期

西汉初年，在南昌建立豫章郡，领十八县，南昌即为全郡的政治、经济和文化中心。豫章郡所辖基本与江西省境相符，这也是江西最早的郡一级行政机构。

汉晋时期城址的调查和发掘工作较少，仅在鄡阳城、浔阳城和南野城进行了少量的调查与发掘。2001、2004年，对泰和白口城址进行了两次小规模的勘探和试掘，发现该城址有内、外城，面积达25万平方米。城墙局部高达20余米，有7座城门，南部还有瓮城，周围有城壕环绕，并与北部的赣江相接。城内的发掘情况表明，内城西部可能有高台建筑，应为官署所在地；从城内堆积最下层的遗迹和遗物判断，该城址的始建年代为两汉之间。这座城址有可能是汉初十八县之一庐陵县治。该城址是我国南方地区保存最好的城址之一。

泰和白口城航拍图

发现的汉代墓葬较多，在南昌、修水、高安、宜春、大余、莲花和南康等地发现了西汉墓葬。2005年，在大余县池江村发现2座西汉晚期土坑竖穴墓。M1长4.06、残宽2.7、深4.16米，M2长3.4、残宽2.6、深3.4米。墓底有木炭、朱砂、红色漆皮等。2座墓共出土铜器、铁器、原始瓷器和硬陶器等62件。

2007年，在莲花县发现一座西汉初期的大型墓葬，墓主为西汉长沙国安成侯刘苍，该墓是在江西省发掘的首座王侯级墓葬。墓室长10.9、宽8.9米，墓道残长9.6米，四周留有二层台，在墓壁和二层台之间有一周积炭，墓

底也有积炭。随葬品放置在二层台上，有金器、铜器、铁器、玉器、石器、陶器、釉陶器等。

东汉墓葬在南昌、德安、靖安、新建、永新、瑞昌、赣县等地均有发现。20世纪80年代在永新县发现一座小型东汉墓。墓为长方形砖室墓，边长1米。墓室中央放置一青铜棺椁，这是佛教考古的一个重要发现。1980年在赣州市发现一座东汉画像砖墓。

2003年，在江西省交通职业技术学院发掘4座东汉中晚期家族墓葬。墓葬为券顶砖室墓，平面呈长方形。

三国时期，江西属东吴管辖。在南昌、吉水、樟树、于都等地发现了东吴时期的墓葬。1990年在吉水县城郊发掘一座东吴晚期大型“凸”字形砖室墓，该墓规模宏大，结构复杂，在南方地区同时期的墓葬中比较罕见。1994年在吉水县富滩（现吉州区）发现一座中型长方形单室墓，出土31件青瓷器，主要为明器。

两晋时期是一个民族大融合的时代，江南地区的经济、文化迅速发展。在九江、南昌、靖安、吉水、临川、会昌等地发现的该时期的墓葬，随葬品多为实用的青瓷器，明器较少。

1997、2006年在南昌火车站发掘了西晋晚期至东晋初期的雷姓家族墓地，共7座墓葬。墓葬均为双室券顶砖室墓，带左、右耳室。有的为合葬墓，有的为单人葬。出土漆器、青瓷器、铜器、铁器、金银器、木器等170余件。

2002年，在南昌县小蓝乡发掘一座西晋中期墓葬，所出青瓷器与洪州窑同时期的产品一致。该墓的随葬品均为实用器，还有大量的金银器。

南昌火车站西晋墓出土漆器

南昌县小蓝乡西晋墓出土镀金铜棺钉

南昌县小蓝乡西晋墓出土铜镜

2006年，在南昌市青云谱梅湖发掘一座东晋纪年墓葬。墓葬的平面呈“中”字形，由墓道、墓门、甬道、前室、后室组成。出土有青瓷灯盏、金器、滑石猪、木器、铭文砖等。铭文砖有2块，共计92个字，铭文既有墓碑的体例，亦有墓志的内容。

发现的南朝墓较多，多为券顶砖室墓，平面多呈“凹”字形，随葬品主要为青瓷器。

南昌青云谱梅湖东晋墓

四 唐宋元明时期

在南昌、樟树、瑞昌、黎川和于都等地

德安望夫山宋代壁画墓出土壁画

进贤李渡烧酒作坊元代酒窖

发现一批隋墓。在会昌县西江发现的隋代土坑墓，出土的器物是隋代的典型器物。在九江、永修、瑞昌、会昌发现多座唐墓。1980年在永修军山茅栗岗发现唐墓，出土56件三彩陶俑。1992年在瑞昌市丁家山清理11座唐代墓葬，出土陶器、青瓷器、铜器、铁器等63件。20世纪90年代初在九江县清理一座南唐周一娘纪年墓，墓中出土22件随葬器物。

宋代江西的经济和文化得到空前发展，发现的宋代墓葬较多，其中有许多纪年墓葬，如余江大中祥符四年（1011年）墓、德安皇祐五年（1053年）墓、横峰嘉祐三年（1058年）墓、德兴元祐七年（1092年）墓、樟树阁皂山绍圣元年（1094年）道教画像石墓以及鹰潭宝祐元年（1253年）墓等。临川庆元四年（1198年）朱济南墓出土一件张仙人素胎瓷俑，其左手抱一罗盘于胸前，这是目前国内发现的最早的旱罗盘资料。1986年在乐平县发现一座南宋石室壁画墓，室内三壁绘有彩画。

2006年，在德安县聂桥望夫山发掘了一座北宋时期的夫妻同穴合葬砖室墓，为彩绘壁画墓。该墓三面和顶部有石灰浆抹面的彩画，彩画均以铁线勾勒，再随类赋彩。

1988年，在德安发现南宋周氏墓，随葬品有408件，以服饰和纺织品最多，计329件。纺织品有袍、衣裳、袄、裤、裙、被等。

元代的纪年墓有樟树至元十八年（1281年）张氏小娘墓、二十年（1283年）张瑜墓，鹰潭大德三年（1299年）凌文秀墓，乐平延祐五年（1318年）张氏墓，以及樟树山前至正三年（1343年）墓等，出土了大量的青白瓷器和青瓷器，为元代瓷器的研究提供了可靠的资料。

元代窖藏出土了大量精美的元代瓷器。1980年在高安发掘的元代窖藏，出土瓷器238件，其中有23件青花和釉里红瓷器。1984年在乐安县发现的元代窖藏，出土瓷器111件，其中内壁印有“枢府”、“太禧”、“福寿”的卵白釉瓷器为元代早期“浮梁磁局”所烧，具有重要的研究价值。

元代考古的另一项重要发现，是进贤李渡元代烧酒作坊遗址的发掘。2002年，对李渡无形堂烧酒作坊遗址进行了发掘，发掘面积300平方米。遗址分为六个时期，从南宋延续至现代。发现的圆形酒窖，年代约为元代。它是目前我国发现的年代最早、遗迹最全、遗物最多、延续时间最

明益宣王朱翊钊墓出土观音乘凤金钗

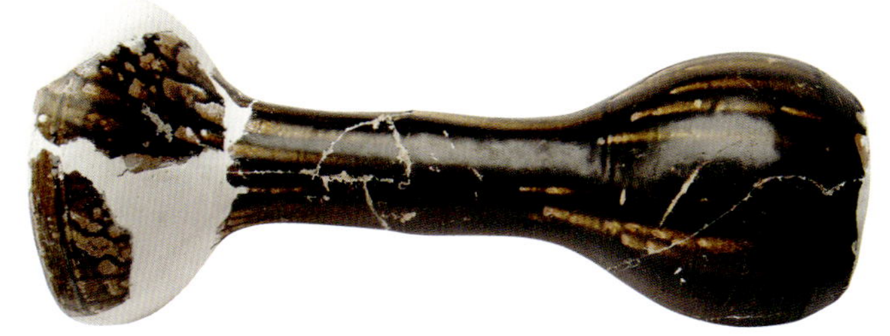

余干黄金埠唐代窑址出土酱褐釉瓷腰鼓

长且最具有地方特色的一处古代烧酒作坊遗址。

为拱卫大明江山，明代在江西境内有三藩。20世纪60～80年代先后发掘了明宁献王朱权墓、明宁康王次妃冯氏墓、明益端王朱祐槟墓、明益庄王朱厚烨墓、明益宣王朱翊钊墓、明益定王朱由木墓。

2001年，在南昌华东交通大学校园内发掘了一座明代墓葬，是朱元璋之重孙、宁靖王朱奠培夫人吴氏的墓葬，出土的织金云凤纹冠服和素缎大衫是目前我国现存最早、保存最完好的后妃礼服。

在九江、都昌、婺源、南城、新干、丰城、宜春、铜鼓、铅山、龙南、定南、会昌、大余、于都等地发现了唐代窑址。1977年以来，在丰城洪州窑进行了多次发掘，清理了大量窑炉、作坊遗迹，出土了大量的陶瓷器，证明洪州窑在东汉晚期已烧造青瓷器，晚唐五代时期衰落。2004年对港塘洪州窑遗址进行了发掘，清理了2座龙窑窑炉，发掘情况表明港塘陈家山窑址的年代上限为东汉晚期，下限为东晋南朝时期，集中烧瓷的时间为东汉末至三国时期。产品以酱褐釉瓷器为主，印纹硬陶器次之，还烧造一些精致的青釉瓷器，表明洪州窑与浙江宁绍地区均为我国早期青釉瓷器的发源地。

2006年，在余干县黄金埠发掘了一处唐代瓷窑址，发掘面积549平方米，清理了一座龙窑，窑炉长37.8米。出土了大量瓷器，釉色有青釉、酱褐釉、月白釉以及青釉加彩等。

宋代经济重心的南移，促进了江西经济的发展，也带来了陶瓷业的变革。宋代的窑址众多，有景德镇窑、吉安吉州窑、赣州七里镇窑、南丰白舍窑等，其中以青白瓷窑址为主。

自20世纪30年代发现湖田窑以来，湖田窑的青白瓷受到广泛关注，考古工作者做了大量的工作。20世纪80年代以来进行了15次发掘。2003年，清理了元代龙窑、明代葫芦窑、元代码头及元明时期的作坊遗迹，出土了大量元代青花、釉里红、卵白釉瓷器和明代洪武、

景德镇凤凰山宋代龙窑

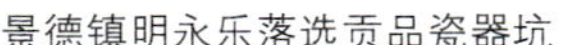

景德镇明永乐落选贡品瓷器坑

景德镇御窑出土明永乐红釉云龙纹梅瓶

永乐、成化、弘治及明晚期的青花瓷器。元代龙窑是目前我国发现的保存最好的龙窑。2003年，还对湖田窑附近的凤凰山、道塘里、铜锣山窑址进行了发掘，清理了北宋早中期的作坊和窑炉遗迹，并发现了专门烧造单项瓷器的专业性窑炉。宋元时期制瓷业的发展和成就为景德镇成为瓷都奠定了基础。

吉州窑是以烧造黑釉瓷器和彩绘瓷器为主的宋元时期窑址，是一处古代瓷窑和聚落统一的综合性遗址。20世纪80年代对该窑址进行了调查和发掘，清理了窑炉和作坊等遗迹。吉州窑的烧造工艺和装饰技法独具特色，有洒釉、剪纸、剔花、印花、釉下彩绘等。2006年再次进行了发掘，清理了龙窑、马蹄窑等遗迹，龙窑宽4.6米，是在江西发现的最宽的龙窑。

南丰白舍窑也是宋元时期重要的青白瓷窑址，20世纪80年代以前多次经过调查，发现20余处保存较好的窑址。1998年首次进行发掘，发掘面积3600平方米，清理了龙窑、蓄泥池、练泥池、灰坑、灰沟等遗迹，出土瓷器多数采用单件仰烧法，以漏斗状或筒状匣钵装烧。

2004年，对玉山渎口窑进行了发掘，发掘面积1050平方米，清理了3座窑炉，均为斜坡式龙窑。玉山渎口窑是烧造以日常生活用青瓷为主的民间中型窑场，始烧年代为晚唐，终烧年代为北宋中晚期。

对明清御窑遗址的发掘是陶瓷考古的重要内容。20世纪80～90年代进行了多次发掘，出土了洪武、永乐、宣德、成化时期的瓷片。2002年以来又进行了多次发掘，发掘面积2358平方米，清理了明洪武时期以后的作坊和窑炉遗迹，发现了埋藏永乐、宣德、弘治时期落选贡品的遗迹，出土了大量明代早中期的御用瓷器。发掘情况证实，明初官窑已跨越珠山北麓，比已知的清代御窑要大得多。这些发掘资料对于研究景德镇明清御窑的范围、烧成技术、产品特征和管理制度等具有重要的学术价值。

（执笔：樊昌生　徐长青　王上海）

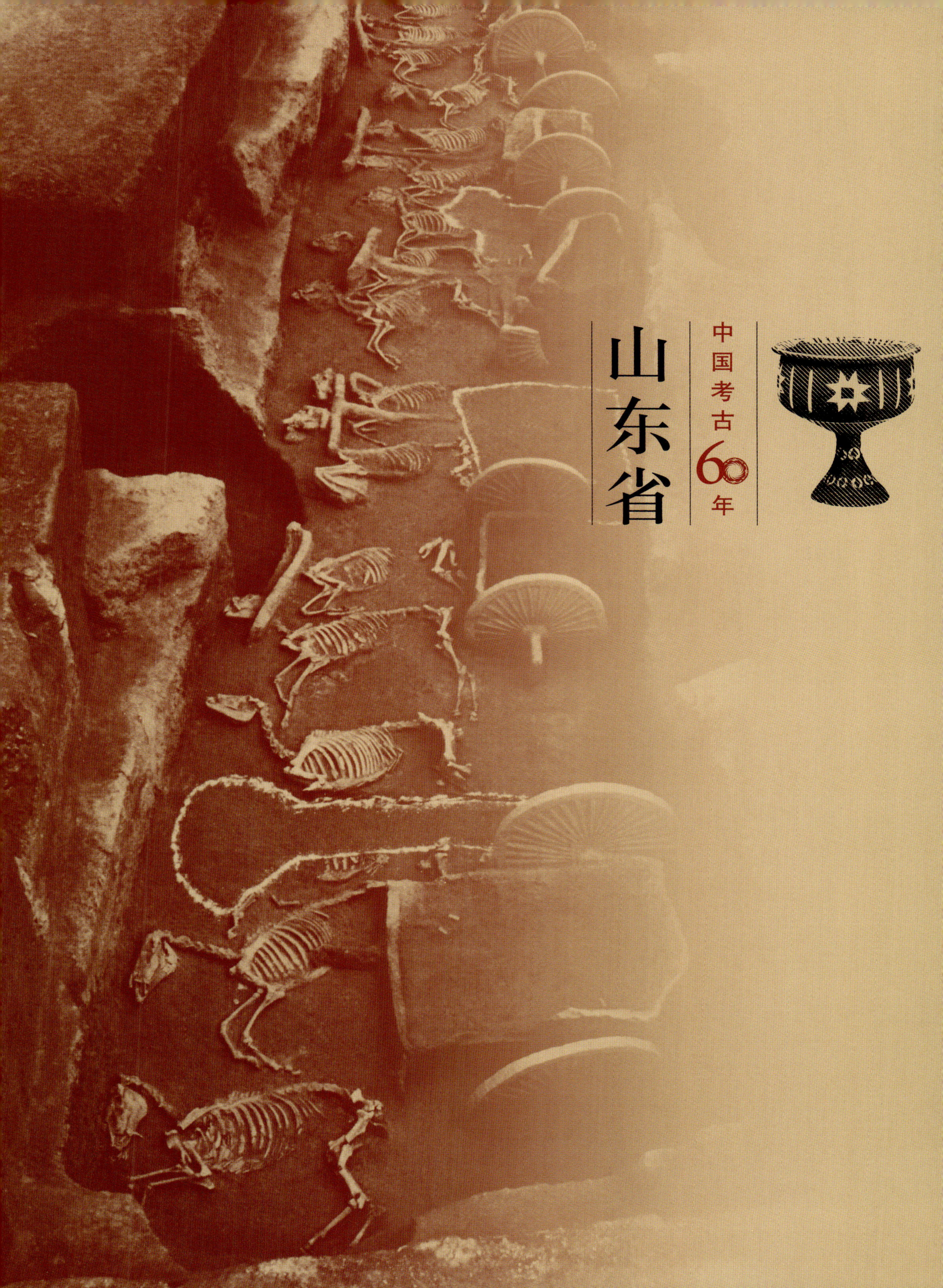

山东省
中国考古60年

中国考古60年

山东省

山东省地处中国东部沿海，黄河下游，是中华文明重要的发祥地之一。新中国成立60年来，山东省的文物考古工作取得了一系列重要成果。20世纪50年代，大汶口遗址的发掘是当时我国史前文化考古的重大成果之一，为山东地区考古学文化序列的建立奠定了坚实的基础。60年代，发现了新泰“乌珠台人”，为山东古人类化石的第一次发现。平度东岳石遗址的发掘开山东地区夏时期文化研究的先河。70年代，随着北辛文化的发现和大汶口、龙山文化研究的深入，初步建立起山东地区史前文化序列。80年代以来，山东的考古工作突飞猛进。“沂源猿人”的发现，将山东地区的人类历史向前推了几十万年。寿光边线王龙山文化城址的发现，拉开了山东远古城址发现和研究的序幕，取得了一批重要成果；后李文化的发现与岳石文化的确认，进一步完善了山东史前文化谱系，将山东地区史前文化提早了千余年。近年来，沂源县扁扁洞新石器早期遗存的发现又将山东地区的有陶文化向前推至万年左右。一大批商周至汉代重要墓地、墓葬的发掘，也不断有重大成果。迄今为止，全国十大考古新发现评选以来，山东已有14个发掘项目入选其中，考古工作取得了辉煌成就。现将主要收获依照时代顺序综述如下。

一　旧石器时代

山东旧石器时代考古工作起步较晚，20世纪60年代之前还处于空白时期。随着周边地区旧石器时代遗存的不断发现，山东地区的旧石器考古也逐渐引起重视。1965年5月，首先在沂源县土门镇黄崖村西北的千人洞内发现了一批哺乳动物化石，并发现了打制石器38件。此为山东旧石器时代考古的第一次发现，揭开了山东旧石器考古的序幕，因而被称为“山东第一洞”。1966年，在新泰市（原新泰县）乌珠台村一个石灰岩溶洞中发现了一颗智人牙齿化石和一批哺乳动物化石，为山东古人类化石的第一次发现，大约距今5万～2万年，被命名为“乌珠台人”。千人洞遗址和乌珠台人的发现揭示出山东有可能为古人类活动的重要地区，是华北地区旧石器时代考古的重要区域。20世纪60年代后期到70年代，又先后在胶东半岛的蓬莱、长岛和海阳县先后发现一批打制石器和脊椎动物化石，属于旧石器时代晚期。

20世纪80年代，山东省开展了建国以来最大规模的文物普查工作。1981年9月，在沂源县土门镇骑子鞍山的一个石隙裂缝中发现了一个残破的人类头骨化石，在随后进行的两次考古发掘

中，又发现了7枚猿人牙齿化石和一批哺乳动物化石。经研究，这些化石被归类为直立人，约与北京猿人同时，约距今三四十万年。“沂源猿人”的发现是迄今山东地区古人类化石材料中最完整的，具有重要的学术价值。以此为契机，在沂沭河流域开展了广泛的针对旧石器时代遗存的调查工作，获得一批重要的考古资料。据统计，目前已发现30余处旧石器地点，其中较为重要的有沂水西水旺、南洼洞、上崖洞，临沂银雀山、金雀山，日照丝山、竹溪村，郯城小麦城、黑龙潭、望海楼等。在枣庄、汶上、梁山等地也有新的发现。

沂源猿人头盖骨

上述旧石器时代文化遗存，大体勾勒出了山东旧石器时代发展的脉络和框架。在分布区域上，主要分布于鲁中、鲁东南的泰沂山区、胶东丘陵和沿海一带。时代上包含了从旧石器时代早期到晚期的各个阶段，其中沂源猿人和西水旺地点代表了旧石器时代早期的遗存，属于这个时期的遗存还有平邑的白庄小西山等。属于旧石器时代中期的遗存较少，在临沂银雀山和莒南县大青峰峪村发现的两批材料属于该时期，但目前还缺乏相应的地层证据。旧石器时代晚期的遗存较丰富，以沂源千人洞、上崖洞、郯城小麦城以及日照沿海的一些地点为代表。“沂源猿人”和“新泰智人”则代表了沂沭河流域古人类发展的两个重要阶段。这些旧石器时代遗存特别是猿人遗址的发现，不仅填补了山东猿人分布区域的空白，把山东地区的人类历史向前推了几十万年，同时也极大地促进了山东地区旧石器时代考古工作的进展。

二　细石器时代

细石器文化遗存的发现，是20世纪80年代山东地区考古工作的重大成果。1982年，为配合兖（州）石（臼所）铁路工程建设，在临沂城东凤凰岭发现了典型的细石器时代遗存，发现细石器700余件。这些细石器不仅数量多，且种类丰富，石制品组合齐全，造型多样，加工和修理技术已臻成熟，为山东地区典型的细石器遗存。

此后，文物部门随即进行了以细石器为中心的专题考古调查，在沂沭河流域发现了数十处同类遗存，如临沂湖台、青峰岭，沂水宅科、大战地村、莒南烟墩岭、九顶莲花山，郯城黑龙潭等，仅在郯城县境内的马陵山地区新发现和复查的细石器地点就达40处，搞清了这一地区细石器分布的基本情况，同时获得一批丰富的实物资料，引起了学术界的普遍关注。在进行考古调查的基础上，从1982年开始，先后对郯城黑龙潭、临沂青峰岭等地点进行了考古发掘，获得了大量层位关系明确的细石器，找到了有关细石器的地层证据。同时通过在黑龙潭发掘区第2层采集的碳素标本，获得了碳同位素的测年数据，距今约22000年，这从绝对年代上确定了细石器的上限。80年代后期，在汶泗流域的宁阳、兖州、汶上、嘉祥等地发现了44处细石器地点。至90年代，发现细石器的范围不断扩大，在枣庄的峄城和滕州前掌大遗址都发现了细石器，另外，在处于黄泛区的德州平原县王通遗址也发现了一件用黑色燧石制作的刮削器，为研究山东细石器与华北地区细石器的关系提供了线索。

从目前的发现情况看，细石器主要分布于沂沭河流域，船底形、楔形、扇面形石核及拇指盖状刮削器为代表性器物。汶泗流域的细石器主要发现于汶上、兖州、嘉祥、宁阳一带，多分布于废弃河道两侧的土岭、沙丘和台地之上。这批石器的形体较小，基本不见典型细石器的加工技术，也缺乏典型器形，与沂沭河流域的细石器有较大差别。

从细石器的分布地域和石制品的制作工艺分析，当地旧石器文化遗存应为山东细石器工艺的直接来源，但由于在位于黄泛区的平原王通遗址也发现了细石器，又说明它很可能受到了华北地区同时期文化的强烈影响。大量细石器文化遗存的发现，是继沂源猿人等重要发现之后的石器时代考古的又一突破性成果，为研究山东旧石器文化向新石器时代早期文化的过渡提供了重要资料。

三　新石器时代

60年来，山东地区新石器时代的考古工作取得了丰硕的成果。目前已建立起后李文化—北辛文化—大汶口文化—龙山文化—岳石文化的考古学文化发展谱系，从后李文化一直到历史时期，山东新石器时代文化紧密衔接，延绵不断，发展脉络清晰。近年来，又在沂源县发现了早于后李文化的扁扁洞遗址，这是目前在山东发现的最早的有陶文化遗存。

扁扁洞遗址位于沂源县张家坡乡北桃花坪村后山上的一个岩厦下。2006年进行了试掘，发现陶器、石磨盘、石磨棒、烧土面、灰坑等遗迹、遗物。现存文化层分为4层，除表层属于近现代堆积外，第2～4层均属新石器时代早期遗存，在各层都发现了明确的活动面。出土的陶片十分破碎，火候较低，可辨器形有釜、钵，与后李文化的陶器有一定的相似性。洞内采集的人骨碎片和兽骨经^{14}C测定，距今约11000～9500年，是山东新石器时代考古最新的重要收获。

后李文化、北辛文化、大汶口文化的发现和确认，在不同时期分别成为山东新石器时代考古的重要成果。后李文化是以临淄区齐陵镇后李遗址一期文化的发现而命名的。后李文化的遗存早在60年代就已经进入人们的视线，由于认识上的局限性，通常被归入大汶口或北辛文化，80年代发现于邹平孙家遗址的2件陶釜甚至被认为是商周时期的遗物。1988～1990年对后李遗址进行了大规模的发掘，发现这种遗存有别于已知的山东地区各类新石器时代文化，发掘者当时称之为“后李一期文化”。随后提出了“后李文化”的命名，并得到了学术界的认可。目前发现的后李文化遗址主要有临淄后李、潍坊前埠下、淄博彭家庄、邹平孙家、章丘小荆山、西河、茄庄、绿竹园、摩天岭、长清月庄等10余处，多分布于泰沂山系北侧海拔40～50米的山前丘陵和山前冲积平原。

经过较大规模发掘的遗址有：临淄后李、潍坊前埠下、淄博彭家庄、章丘小荆山、西河、长清月庄等遗址，发现的遗迹有环壕、房址、窑、灰坑、灰沟、墓葬等。其中后李遗址的竖井式陶窑分为窑室、火膛、泄灰坑三个部分。墓葬分为竖穴土坑墓和竖穴土坑侧室墓两类。在章丘西河遗址发现的后李文化房址有20余座，其中1997年发现的19座后李文化房址成排排列。在章丘小

荆山遗址发现了环壕遗迹，其为后李文化时期重要的环壕聚落遗址。另外还发现了房址、灰坑和环壕之外排列整齐的南、北两个墓地。这些墓葬均为单人墓，墓坑狭小，无葬具，仅个别墓中随葬蚌壳、骨饼等装饰品。在同属于后李文化遗存的长清月庄遗址中浮选出了炭化稻米，在章丘西河遗址2008年的发掘中也浮选出了水稻，对于研究我国北方地区水稻的起源以及农业的起源提供了重要的资料。

西河遗址后李文化房址

成排的房址和墓葬以及独具特色的陶器群构成了后李文化的主要文化面貌。已发掘的30余座后李文化房址均为半地穴式建筑，平面多呈圆角方形或长方形，面积多为30～50平方米。部分房址的地面和穴壁经过烧烤，房址内一般分布有1～3组的烧灶。

西河遗址后李文化陶器

西河遗址后李文化陶釜

后李文化的遗物较丰富，主要有陶器、玉石器、骨、角、蚌器和牙器。各遗址所出陶器具有较大的共性，如陶器以红褐陶为主，制作工艺较原始，烧成温度较低。器物表面以素面为主，纹饰简单，部分陶器有附加堆纹。陶器以圜底器为主，陶釜是后李文化最具代表性的器物，另有钵、碗、罐、壶、盂、盆、匜、器盖、杯、盘、支脚及陶猪、陶面塑像等。石器的种类丰富，制作精致。骨、角、蚌器较多，牙器较少。尽管各遗址之间的总体文化面貌趋向一致，但也存在一定的差异。

目前后李文化的^{14}C测定数据有4个，距今约8500～7900年。

值得注意的是，目前后李文化主要发现于泰沂山系以北地区，在泰沂山系以南，仅在皖北地区发现了面貌近似的小山口遗存，因此鲁南地区北辛文化的渊源就成为学术界讨论的热点。沂源扁扁洞遗存的发现或可为此提供新的线索。北辛文化因1978～1979年发掘滕州（原滕县）北辛遗址而得名，出土了一批富有特征的陶器和石、骨、角器，80年代初提出了“北辛文化”的命名。实际上，在1974年和1978年大汶口遗址的发掘中即发现了一批属于北辛文化的遗迹、遗物，但囿于当时认识上的局限性，将其归为大汶口文化早期。发掘者后来逐渐认识到它们应属于北辛文化。1975～1978年，对兖州王因遗址进行了7次发掘，辨识出大量的北辛文化晚期遗存，再次证明了大汶口文化发源于北辛文化。20世纪80～90年代先后对汶上东贾柏、济宁张山、玉皇顶、滕州西康刘、邹平西南庄、临淄后李、章丘王官、长清张官等遗址进行了发掘。

目前，属于北辛文化的遗址已发现近百处，分布地域从最初的汶泗流域即北辛文化的中心区

北辛文化石磨盘、棒

域扩展到了鲁北地区，并且发现的范围仍在不断扩大，为探讨后李文化和北辛文化的关系提供了重要线索。在胶东地区虽然没有发现明确属于北辛文化的遗址，但烟台白石村等遗址的白石村一期文化遗存显示出时代较早的特征，而邱家庄类型遗址则遍布半岛沿海，文化面貌与北辛文化有较多相似之处，二者的年代应较接近。从总体文化面貌看，北辛文化的陶器以夹砂黄褐陶、夹砂红陶、红褐陶为主，泥质陶多为红色。夹砂陶烧制的火候较低，陶色斑驳不匀。泥质陶烧制的火候较高，陶色纯正。陶器的器表以素面为主，纹饰多见于夹砂陶，另有少量彩陶器。陶器以三足器、圜底器居多，有少量的平底器和极少的圈足器，器类以鼎、钵为主。石器有磨制石器和打制石器，磨制石器制作精致，打制石器制作简单，但器形较规整。骨、角、牙、蚌器的器形较丰富。遗迹有房址、灰坑、墓葬、水井、陶窑、壕沟等。房址的平面呈圆形、椭圆形、方形，多为采用木柱泥墙的地面式、半地穴式建筑。墓葬主要为竖穴土坑墓，也有少量陶棺墓。有单人葬、合葬、二次葬、迁出葬等不同埋葬方式。随葬品一般较少，男性墓葬多随葬镞、矛等武器，女性墓葬多随葬生活用具和装饰品。社会经济以原始农业为主，狩猎和采集也占有一定的比例。通过墓葬反映的社会组织应处于母系氏族社会。^{14}C测年数据表明，北辛文化距今约7300～6100年。

关于北辛文化的分期和类型研究，学术界一直存在不同的认识，特别是胶东地区白石村一期文化与北辛文化的关系仍然是需要深入研究的问题。

大汶口文化因泰安大汶口遗址的发掘而得名。1959年首次对大汶口遗址进行了发掘，发现墓葬133座，获得大批陶器、石器、骨角器等遗物，引起了考古学界的极大关注。20世纪60年代初，发掘了曲阜西夏侯遗址，发掘大汶口墓葬20余座，并首次在这里找到了龙山文化灰坑叠压大汶口文化的层位关系。但在当时的情况下，包括大汶口遗址发掘之后的一段时间内，对新发现的大汶口文化并没有统一的认识，直到1963年，夏鼐先生提出了“大汶口文化”的命名之后，才得到了学术界的认可。自大汶口文化确认以来，发现了大量的大汶口文化遗址，先后发掘了泰安大汶口、曲阜西夏侯、邹县野店、枣庄建新、胶县三里河、日照东海峪、广饶傅家、五莲丹土、烟台白石村、长岛北庄等遗址，特别是1975年在日照东海峪遗址的第三次发掘中发现了大汶口文化向龙山文化发展的三叠层，为解决大汶口文化的去向问题提供了有力的证据。

经过几十年不断的工作，对大汶口文化的整体面貌已经有了较清晰的认识。发现的遗迹有灰坑、房址、夯土台基、城址和大量的墓葬。房址分为半地穴式、地面式建筑，形状不同，大小不一。五莲丹土遗址的勘探和发掘，发现了属于大汶口文化晚期的城址，面积约9.5万平方米。发掘的墓葬数量较多，仅在兖州王因遗址即发掘大汶口文化墓葬899座。墓葬多为单人葬，也有多人合葬、成人男女合葬、成人与儿童合葬、二次葬等，盛行随葬猪头，多见墓主人手握獐牙或獐牙勾形器的现象，流行拔牙和头骨枕部人工变形的习俗。发现以龟甲随葬的现象，主要流行于汶泗流

大汶口文化彩陶豆

大汶口文化红陶兽形壶

大汶口文化骨雕筒

域。墓葬中多有数量不等的随葬品，特别是大汶口晚期的墓葬，随葬品多寡悬殊，反映了社会的贫富分化。出土遗物中表现出的原始艺术丰富多彩，彩陶艺术较为发达，广泛施之于鼎、豆、尊形器、觚形杯、壶、罐、背壶、钵、三足器、器座、漏器之上，图案以植物和几何纹为主，其中又以花瓣纹、八角星纹为大汶口彩陶艺术中最具代表性的图案。玉雕、骨雕、牙雕等艺术品，反映出大汶口文化的雕刻艺术已经达到了相当高的水平。人面陶塑、陶狗、陶猪以及龟形、鸟形、兽形的鬶等，不仅反映了大汶口文化制陶技术的不断进步，也是陶塑艺术的充分体现。

在莒县凌阳河、大朱村、诸城前寨等遗址发现20余枚大汶口文化晚期的图像符号，引起了学术界的广泛讨论。这些符号多刻划于大口尊或其残片上，有的图像有涂朱现象。多数学者倾向于纳入文字系统，认为它们对于研究中国文字的起源具有重要的意义，如唐兰先生认为它们是远较甲骨文为早的“很进步的文字”，但也有学者认为它们还不是文字。1992年，在广饶傅家遗址392号墓出土的头骨上发现了大汶口文化开颅术成功的例证，从而将我国的开颅手术上推到大汶口文化时期。

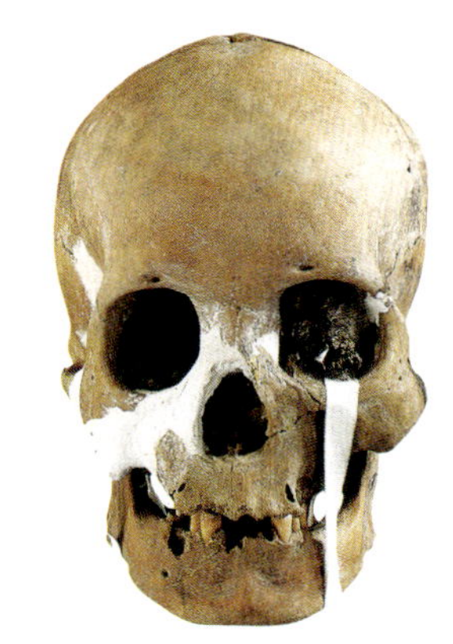
傅家遗址大汶口文化开颅手术头骨

经过长期的发掘和深入研究，对大汶口文化整体面貌的认识渐趋一致，尽管在分期、地方类型的划分等问题上还有不同的看法，但大汶口文化的源流和去向问题以及大汶口文化的年代问题已得到了解决。结合^{14}C测年数据，大汶口文化的年代为距今6300～4600年，在山东地区史前文化序列中不仅具有承前启后的作用，同时又是黄河下游地区史前文化高度发达的阶段，也是中华文明形成的重要组成部分。

龙山文化是山东史前文化最早被认识和确立的，先后经过发掘的有章丘城子崖、日照东海峪、泗水尹家城、邹平丁公、胶县三里河、城子崖、五莲丹土、茌平尚庄、寿光边线王、临淄桐林、阳谷景阳岗等遗址。特别是寿光边线王龙山文化城址的发现，掀起了探寻龙山文化城址的高潮，邹平丁公陶文的发现被公认为较成熟的文字。这些文明因素资料的不断积累，为中国文明起源和形成的研究提供了基础。

傅家遗址大汶口文化头骨开颅处

龙山文化以黑灰陶为其主要特征，由于确认时间早、发掘遗址多、研究时间长，因此对龙山文化面貌的认识也较其他各时期文化全面。60年来发掘了大量龙山文化遗址，发现了众多的城址、房址、灰坑、墓葬、祭祀遗址、水井等遗迹。1984～1986年对寿光边线王遗址进行了大规模的发掘，发现了龙山文化城址，面积约5.7万平方米，是当时发现的龙山文化城堡中面积最大的一处。1991年邹平丁公遗址的第四次发掘，发现了面积达11万平方米的龙山文化城址，并发现了龙山文化刻字陶片。在临淄桐林田旺遗址发现了面积约20万平方米的城址。在阳谷景阳岗遗址发现的龙山文化城址的面积达35万平方米，形状呈扁椭圆形。在五莲丹土、茌平教场铺等龙山文化遗址也发现了这一时期的城址。龙山文化城址和龙山文化文字的发现，不仅推动了山东地区龙山文化的研究，同时对于山东地区整个史前文化的研究都起到了巨大的推动作用。

墓葬的发掘资料十分丰富，其中在临朐西朱封遗址和泗水尹家城遗址发现的8座龙山文化大型墓葬较重要。这些墓葬均为土坑竖穴墓，葬具齐全，形制复杂，随葬品的数量多且质量精良。随葬品以陶器为主，也有玉器等礼仪性器物如玉冠、玉钺等。虽然龙山文化的墓葬资料很丰富，但尚未发现与同期文化城址直接相关的墓葬区。

在邹平丁公遗址发现的龙山文化陶文被认为是比较成熟的文字，对于研究中国古代文字的起源和发展具有重要的意义。铜器的出现标志着龙山文化时期已经进入铜石并用时代，在胶县三里河、栖霞杨家圈、日照尧王城、临沂大范庄等遗址发现的铜钻、铜锥、铜块、铜片和铜渣等，说明山东地区龙山文化时期已经使用了铜器。城址的大量出现、成熟的文字以及铜器制造技术的产生，表明龙山文化时期的黄河下游地区已经进入高度发达的文明阶段。

丁公遗址龙山文化陶文陶片

四　岳石文化和商代

岳石文化是山东地区史前文化向历史时期过渡的重要环节，是直接由龙山文化发展而来的一种以山东地区为中心的考古学文化。岳石文化的发现与确认，填补了山东地区新石器时代向青铜时代发展的一段空白，使山东地区的考古学文化谱系得到完善。岳石文化的确立对于探寻东夷文化的面貌、性质以及夷夏、夷商之间的关系具有重要的意义。

岳石文化因平度市东岳石村遗址的发掘而得名。1960年对该遗址进行发掘时，发现了典型的岳石文化遗存，但囿于当时的认识，尽管发掘者注意到其与龙山文化陶器相比具有独特的风格，但仍将其归类于龙山文化。1973年发掘泗水尹家城遗址时，发现了岳石文化叠压龙山文化层又早于商文化层的地层证据，遂提出了“尹家城第二期文化”的命名。20世纪80年代初，严文明先生在讨论龙山文化的去向时，提出了“岳石文化”的命名，并得到了学术界的认同。

目前已发现岳石文化遗址数百处，经过考古发掘的有平度东岳石、牟平照格庄、青州郝家庄、章丘王推官、章丘城子崖、桓台史家、泗水尹家城、天齐庙、菏泽安邱堌堆、济南彭家庄等遗址。发现了岳石文化的城址、房址、灰坑、墓葬等遗迹，出土了大量的陶器、石器、骨角蚌

器、铜器，特别是铜器的发现，说明岳石文化已经进入早期青铜时代。

岳石文化的陶器以夹砂和泥质陶为主，陶胎多较厚重。器形主要有甗、鼎、罐、尊形器、盂、钵、盆、豆、圈足尊、器盖等，也有少量的杯、瓶、鬲、斝、碗等，其中浅盘豆、蘑菇纽器盖、甗、尊、三足罐、锥状足鼎、曲腹盆、碗形豆等，构成了岳石文化陶器的基本组合。岳石文化的石器不仅数量多，种类也较丰富，特征明显，在龙山文化石器制作技术的基础上又有所改进。石器中尤以半月形石刀和扁平石铲富有特色，另有一种亚腰形石斧可能是岳石文化的新器形。骨、角、蚌器与龙山文化相比差别不大，但制作更加精美，其中梯形蚌铲、半月形双孔蚌刀、长条形蚌镰及其他穿孔蚌饰等反映了当时高超的蚌器制作技术。

博兴北营出土岳石文化陶尊

章丘城子崖遗址中岳石文化城址的确认是这一时期的重要发现。从1989年开始，对城子崖遗址进行了考古勘探与试掘，发现了在层位上互相衔接的龙山文化、岳石文化、春秋不同时期的城址。其中岳石文化城址属于岳石文化晚期，确认了20世纪30年代初发现的“黑陶期文化城”即为岳石文化城址。城子崖岳石文化城址的发掘，证实这一时期的城墙构筑技术较龙山文化时期已有了很大的进步，出现了版筑和集束棍夯技术，夯层规整，厚度均匀，城内面积17万平方米。这是目前在山东地区发现的唯一一处岳石文化城址，对于探索山东地区从史前文化进入历史时期城市的发展具有重要的意义。

大辛庄遗址出土商代卜甲

1996年，在桓台史家遗址发现的一个岳石文化木构架祭祀器物坑是岳石文化的又一重要发现。其外围坑口呈不规则的椭圆形，木构坑口平面呈方形，东西长1.62、南北宽1.52米，用27层长条木板交叉叠架而成。坑内出土了丰富的岳石文化遗物，有陶、石、骨、蚌器和卜骨，其中陶器多达334件，器形以罐为主。所出2件卜骨均系羊肩胛骨，其上残留部分刻字和符号，具有早期卜骨的特征，是目前我国发现的最早的甲骨文字。

目前，学术界普遍认为岳石文化是山东地区的地方文化，主要是在龙山文化的基础上发展演化形成的。根据地层和^{14}C测定数据，可将岳石文化的绝对年代推定为公元前2000～前1500年，上限与龙山文化紧密衔接，下限已经进入早商时期。

山东地区商代的考古工作起步较早，但在20世纪80年代以前，系统的考古工作并不多，仅对济南大辛庄、青州苏埠屯墓地等进行了发掘。80年代以来，发现了大量的商代文化遗址，相关的考古发掘也渐多起来，从而使山东地区的商代考古工作进展显著。

济南大辛庄遗址是山东地区最重要的商代遗址之一，进行过多次调查与发掘。1984年秋发掘了880平方米，发现了房址、窖穴、灰坑、水井和墓葬，出土了大量的陶器、铜器以及卜用甲骨约400片。2003年，又进行了较大规模的发掘，其中106号墓较重要，有4具殉人，出土了觚、爵、斝、尊、卣等铜器及戈、钺、璜等玉器，时代属中商时期。这种随葬品丰富的殉人墓葬，在

苏埠屯商墓出土铜方鼎

苏埠屯商墓出土铜觯

苏埠屯商墓出土铜钺

我国东部地区较为罕见。新发现的甲骨文是这次发掘的又一重大收获，经拼合后共有4片，其中内容最丰富的是一大版龟腹甲，现存卜辞34字。这是继殷墟之外首次出土商代卜辞，是甲骨学史上具有界标意义的重大发现。属于殷墟三期的72号墓出土铜爵上有一字铭文，发掘者认为是族徽，是在该遗址首次发现的铜器铭文。

青州苏埠屯墓地的发掘是商代考古的重要工作。20世纪30年代，这里出土过商代“亚醜”铜器。1965～1966年和1986年，在此发掘了10座商代墓葬，其中有带4条墓道的“亚”字形大墓、带2条墓道的“中”字形大墓和一条墓道的“甲”字形大墓。墓葬的棺椁齐全，多有殉人，流行腰坑并殉狗。随葬品主要有铜器、陶器、玉石器、骨蚌器等。铜器铭文中有“亚醜”、“融”、“册融”等，特别是“融”字铭文的发现为前所未见。该墓地的时代为商代晚期，个别墓葬的年代可能到西周初年。这些大型墓应是一处重要的方国君主的墓葬。

在鲁中南地区，从1981年开始，对滕州前掌大遗址和墓地进行了9次大规模的发掘，发现商代晚期的居址、壕沟，清理商周时期的墓葬134座，其中“中”字形大墓有3座。墓葬排列有序，布局规整。出土了铜器、陶器、原始瓷器、玉石器等。特别是1994年的发掘，获得了一批重要的墓葬资料。墓葬的年代主要为商代晚期到西周早期，因薛国故城遗址即在墓地附近约2公里，发掘者认为这些大墓或与薛国有关。

1983年12月在寿光县城北的“益都侯城”出土了一批商代末年的铜器，有鼎、尊、卣、觚、爵和兵器、车马器，其中有铭文者共19件，多有“己”字铭文，是出土数量最多、年代最早的一批纪器，对于研究商代纪国及其与商王朝的关系具有重要的意义。

根据文献记载，山东地区在商代与商王朝的关系较密切，商王朝曾在山东建都、分封诸侯。20世纪80年代以来，在菏泽安邱堌堆、梁山青堌堆、济宁潘庙、泗水尹家城、天齐庙、济南大辛庄、平阴朱家桥、茌平南陈庄、邹平丁公、章丘乐盘、邢亭山、宁家埠、王推官、焦家和董东、

昌乐邹家庄、后于留、滕州庄里西、潍坊会泉庄、长岛珍珠门、烟台芝水等地发现了商文化遗存，但主要在鲁西、鲁南和鲁北地区。在二里岗上层时期，商人的势力可能已占据了鲁西地区，并渐次向鲁南、鲁北地区扩展，向东已到达济南大辛庄一带。商代晚期进入淄河以东地区，而胶东地区仍然是当地夷人的文化。反映在考古学文化面貌上，也就形成了典型的商文化、商文化与土著文化互为影响和纯粹的土著文化在商代同时并存的情况。

济阳刘台子西周墓出土铜甗

五　两周时期

相对于商代考古，山东地区西周至春秋战国时期的考古工作取得了可喜的成果。

济阳刘台子西周墓出土青瓷罐

除滕州前掌大墓地外，济阳刘台子墓地是山东地区已发掘的西周墓葬中较重要的一处。共清理西周前期墓葬6座，其中M6的规模最大，出土了铜器、玉器和原始瓷器等。9件铜礼器上铸有“夆”字，可以认定此地是一处夆国的贵族墓地。

自20世纪50年代后期，围绕齐国故城即做了大量的考古调查、勘探和试掘工作，特别是60～70年代对齐国故城进行了较大规模的勘探和试掘，基本搞清了城址的范围、形制和城墙的保存情况，初步了解了城内的地层堆积、交通干道、排水系统、手工业作坊、宫殿建筑和墓葬区的分布情况。此后，围绕临淄齐故城的发掘工作始终未间断，取得了一系列的重要成果。

临淄后李遗址春秋车马坑

在大城东北部的河崖头村分布着20余座大中型墓葬，表明这里是齐故城内的一处贵族墓地。1964～1976年，先后发掘了5座大墓，其中五号东周墓的独特形制和大型殉马坑具有重要的价值。1981年，在大城东北部的东古城村发掘齐墓99座，年代从西周晚期到战国时期。1984年，又在齐故城西南约20公里的齐鲁石化两醇厂发掘西周至战国时期的墓葬321座。这两批墓葬的发掘，对于建立临淄齐墓的年代分期和研究齐国墓地的埋葬制度具有重要的价值。1971～1972年发掘的朗家庄一号东周墓，出土各类文物约千件，并有殉人9人，陪葬者17人。1984～1986年发掘了4座东周大墓，其中4、5号墓葬东西并列，有共同的封土，出土大量的仿铜陶礼器；同时发掘的6号大墓有陪葬坑22个，陪葬人数达40余人。在淄河东岸的后李遗址发现的西周早期平民墓，同时具有土著、商文化和周文化等不同的文化因素，为研究早期齐国的政治、文化和民

临淄商王墓地出土铜餐具

族关系提供了珍贵的实物资料。在该遗址发现的春秋车马坑，内有车10辆，马32匹，与以往发现的车马分别下葬的方式不同，是在周代的齐国境内首次发现的车马配套下葬的车马坑。临淄勇士区战国墓出土一套铜餐具，60余件盘、杯相套于一个铜盒内。发掘的与齐国有关的大型墓葬还有临淄大夫观战国大墓、相家战国大墓、章丘女郎山战国大墓、长清岗辛战国大墓等。但至今尚未发现齐国西周时期的大型墓葬，1984年在东古城村西发现一座西周墓，虽然规模不大，但出土铜、陶器30余件，是齐国故城内重要的西周墓葬。

1977～1978年对曲阜鲁国故城进行了系统的考古勘探与发掘，鲁城内两组不同类型的墓葬及其出土的特征有别的陶器引发了关于山东周代墓葬编年和陶器分期的讨论。此后，在鲁故城内又先后发掘了近百座墓葬，特别是在鲁城北部林前村发掘的30余座春秋墓填补了鲁城春秋墓的空白。随后，兖州西吴寺、泗水天齐庙等遗址的大规模发掘获得了丰富的两周时期的陶器，对于建立该地区西周、春秋时期陶器的分期具有重要的意义。

滕州一带是薛国和滕国的所在地，1984～1985年对薛故城遗址进行了勘探和发掘，基本明确了故城的年代、平面布局和城内遗迹的分布情况，并在大城东部发现一座始建于西周较早时期的小城，获得了大量的陶器和其他遗物。在滕州前掌大遗址发掘的西周贵族墓葬出土了大量的铜器、玉器，被认为可能与薛国故城有关。位于滕州市姜屯镇的庄里西遗址，东南距滕国故城约1.5公里，这一带的西周墓葬出土了不少有铭文的铜器，如滕侯鬲、滕侯簋、滕侯鼎等。1972年在村西发掘了一座西周早期墓葬，出土的铜鼎、铜簋、铜鬲上均有铭文。1983年在遗址南部发现了铜编钟、编镈、兵器、车马器和石编磬，其中一套9件铜编钟有“滕皇”铭文。这些滕

滕州庄里西遗址出土铜簋

侯、滕公之器的发现，表明此处应为滕公墓地所在，是研究滕国历史的重要资料。

鲁东南地区两周时期考古较重要的是发掘了一些大型墓葬。1975年，在莒南县大店镇花园庄老龙腰发掘了2座大型墓葬，其中一号墓有殉人9人，并随葬杀殉的马，出土了铜礼器、陶礼器、乐器、车马器等144件。二号墓有殉人10人，并有殉狗，出土的一套9件铜纽钟上有“莒叔”铭文。1977年在沂水县刘家店子发掘的2座大型春秋墓有大量的殉人，并附有车马坑。其中一号墓的殉人多达40人，出土了大量的铜器，铜礼器中有列鼎11件、鬲9件、簋7件、壶6件。部分铜器上有铭文，内容有“公铸壶”、“公簋”、“莒公”、“黄太子伯克”等，表明其为莒国的贵族墓。1982年在临沂凤凰岭发掘的大型春秋墓是继老龙腰、刘家店子墓之后发掘的第4座殉人墓，被认为是春秋晚期鄅国国君之墓。

1978～2000年，在海阳嘴子前发掘的4座春秋中晚期墓是胶东地区周代考古的重要成果，出土了一批保存完好的铜器，被认为是齐国田氏贵族之墓。

1995年，长清仙人台遗址的发掘是近年来山东周代考古新的重要发现，其中6座邿国墓最重要，出土了大量铜礼器，部分铜器上有铭文，表明其为邿国之器。邿本为周代东方小国，文献记载很少。这次发现不仅证实了邿国的存在，同时发掘者认为仙人台墓地即为古代邿国的墓地，对于研究邿国的历史具有重要的价值。

沂水刘家店子春秋墓出土铜公铸壶

沂水刘家店子春秋墓出土铜豆

仙人台邿国墓地出土铜豆

沂水刘家店子春秋墓出土铜匜

仙人台邿国墓地出土铜鼎

仙人台邿国墓地出土铜方壶

盐业考古是近年来的新课题，2008年在广饶和寿光两地对商周时期的制盐遗址进行了大规模的发掘，特别是在寿光双王城水库库区发现了大量的商周时期的制盐遗址，对部分地点进行了较大规模的考古发掘，发现了制盐的灶坑，出土了大量与制盐有关的陶盔形器，成为近期最重要的考古新发现。

六　汉代

秦汉时期的考古主要是发掘了大批墓葬，有关城址的工作相对较少。近年来，汉代陶俑坑的发现成为山东秦汉考古新的亮点。

章丘东平陵城遗址为山东地区保存最好的古代城址之一，平面呈正方形，边长2000米。长期以来，对于城址的性质和年代未有定论。2001年对该城址进行了大面积的勘探和试掘，证实其始建于战国时期，而大规模的扩建是在西汉时期，为西汉济南国国都所在地。

对于汉代诸侯王墓的发掘取得了重要成果。1968～1977年发掘了菏泽红土山汉墓，该墓是一座大型岩坑墓，出土随葬品1000余件，据考证，墓主人应为西汉中期的昌邑哀王刘髆。汉代鲁王墓群位于曲阜市东南的九龙山上，1970年发掘了4座，皆为依山凿洞的大型崖墓。其中三号墓最大，全长72.1米，由墓道、墓门、甬道、墓室和耳室组成。从出土的“王庆忌”铜印、“宫中行乐钱”、封门石上所刻“王陵塞石广四尺”以及残存的银缕玉衣片等判断，该墓可能为鲁孝王刘庆忌的墓。

双乳山汉墓出土玉覆面

双乳山汉墓出土铜鼎

1978～1980年，在临淄窝托村发掘了齐王墓的5个陪葬坑，陪葬坑的平面均为长方形，结构基本相同，分别为器物坑、殉狗坑、兵器仪仗坑、车马坑、兵器和器物坑。出土各类遗物12100余件，其中有刻铭铜器、银器53件，铜器多刻“齐大官”、“齐食官”等。出土器物具有西汉初年的风格，据考证墓主人可能是汉初第二代齐王刘襄。墓葬规模之大，出土器物之丰富、精美，反映了汉初齐国的厚葬之风、强大的经济实力和较高的手工业水平。

1995～1997年发掘了双乳山济北王墓。该墓系一座大型“甲”字形凿山竖穴石圹木椁墓，南北总长85、深22米，总凿石量8800余立方米，由封土、墓道、墓室等组成。墓道内置外藏椁，主要放置车马。椁室分为外椁与内椁，其间有4个边箱。三重漆棺，依次相套。随葬品多达2000余件，有铜器、玉器、漆器、铁器、陶器、金饼等，其中一套玉覆面雕琢精细，尤以鼻罩的造型新颖。20枚金饼中有19枚置于墓主人头下玉枕南侧，大部分刻有“王”、“齐”或“齐王”等。据考证，墓主人是西汉济北国末代国王刘宽。

洛庄汉墓陪葬坑也是近年来汉代考古的重大发现，有36座陪葬坑和

章丘洛庄汉墓出土铜乐器

祭祀坑，是汉代诸侯王陵中陪葬坑数量最多的。陪葬坑和祭祀坑分布于墓室周围，陪葬坑有出行仪仗坑、兵器坑、仓储类陪葬坑、乐器坑、动物坑等，其中以大型车马坑和乐器坑的发现最为重要。车马坑内陪葬3辆实用真车，乐器坑内随葬的乐器分为弦乐器、敲击乐器和打击乐器。其中出土的6套编磬共107件，数量相当于目前已发现的西汉编磬之总和。随葬品达3000余件，其中铜器上多有“齐”字铭文。根据出土遗物中有“吕大官”等封泥，发掘者考证该墓为西汉早期的吕王吕台之墓。

章丘洛庄汉墓出土鎏金铜当卢

已发掘的大型诸侯王墓还有1984～1985年在临淄区金岭镇发掘的一号东汉墓，它是迄今在山东地区发掘的最大的砖室墓，墓主人可能是东汉第三代齐王刘石。1987年发掘的昌乐县东圈村竖井式墓道的崖洞墓，因墓中出土了“菑川后府”封泥和“菑川宦谒”铜灯，故判定为菑川王后墓。1992年发掘的济宁城北肖王庄砖石结构的大型墓葬，墓主人可能是东汉时期的任城孝王刘尚。

山东是汉画像石分布的重点区域，沂南北寨村大型汉画像石墓，全部画像分为73幅，是画像石最精美的一座墓葬。在安丘董家庄大型画像石墓中，由103块画像石组成69幅画面，亦属罕见。

中小型汉墓的数量巨大，择其重要者首推临沂银雀山一、二号汉墓，这2座墓出土的竹简为举世瞩目的重大发现。其中一号墓出土竹简4900多枚，内容有《孙子兵法》、《孙膑兵法》、《六韬》、《尉缭子》、《管子》、《晏子》、《墨子》等，整简长27.6厘米，每简字数不等，多者达40余字。二号墓出土《汉武帝元光元年历谱》竹简32枚，每枚长69、宽1厘米，是目前我国最早、最完整的古代历谱。金雀山西汉墓出土的帛画，画面分天上、人间、地下三部分，构思与马王堆汉墓的帛画略同。临沂刘疵墓出土的玉面罩也是本地区的重要发现。

在山东各地区发现、发掘了大量的汉代墓葬，仅临淄地区已发掘的汉墓就多达3000余座。大多数为竖穴土坑墓，也有少量的洞室墓和砖椁墓等，随葬品主要是陶器，组合简单，以喇叭口、扁腹的彩绘陶壶富有地方特色。鲁中南地区的汉墓盛行石椁墓，与鲁北地区的汉墓有明显的差别，在枣庄渴口、曲阜柴峪、花山、滕州东小宫、兖州徐家营等墓地共发掘了上千座汉代小型墓葬，大部分是石椁墓。2001

海曲汉墓出土漆奁

危山汉代陶俑坑

年，在费县西毕城墓地发掘中小型汉墓1600余座，墓葬分布密集，排列有序，无一被盗，出土了大量的陶器、铜器、铁器、玉器等，为山东地区保存最完整的一处汉代墓地。2002年，在日照海曲发掘了一批汉代中小型墓葬，埋葬方式较为特殊，在同一封土中埋葬的墓葬多达数十座，代表了山东沿海一带的埋葬习俗。其中尤以106、125号墓保存最好，棺椁完整，出土了大量精美的漆木器、丝织品和竹简等，为近年来汉墓发掘中的重要发现。2007年在东平县清理了一座汉代石室墓，墓葬前室的四壁和墓顶上绘有精美的壁画，画面以人物为主，墓葬的年代约为王莽时期，是在山东地区发现的年代最早、保存最好的汉代壁画墓。

近年来在山东发现了一些汉代陪葬陶俑坑，成为本地区汉代考古新的亮点。2002年发掘的章丘危山西汉前期一号陶俑坑，南北长约9.5米，出土陶俑172件、马55匹、车4辆。2006年在青州谭坊镇香山清理了一个汉墓陪葬坑，陪葬的陶质遗物分别装在三个大木箱内，分三层摞叠放置，其中陶俑多达1000余件，陶俑、陶马施以彩绘，表现出各种冠服、发髻及马具、马饰，为研究汉代物质文化提供了珍贵的实物资料。

七　魏晋至明代

魏晋南北朝时期的考古发掘较少，但不乏重要发现。曹植的墓葬位于东阿县城南鱼山西麓，依山为穴，封土为冢，平面呈“中”字形，由甬道、前室、后室三部分组成。出土陶器、铜器、玉石器等132件，在一块砖的三面阴刻铭文6行56字，记载了曹植迁葬于此地的时间。

临沂洗砚池1号晋墓全景

临沂洗砚池晋墓的发掘是山东地区魏晋时期考古的重要发现。2003年在临沂进行王羲之故居公园扩建时发现2座大型西晋墓，东西相距30余米。其中一号墓为砖筑双室墓，砌筑在夯筑形成的墓圹之内，墓室前面为宽大的庭院。两个长方形墓室左右并列，各有石质墓门。墓内埋葬3个孩童，年龄最大的6～7岁。随葬品有铜器、瓷器、陶器、漆器、铁器、金器等250余件（套），其中漆器上有“太康七年”、“太康八年”和“十年”朱书文字。二号墓的规模更大，由墓道、甬道和墓室组成，墓室内有两具木棺，为夫妻合葬墓。随葬品以铜虎子、瓷灯、玛瑙珠、金钉等较为珍贵。这2座墓葬的年代约为西晋晚期，墓主人可能与当时的王室家族有关。

临沂洗砚池晋墓出土青瓷胡人骑狮器

北朝时期的重要考古发现主要是发掘了一批墓葬。临淄北朝崔氏墓地经过1973、1983年两次发掘，共清理墓葬19座，时代跨北魏、东魏、北齐三个时期，是在山东地区发掘的规模最大的一处北朝墓地。出土了瓷器、铜器、泥俑、墓志等，其中在墓志中详细记载了豪门世家崔猷家族发展和其子孙死后归葬祖茔的情况，对于研究北朝历史和当时豪强地主的发展具有重要的价值。1986年在临朐冶源镇海浮山发掘了崔芬壁画墓，墓室四壁绘满壁画，其中以墓主人出行、青龙、白虎、朱雀、玄武和屏风条幅式“竹林七贤”图最为精美。1984年在济南市马家庄发掘了北齐道贵墓，墓内四壁和顶部均绘有壁画，其中墓顶的天象图以太阳在东、月亮在西的做法显得较特殊。1986年4月在济南市东八里洼清理了一座石室壁画墓，墓壁上所绘似为“竹林七贤”的内容与崔芬墓相似。这些北朝壁画墓的壁画内容多受南朝的影响，对于研究北朝时期的绘画艺术、社会生活等具有重要的价值。

隋唐以后的考古工作，比较重要的有隋代嘉祥英山徐敏行墓、宋代嘉祥钓鱼山墓、金代高唐虞寅墓、元代邹城李裕庵墓、嘉祥曹元用墓、明代邹城鲁王朱檀墓等的发掘。嘉祥钓鱼山二号宋墓的墓室为三层楼阁式结构，较为罕见。高唐虞寅墓的壁画既有汉人的生活习俗，也有女真人的生活痕迹。邹城李裕庵墓出土了珍贵的丝织衣物和刺绣织品，为探寻鲁绣的起源和传统提供了实物资料。邹城鲁王朱檀墓依山建筑，地面上有宏大的陵园建筑遗迹，出土随葬品600余件，其中宋徽宗赵佶金字题跋的葵花蛱蝶扇面、元代至元元年刊印的《黄氏补千家注杜工部诗史》均为珍贵的书画艺术资料。

60年来，在山东地区发现了一批佛教造像，其中以1983年在鲁北博兴县发现的101件铜造像和1996年青州龙兴寺大型窖藏出土的佛教造像最为珍贵。博兴县铜造像的年代跨北魏至隋代，其中较完好的有77件，39件造像有确切纪年，44件有铭文。造像中最大的高28厘米，最小的高7厘米。造像的时代包含了北魏、东魏、北齐、隋代，是我国出土铜造像最多的一次。在造像中有一

淄川和庄墓出土北朝青瓷莲花尊

尊老子造像，为佛道合流的一种反映。在青州市龙兴寺遗址发现造像窖藏是佛教造像最重要的发现。在长8.7、宽6.8、深2米的窖藏内出土佛教造像400余尊，分三层放置。造像的时代包含了北魏、东魏、北齐、隋唐至宋代各个时期，其中以北魏、北齐的造像最多，形体最大。造像大部分保留彩绘和贴金，造像的题材有佛、菩萨、罗汉、供养人、飞天、天王等，其中最高的背屏式造像高达3.05米。其出土数量之大，在我国佛教考古史上实属罕见。同时，对青州龙兴寺、博兴龙华寺、临朐白龙寺、长清灵岩寺等寺院遗址也进行了考古调查、勘探和试掘。2003年，在济南市县西巷清理了一座佛教地宫，是北宋时期开元寺修建，同时发现两处佛教造像窖藏，出土造像80余尊，以唐代造像为主。

自北朝晚期山东地区就是瓷器生产的重要地区，民间烧瓷业比较发达。目前已发现各时期瓷窑址近百处，主要分布于枣庄、泰安、临沂、济宁、淄博一带。其中淄博市寨里和枣庄中陈郝窑址经过考古调查和发掘，证明山东地区也是我国北方最早生产青釉瓷器的地区。器形一般较简单，多为日常生活用品，造型厚重，胎质较粗，釉色多为青褐和青黄色，施釉不均，釉面斑驳，使用划花、贴花、堆塑等工艺。采用叠烧法，以柴为燃料，表现出山东南北地区制瓷技术的一致性。这一时期具有代表性的器物是1982年在淄博市淄川区龙泉镇出土的青瓷莲花尊，被确认为寨里窑的产品。隋唐时期山东地区的制瓷业在北朝的基础上又有了新的发展，目前已发现隋唐时期的窑址60余处，主要集中于泰安、济宁、枣庄、淄博、临沂等地，枣庄中陈郝、淄川磁村、宁阳西太平等隋唐时期的窑址经过考古发掘。2004年在章丘城角头村发掘了一批隋唐墓葬，出土了青瓷兽足砚、青瓷罐等唐代瓷器。宋金时期山东地区的制瓷业达到了繁荣阶段，诸窑口所产瓷器的特征明显，风格突出，既受到周边地区窑口的影响，又具有本地特色，特别是淄博窑的产品在吸收外地窑口制瓷技术的基础上形成了自己的特色。此时诸窑口所产瓷器多为日用瓷器，也烧制玩具和工艺美术瓷器，当时淄博窑烧制的雨点釉、黑釉粉杠瓷、绞胎瓷和三彩瓷等代表了这一时期山东地区制瓷工艺的最高水平。1987年在枣庄中陈郝发现了保存完整的宋代瓷窑。1982年在博山区大街发现了玻璃作坊遗址，时代为元末明初。1978年在临淄淄河店出土了一批窖藏瓷器，共计79件。

60年来，山东省的文物考古工作取得了一系列的重要成果，各级文物部门认真学习贯彻《中华人民共和国文物保护法》，积极开展文物保护工作。目前全国第三次文物普查工作已全面展开，已有不少重要的新发现，在文物保护工作的新形势下，文物保护工作必将取得更加辉煌的成就。

（执笔：郑同修）

河南省
中国考古60年

中国考古60年

河南省

新中国成立60年来，河南省的考古工作者开展了多次文物普查和考古发掘，取得了许多重要的考古发现。

一 旧石器时代

河南是中国旧石器时代南北文化交汇的重要地区，迄今为止，在河南西半部的丘陵和山地已发现旧石器地点和古人类化石点50余处。其中在淅川县、南召县、卢氏县和许昌县先后出土有古人类化石。1978年，在南召县云阳镇杏花山出土一枚猿人右下第二前臼齿化石。根据地层以及伴生的哺乳动物化石群分析，猿人化石的时代为更新世中期，大致与北京猿人的时代相当。2007年，在许昌县灵井遗址出土一件距今10～8万年的人类头骨化石，对于研究东亚古代人类进化和中国现代人的起源具有重大学术价值，填补了中国现代人起源研究的空白。

已发掘的旧石器地点和洞穴遗址10余处，主要有灵宝县营里旧石器地点、荥阳市织机洞洞穴遗址、安阳县小南海洞穴遗址和舞阳县大岗遗址等。1990年发掘的荥阳市织机洞洞穴遗址，出土石制品6546件，以及哺乳类动物化石标本万余件，其时代约属旧石器时代中期。2005～2008年连续进行考古发掘的许昌县灵井遗址，在下文化层出土动物骨骼化石和石器3000余件，已鉴定出的哺乳动物化石共有18种。石制品类型繁多，部分石器琢制技术的应用，是目前国内已知这一技术的最早出现。2008年，在上文化层发现典型的细石器2000多件，以及用披毛犀的臼齿牙皮制成的牙针（锥）7件和赭石（颜料）20余块，这一发现不仅增加了许昌人遗址的文化内涵，同时对于研究我国华北地区旧石器文化向新石器文化过渡也提供了重要资料。

许昌灵井旧石器遗址出土石器

二 新石器时代

河南的新石器时代考古学文化十分丰富，先后发现新石器时代遗址1000多处，已经构建起了裴李岗文化（约前6500～前5000年）、仰韶文化（约前5000～前3000年）、龙山文化（约前3000～前2000年）的编年序列和区、系、类型框架，成为中国史前考古学文化的一个缩影。

裴李岗文化因最早发现于新郑市裴李岗遗址而得名。自1977年发现以来，迄今已发现同时期遗址120余处，经过考古发掘的主要有新郑市裴李岗、新密市莪沟、长葛县石固、舞阳县贾湖、汝州市中山寨、郏县水泉、新郑市唐户遗址等。新郑市裴李岗遗址于1977～1979年先后进行了3次考古发掘，发现一批窖穴、陶窑和墓葬。这里的114座墓葬排列有序，首次揭示出裴李岗文化时期的葬俗与埋葬制度。舞阳县贾湖遗址在同类遗址中最具代表性，1983～1987年、2001年连续进行了7次考古发掘，出土了8000年前的骨笛、契刻符号和炭化稻米。骨笛经测音，已具备六声和七声音阶结构，是目前发现最早的音乐实物。契刻符号刻在龟甲和石柄上，有些符号与殷墟甲骨文相似，很可能具有原始文字的性质。炭化稻米经检测是人工栽培稻，表明淮河流域也是我国早期稻作农业区之一。2006～2007年发掘的新郑市唐户遗址，面积达20万平方米。发现半地穴式房址60座，按照一定规律成排分布，反映了当时已具备长期稳定的定居生活特性，为研究裴李岗文化时期的聚落形态、房屋建筑等增添了实物资料。

新郑裴李岗文化石磨盘及磨棒

舞阳贾湖遗址出土裴李岗文化骨笛

以渑池县仰韶村遗址命名的仰韶文化始发现于1921年，迄今已有近90年的历史。仰韶文化遗址的分布相当密集，近年来，仅在灵宝市铸鼎塬就调查发现27处仰韶文化遗址，配合黄河小浪底水库建设抢救发掘的仰韶文化遗址达20处之多。1996年发掘的新安县荒坡遗址，出土陶器多呈橙黄色，器表装饰主要为弦纹，有少量褐红色条带状彩陶，器形以大口深腹钵、平底瓶、夹砂罐和鼎为主，是河南目前发现最早的仰韶文化遗存。陕县庙底沟遗址发掘于1956～1957年，发现有房基、窖穴和墓葬，确立了仰韶文化主要阶段之一的庙底沟类型，揭示了它的丰富内涵和特征。这里发现的庙底沟二期文化遗存，属于早期龙山文化范畴，为研究仰韶文化向龙山文化的过渡提供了实物例证。

灵宝西坡仰韶文化墓葬（M27）

灵宝西坡仰韶文化房址（F102）

灵宝市西坡遗址经过2000～2006年的6次发掘，揭露出仰韶文化时期的壕沟、房址、灰坑和墓地。4座大型半地穴式房基中，最大的一座整体占地面积516平方米，室内使用面积204平方米，前有斜坡式门道，其四周围以回

郑州大河村仰韶文化房基（F1）

郑州大河村出土仰韶文化双连壶

汝州阎村出土仰韶文化陶缸

廊，地坪涂有红彩，建筑非常考究。这里发现的34座墓葬有大小之分，基本都有二层台。最大的M27长约5、宽约3.4米。墓内随葬玉、石钺以及特殊风格陶器，显示中原腹地自公元前4000年以后核心地位日益突出，对探索中原古代文明的起源与动因具有重大意义。

郑州市大河村遗址自1972～1987年经过21次发掘，发现有厚达12米的文化堆积层，包含有仰韶文化早、中、晚期遗存，遗迹、遗物十分丰富。房基多为两间或两间以上的地面建筑群，其中一号房基的墙壁现存高达1米。出土的陶器上彩绘有纹饰30余种，包括太阳纹、月亮纹、星座纹和日晕纹等天文图像，对研究仰韶文化的农业与古代天文学的关系具有重要意义。1992年发掘的郑州市西山遗址，发现了中原地区目前最早的仰韶文化城址，城址平面近圆形，现存面积19000平方米。墙体采用方块版筑法，墙外环绕壕沟，北墙东端建有城门，城内分布道路、房基、窖穴和墓葬等遗迹，对于探索我国早期城址的起源具有十分重要的意义。

河南仰韶文化墓葬盛行二次葬。1989年，在汝州市洪山庙发掘出目前我国最大的一座瓮棺葬，墓坑东西长6.3、南北宽3.5米，坑内现存136件瓮棺。在瓮棺葬具的表面彩绘有人形纹、几何纹、天象纹和动物纹等装饰，反映出当时的埋葬习俗和精神生活。在汝州市阎村遗址出土一件夹砂灰陶缸，腹部一侧彩绘有一幅高37、宽44厘米的“鹳鱼石斧图”，是我国新石器时代画面最大、内容最丰富、技法最精湛的彩陶画。1987年，在濮阳市西水坡遗址出土3组用蚌壳摆塑的动物图案，这应是原始宗教活动的遗留。在一个男性墓主人两侧，生动地摆塑着龙虎图案，从而把中华民族对龙的崇拜提早到仰韶文化时期。

从1971～1974年，在淅川县下王岗遗址发现了大量的仰韶文化房基、墓葬、陶窑和灰坑。这里的文化特征鲜明，长达29间的排房式建筑布局、排列有序的氏族群葬墓地和具有浓厚地方因素的生活用具，代表了南阳盆地仰韶文化遗存的地方类型。郑州市八里岗遗址从1991年至今，已进行了10余次考古发掘，发现有仰韶文化、屈家岭文化和石家河文化等不同时期的遗存。其中仰韶文化时期的房址有长排连间套房基址，最大的一座为8套一大一小房间连间长排套房，室内有方形灶、侧拉门。这里也盛行多人合葬的二次葬，在一座墓中，发现有男女老少31人合葬的二次

葬。2007～2008年发掘的淅川县沟湾遗址，新石器时代文化堆积深厚，可分为仰韶文化、屈家岭文化、石家河文化和王湾三期文化。尤以仰韶文化遗存最为丰富，发现了环壕、地面式建筑的房基和排列整齐有序的墓地，出土遗物较多，典型器物演变序列清晰，基本囊括了仰韶文化一至四期发展的全过程。上述遗址的发掘，对于研究汉水中游地区新石器时代文化的发展序列，探讨黄河与长江中游地区的文化交流状况等，具有重要的学术价值。

濮阳西水坡仰韶文化蚌砌龙虎图

距今四五千年的龙山文化，是中国古代文明起源和逐渐形成时期。河南在这一时期的文化遗存，主要是发现了安阳县后岗、登封市王城岗、淮阳县平粮台、郾城县郝家台、辉县孟庄、新密市古城寨、平顶山市蒲城店、温县徐堡、博爱县西金城和濮阳市戚城等10余座城址。1977年发现的登封市王城岗城址，为两个东西并列的城堡，面积残存近1万平方米，城内分布有殉人和殉兽的奠基坑。2002～2005年，又在王城岗遗址发现龙山文化晚期大城城墙和城壕，复原面积达34.8万平方米，是已知河南境内发现的龙山文化城址中最大的一座。这一发现对夏禹都阳城的确定和中国早期国家形成的研究有着重大的学术意义。

1979年发现的淮阳县平粮台城址，面积5万平方米，城有两门，南门设置门卫房，铺设陶水管道，使用土坯垒砌排房。1986年发现的郾城县郝家台城址，平面呈长方形，面积3万余平方米，城内营建有成排的房基，有的铺以木地板。1992年发现的辉县孟庄城址，面积为16万平方米，东城门的门道南壁贴有木板，房基的居住面多经火烤或涂抹有白灰。1997年发现的新密市古城寨城址，总面积17.65万平方米，至今仍比较完整地保存着东、北、南三面城墙和南北相对两个城门缺口，在城内已揭露出大型夯土宫殿基址和廊庑式建筑基址，是目前中原地区保存最好的龙山时代城址。平顶山市蒲城店遗址发掘于2004～2005年，发现龙山文化和二里头文化两座城址。其中龙山文化城址保存状况较好，现存东、西、南三面城墙，面积约4.1万平方米，城外有宽阔的护城壕。

南水北调中线工程南北纵穿河南全境，自2005年配合该项目发掘以来，迭有重要考古发现。温县徐堡城址和博爱县西金城遗址就位于渠线上。温县徐堡城址发现于2006年，城址平面略呈圆角长方形，现存面积约20万平方米。除北墙被沁河冲毁外，西、南、东三面城墙保存较好，在西墙和东墙的中部各有一缺口，应为城门所在。在城址中部发现一处堆筑台基，东西长90、南北宽70米，可能为城址的主要建筑。博爱县西

淮阳平粮台古城遗址出土陶排水管

偃师二里头出土绿松石龙形器

金城遗址发掘于2006～2007年，城址面积达30.8万平方米。城墙宽10～20米不等，在西、南墙中部可能有城门，北、东、南墙外发现有小河或排水沟环绕形成的防御壕沟。在西、东墙外，分别发现大面积的沼泽堆积和缓土岗，缓土岗居住堆积的灰坑中浮选出粟、黍、水稻、小麦和大豆等粮食作物，其中小麦遗存为河南境内的龙山文化遗址中首次发现。

禹州市瓦店遗址曾于1980～1982、1997年进行过多次考古发掘，发现了以地面起建的大型建筑基址和奠基坑，出土了精美的陶酒器、玉鸟、玉璧和大卜骨，表明遗址规格很高。2007～2008年，在瓦店遗址又发现大型环壕，并确认遗址面积达100万平方米，是目前所知河南发现的面积最大的龙山文化遗址，也是颍河中游地区的中心聚落之一。

另外，还在郑州牛寨遗址发现铜块、淮阳平粮台城址发现铜渣、登封王城岗城址出土残铜器、汝州煤山遗址出土炼铜坩埚等。这表明，河南龙山文化时期人们已经掌握了冶铜技术，并在生活中开始使用青铜器。大型聚落群遗址、城堡和青铜制品的出现，似乎昭示着一个新时代即文明时代的来临。

三　夏商周时期

河南关于夏商周时期的考古新发现层出不穷，令人目不暇接。夏商周断代工程已将夏代始年确定为公元前2070年，河南龙山文化晚期、新砦期文化和二里头文化同属夏文化已经成为共识。新密市新砦遗址于1979年进行试掘，发现了早于二里头文化、晚于河南龙山文化晚期的过渡性遗存，曾被命名为“二里头文化新砦期”。1999～2000年的发掘，确认了“新砦期”遗存的存在，使中原地区古代文化的发展谱系更加完整。2003年又发现一处新砦期的大、小城址，大城面积为70～100万平方米，除南面濒临双洎河，其余三面均建有城墙和护城河，大城西南部为内壕圈占的小城。发掘者推测，新砦城址很可能就是夏启之居所在地。

偃师市二里头遗址从1959年迄今已进行了长达50年的考古发掘，是学术界公认的夏代王都遗址。在遗址中部发现面积约10.8万平方米的宫城，并建有30多座夯土建筑基址，是迄今为止我国发现的最早的宫殿建筑基址群。这里发现的青铜冶炼作坊和青铜器，为研究夏代冶金技术提供了珍贵资料。二里头遗址的玉器数量丰富，其中一件长80厘米的大型绿松石龙形器，具有极高的历史、艺术与科学价值。二里头文化作为中国夏商文化的一个界标，对于探寻中国五千年文明的起源具有极其重要的意义。

荥阳市大师姑遗址发掘于2002～2003年，二里头文化遗存集中在城垣和城壕以内，总面积约51万平方米，城垣现存墙体高1米，宽7米左右。发掘者推测为夏王朝设置在东境的军事重镇或方国都城。平顶山市蒲城店二里头文化城址面积5.2万平方米，城外有护城壕。发现的20座房址均为地面式建筑，排列有序，大多是多间相连，基本东西成排，属于专门规划的聚居区。除上述遗址外，经考古发掘的二里头文化类型遗址还有巩义市稍柴、偃师市灰嘴、渑池县鹿寺、登封市八方、陕县西崖村、伊川县南寨和洛阳市皂角树遗址等，计10余处。另外，1987年发掘的鹿邑县栾台和1988年发掘的夏邑县三堌堆遗址，均发现有近似山东岳石文化类型的陶器，应属于先商文化遗存。

2005年发掘的鹤壁市刘庄遗址，揭露一处保存完整、排列有序的大型先商文化墓地，共发现墓葬338座，出土随葬品近400件。这批墓葬大致分布于东西长110、南北宽55米的范围内，可分为东、西两大区，东区墓葬多为头向东，西区墓葬多为头向北。该墓地中石棺及其简化形式墓葬在中原地区前所未见，为我们提供了探讨商族起源的新线索。

鹤壁刘庄先商文化墓地

河南商代考古成果丰硕。新中国成立后，除安阳殷墟继续进行发掘外，先后发现和发掘了郑州商城、偃师商城、焦作府城、郑州小双桥、洹北商城和荥阳关帝庙遗址。1983年，在偃师市尸乡沟发现的商代早期城址，面积约190万平方米，现已发现城门7座，还发现若干条纵横如织的大道，均与城门相连。该城址布局严谨，大城之内有小城，小城之内有宫城，宫城内发现多座宫殿基址。有的宫殿基址分前后两进院落，由前后两座主殿和东西两侧庑殿组成，面积达数千平方米。偃师商城小城也被夏商周断代工程确认为夏商分界的界标。

郑州商城发现于1950年，经过近60年的考古发掘，我们对该城址的平面布局和文化内涵有了全面了解。在城内东北部有20多处大型夯土建筑基址，在城外四周分布有冶铜、制骨、制陶手工业作坊，以及青铜器窖藏和墓葬，并发现一道环绕南部城墙的外城墙及护城河。出土遗物中，发现了通高1米、重达86.4公斤的青铜方鼎，另外还发现了迄今已知年代最早的刁刻甲骨、陶瓦和原始瓷器，表明了郑州商城的王都地位。1998年发掘的焦作市府城早商城址，城址平面近方形，边长280～284米，地面上现存有东、西、北三面城墙。在城址东北部发现的一号宫殿基址，平面为长方形，南北长70、东西宽50米，分南北两个院落，由前殿、正殿、北殿和配殿组成，布局严谨规范。

郑州商城出土铜方鼎

1990年和1995年发掘的郑州市小双桥遗址面积很大，已发掘出多处夯土建筑基址、人骨丛葬坑、牛头或牛角祭祀坑，出土有大型青铜建筑构

荥阳关帝庙商代遗址

件、朱书陶文、大型石磬和卜骨等，可能是商代中期的隞都，或者是郑州商城晚期商代王室宗庙祭祀的场所。安阳市洹北商城发现于1999年，规模达4.7平方公里，年代上早于安阳殷墟。在城内南北中轴线南段为宫殿区，已发现30余座南北成排、布局严整的单体夯土基址。其中一号基址东西长173、南北宽85～91.5米，由门塾、主殿、廊庑和东西配殿组成。主殿南北宽14.4、东西长90米以上，现存殿基高出地面0.6米，是迄今为止发现的规模最大的商代单体建筑基址，其性质非商王使用的宫殿或宗庙莫属。

安阳殷墟是商代晚期的都城遗址，横跨安阳洹河南北两岸，现存有宫殿宗庙区、王陵区、族邑聚落遗址、家族墓地、铸铜遗址、制玉和制骨作坊等众多遗迹，是中国历史上第一个有文献可考、并为甲骨文和考古发掘所证实的古代都城遗址。1973年发掘出土刻辞甲骨5041片，1991年再次出土甲骨1538片，为甲骨文和商史研究提供了多方面的资料。1976年发掘的商王武丁配偶——妇好墓，出土不同质料的随葬品1928件，其中青铜器达468件。铜鸮尊、偶方彝、三联甗、象牙杯等造型别致，制作精美，代表着商代文明高度发达的水平。1990年在殷墟郭家庄发掘的160号商墓，随葬各类器物353件。其中青铜器291件，包括礼乐器44件和兵器232件等，墓主人可能是位较高级别的武将。

2006～2007年发掘的荥阳市关帝庙遗址，清理一批商代晚期灰坑、房基、墓葬、陶窑、水井和祭祀坑，出土各类质地的文化遗物近千件。该遗址内部有功能分区，居住址集中在遗址的中部偏东处，陶窑周围有类似水窖的遗存。南部是大型的祭祀场，东北部为排列比较整齐的墓葬区，墓葬区与居址之间有沟相隔。如此丰富的商代晚期文化遗存的大面积揭露，对于探讨商代晚期的聚落结构、社会形态等具有重要的意义。

1979年和1991年，两次发掘罗山县天湖息国贵族墓地，已发掘商代晚期墓葬44座，出土各种质地文物500余件。2006年发掘的荥阳市小胡村晚商贵族墓地，发掘晚商墓葬58座，共出土陶、铜、玉石器、海贝等遗物407件。两处墓地的发掘，对研究晚商丧葬习俗、社会组织形式等具有重要的学术意义。

荥阳小胡村商代墓M22随葬器物

河南两周考古发现硕果累累，在城址考古方面先后发掘了东周王城、郑韩故城、登封阳城、虢都上阳城、濮阳卫国都城和荥阳娘娘寨城址等。公元前770年，周平王东迁，建都

新郑郑国祭祀遗址K1钟坎

洛阳，所居之城被称为东周王城。东周王城遗址在今洛阳市涧河以东的王城公园一带，南北长约3700、东西宽约2890米。东周王城的西南部为宫殿区，宫殿区的东侧发现大面积的粮窖群，北部发现有制骨制玉的手工业作坊及陶窑等遗迹，东北部为墓葬区。

新郑市郑韩故城是东周时期郑国和韩国的都城，分作东西二城。在西城中部发现的宫城遗址，东西长500、南北宽320米。东城是手工业作坊的集中分布区，发现有铸铜、制骨、铸铁和制陶作坊遗址。郑国祭祀遗址位于东城西南部，1997年发掘出青铜礼器坑7座、乐器坑11座和殉马坑45座，出土有青铜礼乐器348件。其中206件铜编钟多能进行测音和演奏，是研究“郑卫之音”的重要实物资料。

登封市阳城是战国时期的一处重要城邑，在城内北部中央发现一处大型建筑基址，城内东北部发现8处贮水给水设施，是我国发现时代最早而且保存最好的一套城内供水设施。2000年发现的虢都上阳城位于三门峡市李家窑村，城垣周长3200米，城墙外环有两道护城壕。在城内西南部发现宫城，外城与宫城之间分布有粮库和多种手工业作坊，为研究虢国历史提供了完整资料。2005～2008年发掘的荥阳市娘娘寨城址，分内城和外郭城，内、外城墙外均设有护城河。内城内分布有“十”字形主干道和宫殿区、作坊区，四面城墙中部均有城门与城内道路相通。此外，温县盟誓遗址于1980～1982年发掘出土盟书石片达万余片，其中四分之一字迹清楚，是研究古文字和书法艺术的实物例证。经考证，主盟者很可能是春秋晚期的韩简子，大大丰富了人们对春秋时期盛行的盟誓制度的认识。

平顶山应国墓地出土应侯盨

温县春秋晚期盟誓遗址出土盟书石片

1997年发掘的鹿邑县太清宫长子口墓，平面呈“中”字形，有殉人14个，出土各种质地文物近2000件。在54件带有铭文的青铜礼器中，有39器铭文为“长子口”。这应是一座西周初年的长氏贵族墓。1986～1996年发掘的平顶山市应国墓地，清理两周墓葬42座，出土青铜礼乐器、玉器等各类文物4000余件，其铜器铭文涉及应伯、应侯等贵族，并有应国与申、邓两国联姻的内容。

虢国墓地位于三门峡市北郊上村岭，1957年第一次发掘墓葬234座、车马坑3座、马坑1座，共出土青铜器181件。贵族墓和平民墓有明显差异，反映出当时森严的等级制度。1990年发掘了虢季墓，共出土各类随葬品5293件，其中玉茎铜柄铁剑为迄今所知我国人工冶铁的最早实例，缀玉幎目则提供了完备的西周时代国君殓玉制度的实例。1991年发掘的虢仲墓为九鼎大墓，随葬品达3600多件（套）。其中724件玉器极其精美，圭形墨书遣册十分罕见，为研究两周之际的虢国历史和文化提供了珍贵资料。

1964～1966年，在洛阳市郊北窑村西庞家沟，发掘西周时期贵族墓348座和7座车马坑，出土大量青铜器、陶器、原始瓷器和骨蚌器等。特别是在青铜器铭文中，有王妊、太保、康伯、平伯、毛伯等人名，可知这是一处西周王室贵族的大型墓地。1954～1955年，在洛阳中州路发掘260座东周墓葬，大多为长方形竖穴土坑墓，只有4座为洞室墓。发掘者依据随葬陶器的组合划分为7期，其时代约从春秋初期至战国晚期，为中原地区东周墓葬的分期断代建立了重要的标尺。

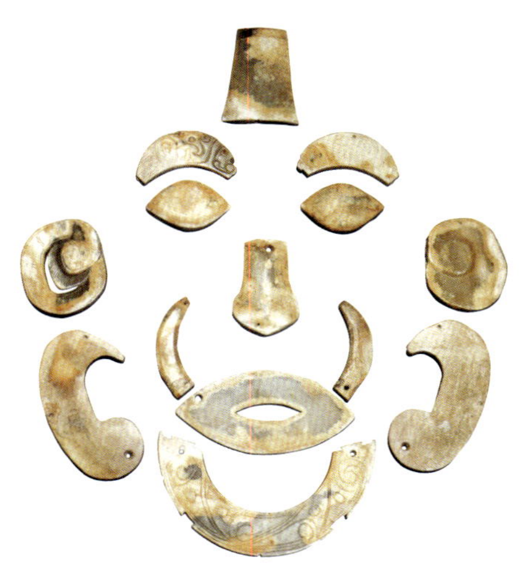

三门峡虢季墓出土缀玉面罩

东周王陵可划分为周山、王城和金村3个陵区，在洛阳中州路西工段曾钻探发现4座大型战国墓，大墓前方和左右分布着车马坑、从葬坑和陪葬墓。其中一号大墓的平面呈“甲”字形，墓室为积石积炭结构，墓道和墓圹壁上涂有黄、白、黑、红四种颜色。该墓早年被盗，由随葬品中书写“天子”二字的玉圭，推测是一座周王陵墓。1950～1951年发掘的魏国王陵，位于辉县城东的固围村，在一处平面呈“回”字形的陵园内，东西排列3座大墓。其中2号墓在墓室底部平铺巨石块8层，南北两面也叠砌高11.59米的巨石墙壁，并建有复杂而坚固的类似“黄肠题凑”的椁室，体现了王陵主墓的特殊地位。在1号墓的墓室顶部建有瓦顶的“享堂”，南墓道中央发现当时守墓人居住的半地穴式房址一处，另在墓室的东南隅还发现两个埋玉坑，对认识战国王陵的墓地制度和丧葬礼仪制度具有一定的意义。2006～2008年发掘的新郑市胡庄墓地，揭露东周墓葬320余座和马坑一座，出土青铜礼器、兵器、车马器和陶器上千件。

新郑胡庄韩国王陵墓室椁顶结构

其中发现一处韩国王陵区，由两座“中”字形墓葬组成，外有3道环壕围护，陵上四周现存有散水和柱洞，表明原有建筑物防护。墓室内的屋脊形椁顶结构，证实了《左传·成公二年》“椁有四阿，棺有翰桧”的记载。

楚国是东周时期的南方大国，河南是楚文化的重要分布地区之一，在淅川县丹江水库淹没区内不断发现楚国墓群。1978～1979年发掘淅川下寺墓地，发现楚墓24座及相关车马坑5座，出土了王子午升鼎、王孙诰甬钟和用失蜡法铸造的铜禁等罕见文物。1991～1992年发掘淅川和尚岭与徐家岭墓地，又发现楚墓12座和车马坑1座，出土了克黄升鼎、带铭文甬钟和镶嵌有绿松石的铜怪兽等精美随葬品，为寻找楚国早期都城——丹阳的地望提供了佐证。信阳市长台关楚墓发掘于1957年，以出土成套完整的铜编钟和华丽彩绘的漆木器闻名于世，尤其是出土竹简148根，是探讨楚人日常生活及丧葬礼俗的重要资料。2002年在信阳市长台关再次发掘一座大型楚墓，出土一批精美漆木器和彩绘陶器，为楚文化的研究提供了丰富资料。1994年发掘的新蔡县葛陵楚墓，墓主人是楚国的封君——平夜君成，出土的竹简数量多，墨书清晰，是继信阳长台关竹简后的又一次重要发现。

淅川和尚岭楚墓出土铜神兽

2005～2006年发掘的上蔡郭庄楚墓为楚国高级贵族夫妇异穴合葬墓，其中一号墓随葬各种青铜器上千件和玉器200件，数十件青铜礼乐器均有铭文，具有重要的学术价值。在南阳市区发现的楚国彭氏墓地，已发掘“申公彭宇”家族墓10余座。2000年发掘的申公彭宇之孙彭天所和彭子寿墓，均随葬有五鼎四簠青铜礼器。2008年，又抢救清理了彭子射和彭启墓，也均为楚国大夫级高级贵族。1981～1983年，在淮阳县瓦房庄村“马鞍冢”发掘出两座大型楚墓和车马坑。其中南墓平面为“中”字形，墓室东西长14.5、南北宽13.48米，有5个台阶。位于该墓西面的车马坑，埋车23辆、泥马20多匹和旌旗6面。发掘者推测，墓主为死于公元前263年的楚顷襄王。

上蔡郭庄一号楚墓

东周时期，在河南南部分布着一些小诸侯国，黄国即是其中重要的一个。1983年，在光山县宝相寺发掘的黄君孟夫妇合葬墓，墓室平面呈“甲”字形，使用二椁一棺葬制，随葬有各类随葬品242件（组）。其中青铜器多数铸有铭文，有“黄君孟”、“黄夫人孟姬”等，可以确定墓主人是黄国国君“孟”及夫人，为研究春秋早期江淮地区小国君主埋葬制度提供了实例。固始县侯古堆一号墓发掘于1978年，

洛阳汉魏故城阊阖门遗址

内黄三杨庄汉代建筑遗址

被认为是春秋末年的宋国君之妹、嫁给吴国太子夫差的“勾敔夫人”墓。该墓随葬器物丰富，特别是9鼎、编镈、编钟、6件木瑟、3乘肩舆等珍贵文物及17人的殉葬，显示出墓主人的特殊地位。

四　秦汉时期

秦人立国时间太短，在河南的泌阳、陕县和三门峡市区等地，均发现一批秦人墓葬。其中，泌阳秦墓流行洞穴双棺合葬墓，墓主人头向西，随葬品以铜器为主。铜器上有“平安邦”、“平安君”等铭文，漆器上也有褐漆书写的“平安侯”和“廿八年”、“卅五年”等纪年。在三门峡市区发现的秦人墓，多为形制较小的竖穴土坑墓和土洞墓，有的夫妇异穴合葬墓四周围以长方形墓沟，比较少见。

洛阳汉魏故城先后作为东汉、曹魏、西晋和北魏的都城，历时336年，在中国古代都城发展史上占有重要地位。从20世纪50年代至今，经过半个多世纪的考古发掘，汉魏故城的布局已基本探明。1964年，在汉魏故城南郊清理东汉刑徒墓葬522座，出土墓志铭砖820多块，是研究东汉时期修建都城的刑徒的有关来源和刑役制度的重要资料。20世纪70年代，先后发掘了灵台、辟雍、明堂和太学等礼制建筑基址，其中在太学遗址新出土汉代《仪礼》石经残石600多块，为复原经碑的排列次第提供了新的物证。1979～1981年和1984年，对北魏皇家寺院——永宁寺进行发掘，先后清理了寺院南门、中心塔基和后殿建筑基址，出土了一大批与供佛有关的泥塑像。2001～2002年，发掘了北魏宫城正面——阊阖门遗址，其殿堂式城门楼和门前巨大的夯土双阙建筑形制极为独特，填补了中国古代都城门阙建筑发展过程中的重要缺环。

1998年发掘的新安县盐东村汉代函谷关仓库建筑基址，南北长179、东西宽35米，四周建有宽6米左右的夯土墙，墙内密布排列有序的柱础石，并出土有大量板瓦、筒瓦和带“关”字的瓦当等建筑构件。内黄县三杨庄遗址发现于2004年，迄今已在遗址内发现了9处汉代庭院遗存，已揭露出

4处庭院的平面布局。庭院均坐北朝南，分前后两进院落，并建有主房和侧房，主房屋顶全部使用筒瓦和板瓦。庭院与庭院之间有农田和树木相隔，农田田陇十分清晰，首次再现了汉代农村乡里的真实景象。

我国汉代冶铁技术位居当时世界前列。河南已在14个市县发现汉代冶铁遗址18处，经考古发掘的有巩义铁生沟、南阳瓦房庄、郑州古荥镇、温县招贤村和鲁山望城岗等处。1958～1959年两次发掘巩义市铁生沟遗址，发现的遗迹、遗物十分丰富，计有炼炉18座、锻炉和炒钢炉各一座，出土铁器166件，其中的1件铁铲上铸有“河三”铭文。南阳市瓦房庄遗址发现于1959年，清理出熔铁炉17座和多座炼钢炉。在铁馒和犁铧泥模上模制有“阳一”铭文，说明该作坊是南阳郡铁官第一号作坊。郑州市古荥镇遗址于1965年和1975年进行了两次发掘，发现大型炼铁炉两座和铁器318件，在部分铁器和泥范上有“河一”铭文。1974年，在温县招贤村发现一座烘范窑，窑室内保存有500多套叠铸陶范，可以铸造出36种器物，是研究汉代叠铸工艺的宝贵实物资料。2000年发掘的鲁山县望城岗遗址，发现了一座汉代特大椭圆高炉炉基及其系统遗迹，炉缸内径长轴4、短轴2.8米。在炉基西侧的炉前坑内放置有重约30吨的特大块积铁，用于铸造农具类的泥模范块上，也带有“阳一”、“河口”铭文，无疑是中国冶铁史上的又一重大发现。

济源桐花沟汉墓出土彩绘神兽多枝灯

迄今已发掘的两汉墓葬数以千计，比较重要的有洛阳东汉帝陵、永城西汉梁国王陵、济源泗涧沟与桐花沟墓地、新密打虎亭东汉壁画墓和洛阳烧沟汉墓等。东汉帝陵位于今孟津和偃师境内，2003～2007年连续进行了考古调查与勘测，初步确定了帝陵的地望和平面布局。其中大汉冢现存封土直径130、高19米，为一座长斜坡墓道“甲”字形墓，墓道南向。封土西侧有3座规格很高的陪葬墓冢，封土南、东侧各有一处大型建筑基址。偃师市白草坡帝陵为砖石混合结构，墓道宽10米，陵园遗址南北长380、东西宽330米，南部有大型夯土台阶。

西汉梁国王陵主要指汉文帝之子刘武及其王室墓地，经勘察，已发现西汉大型陵墓8处14座，分布于保安山、僖山、夫子山3个陵区。1992～1994年，清理了保安山陵区的梁孝王寝园及王后墓，寝园平面呈长方形，南北长110、东西宽60米。前部以寝殿为中心，四周环绕有回廊；后部以“堂”为主体，与其后的排房形成“前堂后室”的建筑格局。王后墓以山为陵，全部凿在山岩之中，由2个墓道、3个甬道、前庭、前室、后室、34个侧室及回廊构成，全长210.5米，最宽处72.6米，规模宏大，结构复杂，在全国同类墓葬中当属首次发现。济源县泗涧沟汉墓发掘于1969年，以出土陶都树、陶米碓和风车而闻名。1991年，又在与泗涧沟毗邻的桐花沟发掘汉墓百余座，出土了一批色泽鲜艳的彩绘陶器和形象各异的乐舞俑，尤其是通高110厘米的多枝灯，分为上、中、下三层，由底座、承盘、擎柄、灯盏及龙形饰件组合而成，是已出土同类作品中造型和装饰最为精美的一件。

永城柿园西汉墓壁画

荥阳苌村东汉墓壁画（车马出行图）

1960～1961年发掘的新密市打虎亭汉墓，东西并列两座。西墓以石刻画像为主，雕刻有家畜饲养、地主收租、食物加工、庖厨烹调、宴请宾客等生活场景。东墓则以彩绘壁画为主，画面为车马出行、舞乐百戏、饮酒作乐和各种珍禽异兽等内容，堪称东汉晚期绘画和石刻艺术的宝库，再现了汉代贵族社会日常生活的场面。1953年在洛阳烧沟发掘汉墓225座，发掘者根据墓葬形制、器物组合与器形演变关系划分为六期，比较全面地反映了洛阳地区汉墓的演变轨迹，为中原各地区汉墓编年提供了借鉴标尺。

河南是汉代画像石的重要分布区之一，迄今已科学发掘汉代画像石墓百余座，出土各类画像石3000余块。画像内容十分丰富，有生产、生活、祥瑞、神话、故事、天象等，是研究汉代政治、经济、文化的实物资料。纪年墓资料主要有唐河县新店天凤五年（18年）汉郁平大尹冯君孺人墓、襄城县茨沟永建七年（132年）墓、浚县姚丁村延熹三年（160年）墓和南阳市东郊建宁三年（170年）许阿瞿画像石墓等。

河南地区的汉代壁画墓已发现20余座，主要有永城柿园西汉墓、洛阳卜千秋墓、偃师杏园东汉墓和荥阳苌村东汉墓等。其中永城市柿园西汉墓为凿山开洞的石室墓，壁画位于墓室顶部，彩画青龙、白虎、朱雀等神禽异兽，周边绘几何形云纹图案，是目前所见年代最早、画幅最大的汉代壁画。荥阳苌村东汉墓为砖石结构，甬道两侧和前室四壁及顶部满绘彩色壁画，总面积达300平方米，其内容分别为楼阁庭院、车马出行、人物故事、珍禽异兽和乐舞百戏。特别是较多的墨书榜题，为其他汉墓壁画所不见。

五　魏晋南北朝至明代

魏晋南北朝时期，中原地区战乱频仍，朝代更迭频繁。魏晋时期的考古工作主要发掘了洛阳曹魏正始八年（247年）墓、西晋太康八年（287年）墓、元康九年（299年）徐美人墓、永宁二年（302年）士孙松墓等。1974年，在渑池县火车站发现的北魏窖藏出土铁器4195件，器类

达60种以上，部分铁范和铁器有“阳城”、“渑池右”、“新安”、“夏阳”、“绛邑冶右”等铭文。经化验分析，铁器原材料可分为白口铁、灰口铸铁、铸铁脱碳钢和熟铁等多种，反映了魏晋南北朝时期冶铸技术的发展和进步。

安阳北齐范粹墓出土黄釉扁壶

北魏王朝迁都洛阳，共有4帝葬在洛阳北部邙山上。其中，孝文帝长陵分别于1958年和2004年进行了调查与钻探。陵园遗址已经探明，东西长443、南北宽390米。四周构筑有夯土垣墙，垣墙外侧挖建壕沟，各面正中开设陵门，南门为三门道牌坊式。陵园内异穴合葬孝文帝陵和文昭皇后陵，并发现3座建筑基址和2条排水设施。宣武帝景陵于1990年进行了考古发掘，现存墓冢平面呈圆形，直径105～110、高24米，在墓冢南10米处发现1件石刻武士像。墓室坐北面南，由墓道、前甬道、后甬道和墓室四部分组成。砖砌墓室平面近方形，南北长6.73、东西宽6.92、高9.36米，出土青瓷器等随葬品45件。

在洛阳附近已发掘的北魏皇室墓，分别有永平四年（511年）元闿墓、熙平元年（516年）元睿墓、正光六年（525年）元怿墓、孝昌二年（526年）元乂墓、孝昌三年（527年）元暐墓、建义元年（528年）元邵墓等。其中1965年清理的元邵墓出土彩绘陶俑115件，1965年调查的元怿墓甬道两侧各彩绘武士2人。1975年发掘的元乂墓，墓室顶部保存有完整的星象图，绝大多数星宿可以辨认，反映了当时的实际星空。1978年发掘孟县斗鸡台北魏司马悦墓，虽然出土的随葬品不多，但其墓志内容丰富，书法潇洒稳健。

1957年在邓县学庄村发现的南朝画像砖墓，画像内容丰富，可分为车骑出行、人物故事和珍禽异兽3类，是研究南朝社会生活、舆服制度、雕塑艺术的珍贵资料。自东魏迁都邺城后，豫北一带为都城的近畿之地，先后发现北齐武平四年（573年）和绍隆墓、武平六年（575年）范粹墓、武平七年（576年）李云墓和李亨墓等。1971年发掘的安阳县洪河屯村的范粹墓，随葬陶俑和陶瓷器计75件。其中4件黄釉扁壶两面模印胡腾舞图案，形象十分生动。2005年清理濮阳县这河寨村李亨墓，随葬品丰富，出土陶人物俑、动物俑、陶瓷器和铜铁器达284件之多。2006～2008年发掘的安阳县固岸墓地，清理出北朝墓葬150余座，出土随葬品750多件。其中M57葬于东魏武定五年（547年），墓室内随葬一座围屏石榻，石屏内壁雕刻有精美壁画，内容为孝子图等内容。大部分墓葬保存完好，出土有完整的器物组合，为研究北朝晚期墓葬提供了分期断代标准。

安阳固岸北朝墓地M57石榻

延津沙门城址金代农田遗迹

叶县文集遗址金代排房房基

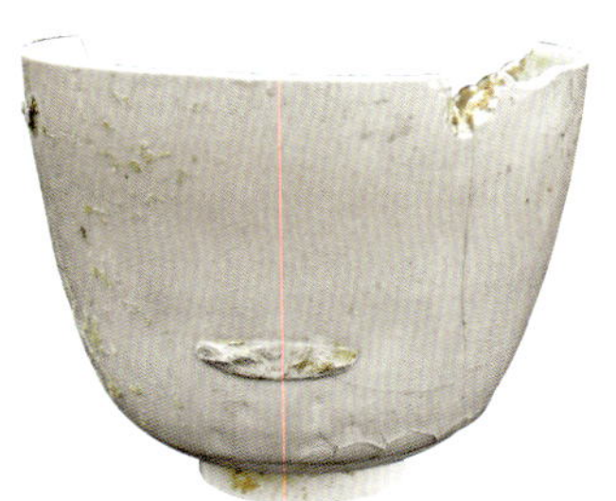
巩义白河窑址出土北魏白瓷杯

河南的唐宋时期考古，主要是对隋唐洛阳城、开封宋城、巩义宋陵、白沙宋墓和多处瓷窑遗址等进行了发掘工作。隋唐洛阳城是隋唐两代的东都城址，由郭城、皇城、宫城等组成，宫城和皇城建于地势较高的郭城西北隅。郭城内的里坊已经探明，先后发掘了武则天时期的明堂、天堂、九洲池、履道坊白居易故里等重要遗迹。应天门为宫城的正南门，是一座由门楼、垛楼、阙楼及其相互之间的廊庑连为一体的“门”字形巨大建筑群，规模恢弘，气势壮观。1970年在含嘉仓城遗址钻探发现仓窖287个，并发掘了其中的12个。发现有堆放着大半窖谷子的仓窖，以及记载储粮来源、品种、数量、入仓时间及经手人的砖铭，获得了盛唐时期仓窖建筑、粮食储存和管理方法的科学资料。

开封市北宋东京城址的考古工作始于1981年，大致搞清了外城、内城和皇城三重城垣及城门的具体位置，钻探并试掘了新郑门、大庆殿、金明池和州桥等重要遗迹。2006年在豫北黄泛区沙土下，新发现金代卫州州治——延津县沙门城址。已探出西、北、东三面城墙和城门，清理出金元时期房基3座，发现当时的道路、水井和耕作的农田等遗迹。叶县文集遗址发掘于2006～2008年，发现宋元时期房基、道路、水井和窖藏坑等。房基分为连间排房、单间和简易草棚3种，20多个窖藏坑保存完整，出土遗物1500余件，应是一处较大规模的集镇遗存。

河南也是中国古代瓷器的重要生产区，先后在25个市县发现319处古代瓷窑遗址，位居全国各省区古瓷窑址数量的前列。目前发现最早的古瓷窑址是巩义白河窑和安阳相州窑，年代约始自北朝，其余大多为唐宋金元时期。安阳市相州窑经过1974年和2006年两次考古发掘，出土了一批北朝至隋代的青瓷和白瓷。2005～2007年发掘巩义市白河窑址，发现北魏青瓷窑炉，出土大量青瓷，为北魏皇室使用青瓷找到了产地。在此还首次出土早期白瓷，为研究中国白瓷的起源及其演变提供了珍贵的实物资料。2002～2004年，在巩义市黄冶窑址的考古发掘中，清理出10座窑炉和3处作坊，找到了洛阳唐三彩和唐青花的产地。

禹州神垕镇河北地窑址一号窑炉

宝丰清凉寺遗址出土汝瓷熏炉

宋代河南制瓷业达到高峰，汝窑、钧窑和北宋官窑均在今河南境内。1974年，在禹州市北关钧台发现了宋代钧窑址，出土了与北京故宫博物院所藏完全相同、并带有数字编号的钧瓷花盆、盆托、鼓钉洗和出戟尊。2001年，在禹州市神垕镇的刘家门、河北地等窑址进行了考古发掘，清理出窑炉遗迹8座和石砌澄泥池3处，出土完整和可复原的器物数千件，进一步确定了钧窑瓷器的烧制年代问题。1987年，在宝丰县清凉寺村发现了北宋汝窑遗址，2000年找到了汝窑烧造区，揭开了汝窑青瓷的烧制之谜。2000～2004年，抢救性清理汝州市张公巷窑址，出土一批类似汝窑的全新青釉瓷器，为确定北宋官窑提供了重要线索。

偃师唐恭陵是武则天长子李弘的陵墓，神道石雕像和唐高宗李治撰写并亲书石碑保存完整。1985年对陵园遗址进行了实测，1998年在陪葬的皇后墓中清理出土130余件彩绘骑马俑和褐、绿彩陶器，是研究唐初“号墓为陵”规制的一处完整实例。1981年，在洛阳龙门东山发掘的唐定远将军安菩夫妇墓保存完整，随葬品包括三彩器50件、单彩器61件、陶瓷器13件和东罗马金币。三彩俑形体高大，造型精美，具有很高的艺术价值。在洛阳发掘的唐皇室墓有唐睿宗贵妃豆卢氏墓、唐安国相王孺人唐氏和崔氏墓。三墓均为砖砌单室墓，在墓道、过洞、甬道和墓室内均绘有精美的人物壁画。1991年发掘的伊川县杜沟村唐齐国太夫人墓，墓室结构复杂，出土金银器、玉石器等文物1659件，其中双鱼纹海棠花形金盏和双鱼大雁纹鎏金银盏托制作精美。集中的唐代墓地，已发现有偃师杏园、巩义芝田和三门峡庙底沟三处。

偃师唐代恭陵出土骑马俑

其中在偃师杏园村发掘唐墓69座，墓室保存完整。有37座出土有墓志，墓主人生前多为八品、九品官阶，反映了唐代中下层官吏的社会生活和埋葬习俗。

考古工作者对巩义市北宋皇陵进行了全面调查，并发掘了宋太宗元德李后陵地宫、宋真宗永定禅院和宋仁宗永昭陵园，积累了北宋帝陵葬制的丰富资料。2008年抢救清理的洛阳市史家屯村富弼家族墓地，计发掘宋代墓葬11座，出土墓志14方。其中富弼为北宋名相，青石墓志边长1.41米，志文计6595字，涉及北宋中晚期的政治、经济、外交等多方面内容，历史和艺术价值兼备。河南地区宋元墓葬中常见一种仿木结构的雕砖壁画墓，雕砖一般为仿生前居室的门窗、桌椅和灯檠，壁画内容丰富，有宴饮、庖厨、梳妆、散乐、杂剧和孝子故事等。1951年发现的禹州市白沙赵大翁墓，建于元符二年（1099年），分为前后两室，结构复杂。前室东壁彩绘女乐伎11人，西壁为墓主人“夫妇开芳宴”。后室北壁砖雕妇人掩门，东南壁彩绘进奉场面，西南壁为侍奉主人化妆图，反映出墓主人为地主兼营商业者的身份。焦作市王庄金承安四年（1199年）邹瓊墓为一座画像石墓，墓室平面呈八角形，壁面上刻有戏剧演出场面、墓主人生活和行孝故事图像，共15幅。焦作西冯封村元墓为一座双室墓，以嵌砌人物雕砖为其特色，前室在墓壁上镶嵌砖俑18个，后室在拱眼壁内镶嵌童子雕砖8个，再现了元代杂剧和民间社火表演的情景。2007年发现焦作市东王封村元靳德茂墓，出土80件彩绘陶车马及人物俑，组成一支庞大的车马出行方阵。

河南已发掘的明藩王墓，有潞简王朱翊镠墓、周定王的七世孙原武温穆王朱朝埨墓和福王家族墓。其中朱翊镠是明神宗朱翊钧的同母弟，墓园保存完整，墓室用青石条砌成，由前、后室和左、右侧室组成，规模宏大。灵宝市南营许进家族是明代中期的当地望族，许氏墓地曾出土彩绘铜俑60件，姿态各异，生动传神。

河南佛教考古方面也有许多重要考古发现，除对洛阳龙门石窟、巩义石窟、登封少林寺塔林等进行实测和记录外，还相继清理了登封市北魏嵩岳寺塔地宫、洛阳市唐神会和尚塔墓、登封唐法王寺二号塔地宫、邓州宋福胜寺塔地宫、洛阳元龙川和尚塔墓等。1983年，在洛阳龙门西山发现的唐代名僧禅宗七祖神会塔基，随葬有神会传道所用的陶钵、铜盂、净瓶等法器。《建身塔铭》则为研究禅宗的早期历史提供了可靠的资料。2000年发掘的登封市唐法王寺二号塔地宫，出土有鎏金镂孔铜炉、迦陵频伽石盒、白瓷细颈瓶和黑瓷注子等精美文物。1988年清理的邓州市福胜寺塔地宫，建于宋天圣九年（1031年），石函内出土的金棺、银椁、鎏金双龙银壶和紫红色玻璃葫芦等，是我国佛教文物的重要发现。

（执笔：孙新民）

湖北省
中国考古60年

中国考古60年 湖北省

新中国成立60年来，湖北考古经历了从无到有、从简单到成熟的发展历程。经过一代又一代考古工作者的不懈努力和辛勤耕耘，距今100万年的“郧县人”头骨、距今5000年左右的石家河古城、商代盘龙城、东周铜绿山古矿冶遗址、“地下乐宫”曾侯乙墓、楚都纪南城、熊家冢大型楚墓、梁庄王明墓等重要考古发现层出不穷，并初步形成人类起源、早期文明进程、楚文化等具有特色和影响的研究领域。这些发现与研究不仅真实地再现了湖北悠久灿烂的古代文化，而且证明这里同样是中华文明的重要生长点。

一　旧石器时代

湖北已发现的旧石器时代遗址和地点达200余处，主要分布在鄂西北和鄂西南地区。既有直立人、早期智人和晚期智人的系列人类化石，又有与之相关的石器工具和动物群材料，更有洞穴、旷野等不同的遗址类型，是研究人类起源、发展及其文化的理想区域之一。

最早的人类遗存见于建始高坪龙骨洞。在1998～2000年的三次发掘中，发现3枚人类牙齿化石，研究者将其归为人科，魁人属，古爪哇魁人。该人类牙齿化石的层位时代早于215万年。而共存的石器类型简单，加工粗糙，以小型刮削器为主，与华南地区常见的砾石石器文化特征有明显差别。

郧县人1号头骨

郧县人 2 号头骨

直立人化石中，时代最早、材料最完整的是郧县学堂梁子遗址发现的“郧县人”。1989～1990年，在该遗址出土两件保存较完整的人头骨化石（缺失下颌骨），特征与亚洲已经发现的直立人化石相似。与之伴生的动物群具有南北混合的色彩，其中大熊猫、东方剑齿象、中国貘、中国犀、水牛等是华南更新世大熊猫—剑齿象动物群的典型种类，而裴氏猫、李氏野猪、短角丽牛等则属于北方种类型。根据古地磁测年及动物群比较，研究者认为，“郧县人”的年代为早更新世晚期，距今约100万年。其共存的石制品多以粗大的河滩砾石为材料，石器加工粗糙，多采用锤击法单面加工，两面加工的很少。石器类型简单，有石核、石片、砍砸器、刮削器、手斧等。其中最具特点的是向心石核和郧

县砍砸器，被称为“郧县人文化”，是华南砾石石器文化的早期代表。此类文化遗存在丹江口双树等遗址的发掘中得到进一步充实。

早期智人化石以“长阳人”为代表。1956年，在长阳下钟家湾发现1件残破的左侧上颌骨和1枚左下第二前臼齿人类化石。其伴生的动物化石属于广义的大熊猫—剑齿象动物群，铀系法测年结果为距今19万年。与“长阳人”年代相当的文化遗存被称为“石龙头文化”。1971年，在大冶石龙头遗址出土88件石制品。其原料均为砾石，打片以锤击法为主，少量采用砸击法。石器加工粗糙，以单面打击为主，器类只有砍砸器和刮削器。伴生的动物化石属于广义的大熊猫—剑齿象动物群，时代为晚更新世早期，铀系法测年略大于19万年。1986年，在枝城九道河出土395件石制品，其特征与石龙头文化相似，同属华南砾石石器文化遗存。

晚期智人化石以“郧西人”为代表。2004年，在郧西黄龙洞发现5枚石化程度较轻的晚期智人牙齿化石。伴生的动物化石总体表现出更新世中、晚期大熊猫—剑齿象动物群的特点，铀系法测年校正结果为距今94000年。共存的石器类型包括刮削器、手镐、砍砸器和石锥等，基本沿袭了该区域的砾石石器文化传统。另外，在汉阳纱帽镇发现了“汉阳人”头骨化石，保存了额骨和基本完整的左右侧顶骨，其石化程度较深，可能也属于晚期智人阶段。

值得注意的是，此阶段，荆州鸡公山、房县樟脑洞、丹江口石鼓等遗址的文化面貌发生了不同程度的变异。

1992年，在荆州鸡公山揭露出面积近500平方米的旧石器时代晚期遗址，比较清楚地反映了华南地区从晚更新世早期砾石石器文化到晚更新世晚期的石片石器或非典型砾石石器文化的历史进程。该遗址分为上、下两个文化层。上文化层出土的遗物均为小型石片石器，器类主要为小型刮削器和尖状器，年代距今2～1万年。下文化层出土大量的石制品，包括石片、石核、石锤、石砧、刮削器、尖状器和砍砸器等，属于砾石石器文化遗存，年代距今约5万年。其中存在的“石圈”现象，研究者认为，可能与人类打制石器和居住的活动有关。房县樟脑洞遗址出土的2000余件石制品，多以锤击法打片，单面加工为主，器类主要属于中小型石片石器，年代距今1.35万年左右。丹江口石鼓遗址的石器特征与之类似。

总体而言，湖北旧石器时代文化的连续性发展与变化，以及从直立人到早期智人、晚期智人的一系列发现，为探讨人类的起源与发展提供了重要资料。

二　新石器时代

以1955年京山屈家岭遗址的发掘及屈家岭文化的命名为标志，新石器时代考古是湖北

荆州鸡公山旧石器时代遗址

石家河遗址出土新石器时代玉器

武穴鼓山出土新石器时代玉佩饰

秭归东门头新石器时代遗址出土“太阳人”石刻

考古的重要内容。目前发现的新石器时代遗址达2000余处，遍布全省各地。重要遗址有郧县青龙泉、枣阳雕龙碑、随州金鸡岭、宜城顾家坡、京山屈家岭、天门石家河、荆门龙王山、荆州阴湘城、枝江关庙山、宜昌中堡岛、宜都城背溪、公安走马岭、黄冈螺蛳山、武穴鼓山等，计100多处。

研究表明，湖北新石器时代考古学文化大体经历了城背溪文化、大溪文化、屈家岭文化、石家河文化4个发展阶段。在屈家岭文化之前，主要存在由城背溪文化—大溪文化构成的南方系统和由边畈文化—油子岭文化构成的北方系统，而从屈家岭文化开始，形成相对统一的文化区域格局。它除具有自身的特点外，还吸收了周邻考古学文化区的诸多因素，相互间有着广泛的交往和联系。以石家河大型聚落为核心的系列古城的营建，表明这里也是中国早期文明的重要摇篮。

城背溪文化是目前湖北发现的最早的新石器时代文化，它主要源于洞庭湖地区彭头山文化，集中分布于鄂西长江两岸，年代距今约7800～6900年。其陶器多使用泥片贴塑法制作，器表一般饰绳纹。流行圜底器，平底器和三足器较少。釜、罐、钵、支座为基本陶器组合，也有一定数量的碗、盘、壶、盆等。城背溪文化的居民开始定居生活，但聚落的规模较小。种植水稻、采集和渔猎是其经济生活的主要内容。在秭归东门头遗址发现的“太阳人”石刻，透露出原始宗教的信息。

大溪文化主要是在城背溪文化的基础上发展起来的，集中分布于长江三峡地区、清江和沮漳河流域，可分为以渔猎、采集经济为主的中堡岛类型和以稻作农业经济为主的关庙山类型，年代距今约6900～5100年。其陶器制作广泛使用泥条盘筑慢轮修整技术，形成以夹炭红衣红陶为特色的艺术风格。纹饰以戳印纹和红衣黑彩最具特色，典型陶器有釜、罐、碗、盘、豆、筒形瓶、支座、器座、器盖等。大溪文化的居民已经掌握切割、琢磨、管钻等一系列玉器制作技术，且广泛采用切割、磨制、琢制、钻孔等石器加工技术，可能已出现专门制作石器的工匠。房屋的居住条件和建筑水平明显提高，出现夯筑的高台式“红烧土”房屋，并形成一批面积较大的聚落。宗教祭祀活动比较普遍，在不同的遗址都发现专门用于祭祀的圆形、方形坑。开始出现反映社会内部矛盾与冲突的迹象。宜昌杨家湾、秭归柳林溪等遗址发现的百余种刻划符号，是研究文字起源的重要资料。

边畈文化目前仅见于汉水东部地区的钟祥边畈等少数遗址，年代距今约6900～5900年。其陶器多为夹炭红衣红陶，有少量黑陶，纹饰有细绳纹、弦纹、刻划纹、戳印纹、按窝纹等。鼎、釜、罐、钵、碗、盆、器座为基本陶器组合，其中鼎的数量最多。

油子岭文化因京山油子岭遗址的发掘而得名，它主要源于边畈文化，多分布在汉水东部地区，年代距今约5900～5100年。其陶器以黑陶为主，流行弦纹、镂孔装饰。典型陶器组合有鼎、彩陶碗、彩陶杯、圈足罐、高领罐、簋、子口豆、敛口碗、附杯形耳圈足盘、壶、曲腹杯等。在油子岭文化晚期，其文化势力扩展到湖北的大部分地区及洞庭湖地区。此时快轮制陶技术普遍推广，社会内部出现贫富分化。2005年，在天门龙嘴遗址发现了面积约8万平方米的城壕聚落。2007年，在荆门龙王山墓地发现了随葬品达260件的墓葬，这些都为探索本地区早期文明的起源提供了线索。

约在距今5100年前后，主要在油子岭文化基础之上发展起来的屈家岭文化，实现了长江中游地区史前文化的空前统一和繁荣，开启了该地区早期文明的新历程。其主要变化表现在以下几个方面。

其一，屈家岭文化的势力范围急剧扩展到整个长江中游地区，并表现出强烈地向中原地区扩张的态势。

其二，屈家岭文化的生产力水平有了质的飞跃，劳动分工细化。快轮制陶技术普遍推广，陶器制作比较程式化，典型陶器组合为双腹碗、双腹豆、双腹鼎、高领罐、彩陶壶、敞口薄胎杯、高圈足杯、深直腹甑等。制作精致、造型一致的磨制石斧、锛、凿等，显示劳动生产率有了进一步提高。荆州阴湘城遗址出土的制作复杂的漆钺木柄说明，劳动分工更加细致。稻作农业成为社会经济生活的重要基础。

其三，有意识地营建了天门石家河、天门笑城、应城陶家湖、孝感叶家庙、荆州阴湘城、石首走马岭、公安鸡鸣城等一批大型城壕建筑工程。它们的形态特征相似，布局有序合理，规模大小分明。其中位于传统中心区的石家河古城规模最大，面积达120万平方米。古城内既有丰富精美的礼仪性器物和大型建筑，也存在祭祀区、生活区等不同功能的区域划分，其地位明显高于其周围的中小型聚落，已初具城乡分野的雏形。应城门板湾遗址发现的一组占地面积近400平方米的土坯砌筑建筑，保留的墙体最高达2.2米，是我国史前房址中墙体保存最好的建筑，反映出当时建筑技术的高超。

其四，在天门邓家湾、荆门马家院、石首走马岭、京山屈家岭、郧县青龙泉等大小遗址，发现了祖先象征的筒形器，似乎说明当时有了共同的祖先崇拜。

应城门板湾新石器时代房址

其五，社会内部的贫富分化进一步加剧，出现一无所有的社会阶层。

上述种种迹象表明，在屈家岭文化时期，其文化的发展已由简单趋于复杂，相对平等的社会关系被打破，并产生凌驾于社会之上的强制性权力集团，其社会是一个人口众多、贫富等级分化明显、由强制性权力阶层控制的复杂社会，开始跨入中国早期文明社会的门槛。

石家河文化基本上沿袭了屈家岭文化的分布格局，年代距今约4500～4200年。其陶器多呈灰色，流行篮纹、方格纹。出现模制制陶技术，基本陶器组合有宽扁足盆形鼎、厚胎红陶杯、长颈鬶、高领罐、擂钵、卷（或折）沿豆、盆、碗、高足杯、深腹盆形甑等。本区域的早期文明化进程继续深入。主要表现为出现新的手工业门类——冶铜业，制陶业内部的分工更加细化，出现用于记事的数十种陶文，出现以红陶缸遗迹为特色的新的大规模宗教祭祀活动。另外，石家河古城的中心地位得到巩固，以石家河古城为代表的古城规模与布局关系（部分屈家岭文化时期的古城延续使用，新建黄陂张西湾、荆门城河、荆门马家垸、应城门板湾等古城）显示，古城等级网络系统更加完善，其控制和管理功能得到强化。社会不同阶层之间的对立与冲突加剧，出现直观反映掌握社会权力的“军事领袖形象”。

石家河文化之后，来自中原地区的考古学文化逐渐向长江中游地区渗透，形成了文化特征复杂多样的后石家河文化，年代距今约4200～4000年。其陶器以灰、黑陶为主，流行方格纹、弦断篮纹、绳纹，出现叶脉纹。典型器类有盉、侧装三角形足鼎、敞口浅盘豆、高领下腹内收罐、敛口深腹钵、敛口厚唇瓮等。此时流行的大量陶塑动物形象及随葬玉器（人、虎、蝉等形象）的成人瓮棺葬，代表了一种全新的社会内涵。后石家河文化从根本上改变了长江中游地区的传统文化谱系结构，中断了该地区早期文明的正常进程，同时，也预示长江中游地区开始进入中华文明融合的新阶段。

三　夏商周时期

以二里头文化为代表的夏王朝的建立是我国古代文明发展的里程碑。湖北相当于二里头文化早期的文化遗存，大多可能仍然是后石家河文化的延续，除存在二里头文化的影响因素外，多具自身的地方特点。但大约从二里头文化三期开始，典型的夏文化遗存迅速进入湖北，在丹江口熊家庄、襄樊王树岗、枣阳墓子坡、钟祥乱葬岗、黄陂盘龙城、荆州荆南寺等遗址发现的典型的夏文化遗存，初步勾勒出二里头文化经南阳盆地、过汉水到达长江沿岸的发展轨迹。

郧县辽瓦店子、黄陂盘龙城、江陵荆南寺等遗址所见典型的商文化遗存显示，以二里岗文化为代表的早期商文化对湖北地区的影响与控制进一步加强，其中黄陂盘龙城遗址最具代表性。

黄陂盘龙城是我国南方地区首次发现的重要商代遗址和城址，1963年以后进行过多次发掘。研究者认为，它可能是商人在南方建立的一个方国。该遗址面积约5平方公里，包括城址、宫殿基址、墓葬、生活区等。城址位于遗址东南部，平面大体呈方形，东西长约260、南北长约290米。夯土城垣保存较好，城壕内发现有木桩遗迹。宫殿基址位于城内东北部，目前已发现有3座

前后并列、坐北朝南的大型宫殿基址。已发掘的两座宫殿基址是我国最早发掘的商代早期宫殿基址，其建筑结构与布局可能与周代“前朝后寝”的宫廷建筑制度接近。贵族与贫民墓葬分布在城址周围。城址周围的生活区有小规模的建筑基址、制陶作坊、灰坑等。李家嘴2号贵族墓是商代早期规模最大、随葬器物最为丰富的墓葬之一。该遗址出土的典型早期商文化遗物丰富，青铜大圆鼎、铜钺、大玉戈等堪称珍品。

黄陂盘龙城出土商代大玉戈

黄陂盘龙城出土商代铜钺

商代晚期，典型的商文化遗存少见，商文化对湖北地区的控制明显削弱，但地方文化迅速发展。江陵梅槐桥、沙市周梁玉桥、松滋博宇山等遗址显示，江汉平原一带以釜、釜形鼎为代表的文化因素起主导作用。鄂西三峡地区则受三星堆文化的影响明显，而鄂东南地区以阳新大路铺遗址为代表的遗存多表现出与长江下游地区的联系。出土的铜器中，崇阳白霓所见铜鼓的形制特别。

崇阳出土商代铜鼓

湖北的周代遗存特别丰富。虽然西周早、中期的文化序列和区系类型目前尚未完整建构，但其文化面貌比较复杂。麻城金罗家城址、荆州阴湘城城址、蕲春毛家嘴大型木构建筑遗迹、与毛家嘴遗址存在内在联系的蕲春新屋塆青铜器窖藏、随州羊子山4号墓出土的27件西周早期鄂国青铜器等，都是其中的代表性遗存。西周晚期以后，具有地方特色的楚文化迅速崛起壮大，许多出有诸侯国铭文铜器的区域纷纷被楚文化取代，总体反映出周王室分封“汉阳诸姬”及楚文化崛起繁荣的历史图景。在列国文化的发现与研究中，曾文化与楚文化引人注目。

曾文化遗存主要分布在随州、襄樊、京山一带。1967年，在京山苏家垅发现了西周曾国九鼎八簋铜器墓。2002～2003年，在枣阳郭家庙发掘25座西周晚期至春秋早期曾国墓葬。1978年，在随州擂鼓墩发掘了战国早期曾侯乙墓。1981年，在随州雷鼓墩发掘战国中期曾国国君墓。这些墓葬建构了比较完整的曾文化发展序列。同时，随州安居城址的发现以及擂鼓墩墓群的全面勘探等工作，全面深化了对曾文化墓地布局、聚落结构的理解。其中曾侯乙墓的发掘影响深远。

曾侯乙墓的发掘是我国考古史上的一次重大发现。该墓为岩坑竖穴木椁结构，面积达220平方米。出土随葬品15000余件，其保存之完好、工艺之精美、器类之繁多、文字之丰富，为同时期墓葬所罕见。青铜礼器九鼎八簋，是商周时期出土文物中所使用的最高等级。由方鉴和方壶组成的冰鉴、装饰多层镂空附饰的尊盘都使用了失蜡法铸造技术，其器物造型设计复杂，铸造技术高超。其他如木雕盘鹿、彩绘鸳鸯盒等，造型生动，雕工精细，体现了战国时期漆器工艺的发展程

曾侯乙墓发掘现场

曾侯乙墓出土铜鉴

曾侯乙墓出土铜尊盘

度。此外，写有二十八宿名称的衣箱证明，中国是最早创立二十八宿体系的国家之一，是我国迄今发现的记有二十八宿全部名称，并有北斗、四象与之相配的一件最早的天文实物资料。墓里还出土用5块玉雕刻出的可以活动的十六节龙凤挂饰，堪称古代玉雕之一绝。排列有序的65件编钟及编磬、鼓、瑟、琴、笙、排箫、篪等大量乐器，可谓名副其实的中国古代“地下乐宫”。65件编钟是中国迄今所发现的数量最多、重量最重、保存最好的一套编钟，全面地改写了中国古代音乐史。整套编钟音色优美，音域很广，每件钟都能敲出两个乐音，至今仍能演奏各种曲调，展示出我国先秦音乐艺术的杰出成就。

楚文化的考古学研究是湖北最重要的考古工作。西周早中期的楚都丹阳迄今尚未发现，但当阳磨盘山、郧县辽瓦店子等遗址发现的西周早中期遗存显示出，鄂西北地区是探索早期楚文化的关键区域，也是寻找楚都丹阳的关键所在。而西周晚期以后特别是春秋战国时期大量发现的楚文化遗址、墓葬以及出土的特征鲜明的铜器、漆器、丝织等遗物，真实地再现了史称“春秋五霸”、“战国七雄”的楚国文化的辉煌。

城市文明是楚文化的重要体现，目前湖北发现的楚文化城址有十余处。江陵纪南城是楚国最强盛时期的都城——郢都所在，其兴建的年代约在春秋晚期或稍后，面积达16平方公里，是我国南方迄今为止所发现的规模最大、保存最好的古城址。城址平面略呈长方形，城垣由墙体、内外护坡构成，城垣外有护城河环绕。城门有7处，其中的水门建筑在东周列国都城考古中为首例。城内布局别具一格，勘探发现的84座夯土台基大多集中在城内东南部，可能是宫殿区，其中30号宫殿建筑基址有成排的柱洞、隔墙、散水、下水道等。该区东部和北部存在的夯土墙基及古河道，可能是宫城及其护城河遗迹。城内还发现制陶作坊区、冶铸作坊区及大量的水井遗迹，城外则存在纪山、八岭山、雨台山、九店等分布密集的大小墓地。

1979年发掘的当阳季家湖城址，面积约2平方公里，城内中部偏北发现多处夯土台基和房屋基址，还有制陶作坊、冶炼遗迹、粮食窖藏遗迹等，出土有“竟平王”甬钟和青铜建筑构件等重

曾侯乙墓出土铜编钟

要文物，或认为是早于纪南城的春秋时期的郢都。

在潜江龙湾遗址，发现面积达20万平方米的四组19座夯土台基。1999年发掘的放鹰台1号宫殿基址系三层台的台式建筑，其建筑和使用年代为春秋晚期至战国早中期。宫殿基址群规模大，建筑规格高，建筑风格奇特，推测可能是春秋晚期楚灵王所建的章华宫。2006年，在咸宁孙郭胡遗址新发现战国时期的城垣、壕沟和城楼等，其城楼遗迹在我省同时期城址中尚属首次发现。

墓葬是楚文化现实社会生活的缩影。在湖北发掘的楚墓数量多，保存好，出土文物精美，遍及省内各地。同时，有关楚墓分期、分区、分类、葬制葬俗、社会等级制度、社会关系的研究也取得长足进展。江陵雨台山、江陵九店、当阳赵家湖、襄阳蔡坡、襄阳王坡、襄阳山湾、襄阳彭岗、丹江口北泰山庙等墓地的大规模发掘，基本构建起西周晚期至战国时期楚墓的完整年代分期序列和区域特点。

根据各地楚墓文化特点的异同，湖北楚墓大致可分为 3 个区域。以江陵、当阳为中心的鄂西地区是楚文化的中心区，楚文化的特点显著。以襄樊、丹江口为中心的鄂北地区，是楚文化与中原文化交流的枢纽，其文化特点具有中原文化因素。2006年郧县乔家院墓地4座春秋中晚期的楚墓皆为土坑竖穴墓，普遍发现有殉人葬俗，丰富了春秋时期人殉制度的研究内容。以鄂州为中心的鄂东地区，大约在春秋中期以后才成为楚地，其文化特点具有吴越文化的部分因素。

潜江龙湾放鹰台楚国建筑基址

根据墓葬规模、葬具特点以及随葬品组合等方面的变化，反映战国时期楚文化的楚墓类型已经基本呈现。

2006年开始发掘的荆州熊家冢墓地，由

郧县乔家院春秋墓

郧县乔家院春秋墓出土铜缶

主墓、陪葬墓、车马坑、排葬墓、祭祀坑等部分组成。主墓位于墓地中部，墓口大致为正方形，边长约67米，东有长36米的斜坡墓道。陪葬墓位于主墓之北，车马坑分布在主墓和陪葬墓的西侧，由1座大车马坑和39座小车马坑组成。在主墓南边分布92座排墓，其大小、规模、方向、间距基本一致，已发掘的36座排葬墓均为长方形土坑竖穴墓。在陪葬墓的北边已发现35座排葬墓，其排列方式与主墓南边的排葬墓相似，只是规模略小，数量略少。祭祀坑主要分布于主墓的南边、西边和北边，有方形和圆形两种，目前已发现180多个。发掘的6座祭祀坑一般在底部埋有玉璧。排葬墓中出土的龙形玉佩、龙凤形玉佩、玉璧、玉璜、紫水晶珠等制作精致。熊家冢墓地是我国目前所发掘的东周时期规模最大、规划最严谨、布局最完整的楚国高等级贵族墓地，可能属于战国时期某位楚王的墓地。

1978年发掘了荆州天星观1号墓，墓主是战国中期邸阳君番乘。2002年发掘了天星观2号墓，墓主是邸阳君番乘的夫人。皆为多重棺椁的大型墓，随葬品有成套的青铜礼器及编

郧县乔家院春秋墓出土玉石器

荆州熊家冢战国墓地

钟、编磬、鼓等乐器，墓主身份相当于楚国封君等级。

2002～2003年发掘的枣阳九连墩1、2号墓和1、2号车马坑，属于战国中期偏晚的夫妻异穴合葬墓。皆为多重棺椁的大型楚墓，随葬品也有成套的青铜礼器及编钟、编磬、鼓等乐器，墓主身份相当于“大夫”等级。在1号墓封土南北两侧以及2号墓封土南侧，各发现一处墙体基址，为探讨楚国墓葬制度增添了新内容。

1986年发掘的荆门包山2号墓，属于战国时期多重棺椁的大型楚墓，随葬品主要有成套的青铜礼器，但未见编钟、编磬，只有瑟、鼓等乐器，墓主身份可能也相当于“大夫”等级。2006年发掘的襄樊陈坡10号墓，属于战国中晚期多重棺椁的中型楚墓，其随葬品较多，包括成组的青铜礼器，但只有少量瑟、鼓等乐器，墓主的身份相当于“下大夫”等级。

枣阳九连墩战国墓葬

枣阳九连墩战国车马坑

大量发现的楚墓则属于“士”和“庶民”阶层。前者为单棺单椁的小型墓，随葬品少，未见成组的青铜礼器，鼓、瑟等乐器也极少。后者为单棺或无棺的小型墓，随葬品少或无随葬品。

在湖北楚文化遗址和墓葬中，出土数以万计的铜、铁、玉、石、琉璃、陶瓷、竹、木、丝麻等不同质地的珍贵文物，尤以青铜器、丝织品、漆器为代表，集中反映了楚文化高度发达的生产力及所取得的技术成就。

楚文化的青铜冶铸工艺、铁器和钢铁冶铸技术都处于当时的领先地位，是楚国生产力发达、经济繁荣的最重要标志。数以千计的楚国青铜器涉及各个方面，有鼎、甗、簠、敦、壶、缶、鉴、盒、盉、盘、匜等礼器，以及乐器、兵器、工具、车马器、生活用器等，而且自春秋中期以后形成独特的风格。其铸造技术已掌握失蜡法、分铸焊接、套铸法及复合金属等先进工艺，装饰技术则广泛运用直接铸纹、镶嵌红铜与绿松石、错金银、鎏金、贴金、线刻、器表硫化处理等工艺。出土的骑骆驼铜灯、错金银凤纹铁带钩、越王勾践剑等，都是其中的典型代表作。

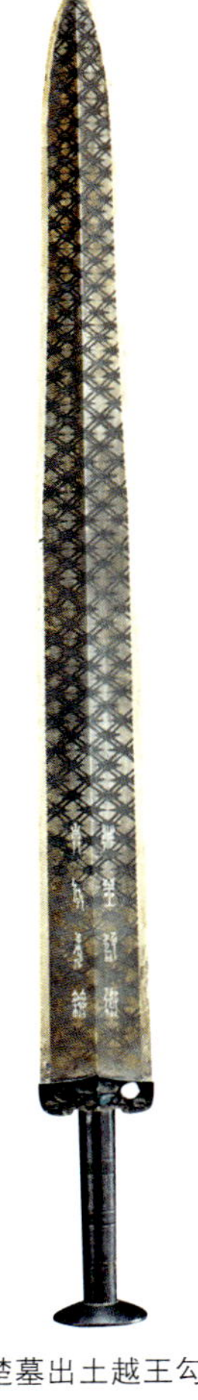

望山楚墓出土越王勾践剑

楚文化的漆器工艺相当发达，出土的精美漆器在东周列国中首屈一指。漆器的胎质有木胎、竹胎、夹纻胎、陶胎、皮胎、金属胎、丝麻胎等，基本具备与现代漆器相同的胎质品种。漆器的装饰技法除普通素面漆器外，彩绘、描金、贴金、镶嵌等技艺都已兴起。许多漆器的制作已

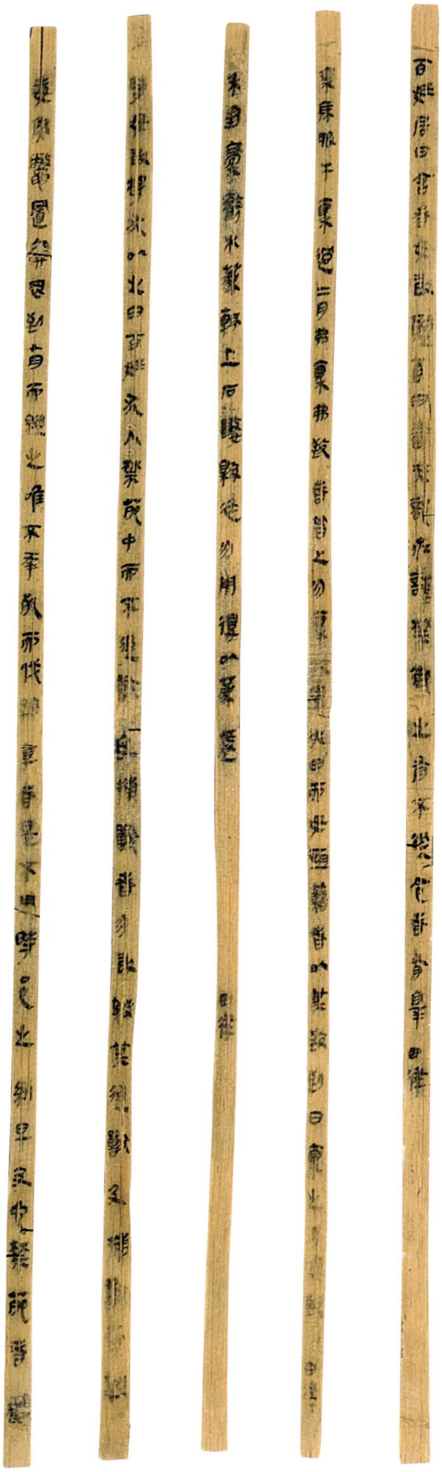

云梦睡虎地出土秦简

废弃炉渣显示，其平均铜含量只有百分之零点七，是欧洲19世纪末才达到的冶炼水平。这些成就无疑是商周时期特别是楚文化冶炼工业水平的历史见证，也是发达的楚国青铜文明的重要保障。近年发掘的大冶五里界城址、阳新大路铺遗址等，为楚文化矿冶工业的生产、储藏、管理等增加了新的内容。

四 秦汉时期

秦汉一统，中华文明进入一个崭新阶段。在各地文化面貌趋同的背景下，湖北地区秦汉时期的遗存仍有自己的特点。

湖北秦代遗存的发现主要见于墓葬。1975年在云梦睡虎地发现的7号墓和11号墓均有明确纪年，为湖北地区秦墓的年代分期树立了标尺。据研究，湖北所见秦墓主要发现于十堰、襄樊、荆州、孝感、宜昌等地区，多为小型长方形竖穴土坑木椁墓，内填五花土与青膏泥。有的墓坑设壁龛或二层台，有的墓在椁盖板上置牛头骨或马头骨，还有的墓坑发现灰烬或牛腿骨等墓祭遗迹现象。其文化特征既受关中地区秦文化的深刻影响，又具有楚文化的传统因素。湖北秦墓的出土遗物除日常实用的陶器和铜器等外，以简牍和漆器最有特点。

睡虎地11号墓出土的1155枚竹简是我国首次发现的秦代竹简，其内容包括《编年记》、《秦律十八种》、《效律》、《秦律杂抄》、《法律答问》、《为吏之道》、《日书》等10种。睡虎地4号墓发现的2件内容为家信的木牍，为我国首次发现。云梦龙岗6号墓出土的150余枚秦简，内容主要为律文，涉及禁苑、驰道、田地及马、牛、羊的管理等。沙市周家台30号墓出土的387枚竹简和1件木牍，主要内容有《历谱》、《日书》、《病方及其他》等。江陵王家台15号墓出土的竹简，内容主要有《日书》、《易占》、《效律》等。这些内容丰富的简牍文献是研究秦代的政治、经济、军事和文化等的宝贵史料。

据统计，湖北出土秦代漆器达20多种500余件，居全国首位。这些漆器保存较好，制作工艺在继承战国时期的技术基础上有了进一步发展，其器皿造型与花纹图案优美，有不少珍品。其中，一些漆器上还有烙印、针刻和墨书文字，反映出秦代漆器的制作工序、作坊地点、工匠和“物勒工名”等情况。

湖北的汉代遗存丰富，但考古工作主要集中在墓葬方面。西汉墓葬遍布全省各地。江陵凤凰山9号墓、10号墓、168号墓，江陵张家山247

号墓、258号墓，江陵毛家园1号墓等，均有明确的纪年，是西汉墓葬年代分期研究的重要标尺。发掘的墓葬均为中小型墓，早期多沿袭楚秦时期的竖穴土坑木椁墓的葬制，约在汉武帝时期，开始兴起夫妻合葬和多人合葬的家族墓地，晚期出现小型砖室墓。1973年，在老河口五座坟墓地3号墓椁室内，发现了模仿贵族住宅而制作的双层多室建筑，结构比较复杂。

云梦睡虎地出土秦代漆扁壶

西汉墓葬的随葬品以日常用具为主，但反映庄园经济的明器逐渐增加。所见遗物中，江陵张家山出土的青铜虎子是目前我国发现年代最早的一件。此外，江陵凤凰山出土的麻絮和缝衣钢针都是我国首次发现。江陵凤凰山168号墓出土的一具外观保存基本完整的老年男尸，是研究我国古代防腐技术方面的重要资料。2007年，在荆州谢家桥1号墓出土保存较好的四层丝织棺罩，丰富了我国丧葬礼制的内涵。同时发现的大量的简牍和漆器，仍然是湖北西汉墓的特色。

已发现的西汉简牍中，江陵张家山247、249、258、327、336号汉墓的年代在西汉早期，所出简牍多达2366支，内容丰富，涉及西汉早期的律令、司法诉讼、医学、导引、数学、军事理论等，主要有汉律、《日书》、《历谱》、遣策以及《秦谳书》、《盖庐》、《脉书》、《引书》、《算数书》等5部佚书。其中，《算数书》比我国现存的《九章算术》早300多年。247号和258号墓出土的《历谱》，是我国迄今考古发现最早的历谱。江陵凤凰山墓地出土的简牍，内容主要有当稿、赋税、贷种实、徭役、经商、遣策等。其中，168号墓出土的1件告地下官吏书的竹牍系首次发现。荆州印台墓地出土简2300余枚、牍60余方，内容有文书、《卒簿》、《历谱》、《日书》、编年记、律令等。2000年，在随州孔家坡8号墓出土一批竹简及木牍，其竹简内容分别为《日书》和《历谱》。

2006年，在云梦睡虎地77号墓出土简牍2100多枚，内容包括历谱、算术、法律类、典籍、日书类等。云梦大坟头1号墓出土的一件木牍，正、背两面均有墨书文字，共221字，内容为遣策。这些简牍的内容涉及西汉社会的方方面面，弥补了文献的阙如，尤其是有关西汉律法和司法实践的丰富史料，填补了我国法律史的一大空白。

出土的精美西汉漆器数以千计，品种达30余种。新采用的镟制工艺与锥画装饰技法等，比秦代有较大进步。所见漆器的造型美观实用，花纹色彩艳丽，图案优美。在许多漆器上还有烙印、针刻、漆书的文字和符号，反映了当时漆器的产地、制作工序、“物勒工名”和物主姓名等情况。云梦大坟头1号墓出土的圆盘、圆盒、双层圆奁，江陵凤凰山墓地出土的七豹大扁壶、三鱼耳杯、鹤草匣等都是其中的珍品。老河口五座坟墓地出土的2件龙凤纹漆卮，是我国迄今所见的最早戗金漆器。

东汉时期的小型砖室墓更加流行，墓葬型制多样，随葬品一般为日常生活用器和明器。1973年在房县乱葬岗与二龙岗发掘的4座纪年墓及1986年在宜都刘家屋墓地发掘的14号纪年墓等，为湖北地区东汉墓的年代分期树立了标尺。1972年发掘的当阳刘家冢子画像石墓、1986年发掘的当阳市半月镇画像砖墓以及枣阳、南漳、襄樊等地发现的画像石、画像砖墓，丰富了东汉时期墓葬的内容，其画像风格与河南南阳地区相似。其中当阳刘家冢子画像石墓出土的莲瓣纹钵、罐、碗等青瓷器，是湖北首次发现的东汉青瓷器，为研究南方青瓷器提供了新资料。

相对于汉墓的大量发现而言，汉代的聚落遗址所做工作较少。1986年以来对云梦楚王城城址的多次发掘表明，城址的建筑与使用年代为战国时期至汉代。约在东汉时期，城址被废弃。它为城外分布的睡虎地等十余处墓地提供了存在背景。近年对秭归土地湾与郧县龙门堂大型建筑基址的大规模发掘，加深了对汉代遗存的认识。

五　三国至明代

三国两晋南北朝时期，湖北一带政权更替不断，考古发现的遗存除鄂州武昌城等少量城址外，多为墓葬。

鄂州武昌城是三国东吴首建都城所在，也是两晋南北朝武昌的郡治所在。1981年的试掘与勘探表明，该城平面略呈长方形，其东、西、南三面均存夯土城垣，北城垣则可能被长江水冲刷殆尽。发现城门5座，城垣四角发现角楼的夯土台基，南垣外侧发现“马面”夯土台基，城西、南墙外侧有城壕遗迹，城内发现金属冶炼、制陶作坊、水井及建筑等六朝遗迹和遗物。城外西山南麓的墓葬分布密集。鄂州武昌城是我国南方现存六朝古城中最早的一座，其平面布局以及用于军事设防的角楼和“马面”等，都是中国古代都城中较早的实例。

三国东吴的墓葬多见于武昌、鄂州两地。1955年发掘的武昌任家湾黄武六年（227年）墓 、1956年发掘的武昌莲溪寺永安四年（261年）墓、1967年发掘的鄂州西山东吴孙将军墓等纪年和铭文墓，具有典型的断代意义，是相关年代学、墓地结构研究的基础。其中1991年发掘的鄂州西山鄂钢饮料厂1号墓的规模大，墓主身份高。莲溪寺出土的鎏金铜佛像和1992年鄂州塘角头墓地出土的釉陶坐佛像，是我国迄今发现最早的佛像文物之一。孙将军墓所出刻铭“孙将军门楼也”青瓷院落模型，是目前仅见的一件带文字的东吴院落模型。鄂州西山铁矿105号墓出土的贴金银唾盂、漆屐、分段式重列神兽铭文铜镜等，均比较少见。1986年黄陂滠口东吴墓出土的青瓷院落模型、带有佛教“白毫相”的人俑和穿山甲形镇墓兽，为本地区极具特色的随葬器。

两晋墓葬中，1988年发掘的老河口李楼西晋墓保存完好，形制清楚，遗物丰富，纪年明确，体现了以南方文化为主、兼有中原文化特点的丧葬风格，是鄂西北地区不可多得的西晋时期大中型墓葬。另外，1987年发掘的新洲旧街西晋墓 、1985年发掘的宜都陆城3号西晋墓、1991年发掘的赤壁金氏西晋墓、1988年发掘的枝江曳车庙1号东晋墓等，都具有可靠的断代意义。

南朝墓葬中发现有明确纪年的材料较多，如1972年发掘的武昌吴家湾南朝墓、1998年发掘的孝昌古坟岗6号墓、1983年发掘的大冶瓦塘村南朝墓、1983年发掘的应城杨岭3号墓、1991年发掘的房县郭家庄南朝墓、1986年发掘的武昌三官殿南朝墓等，为湖北地区南朝墓葬的断代研究提供了标尺。其中武昌周家大湾193号纪年墓出土的刘觊地券，是道教史研究的宝贵资料。1983年发

掘的江陵黄山南朝画像砖墓和1984年发掘的襄樊贾家冲南朝画像砖墓，是研究该时期的服饰、绘画、雕刻、建筑和宗教等方面的重要资料。

隋唐时期的考古发现主要为墓葬。墓葬分布于全省各地，其形制比较统一，大致有砖石和土坑结构两大类。平面形状以长方形为主，一部分为“凸”字形，主要延续了本地区六朝以来的墓葬传统。另在三峡地区新见洞室墓。1988年发掘的武昌马房山隋墓规模较大，结构复杂，随葬品丰富，各类画像砖造型生动，有浓郁的时代特色。郧县李泰家族墓地是除唐代帝陵之外的一处重要的李唐王族墓地。已发掘的李泰墓、李泰长子李欣墓、李泰妃阎婉墓和李泰次子李徽墓，均为带斜坡墓道的彩绘壁画砖室墓，其墓葬形制具有陕西唐代贵族大墓的特点，出土的精美三彩器和工艺上乘的金银器，是唐代长安的产品，而石质墓志补充了正史的不足。2006年勘探发现的东、南围墙，则进一步加深了对李泰家族墓地布局的理解。1980年发掘的安陆太子山唐吴王妃杨氏大型砖室墓，反映出初唐时期皇族成员的墓葬等级。

郧县李泰家族墓出土唐代陶俑

五代时期的遗存发现少。1992年，在武昌阅马场发掘两座五代墓葬，其墓主身份与下葬时间明确。出土的折叠式木漆枕、葵口漆碗等随葬品保存完好，是一批珍贵的五代文物。江陵凤凰台高季雍夫妇合葬墓是湖北已知的唯一五代王室成员墓。

钟祥明代梁庄王墓出土金“大黑天”神像

宋元时期的考古成果丰富。1993年发掘的蕲春罗州城，印证了其毁于宋元战火的文献记载。2001～2003年，在巴东旧县坪遗址揭示出官府区、仓群区、居民区、商业区、墓葬区等遗存，比较全面地反映了两宋巴东县治的整体面貌。秭归东门头遗址发现的宋元时期城址，提供了归州县治变迁及特点的重要材料。发现的陶瓷手工业遗存较多，鄂州梁子岛窑址、江夏浮山窑址、江夏斧头湖窑址、湖泗窑址等百余座窑址集中体现出宋元时期湖北陶瓷手工业的繁荣。1989年发掘的武昌青山瓷窑，产品以青白瓷为主，其制瓷风格具有本地特色，又深受景德镇等名窑的影响，填补了湖北陶瓷考古的空白。另外，1997年发现的随州均川宋代钱币窖藏中，有五代后周所铸“周元通宝”等珍贵钱种。1955年，在大冶西塞山发现一座钱币窖藏，出土铜钱22万公斤，包括西汉至南宋淳佑十二年之间1400余年的各个朝代的铜钱。同时出土的一坛银锭中，银锭上多铸有文字，这对于研究宋代铸银手工业及度量衡制度有较重要的意义。

钟祥明代梁庄王墓出土金镶宝石帽顶

宋代的墓葬在湖北各地均有发现，其形制多样，几乎包括了宋代所有的墓葬类型，有砖室墓、砖室石顶墓、石室墓、土坑或洞室墓。墓葬

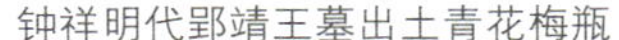

钟祥明代郢靖王墓出土青花梅瓶

明清遇真宫西宫遗址

均为中小型墓，墓主身份大多为平民，少数为低级官吏或乡绅，个别为皇族。其中，三峡地区发现的洞室墓颇有特点，可能与我国西北地区人群的迁徙有联系。而在随州唐镇、襄樊檀溪花园唐家巷等地发现的宋代壁画墓弥足珍贵，是研究宋代绘画与建筑艺术的重要资料。

元代的墓葬难以判断。2006年，在罗田蔡家湾墓地发现一座有明确纪年的元代砖室墓，为准确判断湖北元代墓葬的特征提供了重要标尺。在宜城刘猴镇征集的元"至正五年"纪年堆塑罐也颇具断代价值。

明代的遗存比较有特点。墓葬中除发现大量一般小型墓外，还先后发掘了武昌楚昭王墓，江陵辽简王墓、湘献王墓，钟祥梁庄王墓和郢靖王墓等藩王墓，出土大量精美的文物，对研究明代藩王墓的埋葬制度、习俗及明代的历史具有重要意义。其中，2001年发掘的钟祥梁庄王墓出土《梁庄王墓》、《大明梁庄王妃圹志文》两块石质墓志，还有各类随葬品1400余件（套），其中金、银、玉器及首饰、佩饰、冠饰、腰带和佛教文物数量大，质量佳，为明代亲王墓出土文物之首。钟祥显陵系明世宗朱厚熜的生父朱祐杬与其生母蒋氏的合葬墓，其陵园布局完整，是我国南方少有的几处明陵之一。

此外，2005～2006年发掘的武当山明清时期遇真宫西宫遗址，是世界文化遗产——武当山古建筑群的重要组成部分，揭示的遇真宫西宫建筑规模庞大，布局清楚，填补了文献记载的不足。2005年，在大冶李德贵遗址揭露出一批炉体小、结构简单、分布密集的冶铁炉群，丰富了我国明代手工业发展和冶金史的内涵。

湖北考古60年所取得成果只是悠久灿烂的荆楚文明的部分缩影，尚有许多历史空白和问题需要继续探索研究。随着考古学理论方法的不断拓展，在现代科学技术手段广泛应用于考古研究领域、多学科交叉研究逐渐深化的背景下，湖北考古的明天将更加辉煌。

（执笔：孟华平）

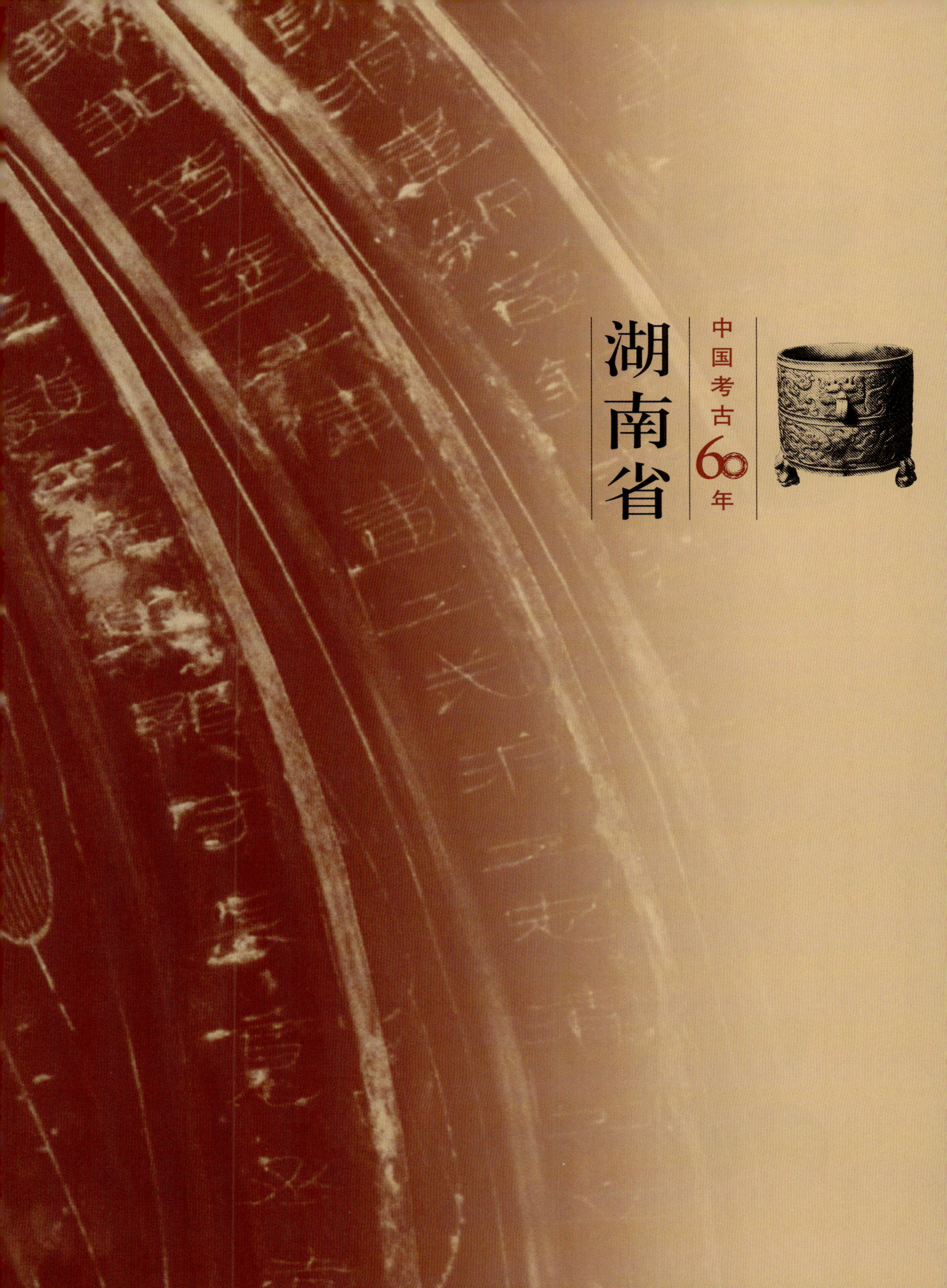
湖南省
中国考古60年

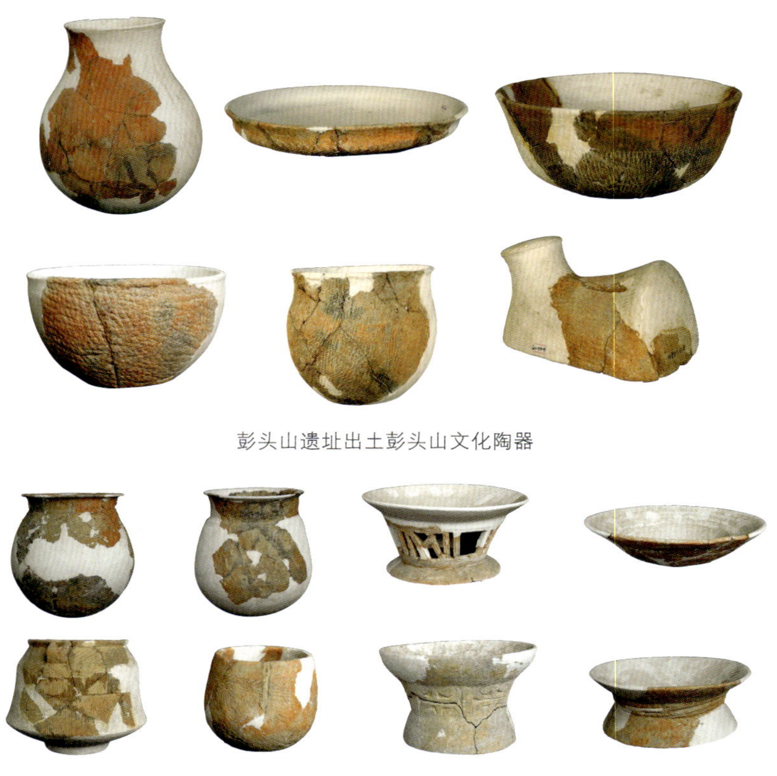

彭头山遗址出土彭头山文化陶器

皂市下层文化陶器

钵、釜、支座、碗、碟、盆、圜底盘、三足罐等。还出土大量石器，以细小打制石器占绝大多数。

彭头山文化的年代大约距今10000～7800年。在八十垱遗址发现了大量的水稻和相关动植物遗存，表明其经济形态以稻作农业为主。聚落多选择在临河的岗地和近水的小丘，聚落内部也有了一定的功能区划。八十垱遗址发现了土垣和围壕，并与当时的自然河道相连。建筑形式包括地面式、半地穴式、干栏式和高台式等，房基多用红烧土铺垫。房屋多为单间，平面多圆形和方形，这种稳定的定居聚落和稻作农业为社会发展创造了条件。

2．皂市下层文化　包括金鸡岗、坟山堡、黄家园、涂家台等遗址，陶器以夹炭陶占绝对主导地位。早期陶胎呈黑色，较晚的陶胎较细腻纯净，多呈灰褐色或深灰色。陶器的器表均有一层极细薄的红衣。制作方法仍为泥片贴筑，纹饰有刻划纹、绳纹、镂刻纹、戳印纹、压印纹、堆纹及组合纹饰等，在一件器物上往往有多种纹饰的组合。以镂空圈足盘、腰鼓腹双耳罐、筒形釜、钵、器盖为主要陶器组合。皂市下层文化的年代范围为距今7800～7000年，分布范围已经覆盖了整个洞庭湖地区。其聚落结构大体继承了彭头山文化以来的特点，多临水而居，并以稻作农业为主。已经出现长方形分间房屋，有了专门的墓地。

3．汤家岗文化　主要见于城头山、丁家岗、划城岗、刘卜台、新湖、汤家岗等遗址。陶器均为手制，有的在器表进行过打磨处理，少数还涂黑褐色陶衣。以夹砂褐陶为主，次为夹砂红陶、夹炭褐陶、细砂白陶。纹饰复杂繁缛，以印纹和戳印篦点纹最多，多数是复合性装饰。在纹饰结构上讲究对称和分区，每个分区内戳印细密的篦点纹、指甲纹等，再由这些纹饰构成复杂的类似浮雕性质的几何形图案。器类以釜、圈足盘为大宗，次为碗、钵，有少量的支座、器盖、双耳罐。其中白陶盘是汤家岗文化极富特征性的器物，通体装饰极为复杂、繁缛的纹饰，纹饰主体采用印纹，辅以各种细微的指甲、篦点和刻划纹，形成浅浮雕效果，主体纹饰的构图讲究对称，一般将圆周分割三、四、六或八等份，有的器底装饰八角星纹和星芒纹。有论者认为，此与原始宗教崇拜有关。

汤家岗文化白陶盘

汤家岗文化的年代为距今7000～6300年，这个时期，社会生产力获得稳定发展。在城头山遗址发现了这个时期的水稻田，稻田呈西北—东

南走向的长条形，西侧高出稻田的地面上，还开挖了用于灌溉的沟渠和蓄水坑。稻田平整，土为青灰色，较黏，局部解剖还能看到水稻根须。稻田作为农耕区，通过一条壕沟与居住区分隔开来。在汤家岗遗址，也发现了这个时期的壕沟和墙垣，并发现一处完整墓地。墓地分为南北两个墓区，墓区的内部有明显的空间区划。墓葬从空间分布到随葬的器物和数量，都出现了明显的社会分层，暗示社会的等级出现分化，私有制已经萌芽。

4．大溪文化　年代范围为距今6300～5500年，分为四期。大溪文化一期以夹砂陶为主，泥质陶以酱黑陶最多，其次为红陶和黑陶。红陶多施深红色陶衣，有的还在红衣上彩绘。纹饰有绳纹、瓦棱纹、篦点纹、刻划纹、戳印纹、压印纹、锯齿纹、附加堆纹、镂孔等，器类有釜、曲沿罐、折腹钵，也有圈足盘、器座和支座等。二期新出现大量的盘、豆、杯，有彩陶杯和单耳杯。三期的陶质有了显著变化，泥质陶占了主导地位。从器物群的基本特征来看，大溪二期曾经流行的薄胎彩陶、单耳杯、折腹圈足碗、折腹钵等消失。四期与三期相比，发生了重大变化。在制作上，为快轮制陶，并出现了磨光、灌浆和打磨等新型工艺。日用陶器有釜、鼎、甑、锅、碗、钵等，墓葬随葬器物基本组合为鼎、壶、曲腹杯、豆、瓶等。有人将这个时期文化命名为“划城岗文化”，也有人将其归入“油子岭文化”。

大溪文化时期是聚落获得迅速发展壮大的时期，城头山在大溪文化一期（距今6300年）建造了城墙和城壕，在城东还发现了大型祭坛和众多的祭祀坑。在大溪文化二期阶段，城墙和城壕继续外扩，规模不断加大。城内各个区域也有了明显的功能区划，居住区、作坊区、

城头山遗址汤家岗文化水稻田

城头山遗址大溪文化M678及随葬器物

墓地等有严格的空间区隔，墓葬等级明显。反映当时社会已经存在一定的公共管理行为，并出现了社会分层。

城头山大溪文化的城壕内还出土了丰富的动植物遗存，还发现了家猪。稻作农业是主要经济形态，城头山大溪文化各个时期的堆积中均有大量水稻遗存发现。这种水稻的成分较杂，尚未分化出现代水稻的种群，仍然处于种群的繁衍和分化阶段。

5．屈家岭文化　可以分为三期，第一期以泥质灰陶为主，有少量泥质红陶、夹砂灰陶，主要有釜、罐、缸、豆、碗等器物。纹饰简单，主要为弦纹。主要器物组合为鼎、豆、簋、曲腹杯、壶、瓶等。第二期细泥黑陶减少，泥质黑陶和灰陶数量有所增加，纹饰的变化也少。日常生活陶器出现双腹器。墓葬陶器变化较为明显，曲腹杯、瓶、簋的数量减少，豆出现宽凹沿并向双腹转变。第三期以泥质灰陶和黑陶占绝对主导地位。纹饰方面出现大量镂孔。日用陶器出现大量的陶缸，类似于尊形器，其次还有高领罐、盆、钵等器物。墓葬中器物小型化，以泥质黑陶和灰陶为主，主要组合为鼎、豆、壶、杯等。其中以双腹豆最为典型，并出现大量以缸为葬具的瓮棺葬。

城头山遗址屈家岭文化墓葬

城头山遗址屈家岭文化建筑

屈家岭文化的年代为距今5500～4500年，是聚落社会获得迅速发展的时期。城头山古城在这个时期经过了两次筑造，最后一次筑城的年代为屈家岭文化二期前段，城墙远较大溪文化时期的城墙高大，墙体之外是宽达40～50米的护城河。晚期阶段，澧阳平原又筑起了鸡叫城。

屈家岭文化时期出现了大型的建筑遗迹，城头山一批规格较高的房子均筑有黄土台基，多数房子有多间套房，并形成明显的院落结构。鸡叫城还发现了大量的木构遗迹，这种遗迹多用于近水或水上建构，用木板和木柱相组合，规模庞大。墓地则有严格的规划，显示当时的社会已经有了公共秩序，已经出现公共礼仪。此时的经济形态已经是非常成熟的稻作农业，鸡叫城壕沟里出土的大量谷壳碎屑表明，对于粮食的加工、储存等已经有了较为完备的系统。

6．石家河文化　年代范围约距今4500～3900年，分为早晚两期。早期陶器以泥质陶为主，次为夹砂陶，以及少量粗泥陶。陶色不纯，常见黑褐、红褐。器表一般为素面，纹饰以篮纹居多，次为附加堆纹，有少量方格纹、凹弦纹、网状划纹、刻槽等。主要器类有鼎、釜、豆、高领罐、圈足碗、钵、鬶、杯、缸、甑、器盖、壶等。晚期陶器有些变化，以罐类最多，次为盆、钵、盘、壶等。

石家河文化的空前繁荣可以通过鸡叫城聚落群得到反映。鸡叫城的城墙和护城河在石家河文化一期出现了第二次大规模筑城。其周围又新出现了众多的聚落，形成比屈家岭文化时期更为密集的聚落集群。在鸡叫城的外围，还有着多重环壕和沟渠系统。这些沟渠和护城河、环壕互相贯通，形成一个活动的水系，在灌溉、防洪、排水、运输、防御等方面发挥综合效用。

石家河文化晚期阶段，湖南地区的新石器文化进入了一个急剧衰退的过程。洞庭湖地区此时已经融入以汉东地区为中心的长江中游文化大系统，因此，湖南地区石家河文化在很大程度上受到了汉东地区江汉平原文化进程的影响。湖南地区相当于中原二里头文化时期的文化面貌也很不清楚。也许，这个地区文化的衰退持续了更长时间。

（二） 沅水中上游地区新石器时代文化

沅水中上游地区主要为河谷地带和山间盆地，这里的新石器文化序列为高庙文化—松溪口文化—高庙上层文化—屈家岭文化—石家河文化。

1．高庙文化　以洪江高庙为代表，此外还有辰溪征溪口下层和松溪口下层、辰溪台坎大地等遗址。陶器绝大部分是褐红色与灰褐色的夹砂陶，有少量的细砂白陶，器形以圜底、圈足器为主，尤以圜底釜、罐和圈足盘最具特色。器表多施复杂繁缛的纹饰，图案有凤鸟、兽面，此外还有垂帘纹、带状纹、波浪纹、八角星纹。有的还在器物的圈足底部施加彩绘。高庙文化是一种采集渔猎经济的形态，发现了大量的动物遗存，遗址的堆积性质也属贝丘类型。高庙文化具有发达的宗教意识，已发掘出这个时期的大型祭祀遗存。

2．松溪口文化　以松溪口遗址上层、征溪口遗址中期遗存、高庙上层早段为代表。器物仍然维持圜底器和圈足器的主导地位，主要器物有内叠层宽凹沿釜、折腹盆形钵、直口扁鼓腹亚腰罐、斜卷沿广肩球腹罐、曲折腹圈足盘等。盘的形式多样，器表仍有复杂繁缛的纹饰，剔刺纹和篦点纹的组合成为一大特色，在大多数盘的器表组成了浮雕的有翼兽面图案，多数盘的沿外也有浅浮雕的装饰。

3．高庙上层文化　以高庙上层晚段为代表。陶器仍以圜底器和圈足器为主，另有少量的三足器和平底器。主要器形有釜、罐、钵、盆、盘、豆、碗和支座。窄沿和盆形的釜、大口和彩陶的罐、圜底钵、碗成为具特征性的器物。纹饰则有戳印纹、刻划纹、镂孔、按窝以及拍印的哈斑纹。大部分泥质陶罐上施有彩绘。高庙上层文化也出土一批墓葬。早期墓葬出土的彩陶罐与豆基本是日常生活器皿，晚期

高庙遗址出土陶器

则出现明显的非日常生活用器的组合如簋、曲腹杯、罐和壶等。

4．屈家岭文化　主要遗存是怀化高坎垅遗址。其文化特征与洞庭湖澧水中下游地区的大溪文化四期、屈家岭文化相似，但却缺少澧水下游该时期较有特征的鼎。墓葬中陶器组合为簋、曲腹杯、豆、碗、壶、罐、釜等。

5．石家河文化　以沅陵老爷台遗址为代表，还有麻阳步云桥遗址下层、上洲遗址下层和泸溪浦市遗址中层。器物有绳纹、方格纹的罐、盆形鼎、红陶鬶、豆、高柄杯等，具有澧水中下游地区石家河文化的特点。

（三）湘江中下游地区新石器时代文化

湘江中下游包括衡阳、湘潭、株洲、长沙、岳阳诸地区，沿岸地势平坦，发育了相当宽广的河流阶地。这里的新石器时代文化序列为黄家园类型—大塘文化—堆子岭文化—岱子坪一期文化—磨山晚期·舵上坪类型。

1．黄家园类型　主要以汨罗黄家园遗存为代表，可以分为两段。早段以夹砂夹炭红褐陶为大宗，有少量的泥质夹炭红褐陶，装饰手法多粗绳纹，有的器表施红衣。器物为圜底罐（釜）、双耳罐、圜底钵。晚段出现夹砂红陶，出现戳印纹和圈足器，釜、罐卷沿明显，双耳移至颈部。

2．大塘文化　主要以汨罗附山园早期、长沙大塘、茶陵独岭坳早期遗存为代表。大体可以分为二期。前期陶器多为夹砂红陶，另有一定的夹炭红陶。器物流行圜底器和圈足器，主要器类有釜、双耳罐、碗、圈足盘、钵、带捉手的器盖等。后期出现泥质红陶，双耳罐的折沿明显。

3．堆子岭文化　主要以独岭坳晚期、磨山早期、堆子岭、附山园中期遗存为代表。陶器以夹砂红褐陶为主，次为泥质红陶，有少量细砂白陶。器物以鼎为主，另有釜、双耳罐、高领罐、高圈足盘、双腹器、豆、缸等。纹饰流行戳印纹，此外还有篦点雨线纹、绳纹等。

4．岱子坪一期文化　以醴陵黄土坝、湘乡岱子坪一期、长沙腰塘、月亮山遗存为代表。以夹砂红褐陶为主体，同时还有泥质红陶和泥质磨光黑陶。主要器类有浅盆形宽凹足鼎、釜形和罐形鼎、高柄带箍豆、高领罐、壶、簋、甑等。纹饰仍有绳纹、戳印纹、按窝和刻划纹。

5．磨山晚期·舵上坪类型　主要以岱子坪二期和三期、舵上坪、磨山晚期、附山园晚期遗存为代表，可以分为二期。早期以泥质陶为主，次为夹砂陶，陶色以黑陶、红陶为主，次为灰陶。主要器类有釜、罐形鼎、盆形鼎、高领罐、喇叭形圈足豆、长颈壶、盂形器、鬶等。晚期出现少量硬陶，仍以夹砂红陶为主，纹饰流行方格纹和篮纹，还出现几何形印纹。

三大区域的交流与互动，大约从皂市下层文化就已经开始。皂市下层文化、高庙文化、大塘文化之间的交流频繁。在交流过程中，洞庭湖区的主导和优势作用很明显。不过，稍后的汤家岗文化吸收了高庙文化的因素，迅速发展起来的汤家岗文化一支独秀，其发达程度远远超过同时期的松溪口文化，说明洞庭湖区的主导地位仍然没有动摇。湘江中下游堆子岭文化中出现的多种文化因素暗示，外部力量已经悄然向这三大区域的外围渗透。大溪文化三期、高庙上层文化晚段、堆子岭文化晚期大约处在距今5600～5400年的时间范围内，整个长江中游的文化进程发生了重大变化，湖南三大区域的传统互动系统也因之变化。大溪文化第四期至屈家岭文化早期，沅水中上游与洞庭湖区

文化发展趋同，同时，湘江中下游似乎还保持着自身的一些特色。洞庭湖区的文化虽然对这里有重要影响，但其极富特色的黑陶系统并没有成为这个区域的主导因素。大致在屈家岭文化二期以后，以洞庭湖区为主导地位的屈家岭—石家河文化系统持续向外辐射，直至新石器文化解体。

三

湖南的商周考古工作开展得很不一致，目前湘江下游已初步建立起商周时期的考古学文化序列，澧水流域的工作也有了一定的进展，沅水、资水和湘江中上游地区尚处于起步阶段。

（一）湘江流域

湘江下游地区的商周考古学文化序列是铜鼓山遗存—费家河文化—炭河里文化，其时代相当于商代二里岗下层至西周时期。

1. 铜鼓山遗存与费家河文化

岳阳铜鼓山遗址相当于中原二里岗下层至殷墟二期。其商代遗存与湖北黄陂盘龙城遗址非常接近，可能是商文化盘龙城类型在长江南岸的一处据点。从铜鼓山遗址最近出土的两件铜器以及华容、津市等地发现的铜器来看，至少在殷墟二期时，商人依然在长江沿线一带活动。

费家河文化除了岳阳县费家河遗址外，还有岳阳的对门山、老鸦洲、温家山、樟树潭、易家山以及汨罗的玉笥山等遗址。其文化因素比较复杂，主体是土著的传统文化因素和来自鄂东南、赣西北的文化因素（如鼎、各种类型的釜、甗形器等），还有一些继承早商文化、但已明显有所变异的文化因素（如鬲、簋、豆、尊、大口缸等），以及来自澧水流域和其他地区的文化因素。费家河文化可分为四期，其时代与殷墟文化一至四期基本对应。

高砂脊遗址AM5出土铜鼎

2. 湖南出土的商周青铜器与炭河里文化

到目前为止，湖南出土殷商西周青铜器的总数已超过400件，出土地点达到23个县市，其中以湘江支流沩水中上游的宁乡境内最为集中。其中许多都是珍品，如人面方鼎、四羊方尊、象尊、豕尊、牛尊、戈卣、虎食人卣、鸮卣、兽面纹瓿以及众多的大铜铙等。由于这些青铜器基本上都是非科学发掘出土，因此，学术界对其归属、来源、用途等一直存在争议。近年来，宁乡炭河里、望城高砂脊等遗址的发掘，为这个问题的解决提供了重要线索。

炭河里遗址和高砂脊遗址皆位于沩水流域。炭河里遗址位于沩水上游的黄材盆地，这里是湖南出土殷商西周青铜器最集中的地方。高砂脊遗址位于沩水和湘江的交汇处。这两个遗址的时代相同，文化面貌基本一致，属于同一考古学文化的两个不同等级的聚落遗址，可命名为“炭河里文化”。

炭河里遗址M4出土西周铜卣盖

炭河里遗址F2

炭河里遗址先后进行了3次较大规模的发掘。发现了西周时期的城址，揭露出了两座大型的宫殿建筑基址，并在城外发掘了7座中下层贵族的墓葬，出土了一批铜器、玉器和陶器。炭河里西周城址处于宁乡青铜器分布的中心区，它与宁乡青铜器有着密切关系。高砂脊遗址经过两次发掘，发现了一批墓葬、灰坑和陶窑，有几座墓葬出土了青铜器。其中AM1和AM5出土的大铜鼎与中原地区商代晚期至西周早期的同类器物完全一样，而且AM1出土的大铜鼎上还有“酉”字铭文，因此它们应来自于中原地区。其他的一些小铜鼎在形制上已具备了后来所谓“越式鼎”的特征，开启了湖南地区越式青铜器的先河。

炭河里文化的下限可至西周中晚期。2008年岳阳老鸦洲遗址的第二次发掘证明，炭河里文化的上限最早到商末周初。

3．湘江中上游地区的商周文化

湘江中上游地区的商周考古工作开展较少，只有茶陵独岭坳、衡阳周子头、宁远山门脚、东安坐果山、零陵望子岗等遗址经过正式发掘。该地区的商周文化可分为两个阶段。第一阶段遗存主要是承袭本地新石器时代晚期文化，相当于中原二里头文化时期至商代。陶器以夹砂的软陶为主，多红陶和褐陶。纹饰以方格纹为主，早期有一定数量的绳纹。器类以罐、釜为主，支座或器座使用比较普遍，鼎极少。第二阶段遗存受岭南地区文化影响较大，相当于西周至春秋时期。陶器以印纹硬陶为主，纹饰有云雷纹、方格纹、夔纹等。器类以罐、釜为主，鼎的数量有所增加。

（二）澧水、沅水和资水流域

澧水流域的商代遗址大致可分为两类，一类是以石门皂市、宝塔遗址等为代表，一类是以澧县斑竹、宝宁桥、石门马鞍、慈利江垭、桑植朱家台等为代表。前一类遗存是一支受商文化强烈影响的本地青铜文化，其时代相当于商代二里岗下层至殷墟一期，代表性器物中既有鬲、斝、爵、大口尊、大口缸、假腹豆、簋等商文化风格的器物，又有釜、高领罐、圈足碗、竹节柄豆等本地文化风格的器物。后一类遗存相当于殷墟三、四期至西周早期。但从澧水上游的桑植朱家台等遗址来看，不能排除其与前一类遗存共存的可能性。此类遗存中不见商文化风格的器物，但商文化的因素在陶器纹饰或部分器物上有所体现。器类主要有釜、鼎、高领折肩罐、豆、盆、带扉棱的平底尊等。

沅水和资水流域是湖南商周考古工作开展较少的地方，文化面貌尚不十分清楚。沅水、资水中下游目前仅在沅陵高坪、董家坪、泸溪浦市、永顺不二门、汉寿马兰咀、桃江麦子园、安化城埠坪等地做过一些小规模的发掘。高坪遗址的文化面貌比较复杂，既有中原二里岗时期的文化因

素（如鬲、鬶、大口缸等），又有地方土著文化因素（如釜、鼎、高领罐等）。沅水上游的靖州斗篷坡遗址曾进行过较大规模的发掘，该遗址的部分遗存属于商时期。这类遗存的陶器以夹砂陶为主，流行圜底器和圈足器，纹饰以绳纹和条纹为主，此外还有一定数量的方格纹、折曲纹、云雷纹等。典型器物有釜、罐、钵、盆、簋、豆、支座等。

（三）湘江、资水流域的越文化遗存

在楚人进入之前，湘江和资水流域的居民主要是越人。从20世纪60年代以来，在湘江流域的岳阳、长沙、株洲、湘潭、衡阳、郴州、永州以及资水流域的益阳、邵阳等地，陆续发现了一批越人墓葬和文化遗物。这批越文化遗存面貌比较一致，如墓葬形制皆为长宽比例悬殊的长条形，部分墓葬发现有壁龛和腰坑。大多数墓葬随葬品较少，仅有一些兵器、工具、纺轮、饰件等小件物品，甚至没有随葬品，少数墓葬随葬品多而精美。这些墓葬大致分为4个时期。第一期有株洲白关、宁乡坝塘、新邵陈家坊、长沙金井、资兴旧市春秋墓等，大致相当于西周晚期至春秋早期。器物以空槽柱状足的立耳垂腹鼎和三足外撇的锥足鼎为代表。第二期以湘潭古塘桥、衡南胡家港和衡阳赤石等墓葬为代表，墓葬的时代大致为春秋中期前后。前一期的垂腹鼎和锥足鼎基本消失，而代之以一批具有长江下游文化风格的器物，如三蹄足聚于器底的立耳盆形鼎、三细高足外撇的鼎、盆、辫索状耳甗等。本期由于外来文化因素的传入，出现了一批异常精美的青铜器，如衡山霞流发现的尊，岳阳筻口、湘潭金棋、衡阳赤石等地出土的卣等。第三期以湘乡大茅坪、五里桥、何家湾，益阳陆贾山和桃江腰子仑等墓葬为代表，墓葬的时代大致为春秋晚期至战国早期。除三细高足外撇的鼎外，前一期流行的器物基本消失，楚文化风格的器物（如楚式鼎、簠、缶、敦等）流行。第四期以衡阳苗圃、五马归槽、资兴旧市、郴州高山背、永州鹞子岭等地战国墓为代表。本期由于楚文化势力的进入，越文化逐渐为楚文化同化，但越文化的因素依然有所保留。

湘潭古塘桥出土东周铜鼎

资兴旧市春秋墓出土铜鼎

（四）湖南境内的楚文化遗存

1. 楚人入湘的路线、时间及进程

楚人是分东西两条路线进入湖南的。西线是从江汉平原西部进入澧水流域，东线是从鄂东进入湘江下游地区。从澧县文家山等遗址来看，楚人进入澧水流域的时间与进入江汉平原西部基本同时或稍晚，大约在西周中晚期。从岳阳凤形嘴山M1、汨罗高泉山M1以及岳阳毛家堰、阎家山等遗址来看，楚人进入湘江下游

衡阳赤石出土东周铜卣

益阳陆贾山出土东周铜缶

的时间应不晚于春秋中期。

尽管楚人入湘的时间很早，但由于战国以前楚人的目标一直是北上问鼎中原，因此长期以来，楚人对湖南并没有用心经营。从目前的考古材料来看，除澧水流域和湘江下游有一些时代较早的楚墓外，大部分地区楚墓的时代皆属于战国中晚期。战国初期，楚悼王任用吴起变法。吴起变法的一条重要措施就是“南平百越”，开发湖南。战国中晚期的楚文化遗存几乎在湖南全省皆有发现。尤其是战国晚期以后，楚墓数量更是剧增。湘江、资水流域的越文化遗存逐渐为楚文化取代，沅水、澧水流域此前存在的一种以青铜宽格短剑或豆、罐（壶）组合为代表的文化遗存，这时也逐渐融合到楚文化中。

2.湖南境内的楚墓

到目前为止，湖南已发掘楚墓的数量超过6000座。以小型墓为主，大中型墓葬数量较少，有临澧九里黄家包一号墓、双峰包南包大墓、湘乡牛形山一、二号墓、长沙三公里一号墓、浏城桥一号墓、茅亭子一号墓、马益顺巷一号墓、沅陵大洋山一号墓、慈利骑龙岗九号墓等。近年来，湖南各地开始将历年发掘的楚墓资料集中整理发表，目前已经出版的报告有《长沙楚墓（上、下）》、《益阳楚墓》、《里耶发掘报告》等。

四

（一）湘西北楚汉城址

在湖南境内的湘、资、沅、澧四水流域，发现了许多东周至汉代的古城遗址。如湘江流域有岳阳县的大马古城、汨罗的罗子国故城、平江县的安定古城、长沙的长沙城、衡阳的大源渡古城等，资水流域有益阳的铁铺岭古城等。沅水和澧水流域古城发现数量更多，其密集程度几乎与现在的县城数量相当，如澧水流域有澧县的古城岗城、临澧的申鸣城和宋玉城、石门的古城堤城、慈利的白公城等。沅水流域有常德的索县城、桃源的黄楚城（又称采菱城）、沅陵的窑头城、保靖的四方城、龙山的里耶城以及溆浦的义陵城等。

这些城址一般位于河流附近，城址周围一般都发现有面积较大的同时期墓地。在一些城址如临澧申鸣城、汨罗罗子国城、沅陵窑头城等附近的墓地中，还发现有一些规模较大的墓葬。尤其是临澧申鸣城东北的九里楚墓群，面积约4平方公里，仅次于楚郢都纪南城外的墓地。墓地内保存大小封土的墓葬有100多个，其中封土直径在30米以上的大墓有20多个。墓地又可以分为若干个小墓区，每个墓区内有一至数个大墓。其中的黄家包一号墓和双峰包大墓都是属于封君级的墓葬。

上述这些城址大多数都只经过调查或小规模的试掘，经过正式发掘的城址只有石门的古城堤城址、沅陵的窑头古城和龙山里耶古城等。城址的始建年代多为战国时期，秦汉时期继续沿用。它们的兴起可能与战国时期楚对湖南的开发有关。另外，沅水和澧水流域的龙山里耶、石门古城堤、澧县古城岗等城址，地理位置比较特殊，它们的出现可能与战国晚期秦楚战争的形势有关。

2002～2006年，湖南省文物考古研究所发掘了龙山里耶古城遗址。在城内的1号井中，出土3万

多枚秦简。里耶秦简中记录了许多当时县一级的地名，其中的一些地名可能与湖南境内发现的楚汉城址有关。例如，里耶古城就是秦代的迁陵县城。

（二）湖南地区的汉墓

1.湖南境内的西汉诸侯王、列侯及高级贵族墓

西汉时期，湖南境内先后分封有吴姓、刘姓长沙王国以及沅陵侯、泉陵侯等侯国，从20世纪70年代起，在长沙、沅陵、永州等地先后发现了一批诸侯王、列侯及其家族的墓葬。

吴姓长沙王室的墓葬先后发现了3座，皆位于长沙湘江西岸的咸嘉湖附近，分别是陡壁山一号墓、象鼻咀一号墓和望城坡一号墓，时代均属西汉前期。三墓皆因被盗而遭到严重破坏，但棺椁保存基本完整，它们为研究文献记载的棺椁制度提供了实物资料。

关于刘姓长沙王室墓，近年来在湘江西岸的望城风蓬岭、风盘岭等地发掘了两座。另外，在长沙市杨家山、柳家大山一带还发掘了几座墓主可能为刘姓长沙王室及其亲族的墓葬，时代皆为西汉后期。刘姓长沙王室墓仍使用题凑之制，使用了玉衣和大量的铜器、金器等。

列侯墓有著名的长沙马王堆汉墓、沅陵虎溪山一号墓和永州鹞子岭汉墓。马王堆汉墓是吴姓长沙国丞相轪侯利仓家族的墓葬，时代为西汉吕后至文景时期。马王堆汉墓出土了女尸、帛画、帛书、竹简、漆木器、乐器、丝织品等一大批珍贵文物，是新中国成立以来最重大的考古发现之一 。沅陵虎溪山一号墓是长沙王吴臣之子、第一代沅陵侯吴阳的墓葬，时代为汉文帝后元二年（前162年）前后。该墓为带斜坡墓道的竖穴土坑墓，墓室分主室和外

望城风蓬岭一号汉墓

永州鹞子岭汉墓M2出土漆器上的针刻文字

耒阳廖家山一号汉墓

常德南坪出土汉代滑石面具

长沙望城坡一号汉墓出土"渔阳"铭文漆耳杯

藏椁两部分，墓道两侧还各设有一个耳室。出土了"吴阳"玉印，以及大量的漆木器、陶器和一批竹简。在一号墓南侧还发现了一座与之并列的墓葬，可能为吴阳夫人之墓。

永州鹞子岭汉墓是西汉泉陵侯家族的墓地，1984、1992、1995年，先后发掘了其中的"刘疆"墓、M1、M2。其中M1、M2墓主可能是第三代泉陵侯刘庆及其夫人，时代为西汉晚期。两墓均被盗严重，但仍出土了一批器物，其中以刻纹铜器和漆木器最为精美。许多漆器上有朱书或针刻的文字，为确定墓葬的墓主和研究汉代的工官制度提供了重要的资料。除上述墓葬外，在长沙砂子塘、汤家岭、伍家岭等地还发现了一批规模较大、可能是西汉长沙国高级贵族和官吏的墓葬。

2.湖南境内的其他汉墓

湖南西汉墓基本上都是土坑墓，东汉时期砖室墓比较流行，但也有一定数量的土坑墓。随葬器物西汉前期以鼎、盒、壶、钫等为主，西汉中后期增加了仓、灶、井等模型明器。东汉时期，鼎、盒、壶减少甚至消失。模型明器流行，种类也有增加，新出现了鸡、狗、猪等家禽家畜模型。低温绿釉陶器比较常见。出现了青瓷器，但数量一般较少，器类以罐、钵等为主。西汉时期，同穴合葬墓开始出现，但由于葬具材料的限制，合葬规模一般不大。东汉时期随着砖室墓的出现，同穴合葬逐渐盛行，在常德、衡阳、耒阳等地，出现了一些规模宏大的家族合葬墓。

湘南地区的汉墓与湘北差异较大，其中一个最显著的特征就是硬陶器盛行，甚至一些湘北地区为软陶的器物（如鼎、盒、壶等）在湘南地区也变成了硬陶。这种情况到了东汉时期变得更为明显，许多东汉墓中随葬器物几乎全是方格纹的印纹硬陶器。墓葬的结构也变得具有特点。如在湘南地区，墓室两壁在砌至一定高度时向外错开形成两条极窄台面或凹槽的做法，在湘北地区极少见到。湘南地区汉墓的这种特征，可能与当地的越文化传统保留较多以及受岭南地区文化影响有关。在湘北地区，东西之间也存在一定差别，尤其是沅水和澧水中上游的湘西地区，区别更为

明显。如该地区砖室墓发现较少，滑石器比较流行等。湖南汉墓的地区差异与汉代四郡（长沙、武陵、桂阳和零陵）的辖区存在一定的重合现象，它们之间应有一定的联系。

湖南地区汉墓材料发表得比较分散。目前发表材料相对集中的有《长沙发掘报告》、《湖南古墓葬与古窑址》、《里耶发掘报告》等。

五

到目前为止，湖南共出土简帛十多批次，总数量接近20万枚。简帛的时代从战国开始，历经秦、两汉，直至三国、西晋，中间几乎没有缺环。

湖南出土的战国简牍皆为楚简，分别出自长沙五里牌、仰天湖、杨家湾，临澧九里，常德夕阳坡和慈利石板村等地的楚墓中，内容为遣策、占卜文书、诏书和书籍。其中慈利楚简最为重要，内容为多种先秦古籍，可与传世文献对勘的有《国语 · 吴语》、《逸周书 · 大武》、《管子》、《司马法》、《宁越子》等。

湖南出土的秦简即著名的里耶秦简，分别出土于里耶城内的1号井和城壕中，数量达3万多枚，超过了其他地点发现的所有秦简的总和。里耶秦简为秦朝洞庭郡迁陵县的政府档案，内容十分广泛，几乎涉及当时社会生活的各个方面，为研究秦代历史提供了第一手资料。

湖南出土的西汉简帛有著名的马王堆汉墓简牍、帛书，沅陵虎溪山汉简以及长沙走马楼汉简等。马王堆汉墓简牍帛书分别出土于马王堆一、三号汉墓。一号墓简牍的内容为遣策，三号墓简牍的内容为遣策和四种医书。帛书内容非常丰富，共约29件，12万多字，包含了40多种先秦古籍及古地图等，是先秦古籍的一次重大发现。沅陵虎溪山汉简出土于沅陵虎溪山西汉沅陵侯吴阳墓中，共计竹简一千余支，3万多字。内容有黄簿、美食方和日书三种。

2003年11月，长沙走马楼汉简出土于走马楼湖南省供销社综合楼工地八号古井中，计1万余枚，内容为长沙国的郡县文书，时代为西汉武帝早期，具体时间为公元前125～前

里耶古城一号井出土秦简

120年之间。

湖南出土的东汉简牍有张家界古人堤简牍、长沙东牌楼简牍等。张家界古人堤简牍出土于一个东汉时期的水塘中，共90枚，内容有汉律、医方、官府文书、书信、礼物谒、历日表及九九乘法表等。从简牍文字中的永元、永初等年号及简文书法来看，其时代为东汉时期。长沙东牌楼简牍发现于东牌楼工地七号井中，共426枚，内容为长沙郡和临湘县通过邮亭收发的公私文书。从简牍所见年号有东汉灵帝的建宁、熹平、光和、中平等来看，这批简牍的时代为东汉晚期。

湖南出土的三国时期简牍有著名的长沙走马楼吴简和郴州苏仙桥吴简等。长沙走马楼吴简出土于走马楼平和堂工地二十二号古井中。总数约在14万枚。内容主要是孙吴时期长沙郡与临湘侯国（县）的地方文书档案，时代主要属于三国孙吴前期，集中于孙权称吴王的黄武及孙权称帝的黄龙、嘉禾时期，少数竹简使用东汉献帝建安末年年号。郴州苏仙桥吴简出土于郴州市苏仙桥工地四号古井中，数量120余枚，内容为孙吴时期桂阳郡的经济档案和习字简，从简文中记载的赤乌等年号来看，时代应为孙吴前期。湖南出土的晋简只有郴州苏仙桥晋简一批，简牍出土于郴州苏仙桥工地十号古井中，数量约600余枚，是公元300年前后西晋时桂阳郡郡府档案。

湖南简牍的埋藏有一个明显区别于其他地区的特点，即除战国和部分汉简出土于墓葬、水塘外，大部分简牍皆出土于古井，且数量十分巨大。尤其是长沙地区，出土简牍主要集中在长沙市的中心区——五一广场周围。在这些出土简牍的古井周围，历年来文物考古部门还发掘了大量的战国至明清时期的古井。从这些古井的形制及出土器物来看，基本均为生活用井，且时代越晚向四周辐射的范围越大。这说明从战国以来，长沙城市的中心一直都没有变化。郴州的情况也是如此，在苏仙桥一带出土吴简、晋简的古井周围，文物考古部门也发现了大量西汉至明清时期的古井，说明自西汉以来，郴州城市的中心也一直没有改变。长沙、郴州两地古井群的发现，不仅对研究两地城市发展变迁具有十分重要的意义，而且通过这些古井出土的器物，可以建立起以两地为代表地区的考古学文化序列。

六

湖南六朝时期的墓葬发现较多，其中最重要的是安乡西晋刘弘墓和长沙金盆岭永宁二年（302年）墓。刘弘墓由墓道、甬道、墓室三部分组成，墓室为四壁微弧的正方形、四隅券进式穹隆顶。该墓出土了金带扣、玉樽、玉卮、玉璧、玉韘形佩、玉璲、错金铜弩机、贴金铁匕首、青瓷堆塑灯以及两枚龟钮金印、一枚玉印等。据《晋书·刘弘传》及《资治通鉴》等记载，刘弘官历荆州刺史、侍中、镇南大将军、开府仪同三司、车骑大将军等职，是我省目前发现墓主身份最高的一座晋墓。长沙金盆岭永宁二年（302年）墓由甬道、墓室组成，墓室为四壁微弧的长方形，出土各类青瓷、陶俑100多件，有高冠执版的骑吏俑、持刀盾的武士俑、乘马演奏的乐队俑、持什物的侍从俑以及对书俑等。

此外，湖南地区比较重要的六朝墓还有浏阳姚家园太康八年（287年）墓、衡阳茶山坳元康五年（295年）墓、长沙新港咸和十年（335年）墓、桂花园升平五年（361年）墓、烂泥冲宁康三年（375年）墓、耒阳城关太元五年（380年）墓、邵阳金称义熙二年（406年）墓、益阳赫山庙建元四年（482年）墓、长沙永明十一年（493年）墓、永元元年（499年）墓、资兴旧市天监四年（505年）墓和普通元年（520年）墓、邵阳姜家山普通十年（529年）墓等一批纪年墓。这批墓葬为湖南地区六朝墓的断代提供了可靠的标尺。

西晋刘弘墓出土玉樽

隋唐墓葬在湖南数量相对较少。以小型为主，规模较大的隋唐墓主要集中在岳阳、湘阴、长沙等地。隋至初唐时期，墓葬厚葬之风较盛，岳阳桃花山、湘阴城关、长沙咸嘉湖等地的一批规模较大的墓葬，几乎都是隋至初唐时期的墓葬。这一时期的墓葬多为砖室墓，随葬器物除盘口壶、唾壶、杯、高足盘、三足炉、砚台等一批生活用器外，还随葬有大量的俑。中晚唐时期墓葬以土坑墓为主，随葬器物变少，俑群消失，常见器物有盘口壶、罐、碗等。益阳赫山庙唐墓是一座中唐时期的纪年墓，其墓主为邓俊（？），死于唐代宗宝应二年（763年）。长沙中南工大唐墓是一座晚唐时期规模较大的墓葬，出土有金梳篦、银茶具、秘色瓷、玛瑙杯等一批珍贵文物。

西晋刘弘墓出土玉卮

宋元考古的重要发现是2004年在宁远玉琯岩发掘的南宋舜庙建筑遗址。该遗址位于九嶷山脚下，建筑坐北朝南，主体建筑由前、后两座大殿组成，两殿之间有廊道相通。前殿四进七间，面积876平方米。后殿三进五间，面积416平方米。主体建筑南面有一条宽约10、残长约150米的大道正对着前殿主体建筑。两侧有开间大小不一的两进式建筑，它们与主体建筑之间也有廊道相通。在这组建筑周围，还存在一些小的附属建筑未发掘。舜葬九嶷的传说来源很久，马王堆汉墓出土的帛书地图上就标有旁注“帝舜”的纪念性建筑。此次发掘的同时，在遗址的西南面还发现有汉代的大型建筑遗迹。玉琯岩舜庙遗址的发掘，为舜文化的研究提供了十分重要的资料。除玉琯岩遗址外，宋元时期重要的发现还有长沙坡子街的可能为城市给排水设施的南宋大型木构建筑遗迹，以及各地发现的一些宋元时期的金银器窖藏、瓷器窖藏和钱币窖藏。

湖南宋元时期墓葬发现较多，分布范围也比较广。多为小型墓，出土文物主要是瓷器，也有一些金银器、铜镜、铁器等，其中以各种形制的魂瓶（坛）最有特色。由于采用三合土密封墓室的做法比较流行，因此常有一些保存较好的尸体和纺织品发现，如衡阳何家皂北宋晚期墓、沅陵双桥元墓、华容城关元墓等。在湖南发现的宋元墓葬中，有许多带有明确的纪年，如常德北宋张颙夫妇合葬墓、邢少卿夫妇合葬墓、益阳高尔夫球场宋墓、长沙杨家山南宋墓等。

明代考古的重要发现是2005年发掘的望城蚂蚁山明墓，墓主为明代谷王乳母张妙寿。墓葬

宁远玉琯岩南宋遗址

始建于永乐四年（1406年），下葬于永乐十一年（1413年）。该墓建造十分考究，由前、后室和东、西两个侧室组成，墓壁、券顶用多层青砖砌成，中间还夹有一层由麻石和松香粘合砖砌成的密封层。该墓墓道为竖井式，从上至下在不同的高度和位置依次砌有伞顶圆柱形石砌建筑、方形砖石组合建筑。墓道底部正中还挖有一个圆形竖井。这种埋葬方式目前系首次见到。该墓出土了一批金、银、铜、铁、漆木、玛瑙和釉陶器，还出土了一合墓志。在伞顶圆柱形石砌建筑中发现石质喇嘛塔一座，喇嘛塔内藏有经箱，箱内有经书多册。经过初步揭剥，发现有佛经和道经。

望城蚂蚁山明墓出土喇嘛塔

七

湖南全省共发现各时期的陶瓷窑址400多处。湖南陶瓷生产历史悠久，道县玉蟾岩、临澧华垱和澧县宋家岗等遗址发现了距今一万多年的陶器或陶片，这是我国目前发现最早的陶器之一。洪江高庙、长沙南托大塘、安乡汤家岗、澧县丁家岗等遗址出土的大量精美白陶，说明新石器时代早中期湖南的陶器生产已达到了很高的水平。岳阳对门山、老鸦洲、费家河等遗址发现了成群的商代晚期陶窑，可见当时的陶器生产已有了相当的规模。这些窑址烧造的硬陶火候高达1200℃，且发现了原始青瓷片。此后经过1000多年的发展，到东汉时期终于出现了成熟的青瓷。

目前我省发现最早的青瓷窑址是湘阴的青竹寺窑址。1988年，出土了一批东汉时期的青瓷器，并发现了“汉安二年”（143年）纪年款的瓷片，这是我国目前发现最早的有明确纪年的青瓷窑址，窑址的烧造下限可到孙吴时期。该窑址生产的瓷器烧成温度达1224℃，釉色为单一的青绿和酱釉，采用璧形垫圈和圆形垫饼叠烧。与该窑产品特点相似的青瓷器，在长沙、湘阴、衡阳、益阳、常德、桃江、郴州等地东汉、三国墓葬和水井中均有出土，它们极有可能出自青竹寺窑。

今湘阴县城一带是长沙窑兴起之前湖南境内烧造青瓷的中心。湘阴在唐代属岳州，因此学术界一般认为，分布在湘阴县城湘江岸边绵延10多公里的古窑址，即唐代陆羽《茶经》中记载的岳州窑。1997年，在湘阴县城湘江岸边的马王坎清理了一座隋代龙窑和一座被隋代龙窑打破的南朝龙窑的窑头部分。此次发掘除出土数千件青瓷器外，在学术上更有重大意义：第一，此窑址的起始年代至迟可到东晋时期，它们应该是岳州窑的前身。第二，在隋代龙窑上压着的唐代堆积中，出土了一件底部刻有“官”字的匣钵，在南朝堆积层中也发现了一件底部刻有“太官”字样的托盏碗，证明从南朝（梁）至唐初，这里曾烧造过专供朝廷和官府使用的瓷器。第三，在东晋地层发现了匣钵，从而改变了匣钵装烧始于隋代的定论。第四，东晋地层中出土的口沿和器底内有釉下点彩的碗、钵，为长沙窑的釉下彩工艺找到了一个源头。第五，证明了两湖地区墓葬和水井中出土的晋至唐初青瓷器，许多都是岳州窑的产品。

长沙窑又称“铜官窑”，位于望城县丁字镇的湘江岸边，因首创釉下多彩而在中国陶瓷史上占有特殊的地位。1978、1983、1999年，在此进行了3次较大规模的发掘。从出土的器物和模具上的纪年铭文来看，长沙窑兴起于盛唐末，盛于晚唐，五代时衰落。长沙窑是唐代著名的外销瓷窑，产品流传较广。1996年，湖南省文物考古研究所等单位整理出版了《长沙窑》一书。

湖南宋元时期窑址发现极多，且多集中在湘江流域。这些窑址以青瓷窑址为主，也有一些烧制彩瓷和白瓷、青白瓷的窑址。

衡山窑是湘江中游一处以烧制“粉上彩釉绘花”瓷器为特色的窑址，位于衡山县贺家乡，创烧时代可能早至北宋末期，盛于南宋至元代。由于产品胎质呈色较深，所以外壁往往涂上白色底粉，然后用以绿、蓝、褐三色为主的彩釉在底粉上绘花，花纹外表不再罩釉，以高温一次烧成。这种粉上彩釉绘花工艺，可能是受山西霍县窑影响而形成。另外，与南方瓷窑几乎全为龙窑不同，衡山窑既有龙窑，也有馒头窑，这也明显是受北方窑系影响的结果。衡山窑产品有褐绿彩釉牡丹纹瓶、牡丹纹壶、缠枝菊花壶、牡丹纹三足炉、人物堆塑瓶等。

湖南地区宋元时期另一个比较有特色的窑址是棋梓桥窑。棋梓桥窑位于湘乡市棋梓桥镇，面积达数十平方公里，兴盛于南宋中晚

棋梓桥窑出土白釉黑花瓷器

衡山窑出土牡丹纹瓶

期。该窑最大的特点是仿造各大名窑的产品，如釉下粉彩拍鼓，无疑是对河南鲁山窑花瓷拍鼓器形的仿造；熔釉放射纹和木叶纹贴花，极似吉州窑产品；黑釉执壶的浓黑亮丽，则与广元窑黑釉器甚为相似；“粉杠”装饰疑仿自淄博窑。还有更大量的产品装饰则仿自钧窑的窑变工艺。这可能与宋室南渡后北方窑工大量南下以及当时瓷器需求的复杂形势有关。

湖南除长沙窑曾烧制有少量乳浊白瓷外，烧造白瓷和青白瓷的窑址一直到宋元时期才开始在衡阳、耒阳、益阳等地出现。而专烧或兼烧青花瓷的窑址有益阳羊舞岭早禾窑、早期醴陵窑和怀化龙井窑等，时代为明末清初。

宋元之后，湖南陶瓷沉寂了400多年，直到晚清以釉下五彩为特点的醴陵窑的兴起。醴陵窑釉下彩瓷的烧造始于清雍正年间，嘉庆以后，形成以沩山为中心、纵横数十里的瓷业产区，以后又成功创造了五种高温釉下颜料，在传统青花的基础上，运用国画双勾填色的绘画技术，采取“三烧制（两次素烧，一次釉烧）”工艺，创造出了前所未有的釉下五彩瓷器。

（执笔：郭伟民　高成林）

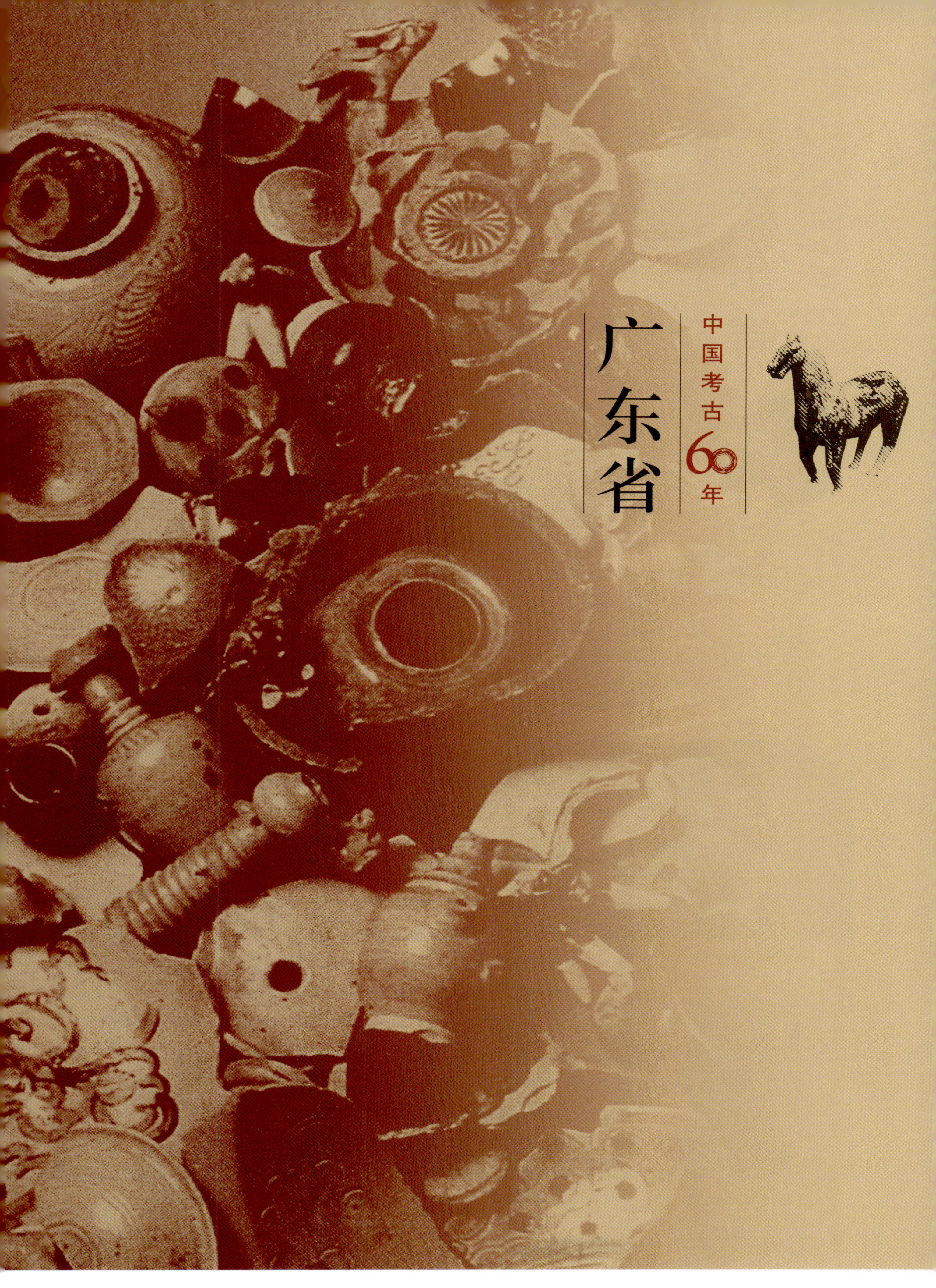
广东省
中国考古60年

和平底器。石器以磨制为主，打制次之，还有一些有明显使用痕迹的天然石料工具。石器的种类有斧、锛、凿、刀、拍、环、杵、敲砸器、砧、砺石、球等。经放射性同位素^{14}C测定，咸头岭遗址的年代为距今7000～6000年。

珠海后沙湾遗址是1984年文物普查时发现的，位于珠海淇澳岛东北部，遗址面积500平方米。1989年发掘了108平方米，文化层厚1.8～3米，分为两期文化遗存。第一期文化只出土陶器一类，主要是夹砂陶和泥质陶片。夹砂陶有釜、钵，装饰绳纹或细绳纹，钵的底部有编织物的痕迹。泥质陶胎薄，多夹细砂，有盘、罐、豆等，以彩绘为主，内外均施彩，主题纹样是条带纹、水波纹，并且与刻划纹、镂孔组合。彩陶是本期文化的最大特点。经热释光测定，彩陶片的年代为距今4818±483年。第二期文化有陶器和石器。陶器种类有釜、箅形器、器座、罐、纺轮等，纹饰有绳纹、刻划纹、条纹、长方格纹、方格纹、叶脉纹、曲折纹、云雷纹、附加堆纹等。石器数量较少，有锛、网坠、环、砺石等。经热释光测定，陶片的年代为距今3898±390年和4248±425年。

位于珠海高栏岛的宝镜湾遗址发现于1998年，其后进行了4次发掘。该遗址的考古学文化分为三期，绝对年代在距今4500～3500年之间，即新石器时代晚期早段至青铜时代早期。宝镜湾遗址第一期与香港大屿山东湾遗址第四层遗物有着密切关系，晚于珠海后沙湾遗址第一期，第三期则与后沙湾遗址第二期更为接近。研究者还认为，宝镜湾遗址的居民很可能就是宝镜湾岩画的制作者，这使得宝镜湾遗址具有特别重要的意义。

中山龙穴遗址发现于1984年，是典型的沙丘遗址，先后发掘过3次。出土器物以夹砂红褐陶和泥质红陶为主，还出有夹砂灰褐陶、夹砂黑陶、细泥红陶，以及少量的细泥彩陶。纹饰以绳纹、条纹、赭红色彩绘较多，也有少量的刻划纹、压印纹，主要器类有夹砂陶釜、罐、器座、支脚、彩陶豆、圈足盘。石器的种类有锛、斧、拍、锤、饼形器、研磨器、刀、砧、石球、砍砸器、砺石、石饰件，以及打制的尖状器。其年代晚于珠海后沙湾第一期遗存，距今约5000年前后。此外，在遗址附近还发现有铜斧、铸铜石范和装饰曲折纹、云雷纹、夔纹的陶器，其年代应属青铜时代。

东莞蚝岗遗址位于东莞市南城区，1990年曾做过初步调查，2003年进行发掘。文化堆积比较厚，可分为三期。一期遗存包括灰坑3个、墓葬2座，陶器主要是圈足盘，表面装饰刻划、压印或镂孔，形成浮雕效果。有少量的素面夹砂陶罐和绳纹陶器。石器有石磨盘和石饼形器各一件。二期遗存包括房址。陶器以泥质红陶为主，次为夹砂黑褐陶，还有少量的夹砂红陶。器类有彩陶圈足盘、夹砂釜（罐）、器座等，纹饰流行绳纹、刻划纹和镂孔，口沿压印锯齿状纹。出土石器包括尖状器、饼形器、刀、拍、磨盘、锛、斧等，只有锛和斧经过磨制。三期文化遗存有红烧土活动面一处。出土陶器以夹砂褐陶为主，有少量的泥质灰陶和磨光黑陶。器类有釜、罐、圈足盘和器座等，施细绳纹、刻划纹和贝划纹。据研究，蚝岗遗址的最早年代当与珠江三角洲流行白陶的年代差不多，与深圳大黄沙、咸头岭白陶遗存的年代相若或略晚。推测一期年代为距今6000～5000年，二期年代距今5500～

东莞蚝岗遗址M1

5000年，三期年代距今4500～4000年。

肇庆市高要蚬壳洲遗址发现于1984年，分别于1986年和1987年进行了两次发掘，共378平方米，文化层中出土大量的贝壳。共清理墓葬27座，发现人骨架31具，大部分为单人葬，也有双人合葬、3人合葬，葬式以侧身曲肢葬为主，也有蹲葬、双手反捆俯身曲肢葬。部分头骨上有人工拔齿痕迹，个别墓葬有1～2件随葬品。出土陶器中，夹砂陶的比例大于泥质陶，手制，火候低，多饰绳纹。泥质陶有白色陶衣，其上装饰赭色带状纹样，属于彩陶。器类有釜、罐、盘等，流行圜底器或圈足器。石器有双肩锛、多孔刀，骨器有笛、笄等。出土的贝类标本中，处于淡水环境的种属个体数量占80%，处于咸淡水之交的种属个体数量占20%，这说明，遗址形态属于河岸型贝丘遗址。经^{14}C测定，人骨标本的年龄为距今5130±100年。

佛山高明古椰遗址发现于第二次全国文物普查，2006年发掘，面积1000多平方米。出土陶器有釜、钵形釜、圈足盘、罐、钵等，纹饰有绳纹、刻划水波纹、半圆圈纹等。其中圈足盘内壁多见放射状彩条纹，颇具特色，这是彩绘陶器衰落期的遗留。石器有斧、锛、凿、拍、砺石等，主要特点是相当数量的霏细岩双肩石器，这类石器来自于西樵山石器制作场。还有一些加工的木器，可能是船上使用的木桨。更为重要的是发现一批动、植物遗存，除大量贝壳和少量动物骨骼外，还有许多果核、木片、竹片、树叶等。该遗址出土20多粒水稻谷粒，这是珠三角地区首次发现的稻作遗存。古椰遗址的考古年代约在新石器晚期至商以前，距今4000～3500年，是探讨珠三角地区古环境及其与粤西北地区古文化关系的新资料。

曲江县马坝镇石峡遗址发现于1972年，已发掘面积3000多平方米。根据地层和墓葬的叠压打破关系，考古工作者把该遗址分为四期，并将前三期和遗址下层作为一个整体，命名为石峡文化，时代为新石器时代至周代。石峡文化以盘形鼎、釜形鼎、圈足盘、三足盘、圜底釜、深盘豆等陶器，以及弓背锛（镬）、有段锛、钺、铲等石器为典型器物。

在西江流域封开县杏花镇的乌骚岭、罗沙岗等地，发现了墓室小且浅的二次墓葬。其中乌骚岭的150平方米内就有111座墓，遗物与石峡文化既有区别又有相似之处，可将其作为石峡文化的一种地方类型。乌骚岭的墓葬经^{14}C检测，大致为距今4600～3900年。

石峡遗址出土陶豆

石峡遗址出土陶盘形鼎

石峡遗址出土有段石锛

石峡遗址出土石铲

二　青铜时代

普宁市池尾后山遗址位于普宁中部与练江中游冲积平原的交界处，发现于1983年10月。

因遗址破坏较严重，发现的墓葬及随葬品也不多，但出土陶器的种类和器物形制较有特点。出土陶器多为泥质灰陶，凹底，并流行用手压捏器身，使器腹横截面呈椭圆形。口沿两侧出现流口，有7件形制独特的鸡形壶。后山遗址出土的凹底罐从形制特点到器表花纹与石峡遗址三期文化有较大区别，反映了同时期不同地区的地方特色。据初步研究，后山遗址的年代相当于夏商之际或商代早期，距今约3500～3000年。

屋背岭遗址位于深圳市南山区西丽镇，发现于1999年，并于2001～2002年进行了正式发掘。共清理商时期墓葬94座，均为土坑竖穴墓，多属小型墓，随葬品数量多者5件，少者1件，普遍为两三件。以陶器为主，种类有釜、罐、尊、豆、壶、碗、钵、杯、器座、纺轮等。有少量石器，种类有斧、锛。在灰坑内还出有玉玦，并采集到石戈。屋背岭遗址是广东发现商时期墓葬最多的地点，可分为三期：第一期年代约在夏商之际，第二期相当于商代早中期，第三期为商代晚期。此外，屋背岭遗址还发现6座战国中晚期的墓葬，出土遗物有青铜器斧、钺、刮刀，还有原始瓷碗、陶罐和砺石。屋背岭遗址对探讨岭南地区的文明起源有着特殊的意义。

浮滨文化在粤东有较多发现，因1974年在饶平县浮滨镇塔仔金山和联饶镇顶大埔山发掘的21座土坑墓而被人认识，以长颈大口尊、圈足豆、带流壶等釉陶器，以及直内戈、三角矛、凹刃锛等石器和少数几种青铜工具兵器为基本组合，是南方地区受中原商周文化影响的早期青铜文化。在饶平、大埔、揭阳、丰顺、潮阳、普宁、揭西，均发现有浮滨文化墓葬（群）；在普宁、南澳、潮州、海丰等地，则发现浮滨文化的遗存。浮滨文化的墓葬为土坑竖穴，墓坑顺山势排列，墓向无一定规律。随葬品以戈（矛）、锛（凿）等石器和尊、豆、壶、罐等陶器为组合，戈类多较原始，形制多样。在普宁牛伯公山遗址，发现有房址柱洞、灰坑、沟、红烧土面等，出土遗物有尊、豆、釜、罐、钵，石器组合为戈、矛、锛、凿。一般认为，这类遗存的时代为商代中晚期至西周前期。1986年，对大埔县枫朗镇金星面山、屋背岭、斜背岭进行了发掘，清理墓葬21座，随葬器物组合有陶尊、壶、豆、罐（釜），且各墓随葬品的数量多寡不一，贫富分化明显。大埔墓葬陶器中，釉陶占很大比例，多数火候较高，石戈形制较进步，其文化面貌与饶平浮滨的墓葬较为接近，相当于商时期。

饶平塔仔金山1号墓出土浮滨文化釉陶大口尊

博罗横岭山遗址航拍图

博罗横岭山墓地位于博罗县罗阳镇，发现于1999年，于2000年发掘了8500平方米，清理墓葬332座，其中商周时期墓葬302座。墓葬形制主要是狭长的中、小型墓，有二层台的墓葬有18座，有底坑的墓葬有11座。有两座底坑出玉石类随葬品，其他未见器物。有壁龛的墓葬有2座。这类带底坑的墓葬，与西江流域带腰坑的青铜器墓有较大区别，后者腰坑中常见埋有一件大陶瓮或大陶罐。由此推测，地处东江流域的周时期横岭山墓与西江流域周时期墓，其墓主人应是百越族中不同的族群。随葬器物以陶器、原始瓷器、青铜器为主体。其他有玉器、水晶

博罗横岭山出土玉玦

博罗横岭山出土陶瓮

器、砺石等。陶器有瓮、罐、尊、瓿、簋、壶、豆、杯、釜等，纹饰以夔纹、云雷纹、菱格凸块纹、方格纹等多种纹样组合为特色，部分陶器也施釉。原始瓷器主要是豆类，釉多呈黄绿色，易脱落。青铜器有甬钟、鼎、斧、锛、凿、刮刀、钺、矛、戈、剑、叉、镞等，其中甬钟、鼎、戈、剑的数量不多，可能是社会地位较高者才能拥有。初步研究，青铜器的年代最早可能在西周中晚期，如凤鸟纹甬钟、圆涡与夔龙组合纹鼎、夔纹与卷云纹戈等，当为本地制品。横岭山墓葬的发掘，为认识广东地区西周时期考古文化提供了一把钥匙。

博罗横岭山出土铜甬钟

博罗横岭山出土铜鼎

博罗横岭山出土铜斧

博罗横岭山出土铜戈

深圳大梅沙遗址于1982年文物普查时发现，1992年被发掘。遗存分为新石器时代（Ⅰ区）和青铜时代（Ⅱ区）。这里主要探讨的是富有特色的青铜时代文化。Ⅱ区出土大量的几何印纹陶器，多为夔纹陶器，也有原始瓷豆，部分陶器的器身有刻划符号。纹饰多为组合纹，如夔纹与方格纹、云雷纹、凸格或凸点纹组合。器类有瓮、罐、豆、钵、杯、器座、纺轮等，多见圜底器，有少量圜凹底和圈足器。石器有斧、锛、凿、砺石。共清理同时期的墓葬10座，均为长方形竖穴土坑，有的墓底置一个直径与深度均0.2米的小坑，但坑内无器物，此为象征性的腰坑。其中6座有青铜器，包括短剑、矛、斧、钺。在该地点还采集到铜镞和戈，应是墓葬遗物。大梅沙文化（Ⅱ区）的年代最早可到西周时期。

周代墓葬在广东的西江流域比较普遍，包括广宁、肇庆、罗定、德庆、怀集、四会等地。这些墓葬出土的青铜器有鼎、罍、鉴、盉、壶、盘、缶、编钟、钲、铎、剑、矛、镞、钺、斧、凿、篾刀、匕首、叉、镰、锯、削、人首柱形器等。有少量的陶罐、瓮。此外，大中型墓中还常见一种人首柱形青铜器，其上端为人首，下端为方柱。这种器物目前只见于广东境内北江及西江流域地区，应是当地越人特有的一种器具。墓内青铜器的组合有炊器、容器、乐器、兵器、工具及杂器，其中兵器和工具的数量最多，容器较少。容器铸造相当精美。从器形和纹饰看，这些青铜器有的与长江流域的相似。例如鼎，分为折沿直口、盘口半环耳、敛口附耳等形式，三实足细长外撇，耳饰云雷纹、绹纹和绳纹，器壁甚薄。这类鼎在江苏、江西、湖南等地均有出土，受到楚文化的影响。东周青铜器墓主要分布在西江流域地区，从侧面反映出该地区在东周时期青铜文化较为发达。

周代遗存在揭阳境内也发现较多，如揭东县云路中夏面头岭战国墓群、仙桥平林战国墓等。出土装饰陶器以米字纹、方格纹为主要特征。

从1996年起，在博罗银岗遗址进行了较大规模的发掘，发现了以米字纹、方格纹、方格斜线纹、篦点纹、篦梳纹为主要纹饰特征的陶器群，叠压在以夔纹、云雷纹、方格凸块纹等为主要纹饰特征的陶器群之上。这表明，以夔纹陶为特征的文化层要早于以米字纹陶为特征的文化层，这为解决两者年代的早晚关系提供了重要的地层依据。

1962年先后发掘了增城西瓜岭和始兴白石坪两处窑址，均以米字纹、方格纹、篦点纹、篦划纹等为陶器的主要纹饰。其中增城西瓜岭清理了一条残长9.8米的龙窑，在始兴白石坪出土了两件铁器。这类遗存被命名为“西瓜岭文化”。

1987年，在韶关乐昌对面山发现大批古墓，共清理发掘墓葬207座。其中191座为东周至秦汉时期墓葬，11座为晋、唐墓，5座墓年代不明。根据墓葬形制特点及随葬器物的组合，结合一些带文字的典型器物，可以将对面山东周至西汉时期的墓葬分为三期，各期又分为前、后两段。第一期前段出土的典型器物主要是陶器，纹饰有拍印组合纹，以夔纹为代表。同类器物与博罗银岗一期的出土遗物相似，出土的铜戈铸饰勾连雷纹，这类遗物大致属于春秋时期。一期后段的随葬品主要有铜鼎、匕首、矛、斧、锸，以及陶瓿、鼎、罐等，多数器物与银岗二期相似，由此推断，一期后段的年代为战国时期。二期、三期为秦汉时期。

三　秦汉至南朝

广东迄今尚未发现有绝对纪年的秦墓。广州区庄螺岗的一座木椁墓出土一件铜戈，内部刻铭有“十四年属邦工”等字。广州西村石头岗的一座木椁墓出土一件漆奁，盖面烙印“蕃禺”二字。这两座墓葬的年代被判断为秦。

汉朝是广东历史发展的重要时期，墓葬分布较广，广州、韶关、乐昌、徐闻、佛山、封开、番禺的发现较为集中，在揭阳、普宁、澄海、梅县也有发现。其中广州发现的最多，已清理的两汉墓葬已有800多座，可分为西汉早、中、晚期，以及东汉前、后期。

乐昌对面山墓群是广州以外较大的一处墓地。第二期为秦至西汉，第三期为东汉。全部为土坑墓，葬具及尸体均朽烂无存，部分墓坑有木椁痕迹，砖室墓并不流行。西汉前期的陶器可分两大类，一类是具有地方特色的瓮、罐、三足盒、提筒、缶，另一类是由鼎、盒、壶、钫组成的“礼器”。从西汉中期起，汉式器物逐渐替代了有地方特色的器物。116号墓出土一件陶罐，器

表刻有“初元五年十月甲申郴黄稚君”等43个汉字，它是广东古代陶器上刻文最多的器物，至为珍贵。

南越王墓前室石门

广东汉代考古以象岗山南越王墓（陵）的发掘最为著名。它发现于1983年，构筑在象岗山腹心深处。墓坑采用竖穴与掏洞相结合的做法，是广东地区迄今发现的规模最大的石室陵墓。该墓从岗顶劈开石山，深20米，平面呈“凸”字形，墓前端东西侧筑耳室，南面有斜坡墓道。墓室用750多块红砂岩巨石仿照前堂后寝的形制砌筑成，前部3室，后部4室，有木构的外藏椁。墓主棺椁位于后部主棺室，已朽，仅余少量遗骸。墓主身穿丝缕玉衣，随葬大量玉佩饰，还有“文帝行玺”、“泰子”2枚金印和“赵眛”玉石印，共9枚，分置于玉衣之上。墓内发现15位殉人，其中“右夫人”等4位是墓主的姬妾。共出土文物1000余件（套），其中玉器200多件，除我国首见的丝缕玉衣外，还有犀角形杯、承盘高足杯、盒、卮等5件玉容器。此外还有11套组玉佩饰、58件玉剑具。出土的青铜器中，有刻有“文帝九年乐府工造”铭文的8件大小相套的勾鑃、刻有“蕃禺”铭文的铜鼎、装饰战船纹的提筒、错金铭文铜虎节等。此外还有4000多颗墨丸，这是我国一次出土数量最多的汉墨。南越国由于地处西汉疆土的最南方，虽然是西汉的藩属国，但更像一个独立的王国。南越王墓的发掘，为研究南越国历史提供了宝贵的实物资料。

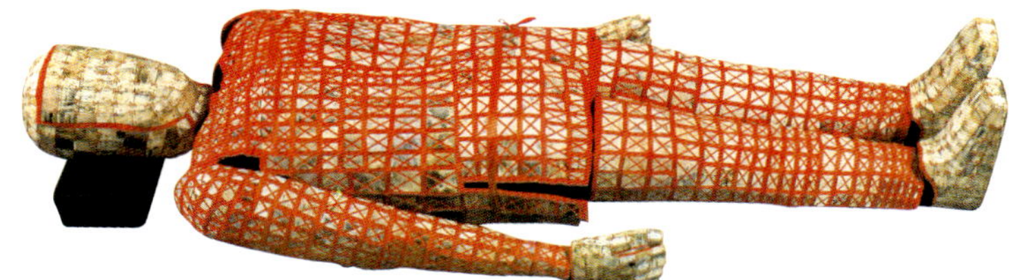

南越王墓出土丝缕玉衣

汉墓中普遍出现铁器，这是社会生产力显著提高的标志。随葬品中常见用陶牛作明器。例如，广州沙河顶一座东汉墓随葬一件陶牛圈，佛山澜石东汉墓出土一件陶水田模型器。南越王墓出土不少于200个个体的黄胸鹀（禾花雀），这说明，在西汉初年，珠江三角洲水稻的种植面积已经相当可观。墓中残留的稻、黍、高粱、梅、酸枣、橄榄、乌榄、人面子、荔枝等粮食和果类，以及汉墓中常见的仓囷等模型器、各种家禽家畜动物陶塑等，展现了岭南地区农业生产场景。

秦代造船工场遗址位于广州市中山四路的北侧，1975年发现，经过两次发掘，发现3个东西向平行排列的造船台，南边是造船木料加工厂。一号船台揭露长29米，经钻探长度在百米以上。3个船台都建在河滩的淤泥之上，由枕木（杉木）、滑板（樟木）和木墩（格木）三部分组成，其间无钉和榫卯，是可活动的。1、3号船台同宽，为1.8米；2号船台居中，是定位台，宽2.8米。出土有铁锛、凿、挣凿、磨刀石和棰球等造船工具。遗址之上为南越国王宫遗址，由此得

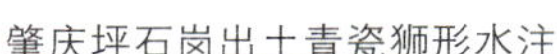
肇庆坪石岗出土青瓷狮形水注

肇庆坪石岗出土青瓷虎子

肇庆坪石岗出土陶马

栩栩如生。这说明，岭南农作技术得到显著提高。1981年，在广州市沙河顶清理了一座西晋墓，为带耳室砖室墓，随葬有青釉鸡首壶、唾壶等，还有牛车、骑马俑、簋等，都是广州地区首次发现的。广州市下塘狮带岗清理4座晋墓，分为单室和双室两种结构。随葬品中有两件引人注目，一件是八耳罐，另一件是鸡首壶，造型风格与同时代的其他同类器明显不同。2004年，广州市文物考古研究所对广州市淘金东路中星小学的12座墓葬进行了抢救性勘探和发掘。其中有2座南朝墓，一座墓出土了滑石买地券，为确定墓葬的年代提供了重要依据。

在韶关市乳源瑶族自治县，发现了一处以砖室墓为主的大型墓地。泽桥山墓地清理出99座墓葬，分为第一期和第二期。前者为六朝时期，相当于东晋晚期至南朝陈末，后者为隋唐时期。第一期墓葬中出有东晋废帝太和三年（368年）纪年砖，另有东晋孝武帝太元十八年（393年）纪年砖。从东晋晚期至南朝初期以点成线的“带状组合式”，到南朝墓葬以点成面、点面并存的“板块结合式”，再到盛唐及其以后的“散点分布式”，是该墓地墓葬分布的规律。

肇庆坪石岗东晋墓发掘于2001年，规模较大，形制结构复杂，墓地的排水设施非常考究，在广东为首见。墓主为“广信侯”。随葬品丰富多样，有玻璃器，青瓷狮形水注、虎子，以及陶马模型、城堡模型、水田模型、井模型、畜圈模型，还有金银器等多件珍贵文物。此外，在肇庆市康乐中路发现一座东晋墓葬，出土器物以青瓷器为主，有四耳罐、碗、盆、分格盒、唾壶、盂、托盘、勺、耳杯等，还有少量金银器和铜器。同时还发现有6座南朝墓葬，呈“串”字形、“凸”字形和长方形三种，出土器物也以青瓷器为主，以及少量的釉陶器、陶器、铜器和滑石器等。

1983年，在罗定市罗镜镇发现一座南朝时期夫妇合葬墓，平面呈“艹”字形，墓壁系用顺砖砌成，后壁凿山砌筑，砌有券顶和直棂窗，棺椁均已朽烂无存。随葬器物68件，有罐、碗、杯、砚台、束颈瓶、金饰、铜镜、铁剪、滑石猪等。出土的青釉瓷器釉色润泽。出土的一件金手镯刻有4组栩栩如生的神瑞兽草图案，带有西亚风格，是精美的艺术品。

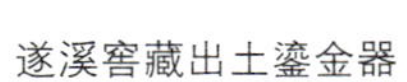
遂溪窖藏出土鎏金器

1984年9月，在遂溪县附城区边湾村发现一个带盖的大陶罐，里面装有一批金银器。陶罐的肩、腹各有四耳，肩部饰水波与弦纹组合纹。

罐内的金器有碗、环、戒指，银器有碗、波斯银币、盒、镯、簪，铜器有鎏金盅。银币为波斯萨珊王朝所铸，年代在沙卜尔三世至卑路斯之间（383～484年）。这批金银器制作风格相同，做工精细，是研究南海“海上丝绸之路”的宝贵资料。

四　隋唐至明清

隋唐墓中，最大型的是韶关的唐代宰相张九龄墓，它位于韶关市武江区墩子头村翠珠岭，是唐开元二十九年（741年）迁葬墓。砖室墓平面呈“古”字形，通长8米，包括墓道、耳室和棺室，墓道和耳室皆为券顶。棺室为锥形尖顶，残存人物壁画。因该墓曾多次被盗，仅残存陶罐、滑石器、“张拯”陶砚和一方墓志铭，记录了张九龄的生平事迹。

1954年发掘的南汉昭陵，位于广州市东圃石马村。墓地三面环山，墓前原有石马、石象等。为券顶砖室，有斜坡墓道，全长11.64米，内分主室、过道和前室三部分。该墓因被盗，随葬品只剩下陶瓷器，有30多件青釉瓷罐和100多件灰陶罐。在少数墓砖的表面或一侧，有刻划文字，其中一砖刻有“乾和十六年”等字样。“乾和”是南汉中宗刘晟的年号，该墓为刘晟的昭陵。

南汉德陵和康陵位于广州市番禺区新造镇小谷围岛上，2003～2004年发掘。德陵位于北亭村东侧的青岗北坡，墓向北，略有墓道，略作倾斜，北高南低。在南端近封门处，放置190件青瓷罐和82件釉陶罐。墓分前室和后室，两壁上下两层壁龛共18个，随葬品早年被盗，后壁龛有一个很大的盗洞。结合有关史料记载，发掘者认为，该墓是南汉刘隐的德陵。

德陵墓道器物箱出土青瓷器和釉陶器

康陵北部

康陵封土坛全景

梅县水车窑出土青瓷碗

南海Ⅰ号出水白瓷花口盘

南海Ⅰ号出水青瓷碗

南海Ⅰ号出水青白釉铺首执壶

康陵在北亭村东南侧的大香山南坡，由地面陵园和地下玄宫组成。陵园有神墙、角阙、陵门，陵台则由基座、神龛、祭台组成。地下玄宫向南，由墓道、甬道、前室、中室和后室组成，两壁上下共有壁龛30个。出土遗物有莲花纹瓦当、双凤纹瓦当、兽面脊头瓦当、筒瓦、垂兽等建筑构件。墓室出土遗物有青瓷器罐、盒、碗、盏，陶器有罐、碗和水果象生（香蕉、木瓜、菠萝、柿子）等。此外还有玻璃器、玉片、串珠、玉洗、石俑残件。最为重要的是，发现了哀册文碑，文中共1062字，载有“大有十五年……高祖天皇大地崩……迁神于康陵”等铭句。据此可确认，此墓为南汉高祖刘岩之陵墓。康陵与德陵的发掘为研究我国古代陵寝制度提供了重要的实物资料。

唐宋时期国力富盛，海外的交通贸易也得到极大发展，海外贸易又刺激了唐宋陶瓷业的发展。在这一时期，汕头、梅县、新会、鹤山、佛山、遂溪等地发现多处唐代陶瓷窑址。其中新会唐窑的规模较大，窑炉多为馒头窑。1984年发掘的梅县水车窑，发掘出两座馒头窑，出土遗物85件，有碗、壶、枕、器盖、碾轮等瓷器，以及匣钵、匣钵盖等窑具。当地用匣钵装烧的方法烧造陶瓷器，釉色青绿晶莹，堪称唐及五代（南汉）时期岭南陶瓷的精品。

南海Ⅰ号沉船的整体打捞方法以及沉船中满载的精美文物，是中国考古史上浓墨重彩的一笔。自1987年发现水下文物以来，几经努力， 2004年，中国水下考古队员对南海Ⅰ号周围的水下探摸工作基本完成。2007年4月，南海Ⅰ号整体打捞工作正式开始。全体人员历尽艰辛，克服了天气不尽如人意、作业环境恶劣、工程艰难等多种不利因素，于当年12月28日将南海Ⅰ号整体移入广东海上丝绸之路博物馆。南海Ⅰ号沉船出水文物中，有大量属于南方窑口的瓷器和较多铜钱，还有金手镯、金指环、镀金腰带、铜镜、铜环、银锭、铁器、锡器等。

南海Ⅰ号沉船打捞的同时，2007年5月，在汕头南澳县海域又发现了一条满载青花瓷器的沉船，被命名为“南澳沉船”。南澳沉船出水文物约800件，多为青花瓷器，有盘、碗、罐、碟、钵、器盖、杯、粉盒等，器底多有“福”、“禄”、“大明年造”等款识。南澳沉船的年代可能

广州西村窑出土瓷器堆积

在万历年间，推测这些瓷器主要来自闽南和粤东地区的漳州窑系和江西景德镇的民窑。

潮州笔架山窑址位于潮州市东郊笔架山西麓，窑址鳞次栉比，有“百窑村”之称。1953～1986年间，在此清理出10多座窑穴，均属龙窑（包括阶级窑），窑室内部用砖砌筑隔墙。产品以白瓷为主，器类有碗、盏、盆、钵、盘、碟、杯、灯、炉、瓶、壶、罐、盂、粉盒、人像、动物玩具等日用瓷和美术瓷，数量多，品种全，质地精。釉色有白、影青、青、黄、酱褐等多种，特点是釉质润泽，釉层较薄，一般不开片或极细的鱼子纹片。纹饰以划花为主，还有雕刻和镂孔。笔架山出土一件瓷佛像座，刻有“水东窑”字样，证明这里就是文献记载的北宋时期的水东窑。潮州窑生产瓷器已普遍使用斜坡式阶级窑，在装烧技术上也有不少改进，反映出当时瓷器的烧制技术、工艺水平越来越精湛。

宋代广州西村窑位于广州市西村增埗河岸，1952年发现。皇帝岗是西村窑场的主要遗存，堆积高约7米。发现一座龙窑，残长36.8米，烧制产品分为粗瓷和精瓷两类，以前者为主，后者有青白瓷和影青瓷。釉色以青釉为主，黑酱釉次之，还有少量低温绿釉。器类有碗、盏、碟、盆、执壶、凤头壶、军持等，计40多种器形。西村窑烧制的瓷器在南海西沙群岛及东南亚、菲律宾、印尼等地都有出土或传世，是当时岭南地区生产外销瓷器的重要窑场。

雷州窑出土瓷罐

雷州半岛经过多次的文物调查和考古发掘，已经陆续发现了唐代至清代窑址100多处，窑口200多座。雷州窑的烧造年代自唐至明初，以宋元为多，约占70%，主要集中在今雷州市和遂溪县。在雷州市纪家镇公益圩旁，1986年清理出一座残长18.7米的龙窑，出土的窑具有匣钵、垫环、压锤、石碾槽等，瓷器有碗、盘、碟、炉、杯、钵、壶、瓶、罐、枕等。胎呈灰白色，施青釉或酱褐釉，有的呈冰裂纹，以釉下褐色彩绘最具特色。这里也是目前广东发现生产釉下褐彩瓷器的主要产地。此类褐彩瓷器与雷州市宋元墓葬所出的同类器完全相同，应属同一时期、同一窑系的产品。此外，遂溪下山井窑群面积约4500平方米，出土较多的青釉瓷器，褐色器物次之。器类有碗、盏、杯等生活用品，盘、碟的形制较多，纹样有刻花、印花、褐色彩绘等。在一件碗范上，有元代“大德九年”（1305年，为元成宗铁穆耳年号）的铭文，证实了这一窑址的晚期年代。

广东省对明清遗存展开的田野发掘相对较少。这一时期的制瓷业比较发达，在粤东地区发现了一批生产瓷器的窑址。在五华县油田镇新兴村滑塘坳，有个被当地村民称为“碗窑迹”的地方，发现8条龙窑，可见窑壁和烧结层，遗物有匣钵、垫饼以及瓷罐、碗、盘、碟、钵、豆、杯、灯等。器胎厚重，施青釉，外壁刻划水波纹、菊瓣纹、莲花纹等。盘、碗的内底多印有文字，如“福”、“寿”、“玉”等，属于仿龙泉窑系产品。这些瓷器的年代为明代。1986年，发掘了大埔三河坝的鱼鲤村窑，清理一座阶级式龙窑。窑壁用泥砖叠砌，火塘和窑尾已被毁。窑室分3间，每间有砖墙相隔，各间窑底的坡度均不同。出土瓷器有双耳瓶、罐、碟、碗、三足炉等，釉色青灰或青绿色，釉质厚重，碟内多印吉祥文字。这也是一处仿龙泉窑的瓷窑。

佛山南风古灶、高灶陶窑位于佛山市石湾镇，始建于明正德年间（1506～1521年），延续使用至现代。窑体属于龙窑，依山而筑，窑腔似隧道，用小型砖结砌，顶部为券顶，窑内平面呈船底形，设有4个窑门，做各段出入窑之用。窑面共29排火眼。高灶窑长32.16米，窑面共26排火眼。窑温在800～1300°C之间。400多年来，窑体虽然多次修补，但结构基本保持旧貌。产品胎质厚重，釉厚而光润，具有窑变和釉变的艺术效果。主要生产日用器皿、建材及陶塑。

1987年，在大埔县光德镇清理一座窑炉，属阶级式龙窑，残长8.72、宽4.28米。窑内分3间，每间有砖墙相隔，下面设有火孔，尾间后壁有14个烟口。在富岭柯树坷清理一座窑，用泥砖结砌窑壁，长2.5、宽3.74米。前端有1条横长方形火沟，前后壁各设一排9个通风口或烟道。两地烧造的瓷器产品大致相同，主要有碗、碟、烟斗等，青花纹饰有山水、花卉等。

在广东沿海水域曾发现一些沉船和文物。例如，在珠海蚊洲岛沙滩中出土元代瓷器212件。在汕头市郊的沙丘中，出土明代青花瓷碗、碟、杯、罐、器盖等，共64件。这些瓷器与前述的南海Ⅰ号、南澳沉船一样，都是古代中外商舶往来贸易的实录，见证了当时广东在海外贸易中的重要位置。1996～1997年，对汕头市广澳港的一艘沉船进行调查，出水文物有铜铳2件、铜暖壶1件、铜印2枚及一些瓷器碎片。铜铳上有“国姓府”铭文，另外一枚铜印的印文为“藩前忠振伯前镇前协关防”。据此可知，沉船是南明时期郑成功部队所属。对研究郑成功部队在闽粤沿海的活动提供了重要的实物资料。

（执笔：陈以琴）

广西壮族自治区
中国考古60年

中国考古60年

广西壮族自治区

早在20世纪30年代，裴文中等学者就开始在广西地区进行考古活动。新中国成立以后，广西地区的考古工作不断取得新成果，特别是改革开放30年来，广西地区的考古工作更是取得了可喜的成绩。

一　旧石器时代

据不完全统计，广西已发现的巨猿、古人类化石和旧石器地点达130多处，主要集中在广西的东、西、中部和东北部，其年代早到旧石器时代初期，晚到旧石器时代末期。

广西是世界上巨猿化石地点最多、材料最丰富的地区，目前共发现7处，他们是柳城巨猿洞、大新黑洞、武鸣步拉利山、巴马弄莫山、田东么会洞、吹风洞和崇左三合大洞。在柳城巨猿洞发现3个巨猿的下颌骨，1000余枚牙齿，至少代表75个个体。柳城巨猿的地质时代属于更新世初期。柳城巨猿洞不仅是迄今世界上发现的巨猿化石最丰富的一个地点，而且填补了我国南方第四纪洞穴堆积的地质时代的空白。

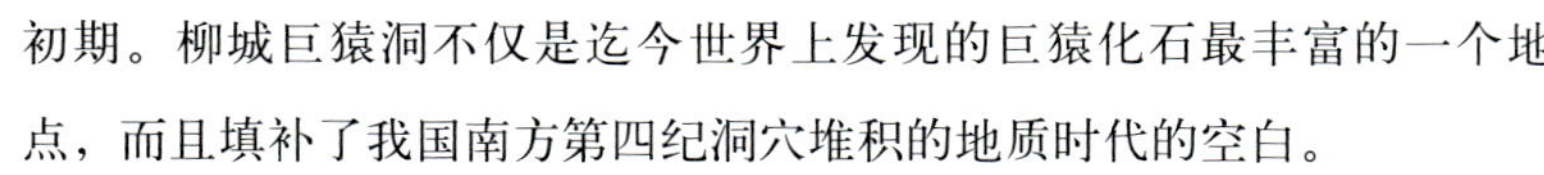

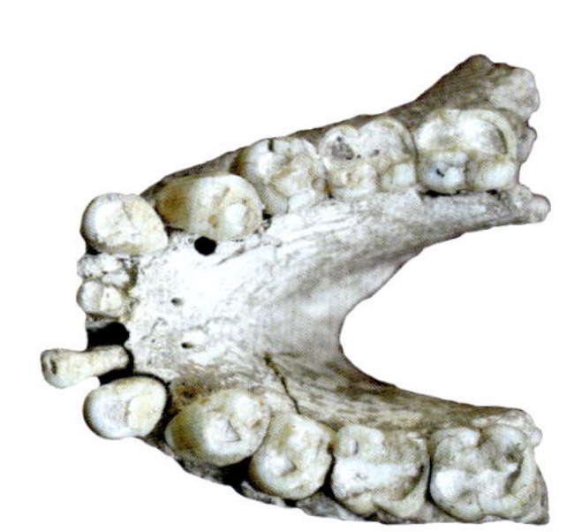

柳城巨猿下颌骨化石

广西共发现22处古人类化石地点，其中8处还发现有文化遗物共存。人类化石以牙齿居多，其年代属于晚更新世，为晚期智人化石。“柳江人”是典型代表。“柳江人”化石包括一个头骨（缺下颌骨）以及肢骨，是一个年龄在40岁左右的男性个体。“柳江人”的脑容量为1480毫升，比各种猿人和古人进步，是正在形成中的蒙古人种的一种早期类型，也是迄今在我国乃至整个东亚发现的最早、最完整的新人阶段的代表。此外，在田东布兵的么会洞发现两枚牙齿化石，与北京猿人、和县猿人、蓝田猿人等中国直立人接近，可能属于直立人。

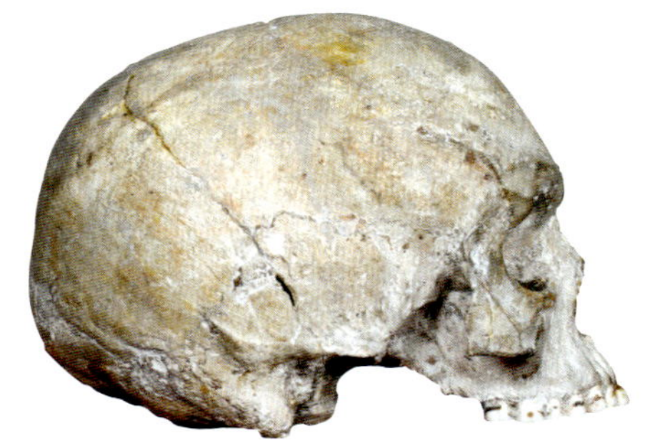

柳江现代智人头骨化石

在8处发现有文化遗物共存的人类化石地点中，桂林宝积岩和柳州白莲洞是比较重要的两处。在桂林宝积岩，除发现2枚人牙化石和16种大熊猫—剑齿象动物群化石外，还出土了12件打制石器，种类有石核、砍砸器和刮削器。柳州白莲洞位于柳州市东南郊白面山南麓，在旧石器时代文化层中出土有石器、人牙和动物化石。

广西的旧石器遗址或地点分为露天和洞穴两种类型。旧石器时代早期遗存以百色旧石器遗址群为代表。中晚期遗存有田林的八六坡、万鸡山、龙皇庙，百色的百达，南宁盆地的小崩山、虎头岭等露天遗址；洞穴遗址有桂林宝积岩、桂林大岩，柳州白莲洞、柳州思多岩，来宾盖头洞，柳江陈家岩，以及崇左矮洞、田东定模洞、都安巴独山等。此外，在梧州郊区和平果县也发现多个地点。

百色大梅遗址出土手镐

百色公娄遗址出土手斧

百色旧石器自1973年首次发现以来，已发现的遗址或地点上百处，经过发掘的有20多处，采集和出土的石制品超过3万件，还发现了旧石器时代人类的活动面和用火遗迹。从2005年发掘的坡洪、那赖、大梅等遗址的层位堆积及器物组合来看，百色旧石器存在早晚之分。早期的石制品埋藏在网纹红土及以下地层中，石器类型有砍砸器、刮削器、手镐、手斧和薄刃斧。旧石器早期的手斧，不论是制作技术、器物形态还是年代方面，都与非洲的部分手斧非常像。所以有学者指出，百色旧石器是一个具有阿舍利技术的旧石器时代初期的石器工业。旧石器晚期的石制品出自网纹红土层上的均质红土层中，原料主要为细砂岩和硅质岩砾石，打片和加工石器基本上使用锤击法。石器均为单面加工，器体较小，类型有砍砸器、刮削器、手镐等，缺乏手斧和薄刃斧。百色旧石器早期的年代为距今80～70万年。

旧石器时代中晚期遗存以田林八六坡、百色百达、桂林宝积岩、柳州白莲洞为代表。这些遗址在文化面貌上有许多共性和相似点，如制作石器的原料都是砾石，岩性单一，以砂岩为主；石器几乎都是单面加工，制作简单，器身大部分保留砾石面；石器个体普遍较小；器物组合简单，一般只有砍砸器、尖状器或手镐、刮削器。洞穴遗址中常有人类化石、动物化石与石器共存。从地层和石器面貌看，百达和八六坡的年代较早，可能为晚更新世早期或更早，其余的应为晚更新世晚期。

广西旧石器时代中晚期遗存与早期遗存是一脉相承的，最突出的特点是砾石石器工业传统贯穿始终，石器的原料都是取自河滩的砾石；石器多为单面打制而成，制作简单，保留较多砾石面；以石核石器为主，石片石器很少；砍砸器和刮削器是常见的工具类型，且以砍砸器为主。二者的区别主要表现在原料的岩性选择有所不同，工具的组合和个体的大小、形态有所变化。

二　新石器时代

迄今为止，广西地区已发现新石器时代遗址约400处，发掘40余处。广西地区的新石器时代文化是从本地的旧石器时代文化发展起来的，它们之间有明显的过渡。属于这种过渡形态的遗址有武鸣苞桥A洞、岜勋B洞、腾翔C洞，桂林D洞、东岩洞、庙岩、轿子岩、释迦岩、大岩，来宾盖头洞，柳州白莲洞、鲤鱼嘴、陈家岩，崇左矮洞等。这些洞穴遗址的文化层内含有大量的软体动物介壳。文化遗物中，旧石器时代的打制砾石石器依然占据主流，新石器时代的一些典型因素（如陶器、磨制石器）开始出现。例如，在大岩遗址第二期文化遗存，出现了烧制的陶土块。在白莲洞遗址第二期文化遗存，出现了磨刃石器和穿孔砾石，部分遗址还发现丰富的燧石小石器。这种过渡形态延续的时间大概是距今16000～11000年。

广西地区在距今10000年前后进入新石器时代。1988年，在桂林庙岩发现了数片夹砂灰黑陶片，素面无纹，经碳十四测定，其年代距今15000多年。随后，桂林甑皮岩、南宁顶蛳山、柳州鲤鱼嘴等遗址都发现了距今10000年前后的陶片。在甑皮岩第一期文化，陶器为手捏成型的夹粗砂敞口浅弧腹的圜底釜，年代为距今12000～11000年。在顶蛳山第一期文化，陶器仅见手制圜底罐（釜），年代为距今10000年左右。这些新石器时代早期遗存均未见稻作农业的痕迹，采集渔猎经济仍是其主要的生业模式，可能还存在块茎植物的栽培。

（一）桂北地区

桂北地区包括漓江流域、湘江上游流域、资江上游流域等区域，是广西新石器时代文化面貌和发展序列比较清楚的地区之一，又分为南、北两个区域。

南区包括桂林市区及其周围地区，主要是洞穴遗址。其新石器时代文化发展序列从早到晚可划分为甑皮岩第一期文化遗存→甑皮岩第二期文化遗存→甑皮岩第三期文化遗存→甑皮岩第四期文化遗存→甑皮岩第五期文化遗存→大岩第六期文化遗存。其文化面貌以甑皮岩第四期文化（距今约8000年）为界，前后变化明显。石器以打制为主。陶器以夹砂红褐陶为主，制法主要为泥片贴塑法，纹饰以印痕较深、较细密的中绳纹最具特点，器类均为圜底的釜、罐类。骨蚌器的数量较多，主要是骨锥、锛、铲、针、鱼镖以及蚌刀。墓葬的葬式为蹲踞葬，墓内放置石块，有以蚌壳覆盖头部的现象。甑皮岩第四期文化以后，磨制石器增多，陶器以夹砂红褐陶为主，器类包括敞口罐、高领罐、敛口釜、圈足盘和豆等，纹饰有细绳纹、刻划纹、戳印纹、弦纹、方格纹等。墓葬有屈肢葬、蹲踞葬、直肢葬等，已经有了随葬品。

北区包括资江及湘江上游流域，以山坡遗址为主。文化内涵比较清晰的是资源晓锦遗址和灌阳五马山遗址。晓锦遗址的年代属于新石器时代中晚期，不仅发现了柱洞、红烧土居住面，而且还有多处完整的圆形居住遗迹。另外，陶窑及大量炭化稻米的发现是广西新石器时代考古的重要发现之一。其文化堆积可分为三期，其中第一、二期文化面貌与第三期有着明显差别。在灌阳五马山遗址，发现圆形灰坑和布局凌乱密集的柱洞等，出土石器部分通体磨光，有的只磨光刃部，器形包括长条形斧、锛、凿以及杵、镞、环、球形器、穿孔器等。陶器为手制，火候低，质地以夹砂红陶为主，大多素面，少量饰细绳纹，器类有罐（釜）、豆、圈足碗、平底盘、器座、支脚等，以高柄竹节形豆最具特色。该遗址的年代为新石器时代晚期。

桂林甑皮岩遗址第五期文化陶罐

（二）桂中地区

桂中地区包括柳江及其上游的洛清江、融江、龙江流域等区域，遗址有洞穴、台地等类型。该区域的年代序列从早到晚大体是鲤鱼嘴第二期遗存→兰家村类型遗存→鲤鱼嘴第三期遗存（白莲洞第三期）→南沙湾类型遗存，年代约距今9000～5500年。

鲤鱼嘴遗址第二期文化遗存的石器以燧石质细小石器和较大的砾

石打制石器为主。陶器多为夹粗砂红褐陶，器形以敞口、束颈的圜底罐（釜）类器物为主，墓葬为屈肢葬，没有明确的随葬品。年代约距今9000年。兰家村类型遗存以磨制的斧、锛为主，打制石器依然比较流行。陶器以夹砂红陶为主，多施以粗绳纹。鲤鱼嘴第三期遗存石器以磨制石器为主，陶器则以细绳纹为主，同时出现了轮修技术。年代约为距今6500年。南沙湾类型遗址的石器大部分通体磨光，陶器全为夹砂陶，以红褐陶和黑灰陶居多。器类主要有敞口、折沿、圜底的釜、罐之类，少有直口器。遗址的年代距今6500～5500年间。

邕宁顶蛳山遗址第二、三期文化鱼头形穿孔蚌刀

隆安大龙潭遗址采集的石铲

邕宁顶蛳山遗址发现的肢解葬

邕宁顶蛳山遗址发现的屈肢葬

（三）桂南地区

桂南地区主要包括左江、邕江、右江下游流域，遗址有山坡、台地等类型。该区域新石器时代文化发展序列比较完整，其年代序列从早到晚大体是顶蛳山遗址第一期遗存→顶蛳山文化→何村类型遗存→顶蛳山遗址第四期遗存→大龙潭类型遗存，其年代跨度约为距今10000～4000年。

顶蛳山文化以邕宁顶蛳山遗址第二、三期文化为代表，以贝丘遗址为特征。遗址主要堆积为螺壳，并含大量的水陆生动物遗骸。陶器以敞口深腹圜底罐、敛口深腹圜底釜为主，纹饰早期多篮纹，晚期盛行绳纹。骨蚌器占较大比例，存在形态各异的鱼头形蚌刀。墓葬数量多，葬式以各类屈肢葬为主，而肢解葬最有地方特点。经济生活以采集渔猎为主。大龙潭类型以隆安大龙潭遗址为代表，以大石铲为主要特征。该类遗址主要分布在靠近江河湖泊的坡岗上，尤其是左江与右江汇合成的邕江三角地带分布最为密集。此类遗存以形制特殊的磨光石铲为主要特征，石铲形体硕大，器身扁薄，棱角分明，制作规整，许多器物无使用痕迹。石铲多以一定的形式排列，其中又以刃部朝上的直立或斜立排列组合为主。何村类型以崇左何村遗址为代表，主要分布在左江流域，其文化内涵表现在以贝壳堆积为主，有大量的水陆生动物遗骸。石器以打制的砾石石器为主，磨制石器有斧、锛等。蚌器以铲为主，以双肩蚌铲最具特色。陶器极少甚至不用陶器。墓葬的葬式多样，有蹲踞葬、屈肢葬、肢解葬等，以屈肢葬为主。

（四）桂东地区

桂东地区主要包括贺江、桂江、郁江、浔江流域等区域。该区域的新石器时代河旁台地遗址数量多，而且不含螺壳，另外有少量的洞穴遗址。年代序列从早到晚大体是相思州类型遗存→上塔类型遗存→大塘城类型遗存→石脚山类型遗存。

相思州类型的文化遗存分为早晚两期。早期石器多为磨制的锛，陶器以夹砂红陶为主，陶胎较厚重，器表多饰粗绳纹，器形以圜底的釜、罐为主。晚期石器有相当数量的打制砾石砍砸器和磨制石锛，另外还发现有密集的石制品分布面（石器加工场）。上塔类型以上塔遗址和长冲根遗址为主，是该地区新石器时代中期文化的代表。陶器均为夹砂陶，均贴片制作。陶色以灰陶系为主，纹饰以绳纹为主，器形主要是敞口、高领、圜底的釜、罐。石器以磨制石锛为主。存在大量的石制品密集分布区（石器加工场）。大塘城类型的时代是新石器时代中晚期，陶器多为夹细砂红陶，纹饰以粗绳纹为主，均为圜底器。石器以侧面单向打击的砾石砍砸器为主，存在大量的石制品密集分布面（石器加工场）。石脚山类型以石脚山遗址为代表，其时代为新石器时代晚期。陶器以夹砂浅灰陶为主，纹饰以绳纹为主，器类有鼎、釜、罐、豆、圈足盘、纺轮、支脚等。石器主要有磨制的斧、锛、矛、砺石等。该类型与广东珠江三角洲地区的新石器时代晚期文化有密切联系。

（五）桂西地区

桂西地区主要包括右江中上游和红水河流域，遗址有台地、洞穴、山坡等类型。其中，右江中上游流域新石器时代文化的发展序列是百达类型遗存→革新桥类型遗存→八六坡类型遗存→感驮岩文化第一期文化类型等阶段；红水河流域新石器时代考古学文化序列是北大岭早期遗存→坡六岭类型遗存→北大岭晚期遗存→感驮岩第一期文化类型，年代约为距今8000～4500年。

百达类型以百达遗址新石器时代堆积为代表。以石器为主，还有少量的陶器和骨器及动植物遗存。陶器主要为红褐色夹砂绳纹罐。墓葬都有随葬品，葬式有仰身屈肢等。遗存可分早晚两期，早期文化距今约9000年，晚期文化距今约7000年。革新桥类型以革新桥遗址为代表，最早年代为距今约6000年。存在规模不一的石器制造场，陶器数量很少。打制石器与磨制石器共存，器形中较有特色的是个体较小的单边砍砸器、磨制的斧、锛和研磨器。墓葬以仰身屈肢葬为主。八六坡类型遗存以八六坡、坡落等遗址为代表，年代为距今约5000年。基本不见打制石器，磨制石器中双肩斧、锛数量较多，陶器多为红色的夹砂绳纹釜、罐等。感驮岩第一期文化类型的年代为距今约4500年，陶器以夹砂灰褐陶为主，流行圜底器和三足器，主要器类有釜、罐、钵、纺轮等。石器多通体磨制，器类有双肩有段斧、锛、镞等。

都安北大岭遗址石器制作场和墓葬

北大岭早期遗存的陶器以夹粗砂红褐陶为主，火候较低，器壁较厚，纹饰以粗绳纹为主，器形多为敞口圜底釜。石器中打制石器和磨制石器并存，器类有斧、锛、凿、研磨器、

石锤等。遗址中通常发现石器制作场，墓葬葬式有屈肢葬和肢解葬。坡六岭类型遗存发现石器加工场遗迹。陶器出现了夹细砂灰陶，纹饰仍以绳纹为主，新出现了方格纹。增加了陶钵，出现了较多的三足器，以高领罐最具特征。石器出现了磨制较精的小型斧、锛，并开始出现大石铲、石拍。北大岭晚期遗存的陶器有夹细砂和泥质陶两种，胎壁较薄，纹饰主要为细绳纹，其次为刻划纹。器形多为圜底和圈足，主要器类有高领罐、带耳罐、陶罐、陶钵、陶盆等。石器以双肩石器为主，器类有磨制石锛、斧、铲等，多为通体磨光。

（六）桂南沿海地区

桂南沿海地区主要包括北仑河、钦江、南流江等流域，年代跨度约为距今7000～4000年。遗址有洞穴、山坡等类型。该地区的新石器时代文化年代序列从早到晚大概是亚菩山类型遗存→独料类型遗存→大龙潭类型遗存。

亚菩山类型遗存以亚菩山、马兰嘴、杯较山等海边贝丘遗址为代表，年代约为新石器时代中晚期。文化堆积以海生的斧足类软体动物硬壳为特征。石器中，打制石器厚重粗大，多采用石锤直接敲打而成，器形以最居特色的蠔蛎琢居多。磨制石器有斧、锛、凿、磨盘、杵等。陶器均为夹粗砂陶，为红色和灰黑色陶。纹饰以绳纹最多，器类多为圜底罐。骨器有锥、镞及饰物，蚌器有铲、环、网坠。独料类型的年代属于新石器时代晚期。文化遗物以石器为主，磨制石器占多数，其中部分斧、铲为有肩石器。打制石器有敲砸器、刮削器、网坠等。陶器均为夹砂陶，以夹粗砂红陶居多。纹饰以绳纹为主，器类多为敛口和直口的釜、罐。

三　先秦时期

广西先秦考古始于20世纪50年代，到目前为止，共发现先秦时期的土坑墓约700座，清理发掘了大约500座、岩洞葬18处、遗址数十处。遗址和墓葬的分布可以分为桂东和桂西两大块。

除零星出土的商周时期的青铜器外，春秋战国以前，桂东的先秦遗存属于印纹陶文化。以含几何形印纹硬陶为主要特征，绝大部分是泥质硬陶，也有部分夹砂硬陶和少量的泥质软陶，纹饰以拍印的云雷纹、曲折纹、夔纹、方格纹为主。2002年，在灌阳的钟山、金家岭、山嘴子、狮子岩及全州的龙王庙山等遗址，均采集到几何印纹陶，其年代可到商周时期。20世纪70～90年代，在桂东发掘了100多座春秋战国时期的墓葬，其中以平乐银山岭战国墓最集中。2001年，在贺州高屋背岭又发现了一处大型墓地，其年代为战国中晚期至西汉早期。桂东的战国墓流行长方形土坑，墓室底部普遍设置腰坑，随葬品组合比较规范，以实用器为主，基本没有礼器。青铜制品的地域色彩浓厚，以铜扁茎短剑、双肩铲形钺、竹叶形刮刀、柱形器和盘口鼎最具特色。有学者认为，这些遗存属西瓯青铜文化。

那坡感驮岩遗址第二期文化牙璋

武鸣岜马山岩洞葬出土石戈

桂西的先秦遗存在20世纪80年代以后有大量发现，如武鸣马头元龙

广西龙州更洒岩岩洞葬外景

武鸣元龙坡M147出土铜卣

坡、安等秧墓地，田东南哈坡和大坡岭战国墓，武鸣、来宾、忻城、大化、宜州、龙州等地的岩洞葬等。1997年发掘的那坡感驮岩遗址第二期文化，是该地区春秋战国以前遗存的代表，年代约为距今3800～2800年。其特征是以精致的磨制石器为主，凹刃石凿较有特色，有铸造小型青铜器的石范。陶器制作为手制兼有轮修，胎质多为夹中细砂，胎体较薄，火候较高，陶色不均匀。流行圜底器，也有圈足和三足器，釜、罐是主要器类。器表多滚压绳纹，各种式样的刻划纹也比较流行，还有彩绘陶和磨光陶。骨质、玉质的装饰品常见。在此发现螺狮壳、野猪、水鹿等水生陆生动物遗骸以及人工栽培的谷物遗存，表明当时的生业方式是农耕与采集狩猎共存。

感驮岩第二期文化与该地区的同时期的岩洞葬有着密切关系，或许它们就是同一考古学文化的遗存。广西先秦岩洞葬起源于桂西，到战国时期向桂东发展。特征是对葬所隐秘，用大石块封堵洞口。不造墓坑，尸骨平地摆放，不加掩埋。流行多人合葬，在仪式中用火烧尸骨。随葬品也多平地摆放。根据随葬品的特征变化，可将其分为5期。感驮岩文化和先秦岩洞葬应与活动于该地区的骆越族有密切关系。

除岩洞葬外，桂西的土坑墓也有别于桂东，1985～1986年，在武鸣马头元龙坡发掘了西周春秋时期墓葬350座，其墓室狭长，将随葬品打碎并拆散埋葬。随葬品主要是实用器，其组合是青铜兵器、生产工具、生活用具。青铜器有浓厚的地域特色，最具代表性的是镂空细纹匕首、圆尖顶长舌圆形器、圆銎长骹矛、“凤”字形钺、斜刃铜钺、新月形刀、桃形镂孔镞。还发现了一批铸造青铜器的石范，说明当时已经有了青铜冶铸业。1993和1994年，在田东南哈坡和大坡岭战国墓中出土了万家坝型铜鼓，填补了广西铜鼓分类的空白。有研究认为，桂西春秋战国墓属于骆越青铜文化。

广西青铜文化是在当地原始文化的基础上发展起来的，萌生于商末周初。开始是以接受中原青铜文化为主，到西周春秋时期掌握了青铜冶铸技术，产生了自己的青铜文化。这种青铜文化具有浓厚的土著色彩，到战国秦汉时期发展到鼎盛。

四　秦汉时期

秦时在广西设立郡县，但是统治时间较短，留下遗物不多。1974年发掘的平乐银山岭M4，出土一件刻有“江”、“鱼”二字的铜戈。有学者认为，江、鱼是楚之属地，战国晚期归秦，该墓很可能是秦墓。汉代是广西经济文化大发展时期，考古成果主要有遗址和墓葬两部分，其中汉代遗址有城址、窑址、冶炼遗址和道路交通水利设施等。

汉代城址有11处，计13座，集中分布在桂东北和桂东地区，大部分是当时的县治和军事城堡。1990～1996年，对兴安溶江镇七里圩古城址进行了勘探与发掘。该城始建于西汉中期，在东汉时曾进行过一次加筑，魏晋时期废弃。推测这是一座军事性质的古城。2003年发掘的合浦大浪古城，发掘者认为是西汉时期的合浦县治，但对其年代和性质尚存争议。2007年发掘的合浦草鞋村遗址，出土大量西汉和东汉时期的筒瓦、板瓦和瓦当，还发现了数口水井，为寻找汉代合浦郡郡治和合浦港提供了线索。2008年，配合基建抢救发掘贵港贵城遗址，发现了大量两汉时期的房址、水井、排水沟和一条宽大的人工河道，出土了大量的两汉时期的筒瓦、板瓦、瓦当等，有的瓦上有“永元四年”（92年）、“永元十年”（98年）、“永元十四年”（102年）、“零陵郡三年”、“万岁”等铭文，为寻找郁林郡乃至桂林郡郡治提供了重要线索。

汉代的窑址目前发现不多，1977年在梧州富民坊发掘了27座烧制陶釜、陶锅的马蹄形窑。1996年，在桂平大塘城清理一座烧制板瓦、筒瓦的马蹄形窑。1977、1978年，两次对北流县民安

合浦风门岭26号汉墓出土铜牛

合浦红岭头34号汉墓出土琉璃杯

合浦望牛岭1号汉墓出土铜凤灯

合浦盐堆1号汉墓出土金串饰

圩铜石岭汉代冶铜遗址进行发掘，它是广西首次经过科学发掘的冶炼遗址，为研究汉代冶炼工艺和探索铜鼓的铸造提供了重要资料。

在广西，历年发掘的汉墓已近2000座，集中在合浦、郁林和苍梧三郡治现今所在地——合浦、贵港和梧州，这些墓葬可分为西汉早期、中期、晚期和东汉前期、后期5个时期。

西汉早期流行竖穴土坑墓。带墓道的大型木椁墓开始出现，封土和棺椁葬具较为普遍，部分墓葬仍设有二层台。在一些墓葬里，墓底还铺有卵石，设有腰坑。随葬品中具有地方特色的有铜鼓、盘口鼎、提筒、羊角钮铜钟等。中原式器物增多，出现鼎、盒、壶、钫等成套青铜礼器，并开始用铜镜随葬。陶器盛行几何形印纹陶，其中匏壶、三足盒、提筒等较具特色。属于该期的墓葬主要是贺县高寨M4～M8，贵港罗泊湾1、2号墓，贺县金钟1号墓。1987～1988年，在合浦文昌塔也发掘了30多座墓。

西汉中期流行竖穴土坑木椁墓。随葬品中，仓、井、灶及滑石器等模型明器增多，开始出现五铢钱。随葬铜镜普遍，出现昭明镜、日光镜、铭文镜等。1954～1955年在贵港发掘的25座西汉墓中，有部分可能属于西汉中期。其他墓葬还有贵港深钉岭第一期墓葬、合浦风门岭27号墓，合浦文昌塔汉墓中有30多座也属该期。另外，在西林普驮发现的铜鼓墓有汉式和土著两套器物，也可归入本期。

贵港罗泊湾一号汉墓出土漆绘提梁铜筒

贵港罗泊湾一号汉墓出土铜鼓

贵港罗泊湾一号汉墓出土铜桶

贵港罗泊湾一号汉墓出土羊角钮铜钟

西汉晚期，墓葬形制仍以木椁墓为主，一些大型墓葬常设置有“外藏椁”。陶器仍以瓮、罐为主，流行井、仓、灶等模型明器，长颈壶、簋等器形开始出现，纹饰以方格纹底加各种戳印的纹饰为主。青铜錾刻工艺发达，普遍随葬铜钱，开始出现新莽钱币。昭明镜及日光镜继续流行，但与西汉中期相比镜体较小。此外，琉璃、玛瑙、琥珀、水晶等各种串饰均有较多发现。该期的墓葬数量比较多，重要的有合浦望牛岭1号墓、合浦堂排汉墓、贵港深钉岭第二期墓葬、合浦凸鬼岭第一类土坑墓、合浦风门岭26号墓等。

东汉前期，竖穴土坑木椁墓在一些地区仍然大量存在，但新出现了砖室墓。在一些地区，还出现由木椁墓向砖室墓过渡的砖木合构形式。陶器中，钫已经消失，井、仓、灶等模型明器继续流行，錾刻花纹开始逐渐衰落，滑石器减少，琉璃、玛瑙等装饰品继续流行。合浦黄泥岗1号墓和钟山张屋东汉墓、贵港马鞍

岭M1、合浦九只岭M5、合浦凸鬼岭第二类砖墓合构墓等均属此期。另外，兴安石马坪M20发现有“永平十六年作”（73年）铭文墓砖，其随葬品（陶罐、壶、碗等）可作为断代标尺。

东汉后期，砖室墓开始成为一种主要流行样式，有纪年的砖墓增多，在一些地区还出现石室墓。随葬品中青铜器减少。陶器仿青铜錾刻花纹，纹饰更加繁缛。本地因素逐渐消失，在器形上与北方中原地区渐趋一致。该期墓葬发掘较多，主要有昭平东汉墓，贵县北郊汉墓第二类Ⅱ、Ⅲ、Ⅳ型墓，合浦的大量砖室墓，贵港马鞍岭M2、M3和贵港孔屋岭M1，阳朔高田的第三、四、五类墓等。

五　三国两晋南朝

三国时期的墓葬在贺州、钟山、合浦等地均有发现，形制有土坑墓、石室墓、砖室墓3种，随葬品有陶、瓷、铜、铁、玉、金、玛瑙等。与东汉墓相比，最大的变化一是墓砖装饰纹样繁缛，出现“八田大吉”之类的吉祥语；二是质量较高的瓷器及铁器增多；三是楼阁等建筑模型及畜禽等明器日渐减少。合浦岭脚村M4为一座双层券顶带侧室砖室墓，由墓道、封门、甬道、耳室、前室、后室、右侧室组成，墓葬形制新颖，墓砖纹饰多样。随葬品100余件，以青铜器和青瓷器为主。其中青瓷器烧成温度高，胎釉结合紧密，厚薄均匀，已是成熟的瓷器。

晋墓分布很广，多是带甬道的长方形单室砖墓，规模较小。随葬品与汉墓相比，数量和种类都减少了。模型明器逐渐消失，但青瓷日用器皿占的比重却日益增加，有代表性的是青瓷鸡首壶、唾壶、四耳罐、六耳罐等。青瓷器胎骨细白，釉色晶莹，烧造水平很高。晋墓发现有较多的纪年铭文墓砖。例如兴安界首百里村汽车站的晋墓，发现有“永和十一年”（355年）和“升平四年”（360年）铭文砖。在钟山红花西岭的晋墓，发现有“永嘉六年”（312年）的铭文砖。在兴安鸟厂山M1、阳西岭M2，发现“元康九年”（299年）及“义熙五年”（409年）纪年砖墓。

贵港高中水利工地出土三国黄龙元年铜镜

南朝墓在桂北、桂中、桂东南地区10余个县市均有发现。多为规模较小的砖室墓，结构也较简单，随葬器物以青瓷器、滑石器为主。青瓷器新出现的种类有三足炉、三足砚、印花碟等。滑石器流行刻有纪年的买地券，桂林东郊尧山南齐墓就出土过一方“永明五年”（487年）滑石买地券。在贺县铺门清理一座刘宋墓，墓砖侧边印有“大明六年（462年）作”的铭文。鹿寨县江口区水碾六岭坡的一座萧梁墓中，出土一块“大通五年（533年）”滑石买地券。这些墓可以作为广西南朝墓断代的标尺。1981年，在永福寿城清理一座南朝墓，出土了一批由骑马俑、步辇俑、扛旗俑、击鼓俑、武士俑组合而成的仪仗俑群，这在广西南朝墓中属首次发现。

梧州富民坊晋墓出土青瓷鸡首壶

永福寿城南朝墓出土骑马俑

苍梧倒水南朝墓出土陶犁田模型

六 隋唐至明清

隋唐考古主要涉及城址、墓葬和窑址。城址方面，在历次文物普查中发现了容县容州故城、灵山县钦州故城、钦州市钦江故城、藤县谭中城、北流铜州城以及上林智城等。其中上林智城是一座山城，利用四周石山环抱的山谷修筑而成。该城由内城和外城两部分组成，平面略呈弯月形，东西最宽530米，南北最长250米。山体上的城墙用石块磊筑，平地上的城墙为外包石块的夯土墙。在城内外发现有池塘、水井、城门等遗迹，以及石臼、石碾、四系灰陶罐等遗物。在城外有一方摩崖石刻，为《智城碑》，碑文内容是盛赞智城山及其一带的风光名胜，颂扬韦敬办的文治武功。有研究认为，智城是唐代羁縻制度下由韦氏土官修建的一个坞堡式封建庄园。

墓葬方面，灌阳新街画眉井是目前唯一有明确纪年的隋代家族墓地，共清理12座，均为“凸”字形券顶砖室墓。出土青瓷盘口壶、碗、杯、炉、三足砚和铜盒、鐎壶、匕首及滑石猪等。其中5座墓均发现有“大业七年（611年）黄元圭”铭文砖。另外，在钦州九隆发掘的7座隋唐墓是当地少数民族家族墓，都是中小型的券顶砖室墓，平面有“凸”字、“中”字、“干”字形等。随葬品以青瓷器和陶器为主，也有铜镜、铜钱和其他金属器及玻璃器。该墓带有浓厚的南朝特征。但是设置壁龛、灯龛和边沟等，又是隋代和初唐时期的特色。唐代的墓在全州、兴安、灌阳、平乐、容县、梧州、北海等地都有发现，其中全州凤凰麻子冲的一座墓，部分墓砖印有纪年铭文，如“太岁戊戌贞观十二年六月廿日永州赵司仓参军墓息云骑尉造留传后世子孙知”。在兴安护城明竹发现一座唐墓，墓砖有“贞观十五年辛丑七月庚日”、“唐家墓”铭文。这两座墓为广西唐墓断代树立了标尺。2005年，在平乐木棺汀发掘一座长方形竖穴土坑的唐墓，出土的月白色窑变釉青瓷器，是广西首次发现的唐代月白色窑变釉。

隋唐时期的窑址主要有桂林的桂州窑、容县琼新窑、合浦英罗窑、南康窑、东场窑，都是烧造青瓷的窑址。1988年对桂州窑进行了发掘。其中1号窑是青瓷窑，烧造技术采用匣钵装烧和垫

托装烧，主要产品是日用器具和建筑构件。器物胎厚，呈灰白色，内外施釉。以青釉为主，间以少量酱褐色釉。造型朴实，素面居多，杯、碗、高圈足杯和器盖上有莲花、莲瓣纹。2号、3号窑为露胎叠烧或单烧。2号窑的主要产品为日用器具，陶质灰胎，釉以青色为主。3号窑生产日用陶瓷器、供寺院用器具和建筑陶瓷构件。莲瓣纹形式多样，有的凸出器表，有一层至数层。这是一处与桂林佛教的兴衰密切相关的青瓷窑场，创烧于南朝晚期，盛于隋唐，衰于北宋。

此外，隋唐时期的遗址也有一些重要的发现。如1989年到1998年，在桂林、容县等地的旧城改造中，在开元寺遗址和清景寺遗址中发现波斯陶瓶残片，反映了唐代海上丝绸之路的发达以及基督教在广西的传播。2006年在柳州灵泉寺遗址的发掘中，发现了唐代的柱洞、瓦当等遗迹、遗物。2008年在贵港贵城遗址的发掘中，发现了唐代的砖铺地面等建筑基址。

永福窑田岭窑出土宋代釉里红瓷盏

宋元考古最重要的收获是瓷窑的调查和发掘。自1956年发现兴安严关宋代瓷窑遗址以来，陆续在藤县、桂平、桂林、合浦、全州、永福、北流、容县、岑溪、柳城、柳江、钟山、崇左、忻城等地发现宋元时期的瓷窑。60年来，我们对兴安严关窑、藤县中和窑、永福窑田岭窑、容县城关窑、桂平西山窑、北流岭垌窑、柳城木桐窑、柳江立冲南窑、崇左旧车渡窑、忻城红渡窑等进行了发掘。这些瓷窑均为坡式龙窑，其产品可分为青瓷和青白瓷两大类。

容县出土宋代葵瓣瓷碗

宋代青瓷窑以兴安严关窑和永福窑田岭窑为代表，已发掘的有立冲南窑、旧车渡窑、红渡窑等。多以匣钵支钉叠烧，产品胎质较厚，器类主要有罐、瓶、壶、碗、盏、盘、杯、碟等，以动植物图案为印花装饰主体。兴安严关窑是以烧青釉、月白釉为主，兼烧酱、黑、仿钧窑变釉及点洒褐彩瓷，是烧制民间日用器规模较大的窑场，其产品带有浓郁的民间乡土气息。严关窑创烧于南宋隆兴时期（1163～1164年），到南宋末衰落停烧。永福窑田岭窑除生活器皿外，还烧造花腔腰鼓和瓷枕。其仿耀瓷的规模最大，烧造产品仿耀瓷约占总数的三分之一，仿造工艺水平高超，可以达到乱真的地步。同时，该窑成功地烧造出高温铜绿、铜红釉瓷，出土的缠枝菊花纹红釉盏，是迄今最早的一件北宋时期白瓷胎整体高温铜红釉器。2007年发掘的忻城红渡窑，首次出土了一批宋代完整的青瓷梅瓶，在研磨棒上还发现有“元丰四年（1081年）”纪年铭文。柳江立冲南窑是一处南宋晚期的青瓷窑。

藤县中和窑出土宋代印模及瓷碗

元代的青瓷窑以柳城木桐窑为代表，包括全州永岁的部分窑址和柳城的大部分窑址。木桐窑大量采用支钉进行叠烧，器物造型厚重结实。品种单一，碗、盏、盘、碟、杯等占器物总数的80%以上，高足杯是其典型的器物。刻印莲瓣纹最多，还有鱼、鹿、凤等动物纹样和“富”、

柳城木桐窑出土元代青釉“福”字款印花碗

桂林明靖江安肃王夫妇墓出土青花梅瓶

"福"、"宝"等吉祥语及八思巴文。该窑出土刻有"延祐五年（1318年）七月"鱼纹印模，可知其烧造的年代为元代前期。

青白瓷窑以藤县中和窑、容县城关窑、北流岭垌窑为代表。多以匣钵一钵一器仰烧，胎质轻薄，玻化度高。器类以碗、盘、盏、碟为主，还有瓶、罐、盒、洗、钵、盅、托盏、执壶、注碗、杯、水注、唾壶、尊、匜、熏炉、炉、灯盏、灯、烛台、枕、玩具、魂瓶、腰鼓等。其中魂瓶、腰鼓颇有特色，造型多仿瓜果形状，装饰以印花为主。藤县中和窑晚期还使用一钵多器叠烧法，产品胎质洁白细腻，有较好的半透明度。纹饰中，海水戏婴、海水摩羯以及席地缠枝花卉等装饰最具特色。中和窑是一处以生产外销瓷器为主的民间瓷窑遗址。容县城关窑在长沙窑的基础上，将高温铜绿、铜红釉的烧造技术推向成熟，出土的"元祐七年（1092年）七月……花头"款缠枝菊花纹印花模具，是这两类釉瓷所使用的印花模具。一些匣钵上印或刻有文字，有的是姓氏，有的是数字，也有"官"、"本"等字款，这些字款对研究当时的瓷业组织和生产规模有重要的参考价值。北流岭垌窑清理的1号窑全长近110米，是迄今广西发现最长的古代瓷窑，在全国也属少见。

宋元时期的建筑遗址发掘了柳州灵泉寺遗址和贵港贵城遗址，出土了大量的莲花纹、兽面纹瓦当等建筑材料。贵城遗址还发现有"天圣元年（1023年）"、"窑务官立"等铭文板瓦。2004年，在临桂县发掘了一处北宋晚期至南宋时期的圩市遗址，在崇左发掘了一座北宋时期火葬墓，这在广西宋元时期考古中都是首次发现。此外，梧州钱监遗址和贺州钱监遗址，填补了我国冶金史上锡、铅冶炼的空白。

明清时期考古主要是调查和发掘了桂林王城、桂林明代藩王墓群、合浦上窑窑址、藤县灵济寺遗址、田阳土司衙署遗址、崇左汽车总站、昭平篁竹白马山、平乐木棺汀等地的明清墓葬，获得了一批重要资料，其中不乏精品，如桂林明代藩王墓出土的青花瓷梅瓶、合浦上窑窑址出土的瓷烟斗等等。

此外，60年来，在柳江、左江、右江、红水河流域等地区发现了100多处自南朝至明清的岩洞葬。在这些岩洞葬中发现大量的整木圆棺和拼合式方棺，每处岩洞葬少则二三具，多则数十具乃至数百具，或平地摆放或层层叠放。随葬品发现不多，主要有钱币、瓷器、残存的纺织品等。对较具特色的左江流域的古代岩画和各地出土的古代铜鼓，也有学者进行了专题研究。

（执笔：韦江）

海南省
中国考古60年

海南省

中国考古60年

海南省简称琼，位于中国的南端，临南海，北隔琼州海峡与祖国大陆的雷州半岛相望，是我国仅次于台湾的第二大宝岛。其陆地面积约3.39万平方公里，海洋面积近210万平方公里，是我国地域最小的陆地省，又是海域最广的海洋省。

新中国成立以前，近代考古学在海南基本上处于空白。已知的考古材料仅是20世纪30年代在海南文昌县凤鸣村一带曾采集到新石器时代的磨制石器，后来又进行过几次小规模调查，发现一些古文化遗址。限于当时的历史条件，海南并没有出现真正意义上的考古调查和科学发掘，更谈不上学术研究。1950年以后，海南隶属于广东省管辖，文物考古事业才得以逐步开展起来。1988年撤区建省，海南成为中国最年轻的一个省份。随着中国特色的社会主义建设事业不断发展，我省的考古工作又有长足的进步和发展。

一

海南岛孤悬海中，又位于纬度较低的地区，具有特定的地理位置和自然环境，以及所处海域辽阔的特点，本地区古代文化形成和发展进程不同于中国内地大陆。同时，由于海南建省较晚，考虑到考古工作队伍自身的因素，海南考古事业的进展也有别于中国其他省市，没有经历过配合基本建设的调查发掘、探讨考古学文化谱系的重点发掘以及根据考古学重要学术课题进行发掘和综合研究等几个较明显的发展阶段。因此，我们仅能按海南建省前、后的时间，将我省近60年来的考古工作划分两个阶段，这或许正反映出其自身发展的进程和特色。

第一阶段是建省前的1950～1987年。此阶段的考古工作主要是开展部分市、县的文物普查和进行小规模试掘，以了解海南古文化遗址的分布及其基本面貌。

1957年，广东省文物管理委员会与中山大学历史系联合在海南岛进行文物普查，发现了135处古遗址和文物点，并探掘了几处古文化遗址，大体上认识到海南岛原始文化的一般面貌及其同岭南地区考古学文化的关系。1974～1975年，广东省博物馆和海南行政区文化局对西沙群岛的部分岛礁进行了文物调查，发现了30余处从南朝至清代的文物遗存及北礁水下文物遗迹，还试掘了甘泉岛唐、宋时期居住遗址，并对北礁水下文物进行打捞。1983～1986年，在广东省文物管理委员会的指导下，海南全区又开展了较大规模的文物普查，发现各类古文化遗址和文物点500多

处。在此期间，还对较重要的古遗址和古墓葬进行了试掘。这些考古发现，在一定程度上丰富了对海南古代文化基本特征的认识。

第二阶段是建省后，即从1988年至今，考古工作重点在三个方面展开，一是配合基本建设和编辑《中国文物地图集·海南分册》等项目，在全省范围内进行的文物复查、专题考古调查和抢救性发掘；二是为探讨海南考古学文化的编年及南海丝绸之路等学术课题而进行的重点发掘和西沙水下考古工作；三是在全省范围内开展大规模的第三次全国文物普查工作。

随着海南建省办特区所带来经济建设的发展，为配合基本建设进行了多次考古调查，并对部分遗址和墓葬进行了抢救性发掘。1997～2000年为编写《中国文物地图集·海南分册》，在全省19个市、县开展了文物普查和复查，新发现古遗址和文物点近400余处。近年，又重点进行第三次全国文物普查，全省各市、县又相继发现部分古遗址及古墓葬。这些考古调查和发掘所获得的文物资料，为探讨和研究海南古代文化的年代发展序列以及对重要遗址的发掘，提供了必要的资料和新线索。这一时期，先后发掘了东方大广坝、东方荣村、三亚落笔洞、陵水石贡、昌江信冲洞、大仍村、东方新园村和陵水移辇村等处较有代表性的遗址，以及琼山珠崖岭城址、海口金牛岭墓葬、澄迈福安窑址、海口安久村墓葬、丘濬墓神道等。这一系列考古工作，不仅提高了我省的田野考古发掘水平，而且进一步丰富了对海南考古学文化基本内涵及其年代序列的认识。

作为海洋大省，海洋水下考古是海南省考古工作的一个重点。1989年12月，在文昌县宝陵港和琼海县博鳌港发现了两艘明清时期的沉船，打捞起铜锣、手镯、铜丝、铜炮和瓷器100多件。1990年，中国历史博物馆和我省对文昌县龙楼镇宝陵港南面的明代沉船遗迹进行了水下考察，打捞到一批铜锣、铜锅、铜首饰、铜钱、铁器及骨器、瓷器等一批遗物，这是我国第一次自己组织的水下考古调查。1996年，开展了中国南海诸岛考古项目之一的西沙群岛文物普查工作，除进行岛屿踏勘外，还进行了一定的水下考古调查，发现8处水下沉船遗物点，采集到大量宋代至清代的陶、瓷器和钱币。此次文物普查，为南海诸岛考古、尤其是西沙群岛水下考古的研究揭开了序幕。1998年，国家文物局继续组织实施中国南海诸岛考古项目，中国历史博物馆水下考古研究中心、海南省文物考古研究所、广东省文物考古研究所等单位共同组成西沙水下考古队，重点在西沙群岛的北礁、华光礁、咸舍屿和银屿等地进行水下考古调查和发掘。共发现12处古代文物遗存，出水文物多达1500余件，为进一步发掘清理远海古沉船“华光礁Ⅰ号”提供了科学的资料。2007年和2008年又对“华光礁Ⅰ号”沉船遗址进行水下考古发掘，出水近万件宋代陶瓷器，打捞沉船船板多达500余块。同时，又新发现玉琢礁等沉船遗址10处。这些重大成果的取得，表明我国已能独立进行远海水下考古发掘，标志着中国水下考古学迈上了一个新台阶。海南建省后重点开展的西沙水下考古所取得的新收获，不仅弥补了它作为海洋大省在水下考古学方面的空白，而且为将海南考古推向一个多学科发展的新阶段奠定了必要的基础。

这一时期，在田野考古和水下考古工作不断取得进展的基础上，根据海南考古工作的现状、特点和自身条件，着重对本地史前考古学文化的类型、内涵特征、年代发展序列以及西沙水下考古与南海丝绸之路的关系等重要课题进行了研究，并取得了一定的成果。

昌江县信冲洞化石地点

中国犀牙齿化石（信冲洞出土）

昌江县红林化石地点及出土猩猩牙齿化石

二

海南古生物化石地点发现较少，目前仅在我省西北部的昌江县发现两处，属于洞穴性质的化石堆积。

昌江县信冲洞化石地点较为重要，该地点发现于1995年，省文物考古人员于1998年又进行了调查，发现和采集了部分动物化石。2006年，由海南省文物考古研究所与中国科学院古脊椎动物与古人类研究所合作发掘了该化石地点。信冲洞洞穴内的裂隙堆积，分布在几个大小不一的支洞中，发掘出土了较丰富的哺乳动物化石，其中包括有灵长目、食肉目、奇蹄目、偶蹄目、啮齿目等，主要有巨猿、象、中国犀、最后鬣狗和牛、鹿、野猪、豪猪、貘、鼠类等哺乳动物化石，还有爬行动物龟的背壳和鸟类、鱼类的肢骨、椎骨等化石，其中有些动物化石属于绝灭种。经中国地震局地质研究所地震动力国家重点实验室对出土化石堆积地层土壤的电子自旋共振（ESR）法测定，可初步推测信冲洞发现的化石年代距今约40万年，其地质年代当在中更新世中期。

2003年发现的昌江县红林化石地点原是一个洞穴，因采石遭到破坏，化石出土现场也被扰乱。发现的化石多为哺乳动物，主要有熊猫、猩猩、象、中国犀牛、野猪、貘、鹿等遗骨残骸，有的属于绝灭种动物，石化程度很高。据初步分析，红林地点发现的动物化石与信冲洞地点出土的动物化石年代大致相近，其地质年代也当在中更新世中期。

信冲洞、红林两处古生物化石地点的发现，为寻找海南古人类和旧石器时代文化提供了新的信息，也对探讨研究海南古气候、古环境、古地理变迁及第四纪古生物地层学提供了重要材料。

20世纪80年代，广东省考古人员在三亚市东北的落笔洞洞穴内发现含有小哺乳动物化石及螺壳、蚌壳的灰色胶结层堆积，认为这是一处较早的人类活动遗存。海南建省后，省文物考古人员于1992～1993年发掘了这处重要的洞穴遗存。洞穴三层堆积中，以第二层灰色砂质胶结层为主要的文化层堆积，除发现人牙化石及丰富的哺乳动物在内的动物化石外，还出土了一批石、骨、角制品等文化遗物及用火遗迹。石制品主要用火山岩和黑曜石为原料，以单面打击为主，多采用直接锤击法加工，分为砾石石器和石片制品两大类。器形有砍砸器、敲砸器、石锤、刮削器、尖状器和石片等。加磨石器仅有穿孔石器一种，未见刃部加磨或通体磨光的石器。骨角制品较多，主要采用切割、打击和刮磨相结合的加工方法，器类多为铲、锤、矛形器、锥、镞、尖状器等。少量骨锥为通体磨光。发现的13枚人牙化石分别代表了老年、中年和青年各个阶段的个体，当属晚期智人。出土动物化石中，除部分爬行类、鸟类外，哺乳动

砍砸器（三亚落笔洞遗址出土）

穿孔器（三亚落笔洞遗址出土）

物主要有华南虎、亚洲象、豹、熊、貘、鹿、水牛、羚羊、豪猪、猕猴、野猪、果子狸等8目45种。其中仅貘为绝灭种，其余都是现生种。发现的螺、蚧类水生动物数量极多，堆积十分密集，计7目24种。经^{14}C测定年代为距今10890±100年和10642±207年。

落笔洞洞穴遗址内涵特征可初步归纳下列几点：1.堆积物含大量螺、蚧、蚌壳。2.人类牙齿属晚期智人，与其共生的哺乳动物几乎全是现生种。3.文化遗物有石、骨、角制品，无陶瓷器。4.石制品用锤击法加工，多为单向打击。5.经济生活以狩猎、捕捞和采集为主。

从总体面貌上考察，落笔洞遗址与岭南地区较有代表性的广东封开黄岩洞、阳春独石仔和广西柳州白莲洞Ⅱ期文化等洞穴遗存在文化内涵上十分相近，这表明它们之间有着一定的文化联系，应同属岭南全新世早期砾石石器文化系统。而落笔洞遗址存在着某些自己的文化特点和地方风格，或许代表了不同地域洞穴文化遗存的差异。在年代发展时序上，落笔洞当处于旧石器时代末期至新石器时代早期的衔接阶段，凸显出较明显的文化过渡特征。这种过渡性文化遗存的发现，为探讨海南新石器时代文化的来源及其发展进程提供了重要线索。

三

海南新石器时代考古一直是我省较重要的田野工作，经过较大规模的文物普查，迄今为止，已发现近300处遗址和遗物点。从其地理环境考察，海南新石器时代遗存多为台地（山坡）、沙丘（贝丘）类型的遗址，分布范围上偏重在南半部地区。但即使是在南半部地区，遗址虽然发现较多，分布仍然相对稀疏，并没有形成一定规模的遗址群。由于海南岛孤悬海外，其新石器时代文化的形成和发展，在不同程度上受到岛屿地理条件和自然生态环境的制约和影响，造成了文化发展比较缓慢和相对滞后的特点。在空间分布上则表现出不平衡性，遗址延续的时间并不很长，文化堆积较薄且简单，文化内涵不甚丰富。据初步分析，海南新石器时代文化遗存大致可分为早、中、晚三个发展阶段，其中晚期遗址较多，中期遗址次之，早期遗址甚少。

新石器时代早期遗存主要为贝丘遗址，仅在东方、乐东等市、县有少量发现，其中东方市新街遗址是较重要的文化遗存。遗址文化层厚约0.5～1.0米，内含大量螺壳、兽骨及陶器、石器等。陶器均为手制夹砂粗陶，灰褐色为主，未见泥质陶；器类单一，器形仅有圜底罐和圜底釜，均敞口、鼓腹，除素面外，有的饰绳纹。石器多用砾石为材料，以打制为主，器形仅见砍砸器、斧形器、刮削器等。磨制石器很少，器身多为粗磨，器类仅有斧、锛等。当时的人们主要从事渔猎、采集等经济活动。新街贝丘遗址的文化面貌与三亚落笔洞洞穴遗存有一定区别，在年代上要晚些。与广东潮安石尾山、陈桥村和广西防城亚菩山、马兰嘴等新石器时代早期贝丘遗址的文化内涵有相似之处，如石器以打制为主，少见磨制石器；陶器均为夹砂粗褐陶，仅见绳纹和篮纹，多为圜底器，平底器甚少；堆积中出大量螺、贝壳等。这表明它们在文化发展阶段上较为接近。

新石器时代中期文化遗存与早期相比，分布范围有所扩大，遗址面积也较大，文化层堆积增厚，出土遗物较为丰富，磨制石器开始流行，器形有所增多，除夹砂粗陶外，另有细砂陶，仍为手制，器类明显增加。沙丘遗址较多，贝丘遗址和山坡遗址少些。其中陵水石贡遗址、移辇村遗址、定安佳笼坡遗址、通什毛道遗址为代表性遗存，它们在文化面貌上较为相近。

1992年和2006年先后两次发掘了石贡遗址，遗址坐落在南湾半岛西北部的沙岗坡上。文化层堆积厚近1.5米，分为三层。发现的遗迹有灶、红烧土、灰坑和陶片堆积、石块堆积等。出土遗物较为丰富，主要有石器、陶器，另有少量兽骨、贝壳等。石器较多，以磨制为主，打制的甚少。磨制石器多为通体加工，有的磨光较精致，器形主要有斧、锛、凿、穿孔石刀、石壁等，较流行有肩石器，其中多为锛。打制石器仅有砍砸器，另出土石核、石片和石料等。陶器居大宗，以夹砂粗褐陶为多，陶色有红褐、灰褐、黄褐等。另有少量细砂陶，未见几何印纹陶。器形有釜、罐、钵、盆、杯、碗及纺轮、网坠、环等，较流行圜底器，圈足器次之。素面磨光为主，纹饰仅见绳纹、划纹等，磨光红衣陶是该遗址的文化特征之一。

2007年对陵水县移辇村遗址进行了抢救性发掘。遗址位于濒临南海边的一座坡状高沙堤上，分布范围很大，面积近10万平方米，文化层堆积较单纯，惜已遭到破坏。发现的居住面遗迹为黑褐色沙泥土地面，板结坚硬，较为平整，厚近0.4厘米，因遭破坏，形状不明。在其周围分布有几处用三块大石堆置成近三角形的灶，近旁有陶釜和灰粒、红烧土堆积。采集和出土遗物主要有石器、陶器及动物遗骸、贝壳等。石器多为磨制，器形有梯形石斧、梯形石锛、有肩石斧、有肩石锛、小石锛、石凿、石球和砺石等。陶器很多，全为手制，质地分夹砂粗陶和细砂陶，陶色有红褐、黄褐、黑褐和少量磨光红衣陶等。器形主要有圜底釜、直口罐、大口缸、平底盆、折沿罐、卷沿罐、折腹钵、器盖和纺轮等。

陵水县移辇村遗址居住面

定安县佳笼坡遗址是一处山坡遗址，堆积不厚。出土的石器有磨光梯形斧、锛和半磨的棒状石器。发现大量夹砂红褐陶片，另有少许灰褐色或黑褐色粗砂陶，均为手制，器形仅见

陶纺轮（移辇村遗址出土）　　有肩石斧（移辇村遗址出土）

罐、釜、碗等；素面较多，其他纹饰少见，未见磨光红衣陶。

通什毛道1～5号遗址散布在通什河左岸的低台地上，均属面积不大的台地遗址。发现的石器有灰色砂岩磨制而成的梯形斧、锛和砺石，另见用天然的灰石条简单加磨而成的杵、磨盘、锤等。陶器多为夹砂粗褐陶，以红褐色为主，另有灰褐色、黄褐色和黑褐色等，手制，火候较高。器形有大口器、圜底器、平底器、方足器等，当多属罐、碗、钵一类的器物；除个别饰划纹外，素面陶居多。

海南新石器时代中期文化遗存在文化面貌上虽较为一致，但在某些内涵特征上也有些不同，在时间上石贡、移辇村沙丘遗址可能早于佳笼坡、毛道山坡（台地）遗址，当反映出它们在地域上的文化差异性。这一时期的文化遗存与两广地区同时期遗址的关系已十分密切，如与广东增城金兰寺下层、新会罗山嘴、东莞万庵下层以及广西左右江流域的平果城关、宁明花山和邕江流域的武鸣、扶绥、桂平、南宁等地的部分沙丘遗址的文化面貌比较接近，经济活动同样是以渔猎和采集生产为主。

海南新石器时代晚期文化遗址大都属于台地和山坡类型，分布范围更广了，在全省南北各地均有发现，遗址和遗物点数量明显增加，但面积一般不大。发现的遗址和遗物点主要广布于三亚、陵水、东方、儋州、保亭、文昌、琼山、琼中、通什等市、县的江河及其支流的台地或附近的坡地、山岗上，沙丘遗址明显减少。这一时期的遗址大都未经科学发掘，仅部分试掘，在调查中发现较多的磨制石器和泥质陶器、夹砂陶器等遗物。

经初步分析，这类遗址的文化特征有：

1.磨制石器增加，多为通体磨光，几乎未见打制石器。器类很多，常见的有斧、锛、铲、凿、镞，另有少量犁、矛、戈和网坠、砺石、纺轮等。斧、锛流行有肩形式，铲全为长身、有肩，部分锛为有段或有肩有段式。典型器物主要有长身斧、双肩斧、有肩锛、有段锛、大石铲、有肩长身铲等，具有较明显的地域特点。

2.陶器分夹砂陶和泥质陶两类。夹砂粗陶为主，手制，火候很高，形制规整。器形多见釜、罐、盆、碗，另有纺轮、网坠、陶拍、陶饼等。釜、罐流行敞口和板沿口，多为圜底，碗、盆为圈足，少见平底器、三足器。夹砂陶盛行素面装饰。器耳有环状、桥状和乳丁状之分。盘口釜、板沿口釜、敞口罐、圈足盆是代表性器物。泥质陶陶色有红褐、灰褐、黄褐之分，手制或轮制，器表磨光。除篮纹、划纹和素面外，出现简单的几何印纹，如方格纹、水波纹、米字纹、菱形纹、篦纹等，未见曲尺纹、云雷纹、夔纹、复线长方格纹等典型的几何印纹。器形仅有罐、钵、鼎、碗、杯等。

3.部分遗址发现骨、角器，器形有锥、针、凿、匕、纺轮、梭等，其中以锥居多，有的通体磨光。

4.发现的装饰品只有石珠、石环、陶珠、陶坠饰、骨管等。

5.从近邻江河台地、山坡遗址出土的大型磨制石器工具，如大石铲、双肩长身石铲、双肩石斧、长身石锛、石犁等生产工具来看，当时人们已开始从事原始农业生产；石镞、石戈及兽骨的发现，又表明狩猎活动在经济生活中仍占一定的比重。

初步分析，海南新石器时代晚期遗存虽然在基本面貌上有许多相同或近似的文化因素，但也存在一些区别，可能反映了它们在时间上有早晚之别，或者体现出不同地区的一定文化差异。从总体文化面貌上考察，海南新石器时代晚期遗址同两广地区基本相近，彼此间的文化交流非常密切。如部分遗址与广东珠江三角洲同类遗存相比，石器为通体磨光，器形主要为锛和斧，其中有肩锛、双肩斧、有段锛等似一脉相承。陶器都为夹砂陶和泥质陶，多见罐、釜，板沿口陶釜是典型器物。海南出土大石铲的遗址与两广地区以大石铲为特征的新石器时代晚期遗存在文化面貌上大致近同，其中广西邕江的三角地区遗址最密集，出土遗物也最典型；广东西部封开、德庆等地也出土有大石铲；海南则发现了大石铲及平肩长身石铲等。这说明它们可能同属于一种地域特点比较鲜明的考古学文化遗存，原始农业在当时的生产经济中占有很重要的地位。

四

历史时期考古在海南虽也有不同程度的开展，但专题性和系统性不强，所获得的考古材料显得零散和薄弱，给深入研究带来了较大的难度，这一定程度上与海南历史发展的实际情况和特点有关。在秦代，海南为当时南方所设三郡之一的象郡之外徼，属秦朝遥领的范围。汉代是海南历史发展的转折时期，武帝元鼎六年(前111年)平定南越，翌年即元封元年(前110年)在海南岛设置珠崖、儋耳两郡，这一地区正式归属中央政权直接管辖。此后，历经三国、两晋、南朝、隋等时期，这里的行政设置时建时废，统治极不稳定。直到唐、宋时期在海南重新复置州县，中央政权的统治才逐渐稳固。因为海南岛孤悬海外，地处边陲，历史上又是贬官、流人、移民之地。这种独特的地理条件和历史环境，造成了此地历史文物的分布和积淀不及中国内地广泛和丰富，从而也影响到这里历史时期考古工作的开展。

战国青铜绹纹环（昌江县出土）

历史时期的考古对象主要是汉代以后的相关遗存。汉代以前，海南仍处于原始社会晚期，此时已有某些青铜文化因素传入。1994年，昌江县燕窝岭出土9件战国青铜绹纹环形器。铜环外径8.7～11.4、环宽1～2、厚0.2～0.3厘米，外缘为齿状，齿长0.25～0.7厘米，环面有6～8圈绹纹，器重50～125克（同样器物80年代中期在东方市曾出土1件）。该

类器物用途不明，在海南乃至全国尚属首次发现，有很高的研究价值。

1998年试掘的东方四更镇荣村遗址比较有代表性。该遗址位于昌化江左岸的二级台地上，距昌化江入海口仅有3.5公里，是一处沙丘遗址，面积约26万平方米。根据地层叠压关系和出土遗物的特征，并参考已测定的^{14}C年代数据，暂可将该遗址的文化堆积划分为三个阶段：第一阶段的绝对年代为春秋早期，陶器以夹粗砂陶为主，泥质陶甚少，夹细砂陶几乎未见，另有少量打击石片和骨器。遗迹较少见。此阶段在文化性质上应当属于海南新石器时代末期的遗存。第二阶段的绝对年代为东汉早期，陶器除夹粗砂陶外，泥质陶数量渐多，已有磨光夹细砂陶，骨器也略多，不见石器和金属器。灰坑、灰沟和小洞等遗迹增加。第三阶段的绝对年代为南朝晚期，在出土陶器的比例上，夹粗砂陶已低于前两个阶段，夹细砂陶和泥质陶明显增多，骨器相对减少，已出现瓷器和铁器、铜器等新的文化因素。

荣村遗址的出土遗物在早晚不同的地层中并没有明显区别，尤其是陶器种类单一，几种常见的器物在不同阶段皆沿袭使用，新出现的器物极少，仅在不同阶段的遗物数量上存在增减现象。荣村遗址文化堆积的几个阶段存在的时间都比较短，而相互间隔的时间却很长，或许正反映了它们之间存在着较长时期的文化中断现象。海南古代文化在其形成和发展的过程中，不同程度地受到了岛屿地理条件和自然环境的影响，因此与中原及岭南的文化交流受到一定限制，造成了文化发展较为缓慢和断层的现象。荣村遗址的文化堆积也反映出这种情况，在其各个阶段的文化衔接上存有缺环，缺乏自身发展的连续性和继承性，表现出文化渐变过程中滞后的特点。

与岭南地区相似，海南也发现了不少含磨制石器、夹砂陶器，并伴有几何印纹陶的遗存。这类遗存主要分布于海南岛西部和南部。一些遗址以印纹陶为主，纹饰主要有拍印方格纹、方格纹底加小戳印、米字纹、刻划水波纹、弦纹、篦纹等。对照岭南地区几何印纹陶的分期看，拍印米字纹、方格纹多属于印纹陶已逐渐衰落的战国中晚期，刻划水波纹、弦纹则又晚些。据研究，几何印纹陶是由北向南向西传播的。在广州地区的西汉墓葬出土的几何印纹陶纹饰主要是方格纹和刻划纹、弦纹，米字纹甚至延续到西汉中期。而与海南隔海相望的广西合浦、广东湛江地区的东汉遗址和墓葬中，方格纹和小戳印是最普遍的陶器装饰花纹。从海南已发现的印纹陶遗址和墓葬看，既不见几何印纹陶的早期纹饰，也不见鼎盛时期的夔纹、雷纹和组合纹饰，而仅见印纹陶衰落期的米字纹、方格纹等。此外，儋州马劳地、临高昌拱村等几何印纹陶遗址还伴出两汉五铢钱。很显然，海南的几何印纹陶也应受到了北来的岭南地区文化的影响，起步较晚，因此在年代上要略晚于两广地区，其几何纹陶文化遗存的年代大多应在两汉或稍晚。

海南汉代墓葬的分布以岛西部和南部的三亚、陵水、东方、乐东等市、县较为集中，中部山区也发现一些，其葬制主要是瓮棺墓。20世纪70年代，在陵水县和三亚市交界的福湾沿海沙滩发现了面积很大的瓮棺墓群。从已发掘的12座墓的结构（即葬具的组合）分析，有四种不同的形式：即分别用2件、3件、4件、5件陶器相套而成，中间的陶器器底凿穿。葬具有夹砂粗陶釜、甑、刻划纹四耳陶罐（其中2件施酱褐釉）。夹砂粗陶釜均为敞口、圆腹、圜底，外壁均有很厚的烟炱，多素面。甑器形与釜近同，只是底部镂孔。四耳陶罐都是高身平底，肩部和上腹一般饰刻划水波纹、弦纹、镞首纹和斜方格纹等。多数瓮棺内尚存小孩牙齿和碎骨。随葬品有棺内的琉璃珠、琥珀珠和棺外的小陶釜，有两座瓮棺上各放置两块烧裂的大石块。这批瓮棺均侧置于沙土中，距地表0.2～0.71米，瓮棺通长0.5～1.8米不等，主要埋葬小孩，也有个别为成年人。从葬具和随葬品的特点看，均属于东汉。在海南发现的汉代瓮棺墓中出土的几何印纹陶器与汉代几何印纹陶遗址一样，同样受到其北面两广地区汉代文化的影响，这也从一个侧面反映了汉代在海南设置珠崖、儋耳两郡实施行政管辖的历史情况。

汉代考古除对部分遗址和墓葬进行发掘外，最重要的是发现了一批青铜器，有鼓、釜（锅）等，同上述遗址、墓葬一样，主要发现于海南岛南部和西部的陵水、昌江、东方、儋州、临高等市、县。解放以来，在临高、昌江、东方、陵水、乐东等地相继出土了9面铜鼓，多为两广地区汉代北流型，少数为东汉－唐代的灵山型。昌江县出土的一件北流型铜鼓较完整，其面径94.5、高55厘米，鼓面大于鼓身，有突出唇边，胸、腰、足三部分不明显，下胸部有两对绳纹小圜耳，腰曲不甚。鼓面有4个立体蛙饰，无主晕，腰部无划分方格。遍体饰以细晕，三弦分晕，多而密。鼓部饰云雷纹，腰部饰重菱形纹。鼓中央的光体小，八芒，其中对称的四芒有三道分岔。发现的大型青铜釜（锅）较有特色，已出土7件，其中临高3件、东方2件、儋州和陵水各1件。釜造型奇特，体型硕大，有的外表附一层烟炱，当属饮器。均为盘口，直身，平底或圜底，口沿上附二、四或六只绹纹耳。其中临高调楼乡抱才村出土的一件为平底、六耳，每只耳上均铸有一对人、畜像，共三组，间有牛、骑马武士和戴冠着短裤人像等，釜（锅）口沿上并铸有一个骑马武士和两头牛，器腹中部铸箍状纹（或称弦纹）三匝。此器为同类器中最大者，通高74、口径93、腹径81、厚0.2厘米，合范铸成，外部留有两道明显合范痕迹。海南出土青铜釜（锅）的总体造型一般与广西合浦望牛岭西汉木椁墓中所出的铜釜（锅）相近，只是形体较硕大，附加的饰件多且复杂。此外，它们和广州东汉墓出土铜釜和云南昭通桂家院子东汉墓铜釜也很接近。考虑到当时海南岛较为落后的生产力水平，以及目前仍然缺乏青铜文化的考古材料，尤其是未发现有冶铜业存在的实物证据，因此，还难以推定这些大型青铜器是在海南本地铸造的。根据有关史料的记载，西汉初期平定南越和东汉初期征讨交趾时，汉朝军队曾途经海南岛进行征战，这批青铜器也有可能是当时军事活动所带来的。

1984年5月，乐东县志仲镇潭培村出土1枚篆体白文“朱庐执封”银印。印面呈正方形，通高1.9、边长2.4厘米。印纽类似兽首蛇身，高1.1厘米，通体布鳞，尾部作须纹，呈曲身爬行状，无穿。据《汉书·贾捐之传》记载，汉元帝初元三年（前46年），中央政府决定撤销珠崖郡（此前，儋耳郡已并入珠崖郡），仅设一个朱庐县管理海南，该县归海北合浦郡遥领。而“执封”或作“执圭”，也作“执珪”，是楚国爵名。西汉沿袭古制，曾封功臣曹参、夏侯婴、灌婴等为“执封”。“执封”印目前能见到的只有2枚，另一枚是1975年出土于广西合浦县环城公社堂排大队西汉晚期墓的“劳邑执封”。其墓主据考为郡守一类的高级官吏。该印为蛇纽琥珀印，边长2.3、高2.1厘米，

西汉“朱庐执封”银印

刻工粗糙，属明器。印文原释作“劳新封印”，今释为“劳巨执封”。经初步分析，“朱庐执封”银印当是西汉晚期中央政府颁给有功的朱庐县守官的赐印，它是研究汉代海南的历史地理和政权设置的重要实物资料。

五

两汉以后，封建中央政府对海南的统治极不稳定。但东汉末年以来，由于北方连年战乱，很多中原的汉人和岭南百越人迁居海南，带来了先进的文化和生产技术，推动了海南封建社会的发展。南朝梁武帝大同年间（535～545年），高凉郡冼夫人“请命于朝”，在废儋耳郡之地设置崖州。此后，中央封建王朝对海南的统治逐步巩固。唐宋时期，我国与东亚、中亚、东南亚及东非、北非、地中海地区的海上交通、贸易迅速发展起来，使自古以来地处南海丝绸之路要冲的海南岛，日益受到中原王朝的重视，海南的社会经济比以往得到更迅速的发展。

海南的唐、宋时期考古着重于对墓葬进行清理发掘。唐代墓葬大多发现在三亚、陵水一带，主要有两种类型。第一类是珊瑚石板墓，这是一种独具地方特色的墓葬类型。1978、1994和1995年，在陵水县英州镇军屯坡到古楼坡一带清理了5座珊瑚石板墓，可分为两种形制：一种是在一长方形土坑内，沿四壁直立大小不一的珊瑚石板，上覆以珊瑚石板为盖，未置底板。石板均未经加工，很不规整。墓室一般长3、宽0.6～0.8、高0.7米。墓内仅出夹砂陶片和铁器残件。另一种则用打磨规整的珊瑚石板，采用全榫卯和半榫卯套合而成长方形“金”字顶的墓室。石板厚11～14厘米，石板连接处填以石灰勾缝加固，结构严密。墓室一般长2.2～3.5、宽1～1.5、高1～1.2米。有的墓室内及棺底各铺有一层厚约10厘米的炭灰。随葬品主要有青釉、酱黑釉四耳罐、六耳罐、彩绘花卉罐，平底碗、圈足碗、刻花碗等，以青釉为主，还出土铁剑和石雕人头像。

第二类为伊斯兰教徒墓，主要有5处：三亚市梅山、回新村、番岭坡和陵水县干教坡、福湾，其形制和葬俗较为独特。从干教坡发掘的几座来看，均为竖穴土坑墓，长1.8～2.0、宽0.8～1.0、深1.0～1.2米，无葬具和随葬品，死者侧身屈肢，头西北，脚东南，面朝西。每座墓葬的前后两端各竖碑石1块，朝外的一面均雕刻有阿拉伯文或波斯文以及云、月、花朵、树枝等图案，文字内容为死者的名字和死亡日期或《古兰经》经文。碑以珊瑚石雕刻而成，形状不一，碑文字体和花纹图案也略有不同，石碑一般高40～67、宽35～58、厚10～14厘米，按形制分为四式。其中Ⅰ、Ⅱ式碑年代应在唐宋时期。Ⅲ、Ⅳ式碑定为宋元时期。梅山、番岭坡、福湾的墓葬与干教坡的基本相同，年代为唐至元。伊斯兰教徒的墓群在中国扬州、泉州、广州等地均有发现，其出现应与当时进行海上贸易活动有密切关系。而三亚、陵水发现的伊斯兰教徒墓群面临大海，正处在南海丝绸之路主要航线的必经之地，应同当时阿拉伯人的商船从事贸易活动有

唐代伊斯兰教徒墓碑（三亚出土）

关。伊斯兰教徒墓群的发现为研究中外交通、海南岛伊斯兰教流传和回族居民的历史，提供了宝贵的资料。

20世纪50年代至70年代，三亚、陵水一带出土了数批唐宋时期产自大陆的陶瓷器。其中，三亚崖城镇出土唐代青釉六耳陶罐和青釉陶碗；陵水的本号镇、里陵村等地出土唐宋窖藏瓷器，在出土的青黄釉大瓷罐、大缸、大釉陶瓮等几件器物内，分别装有宋代瓷器和铁器，瓷器约400件，有白、青、黄、黑、灰釉瓷碗、盘和船形水注等，铁器仅为7把铁刀；陵水光坡镇移犂村东部约1公里长的海滩沙堤东侧坡面发现许多唐宋遗物，如唐代青釉罐和碗，有些碗是10件一捆地叠在一起，北宋陶瓷器有定窑、建窑、龙泉窑以及江西和福建其他窑的产品，器形为碗、盏、洗、壶、瓶和罐等，还发现北宋铜钱和铁器残件。唐宋陶瓷器在海南各市、县几乎都有发现，尤以陵水、三亚为多，反映了当时这一地区与大陆东南沿海港口在商品贸易方面的密切关系。

除墓葬外，1999年还发掘了琼山龙塘镇珠崖岭古城遗址。该城址位于南渡江左岸的高台地上，地势险要。城墙为夯土填筑，平面近方形，边长155～160米，周长约750米，残高1.5～2米。城墙和城内地层中所出遗物最主要的是平底和饼足的青瓷器，其中部分器物的形制在广东唐代中期墓中常见，此外，部分青瓷器的饼足略凹成假圈足状，具有唐晚期的作风。因此，根据遗物的时代特征，可初步判断此城应为唐代中、晚期所建。珠崖岭城址的面积很小，只发现有向南开的一座小城门。根据城址的规模及形制，推测它可能属于军事城堡，这也反映了中央政权对海南统治的加强。

海南的宋代墓葬除三亚、陵水等地的伊斯兰教徒墓群外，在北部的海口、琼山、澄迈等市、县也有发现，墓葬形制还存在砖室墓、石室墓、土坑墓等不同种类。发现的砖室墓多为单券单室，长方形墓室，内置木棺。琼山府城的宋代砖室墓中随葬品有陶魂坛、陶屋、陶亭和买地砖券等，买地砖上记录了南宋绍兴十九年（1149年）的一桩土地买卖情况。2000年发掘的琼山永兴宋代石室墓（M1）的墓室长约3、宽约1、高约0.5米，地面为石块干摆而成的墓丘，近似长方体，高约2～3米。墓中的随葬品有酱釉魂坛、酱釉陶罐、买地砖券、青釉和青白釉瓷碗、带流陶器等10多件，砖券上记载了北宋大观元年（1107年）的一桩土地买卖情况。2005年发掘的宋代灵照墓为石室墓，结构十分罕见。该墓分地穴和地上构筑物两部分。地穴为石室，地上构筑物为石质仿木结构的墓塔形制。墓塔底部为须弥座，上部为面阔三间、深二间，四角攒尖顶的"享堂"形制，塔刹为五层复钵形式，高0.48米。"享堂"平面为一明两暗布局，明间后檐嵌有"故姊陈仙化台"墓碑一方。两次间浮雕四抹对扇门，十分写实。享堂后、左、右三墙均为浮雕花鸟纹样，与宋代陈道叙周氏墓相仿。墓塔长3.1、宽3、通高2.76米。墓室中出土带盖魂坛2件、青黄釉小罐1件、残陶屋2件、铜钱2枚（一枚为宋代"皇宋通宝"）、铁质棺钉26枚、铁质提环4件以及板瓦、筒瓦等文物。灵照墓是一种十分罕见的墓塔形制，与佛教文化和佛家葬俗有很密切的关系，它丰富了海南古代丧葬制度的文化内涵。灵照墓的仿木结构，为研究宋元时期海南古代建筑制度和文化，提供了十分写实的历史信息，特别是在海南缺乏明代以前木结构实例的情况下，这些实物史料更是弥足珍贵。

明清的考古仍主要是墓葬发掘，并以沿海地区为多，墓葬形制有砖室墓、石室墓两种。建省以来先后进行了琼山府城镇、灵山镇明代砖室墓、灵山镇大明孙宅慈母林大娘碑墓、儋州光坡镇沿海的石椁墓、海口金牛岭陶氏家族墓、文昌湖美村南明墓等墓葬的发掘。府城、灵山明代砖室墓为券顶单室，随葬品有陶俑、镇墓兽、珠饰和墓志等。石室墓有两种：一种如灵山镇大明孙宅慈母林大娘碑墓，全部由石料建成，地下置石室，地上构筑物为石质仿木结构的墓塔形制，与宋代陈道叙周氏墓和灵照墓相似。另一种如灵山镇永禄村边的一座夫妻合葬墓，地下置石室，地表堆封土，封土外围砌石板，下部砌成向上收分的八角形，上为圆顶，这种形制与我省明代丘濬墓、海瑞墓和唐胄墓等名人墓较相似。文昌湖美村南明墓则是一种砖石合构的墓葬，其地下为券顶砖室墓，地面构筑物则与大明孙宅慈母林大娘碑墓相似。

1999年发掘的海口金牛岭陶氏家族墓共11座，位于龙华区海秀中路金牛岭公园内。其中明代墓2座，清代墓9座。诸墓平行排列，皆向西北。墓葬形制有砖石合构墓、砖室墓和石棺墓三种。明初海南卫镇抚陶贵墓为砖石合构墓，砖墙石板顶。平面长方形，长3.76、宽1.12、高约1米，分前室和棺室。随葬罐、钵、陶俑等；出土陶圹志一盒两块，刻“大明故武略将军海南卫镇抚陶公圹志”及陶贵生平事迹。另一座明代砖室墓青灰砖砌成，券顶，方向300°。平面近似“中”字形，长3.45、宽1.06、高0.6～1米。分前室、棺室和后室。随葬罐、壶、盘、盒、陶俑、陶鸡、陶狗、陶马以及金饰件。随葬品特征与陶贵墓相似。清代石棺墓四壁及棺盖用大石板搭接，南北方向。平面呈长方形，长2.25、宽0.7、高0.72米。随葬“乾隆通宝”铜钱等遗物。

清代福安窑址

发掘墓葬的同时，我省也开展了窑址的发掘和研究工作。2002～2004年发掘的澄迈县福安窑址是我省清代一处重要的、具有代表性的民窑遗址。该窑址共发现残窑4座，为横式阶级窑，一个窑炉分成几间窑室，最多可达7间，用条砖铺成阶梯式。每间窑室由窑门、烟道、出烟口组成。出土的瓷器种类丰富多样，以烧造青花、青釉、酱釉瓷器为主，另有少量青白釉和黄釉瓷器，多为日用器皿。共出土罐、碗、碟、杯、盘、钵、盏、壶、香炉、烟斗、象棋子等近4000件，匣钵、垫具等近万件。福安窑址的发现和发掘填补了海南古窑址考古的空白，为研究当时海南民窑的形制结构和烧造特点及探讨当时的经济、文化生活提供了科学资料。

福安窑址出土陶香炉

此外，在东方、乐东尖峰岭和琼中五指山腹地陆续发现一些摩崖石刻。如东方市东方河沿岸虞山摩崖石刻“大元军马到此”；尖峰岭下一块大石上摩刻“大元军马下营”，落款为“甲午至元三十一年正月十日立”、“十一日到黎婺山”；五指山腹地发现明代的“水会平黎善后碑

残长20米，宽约6米，舷深3～4米，初步估计该船排水量大于60吨。“华光礁Ⅰ号”沉船遗址共出水文物近万件，陶瓷器占绝大部分，铜器、铁器和木器有少量，陶瓷产地主要为福建和江西景德镇，陶瓷产品按照釉色分类主要有青白釉、青釉、褐釉和黑釉几种，器形主要为碗、盘、碟、盒、壶、盏、瓶、罐、瓮、柱子、军持和器盖等。装饰手法和纹样丰富，其中影青瓷盘、粉盒、玉壶春执壶、柱子等器物造型规整，薄胎细釉，釉面光润，饰有印花或划花图案，相当精美。出水的陶器较少，仅有泥质轮制灰陶，质地较粗，都为素面，器形只有小罐、四耳罐、瓶、擂钵等。还发现有唐代“开元通宝”铜钱。唐宋以来，随着中国古代科技和海外贸易的不断发展，中国开拓了向北、向东和向南发展的多条海上贸易通道，并替代陆地丝绸之路。海上丝绸之路逐渐成为举世瞩目的一条文化之路，而其南海段更是其中极其重要的区段。伴随着大量航海活动，中国古代有相当多的船舶及其物品沉没海洋，形成了宝贵的水下文化遗产。据专家推测，仅在南海就有2000条以上的古代沉船，其中大部分为“海上丝绸之路”时期的商船。这些沉没在海洋的遗物成为“海上丝绸之路”线状分布的一处处遗珍，是中国与周边国家、民族友好往来和文化交流的历史见证。

南沙群岛是我国最南的群岛。1992年和1995年，在南沙群岛永登暗沙、道明群礁、福禄寺礁、郑和群礁、太平岛礁滩、大现礁、皇路礁、南通礁等岛、礁、滩上采集到一批古代文物。主要有残陶瓷器、钱币和铁锚。陶器有秦汉时期的几何印纹陶、唐代四系陶罐、明清时期的灰陶瓮；瓷器有宋代龙泉窑青釉碗、宋元青瓷和青白瓷片、明清青花罐、碗（有“大明年造”、“成化年制”、“德裕”、“永保长春”、“福”、“荣合”等款识）、盘（“尚美”款）；钱币有汉代五铢、唐开元通宝、宋熙宁重宝和元祐通宝、元大德元宝及清嘉庆、道光、咸丰通宝；锚为清代单叶铁锚。

南海诸岛发现秦汉以来的文物史迹，反映出2000多年前，我们的祖先就在那里生产、生活和航行，我国人民最早发现、开发和经营南海诸岛，中国政府一直对其进行有效的管辖。这些考古发现，无可争辩地证明南海诸岛自古以来就是我国的神圣领土，同时也为研究我国航海史、对外贸易史、造船史以及海上丝绸之路等相关课题提供了宝贵的实物资料。

（执笔：王大新　郝思德）

重庆市
中国考古60年

中国考古60年

重庆市

重庆考古60年，经历了建国初期的奠基期、六七十年代的调整期、改革开放恢复期、直辖以来的发展期4个大的发展阶段。伴随重庆直辖，三峡文物抢救性保护也同步启动，汇聚全国近百家考古科研单位跨世纪会战十年，取得了巨大的成就。

一 旧石器时代

重庆三峡地区是探寻人类起源的重点区域。目前发现的古人类化石地点有6处，除铜梁张二塘遗址外，巫山龙骨坡、雷坪洞、迷宫洞、奉节兴隆洞、草堂镇5个地点均分布于三峡地区。目前田野考古与研究工作比较深入的是龙骨坡、兴隆洞遗址。

巫山龙骨坡遗址是目前我国发现的最古老的人类化石地点。1984年以来开展了多次联合发掘，发现了一段人属下颌骨和一枚上门齿，被定名为直立人巫山亚种。此外，还发现了120余种哺乳动物化石、有规律埋藏的动物肢骨化石、石制品。该遗址地层的古地磁年代距今204～201万年。关于巫山人下颌骨是否属于人类，古人类学界尚有争论。

2001年以来，奉节兴隆洞遗址出土4枚人类牙齿化石、20件石制品、50多种哺乳动物化石。其地质年代为中更新世晚期至晚更新世早期，距今约15～12万年。此外，发现于剑齿象门齿上的刻划痕迹，也引发了对原始艺术起源的深入研究。

建国以来，重庆发现的旧石器地点近100处。最早的发现是1976年铜梁文化遗址。最大规模的发现是1993～1994年配合三峡工程的旧石器专题调查，共发现了68个地点。最近十年，重庆市文物考古所在渝西长江、嘉陵江、乌江、酉水流域新发现了10多个地点。1995年以来，在三峡地区的28个遗址开展了十年的考古发掘，发掘面积近2万平方米，出土了万余件石制品、大量动物化石及其他科学标本。

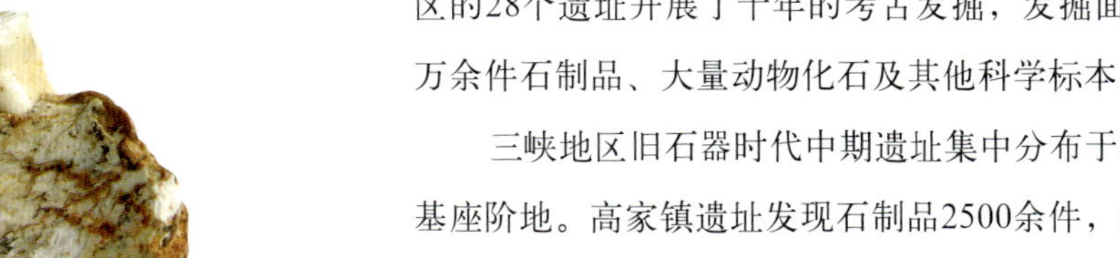

巫山龙骨坡出土巫山人化石

三峡地区旧石器时代中期遗址集中分布于丰都长江两岸的二、三级基座阶地。高家镇遗址发现石制品2500余件，以大型砍砸器为主，运用锤击法剥片和简单加工，具有中国南方旧石器的鲜明特点。冉家路口和枣子坪遗址石制品的出土，表明三峡地区由早到晚石片石器增加，且向小型化发展。井水湾遗址出土石制品910件，发现零散分布的东方剑齿象、

貘、牛、鹿类哺乳动物化石58件，推测为古人类狩猎和食用的遗物，光释光测年距今约8万年。

2003年以来，嘉陵江流域的合川唐家坝遗址两次发掘，在埋藏于地表以下5～20米的黄土中，发现大型砍砸器、刮削器等石制品253件。2005年秀山河湾遗址发现的石制品以石英砂岩为原料，以石片石器为主，锤击法剥片，刃口向破裂面单向加工，器形主要为刮削器和砍砸器，是重庆酉水流域的首次发现。这些发现与丰都遗址群相似，属旧石器时代中期华南旧石器。

晚更新世晚期的铜梁张二塘遗址是铜梁文化的发现地，^{14}C测年距今约2.5万年，是重庆地区旧石器时代晚期文化的代表。该发现对于长江流域旧石器文化传统以及中国南北旧石器文化二元结构的认识，具有重要启示。20世纪80年代以前，该类文化遗存在重庆嘉陵江及其支流涪江流域、大渡口长江沿岸及四川沱江流域有多次发现。

二　新石器时代

重庆地区新石器时代遗址目前发现约80处。新中国成立以后，在长江沿岸开展的文物专题调查取得了初步收获。1992～1996年，三峡库区调查发现30处遗址。1997年以来，三峡考古发掘过程中，又陆续取得了巫山人民医院、云阳大地坪遗址等重要发现。2000年以来，重庆市文物考古所在酉水、乌江、嘉陵江、渝西长江等区域新发现了39处新石器时代遗址。

1958年巫山大溪遗址的发掘，取得了重要的考古发现。忠县㽏井沟、江津王爷庙也开展了少量试掘。1994年开始，魏家梁子文化、老关庙下层文化、哨棚嘴一期类型等文化命名相继提出，峡江地区新石器时代文化初露曙光。1997年以后，层出不穷的新发现、连续多年的考古材料积累、测年技术、环境考古等新的技术手段和理论方法的介入，为我们建立史前文化序列、了解古代社会、探讨人与环境的互动关系创造了条件。

（一）新石器时代早期遗存

三峡地区旧石器遗址的发掘情况表明，分布于河流一、二级阶地以及河漫滩的遗址，其时代距今1万年左右，已经跨入全新世早期。属于这个阶段的遗址有十几个地点。

奉节三沱遗址发现了石片、断块等石制品，以及豪猪、野猪、羊等动物化石。奉节横路遗址发现有利用率较高的石核、锤击法生产的石片、加工简单的刮削器等，石制品以小型和中型的窄薄型石器为主。在奉节鱼腹浦遗址，发现了有规律排列的12个火塘遗迹和集中分布在烧土堆附近的大量石制品、动物骨骼标本。在遗址的下部文化层出土了陶片，^{14}C测年距今约8000年。

（二）新石器时代中期遗存

丰都玉溪遗址于1999年被发现，属于新石器时代中期遗存。遗址下层遗存骨渣等生活垃圾与长江洪水交互叠压，其中洪水淤积层多达27层，为本地区古代环境研究提供了重要的依据。

玉溪遗址出土遗物主要有陶器、石器以及动物骨骼。石制品发现上万件，形体较大，多为一次成型的石锄、砍砸器等石片石器，有少量磨制的条形石斧。陶器数量较少，制法原始，器类简单，有釜、罐、钵、碗、盆等，釜的变化特征非常明显。根据19个骨胶原^{14}C测年结果，玉溪下层遗存距今约7600～6300年，早、中、晚三期分别延续了400～500年。玉溪下层遗存发现的动物骨骼数量巨大，经鉴定，有哺乳动物、鱼类、蚌类、龟鳖以及鸟类等27种。这些动物骨骼多为碎骨，可能是原始居民肢解和食用后的遗留。

玉溪上层遗存堆积较薄，出土遗物有打制、磨制石器，多台面小燧石石核和少量陶片。陶器主要有折沿釜（罐）、卷沿盆、深腹缸、敛口钵、附耳钵、敞口钵、纺轮等，以泥质灰陶为主。玉溪上层遗存动物骨胶原^{14}C测年距今约6200年。

（三）新石器时代晚期遗存

重庆地区的新石器时代晚期遗存主要有涪陵陈家嘴遗址，丰都玉溪坪遗址群，忠县㽏井沟遗址群，万州苏和坪、黄柏溪、涪溪口遗址，云阳丝栗包、大地坪遗址，奉节老关庙遗址，巫山大溪、锁龙、魏家梁子遗址等。新石器时代晚期文化又可分为3个发展阶段，命名为3个考古学文化。

哨棚嘴文化以忠县哨棚嘴遗址为代表，卷沿罐器物群盛行，时代与大溪文化中晚期相当，距今约5500～5100年。哨棚嘴文化与玉溪上层文化遗存一脉相承，与东边的大溪文化的分界大致在瞿塘峡。大溪文化晚期阶段，哨棚嘴文化日益强盛，跨过瞿塘峡到达大溪遗址。哨棚嘴文化与西边川西高原岷江流域的营盘山遗存也有着密切的关系。

巫山大溪新石器时代遗址五人合葬墓

万州苏和坪遗址出土新石器时代陶深腹罐

玉溪坪文化以丰都玉溪坪遗址为代表，折沿罐器物群盛行，时代大致相当于屈家岭文化时期，距今约5100～4600年间。玉溪坪文化遗存东起湖北宜昌，西至渝西，东南到贵州东北，北达四川东北，属于重庆峡江新石器晚期文化的鼎盛时期。

中坝文化以忠县中坝遗址为代表，花边缸器物群盛行，其时代大约距今4600年～3700年。中坝文化前期距今约4600～4300年，属于新石器文化的最后阶段；后期大约距今4300～3700年，已经跨入了夏纪年范畴。

（四）重庆地区的大溪文化

重庆地区大溪文化主要分布在瞿塘峡以东、酉水流域两个区域。在巫山大宁河流域的欧家老屋遗址，发现了大溪文化早期遗存，出土了一批重要遗物。在大宁河与长江交汇地区的巫山县城遗址，发现了120余座大溪文化墓葬，发现了鱼骨坑等重要遗迹。最重要的发现依然是大溪文化命名地、20世纪50年代以来多次发掘的巫山大溪遗址。

2000年以来，对大溪遗址全面发掘，发现墓葬近200座、灰坑700多座，发现了大溪文化早期遗存，揭示了大溪文化晚期遗存与重庆本土新石器文化的共存关系，发现了多种形式葬俗的演变。另外，结合DNA结果，可以开展大溪文化社会结构的深入研究。在此发现了大量器物坑、动物坑、鱼骨坑，可能反映了大溪人的某种意识或原始宗教观念。该遗址关于功能分区的材料，为聚落研究提供了条件。峡江地区大溪文化为

酉阳笔山坝新石器时代遗址

渔猎采集经济，与江汉平原地区的稻作农业经济不同。

2007年，在酉阳笔山坝遗址发现了丰富的大溪文化遗存，包括典型的屈肢葬墓葬7座、石器加工场1处，出土遗物丰富。陶器以釜、罐、圈足盘、钵类为主。石器有打制石器，斧、凿、锛等磨制石器，以及多台面石核为主的小燧石器。还有玦、璜等少量玉器。遗存年代距今约7000～5500年，可分早、中、晚三期。晚期出现大溪文化、哨棚嘴文化两组器物。重庆酉水流域大溪文化的首次发现，对于研究大溪文化在重庆地区的分布和传播线路，对于大溪文化的总体认识，都具有十分重要的意义。

三　夏商周时期

早期青铜文化遗存总计达142处，始发现于20世纪50年代。1992～1996年，三峡调查发现近70处遗存，取得突破性进展。最近十年，重庆市文物考古所在三峡以外的区域又发现70余处遗存，收获巨大。这些遗存主要沿长江、嘉陵江、乌江、酉水的河流宽谷分布，文化面貌以巴文化为主，多种文化因素并存，客观反映了该时期重庆地区古代族群不断迁徙、文化交流频繁的走廊文化特征。夏商至春秋时期，重庆地区早期青铜文化经历了三个发展阶段。

（一）早期青铜文化

夏代至商代中期遗址发现近20处，典型遗址有忠县哨棚嘴、中坝，万州中坝子，云阳大地坪、云阳丝栗包，奉节新浦遗址等。该时期器物群可以分为3组：第一组是侈口罐、盘口罐和敛口罐，继承了新石器时代末期峡江地区土著文化传统。第二组是小平底罐、高柄豆、灯形器、鸟头勺和器盖，与三星堆文化相似。第三组是鬶和封口盉，属于中原二里头文化因素。

总体上观察，该时期文化面貌属于三星堆文化系统，是三星堆文化与土著文化结合的地区类型。忠县中坝遗址的^{14}C测年在公元前1900～前1050年之间，属于夏商的纪年范围。万州中坝子农业遗迹的发现说明，该时期可能已经有相对重要的农业。在忠县王家堡、老鸦冲、中坝等多数遗址大量发现陶网坠、骨制鱼钩、骨锥、石斧、石锛。这说明，重庆多数地区还属于渔猎为主的经济类型。

商代中期至西周早期即石地坝文化时期，以丰都石地坝遗址为代表，以三峡中部地区为核心。该时期遗存分布范围广大，东达巫山，东南越过乌江进入黔东北一带，西边可能涵盖了嘉陵江中下游的大部分地区。石地坝文化第一期的陶器包括鼓肩小平底罐、敞口尖底盏、泥质灰陶高领瓮、卷沿盆等，年代与三星堆遗址第四期相当，大约在殷墟一期与二里岗上层偏晚阶段。第二期陶器出现了圜底器，典型器物有溜肩小平底罐、折肩小平底罐、尖底罐、子母口尖底盏、高领壶等，年代与十二桥遗址早期遗存相当，属于殷墟第二、三期。第三期陶器出现船形杯、炮弹形尖底杯、角状尖底杯，流行子母口尖底盏、素缘绳纹罐，年代与殷墟第四期相当。第四期陶器大量出现敛口尖底盏、尖底钵，小平底罐、子母口尖底盏的数量减少，甚至消失，年代约为西周早期。

石地坝文化小平底罐器物组与成都平原十二桥文化接近，属于一个大的文化系统。但石地坝文化圜底罐、尖底杯器物组属于本地文化传统。石地坝文化晚期，与十二桥文化的差异逐渐加大，至西周中、晚期，分别形成了两个独立的文化。

西周中期至春秋时期的重要地点有巫山双堰塘、巫山跳石，奉节新浦上层，万州中坝子，忠县中坝、忠县瓦渣地等遗址。以巫山双堰塘、忠县瓦渣地遗址为代表，文化面貌呈现出明显的东西差异。

万州苏和坪遗址出土商代陶器座

忠县瓦渣地遗址出土西周时期陶尖底杯

瓦渣地文化以忠县瓦渣地遗址为代表，主要分布在瞿塘峡以西，^{14}C年代在公元前1130年～前760年之间，时代大约在西周中期到春秋时期。瓦渣地文化陶器以夹砂陶为主，以圜底器为大宗，也有尖底器和三足器。主要器类有花边口罐、釜、圜底钵、敛口尖底钵、尖底盏、炮弹形尖底杯等。瓦渣地文化在早期依然保留了大量的尖底器，是石地坝文化发展和演变的结果。花边口圜底罐数量、种类的突然大增，是瓦渣地文化的标志性特征。

巫山双堰塘遗址西周中期至春秋时期早期遗存，代表了瞿塘峡以东重庆地区的文化面貌。陶器以夹砂陶居多，纹饰丰富，器类有花边口罐、釜、鬲、豆、钵、碗、盘、簋、尊、器盖、尖底杯、尖底盏等。双堰塘遗址的西周遗存虽然保留有花边口罐、尖底杯等石地坝文化、瓦渣地文化特征，但其典型器类如鬲、尊等，属于楚文化因素。

上述差异反映了西周中期以后重庆地区族群和文化的变迁。渝西地区仍然以土著居民为主，从石地坝文化到瓦渣地文化呈现出文化的继承关系。以双堰塘为代表的遗存，应该是长江中游以鼎、鬲为代表的楚文化，开始对渝东地区产生重要影响。

（二）春秋战国时期

忠县中坝遗址出土东周陶圜底罐

重庆地区晚期青铜时代考古学文化的发现和研究始于抗战时期。1954年巴县冬笋坝船棺葬墓群的发掘，引发了巴蜀文化研究的热潮。1972年以来涪陵小田溪墓群的发掘，将巴文化研究引向深入。1997年以来，重庆地区东周时期考古学文化面貌得以全面揭示。

东周时期墓葬分为船棺葬、崖葬、土坑墓三类。船棺葬主要发现在巴县冬笋坝及四川地区，与蜀文化联系密切，近年来在云阳李家坝墓地也有发现。崖葬是三峡地区独特的葬俗，在奉节盔甲洞等地开展过零星的发掘工作。土坑墓是该时期最普遍的葬俗，发现地点近百处，累计墓葬上千座。

2002年，在小田溪墓群进行第五次发掘，清理秦灭巴至西汉初期墓葬13座。M12规模较大，出土玉具剑、錞于、钲及玉璧、玉璜等体现墓主重要身份的珍贵文物。2005年以来，在陈家嘴遗址发现东周房址、道路等遗迹，清理战国晚期至秦代小型土坑竖穴墓46座，主要出土巴文化遗物，有靴式钺等越文化因素。该遗址与小田溪贵族墓地隔沟相望，对其内在联系的深入探讨，将有助于巴人社会组织结构的揭示。

1997年以来，在云阳李家坝遗址发现春秋末期至西汉早期墓葬300余座，墓葬分布密集，排列大致有序，有人牲、人殉的现象，出土的青铜兵器多为典型的巴文化兵器。在开县余家坝遗址，

涪陵小田溪出土战国玉璜

涪陵小田溪出土战国铜案

巴县冬笋坝出土战国铜钺

巴县冬笋坝出土战国铜剑

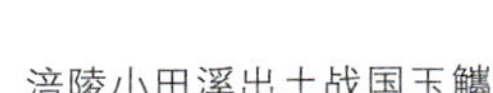

涪陵小田溪出土战国玉觿

涪陵陈家嘴出土战国铜印章

涪陵小田溪出土战国铜錞于

涪陵小田溪出土战国铜鸟兽尊

云阳李家坝遗址战国墓地

云阳李家坝出土战国铜戈

2000年以来发现战国中晚期墓葬131座，墓地有一定的分区现象。随葬品存在性别差异，基本组合为铜鍪、陶豆。两个墓地皆位于彭溪河宽谷地带，地缘关系密切，文化属性相同，时代大体相当，二者应存在联系。

1997年，在忠县中坝遗址清理春秋中晚期至战国早期墓葬22座，出土陶器主要为圜底罐、尖底盏、圜底钵等。万州大坪墓群是一处规模较大的春秋末至战国中期的巴人墓地，2001年以来发现墓葬67座，主要随葬圜底罐、釜、豆、单耳铜鍪、柳叶剑、弓耳矛、图形印章等巴文化遗物。1997年以来，在涪陵镇安，武隆土坎，忠县老鸹冲，万州中坝子、余家河、曾家溪等地点，发现了数百座战国晚期至西汉早期墓葬。以巴文化遗物为主，演变规律比较清晰。铜印章类型多样，以“巴蜀图语”印章为主。在中坝子遗址战国墓葬出土的陶豆上，刻划与“巴蜀图语”类似的文字、太阳、五星等符号。

为了寻找《水经注》记载的“楚故陵”，1994年以来，国内外遥感部门在云阳故陵镇帽盒岭一带开展了多次物探、化探。1998年发现6座普通战国墓葬，否定了文献记载。2003年，在故陵镇平扎营墓群发现4座大型楚墓，其中M3通长约24米，墓室宽8、深10米，有陪葬坑、台阶式墓道、二层台，有殉人现象。未被盗掘的M9、M3陪葬坑，出土成对的鼎、敦、壶等铜器，玉器近100件套。该墓地应为战国中期楚国贵族墓地，可能与“楚故陵”有着重要关系。2005年，奉节永安镇墓群发现3座大型楚墓，其中M66通长17米，墓室长、宽、深均超过10米。墓内均铺挂竹帘，出土铜鼎、敦、壶，车马器、鎏金带钩、玉璧、琉璃珠等大量遗物。此外，万州大丘坪墓群也发现了一座规模相当的大型楚墓。

1997年以来，忠县崖脚墓地发现数十座战国中期楚墓和少量小型战国晚期巴式墓。崖脚墓地这批楚墓是分布于最西端的典型楚墓群，年代下限不晚于公元前278年白起拔郢时期。此外，巫山10余处墓地、奉节上关遗址、云阳马沱墓地春秋末期至西汉早期墓葬，总体特征与东部楚文化核心区域的同期墓葬非常一致，基本上属于楚文化风格的墓葬。

重庆地区春秋中晚期至西汉早期墓葬以巴、楚墓葬为主，兼有秦、越、中原五组文化因素。巴文化墓葬是最主要墓葬，在春秋晚期至战国早期广泛分布于云阳及其以西地区。东部的奉节地区呈巴、楚文化并存现象，巫山地区则主要属于楚文化区域。战国中期，忠县至云阳一带有巴文化墓葬发现，晚期大量发现于万州及以西区域。楚文化墓葬战国中期已到达忠县地区，战国晚期墓地与墓葬数量明显上升。复合文化墓葬主要出现在战国中期以后的忠县及以东地区。秦、越文化因素极少。中原文化墓葬在战国末期零星出现于巫山地区，逐步沿江西上。

目前发现的东周时期的生活遗存不多。万州麻柳沱遗址发现的地平式房屋一般有红烧土地面和圆形灶坑。房屋使用时间长，经反复修缮。在房屋附近发现了用于占卜的龟甲。遗址存在聚落活动区转移的现象，显示出聚落规模扩大和人口增加的信息。云阳李家坝遗址分为5个功能区，战国时期的房址等生活类遗存与自然冲沟隔离的墓葬区功能划分明确，共同构成比较完整的聚落。

云阳李家坝
出土战国铜矛

奉节新浦上层遗存发现有干栏式建筑等生活遗迹，出土遗物兼有巴楚文化因素，显示了楚文化的强烈影响。在巫山大宁河流域大昌盆地，西周时期已经呈现巴、楚两种文化面貌，蓝家寨等大昌盆地遗址春秋晚期至战国中期生活类遗存表明，春秋晚期楚文化影响进一步增强。

文献记载，巴人与盐有着密切的关系。东周时期巴人控制的三峡地区是我国岩盐的重要产地，盐卤资源的开采，自汉以来的史料记载不绝于书。1997年以来发现的与制盐有关的一些遗址，是晚期巴文化时期重要的生产类遗存。在中坝遗址的发掘中，发现了一些结构特殊的窖藏、黏土坑、水槽遗迹，内壁有灰白色钙化物残留。还发现数以百计仅有地面、柱洞、水槽和用火痕迹的房址，应该是生产类作坊，房址平面密集的“柱洞”与生产有关。类型单一的尖底杯、占陶器总量96%以上的圜底罐也是制盐有关的遗物。中坝龙窑、瓦渣地窑等是与盐业生产有关的附属产业。结合多学科研究及相关考察发现，忠县㽏井沟遗址群从新石器时代开始了制盐，夏商时期生产活动逐渐频繁，在东周时期达到鼎盛。汉唐以后，制盐业作为主要产业，一直维持到近代。

在重庆，东周时期不同区域的经济类型也存在着差异。中坝、瓦渣地遗址动物骨骸、植物果核、旱作谷物的发现表明，忠县㽏井河流域的旱作农业、家畜饲养与渔猎并重，主要生业是盐业及附属的制陶业。万州麻柳沱遗址生产工具有打制磨制石器、青铜工具及铜器冶铸遗物，发现的动物骨骸种类和数量呈递增的现象，表现出经济形态存在重渔轻农的现象。以巫山蓝家寨为代表的大昌盆地，普遍发现各种网坠、铜镞，以及鱼类、野猪等骨骼。铁锸、铁䦆等农具的流行，说明当地渔猎经济继续存在，农业得到了迅速发展。

四　秦汉至魏晋时期

公元前316年秦灭巴，置巴郡，采取放巴王归巴地，充当“蛮夷君长”统帅各部族的政策，使巴文化得以长期延续。至西汉早期，重庆地区考古学文化总体上仍呈现晚期巴文化面貌。武帝拓边，加强对西南地区的开发，重庆地区的汉文化面貌才基本确立。

在云阳旧县坪遗址，1997年以来发现夯土城墙、城门、道路、建筑、衙署、排水沟渠等城市基础设施，以及冶铸作坊、制陶区等生产遗迹，出土墨书木牍、印章、封泥等大量遗物。熹平二年(173年) 巴郡朐忍令雍陟所立德政碑“汉巴郡朐忍令景云碑”的发现，最终确认了旧县坪遗址即朐忍县故址。

忠县老鸹冲汉代墓群

忠县将军村吊嘴汉晋墓地

朐忍县城面积约1平方公里，西周晚期开始有人群活动，战国时期聚落扩大，汉代筑城，六朝遗存叠压在汉代遗存之上，遍布全城。据《汉书·地理志》、《太平寰宇记》等记载，秦设巴郡、汉设盐官均有朐忍县。北周武帝天和三年（568年）迁治于汤溪河口，改为云安县。旧县坪遗址作为汉晋朐忍县治历时800余年，与史载相符。发掘表明，六朝以后，旧县坪遗址至少经历了两次大规模的地质滑坡，导致遗址大部分湮埋。这或许是朐忍易治、改名的重要原因。

巫山古城遗址自1994年以来经过多次调查。遗址整体叠压在现代巫山县城之下，平面略呈圆角方形，面积约27万平方米。城墙依山而建，北面倚山，南临长江，东西两侧为深沟，设有东、西、南、北4道城门。1997年以来进行了大规模发掘，发现的城墙宽16、高8米，以10厘米左右的厚度分层夯筑。城墙打破东周文化层，始建时代在西汉时期，修正了《水经注》"吴孙休分为建平郡，治巫城"的记载。汉晋以后，巫山古城曾一度废于水患。宋元时期补筑城池，形成第二期城墙。明代以后采取青石包砌的措施，对城墙进行大规模维修，形成第三期城墙，沿用至今。在城内发现了早于汉代的大型建筑夯土基址，发现了汉代冶炼相关遗存。在城外发现了环绕古城分布的多处大型公共墓地。

云阳旧县坪遗址出土汉景云碑拓片

在云阳李家坝遗址Ⅰ区，发现汉代六朝时期房址、制陶作坊30余座。汉代房址均为地面建筑，有规模较大的夯土台基式三合院建筑，推测为汉代澎溪河流域的重要聚落或某级地方行政机构所在地。东汉时期，手工作坊遗址逐渐兴起。六朝晚期废弃，出现了墓葬打破手工作坊遗址的现象。在巫山张家湾遗址居住区，发现了东汉时期大型卵石堆砌墙基、人工铺垫居住面的地平式房址，有长约23米的分间排房。在生产区发现了西汉时期陶窑、东汉祭祀坑、冶炼遗迹等。出土较多的铁铤、铜镞表明，该遗址具有浓厚的军事防卫性质。其发现为寻找西晋泰昌县遗址提供了重要线索。云阳佘家嘴遗址是长江巴阳峡口重要的场镇遗址，2000年以来发现秦汉时期的房屋遗迹，出土大量与中原基本相同的砖瓦建筑材料及生活用品。万州王家沱遗址发现的7座六朝时期的房址，均属木骨泥墙建筑，保存较好，是六朝时期峡江民居的一种类型。

汉晋时期烧制砖瓦、陶器的窑址发现比较普遍，有马蹄窑、龙窑两种。其中马蹄窑较多，总体上属于半倒焰窑，但平面形状、窑址规模

不尽相同，具有较多的地域特征。汉晋时期的铁器发现数量众多，主要有农业生产工具锸、镬、锄、铲、镰，手工工具斧、锛、凿、削、锯、刻刀，武器，生活器具和钱币等。从巫山、云阳、丰都等地发现的冶铁遗址及铁器类型观察，重庆汉晋时期的铁器应为本地冶铸、加工。铁器冶铸是该时期非常重要的手工业。铁器的广泛应用，改变了至东周时期仍然很大程度依赖的渔猎经济，推动了本地区山地农业的发展。该时期墓葬中大量出土持农具俑、水田模型、仓碓模型以及谷物收获纹画像砖等，也反映了农业经济的迅速发展。

重庆地区汉晋有崖葬、土葬两种类型。关于崖葬，唐宋时期已多有记载，20世纪70年代以来开展了少量清理发掘工作。战国至东汉时期，崖葬分布在长江三峡地区。六朝以后，崖葬在龙床河流域的丰都、石柱，乌江流域的彭水、黔江，酉水流域的酉阳、秀山等峡谷险绝之处，均有广泛分布。一般认为，崖葬是百越、百濮系统的古代少数民族的葬俗。

汉晋时期土葬墓有竖穴、横穴两类。竖穴墓以土坑墓为主，岩坑墓、瓮棺葬属于该类型，是重庆地区西汉至东汉早期的主要类型。横穴墓以砖室墓为主，包括石室墓、土洞墓、石洞墓、砖洞墓、崖墓等6种类型。横穴墓大致出现在西汉晚期至东汉早期，很快取代土坑墓，广泛流行在东汉六朝时期。

土葬墓的发现层出不穷，难以统计。20世纪50年代发掘的巴县冬笋坝墓地，80年代发掘的开县红华村崖墓、临江支路汉墓等，是各个时期有代表性的发现。1997年以来，三峡规划发掘的377处汉晋遗址和墓葬已经全部完成，实际发现的汉晋墓地在400处以上。

巫山发现的重要墓地，均环绕分布在汉晋巫山古城附近。土层坡墓地发现秦汉至南朝墓葬269座，以西汉土坑墓为主，出土各类文物4590余件，是已发现墓葬数量、类型及出土遗物最多的墓地。麦沱墓地墓葬分布有规律，类型多样，出土鎏金铜棺饰等大量精美遗物。在瓦岗槽墓地，两汉墓葬序列清楚。其中西汉初期墓随葬楚文化仿铜礼器，王莽时期墓葬处于土坑向砖室墓过渡形态，东汉六朝流行土洞墓、多家族合葬墓。江东嘴墓地可以划分为若干墓葬区，发现了典型的西晋三代五人家族合葬墓。类似的墓地还有高唐观、下西平、胡家包、水田湾墓地等十余处。大宁河流域双堰塘汉晋墓地墓葬规划有序，出土遗物丰富，是汉晋家族墓的典型材料。

2005年，在永安镇墓地发现西汉土坑、石室、砖室墓76座，出土遗物丰富，是奉节地区最重要的墓地。此外，营盘包、赵家湾、宝塔坪、三台崖墓群的发掘，也取得了重要收获。

云阳马沱墓群、张家嘴墓地是分布在朐忍县城两侧的重要墓葬区，发现汉晋墓葬数百座，墓地延用时间长，出土文物丰富，其发展序列，是重要的标尺。澎溪河流域环绕李家坝汉晋聚落的乌龟堡墓区、走马岭墓地，也是重要的汉晋墓地。

万州大坪墓群包括两汉墓葬61座、蜀汉至南朝墓葬30座，墓葬类型多样，出土各类遗物近千件。瓦子坪—糖房坪墓群包括墓葬近百座，墓地排列有规律，盛行合葬，是建立东汉晚期至南朝墓葬发展序列的重要墓地，也是一处典型的家族墓地。武陵地区是万州最大的汉晋墓群密集区，发现大丘坪、柑子梁等墓地约20处，清理墓葬近1000座，以武陵石墓阙为代表，出土遗物丰富。据文献记载，武陵镇于北周武帝建德四年（575年）置武宁县，隋开皇初废除。大量墓地材料证明，武陵始于战国，汉晋繁盛，早在武宁置县之前，已经成为万州长江沿岸重要的区域中心。

忠县乌杨将军村墓地清理汉晋多种形制墓葬257座，出土文物近4000件，发现了蜀汉乌阳石墓阙、刘宋泰始五年（469年）石柱、南朝大型石避邪等重要文物，是重庆地区规格最高的东汉六朝墓地。老鸹冲—王家堡墓地是一处大型公共墓地，发现西汉中期至东汉早期土坑墓约200座。墓地总体缺乏规划，有5个不同时代的墓区，由早到晚墓区规模渐小，成组墓葬的排列规律逐渐明显，总体表现出社会结构由大族群向小家族的逐渐转化。崖脚墓地发现以土坑墓为主的汉晋墓葬数十座，打破关系较为复杂，为墓葬分期提供了重要依据。发现的南朝墓出土青瓷、刘宋时期钱币，是重要的南朝标型墓。邓家沱遗址东汉晚期石墓阙雕刻内容丰富，技法细腻，有“故绵竹县令王君神道阙门”等铭文，也是一项重要发现。

20世纪70年代，忠县涂井等地发掘过一批蜀汉崖墓群。2002年以来，忠县土地岩、仙人洞等墓地发现一批西汉中晚期至南朝崖墓。墓地选择依山临江、地势陡峭的地点，墓葬以单室墓为主，具有墓区相对集中、墓葬成组、成排有规律排列等特点。

丰都汇南墓群绵延6公里，分布在25个临江的山包上。1987年以来，在此清理墓葬上千座，是重庆地区墓葬规模最大、发现墓葬最多的汉晋墓地，对于重庆地区汉晋墓葬序列的建立有重要的标尺意义，建有汉墓遗址博物馆。冉家路口墓群发现墓葬150余座，总体缺乏规划，但部分成排、成组的墓葬有明显的埋葬规律。袁家岩墓群以小山包顶端规模较大的主墓为中心，呈放射状分布，头向均朝向主墓，是东汉六朝典型家族墓地。槽房沟墓地M9出土的“延光四年五月十日作（125年）”刻款摇钱树座、“巴郡平都蔡寘骑马”刻款陶马，见证了丰都古属巴国、原称平都的历史，记载了墓主人和准确的入葬时间。摇钱树干上铸造的铜佛，是长江流域最早的佛教遗物。

丰都袁家岩墓地出土东汉陶鸟形座

合川南坪墓地出土东汉陶辟邪摇钱树座

巫山麦沱墓地出土东汉鎏金铜棺饰

巫山麦沱墓地出土东汉陶楼

涪陵镇安墓地以土坑墓为主，发现数量较多，出土遗物丰富。北岩墓群墓葬类型多样。太平村墓地以砖室墓为主，出土遗物丰富，具有一定的区域文化特色。

总体上看，重庆地区汉晋墓葬具有一些普遍的变化规律。例如，汉晋时期墓地不与居住区混杂，属专用墓地。竖穴墓地一般选择地势平阔的河流阶地，横穴墓地普遍向临江河的坡

地、山丘转移，崖墓、洞室墓地多出现于地势狭窄的山地。这种变化与墓葬的构筑技术要求、地貌环境制约、社会观念变化都有一定的关系。

西汉早中期墓地规模较大，有统一规划，应该是聚族而葬的墓群。西汉晚期墓地规模减小，存在一定的组群关系，并穴夫妻合葬墓增加，表现家族分化的社会背景。东汉至六朝墓地受地貌环境限制，规模不等。墓地内存在不同的组群关系，多人合葬现象更加普遍，反映了该时期家族墓地兴盛、家庭合葬墓流行的丧葬文化现象。该时期，以家庭合葬墓为基本单元的家族墓地相对集中在一定区域，形成数量巨大、绵延数公里的大型公墓。

西汉初期墓葬主要随葬实用陶器、仿铜陶礼器、少量铜兵器、铁器等。西汉文帝至武帝元狩五年(前118年)之前，出现仓、灶等明器组合。西汉中、晚期，出现带斜坡墓道的土坑墓，流行夫妻异穴并列合葬，大量随葬陶礼器、日用铜器、铁器等。王莽时期，出现土坑、砖室过渡形态墓葬。东汉早期，出现成熟的砖室墓、各类洞室墓。东汉中、晚期砖室墓、洞室墓流行，釉陶器、俑类、模型等明器大量出现。六朝时期，沿用东汉墓葬形制，有规模变小、构筑简化的趋势。蜀汉时期出现少量的瓷器。两晋时期，四系罐、盘口壶、碗、盘、钵、砚等青瓷器成为主流，明器逐渐减少。南朝晚期，明器全部消失。

在重庆地区，西汉初期墓葬具有浓厚的战国晚期巴、楚、秦文化特点，东部受楚文化影响较大，西部与四川地区联系密切。西汉中期以后，汉文化面貌基本确立，但陶釜等体现巴文化传统的因素长期有所保留。此外，重庆地区汉晋墓随葬陶罐、壶、仓等陶器，各种人物俑和动物模型，以及鎏金铜牌饰，墓葬建筑材料采用独具特色的空心砖、几何花纹砖，加上洞室墓葬俗等，体现了浓郁的地方风格，形成有别于中原地区的丧葬习俗。

五　唐宋至明清

唐宋城址在1997年前仅限于调查，少有发掘。2005年土坎遗址发掘，发现了唐武隆县治遗迹。对奉节永安镇宋夔州城的大规模发掘，取得了重要收获。遗址叠压在现代奉节县城下，发现的宋、元、明、清时期遗存异常丰富。2003年，发现通往夔州城南门外的宋代主干道，宽4.5米，修造规整。2008年，发现大型宋代高台基建筑，出土板瓦的款识表明，此系涪陵、丰都、万州等地官府督造，应为南宋衙署类建筑。

1998年以来，在奉节白帝城遗址群方圆5平方公里范围内进行大规模发掘。发现的南宋白帝城依山而建，平面略呈马蹄形，现存城墙约7000余米。主要的修筑和使用年代在南宋淳祐—元初至元年间，约40年左右。在城内发现了内城、城门、马面、马道、高台基建筑群等，在城外发现了擂鼓台城，有锁江铁柱、烽燧等附属军事设施遗迹。这些设施共同构成严密的军事攻防系统。该发现对于峡江山地城市类型的认识、对于南宋西线抗蒙防御体系的研究有重要价值。

2006年至今，在合川钓鱼城遗址，开展了范家院子地道、石照县衙、城墙、南北一字城、南水师码头等重要遗迹的调查、勘探、发掘工作。城墙等遗迹的解剖，印证了钓鱼城经过3次大

云阳明月坝遗址唐代房址

奉节白帝城遗址南宋城门

规模筑城、修建码头的重要史实。南北一字城墙、水军码头、内外城组成的封闭防御体系，修正了过去的学术观点。蒙古军队开凿的最早的攻城地道、连接水师码头的上山道路、在码头城墙内侧拣选堆码、用作礌石的卵石等发现，弥补了文献材料记载的缺失，具有重要的军事史研究价值。

2000～2003年，在云阳明月坝遗址进行了数万平方米的大规模揭露，清理唐宋时期各类建筑80余座、市镇道路20条、码头2个、墓葬80余座，出土佛教造像、建筑构件、瓷器等万余件。明月坝遗址为初唐至北宋中期的市镇遗址，经历了草市到市镇的不同发展阶段，在中晚唐时期，形成了以“丁”字形布局为基础的开放型市镇。建筑规整的民居、多进院落式衙署、四合院式寺庙等高规格建筑以及商用店肆、制铁作坊的出现，各种砚台、青铜铐饰、博具的出土，尤其是涂山窑、湖田窑、龙泉窑、耀州窑、长沙窑等南北著名窑口瓷器的大量出土，见证了明月坝遗址作为一个早期重要市镇的繁荣。北宋中期以后，受洪水、河道变迁的影响，明月坝市镇中心逐渐转移。至明代，原唐宋市镇中心废弃，被平整成为一块近4000平方米的集市广场。类似的早期市镇发现有万州武陵镇下中村遗址、云阳佘家嘴遗址、丰都玉溪坪、万州大地嘴遗址等。

与明月坝佛教寺庙遗址相似，2001年，在奉节宝塔坪遗址发现了高规格唐代建筑，出土佛教造像、铁鼎香炉、瓷鼎香炉等佛教寺庙遗存。此外，在丰都玉溪坪、云阳乔家院子遗址的发掘中，出土200余件高5～15厘米，带有活动座子，用以旅途供奉的鎏金铜观音像的成品和半成品。这些发现为重庆地区唐代宗教文化研究提供了实物资料。

万州冉仁才墓出土唐代瓷俑

奉节对县李家坝出土北宋三彩俑

2000年以来，对巫山大昌古城遗址进行勘探、发掘，比较全面地复原了明清大昌城的基本格局和生产生活场景，为大昌古镇的搬迁保护提供了重要依据。2006年以来，在秀山打落寨遗址发现了明代杨氏土司城城墙、街道、房址、作坊等遗迹。在酉阳后溪遗址，发现了明清白氏土司城衙院、居址、花园等遗存，是渝东南民族地区考古的新收获。

1978年发掘的万州初唐刺史冉仁才墓，是重庆地区最重要的一座唐墓。1998年以后，在三峡地区20余个地点发现了数量不等的唐墓，弥补了该时期墓葬材料的不足。在奉节上关、宝塔坪墓群，发现唐代小型土洞、土坑、砖室墓100余座。土洞墓一般墓室窄小，部分有墓道、壁龛，存在双室墓现象，墓内一般使用木棺为葬具，是最具特点的唐代墓葬。唐墓出土遗物简单，多为青瓷盘口壶、执壶、四系罐、唾壶、风字砚、银簪、铜镜、铁剪、开元通宝等。从随葬盘口壶四系、铜镜破损的现象分析，部分唐代墓葬可能存在毁器习俗。

在重庆地区，宋墓流行砖、石室并穴合葬。1958年发掘的北碚井口宋墓、1980年发掘的荣昌沙坝子宋墓是这类墓葬的代表。比较重要的还有1987年南川隆化镇张子硕石室墓，出土南宋绍兴二十五年（1155年）带盖墓志，随葬金腰带、碗、手镯，银壶，铜镜，玉带钩，影青及定窑白瓷等珍贵文物。2003年在奉节永乐镇发掘的胡修政夫妻合葬墓，出土北宋大观、绍圣年墓志、经幢，随葬形象生动的三彩俑、碓、灶、磨子模型等遗物。三峡地区近年发现的宋代墓葬，还有土坑、土洞、石椁等多种类型，常随葬民窑烧造的各类瓷器、铁钱。

1982年在江北区发现的明玉珍墓是一项重要发现，出土的“玄宫之碑”1004字，详载明玉珍生平、大夏政体及大夏抗元史实。2005年发掘的巫山庙宇镇元代壁画墓、2008年发掘的永川凌阁堂明代早期壁画墓，弥补了重庆地区发现的空白。20世纪70年代以来，在铜梁陆续发现以张文锦夫妻合葬墓为代表的一批官宦、士绅家族墓地，出土石质仪仗俑等文物。另外，在北部新区大竹林镇发现蹇氏家族墓地。1958年曾发现蹇芳墓，出土雕镂楼台人物、铸诗文金钗等。2008年，再次发现了明吏部尚书蹇义墓神道碑、碑亭及相关墓葬。

涂山窑发现于20世纪30年代，建国以来至80年代，在此陆续发现和发掘了南岸黄桷垭窑址

开县温家镇出土南宋瓷器

奉节宝塔坪墓群出土宋代瓷器

忠县中坝遗址出土南宋瓷器

南川张子硕墓出土南宋金腰带

群，巴南清溪、姜家场窑址群，荣昌瓷窑里窑址群。2004年以来，新发现了合川炉堆子窑址，涪陵蔺市、石沱窑址，开展了南岸酱园遗址、小湾遗址、慈母山窑址的发掘，取得了窑炉、窑场、制瓷作坊、出土遗物的新收获。此外，在南岸涂山窑核心区开展了瓷土资源、煤炭资源、环境与水源调查，形成了关于涂山窑的基本认识。涂山窑承袭了北方馒头窑技术，与四川盆地金凤窑联系密切，主要烧造黑釉实用瓷器，是兴盛于北宋末至元代初期的民间窑场。其产品是重庆及其周边地区宋元时期使用最广泛的生活用瓷。

忠县中坝遗址2000年发掘的唐代地层中，发现多座排列有序的盐灶。自2001年以来，在云阳县云安盐场遗址发现了宋至清代的盐业作坊遗迹，包括挖井、取卤、输送、沉淀卤水、制盐、装运等古代制盐的各个环节，还发现了一些生活类遗迹。云安盐场在《水经注》、《晋书》均有记载，宋代以来生产工艺基本保持传统。它与四川自贡地区为代表不断发展的掘井技术和取卤技术不同，具有古代盐业技术史方面的研究价值。

丰都明清冶锌遗址群2003年得以确认以来，多家单位联合，在此开展了大量的调查、发掘与科研工作。目前发现的数十个冶炼遗址，分布在丰都、石柱、涪陵、武隆等广大区域。以丰都冶锌遗址群为重点的发掘，发现了大量不同类型的冶炼遗迹。在七跃山东南面方圆300平方公里的范围内，开展了锌矿、煤炭、运输线路的专题调查，也取得了重要收获。

（执笔：邹后曦）

四川省
中国考古60年

中国考古60年

四川省

四川省位于我国内陆腹地，西邻青藏高原，北近秦（岭）巴（山）山地，南连云贵高原，东出重庆有长江三峡之险，自古以来战略地位十分重要。四川地形多样，可以分为三个区：东部为四川盆地，盆地四周为邛崃山、大巴山、大娄山等山地，面积约20万平方公里，海拔300～600米；西北部为青藏高原的一部分，属我国地形中的一级阶梯，海拔约3500米；西南部地处我国地形一级阶梯向二级阶梯的过渡地带，为横断山的北段，属山地地形。受总体地势影响，境内河流多呈自西北向东南的流向，除北部松潘草地属黄河流域外，均属长江水系，有雅砻江、大渡河、岷江、沱江、嘉陵江、涪江、渠江等较大支流。特殊的地理环境造就了四川古代丰富多彩的文化面貌。

60年来，四川省文物考古部门在配合成渝、宝成铁路，三峡、二滩、紫坪铺、向家坝、官地、彭水、瀑布沟水库，九寨沟机场，宝成铁路复线，达成、内昆铁路四川段，成绵、成南、成乐高速公路以及国道108线广元段等基本建设中，进行了多次考古调查和发掘，同时为解决重大的学术问题，亦开展了一系列主动考古发掘。四川考古紧紧围绕着古人类、文明起源、区系类型、文化谱系、地区性文化特征，在古人类与石器时代文化的探索、巴蜀先秦考古学文化序列的初步构建、秦汉及其隋唐宋元明清时期的墓葬特征，以及科技、艺术考古方面取得了丰硕成果。

一　旧石器时代

旧石器时代遗存主要发现在四川中部地区和东部地区，既发现了人类头骨化石如资阳人的发现，也发现有旧石器时代遗址如资阳鲤鱼桥遗址，以汉源富林镇遗址命名的富林文化。既有江河台地遗址也有洞穴遗址，前者如鲤鱼桥遗址、富林镇遗址；后者如攀枝花市回龙湾洞穴遗址、北川县烟云洞遗址。这些遗址都属旧石器时代晚期，年代约在距今24000～10000年。1960年发掘的富林遗址和1987年发掘的回龙湾洞穴遗址属细小石器传统，1951年发掘的鲤鱼桥遗址则属石片石器传统。

二　新石器时代

四川新石器时代考古学文化十分丰富，到目前，在四川省各地发现的新石器时代遗址上百

处。在川西平原、岷江上游、大渡河流域（上、中游）、安宁河流域、川北山地和川东峡江地区等区域都进行了大规模的科学考古发掘，分别发现了众多具有代表性的新石器时代考古学文化，在研究上述区域性乃至整个四川盆地新石器时代考古学文化方面取得了相当重要的成果，把四川新石器时代考古研究推向了一个新的高潮。

（一）川西平原新石器时代遗存

本区域发现的主要新石器时代文化有三星堆一期文化和成都平原史前城址群（宝墩文化）。四川省文物考古研究院在1980年对三星堆遗址的发掘中，首次在考古学上确认了成都平原新石器时代晚期遗存，出土的陶器以泥质灰陶为主，夹砂陶较少，器形以镂孔矮足豆和折沿器为主。1995～1996年，成都文物考古研究所对成都平原宝墩古城址、郫县古城址、温江县鱼凫古城址、都江堰市芒城古城址、崇州市双河古城址及紫竹古城址大邑盐点古城的试掘，首次在成都平原发现新石器时代晚期城址，进一步完善了成都平原的新石器时代晚期遗存的文化内涵，并首次在考古学上提出“三星堆一期文化（宝墩文化）”。

三星堆一期文化（宝墩文化）的陶器以花边口绳纹深腹罐、喇叭口高领罐、圈足尊、宽沿尊、壶、镂空圈足豆为其典型器物。宝墩文化可分为四期，第一期为宝墩文化的第一期，第二期包括宝墩二、三期和紫竹、双河、芒城等遗存，第三期郫县古城的早期，第四期鱼凫村三期、郫县古城晚期。宝墩文化的晚期也是宝墩文化向三星堆文化的过渡期，近年来在三星堆遗址中部的月亮湾发现了宝墩文化与三星堆文化的叠压地层关系，为研究两个文化的关系和演变提供了直接的证据。三星堆一期文化和宝墩文化的发现，初步建立了成都平原新石器时代考古学文化的发展序列和编年，对于探索蜀文化的渊源和古城、古国、古文化的研究以及成都平原新石器时代发展序列的研究有着非常重要的意义。

（二）川北山丘地带新石器时代遗址

川北地区新石器时代晚期遗存主要包括绵阳边堆山、广元中子铺、张家坡、邓家坪遗址和巴中月亮岩、通江擂鼓寨等。其中1986年广元中子铺遗址是四川盆地已经发掘的不多的细石器遗址之一，出土了大量细石器标本和夹砂陶片，其绝对年代距今7000～6000年，属新石器时代早中期，对于探索盆地新石器时代考古学文化的起源具有非常重要的意义。而1987～1989年发掘的绵阳边堆山遗址、广元张家坡、邓家坪、通江擂鼓寨遗址的考古学文化面貌和特征则比较相近，应是地区不同或存在时代差异的同一考古学文化系统，而这一考古学文化更多的体现了四川盆地土著的史前文化。

（三）岷江上游新石器时代考古

岷江上游在地域上连接黄河上游和四川盆地，相邻的甘青地区分布有大地湾、西山坪、师赵村、傅家门、秦魏家遗址等为代表的新石器时代中晚期遗存，是黄河上游重要的史前文化区域，与之毗邻的岷江上游从20世纪20年代以来陆续发现了马家窑文化的彩陶，因此该区域也被认为是四川盆地史前考古学文化尤其是成都平原古蜀文化的源地之一。

2000～2004年，为探索岷江上游新石器时代考古学文化，四川省文物考古研究院等单位在岷江上游先后发掘了姜维城、营盘山、萝卜寨、波西、沙乌都、建山寨等新石器时代遗址，出土的陶器组合为重唇小口瓶、盆、钵、夹砂侈口深腹罐、缸、镯、环、纺轮等。

（四）大渡河上游流域新石器时代考古

罕额依遗址是1989～1990年在大渡河上游发掘的一处重要的新石器时代遗址，出土的陶器以罐类居多，有双耳罐、单耳罐、深腹罐、高领罐、钵、杯等，揭示的考古学文化面貌更多的呈现出区域性文化特征，但从该遗址第一期遗存中仍然可以看到包括彩陶在内的一部分来自岷江上游新石器时代遗存的文化因素。目前看来大渡河上游的彩陶文化因素并不十分浓厚，但作为一种过渡，却使得处在它下游的大渡河中游汉源谷地新石器时代遗存中也见到了彩陶的存在，而且彩陶文化因素显然要更为浓厚一些。

（五）大渡河中游（汉源谷地）新石器时代遗址群

大渡河中游的新石器时代遗存以汉源谷地大树镇龙塘山北麓的遗址群为中心，是四川盆地除川东峡江地区、岷江上游、成都平原之外，史前遗址分布最为集中的地区。1990年四川大学历史系考古专业发掘的汉源狮子山遗址，首次在该区域对新石器时代晚期遗存进行发掘。2002～2008年，四川省文物考古研究院等单位在汉源谷地进行了大规模的考古调查和发掘，先后发掘了姜家屋脊、麦坪、大地头、金钟山、摆渔村、背后山、石棉三星等为数众多的新石器时代遗址，出土的陶器盛行附加堆纹、附加堆纹上压印绳纹或指纹的复合纹，器形中高领罐、大口花边罐、盆、钵、碗、纺轮等为主，磨制石器有斧、锛、凿、穿孔石刀、石环等以及数量不少的细石器，特别是汉源麦坪遗址的发掘，发现的40多座房址，其建筑形式的发展脉络清晰，从早到晚经历了由地面建筑到干栏式建筑的发展过程。

汉源麦坪遗址M11出土陶器

汉源麦坪遗址房屋

（六）安宁河流域新石器时代遗存

安宁河中游是青藏高原东麓面积最大、人口分布最为密集的一处河谷地带，也是青藏高原东麓史前考古学文化传播的重要区域。1974～1976年，西昌礼州遗址的发掘，首次在金沙江流域揭示新石器时代晚期遗存，出土器物独特，是金沙江流域一种新的文化类型，被命名为“礼州类型”。该遗址的发掘，为研究安宁河流域、龙川江地区的古代民族、社会、经济和文化提供了重要资

料。2002～2006年，四川省文物考古研究院、成都文物考古研究所等单位在安宁河流域进行了大规模的考古发掘，先后发掘了毛家坎遗址、横栏山遗址、棲木沟遗址下层、马鞍山遗址、营盘山遗址、王家田遗址等一大批新石器时代的遗址，出土的陶器以喇叭口罐、高领罐、侈口罐、钵等比较典型。

（七）川南地区新石器时代文化

2006年，四川省文物考古研究院首次在屏山县发现了“叫化岩遗址”，采集的部分陶片与峡江地区新石器时代晚期遗存相似。该遗址的发现填补了川南地区新石器时代文化的空白。

三　夏商周时期

夏商周时期，四川地区为巴、蜀两族为主的两个王国。文献中对巴、蜀的记载很少，有些经过后人整理的远古传说材料，有较多的神话色彩。新中国成立后，在四川盆地西部一系列的考古发现，证明蜀就在以成都平原为中心的川西地区。这里不但发现了许多蜀文化的遗存，并且这些遗存是自成一系的，其发展继承的演变规律已很清楚，这是数十年研究蜀历史的重大成果。蜀文化大致可分为三星堆文化、十二桥文化和战国时期文化几个阶段。

（一）三星堆文化

主要分布于成都平原到三峡内外这一狭长地带，其典型遗址包括三星堆遗址、新都桂林乡遗址、成都十二桥早期、忠县中坝和哨棚嘴中期、万县中坝子以及宜昌中堡岛、朝天嘴、红花套等数十个遗址。

20世纪80年代以来，四川省文物考古研究院对三星堆遗址进行了多次考古发掘，发现有规模宏大的城址、祭祀礼仪性设施遗存，大量的房屋基址，特别是1、2号坑和月亮湾城墙的发掘，出土众多的铜器、玉器、金器、陶器、石器，包括礼器如铜尊、罍、盘、玉璧、瑗、牙璋，仪仗用器如铜戈、玉戈等，宗教性用器有铜神树、铜人像、面具等，一般生活用器主要为陶器，有小平底罐、圈足盘、高柄豆、鸟头柄勺、盉等。这些都说明三星堆遗址是当时蜀的政治、宗教、文化中心。三星堆文化已进入文明阶段。三星堆遗址以其独特的宗教信仰、多元文化的有机融合为其显著的特点，成为长江上游的古代文化中心，在中华民族早期文明的形成和发展中占有重要的地位。

（二）十二桥文化

其中心分布在成都平原，同时在川西高原的汉源、石棉以及川东的峡江地区亦有分布，说明十二桥文化在三星堆文化的基础上有所扩大，其文化面貌主要是以小平底器、尖底器和高柄豆为代表的典型陶器组合，具有鲜明的地方特色。

三星堆遗址1号祭祀坑

三星堆遗址出土铜面具

三星堆遗址2号祭祀坑

1985～1987年对成都十二桥遗址的发掘，文化内涵与三星堆遗址具有明显的共性和发展连续性。而大型地梁式宫殿建筑与小型干栏式建筑，证明成都是继三星堆文化之后古蜀国另一个重要的都邑。1986年以来，成都文物考古研究所在成都市的指挥街、抚琴小区、新一村、岷江小区、黄忠等地均发现了十二桥文化遗存，这些遗存共同构成了以十二桥和金沙遗址为中心的聚落群。2001年以来，在成都市金沙村发现商代晚期至春秋时期的大型遗址，主体文化遗存的时代在商代晚期至西周早期，分布范围约3平方公里，是一处十二桥文化的大型遗址。金沙遗址

十二桥遗址建筑遗存

金沙遗址“兰苑”发掘区

的发现，为探索三星堆文化的去踪提供了重要线索，为进一步探明古蜀文明的丰富内涵和成都平原早期城市的形成与发展提供了十分珍贵的资料。1959年发掘的羊子山土台，与金沙遗址、十二桥遗址共同展示了古蜀文化丰富多彩的历史画卷。1959年和1980年在彭县竹瓦街发掘了2座铜器窖藏，共出土青铜器40件，为研究蜀文化与中原文化的关系提供了重要的证据。1985年和1986年，雅安沙溪遗址的发掘，其文化内涵与十二桥文化相似，但有表现出强烈的地域色彩（如大量的有肩石器），是十二桥文化的另一个类型。2004～2008年，汉源麦坪、麻家山、姜家屋脊、龙王庙、桃坪、石棉三星等遗址的发掘，与十二桥文化相似又有所区别，特别是大量细石器的发现，为丰富十二桥文化内涵提供了重要的资料。

金沙遗址出土金四鸟绕日形饰

金沙遗址出土金面具

彭县竹瓦街出土的铜罍

（三）晚期蜀文化

战国时期，四川发现的蜀文化遗址较少，仅有成都市青羊宫遗址和上汪家拐街遗址。墓葬多有发现，遍布四川盆地西部地区，以成都平原为最集中，时代从战国早期到秦统一六国之前。

1980年发掘的新都马家大墓，为认识战国时期蜀文化的丰富内涵、蜀文化的特征、蜀国的礼制以及蜀、楚关系和蜀与中原的关系提供了新资料。2000～2001年，在成都市商业街发掘的大型多棺合葬的船棺、独木棺墓葬，为探讨蜀王开明氏时期的政治、经济、社会以至与楚文化的关系提供了崭新的资料。1988～2002年，对什邡芳亭镇亭江西路的船棺进行了多次发掘，共清理墓葬98座。墓地年代从战国早期直至西汉中晚期，为成都平原蜀文化的消亡有了较动态的对比研究。同时在宜宾、芦山、石棉以及成都市的中医学院、西郊、金牛区、青羊小区、白果林小区、大邑五龙、浦江百花潭等地均发现有巴蜀墓葬，这批墓葬的发现，完善了成都平原晚期巴蜀墓葬的资料。

1981年在荥经烈太清理的墓葬内，出土印章等巴蜀文化遗物。1981～1982年在荥经曾家沟发掘的战国墓群中，出土大量漆器，有的漆器上有铭文，尤其是“成”、“成市造”等铭文的发现，为探讨巴蜀漆器的生产规模以至工商业的发展提供了新资料。1985～1986年，在荥经同心村清理巴蜀墓葬26座。这批墓地均围绕着严道古城，是严道古城的重要组成部分。

1992年和2004年对石棉永和墓地的考古发掘，共清理墓葬18座，出土了一批具有代表性的器物，为研究蜀文化与周边文化之间的关系提供了重要的考古资料。1979～1980年在青川清理土坑墓82座，出土有秦《为田律》木牍。曾引起国内外广泛持久的关注。这批墓葬中巴蜀与秦、楚文化因素并存，为深入研究其间的关系提供了新资料。1977年和1980年，对犍为县金井乡和五联乡

成都商业街船棺葬

成都商业街船棺葬出土漆饰件

成都商业街船棺葬出土漆盘

荥经同心村墓地出土铭文铜戈

荥经同心村墓地出土铜印章

的巴蜀墓葬进行了发掘，共清理13座墓葬，为研究蜀人南迁提供了重要的证据。

（四）巴文化遗存

主要分布于川东地区。1950年代，在昭华宝轮院和巴县冬笋坝清理了大量战国时期墓葬，首次在学术界提出“巴文化”这一概念。1999年以来，为解决四川地区巴文化的分布和内涵，对嘉陵江流域进行多次考古调查，并对重要遗址进行了考古发掘，经过发掘基本弄清了嘉陵江流域巴文化的内涵和文化序列。2005年对阆中彭城坝遗址的考古发掘，出土了一大批商周时期的器物，对于进一步认识巴文化在嘉陵江的内涵及其与蜀文化的关系具有着重要的作用。1999年、2003年和2007年，对宣汉罗家坝遗址进行了三次发掘，共清理东周时期的墓葬64座，特别是M33的发掘，大大扩展了巴文化研究的范围。2006年对渠县城坝遗址的考古试掘，是首次对賨人的城址进行发掘，为全面了解巴文化的重要一支——賨提供了重要的考古资料。

（五）安宁河流域战国遗存

凉山会理粪箕湾石棺葬墓群，则表现出另一种文化现象。1989～1992年对该墓群进行了四次发掘，共清理土坑墓150座，出土的铜器、陶器具有自己的风格，用绿色卵石随葬的习俗也不见于其他地区。

1993年，对大洋堆遗址进行了发掘。大洋堆遗址由三个不同时代且不同文化内涵的文化堆积组成，根据其时代和文化内涵，可将其分为早中晚三期。早期文化遗存是一批长方形的土坑墓，出土有石器、陶器和铜器。根据出土器物分析，可知这批以土坑墓为代表的古代文化与我国西北地区的古代文化有着十分密切的联系，时代约在商周时期。中期文化遗存是一批祭祀遗迹，两个首尾相套的大小陶罐伴以长方形黄土坑的祭祀现象十分奇特，为西南地区首见，时代约在春秋时期。晚期文化遗存是两座早期大石墓，时代约在战国时期。大洋堆这种由三种不同文化遗存堆积而成的遗址在考古上十分罕见，且其早、中二期文化都是仅在凉山境内的新发现，具有重要学术价值。

1999年和2001年，对老龙头墓葬群进行两次抢救性考古发掘，取得重大收获。共发掘古墓葬6座，祭祀坑1座。墓葬的形制颇具特点，墓室宽大，四周构以木椁，墓顶用数块巨石覆盖。出土大量器物中，有铜鼓、编钟等重器，还有剑、矛、刀、戟、镞等铜兵器，用玛瑙、绿松石及青铜制作

宣汉罗家坝遗址出土铜壶

宣汉罗家坝遗址出土铜簠

宣汉罗家坝遗址出土水陆攻战纹铜豆

阆中彭城坝遗址出土铜钺

宣汉罗家坝遗址出土铜矛

炉霍宴尔龙石棺葬

的重大考古发掘，为研究川滇地区石棺葬文化、族属及其与巴蜀文化的关系提供了新证。

雅砻江流域是连接西北地区和西南地区的历史通道，石棺葬文化表现丰富多彩，既反映出与岷江上游地区石棺葬文化的内涵，又有草原民族特色。1979年在甘孜县吉里龙清理8座战国到西汉初的墓葬，其中3座为石棺葬。1984年在炉霍县卡莎湖清理了275座石棺葬，这是目前为止最大规模的石棺葬发掘，该墓地的发现极大地丰富了雅砻江流域石棺葬的内涵，也证实了川西确实存在着一条民族走廊。2006年对小金县日隆乡石棺葬进行发掘，文化面貌与岷江上游较为接近，这也是对大渡河流域石棺葬的一次重要发掘。2006年在稻城县瓦龙村试掘石棺葬6座。文化面貌接近于雅江呷拉、凉山州木里县及滇西等地区的石棺葬。2008年10月，在炉霍县宴尔龙石棺葬墓地发掘清理了11座墓葬，推测年代为西周至春秋，这也是目前为止发现的较早的石棺葬。也证实了石棺葬与北方青铜文化之间的关系。

1985年在宝兴陇东乡清理墓葬103座，该区域石棺渐渐发生变异，多用小石块砌边，有的还用卵石垒砌墓室或砖、石混用。此墓群为研究石棺葬的消亡提供了重要资料。

（五）崖墓

东汉时期崖墓开始在四川盛行，遍及除川西高原以外的四川各地，成为四川最具特色的墓葬之一。其分布的中心区域为岷江、沱江、涪江、嘉陵江中下游和长江沿岸等地区，即四川盆地的中心地带，其中以岷江、涪江中下游的乐山、彭山和三台地区数量最多，规模也大。1978年，在遂宁船山坡清理了2座崖墓，其中出土的陶虎子、铁釜陶甑在川内尚为第一次发现。1979年，新都马家山清理12座崖墓，为成都平原崖墓的研究提供了宝贵的第一手材料。1980年，在宜宾市山谷祠清理了3座崖墓，其中出土的西王母陶俑在四川崖墓中罕见。2000～2002年，三台郪江崖墓先后进行过多次调查、发掘，共清理崖墓29座。郪江崖墓形制多样，可谓四川东汉崖墓的典型代表。2002年对中江县塔梁子9座崖墓进行抢救性发掘，这些崖墓形制较为复杂，并首次在崖墓中发现壁画和墨书题榜。2006年在自贡沿滩区黄泥土山清理了5座崖墓，发现“胜”纹、阙、殿堂、猪、龟、蛇等图形、图像。2007年在合江县上仓房发掘7座崖墓，出土有伏羲女娲、双阙、柿蒂纹画像的石棺。

六　三国两晋南北朝时期

三国时期四川为蜀汉。2004年对德阳市绵竹城遗址进行考古调查和试掘，基本搞清了绵竹城的范围，为研究汉晋时期县一级建置沿革、布局、规模等提供了实物资料。同时成都市的崇州市和郫县都发现有蜀汉砖室墓。1978年威远县黄荆沟发现蜀汉时期的钱币窖藏，出土有汉五

铢和蜀汉五铢。

两晋南北朝时期的考古发现主要是墓葬，晋墓为单室长方形砖室墓。1954年发掘的成都市羊子山晋墓，出土墓砖上有“泰始十年（274年）造”，为晋武帝年号。晋墓中随葬器物以青瓷器为常见。成都市曾发掘成汉时期墓葬，墓砖上有“玉衡”（311～314年）、“汉兴四年”（341年）等年号。

1957年在广元市宝轮院发掘南北朝时期墓葬32座，1953～1954年在江油市彰明乡发掘六朝时期崖墓13座，这些墓葬规模较小，处于崖墓的衰落期。

七　隋唐五代时期

四川在唐代西有吐蕃，南临南诏，成都为当时西南重镇。成都市外南人民路曾发掘出唐代罗城的城门遗址，城门为单门道，门墩为夯土外侧包砖。2007年发掘的成都江南馆唐宋街坊遗址，发掘出纵横交错长达数十余米的铺砖街道，在中国城市考古史上十分罕见。2003年在成都市同仁路发现一段夯土城墙，为成都罗城城垣残存，从叠压关系观察，宋及明清的成都城垣都是在唐成都罗城的基础上重建的。2003年在邛崃市发现了唐代的砖石结构民居房基遗存以及窖藏、水井，为研究川西民居发展脉络提供了详实的材料。2001年成都市杜甫草堂内发现唐代遗存，出土瓷器100余件。

发现多处唐代窑址，以1983年发掘的邛崃市什邡堂邛窑遗址和1985年发掘的成都市青羊宫窑址最具代表。什邡堂邛窑始烧于隋，盛于唐，衰于宋，以烧造日常生活用具为主，其产品中省油灯颇具特色，釉色以三彩最有名，称为“邛三彩”，可与唐三彩媲美。青羊宫窑以烧造青瓷为主，多为日常生活用器。而西昌高枧瓦窑的发掘，是首次在我省发现的唐代瓦窑。

隋唐时期墓葬发现较少，1957年在新津县普兴乡发现3座砖室墓，墓砖上有“开皇元年（581年）”，为隋文帝年号。1975年在大邑县斜江乡发掘唐砖室墓1座，出土开元通宝、乾元重宝钱币。其他还有1974年青神县观金乡、1993年松潘县松林坡、1988年成都梁家巷等地清理的隋唐墓葬。

五代时期黄河流域战乱频仍，而南方地区相对较稳定，经济有所发展。这时四川先后为前蜀和后蜀割据。1974年在成都市清理的前蜀晋晖墓，其中出土的墓志详细记载了晋晖的家世，晋晖与王建开创前蜀王朝前事迹及建造晋晖墓的时间、地点等内容，为研究五代史提供了新的资料。1971年清理的后蜀孟知祥和其妻福庆长公主墓，墓葬结构独特，为研究后蜀建筑艺术和陵墓制度提供了实物资料。同时1957年清理的宋琳墓、1977年清理的张虔钊墓以及1984年清理的孙汉韶墓，为研究五代的蜀国墓葬制度、园林建筑等提供了重要的实物资料。

八　宋代

宋代遗存在四川发现的主要是墓葬，遗址较少。成都市唐代罗城城门发掘中，发现2号门址

彭州金银器窖藏出土银碗

彭州金银器窖藏出土金碗

遂宁金鱼村瓷器窖藏出土瓷瓶

是北宋时期重建的，为单门道，门道两侧有两排柱洞。

宋代窖藏在四川颇有发现，1959年发掘的德阳市孝泉银器窖藏、1991年发掘的遂宁市金鱼村瓷器窖藏、1993年清理的彭州金银器窖藏、1997年清理的绵阳银器窖藏、1984年发掘的资中县鹤林村铁钱窖藏、2002年清理的峨眉山钱币窖藏等，都为研究宋代经济提供了资料。另一个重要发现是瓷窑址的发掘，宋代瓷器无论生产工艺、生产规模都有空前发展，除宋以前的瓷窑在宋代继续生产外，始烧于宋的窑址有成都市琉璃厂窑（1932年发掘）、彭州市磁峰窑（1977年发掘）、都江堰市金凤窑（1977年发掘）、广元市瓷碗铺窑（1953年发掘）、达州市瓷铺窑（1991年发掘）等为重要。其中磁峰窑以生产白瓷为主，琉璃厂窑烧制青瓷和彩釉器，其彩釉器被称为“宋三彩”。金凤窑以产白釉和黑釉器为主，瓷碗铺窑烧造的黑釉“兔毫盏”在四川各地经常发现。2008年，在乐山清理了6座宋代马蹄形半倒焰式馒头窑，均由门道、窑门、火膛、窑床、挡火墙、烟囱、排水沟、护墙等部分组成。器形以碗、盏、罐、壶、瓶为大宗。釉色以黑瓷、酱瓷为主。单釉色及窑变装饰最常见。

宋代墓葬在四川多有发现，可分为砖室墓和石室墓两大类。前者主要分布在川西平原，后

乐山西坝窑址

者分布在丘陵、山区，其中泸州分布密集。1984年在成都市圣灯乡清理的张确墓，是一座夫妇合葬砖室券顶墓，两墓室中间以砖墙相隔，是宋代砖室墓常见的形式。出土陶俑中以人首人身双肩带翼鸟足的陶俑为罕见。在砖室墓中常见三彩俑为南宋墓葬的特点。1990年，在广元下西乡清理了1座墓葬，出土了大量的钱币。1996年，在成都天回镇甘油村清理1座墓葬，出土的四方真文券，对研究北宋时期道教在民间的传播及其在丧葬中的特殊作用提供了丰富的实物资料。

泸县青龙镇宋代石室墓

石室墓一般都被盗，墓室用石材构筑，叠涩顶，许多墓室中都有精美的雕刻，内容有武士、家庭生活画面、四神图像等，这些石刻无论是历史价值或艺术价值都是很珍贵的。已发掘的彭山县虞公著夫妇墓、华蓥山市安丙家族墓地、泸县青龙镇等地的石室墓都属此类。宋墓中许多随葬石质或砖质买地券或道教的镇墓券是研究当时历史和道教史很好的资料。

1980年在西昌市小庙乡清理了大理国时期的火葬墓18座。是四川境内迄今仅见的大理国时期的墓葬遗存，对研究西南民族考古具有极大的价值。1992年，在成都西郊金鱼村清理9座南宋墓葬。这批墓葬的发掘，既解决了成都地区宋墓火化原因的纷争，亦为研究当时川西地区的道教活动提供了第一手资料。

四川石窟及摩崖造像相当丰富，全省有108个市、县、区都有比较集中的石窟及摩崖造像，除部分造像为南北朝和隋代造像外，其他绝大多数为唐宋造像。

九　元明清时期

元代遗存发现较少，1956年在成都市保和乡清理了4座元墓和1974年在简阳市东溪园艺场清理了1座元代石室墓等。

明朝建立后，朱元璋封其子朱椿为蜀王，在成都市曾发现蜀王宫城北墙的一段和明皇城西墙，均为夯土筑成。1999年成都市水井街酒坊遗址经发掘为明代酿酒作坊遗存，2006年发掘的宜宾五粮液作坊遗存和2007年发掘的射洪泰安作坊遗址。均发现晾堂、酒窖遗迹及大量的瓷酒器。这批遗存的发掘极大地丰富了中国传统酒文化研究的内容，填补了中国古代酒坊遗址、酿酒工艺等方面的考古空白。

明蜀王陵是成都地区最大的明墓群。1970年发掘的蜀献王朱椿世子朱悦燫墓，为砖筑大型墓葬，布局模仿地面王府建筑的规制，出土器物以各种俑类最多，象征亲王的仪仗执事，其他尚有陶器、玉器、铁器等，出土木质谥宝上的文字为“蜀悼庄世子宝”，是研究明初亲王陵墓制度不可多得的资料。还有1979年发掘的僖王陵、1991年发掘的昭王陵和2004年发掘的蜀怀王墓，其中僖王陵墓室结构为砖筑纵列筒形拱券，墓葬形制和出土器物与朱悦燫墓基本相同，墓主人为明蜀王朱友壎。2003年，在成都市红牌楼发现9座明蜀王府太监墓。

成都明蜀怀王墓

1974年在平武县古城乡发掘了王玺家族墓地，共22座。四川明墓一般较小且多以石材构筑，往往双室并列，中以石板隔墙，有些墓室壁上有雕刻图像，为研究四川明代制度、生活、服饰、雕刻彩绘艺术等提供了重要资料。

川南宜宾地区分布着僰人悬棺葬，以宜宾市珙县最集中，这种墓葬将棺木放置在悬崖上，或在崖壁上打桩以放置棺木，或将木棺置于崖壁的隙缝之中。1979年在珙县洛表乡的邓佳岩和白马洞共清理10具悬棺。

清代遗存发掘较少，2004年发掘的剑南春天益老号酒坊遗址，展现了从原料浸泡、蒸煮、拌曲发酵、蒸馏酿酒到废弃用水的排放等传统酿酒工艺的完整流程，同时遗址整条街“前店后厂”完整清晰,反映了清末民初时期绵竹的经济状况。

（执笔：周科华　陈卫东　辛中华　金国林）

贵州省
中国考古60年

中国考古60年 贵州省

新中国成立60年来，贵州考古从无到有，在旧石器时代、新石器至商周、战国秦汉、魏晋南北朝至明代以及少数民族遗存等方面获得了大量珍贵的资料，并取得了一些认识，分述如下。

一　古猿化石

1964年中国科学院古脊椎动物与古人类研究所到贵州调查第四纪哺乳动物化石时，在毕节市中药材仓库征集一枚巨猿右上第四前臼齿，齿根大部分缺失，保留完整齿冠和少部分齿根。牙齿轻度磨耗，代表一青年个体。毕节巨猿牙齿的测量数值位于目前发现的所有巨猿标本的变异范围之内，但属于尺寸偏小的巨猿牙齿。从伴生的动物群特性（大熊猫小种、裴氏貘等），毕节扒儿岩巨猿化石点的地质时代应为更新世早期。

二　旧石器时代

1964年中国科学院古脊椎动物与古人类研究所在毕节发现黔西观音洞遗址，并由裴文中教授领队进行发掘、研究，揭开了贵州旧石器时代考古的序幕。

据不完全统计，新中国成立以来，贵州已发现史前遗址达160多处，其中旧石器时代地点或遗址60余处，上部层位含零星陶片和磨制石器的地点和遗址70多处；新石器时代的遗址30多处。其中旧石器时代地点98%为洞穴遗址。

60多处旧石器时代遗址中，经过发掘的有黔西观音洞、桐梓岩灰洞、兴义猫猫洞、盘县大洞、穿洞、白岩脚洞、扁扁洞、安龙观音洞、打儿窝国家岩洞等15处，试掘的有8处，其余均为调查发现。这些遗址分布在北纬28°13′（桐梓岩灰洞）以南，北纬25°02′（安龙四楞碑）以北，东经107°16′（开阳平寨）以西，东经104°13′（威宁草海）以东范围内。近年在清水江流域也发现了一些旧石器时代文化遗存。

（一）哺乳动物化石

哺乳动物化石，除了遗址中伴生的外，在全省范围还零星发现100多个地点，其中黔北、黔西北发现较多，分布在更新世早、中、晚期的地层中，其属种均属华南第四纪大熊猫——剑

齿象动物群。

1.更新世早期哺乳动物化石

目前贵州仅有毕节何官屯扒儿岩巨猿化石点的动物群。该化石点发现的化石有类似广西柳城巨猿洞的大熊猫小种、无颈鬃豪猪、剑齿象、裴氏貘、独角犀、牛等属种。它们的出现填补了贵州更新世早期的动物群空白。

2.更新世中期动物群化石

以黔西观音洞遗址伴生的B组动物群为代表，含猩猩、大熊猫、科氏熊、鬣狗、虎、嵌齿象、似东方剑齿象、贵州剑齿象、巨貘、马、中国犀、鹿、牛等20多个属种。其中嵌齿象科的一枚臼齿是乳齿象类在贵州的首次发现，它是划分黔西观音洞遗址时代重要的实物依据。再就是贵州剑齿象以独特的特征建立了新种。

3.更新世晚期动物群化石

发现较多。更新世晚期早一阶段的动物群有桐梓岩灰洞、盘县大洞、毕节扁扁洞等伴生的动物群。这一时期的动物群成员有猩猩、硕豪猪、古爪哇豺、大熊猫、柯氏小熊、鬣狗、虎、东方剑齿象、巨貘、中国犀、鹿、牛等20个属种。它们代表了贵州更新世晚期早一阶段的动物群。贵州更新世晚期晚一阶段的有毕节青场老鸦洞、普定白岩脚洞、普定穿洞、兴义猫猫洞、开阳打儿窝国家岩洞等遗址，伴生的动物群属种少于桐梓岩灰洞、盘县大洞伴生的动物群，而且现生种的出现普遍增多，大部分遗址或地点发现晚期智人材料。

（二）人类化石

贵州发现的古人类化石与遗骸有13处，出土的材料含头骨、上颌骨、下颌骨、支骨、单个牙齿等50余件。其中桐梓岩灰洞人牙7件，盘县大洞2枚人牙，水城硝灰洞1枚人牙，兴义猫猫洞下颌4件、股骨3件，普定白岩脚洞人牙2枚、六枝桃花洞股骨1段、开阳85001号洞人牙3枚、安龙福洞残头骨，安龙观音洞头骨、肱骨、股骨和牙13件，普定穿洞头骨、上下颌骨、桡骨、胫骨、单个牙齿等数十件。这些人类化石仅有早期智人和晚期智人的材料。1972年桐梓岩灰洞发现的2枚早期智人牙齿，为贵州最早的人类化石，而出土数量较多的是普定穿洞遗址。

1.早期智人化石

首次发现的是“桐梓人”两枚人牙，分属不同年龄的两个个体，生活在更新世晚期的早一阶段。80年代又获5枚人牙。由于材料的不断充实，研究者对“桐梓人”进行重新认识，从形态特征的原始性，建议更名为“桐梓猿人”，较原来认定的属种概念和时期都提早了一个阶段——晚期直立人，生活在中更新世的晚期之末。对于“桐梓人”材料的时代划分，学术界的观点有所不同。这一阶段的人化石，贵州还有“盘县大洞”等遗址出土的单个人牙化石。

2.晚期智人化石

以兴义猫猫洞遗址出土的“兴义人”、普定穿洞出土的“穿洞人”为代表。特别是穿洞遗址出土的两个较完整的头骨，是人类头骨化石在贵州的首次发现。同时期出现人化石与遗骸标本的地点还有普定白岩脚洞、安龙福洞等晚期文化遗址。这一时期的地点相应较多，材料也较

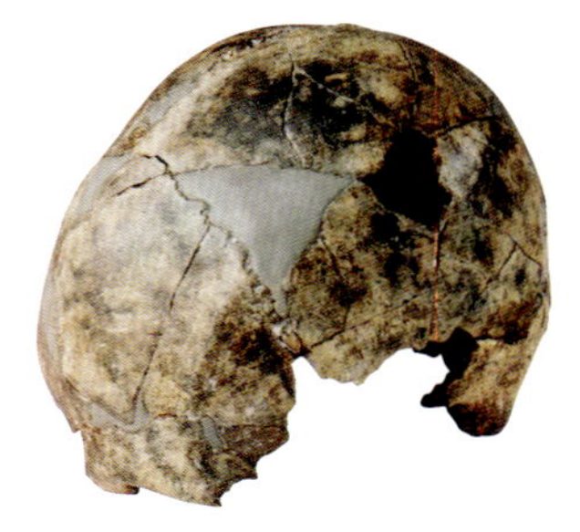
普定穿洞旧石器时代遗址出土人头骨化石

丰富，地理分布较广，在更新世晚期的晚一阶段是贵州古人类史上的兴旺时期。

（三）文化遗存

目前发现的旧石器时代的地点及遗址，大致可分属旧石器时代早、中、晚三个时期。就地点的多寡而言，晚期最多，中期次之，早期最少；以材料的多寡而言，晚期的材料最丰富，早期较为薄弱，中期的材料介于两者之间。

1.旧石器时代早期文化遗址

目前仅黔西观音洞遗址一处，共获材料4000多件，是当时长江以南最早、材料最丰富的旧石器时代初期遗址之一，它以石器刃缘陡直、类型多样等特征，区别于其他同期遗址而被命名为“观音洞文化”。

其主要特征是：大部分石核不加修理即打片，大部分石片是用石锤直接打下，大部分石核和石片形状不规则；大部分石器用石锤加工，在不同的边缘用不同的加工方法，形成复杂的加工方法组合；刮削器数量最多，端刮器次之，砍砸器、尖状器相应少些，出现了凹缺刮器、雕刻器；大部分石器是用石片加工而成且石器形状不规则，石器大小悬殊，类型多样；石制品中石器占的比例相当高。裴文中先生等在1964年对黔西观音洞出土物研究时提出：“我们现在正面临着旧石器考古学上研究的新课题。很可能，在中国南部的洞穴中，以现在这个贵州的观音洞为例，我们将要遇到的是与欧亚大陆的旧石器文化不同的一种新的文化系统。”以后发现的旧石器文化材料更加证实了这一看法。

2.旧石器时代中期文化遗址

有桐梓岩灰洞、盘县大洞、毕节扁扁洞、安顺大西桥观音洞等地点或遗址。这些遗址的材料反映了这个时期的文化面貌或生产水平，是承前启后的中间环节，代表贵州旧石器时代中期文化特性。以盘县大洞遗址为例，其文化的特征为，以燧石、玄武岩、石灰岩为原料，三者所占比例接近，遗址中出现以钟乳石为原料，为贵州首次发现；“用硬锤”直接打击，在遗址的打片和加工技术中占主要地位；石核利用率较高等；部分器物较规范，钻具和凹缺器中有比较突出的代表。更值得提出的是出现了勒瓦娄哇技术的石制品，这类制品出现并不多，但它在贵州旧石器时代为首次发现。

安顺大西桥观音洞旧石器时代遗址出土石制品

3.旧石器时代晚期文化遗址

贵州旧石器时代晚期的文化遗址有兴义猫猫洞、普定穿洞、白岩脚洞、打儿窝国家岩洞等约50多个。这些遗址的器物类型多样，文化内涵丰富。不仅继承了前人的传统技术，更重要的是在此基础上的创造发展。以“兴义猫猫洞文化”和“普定穿洞文化综合体”为证，

前者最突出的是打片方法的改进，即用“锐棱砸击法”产生石片（水城硝灰洞最先出现），并利用这种石片向破裂面修理成工具的技术。后者最富特色的是骨器数量的众多和形式的多样；在出土的1000余件骨器中，含骨椎、骨铲、骨针、骨叉等多种类型。在国内同期遗址中实属罕见。

兴义猫猫洞旧石器时代遗址出土角铲

4.旧石器至新石器过渡文化遗址

目前进行科学发掘和研究或肯定的遗址仅安龙观音洞文化遗址，发掘出土各类打制石器、磨制石器、骨器、角器、陶片、穿孔饰品、艺术品、人类头骨、肢骨、单个牙齿以及20多个属种的动物遗骸等各类遗物近10万件，同时还发现丰富的用火遗迹——灰堆。遗址的文化层位连续而清楚，经^{14}C同位素年龄的不完全测定，所得的第11～8文化层的炭样和骨样两套年龄为距今9970～7080年，数据连续而吻合。在堆积物中，具有晚更新世向全新世过渡的地层。该遗址以打制石器为主，兼有少量的磨制石器和陶片，出现了穿孔制品和艺术品，磨制石器和陶片在遗址中最早记录为距今8000年，文化内涵十分丰富。总的来说，从年代数据、层位划分、文化性质等，都具备鲜明的地方特色和时代特征。对于研究新、旧石器时代过渡文化具有重要的研究价值，填补了贵州史前考古的空白。

5.文化类型

贵州旧石器时代至少存在“观音洞文化”、“猫猫洞文化”、“白岩脚洞文化”等三种文化类型。

“观音洞文化”类型的遗址主要有威宁草海、桐梓马鞍山、毕节老鸦洞、海子街大洞等遗址；它们的文化类型与“观音洞文化”关系极为密切，不论打制技术、第二步加工方法，还是器型组合、种类等方面都继承了观音洞文化的主要特征，并在此基础上有所发展。

“猫猫洞文化”类型的遗址主要有兴义张口洞、安龙观音洞、菩萨洞等。这些遗址的文化性质虽受到了“观音洞文化”的某些影响，但是具备的文化特性更多地体现自身的独特个性，“锐棱砸击法”（硝灰洞遗址最早出现）在这类文化遗址中普遍存在，是这一文化类型较为显著的文化特征之一。

“白岩脚洞文化”类型既有“观音洞文化”的特征，又有“猫猫洞文化”的特点，有的观点称之为“兼顾型”。因为白岩脚洞文化在石制品的原料上，大部分选用了观音洞文化中常用的块状或结核状硅质灰岩、燧石等，同时也选用了猫猫洞文化中多用的泥质灰岩砾石；打片方法多以观音洞文化常用的锤击法为主，其次才使用猫猫洞文化多用的“锐棱砸击法”进行打片；在第二步加工时，很少用观音洞文化向背面加工的方法，而使用以向破裂面加工为主的方法，这与“猫猫洞文化”加工技术的常见特点相似。

总之，贵州旧石器时代遗址及地点多，遗物丰富，文化类型多样，早、中、晚期均有代表，是贵州考古研究的特色之一。

三 新石器至商周时期

长期以来，新石器至商周时期考古是贵州考古的薄弱环节，发现的遗址较少，近年来有一些新的重要发现。由于地理环境等原因，目前发现的新石器至商周时期遗存具有较明显的地域性传承，因而将其并入一个大的时段概述。

（一）新石器时代

贵州新石器遗物发现很早，20世纪五六十年代即在全省各地采集到一批磨光石器，但在80年代以后方进行调查与发掘工作。1981年发掘了平坝飞虎山洞穴遗址，发掘者认为其上部堆积为新石器时代，下部堆积为旧石器时代。新石器时代出土物主要是磨光石器、磨制骨器和陶片，磨光石器有石锛、石斧、石纺轮、箭头、石刮刀等。磨制骨器主要是骨刀和小骨铲。共发现陶片2000余片，均细碎，无法辨别器形，主要是夹砂陶，纹饰以绳纹为主，还有少量方格纹和划纹。发掘者根据出土陶、石器的特征和^{14}C测年认为遗址新石器文化层年代距今约5000年。

除飞虎山遗址外，在贵州许多洞穴遗址的上部或表层，都出土有新石器时代的磨光石器和陶器。1981年和1983年发掘的普定穿洞遗址，其上部地层（第2～5层）测定年代距今10000～8000年，发掘者认为“上部堆积松散，基本上无绝灭动物种属，某些遗物如锛形端刃刮削器和似骨笄的存在，都表明其时代可能较晚”。在遗址表土层中还出土有磨光石器和少量陶片。安龙观音洞遗址上部曾出土20余块陶片和部分磨制石器和磨制骨角器，这些标本均出在未被扰乱的文化层中，测定年代距今8000余年，是贵州目前有明确地层关系和较准确年代的新石器时代早期出土物。

21世纪以来，贵州加大了以江河流域为重点的考古调查和发掘工作，先后在乌江、清水江、北盘江等几条大河两岸一、二级台地上发现了一批重要的新石器时代遗址群，使贵州新石器时代考古取得重大突破。2004年9月在进行清水江流域考古调查中，发现白市烂草坪、远口坡脚、月山背等7处新石器时代遗址，并对远口坡脚遗址进行了试掘。清理出房屋柱洞和灰坑等遗迹，出土了大量的石制品和陶器。石制品石料主要是砾石，以锤击法为主要打片方法，出土物中有大量石片，第二步加工成器者较少，还有一定数量的磨石和两件磨制石器。陶器皆为夹粗砂陶，陶质疏松。陶色不纯，以红褐陶和灰褐陶为最多。除素面陶外，器物装饰主要是组合纹和绳纹，以组合纹最具特征，未发现彩绘陶片。绳纹主要施在器物腹部以下，以细绳纹为主，粗绳纹极少。组合纹主要是压印纹，纹饰繁缛。在装饰上，组合纹主要施放在器物口沿外侧、颈部至肩部。主要有平行带状纹和戳印篦点纹、连续波折纹、圈点纹等组合而成的各种图案。器形主要是圜底器，未见平底器和三足器。器类有釜、罐、钵、碗等，其中罐类器物最为丰富。清水江系沅水上游重要支流，出土的陶器基本同沅水流域的湘西洪江高庙遗址群，因而可将该类文化遗存归入湘西“高庙下层文化”中。

2005年5～8月，对六枝县岩脚镇老坡底村面积约2平方公里的山间坝子进行考古调查，发现8处新石器时代遗址，部分遗址被现代村寨所叠压，我们对其中的蔡家坟、台子田、夏大田、青

岗林等遗址进行了发掘。遗址地层堆积厚薄不一，但地层特征和出土物基本相同，表明它们是同一时期的聚落遗址群。出土遗物主要有陶器、石器和骨器。陶器均为碎片，陶质均为夹砂陶，且主要是夹粗砂陶，未见泥质陶。陶质疏松，烧制火候低。陶色不纯，基本上是褐陶，以红褐陶和黄褐陶为最多，次为灰褐陶，还有少量黑褐陶。纹饰主要是方格纹，还有少量叶脉纹、波折纹和戳印纹，基本上不见绳纹。器形可辨者有釜、平沿罐、敛口钵、镂孔靴形空心支座、网坠、陶饼、弹丸和器足等。石器和骨器数量不多，多磨制。从出土物初步观察，该遗址群年代大致在新石器时代晚期。

贞丰鲁容孔明坟新石器时代遗址

贞丰鲁容沙坝先秦遗址

南北盘江系珠江上游重要支流，自2005年以来，发现了红水河、垭它、孔明坟、沙坝、老江底等多处新石器时代遗址，并对这些遗址进行了较大面积的发掘。孔明坟遗址发掘面积近800平方米，清理出房址1座，道路1条，墓葬9座，灰坑4座，坑3座，石器加工点及石堆30多个。出土的石制品有石锤、石砧、石核、石片、砍砸器、刮削器、石磨盘、研磨器、砺石、磨制石器、残碎石制品以及制作石器的原料等计24000余件。其中原料和断块约占60%以上，石核、石片、石器约占30%。从遗址中出土物主要是打制石器，磨制石器少而仅作局部磨制，陶器均为陶质松碎夹砂陶片等特征，初步将该遗址时代定有新石器时代中期。沙坝遗址位于孔明坟遗址南侧约1000米，遗址下部地层出土石制品中，有孔明坟一直出土的小型砍砸器，表明遗址下部时代在新石器时代，且相互有着某种文化联系。垭它遗址新石器时代遗存以遗址第6层为主，出土陶片主要以夹粗砂陶为主，极少量泥质陶，陶色主要以灰褐陶为主；纹饰主要为附加堆纹，刻划纹和戳印纹次之，器形主要为平底器，器类主要有杯和花边口沿罐。总的来说，北盘江新石器时代遗址具有一些独自特征：石器以打制石器为主，磨制石器少，打制石器主要使用锐棱砸击法打片，继承了贵州水城硝灰洞和兴义猫猫洞等旧石器时代洞穴遗址的传统石器制造方法，独具特色。

（二）商周时期

从已发现材料看，目前可暂将贵州境内发现的商周时期遗址依河流走向分为黔西北牛栏江区中水遗址群、乌江上游支流区青场遗址群、乌江中游沿河遗址群、北盘江中游沙坝遗址群等几个小区域文化，各区域与邻近的周边省市同时期古文化遗存具有较密切联系。

1.中水遗址群

位于贵州西北部云贵两省交汇处的威宁县中水盆地内，地处乌蒙山西缘。已发现商周时期遗存7处，我们对鸡公山、吴家大坪、营盘山等进行了发掘，以鸡公山遗址发掘成果最为丰富。遗址中清理出祭坑、灰坑、墓葬、房屋建筑等大量遗迹。出土物除大量陶器、石器外，还有少量铜器、骨器和玉器。石器主要是磨制石器，有石斧、石锛、穿孔石刀、石镰等。有肩有段石锛、梯形石锛、弧壁穿孔石刀等最有特色。陶器陶质以夹砂陶居多。制法以泥条盘筑法为主，小型器物直接用手捏成。陶色基本是褐陶，最多的是红褐陶和黄褐陶。器物装饰简单，多素面，纹饰主要有罐口沿内外侧的瓦棱纹和陶瓶肩腹部的戳刺纹和颈部的细线纹。少量陶器器表打磨光滑，并施有陶衣。主要器类有细颈小平底瓶、单耳折沿罐、单耳带流杯、双耳带流盆、高领罐、敛口单耳小罐、碗、杯、圆饼形器盖、钵、豆等，其中，细颈瓶、折沿罐、带流盆、高领罐、带流杯、器盖等是典型器物，以细颈瓶、单耳折沿罐、杯为基本组合。陶器特征是以小平底器为最多，偶有圈足或假圈足器，不见尖底器和三足器。

该类遗存还大量分布在与中水紧邻的云南昭通地区，目前在昭通境内发现近20处文化内涵基本相同的遗址，我们提出用“鸡公山文化”概括这一类遗存。

威宁中水鸡公山商周遗址远眺

威宁中水鸡公山商周遗址出土陶罐

威宁中水鸡公山商周遗址出土石刀

威宁中水鸡公山商周遗址出土陶瓶

威宁中水鸡公山商周遗址出土陶盆

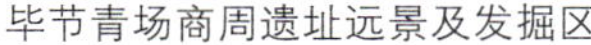

毕节青场商周遗址远景及发掘区

沿河洪渡中锥堡商周遗址发掘现场

2.青场遗址群

遗址群位于云贵两省交界处的毕节市青场镇，地处乌蒙山东缘山间峡谷，包括瓦窑、青坝等遗址。瓦窑遗址发现于1977年，1984年进行首次发掘。2008年10～12月进行了第二次发掘。遗址地层堆积分为7层。清理房址10座、厕所1座、窑址1座、灰坑13个、沟5条。出土遗物有石器、陶器和铜器。石器有磨制石器、打制石器和磨石、石锤等加工石器。陶器陶质以夹砂陶为主，有一定数量的泥质陶，泥质黑皮陶最有特色，纹饰复杂，器形以平底和圈足器为主，可辨器形有罐、豆、瓶（壶）、碗、杯等。铜器都是小件器，有铜镯、铜片、铜条和铜粒。

3.沿河遗址群

位于贵州东北部的乌江干流及其支流，紧邻重庆市，有些地方甚至仅一江之隔，因而相同的古文化遗址在重庆境内也有不少发现。贵州境内主要有洪渡镇中锥堡，黑獭乡大河嘴、李家坪、木甲岭、神坝、黑獭堡，和平镇小河口，淇滩镇小河口等。遗址主要集中分布在乌江两岸台地特别是有支流汇入处，以黑獭乡所在地两岸最为密集。

遗址出土陶石器基本相同，属同一类文化遗存。清理出的遗迹较丰富，有房址、灰坑、窑址、墓葬和沟等。房址均长方形地面建筑，残留柱洞和火塘，面积约10平方米。窑址窑室圆形，底部弧状，窑壁胶结面厚10～20厘米，火塘比窑室略低。灰坑主要为椭圆形和不规则形。墓葬均长方形竖穴土坑墓，葬式为仰身直肢但上肢内曲于腹部，方向朝向乌江水流方向。出土物主要是陶器和石器。石器有打制和磨制两种，磨制石器有的通体磨光，有的仅磨刃部，器形主要是斧、锛、凿、矛、网坠等。陶器均碎片，不能复原，以夹砂陶为主，但有一定数量的泥质陶，陶色以灰褐陶、黄褐陶为最多，纹饰主要有绳纹、方格纹、附加堆纹、戳刺纹、圆点纹等，器形有折沿罐、花边口沿罐、尖底杯、尖底盏、高杯豆、船形杯等。

沿河遗址群出土物与重庆酉阳邹家坝遗址、万州涪溪口遗址、麻柳沱遗址、忠县哨棚嘴遗址等基本相同，主要是石器和陶器。陶器以卷沿、折沿的罐类为最多，另有盆、钵、豆等，流行平底器、圈足器和尖底器。系成都十二桥文化和峡江地区古文化向乌江发展的反映。

4.沙坝遗址群

位于贞丰县鲁容乡北盘江两侧坡地上，相距数百米至1千米。自2006年以来，对这些遗址进行了发掘。沙坝遗址商周时期地层主要是第4、5层，清理的遗迹有房址、灰坑和墓葬。出土物主要是陶器和石器，陶器为夹粗砂红褐陶，纹饰以粗绳纹为主，少量饰细泥条附加堆纹。附加堆纹陶片往往在唇部有压印花边装饰。可辨器形为敞口束颈溜肩圜底器。磨制石器以通体磨光为主，有斧、锛、凿等，还有专门磨制石器的砺石，以及切割石器的磨切器。在磨制石器中，以不对称的双肩和双重肩、斜刃或圆弧刃的石器最有特色。沙坝遗址陶器与广西感驮岩遗址第二期晚段基本相当，为商周时期。天生桥遗址位于沙坝遗址西北侧的北盘江西岸，遗址依地层和出土遗物，可分为早、晚两期，早期时代在春秋以前，晚期在战国秦汉时期。坡们遗址位于天生桥遗址北侧，2006年发掘，清理遗迹有房址、灰坑、沟和柱洞等，房址共6座，皆长方形地面建筑，有单间和双间，屋内有火塘，柱洞排列基本对称。出土物主要是石器和陶器。陶器均碎片，以夹砂陶为主，纹饰主要是绳纹，器形可辨者仅罐。发掘者将遗址时代定在西周晚期至春秋之际。

（三）新石器至商周时期遗存特征

第一，在贵州中西部许多洞穴或岩厦遗址上部，均发现有磨制石器和陶器。从出土的陶器和石器来看，有的陶片可早到新石器时代早期，但有的陶片可能晚到商周之际。说明在新石器时代至商周这一阶段，在贵州境内生存的部分人类群体可能仍以洞穴作为住所。

第二，贵州新石器时代至商周时期遗址不仅具有明显的地域性传承，而且体现出的地域性文化特征强，分属不同的考古学文化系统。由于受地理环境制约，每一区域的文化遗存均分布在一个相对独立的小区域内，且均顺河流走向分布，具有不同的发展方向。各区域文化遗存在贵州境内未能找到交汇处，但同周边省市的同时期文化遗存关系密切。

第三，由于遗址地层薄，遭破坏严重，出土物较零碎，陶器基本是碎片，单个遗址和小区域文化遗存的分期研究尚存在困难，因而目前还不能较准确地勾勒出贵州新石器时代各个时期的文化特征和演进关系，还不能建立贵州新石器时代至商周之际考古遗存的时空框架。

四　战国秦汉时期

以西汉中期为界，可分前、后两段。前段土著文化占据主流，可以夜郎及其文化为代表，暂称夜郎时期；后段随汉王朝经营西南夷力度的加强，汉文化渐成主流，暂称汉晋时期。

（一）夜郎时期青铜文化

根据发现的情况，可将这一时期遗存分为黔西北、黔西南、黔东和黔东北四区，而以黔西北和黔西南区的发现最丰，向被认为与夜郎有关。

1.黔西北区

（1）赫章可乐。可乐境内的战国秦汉时代遗存迄今已进行过九次发掘，共试掘遗址2处、清理墓葬370余座。墓葬中汉式墓与当地民族墓并存，而以民族墓为多，约占墓葬总数的75%强。

民族墓葬均为长方形（或近长方形）竖穴土坑墓，个别墓葬棺外围石一周，略似石椁（M264）。葬用棺或不用，约30座墓葬采用“套头葬”，即用铜（或铁）釜或铜鼓（仅1例）套头而葬，或用铜釜套头、或用铜（铁）釜套脚、或用铜洗垫脚而葬。少数墓葬用铜洗垫头或罩面。随葬品有陶器、铜（或铜铁合体）器、铁器、玉（石）器、骨器和纺织品等，以铜器为主。陶器数量较少且均为冥器，随葬陶器的墓葬一般再无其他随葬品，一墓仅一器，置于死者头侧。陶器均手制成型，泥料中掺有较多植物炭屑，器身轻薄，纹饰有篦划纹、锥刺纹、乳丁纹等，器类有罐、瓶、杯等。铜器按用途可分为容器、装饰品、兵器和农具等。容器除用作“套头葬”的鼓、釜外，有洗、鍪、鐎斗、匜等；装饰品数量较丰，种类有镯、钗、簪、戒指、铃、扣饰、带钩等；兵器有剑、戈、镞，剑有巴蜀式柳叶形剑、蛇头形剑和铜柄铜剑等，未见钺、矛；农具较少，仅有锄。铁器有戈、剑、刀、刮刀、镢等，以工具类为主。铜铁合体者有铜柄铁剑和铁铤铜镞，其中的卷云纹首铜柄铁剑最具特点。玉（石）、骨器有玦、璜、管、珠、镯等，均为装饰品。少量残存的纺织品经鉴定有丝织物、毛织物和麻织物三类。其年代约在战国中晚期至西汉中期。

“套头葬”、夹炭陶器、卷云纹首铜柄铜（铁）剑等极具特色的葬俗和遗物，使可乐南夷墓地有别于其他同期遗存，可能独立构成一类以之为代表的考古学文化。目前尚不清楚这类遗存的分布范围，但辅处出土的石寨山型铜鼓表明，威宁、赫章相接的白水河和乌江上游地区，可能属可乐类遗存的分布范围。

（2）威宁中水。中水境内的古代遗存自20世纪50年代发现以来，先后进行了4次较大规模的发掘，目前已识别出鸡公山、红营盘、银子坛等三类不同的、依次演进的文化遗存，其中鸡公山类遗存已命名为“鸡公山文化”。

威宁中水红营盘东周墓地出土陶器

红营盘墓地两次发掘共清理墓葬32座，均系长条形竖穴土坑墓，仰身直肢葬，多数发现木质葬具痕。随葬品有陶、铜、玉（石）和骨器等。陶器均手制，质地松脆，器类有罐、碗、杯等，以带流陶罐数量最多亦最典型。铜器按用途可分兵器、工具和装饰品三类。兵器有剑、钺、镞；工具有刀、锛；装饰品有手镯、指环、帽饰等。玉（石）器有玦、璜、镯、珠、镞、穿孔砺石等。其年代约在春秋晚期至战国早中期。这类遗存除贵州威宁红营盘墓地外，尚有云南昭通营盘乙区墓地等，应系一类广泛分布在昭鲁盆地及其周边地区的春秋晚期至战国早中期的遗存。

威宁中水银子坛战国至西汉时期墓地出土陶器

银子坛墓地三次发掘共清理墓葬134座，出土各类遗物700余件。亦有汉式墓与土著墓之别，以土著墓为主。土著墓均为长方形竖穴土坑墓，以单人仰身直肢葬为主，10%的墓葬为二次合葬（葬有2～7人）。部分墓葬有葬具痕。随葬品有陶、铜、铁、玉（石）、骨、漆器等，以陶器和铜器为主。陶器有罐、瓶、碗、豆、杯等，罐、瓶、碗为常见组

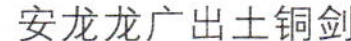
安龙龙广出土铜剑

普安铜鼓山东周遗址出土铜钺

普安铜鼓山东周遗址出土石模

合。部分陶器上带刻划符号。铜器有兵器、装饰品、生活用具和钱币等类。兵器有剑、矛、戈、镞、弩等；装饰品有手镯、指环、带钩、扣饰、发钗、铃铛等；生活用具有釜、洗、碗、印章等。铁器有剑、矛、刀、镞、带钩等；玉（石）器有珠、管、玦、镯等。墓葬年代约在战国中期至东汉初。与银子坛墓地内涵一致的遗存广泛分布在昭鲁盆地及其周边地区，目前已知的有昭通营盘甲区墓地、文家老包墓地、白沙地墓地等，可暂称其为银子坛类遗存。

上述两地的三类遗存中，可乐南夷墓与银子坛墓地的年代相近，部分内涵相同，可乐曾出土2件与银子坛墓地相同的陶器，但彼此间的差异也十分明显。它们有着各自不同的分布区域、不同的陶器制作传统、不同的丧葬习俗，因此，它们是两类不同的考古学文化遗存。以往的研究过多强调其共性，而对差异的讨论不足，对银子坛类遗存的讨论更存在在黔者为夜郎文化遗存、在滇者称滇文化遗存的不同认识。

2.黔西南区

南北盘江相夹的黔西南一隅，历史上曾不断有战国至西汉时期的零星铜器出土（部分为发掘品），据不完全统计已逾百件，集中分布在安龙、兴义和普安三地。百余件铜器可分兵器、乐器、农具、工具、装饰品诸类，以兵器和乐器为多。兵器有戈、剑、钺、矛等，乐器有铃、钲、羊角纽钟等，另有铜锄等农具。经调查，已在普安、安龙、兴义三地发现山顶遗址20余处，并对其中的铜鼓山遗址进行过三次发掘 ，出土一批陶模、石范。这类遗址的年代约在战国至西汉时期。另近年在北盘江两岸阶地上发现史前至汉代遗址16处，并对其中11处进行了清理，其中相当部分为先秦时期遗址，部分属汉晋时期。各地点文化内涵虽各有差异，但基本以双肩石器和圜底陶器为特点。其陶器作风与铜鼓山遗址是一致的，即器类以圜底陶器为主，次为圈足器，也有少量平底器；纹饰以绳纹为主；器形以高领敞口圜底罐和高领侈口圜底罐最多。而石器方面却表现出明显的差异，铜鼓山遗址中目前未发现双肩石器，而北盘江流域未出的穿孔石刀在铜鼓山遗址中则较为常见。

这一区域内的青铜文化明显不同于黔西北地区的同期遗存，鉴于该区域内这一时期遗存间存有某些共性和对铜鼓山遗址认识相对深入等原因，有学者建议暂将这一地区战国至西汉时期的遗存称为“铜鼓山类遗存”。但前述北盘江流域阶地遗址与铜鼓山遗址存在的一些文化差异表明了这一地区存在多种类型的考古学文化的可能性，相关研究仍待进一步深入。

3.黔东区

主要指天柱、锦屏两县的清水江流域近年的一些新发现。

自1989年锦屏亮江发现8件铜器以来，清水江及其支流河床中屡有铜器发现。据不完全统计，迄今已逾137件，含剑18件、矛39件、钺31件、戈1件、斧7件、镞25件、铲3件、刮刀2件、凿1件、鱼钩4件、带钩6件，以兵器为主，有少量工具和装饰品等。均系当地村民在清水江及其支流从事淘金活动时，从河床中所获，但该流域的考古调查迄未发现同期墓葬或遗址。

粗略地看，所出铜器带有巴蜀文化、楚文化和土著文化因素。带有巴蜀文化因素的器物有烟荷包形铜钺、弓形耳铜矛等，数量较少。带有楚文化因素的器物有空首有格铜剑、矛、刮刀等，数量较多。而宽格铜剑、不对称形铜钺等，应为土著文化遗物。类似器物在湖南境内的沅水流域曾有发现，其中的宽格铜剑有研究者认为系当地濮人所遗。

4.黔东北区

黔东北区的沿河、松桃、铜仁、正安、岑巩、台江一带，历史上曾零星出土铜器。如1962年松桃木树一处窖藏出土錞于5件、钲1件、甬钟1件；1981年，铜仁滑石出土錞于1件；1989年台江空寨巴拉河中出虎纽錞于1件；1996年正安杨兴上湾出土甬钟1件，2001年该县又出虎纽錞于1件；1998年岑巩新兴出土甬钟1件。沿河境内乌江流域2005～2008年先后发现巴蜀图语印章、带巴蜀图语的铜矛等遗物。这些器物的年代在战国至西汉时期。除少数为发掘品外（巴蜀图语印章），绝大多数为零星的偶然发现，未展开进一步的工作，因此该区这一时期整体的文化面貌尚未明了，但所出的錞于、巴蜀图语印章和矛等遗物，已表明其与巴的密切关系，可能是巴文化向南渗透或巴族在此活动的遗留。

（二）汉晋时期

西汉以降的遗存分布甚广，目前在道真、务川、沿河、松桃、赤水、习水、仁怀、金沙、遵义、黔西、威宁、赫章、毕节、西秀、平坝、清镇、镇宁、贞丰、兴仁、兴义、安龙、盘县等县区均有发现，以

清水江出土战国铜剑

清水江出土战国铜钺

正安出土秦汉时期铜虎纽錞于

务川大坪汉墓出土陶辟邪钱树座

务川大坪汉墓出土陶俑

兴仁交乐汉墓出土陶抚琴俑

兴仁交乐汉墓出土铜连枝灯

墓葬为主，余为遗址和零星铜器出土地点。与前述夜郎时期青铜时代遗存相比，其时代偏晚，文化面貌表现出较强的汉文化特征。

1.汉代遗存分区

整体而言，贵州两汉时期的遗存与全国各地的同期遗存具备了较多的共性，这已为研究者所关注和强调。同时，各地汉代遗存间也是存有差异的，且据其差异及分布情况，可大致分为以沿河、务川、道真为中心的乌江下游及其支流区，以赤水、习水、仁怀、遵义一线为中心的赤水河中下游区，以赫章、威宁、毕节为中心的黔西北区，以兴仁、兴义为中心的黔西南区，以西秀、平坝、清镇、黔西为中心的黔中区五个分布区。

乌江下游及其支流区内流行蒜头壶、半边顶的房屋模型、陶井等，墓葬形制除土坑墓和砖室墓外，还出现了岩坑墓。这与峡江地带的同期遗存类似，而有别于贵州它地的汉代遗存。赤水河流域的赤水、仁怀、习水、遵义、金沙一线有崖墓或画像石墓分布，此类遗存不见于贵州其他地区，而在四川有着较广泛的分布。黔西北区赫章、威宁两地，土著遗存与汉式遗存并存，并相互渗透。新近从早年发掘资料中识别出的带有“建始”等纪年铭文的瓦当，表明至迟在西汉晚期，赫章可乐已出现与汉庭经营西南夷有关的大型建筑。黔西南区内发现的汉代遗存以东汉中晚期墓葬为主，随葬品厚重大气，出土的铜连枝灯、铜车马、“巴郡守丞”印等遗物反映出墓主显赫的地位和当地非同一般的建制设置。以西秀、平坝、清镇为中心的黔中区，是贵州汉代遗存分布最为集中的核心区域，此中所出的广汉郡、蜀郡所造漆器和可能源自黔西南的一字格曲刃铜剑、铜钺等，显示了其与周边地区密切的交往。安顺宁谷由于大型汉代建筑群的发现，被认为可能系牂柯郡的郡治所在地。

2.汉文化传入线路

贵州汉代遗存的分布，反映出两汉时期贵州的郡县设置、道路交通及汉文化的传入线路。整体而言，其分布大略呈“y”字形：北线一

支自巴渝逆乌江及其支流而上进入黔地，另一支逆赤水河而上，经赤水、习水、仁怀、遵义、金沙、黔西、清镇直抵安顺；西北线自威宁、赫章、毕节至黔西；西南线自安顺经镇宁、贞丰、兴仁、兴义，入云南境内。西秀、平坝、清镇一带，是各条线路的交汇地，可能为当时的中心。汉代遗存集中之地，可能为当时郡县的治所所在。将各点联缀成线，即反映出当时的道路交通状况，汉文化正是主要沿着上述线路，自北而南由川渝地区逐步渗透入黔地的。

赫章可乐和威宁中水两地，兼有土著和汉式遗存，并和谐共存了较长的时间，其中可乐一带，据考可能为汉阳县县治所在地。这表明占据时之土著聚居区，再逐渐影响和渗透，是汉文化在贵州传播的一种重要方式。赤水河一线的北向联系至迟可上溯至商周时期，仁怀云仙洞的陶缸、器盖等与成都平原的同类器物十分相似，汉文化的进入沿用了既有的通道，并扩大了规模。务川大坪汉墓群大量朱砂的出土，表明汉王朝经营西南夷，除却军事和政治的考量外，对重要资源的控制可能也是一个重要的原因。

五　魏晋南北朝时期

目前发现的这一时期遗存不多，以墓葬为主。

（一）安顺东晋南朝墓

1965～1966年，在平坝马场清理东晋南朝墓16座，墓葬形制有长方形竖穴土坑墓、长方形或“凸”字形券顶石室墓两种，与汉墓相比未有明显变化，而随葬品却有较大变化，最为突出的是出现了青瓷器以及装饰品大量流行，发钗、簪、手镯、条脱、戒指等金银或铜质的装饰品占随葬品的半数以上。1981年春在安顺八番清理壁画墓一座，地表有直径10余米的圆阜形封土，砖室呈“凸”字形，墓经早年盗扰几成空，墓顶残存的星象图和墓壁的四象图弥足珍贵，是贵州迄今仅见的壁画墓，其时代约为六朝时期。

（二）赤水河崖墓

贵州境内的崖墓主要分布在赤水河流域的赤水、习水、仁怀一带。这类墓葬均是在石崖之上人工开凿石窟以作墓室，内设壁龛、石棺、灶台、排水沟等，部分有浮雕装饰。其年代早可至东汉晚期，多数可能为蜀汉至南北朝时期遗存。习水三岔河一座崖墓墓门左侧铭有“章武三年（223年）”买地券一则，表明墓建于蜀汉时期。

（三）北盘江流域汉晋墓葬与遗址

近年在北盘江流域的镇宁、贞丰境内发现和发掘了一批汉晋时期墓葬和遗址。其中镇宁田脚脚遗址清理了房址、陶窑、灰坑、灶和沟等遗迹。出土物有几何形花纹砖、方格纹、绳纹陶罐、釉陶罐、陶网坠、铜扣饰、铜弩机、铜铃、铜蒺藜、铁器、青瓷片、磨石、石臼等，并发现“直百五铢”、“太平百钱”等蜀汉钱币，遗址的主体年代可能在蜀汉时期。

贞丰浪更然山墓地共清理墓葬65座，有瓮棺葬和长方形石板墓两种。瓮棺葬18座，以方格纹陶罐为葬具，陶罐四周及底铺薄石板，少数陶罐底部平铺小卵石，陶罐内放置人骨及其随葬

贞丰浪更然山汉晋墓地石板墓

品，多随葬铜镯、五铢等，葬式为二次葬。长方形石板墓47座，以薄石板竖砌为壁，以石板封盖，部分墓底亦铺石板。多数墓葬长1.6～2、宽0.5～0.75、深0.15～0.4米；人骨保存极差，可辨认葬式为单人仰身直肢葬，内随葬有铜镯、指环、涡旋纹带钩和料珠等。其年代约在汉晋时期。另在望谟水打田遗址亦发现与浪更然山相同的瓮棺葬，其时代应大致相当。如若我们对浪更然山墓葬的年代推断不误，则它们是目前在贵州发现的年代最早的石板墓。

（四）其他

1980年在松桃县仙人岭清理悬棺葬2座，系在人工开凿的长方形岩龛内放置棺木的丧葬形式。棺木形制有船棺、板式棺等。经测定，与船棺共存的一具板式残棺的年代为距今1660±90年，约在西晋时期。

整体来看，魏晋以降，随中央政权对贵州控制力的减弱，汉文化阵营逐步萎缩，土著文化重新流行，安顺六朝墓中大量装饰品的出现即是一个信号，这种情况一直到明代以后随大量移民涌入和改土归流政策的实施才渐有所变。

六　宋明时期

贵州境内隋唐时期遗存发现甚少，仅1965～1966年在平坝马场清理砖（石）室墓3座，因墓中出有海马葡萄铜镜等，推定为唐墓。宋明之际，黔北遵义、思南一带为杨、田两氏土司所据，其余地区主要活动着各种少数民族。明代以降，江浙等地汉族移民纷纷涌入贵州。宋明时期文化遗存以墓葬为主，表现出较强的南北差异。黔北流行仿木结构、有精美石刻装饰的大型石室墓。黔中则流行一类以薄石板砌筑墓室、带有浓郁民族风格的石板墓。入明以后，一类与黔北宋墓风格接近而墓内装饰简化或渐趋于无、墓室规模大大减小仅能容棺的墓葬在贵州各地出现，多数可能与外来移民有关。

（一）黔北宋墓

指以杨粲墓为代表的一类用加工整齐的大石营建的仿木结构、带有繁缛石刻的大型石室墓。此类墓葬目前在红花岗、汇川、遵义、赤水、仁怀、习水、桐梓、道真、正安、务川、绥阳、沿河、德江、凤冈、湄潭等15个县区30个以上地点发现，分布甚广。其特点是墓室仿居室，内饰繁缛石刻，墓多由墓圹、石室和墓外设施等3部分组成。流行夫妻合葬。石刻多为浮雕，少量为线刻。内容有人物、瑞兽、花草、仿木构建和家具等。墓地的选址受到了强烈的风水观念的影响，几乎均背山面水，符合北宋·王洙等《地理新书》卷二“地形吉凶”条中“后有走马岗，前有饮马塘，冈阜形势，小起大顿，延连百里不断者，为上吉”的风水条件。黔北宋墓中的道符、买地券、墓主人像等，均带有浓郁的道教色彩，值得关注。黔北地接巴蜀，风俗易及。从墓葬的风格来看，黔北宋墓与四川宋墓大同而小异，可作为一个整体进行考察。

这类墓葬大约南宋中晚期出现于黔北地区，延至元明，入明以后，墓内装饰逐步简化。

（二）黔中及黔南石板墓

这是一种用未经加工的薄石板砌筑墓室的小型长方形石墓，可分两类：一类墓壁用薄石板平直叠砌或叠涩起砌，用大石板封顶；另一类用薄石板竖直作壁，用大石板封顶。两类墓葬在清镇干河坝、平坝肖家、花溪石板等多个地点共存。关于这类墓葬的定名目前存在不同意见，或称石棺葬，或称石室墓。鉴于部分墓葬中尚存有棺板或棺钉，知应有木质葬具存在，因此称其为“石棺葬”似不妥，而称“石室墓”不能突出其特点，我们建议使用“石板墓”的名称。此类墓葬目前在花溪、清镇、修文、平坝、西秀、兴义、普安、贞丰、水城等地均有发现，集中分布在以安顺、贵阳为中心的黔中地区。其特点是：第一，用薄石板砌筑墓室，墓葬规模较小，地表有封土；第二，墓葬分布较为密集，往往为大面积的公共墓地；第三，随葬品多为铜发钗、条脱、铃等装饰品，具有浓郁的地方特色。此类墓葬虽发现较多，但目前仅清镇干河坝等少数地点进行过科学发掘，因该墓地部分墓葬出有“大观通宝”、“皇宋通宝”、“洪武通宝”等宋明钱币，知其年代约在宋明之间。其余地点的墓葬因形制、出土器物等与之相近，年代应大略相当。此类遗存可能与苗族、仡佬族有关。

目前已知最早的石板墓为前述贞丰浪更然山墓群，其时代约在汉晋时期。而民族学的调查资料表明，直到20世纪80年代，贵州惠水、大方的部分苗族仍在行用此葬俗。

（三）其他

前述黔北宋墓和黔中石板墓是贵州宋明时期较有特点的两类遗存，除此之外这一时

遵义宋代杨粲墓男室局部

桐梓夜郎宋墓

期尚有土坑墓、石室墓等遗存，在贵州南北均有发现。

1.土坑墓

较重要的发现有遵义马家湾宋墓、修文王官宋明墓、麻江谷峒明墓、凯里鱼洞明墓、三都怎雷明墓等。1964年遵义县马家湾一组土坑墓遭破坏，文物部门赶到征集铜鼓、金牌饰、金条脱等4件随葬品，另有釉陶罐、铜釜、铁鼓等遗物散佚。1984年修文王官出土铜手镯、戒指、铃、琉璃珠等遗物10余件，经调查出自一处墓地。清理的1座竖穴土坑墓残长2.1、宽0.8、深0.55米。该墓地长期被认为系汉代遗存，而细察出土物，其中铜铃与清镇干河坝宋明石板墓所出者同，带卷云纹的铜手镯亦从未见诸汉代遗存中，因此这应系一处与干河坝石板墓年代相当的宋明时期墓地。1956年在麻江谷峒火车站施工过程中掘出一面铜鼓，随后在铜鼓出土地点周边发现并清理了明代竖穴土坑墓7座，均系长方形竖穴土坑墓，出土物有铜手镯、铁刀、铁匕首等10余件、料珠720余粒。所获铜鼓因出土地点明确，特点鲜明，被称为“麻江型铜鼓”。1992年凯里鱼洞村发现明代土坑墓4座，收集到铜条脱、簧形饰、铃、发簪等随葬品，珠饰百余粒，“弘治通宝”3枚。1987年三都怎东发现竖穴土坑墓6座，封土无存，有朽坏棺木残迹。随葬品有陶碗、罐、壶、瓦及铜锣、项圈、耳环、铁刀、标枪、猎枪、木梳等。

以上墓葬散布在贵州各地，均为长方形竖穴土坑墓，随葬品多为装饰品或随身所配的刀、枪等，带有浓郁的民族特色，更有铜鼓等重器，其中遵义所出者为遵义型铜鼓，麻江、三都所出者均为麻江型。从出土物推测，均应为少数民族墓。

2.石室墓

这类墓葬分布较广，南北均有，其特点是用加工整齐的大石板砌筑墓室若匣状，墓室较小，仅能容棺，往往多座墓室并列，民间称其为“生基”或“苗罐坟”等。其年代多在明代，年代偏早的墓葬带有壁龛。此类墓葬多早年被盗，经科学清理者不多，所清理的，出土物均带有汉式风格，据此推测墓主人多为外来移民。1996年贵阳晒田坝基建过程中发现一批明墓，后对其中6座进行了清理，包括石室墓1座，石椁木棺墓1座，余为长方形竖穴土坑墓。该墓地最重要的发现是获墓志7合，但除1合出自M3外，其余6合出处不详。从墓志看，这是一处明清时期的许氏家族墓地。许氏先祖许得名，凤阳泗州（今安徽泗县）人，洪武十八年（1385年）征讨思州入黔，几经经营，遂成黔地望族。

七　其他少数民族遗存

除上述遗存外，尚有岩画、崖葬、水族墓葬等遗存，均属具有一定地方特色的重要的少数民族遗存。

（一）岩画

目前已在六枝、关岭、贞丰、安龙、兴义、册亨、西秀、紫云、镇宁、长顺、龙里、花溪、开阳、息烽、丹寨、普定、毕节等17个县市发现岩画地点20余处，集中分布在以贵阳为中心的黔

中和以北盘江为中心的黔西南地区。根据分布地点的不同，贵州岩画可分为洞穴岩画与崖壁（岩厦）岩画两类。根据作画方式的不同，可分为涂绘和凿刻两类，涂绘又有赭色和黑色两种，以赭色涂绘者为贵州岩画的主体。

岩画在内容上以零散分布的单体图案为主，能确定的由各单体图案连缀成的、表述某一清晰、独立题材的场景性画面不多。题材涉及狩猎、放牧、出行、舞蹈等。可识别的单体图案有人物、动物、器具、房屋、符号等。人物图像是贵州岩画的重要题材之一，多数地点均有发现，有骑马、牵牛、狩猎、舞蹈等造型。人物或着冠、或有头饰、或有尾饰（其中部分可能为男根）、或腰佩长刀、或手持弓弩等。多数较抽象，少数绘出眉眼、手指、衣着等。动物有马、牛、犬、猪、鹿、豹、鸟等，以马最为常见。器具有刀、剑、矛、弓弩、马槽、鞍鞯、球状物、铜鼓等。符号常见的有点、云梯、“十”字形、带芒圆形等图案，其义多不可解。此外尚有田畴、山川、树木、手掌等图案。

结合岩画内容及其周边遗存的分布情况分析，贵州岩画的年代早可能至汉晋，晚至明代，主体应在宋明时期，为当地少数民族所遗留。

（二）崖葬

崖葬是将死者葬在悬崖之上的一种特殊丧葬形式，其特点是“葬在崖上”，有葬无坟。它既区别于土葬、火葬、水葬等葬俗，也与汉晋时期川渝等地较为流行的“崖墓”有别。崖葬流行于商周至明清时期的我国南方及东南亚的一些少数民族中，甚至近现代仍有残余。大体上又可将之分为“悬棺葬”和“岩洞葬”两类，其在贵州均有分布。

龙里巫山岩画远景

龙里巫山岩画局部

龙里摆省明清岩洞葬

荔波水甫清代水族墓葬

目前已在平坝、长顺、紫云、望谟、罗甸、惠水、龙里、贵定、福泉、都匀、平塘、三都、荔波、独山、花溪、开阳、榕江、石阡、铜仁、松桃、岑巩、德江、务川、道真、思南等地发现了崖葬遗存百余处，仅少数地点经过清理。可分两大区域，即黔东北区悬棺葬、黔中及黔南区岩洞葬。岩洞葬和悬棺葬是渊源有自的两类葬习。黔东北悬棺葬应是六朝以降“五溪蛮”及其在明清时期的后裔“峒人”、“冉家蛮”、“犵狫”等的遗存，他们约当今日仍活动在这一地区的土家、仡佬、苗族和侗族等。这类葬习至清代前后即已式微。黔中及黔南区岩洞葬，应是唐、宋以降迄今仍活动在当地的苗、瑶、仡佬等族群部分支系的遗存。岩洞葬的源头可追溯至桂、滇先秦时期岩洞葬，至今当地部分苗族和瑶族仍在使用这种葬习。

（三）水族墓葬

这是分布在荔波、三都一带的水族同胞的丧葬遗存。这类墓葬形制较为特殊，于地表下掘墓坑以葬人，墓穴上用石板砌筑仿干栏式建筑，1～3层不等，石板向外的一面往往雕有各种精美的图案，因此也有学者称之为“画像石墓”。

2006年11～12月，荔波水甫墓群的发掘，是对水族墓葬所进行的首次发掘。该墓群共有墓葬300余座，分布密集，排列较规整。墓葬由地表干栏式石室和地下墓穴两部分组成。地表干栏式石室有两层、一层仿干栏式，长方形、圆形仿屋檐式等多种形式，相互间演变关系明晰。部分墓葬的石室后立有石人，在石板或墓碑上刻有水书文字。从已清理的M3、M25看，地下墓穴皆为长方形竖穴土坑，用长条形石板封盖。葬具为木棺，葬式为单人仰身直肢和二次葬。随葬品较少，主要为墓主生前佩戴的银质装饰品。

（执笔：王新金　张合荣　李飞）

云南省
中国考古60年

中国考古60年

云南省

20世纪30年代，云南境内已有考古活动。1930年，王日伦在昆明调查，于富民县河上洞发现哺乳动物化石点。1934～1935年，尹赞勋在昆明、文山等地调查，于丘北县黑箐龙村发现一含动物化石的洞穴。1937年，卞美年到丘北县调查，在黑箐龙洞内发现打制石器。1938年，原国立中央研究院的吴金鼎、曾昭燏、王介忱三人在大理苍洱区域开展8个月的田野考古工作。尽管如此，真正的云南田野考古要从1949年中华人民共和国成立时算起。新中国成立以来，尤其是改革开放以来，云南考古事业迅速发展、不断壮大，获得一大批重要发现和研究成果，有力地促进了云南史学研究的发展，推动了文化遗产保护工作的开展，奠定了全省博物馆事业发展的基础。

一　古猿化石的考古发掘

人类从古猿演化而来，古猿化石的发现，一直是学术界引人注目的事项。云南多个古猿化石点以及考古发掘中出土的大量化石，以无以辩驳的事实说明：云南是早期人类起源的关键区域。

1956年2月，西南地质局的调查人员在开远小龙潭煤层中发现古猿化石5枚，经吴新智研究，认为是人与猿的共同祖先，定名为开远森林古猿新种。开远小龙潭由此成为我国最早发现的古猿化石地点。此后，开远小龙潭古猿化石发现接连不断。1957年，云南省博物馆从小龙潭煤矿收集的化石标本中，拣选出同属一个古猿个体的5枚下牙。1980年6月，煤矿工人在采煤时发现3枚古猿下牙。1982年5月，煤矿工人在装煤时发现一具带12枚牙齿的古猿上颌骨化石。迄今为止，开远小龙潭煤田共4次发现古猿化石。随着古猿化石的发现，我国考古工作者对小龙潭煤田进行多次考察或调查。开远古猿化石标本的年代，经研究订正为晚中新世，时限为距今800～1000万年。伴随古猿生物命名学的校订，开远古猿化石的学名被普遍承认为“禄丰古猿属”，叫做开远禄丰古猿。作为人科的成员，开远古猿被认为可能是人类的直系远祖。

1975年，禄丰县文化馆的王正举在石灰坝村的小煤窑中发现一枚似人的牙齿化石，经云南省博物馆初步鉴定属古猿牙齿。同年冬，得到消息的古脊椎动物与古人类研究所徐庆华赶到该地点调查，很快就发现了一具完整的古猿下颌骨，一系列考古发掘随之展开。从1976年夏开始至今，禄丰石灰坝古猿化石点共进行过10次正式发掘，获得了3个古猿头骨、近百件上下颌骨、肩胛骨、肢骨以及近2000枚牙齿化石，使该化石点成为世界上古猿化石最丰富的地点。禄丰古猿的尺寸有大、小两种，形态上也有差异，故大者最初被命名为“云南西瓦古猿”（认为是向亚洲猩猩演化的类型），小者最初被命名为“禄丰腊玛古猿”（认为是向人类进化的类型）。研究者们很早就注意到它和世界其他地区的中新世古猿的区别，后来又逐渐认识到禄丰古猿的大小两种类型其实是性别差异，吴汝康遂于1987年把禄丰古猿划分成一个单独的类型，即“禄丰古猿属”，以和其他的古猿相区分。禄丰古猿在形态上不同于西瓦古猿等同时代的古猿和现代猩猩，而在一系列衍生特征上相似于南方古猿类，并且在颅骨和股骨的形态上显示出直立行走的倾向，因而被认为是人科的早期成员，其年代为距今800万年前的上新世早期。

1986年10月，元谋县物茂乡德大村女孩李自秀在竹棚村豹子洞箐发现一些化石，经送云南省地质科学研究所的江能人鉴定，确定1枚属古猿牙齿化石。1986年11月～1987年3月间，云南省地质科学研究所在豹子洞箐进行多次调查，采集到古猿牙齿化石53枚。1987年3月～1990年3月，云南考古工作者在豹子洞箐多个地点开展了4次发掘，共获得古猿牙齿化石1322枚、幼年个体面部骨骼1具、上颌骨5件、下颌骨11件，以及一批共生的动物化石。1992年，元谋县元谋人陈列馆工作人员在该县雷老村采集到一些古猿和哺乳动物化石标本。1998年，国家“九五”攀登专项课题“早期人类起源及环境背景的研究”启动，以中国科学院古脊椎动物与古人类研究所和云南省文物考古研究所专业人员为主组成的云南课题组，分别于1998年10～12月、1999年11～12月和2000年12月～2001年1月在元谋县小河村、雷老村以及马大海、大那乌和上那蚌的17个点进行发掘，获得古猿上、下颌骨8件（其中的1件下颌骨与头骨接触部位保存完整，从其弯曲程度可推断古猿的进化程度，弥补了元谋古猿颌骨与头骨接触部位研究的空白）、单颗牙齿298枚、末端指骨1件，以及大量哺乳动物化石。各化石点的考古发掘，使中国成为世界上拥有古猿化石最多的国家。我国研究者近年结合与古猿共生的大小哺乳动物群的年代研究，分析认为元谋古猿的年代为距今900万～700万年。

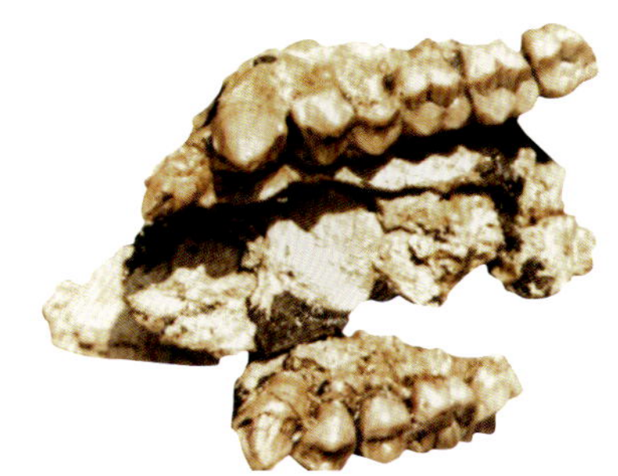
开远古猿化石

禄丰古猿下颌骨化石

1992年1月，中国科学院古脊椎动物与古人类研究所徐庆华第三次来保山（今隆阳区）调查古猿化石，此次田野工作在保山羊邑煤矿清水沟煤层中发现古猿左下颌骨化石1件和前臼齿1枚。该左下颌骨化石保存较完整，颌骨上保存有6枚牙齿，从联合部断开，牙齿形态和尺寸与禄丰古猿非常相似，犬齿较低小，第三前臼齿为双尖型，第四前臼齿带有一个大的后凹，臼齿齿冠较低，第二臼齿最大，第三臼齿稍大于第一臼齿，特征和禄丰古猿很相似。保山古猿的估计年代为距今800～400万年。2002年，中美研究人员发表研究成果认为，保山古猿的年代范围正好与分子生物学家推断的人类起源时间范围相吻合，可能是欧亚大陆上该类古猿唯一幸存到最晚的记录。

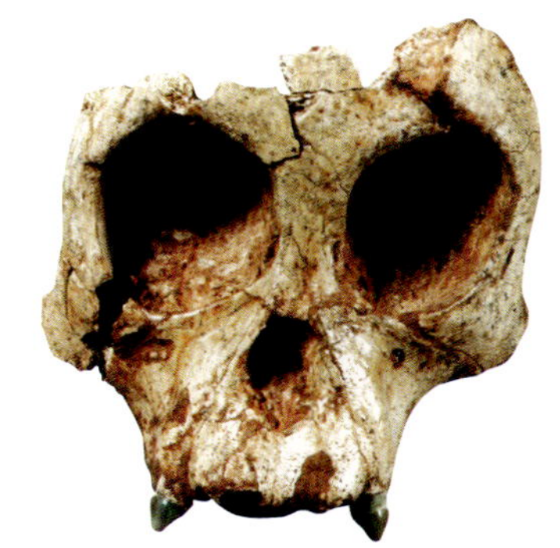
元谋古猿头骨化石

另外，2006年底～2007年上半年，云南省文物考古研究所在开展云南中越边境地区考古调查中，对马关县山车仙人洞、广南县硝洞和西畴县马桑洞进行了考察试掘，在3个地点原采集的动物化石标本中鉴选出7枚古猿牙齿化石，化石的年代为更新世。

二　旧石器时代的考古发掘

云南旧石器时代遗存多，它们的发现和发掘，为现代人起源研究提供了十分重要的资料。

1956年，考古工作者在丽江县木家桥发现3根人类股骨化石。1963年，发现6件石器。1964年，发现少年女性头骨1具。1975年，考古工作者对遗址进行调查，又发现1件打制石器和一些骨器和角器。1984年，调查者在化石点又发现16件石器。经研究，丽江人头骨具有明显的蒙古人种特征，属晚期智人，考古学年代为旧石器时代晚期。石器制作原料多样，有石灰岩、凝灰岩、燧石、石英等，类型有刮削器、砍砸器、石球、石核、石片等。石球在石器中的所占比例较大。

1965年5月1日，地质工作者钱方、浦庆余等在元谋县大那乌村东200米处发现2颗形似人牙的门齿化石，经古生物学者胡承志鉴定为“直立人元谋新亚种”，一般称元谋猿人，简称“元谋人”。1972年，研究成果公布，在国内外学术界引起轰动。1973年4月，钱方等人对“元谋人”化石点进行了考察、补测了地层剖面、采集了古地磁样本。同年10月，中科院古脊椎动物与古人类研究所和云南省博物馆等单位的科研人员，对化石产地进行考古发掘，发现了石器、炭屑和烧骨，以及大量哺乳动物化石。1974年12月，地质力学研究所的钱方等同志又针对“元谋人”的研究，在元谋盆地进行地质考察和古地磁采样。1984年12月，北京自然博物馆的周国兴等人在“元谋人”化石产地以南的郭家包南坡发掘，发现一段“元谋人”左胫骨化石。40多年来，我国研究者对“元谋人”进行了多学科的综合研究，证明其年代为170万年，是我国迄今发现的年代最早的原始人类。中国历史的第一页从“元谋人”开始。

1977年4月，昆明呈贡龙潭山的一洞穴中发现2枚人牙化石，标本所代表的人类被称为“昆明人”。1982～1983年，考古工作者在正式发掘中，发现了“昆明人”头骨、头后骨骼以及丰富的石器和用火遗迹。“昆明人”属晚期智人，生活年代估计距今3万～2万年。“昆明人”的石器共300多件，器形有刮削器、砍砸器、尖状器、雕刻器、石锤、穿孔器等，石器加工修理技术已很熟练。

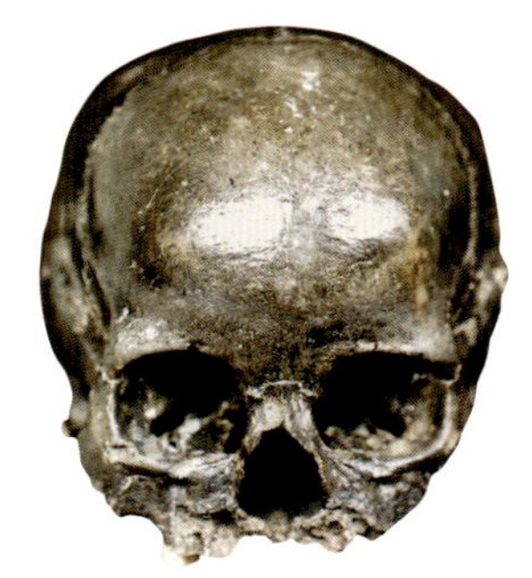

丽江人头骨

元谋人牙齿化石

1982年，考古工作者在昭通过山洞发现古人类左下第二臼齿1枚，标本所代表的人类被称为“昭通人”。“昭通人”牙齿有接近猿人的原始特征，又有接近于现代人的进步特征，其性质总的较晚期智人原始而更接近早期智人。这是云南首次发现的早期智人化石，填补了云南猿人阶段到晚期智人阶段的空白。“昭通人”生活的年代，在考古学上属于旧石器时

代中期，其石器类型较多，打制以锤击法为代表，也有砸击法，加工修理水平较高。

1986年底～1987年初，考古工作者对保山（今隆阳区）塘子沟遗址进行发掘，获得人类化石7件、石制品400件、骨制品46件、角制品71件、牙制品7件。同时出土的石制品有打制和局部磨光两种，石器中有石弹丸、穿孔石盘等投掷武器。2003年，省文物考古研究所在保山塘子沟遗址进行了新的考古发掘，获得石器、骨器、角器、人类化石等标本数千件。经用^{14}C测年法测试采集标本，得到遗址年代为距今8000～7000年。研究表明，该遗址为旧石器时代向新石器时代过渡类型。

1988年9月及1989年2月，云南文物工作者在江川甘棠箐采集到大量古脊椎动物化石和少量石制品。1989年10～11月对遗址进行发掘，获得石片、石核、刮削器、尖状器、石锥等大量石制品和哺乳动物化石，发现有木炭屑、烧灰和红烧土。近年来，经对发掘资料进行整理和初步研究，综合推断该遗址的年代为100万年前，认为是继元谋猿人遗址后的又一个旧石器时代早期旷野遗址。

1989年8～9月，考古工作者对蒙自马鹿洞进行发掘，发现4个个体的人类头骨、颌骨、牙齿及肢骨化石共10件，石制品89件，角器62件，以及火塘、灰烬、炭屑、烧骨等遗迹遗物。“蒙自人”头骨表现出一系列原始特征，是中国远古人类镶嵌进化和连续进化的又一实例。头骨上常见有人工钻孔。“蒙自人”主要以骨角器为工具，过着以狩猎为主、采捞为辅的经济生活。其生活的时代为旧石器时代晚期。

景洪娜咪囡洞穴遗址发掘是云南旧石器时代考古的另一重要成果。该遗址于1996年报道并进行调查，初步认为是中晚更新世旧石器遗存。1997～1998年进行发掘，发掘面积104平方米。发掘发现，遗址可分出上、下部两个文化层，上部文化层包括第1、2、3和4层，下部文化层包括第5、6层。经校正后的^{14}C测年数据为：第4层距今13650±180年，第5层距今18170±130年；加速器年龄测出第6层为距今22720±490年。出土了较丰富的打制石器，有砾石石器、石片石器、小型两极石器、砸研器（或敲砸器，均有使用痕迹）、石磨盘、石磨棒、大型穿孔石器（重石）、刃部磨光石斧，以及大量的动物遗骸（种类达30多种）。发现火塘、蚌壳堆积坑等遗迹。一些鹿类粪便和一些被子植物种子也出土于文化层遗存中。另外，在上部文化层还发现几件夹粗砂陶片、大量骨器（骨铲、骨锥、骨锥铲）、角器（带或不带磨刻槽的锥状器）与蚌器、烧结土、赤铁矿、红砂岩及红色泥

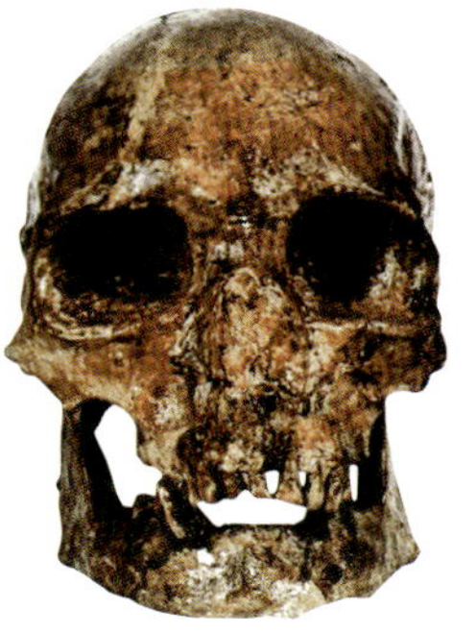
昆明人头骨化石

保山塘子沟遗址出土局部磨光石器

江川甘棠箐遗址出土端刃刮削器

蒙自人头骨化石

岩颜料等遗物。赤铁矿、红砂岩及红色泥岩颜料有的带有明显的研磨痕迹。研磨赤铁矿、红砂岩颜料的磨石也有发现。初步研究表明：该遗址不仅是生活遗址，还是石器加工场所；遗存中重石（大型穿孔石器）、刃部磨光切割器（石斧）、石磨棒、石磨盘、砸研器（敲砸器）的发现，骨铲、骨锥等工具的复合使用以及陶器出现，体现出该遗址由一种广谱经济向具有种植、收获、加工和储藏等过程的农业发展的迹象。

1998年，刘经仁父子在富源大河镇癞石山一个洞穴中发现有动物化石，经云南省地矿局迅速组织专家进行前期研究，确定为一古人类活动遗址。自2001～2006年，云南省文物考古研究所共组织了3次发掘，共获得人牙化石3枚、石制品3000多件、动物化石上千件，发现石铺地面和火塘等遗迹。石制品中有半月形刮削器、尖状器、锯齿刃器、边刮器、端刮器、钻器、雕刻器、鸟喙状器、凹缺器、砍砸器等，具有预制石核和修理台面为特点的勒瓦娄哇技术，与发源于欧洲的尼安德特人创造的莫斯特文化十分接近。文化层的年代数据（3.6和3.8万年及4.1和4.4万年）表明，大河遗址早于我国同类遗址，对研究中国与欧洲的旧石器时代文化关系具有重要价值。

景洪娜咪囡
遗址出土砍砸器

宜良张口洞
遗址出土石器

富源大河遗址发掘现场

2003年7～9月，云南省文物考古研究所对宜良张口洞遗址进行考古发掘，获得古人类化石10件，动物化石约40种共1000余件，植物化石数种，石器制品若干，另外还发现炭屑、灰烬、烧骨等文化遗迹。遗址上部上层出土大量砾石工业旧石器向新石器过渡时期的典型石制品，上部下层出土用砸击法、连续打击长石片技术加工的石器；中部出土用砸击法和锤击法并用技术加工的石制品；下部出土的石制品量少，均胶结于烧结土中。经用铀系法测年，中部堆积物距今约30万年，文化层为更新世中、晚期至全新世早期连续堆积。古人类化石中，有1颗牙齿化石的年代为距今约11万年。

另外，在石林、嵩明、寻甸、罗平、西畴、丘北、马关、河口、元谋、剑川、兰坪、保山、施甸、沧源、耿马、镇康、景洪等地也发现了旧石器时代早、中、晚期的石器、遗址或化石点。例如：在元谋盆地的小横山和四家村发现旧石器早、中期的刮削石器；西畴县仙人洞清理出可能代表4个以上个体的晚期智人牙齿5枚（1972～1973年）；施甸县发现4处旧石器晚期遗址（1987～1989年），其中的小汉庄村万仞岗岩厦遗址出土人类头骨化石1具以及石、骨、角器百余件；在沧源农克硝洞遗址采集到一批砍砸器、刮削器、尖状器、手斧等石制品和动物化石（1981年10月、2004年12月）；在兰坪玉水坪遗址进行发掘，发现遗址下层为旧石器时代堆积，出土较为原始的打制石器，这是迄今为止澜沧江上游地区发现的时代最早的古人类遗址，将当地人类活动的历史至少推前了6000年（2005年底）；在景洪市澜沧江边发现一处大型旧石器晚期类型

遗址（2005年），打制石器的制作方法与贵州猫猫洞遗址出土者极相似。

三　新石器时代的考古发掘

迄今为止，云南已发现新石器时代遗存或地点300余处，有些做过考古发掘。20世纪80年代，有学者对已知遗存进行新石器文化类型划分。世纪之交以来，云南考古新发现层出不穷，为修正完善以往对已知遗存的定性和类型划分提供了条件。

大墩子遗址　位于元谋县城东约5千米处的两条季节性河沟之间，现存面积约5000平方米，曾进行过4次发掘（1972～1973年、1998年），出土陶器、石器和骨器等大批遗物，发现有平底起建房屋基址、火塘、窖穴、墓葬和动物骨骼。陶器多夹砂，以灰褐陶为主，次为橙黄陶和红陶；器形较简单，主要有罐、壶、瓮和深腹钵，基本上都是平底器，仅见个别有圜底和圈足。石器有斧、锛、凿、镞、刀、纺轮、砺石、印模、杵、刮削器和石球等，其中石刀有圆角长方形和半月形两种，只是后者较少，直背弧刃，多带双孔。骨器有锥、凿、抿子、针、镞及管、珠等装饰品，鹿角器有锥、凿、抿子等，还有少数牙器、蚌刀、蚌饰和海贝等。有学者注意到大墩子遗址与四川礼州遗址文化内涵的共同点和相似点，而提出“大墩子 — 礼州文化”的看法。

白羊村遗址　位于宾川县城东北的宾居河东岸，遗址面积约3000平方米，文化层厚约5米。1973年底～1974年初进行发掘，发现平地起建房屋基址11座、火塘14个、窖穴18座、土坑墓24座、瓮棺葬10座，以及谷物、果核和动物骨骼；出土石器、陶器、骨器、牙器、蚌器若干。石器种类有斧、锛、凿、刀、镞、网坠、印模等等，其中石刀比较有特色，多呈半月形，上背较直或稍凹，刃部成圆弧形，近背部有两个穿孔，有的刃部刻成锯齿状。陶器多为手制，部分用慢轮修整过，大部分夹砂。器形有釜、罐、钵、缸等，部分器物带耳，多数为圜底和平底。陶器装饰丰富，纹饰有划纹、绳纹、篦纹、剔刺纹、乳钉纹、印纹、附加堆纹等。经用2个炭化木桩做^{14}C测年，得到白羊村遗址的年代为距今4000年左右。

元谋大墩子遗址出土鸡形陶壶

宾川白羊村遗址发现的房屋基址

永仁菜园子遗址　发现于1981年夏，进行过两次考古发掘（1983年、2001年），发现长方形及半地穴式房屋柱洞、灰坑等遗迹和石斧、石锛、石凿，骨锥、骨匕以及陶罐、壶、钵、盆的残片。与此同时，在菜园子遗址附近的磨盘地发现并清理发掘新石器时代遗址和石棺墓地。研究者普遍认为，菜园子遗址与大墩子遗址基本同时，属同一文化类型。

耿马石佛洞遗址　最初发现于1982年，当初做过调查性试掘。2003年进行正式发掘，发现文化堆积14层，其中12层的年代介于新石器时代晚期与青铜时代早期之间，文化堆积厚度从1米至3米不等，多数为2

米多。出土石器、陶器、骨器、动物骨骼、炭化稻米、果核、种子和人类遗骸等，总数在2000件以上。发现房屋遗迹（经确认的有9座）、单人墓葬（1座，骨骸作侧身屈肢状）、圆形灰坑和灶坑（各1个）。石器制作十分精美，具有对称、规整、光滑、锋利的特点，除多菱六星形器外，六星璧、双翼矛等的加工水平极高，表明当时已具备了加工复杂、对称的高难度石器的技术。陶器种类多样、造型独特、装饰纹样精美，以连续涡纹磨光折肩釜最具代表性。发掘工作对建构云南新石器时代文化面貌、研究我国与东南亚国家的早期文化交流具有重要意义。

海东贝丘遗址　位于通海县杞麓湖边，发现于1984年，为免遭进一步破坏，于1988年12月～1989年6月间进行发掘。共清理墓葬30座、火堆40个，出土陶器、石器、骨角器等遗物130件。陶器器类有罐、瓶、壶、釜、盆、杯等，多带流、圜底。器表装饰较多，纹饰有绳纹、抹痕、戳印纹、划纹、附加堆纹、水波纹、菱格纹、锯齿纹、方格纹、席纹、乳钉纹、曲折纹、横人字纹、弦纹、梯子形纹和叶脉纹。各种陶器中，罐居多，形状有高领罐、小口平底罐、假圈足罐、葫芦形罐、大口罐、圜底罐、三流罐和作为明器的小罐。壶的形状极具特点，有鸡形和人形两种。杯分角形杯、直筒杯和单流杯三种。石器数量达80件之多，有斧、锛、镞、矛、拍、网坠、纺轮、环、球、磨石等，其中8件石环形状与后期出现的滇青铜文化墓葬中出土的玉环相同。经用墓葬出土人骨做^{14}C测定，得知该遗址的年代至少距今4300～3900年。研究表明，杞麓湖边的其他4处遗址与海东遗址同时，它们与滇池、抚仙湖和星云湖等地的新石器时代贝丘遗址属同一个文化类型。

耿马石佛洞遗址出土折肩陶釜

通海海东遗址出土带流陶杯

永平新光遗址　发现于1993年5月，当年底至次年3月进行发掘。发现半地穴式和地面起建房屋基址、灰坑、火塘和水沟遗迹，出土石器、陶器和动物牙齿。石器完整度高，器形以锛、矛和镞居多，尤以各种中小型锛占大部分。陶器绝大部分平底，少量带圈足，绝大多数侈口，鼓腹或直腹。纹饰繁复精美，最常见者为附加堆纹、水波纹、波浪纹、斜线、三角纹和带状纹，制作方法有刻花、压印、戳印、上彩4种。经用采集的4个标本进行^{14}C测年，得到遗址的年代为距今4000～3000年。鉴于该遗址出土石器和陶器的特点突出，加之相邻地区也有不少遗存出土同类器物，发掘者建议将其命名为“新光文化”。

银梭岛贝丘遗址　位于洱海东南银梭岛之北部，现存面积约3000平方米，是云南省为数不多的新石器时代至青铜时代遗址。先后进行过两次发掘（2004～2006年），出土大量遗物，其中以陶片最著，达30吨之多，根据颜色和质地，陶器可分为夹砂橙红陶、黄陶、夹砂灰陶等。通过细筛筛选，获取了大量的小动物骨骼和小件器物等，编号小件器物多达14000余件，可分为陶、石、骨、牙、蚌、玉、铜器七大类，以陶器、石器、青铜器等最引人注目。另外，还清理出石墙、柱洞、灰坑、火堆、水沟、墓葬等遗迹。经^{14}C测年，银梭岛贝丘遗址的年代最早距今5000年，最晚至公元前后。研究表明，遗址从公元前3000年开始，新

石器文化发展经历了环环相扣的4期，第4期紧接青铜时代，解决了洱海地区的史前文化发展的序列问题。

此外，考古工作者还在昆明西园贝丘遗址、兰坪玉水坪遗址等发掘中，分别发现新石器时代文化遗存。

大理银梭岛遗址出土陶器

四　青铜时代的考古发掘

从商末到西汉是云南的青铜时代，青铜时代考古是云南考古的重要内容。60年来，云南青铜时代的考古发现绵延不绝、遍布全省，不断向世人展现云南青铜文化的独特魅力。

晋宁石寨山青铜墓地　1955年3月，云南考古工作者在此前调查发现的晋宁石寨山青铜墓地进行试掘，清理墓葬2座，出土青铜器100余件。1956年11月～1957年1月，进行第2次发掘，共清理墓葬20座，出土各种文物近4000件，其中包括司马迁《史记》中记载的举世闻名的金质“滇王之印”。金印的发现，明白无误地证实了墓地的性质和古滇国的真实存在，引起考古界极大轰动。此后，云南考古单位又对墓地进行了3次发掘（1958年冬、1960年4月、1996年5～6月），共清理墓葬64座，出土文物近千件。随着发掘的增多和研究的深入，古滇国从历史的尘封和迷雾中走出来，独具特色的古滇国青铜文明始为人知。

海门口遗址　位于剑川海门口村的剑湖出水口两岸，1957年水利工程建设中发现，随即进行了清理，1978年发掘215平方米。两次工作共获得青铜器26件，有斧、钗、锛、镰、刀、凿、鱼钩、镯等；出土石器350余件，有钺范、斧、锛、凿、刀、镞、锥、针、磨盘、砺石、纺轮、石球、环形石器等。在检测成分的15件铜器中，有5件是红铜器，10件为锡青铜器。青铜器与大量石器共出，显示出其早期形态的性质，从而被认为是云南青铜时代的开端。2008年2～5月，对遗址进行第3次发掘，又获得重要发现，除以前出现的石器和铜器外，还发现了彩绘陶，炭化粟、麦、稻，农具耒、耜，船桨，以及大量排列有序而密集的木质桩柱。专家论证认为：该遗址文化堆积清晰、延续时间长、遗存丰富，自新石器时代晚期延续至青铜时代，弥补了中国西南地区的史前文化谱系空白；发掘出土的铜器和石范，以确切的地层关系再次证明滇西地区是云贵高原青铜文化和青铜冶铸技术的重要起源地之一；出土的稻、麦、粟等多种农作物遗存，证明了来自黄河流域的粟作农业，其南界已延伸到滇西地区，而稻麦共存现象，则为重新认识中国稻麦复种技术的起源时间和地点提供了重要线索；这是目前中国发现的最大水滨干栏式建筑，为研究中国史前聚落类型提供了宝贵实例。

石寨山遗址出土滇王金印

祥云县大波那村古墓　1964年3月，祥云县大波那村一座古墓被村民掘开，考古工作者对其进行了抢救性清理。该墓为不规则长方形竖坑，

剑川海门口遗址发掘现场

祥云大波那木椁墓出土铜棺

江川李家山墓地出土牛虎铜案

椁室由长条形巨木叠架，葬具为一长方形铜棺。铜棺形状极像房屋，由7块独立铸造的铜板扣合而成，可拆卸。外壁四周装饰回行纹、虎、豹、野猪、鹿、马、水鸟、鹰、燕等图案。随葬锄、锛、矛、剑、钺、樽、杯、勺、豆、釜、匕、箸、鼓、葫芦笙、钟等青铜实用器，以及牛、马、羊、猪、狗、鸡等模型。墓葬的年代约当西汉时期。

江川李家山墓地　古代滇人贵族的一处家族墓地，1972年进行第一次发掘，1991年冬～1992年春进行第二次发掘。两次发掘共清理墓葬87座，出土大量随葬器物，其中铜器4300余件，铁器和铜铁合制器约400件，金银饰品10000多克，玉器近7000件，以及用玛瑙、绿松石和琉璃制作的管、珠扣等饰物数以万计。出土文物和石寨山墓地出土者一样，大都具有十分浓厚的地方特色，尤其是青铜器，其造型和题材多源于自然和生活，写实性极强，采用了多种铸造方法，器物表面多饰以各种装饰图案，极其生动地反映了古滇国社会的各个方面。

万家坝古墓群　位于楚雄市城区东南，云南考古工作者曾于1975年5月和同年10月至次年1月进行过2次发掘，发掘面积达3000平方米，共清理墓葬79座，出土青铜器、陶器、玉器等各类文物达1245件。出土文物中，5面铜鼓因形制原始古朴且有炊煮痕迹而被认为是最早的铜鼓，后来发现的此类铜鼓均被归为万家坝型鼓。经30多年来的研究，中外学术界普遍认为，楚雄是世界铜鼓起源地。

鳌凤山墓地　位于剑川沙溪西南约500米的鳌凤山顶，发现于1977年8月，经1978年5月调查确认。1980年10～11月，考古工作者对墓地进行发掘，共清理土坑墓217座、瓮棺葬34座、火葬墓91座，出土文物572件。土坑墓包括单人墓与合葬墓两种，葬式较复杂，单人墓葬式有仰身直肢葬、二次葬、解肢葬和无头葬之分，而合葬墓葬式则有仰身直肢与侧身屈肢合葬、仰身直肢与堆骨合葬、仰身直肢合葬、成人与儿童合葬、俯身直肢与堆骨合葬以及侧身断肢与堆骨合葬之

别。随葬品中以青铜器居多，有凿、剑、钺、戈、矛、镞、臂甲、剑鞘、镯、簪、戒指、耳坠、发箍、铃等；陶器器形简单，有双耳罐、单耳罐、无耳罐和纺轮4种；石器中有铸斧和钺的石范3合。发掘者认为，该墓地的土坑墓葬式、出土青铜器和陶器与滇西北其他地区出土者一样（如双耳陶罐），式样与我国甘、青地区的青铜文化有惊人的相似之处，应与氐羌民族南迁有关。

楚雄万家坝古墓群出土铜鼓

曲靖八塔台墓地　由8个大小不等的圆形或椭圆形土堆构成，1977年当地农民取土时发现，包含青铜时代土坑墓和宋、元、明时期火葬墓。1977年11月对一号堆进行发掘，清理出青铜时代土坑墓5座；1978年底～1982年12月，对二号堆进行了6次发掘，共清理青铜时代土坑墓348座，宋、元、明时期火葬墓304个。发掘发现，八塔台墓地系原地长期反复使用、不断往上垒加熟土叠压造成，连续时间长约700年。土坑墓随葬器物有陶器、青铜器、铜铁合制器、铁器、玉器、玛瑙器、绿松石器、石器等。陶器多素面，造型以平底为主、三角器次之，器形有釜形鼎、罐形鼎、深腹罐、圆腹罐、壶、瓶、杯、钵、豆、碗、盆、盘等。青铜器的铸造工艺很高，器类有兵器、生产工具、生活用具、装饰品、印章、钱币，纹饰多为铸纹和刻花纹。八塔台青铜墓地出土器物有鲜明的文化特征，但与滇池地区、黔西和黔西北乃至中原地区同时代墓地出土者有相同或相似之处，其族属可能是《史记》记载中与滇“同姓相扶”的“劳浸、靡莫”。1997年7月和2000年12月，考古工作者分别对与八塔台墓地同处一个地理单元的曲靖横大路墓地和潇湘平坡墓地进行发掘，更加深了对八塔台墓地青铜文化的认识。

滇西北地区出土双耳陶罐

曲靖八塔台墓地出土铜扣饰

羊甫头墓地　位于昆明市官渡区小板桥镇大羊甫村，1998～2001年对墓地进行发掘，发掘面积15000平方米，共清理滇文化墓葬811座、汉式墓葬28座。因酸性土壤腐蚀，葬具及尸骨多已朽坏无存，少量大型墓葬如113号墓木椁保存较好。随葬器物按质地可分为陶器、青铜器、漆木器、玉器等，以陶器居多。保存完好的漆木器为云南首次出土，填补了云南出土文物中漆木器的空白，极大地丰富了滇文化的内涵。发掘表明，该墓地时代跨度大，清楚地显现了滇文化与内地汉文化融合的过程。

野石山遗址　位于鲁甸县桃源乡野石村，地处与四川、贵州相接壤的滇东北高原，属金沙江下游地区。遗址面积近1平方公里，为非连续性分布，部分区域被现代村落占据。2002年进行考古发掘，发掘面积425平方米。发掘共清理文化层5层，发现陶窑1座、灰坑2座，出土陶

昆明羊甫头墓地出土漆木器

鲁甸野石山遗址三系壶出土情况

片300余袋、铜器13 件（锥、锛、削等）、石器100件（有锛、斧、箭镞、纺轮、双孔刀等）。陶器中相对完整者有300余件，可初步辨识出罐、碗、缸、壶、杯、盖、纺轮等器类，以束颈垂腹耳罐、折沿碗、三系壶、带流器最具代表性。该遗址的重要价值在于遗址中石器与铜器共出于同一层位，且陶器数量多在云南其他地区同时期遗存中较为罕见，似乎代表了云南青铜时代早期一种独具特色的文化。据^{14}C测年报告，该遗址年代为距今3000年左右，属青铜时代早期。

金莲山墓地 位于澄江县城东的金莲山顶，于2006年2月被盗挖后发现。同年3月，省、市、县三级文物部门对金莲山古墓群进行长达3个月的抢救性发掘，共清理墓葬144座，发掘面积近2000平方米，出土文物600余件套。为弄清该墓地的墓葬布局，省考古所组织陕西考古勘探队于2007年底～2008年1月对墓地进行了全面勘探，并于2008年10月～2009年4月，分两期对金莲山古墓群进行第2次发掘，共清理墓葬228座，出土文物600余件套。在第2次发掘期间，还对与金莲山相邻的学山（70000平方米）进行了考古勘探，以确定二者的关系。勘探中，发现20多个灰坑遗迹和部分墓葬，从整个情况看，学山与金莲山关系密切。两次考古发掘表明，金莲山古墓群与江川李家山古墓群的时代相同，属青铜时代的滇文化范畴，是迄今为止云南发现的又一处大型青铜时代墓地；大量发现的奇特葬式叠肢葬，在云南为首次发现；保存完好的人体遗骸，为体质人类学研究及人类古DNA提取提供了珍贵的实物标本，为古滇国主体民族问题的解决提供了可能。

泸西石洞村、逸圃墓地 因农田建设和盗墓破坏，2007年12月～2008年4月对泸西石洞村和逸圃两处墓地进行抢救性发掘。石洞村墓地发掘950平方米，清理土坑墓93座、火葬墓9座；逸圃墓地发掘900多平方米，清理墓葬190座。同时，还对两处墓地开挖了数量不等的探沟。石洞村墓地土坑墓出土随葬器物180余件，种类有青铜器（戈、剑、弩机构件、削、饰牌、腰扣和镯）、铁器（环首铁刀、凿、镰、锸和斧）、玉石器（玛瑙扣、玛瑙珠和绿松石珠）以及木器（镯、罐和纺轮）；火葬墓出土不完整陶器及陶片。逸圃墓地墓葬出土器物600余件，有青铜器和铜铁合制器（剑、矛、臂甲、箭镞、箭箙、锥、凿、镯、钏和扣饰等）、铁器（凿和削）、玉石器（玛瑙

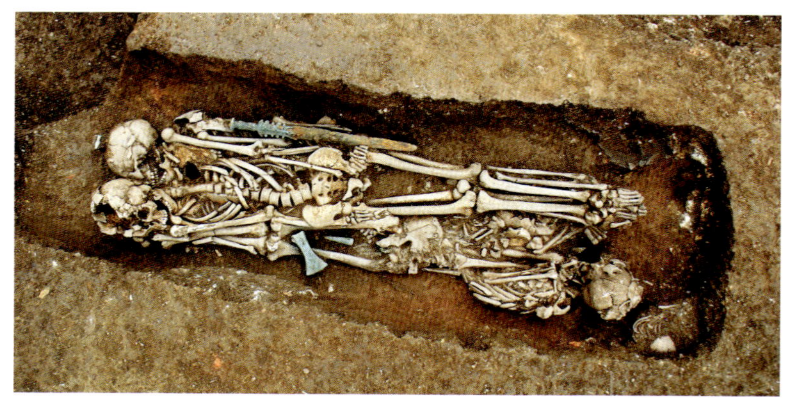
澄江金莲山墓地的叠肢葬

泸西逸圃墓地出土铜扣饰

扣、玛瑙珠、孔雀石饰品、玉珠等）以及陶器（罐、釜和纺轮）。发掘表明，两处墓地所出器物与滇文化器物相同，但器物组合和墓葬结构自成特点。可以认为，墓地所处地区属《汉书》和《华阳国志》所载的“漏卧”故地，发掘对研究与滇国、夜郎国和句町国同时的漏卧国的文化有重要意义。

潞西勐约坝遗址圆形大坑

除上述重要发掘外，近几年来在德宏州潞西县、澜沧江糯扎渡电站淹没区和文山州广南县的发掘也值得一提。潞西县尖山遗址发掘（2005～2006年）发现半地穴式房址5座，出土大量石料、石器、石器半成品和陶片，虽无青铜器出土，但种种迹象表明，遗址的年代仍可归为青铜时代。勐约坝遗址发掘（2007～2008年）面积4000平方米，共揭露文化堆积3层，发现青铜时代陶窑95座、圆形大坑19座、灰坑34座，出土陶器、石器、铜器等大量遗物，其中，较完整的并已编号器物达1077件。此二处遗址邻近中缅边境，故其发掘的价值和意义不可低估。糯扎渡电站淹没区共发掘相距不远的青铜时代遗址三处（白银渡、上船口和南北渡），发现大批石器（含石范）、陶片和极少量铜器，为深入认识澜沧江中下游地区的史前文化提供了重要资料。广南县于2007年9月抢救性清理了一座汉代木椁墓，出土铜灯、五铢钱、竹简、漆木耳杯（带汉字）、木雕车马模型等，其中的竹简和木雕车马模型为云南首次发现。因墓葬所在位于古句町国的核心范围，推测其可能与句町王有一定联系。

五　东汉至隋时期的考古发现

东汉时期，云南进入铁器时代。东汉至隋的500多年间，云南与内地的联系日益紧密，土坑墓、梁堆墓、壁画墓和崖墓的考古发掘见证了中原文化在当地的传播与发展。

前期盛行的土坑墓仍在这个时期流行，全省大部分地区多有发现，个旧黑玛井墓地和会泽水城墓地是此种墓葬的典型。

个旧黑玛井墓地现存面积2万多平方米，于1989年10月进行试探性发掘，清理墓葬2座，出土文物几十件；1994年3、4月间清理暴露的墓葬1座，出土文物10余件；1995年进行正式发掘，发掘面积1100平方米，清理墓葬8座，出土文物100余件。墓分大、中、小型3种，大型墓带斜坡墓道，墓圹呈长方形。随葬器物有青铜器、陶器、铁器、漆器和石器。从迥异的青铜器器类、器形以及五铢钱、汉字印章和器物上汉字铭文等，可看出汉文化的影响。

水城墓地位于会泽县城西部和北部，现存面积达100万平方米。2002年对该墓地进行了部分勘探，勘探面积达6万多平方米；2004年10月～2005年1月对墓地进行了考古发掘，发掘面积达

个旧黑玛井墓地出土铜跪俑灯

梁堆墓出土摇钱树

3000多平方米。发掘清理西汉和东汉时期的古墓葬24座、发现墓上建筑和居住建筑遗迹各2处，另清理出明清时期的古墓葬40余座。两汉墓葬为土坑竖穴墓，部分带有墓道。出土文物包括陶器、铜器、铁器等遗物。陶器分实用器如罐、釜、盆、甑、碗、豆、鼎、熏炉等，和明器如房屋、井、灶、猪、牛、马模型两类。铜器主要有洗、釜、碗、盘、壶、甑、璧、环、镜、铃、灯、镯、尊、镦、带钩、车马饰及铜钱，其中以洗、釜、盘、碗、带钩、镜等常见。铁器有釜、支架、剑、刀、锸和锯片。此外，还有银手镯、银戒指及砚台、带钩、耳珰、珠管等玉石和玛瑙饰品，也有少量漆案、杯、盒等漆木器。发掘工作对研究滇东北地区的古代文化，尤其是云南设置郡县以后的本地文化汉化过程具有重要的意义。

汉晋时期，云南出现一种具有高大封土堆的墓葬，俗称梁堆墓，这种墓葬基本上沿今昭通、曲靖、昆明、楚雄、大理和保山等一线分布，常见于平原盆地。从20世纪50年代开始，梁堆墓就不断被发现，迄今总数估计不下400座。从各地抢救性清理和少数正式发掘的情况看，此种墓葬的墓室有单室、前后室、双室并列等多种，墓室一般用石、砖砌筑，出现券顶并有墓道。有些墓砖、石上有几何纹、动物纹、舞蹈纹或“四神”、伏羲女娲画像。随葬器物常见青铜壶、洗、盘、釜、灯、镜、摇钱树，以及陶灶、水田、井、六畜等模型。自80～90年代开始，在前述州市的一些地方发现一种无论在墓室结构、抑或出土文物特征上都与梁堆墓相同的墓葬，被称为砖（石）室墓，这可能是由于墓葬的地面封土过低或无存而产生的名称差异，实际上仍属于梁堆墓的范畴。在大理、保山的梁堆墓发掘中，多处发现纪年砖：1986年在大理荷花寺的一座石室墓中，发现“太康十年”铭文砖（西晋年号）；1988年在大理喜洲镇文阁村清理一座砖室墓，发现“太康六年”铭文砖一块；1988年在保山汉砖的一座砖室墓清理中，发现一块砖上有“延熙十六年” 字样（三国蜀汉年号）；1989年在喜洲镇凤阳村砖石墓清理中，发现“泰始二年”、“泰始六年”（西晋年号）铭文砖；1990年在大理下关北郊的一座砖室墓发掘中，发现“熹平年”（东汉年号）字样铭文砖。

崖墓只发现于滇东北的昭通市如昭阳、大关、水富等县，迄今已清理发掘40多座，年代为东汉至两晋时期。其特点是在山崖上水平掘进以凿出墓道和墓室，墓室有单室、双室和多室之分。墓道尽头即为墓门，入墓门即是墓室。墓门较墓室略低而窄，用石块封闭，墓道用土回填。从近年水富楼坝崖墓的发掘情况看，墓道要略低于墓室，一般用石块铺砌。常见

随葬器物有铜壶、灯、洗，铁刀，以及陶房、陶俑和陶水田模型。

壁画墓共发现曲靖“梁堆”墓壁画、昆明西山昭宗村壁画墓、昆明官渡云山村壁画墓和昭通霍承嗣壁画墓4处。前3处属东汉时期，后者为东晋时期。曲靖“梁堆”壁画墓和昆明西山昭宗村汉代壁画墓所存实物很少，仅见零碎的三色浅刻彩绘莲花，官渡云山村墓壁画只残留用黑红两色绘制的人物像2个，唯昭通霍承嗣壁画墓保存较为完整。

霍承嗣墓壁画墓主像

昭通霍承嗣壁画墓发掘于1965年。墓室平面呈正方形，边长3米，四壁用长方形石块垒砌而成，在80厘米高处向中心收束，至2.2米高度时结合成墓顶。壁画绘于墓室四壁的石灰墙上，所用颜色为黑、黄、赭、红四色，绘画的方法基本上是先用竹木片在石灰底上划刻，然后用墨线勾勒，再在图案中着色；而部分地方（二方连续带形图案）则是模压出图案后再上色。四壁之壁画均分成上下两层，中间由二方连续云纹图案相区隔。上层反映的是神话传说，其顶部均为流云图案，其下分别为代表东南西北四个方位的青龙、白虎、朱雀和玄武，四神之四周配以鸟、兽、莲蕊、楼阁、人物等图像和题字。下层反映的则是与现实生活相关的场景，是壁画最显其独特和价值的地方。壁画虽分绘于四壁而独立成章，但却是一个相互关联的整体，从所绘内容看，应是为墓主霍承嗣举行的祭祀场面。汉晋时期，霍氏家族乃大姓望族，史载南部参军霍弋（即霍承嗣的先辈）“甚善参毗之礼”。所谓“参毗”，即佛教密法的一种仪式，大多用于超度亡魂。据此，从北、东、西三壁人物列阵而行的情景，并结合铭记题字“魂来归墓”之语，都可说明壁画反映的是超度亡魂的活动。

另外值得一提的是个旧冲子皮坡遗址。在1993年发掘中，发现房屋柱洞、冶炼炉、红烧板结土、烧炭窑等遗迹，出土五铢钱、铜釜等东汉典型器物，这是云南年代确切的冶炼遗址。

六　唐宋时期的考古发掘

唐宋时期，云南历史上出现两个前后相续的地方政权——南诏国和大理国。南诏和大理分别存在253年和318年，差不多与唐朝和宋朝相始终。这一时期的云南田野考古，主要是城址、建筑遗址、佛塔和火葬墓的发掘清理。

20世纪50年代开始，云南考古工作者结合历史文献记载，先后踏勘调查了太和城、羊苴咩城、德源城、白崖城、龙口城、大厘城、龙尾城、古城村城、拓东城、西源城等城址，弄清了各城址的所在位置和四至范围。

1993～1996年，对腾冲西山坝城址进行了两次调查、勘探，确认其即为史书记载的西源城。

大理羊苴咩城遗址

巍山南诏寺庙遗址

此城始建于南诏后为历代所沿用，是南诏大理国时期的西南重要城镇。城分内外，内城呈正方形，外城为长方形，总面积近5万平方米。城内外发现多处建筑遗迹，出土陶、石佛像，有字瓦和残破砖瓦，瓦当的纹饰有莲花纹、兽面纹和云纹。

太和城位于大理太和村西，为南诏都城。1997年3月和1998年1月的两次调查，发现了太和城南北城墙的中断及其结构，以及三处建筑遗址和一处夯土台基；发现南北城墙西段弯曲相联，并非直线正对西面，改变了以往认为太和城无西墙的看法。2004年底～2005年初的抢救性考古发掘，摸清了太和城南北城墙东段的基本走向。

德源城位于洱源县邓川镇，原名邓川城，元时改为今名，是南诏时期防御吐蕃的军事城堡。2001年进行勘探，发现柱洞、擂石、堑壕、火堆、石墙基、砖、瓦等遗迹遗物，大致掌握了城内地下文物的分布范围和保存情况。

羊苴咩城遗址位于大理古城以西，为南诏国和大理国的都城，历时近500年，其间人类活动一直比较密集和频繁。2004年11月～2005年6月进行的考古发掘，发掘面积7000平方米，清理出房屋、水井、水沟、道路、石墙、石坑、柱坑、灰坑、河岸等遗迹，出土大量筒瓦、板瓦、瓦当、滴水等建筑构件以及陶瓷片、瓦片，一些瓦片为有字瓦。发掘深化了对遗址的认识，发现的大量遗迹和出土的大量遗物带有丰富的信息和内涵，对研究南诏和大理国时期的历史文化具有重要价值。

建筑遗址的发掘清理也取得骄人成绩。1958年10月，对巍山县巄屽山南诏城址进行了小面积试掘，出土有字瓦、瓦当、滴水、砖等建筑构件。1991年11～12月和1992年11

月～1993年1月，考古部门对城址进行正式发掘，发掘地点有1号和2号两处，分别确定为寺庙和房屋遗址。1号遗址平面呈方形，面积约80平方米，北、西两壁保存较好，出土石雕佛教造像残片100多件，其中有佛、观音、天王等头像11个。2号遗址距1号遗址7米远，内含二层台面和两组台阶，均用长方形、正方形和三角形砖砌筑而成，出土筒瓦、板瓦、瓦当、滴水等。

大理大丰乐火葬墓出土绿釉陶罐

佛塔是南诏大理国时期的常见建筑，在今大理州存留较多。20世纪70年代，洱源县一座大理国时期的佛塔火焰塔倒塌，考古工作者开展抢救性清理，发现一大批写本佛经和中草药。1976年，文物部门加固维修大理崇圣寺三塔时，对主塔塔基和塔顶进行了清理，共出土各类佛教文物680件。1980年，文物部门维修大理佛图塔时，对塔顶进行清理，发现各种文物52件、各色念珠26粒、海贝80枚。1981年9月～1982年3月，文物部门对大理弘圣寺塔进行大修，从塔刹中清理出金、银、铜、木等各种质地文物600多件。1996年10月，大理州文物部门对毁于1966年的罗荃塔进行抢救性清理，发现塔基为五层砖石结构，五层中部依一天然石缝用石块在两头砌筑成一不规则长方形室，是为地宫；出土天王像2件、金刚杵2件、绿釉罐和陶罐各1件、海贝百余枚，发现大批梵文砖。

南诏大理国时期，因佛教兴盛，火葬成为当时的主要丧葬形式。经调查，这一时期的火葬墓主要分布在大理、昆明、保山、德宏、文山、红河、普洱等州市，多处作过清理发掘，如巍山巍宝乡和太仓乡、云龙顺荡井、澄江小官庄、晋宁兴隆村庙山等的火葬墓清理。1993年、1995年两次开展的大理大丰乐火葬墓地发掘无疑是规模较大的一次，共发掘火葬墓966座。墓葬共分3期，年代自唐迄明，以唐宋时期为主。葬坑分圆形、椭圆形和长方形3种，葬具有陶罐、瓷罐和铜罐，随葬器物有铜片、铁片、铜钱、海贝、铜镜、陶俑、陶十二生肖、瓷瓶等。

七　元明时期的考古发掘

南诏大理国时期盛行的火葬习俗仍在元明时期流行。截至目前，除大理、昆明、保山、德宏、文山、红河、普洱等州市有集中分布外，曲靖、玉溪和楚雄三州市的大部分县境内都发现火葬墓。这一时期的火葬墓清理发掘者不少，典型者有宜良孙家山火葬墓、泸西和尚塔火葬墓和鹤庆象眠山火葬墓。孙家山火葬墓发掘于1987年，共清理火葬墓91座，墓葬均无打破叠压关系，时代为自元初至明代中期；葬具以外罐套内罐的情况最多，质地有陶罐、釉陶罐、瓷罐和铜罐4种；随葬品有铜环、铜镯、镂空铜兽形物、铜戒指、铁片、铁镯、木牍、玛瑙珠、绿松石珠等。泸西和尚塔火葬墓发掘于1998年，共清理墓葬201座，时代为元末明初；墓葬分合葬、单个葬和无葬具葬3种，其中，单个葬占绝大多数；葬具多为陶罐，少量为釉陶罐和青花瓷罐，另有少量瓷碗、盘及器座。鹤庆象眠山火葬墓发掘于2005年，共清理火葬墓2367座，墓葬时代自大理国

玉溪窑出土青花火葬罐

蒙自瓦渣地墓地出土瓷盘

时期一直延续到清初；葬具主要有4种，由早及晚依次为红陶罐、绿釉罐、灰陶罐和黄釉罐，并有相互组合情况，此外，尚有少量青釉瓷内罐、铜罐和青花瓷碗；绝大多数为单人葬，少数为合葬；随葬物品有海贝、板瓦、砖、桃镇墓兽、陶盏、陶降魔杵、陶豆、陶罐、青花瓷玉壶春瓶、锡壶、锡杯、锡盏、铜镯、铜夹、铜戒指、铜耳环、铜镜、铜片、铁镰、铁镯、玛瑙珠等；发现少量存留的经幢和碑刻。

青花瓷器初创于唐，成熟于元。学术界对云南青花瓷器烧制的年代尚有争论，但最迟为元末明初的看法是普遍公认的。因瓷土的不同，云南青花瓷器的颜色有别于内地制作者，总体上偏黄发灰，是中国青花瓷器中的异类，因而尤显珍贵。经明朝时期的继续发展，以玉溪、建水等为代表的窑口烧制的云南青花瓷器达到很高的艺术水准，可与江西景德镇所产瓷器相媲美，云南由此成为中国青花瓷器的著名产地之一。20世纪60年代以来，考古工作者先后在昆明、玉溪、建水、禄丰、弥渡、大理、巍山等地发现烧造青花瓷的窑址10多处、龙窑30多条。1986年对玉溪窑进行发掘，获得标本1万多件，绝大多数为碗、盘残片，烧制品种有青釉瓷、酱釉瓷、青釉印花瓷、青釉褐彩瓷、青釉青花瓷等。1996年对大理苗圃山明代窑址进行发掘，发现窑18座；窑均为在山坡上开挖而成，窑的组成部分有烟囱、烟道、窑室、挡火墙、火道、火膛、窑门、窑前工作间和排水沟；出土器物有滴水、瓦当、筒瓦、板瓦、砖和陶罐，筒瓦和板瓦瓦面有字。截至目前，云南各地窑址和墓葬出土的青花瓷片数以万计，能辨认出的器形主要有盘、碗、碟、盅、杯、瓶、罐、壶，出土的完整瓷器主要是青花火葬罐和玉壶春瓶；以玉溪窑为代表的云南青花瓷器遗存数量较大，保守估计，仅青花火葬罐就超过2000件。

元明时期，民间的土葬风习仍然存在，加之朝廷禁止火葬，故这一时期土葬墓也较多，存在火葬墓和土坑墓出现于同一个墓地的情况。1995年发掘的个旧王林寨小满坡墓地是一处明代的土坑墓，共清理墓葬56座，墓坑分长方形竖穴土坑、有头龛长方形竖穴土坑、有侧壁龛长方形竖穴土坑、有二层台长方形竖穴土坑和不规则椭圆形土坑5种。随葬器物以瓷器为主，达104件，另有少量陶器、银器、铜器和锡器。瓷器器类有玉壶春瓶、梅瓶、执壶、碗、盘和杯，质地按釉色可分为白釉青花、青釉青花和青釉3种。1996年发掘的大理苗圃山墓地和2001年发掘的蒙自瓦渣地墓地都清理出火葬墓和土坑墓，后者还发现12座长方形券顶砖室墓。

另外，考古工作者2001年在香格里拉发掘元明时期房屋建筑基址2座，2003年在泸西县发掘明清哨所遗址1处，2005年在会泽发掘明代城址1处。

（执笔：杨德聪）

西藏自治区
中国考古60年

中国考古60年 西藏自治区

1951年西藏和平解放至今已过去了58年，从1956年中国科学院地质研究所赵宗溥先生首次在那曲采集到一件细石核至今已有53年，从1961年2月考古工作者在拉萨澎波农场东北首次进行的考古发掘中清理8座古墓葬开始，迄今也已有48年。50余年来，经过几代考古工作者的不懈努力和艰苦奋斗，陆续开展了一系列的考古调查和发掘工作，发现了从旧石器时代至明清时期的各类文物点2000余处，取得了比较丰硕的成果。卡若文化、曲贡文化的发现，将西藏的农耕文化推进到了距今5000年前的新石器时代中晚期；广布于西藏各地且文化内涵各异的早期文化遗存为研究吐蕃王朝建立前的西藏古代原始文化提供了可资探索的珍贵资料，随着考古发掘与研究工作的不断深入，建立起西藏考古学文化谱系将成为可能。这些资料的发现不但对研究西藏高原的社会发展史具有重要的学术意义，而且对特殊地理环境中形成的人类文明及其人地关系等具有世界性学术研究价值的重大课题提供了弥足珍贵的实物资料。

一　旧石器时代考古

西藏境内获得的旧石器时代考古资料全部是地面采集的石器标本，既无明确地层关系，也未发现古人类化石或伴生动物化石标本。截至目前，报道的石器地点有8处，分别为藏南定日县的苏热地点、吉隆县的哈东淌地点和却得淌地点，藏北申扎县的珠洛勒地点和多格则地点、班戈县色林错东南岸的各听地点，藏西日土县的扎布地点和夏达错东北岸地点。一些研究者通过对采集点所处环境的地质地貌特征分析以及与中国华北旧石器标本进行类型学比较后认为，这些石制品的年代至少应在距今5万年的旧石器时代晚期。由于这两种断代方法均属间接断代法，用于分析的石制品是否可早至旧石器时代晚期存在疑问，但这些标本的获得，毕竟为西藏旧石器时代考古提供了可能的重要线索。

二　新石器时代考古

目前报道的新石器时代文化遗存在自治区内分布相当广泛，迄今为止已发现约150处，其中大部分是石器采集地点，少量为聚落遗址，经过正式发掘和试掘的遗址数量更少。其中最为重要

的发现当为卡若文化与曲贡文化的发掘与认定，将西藏的农耕文化确定在了至少距今5000年左右的新石器时代中晚期。但是，到目前为止，不仅卡若文化与曲贡文化的分布范围、分期与源流还很不清晰，它们与西藏境内其他原始文化的关系也完全不清楚，西藏的新石器时代考古学文化谱系更是无从谈起。

一些研究者将发现于藏西北（即藏族传统地理划分中的“羌塘”和“堆”）以细石器及小型石片工具为主要特征的石器采集点认为是西藏新石器时代较早阶段的文化遗存。这类遗存主要分布于那曲和阿里地区，自1956年在那曲首次发现后，迄今已达100余处，但无一处经过正式发掘。一些研究者通过与华北及华南地区发现的石器标本进行形态学及加工方法的比对，认为其时代大约在距今10000～3000年左右，经济类型以狩猎经济为主。也有人提出以“藏西北文化类型”对其进行归纳。

新石器时代中晚期的遗存发现较多，其中经过正式发掘或试掘的有昌都县卡若遗址、小恩达遗址，拉萨市曲贡遗址、当雄县加日塘遗址、贡嘎县昌果沟遗址、琼结县邦嘎遗址等。此外，还发现有察雅县江钦遗址，林芝县云星遗址、红光遗址、居木遗址、加拉马遗址，堆龙德庆县达龙查遗址、嘎冲遗址、昌东遗址以及墨脱县境内的7处石器采集点。

卡若文化遗址位于昌都县卡若镇卡若村东约1公里，澜沧江上游右岸支流卡若曲旁二级台地上，海拔3100米，面积约1万平方米。卡若遗址于1977年发现，西藏自治区文物管理委员会于1978年5～8月，对遗址进行了第一次发掘，揭露面积230平方米。1979年5～8月对遗址进行了第二次发掘，揭露面积1570平方米。2002年为制定卡若遗址总体保护规划对遗址进行了第三次发掘，发掘面积150平方米。根据遗址地层关系和遗存特征，卡若文化可分为早、晚二期。遗迹有房屋、灰坑、道路、石墙及石砌圆台等，房屋平面形状有圆形、方形和长方形，早期房屋的墙体均为草拌泥，晚期墙体以石砌筑；建筑形式主要有圜底式、半地穴式和地面筑造三种类型。出土遗物有石、陶、骨、牙器。石质生产工具以打制石器为大宗，磨制石器较少。打制石器多为石片石器，一般采用锤击法进行二次加工，亦有少量使用交互打击法和相邻两边或相对两边的错向加工，石器种类有铲、斧、锄、切割器、刮削器等。遗址中发现了为数较多的细石器，主要是以间接打击法产生的。磨制石器制作精细，以凹背直刃的鸟翼形石刀、刃开在弓背部的半月形石刀最具代表性。陶器均是夹砂陶，以灰陶和红陶为主，另有少量彩陶，主要器型为罐、盆、碗。器表装饰纹饰繁缛，装饰手法多刻划、压印，纹样多见绳纹、篮纹、附加堆纹、平行线纹、菱形纹等。遗址中还出土了种类较多的装饰品以及大量炭化粟米与动物骨骼，但不见与捕鱼有关的工具及鱼骨。从经济形态上看，卡若文化是以农业经济为主，兼营狩猎和饲养业，采集经济比重最小，同时还从事石器、骨（角）器和陶器制作，纺织等生产活动。卡若文化与黄河上游甘青地区的马家窑

昌都卡若新石器时代遗址2002年发掘情况

文化、半山文化、马厂文化以及川西南、滇北地区的一些原始文化相似，可能是因其有着共同的渊源，或者是互相影响的结果。其时代大致为距今5300～4000年。

小恩达遗址位于昌都县北5公里的昂曲河东岸的一、二级台地上，海拔3140米，遗址面积约8000平方米。1980年5月，当地群众在进行农田基本建设时发现了石棺墓、瓮棺墓、陶器、石器、骨器等遗迹和遗物。1986年8～9月，西藏自治区文物管理委员会文物普查队对遗址进行调查和试掘，发掘面积60平方米。发现较完整的房屋遗迹3座、灰坑1个、窖穴5个、石棺墓1座，出土了大量打制石器、磨制石器、骨器、陶片等。早期房屋遗迹为浅地穴式，平面形状为近长方形或方形，居住面经简单加工，有木骨泥墙，其中F3内发现19个竖直柱洞，屋内中央发现有烧灶。窖穴分桶状与袋状两种，平面形状呈圆形或椭圆形。石棺墓墓穴四壁用天然砾石叠砌而成，顶部搁置棚木，上覆砾石。葬式为侧身屈肢葬，随葬单耳罐1件。出土的打制石器有铲状器、切割器、石斧、锄状器、尖状器、砍斫器、敲砸器、刮削器、雕刻器、石钻、石矛、石砧、石杵、重石以及少量细石器如石核、尖状器、雕刻器、刮削器等。磨制石器有石锛、穿孔石刀、半月形石刀。骨器有骨针、骨锥、骨刀梗、骨匕。陶器均为夹砂陶，以灰陶为主，褐陶、磨光黑皮陶、红褐陶次之。纹饰以刻划纹为主，有三角纹、平行直线纹、交叉直线纹、波折纹、弦纹以及附加堆纹、指甲纹、剔刺纹、压印纹、绳纹等。器形有罐、盆、碗等。对F2采集的炭灰标本测定的碳素年代为距今3775±80年（树轮校正为距今4125±100年）。

曲贡遗址位于拉萨市娘热乡曲贡村，东距色拉寺约300米。地处拉萨河谷北缘、色拉乌孜山山脚的洪积砂土层上，海拔3675～3685米。遗址面积约1万平方米，其西北约300米的石室墓墓地面积约6500平方米。1984年11月西藏自治区文物管理委员会文物普查队对遗址进行了第一次试掘，试掘面积23.4平方米，发现窖穴1座、灰坑2座，出土大量打制石器、石片、陶片和少量骨器、磨制石器，发掘者提出了“曲贡文化”的命名。1990年8～9月，中国社会科学院考古研究所西藏工作队与西藏自治区文物管理委员会联合组成的发掘队进行了首次较大规模的发掘，发掘面积2337.5平方米。1991年8月进行的第二次发掘揭露面积75平方米。1992年6～7月进行的第三次发掘揭露775平方米。历次试掘、发掘总面积为3210.9平方米，发现的遗迹有灰坑22个（早期）、墓葬32座（早期3座）、祭祀遗迹2处（晚期）、祭祀石台6座（晚期）。以曲贡遗址早期遗存为代表的新石器时代晚期文化主要分布于雅鲁藏布江中游支流拉萨河流域的西藏中部地区，其年代大致为距今4000～3500年。曲贡文化大量使用的是打制石器，磨制石器很少。打制石器以石片石器为主，器形种类较多，以砍砸器、凿形器、切割器、斜刃刻刀、尖琢器、石坠等最具特色。石器的涂红现象非常普遍，化验证实所涂的红颜色为赤铁矿。细石器只见不典型石核和石叶，没有发现第二步加工的工具。磨制石器以磨盘、磨棒、研色盘、研色棒为主。曲贡文化的陶器代表了西藏新石器时代陶器制作的最高水平，已熟练掌握慢轮修整技术。陶质有夹砂和泥质两种，以黑色和黑褐色为主。尤以磨光黑陶最为精美，装饰手法采用了磨光、剔刺、刻划等工艺。器表装饰多在腹部或肩部构成一条不太宽的纹样带，常见重菱纹、菱格纹、三角折线纹、戳点纹、圆圈纹、网纹、附加堆纹等。陶器种类较多，以罐为主，另有碗、豆、盂、杯、钵、盘等，都为圜底器和圈足器，绝不见平底器，器耳较发达。在遗址的早期文化层中，发现了扁叶形青铜箭镞一枚，器形规整，刃缘锋利。经检测为标准的锡青铜组织，成型采用的是铸造方法。早期的3座墓葬均为竖穴土坑墓，平面形状有长方形和方形两种，墓圹内一般用长方形石块堆垒成石壁，有2座墓葬的墓底紧密而平整，经过人工处理。葬式有仰身屈肢葬、二次合葬两种，随葬器物数量不多，仅M111随葬4件陶器。

当雄县加日塘新石器时代遗址

加日塘遗址位于当雄县羊八井镇桑萨乡切隆多村西南约200米的加日塘，海拔4234米。2003年青藏铁路西藏段考古调查中发现，从2003年6月～2004年4月先后进行了三次发掘，共揭露面积2902平方米，采集和出土近2800件遗物，其中石制品占绝大多数，陶片及其他遗物较少；发现并清理火塘遗迹、灰坑遗迹各1处。加日塘遗址石制品绝大多数为细石器，细石核剥离痕迹清晰有序，形制规整，表现出精良成熟的技术传统；细石叶形制规整，个体小巧；生产工具基本以小石片或细石叶为毛坯打制修理而成，器类有刮削器、尖状器、锯齿器等。磨制石器共计10件，可分穿孔石球、凹窝石球、石磨盘、圆形磨石四类。遗址出土的陶片少且碎，可辨器形主要为罐，以夹砂黑陶及夹砂灰褐陶为主，均为手制。陶器纹饰丰富，呈多种纹样的组合，装饰部位相对固定，口沿和肩部往往施细绳纹、刻划纹、戳印纹、附加堆纹等组合的装饰纹饰，不少器物口沿的唇部饰有细绳纹，呈花边口沿状，少数素面陶片外表有磨光黑皮或红色陶衣。陶器的这些特征与迄今所知西藏其他新石器时代文化均有不同，具有鲜明的地域特色，可称为“加日塘文化”，它很可能代表藏北与西藏腹心地区接壤地带的一种晚期新石器文化类型，属较高海拔区的游牧部落的季节性遗址，^{14}C测年数据为距今3200～2900年。

邦嘎遗址位于山南地区琼结县下水乡邦嘎村东北。20世纪80年代由西藏自治区文物管理委员会文物普查队发现并进行了小面积试掘。2000年9月～2002年7月，由中国社会科学院考古研究所、西藏博物馆、山南地区文物局组成的联合考古队对遗址先后进行了3次考古发掘。遗址现存分布面积为3000平方米，主要遗存有房屋、灶塘（火塘）、灰坑、墓葬等。发现的一座方形半地穴式房屋开口于早期地层第四层下，平面为圆角近方形，边长6米，沿坑壁四周由石块砌成墙壁，残墙高约0.2～0.6米。房屋内发现有5个直径0.6、深0.4～0.7米的圆形坑洞，可能与窖藏有关。屋内中部偏北处另发现有大小不一的灰坑9个，均直接打破生土层。此外，在遗址下层文化还发现了石板砌边石框、框内用3块石头支架的灶塘（火塘）遗迹1处和十几个灰坑以及晚期小型石板墓1座。出土遗物有石器（以石磨盘和磨棒为主）、陶器、少量骨器和各种动物遗骸。陶器以夹砂类灰陶、灰褐陶为主，遗址上层则以夹砂红褐陶为主。可辨器型以罐为主，另有钵、盆

贡嘎县昌果沟新石器时代遗址

等，均为圜底。有一定数量的带耳器，器表装饰以刻划、几何纹为主，个别有戳印纹及穿孔；另发现有1件陶塑、1件磨边陶饼残片。石器共出土186件，以磨盘、磨石为主，另有敲砸器、砍砸器、砍斫器等。部分石器有涂朱现象。邦嘎遗址中的房屋为西藏中部地区新石器时代的首次发现，具有较为重要的学术价值。

1991年9～10月，西藏自治区文物管理委员会文物普查队在雅鲁藏布江中游的贡嘎县昌果乡昌果沟发现了一处新石器时代遗址，定名为昌果沟遗址。1994年中国社会科学院考古所西藏队与西藏自治区文物管理委员会进行了正式发掘，材料至今未公布。1996年，山南地区文物管理委员会进行了再次发掘，出土的青稞和粟的炭化粒碳素年代测定为距今3500年左右。遗址出土有打制石器、磨制石器、陶器等。石器中打制石器占绝大多数，主要有砍砸器、切割器、刮削器。另有少量细石器，有石核、石叶、刮削器、尖状器等。磨制石器有斧、磨盘、研杵、穿孔石球。陶器皆为残片，以夹砂陶为大宗，泥质陶次之。火候较高，陶色有灰黄陶与红陶两种。器表多磨光，施棕黄色或灰黑色陶衣。纹饰以细绳纹、弦纹、直线纹、斜线纹、折曲纹和锥点纹为主，不同的纹饰相互组合使器表装饰十分丰富。器形有双耳罐、高领罐、敞口盆、圈足碗、盘、豆等，只见圜底、圈足底，不见平底器。另发现有2件柱状器足，在西藏史前遗址中尚属仅见。

昌果沟遗址与曲贡遗址虽然在总体上有明显的区别，但二者间关系显然要比昌果沟与卡若的关联近得多，也许在时代上也更接近。

三　新石器时代晚期至吐蕃王朝建立前

部分学者将西藏新石器时代之后至吐蕃王朝建立前的时间范围大致推断为公元前1000年～6世纪，并用“早期金属时代”这个考古学分期概念进行概括。几十年来，史学界对这一时期曾有过不少称谓，如“先王时期”、“吐蕃部落时期”、“小邦时期”、“前佛教时期”等。事实上，西藏境内各地新石器时代文化面貌并不清晰，更未建立起考古学文化谱系，因此，关于西藏新石器时代结束的时间仍然仅限于部分研究者的推测。至于是否存在一个“早期金属时代”以及它与吐蕃王朝的时间关系则更是莫衷一是。

一般认为属于这一时期的文化遗存主要有拉萨曲贡遗址晚期石室墓，阿里地区札达县东嘎乡皮央村萨松塘墓地、格林塘墓地和东嘎村朗布钦墓地、丁冬遗址，扎布让乡扎布让村卡尔普墓地，噶尔县查库尔墓地、纳恰墓地，分布于林芝、山南的早期封土墓，遍布昌都、林芝、拉萨、日喀则、山南、那曲地区的石棺墓遗存以及遍布藏北和西藏西部的列石以及石圈或石框遗迹等。

经过正式发掘或试掘的有曲贡遗址晚期石室墓、萨松塘墓地、格林塘墓地、朗布钦墓地、丁冬遗址、贡觉县香贝石棺墓地、林芝县杜布墓地等。

曲贡遗址共发掘29座晚期石室墓，分布于遗址Ⅰ区、Ⅱ区。墓葬分布无一定规律，大多比较稀疏，无打破叠压现象。墓葬形制为竖穴土坑，平面形状有长方形和方形两种，长方形较多。墓坑内一般用砾石块堆垒成壁，无顶盖及底板。少数墓葬墓口上有用砾石块堆成丘状的封石堆。个别墓葬形制略有变化，如M212北侧石壁开出一缺口，M219北侧石壁出有墓道，再连接一个土坑似的竖井。不见葬具。葬式主要是二次葬和屈肢葬，二次葬占绝大多数，屈肢葬仅两例，部分墓葬不见骨骸。同时发现一些依从于一座主墓的祭祀石台，平面形状呈不规则的椭圆形，由大小不一的砾石块堆成基本水平的台面。墓葬中出土陶器有罐、钵、杯等，为圜底，多器耳。M203中出土1件铁柄铜镜，形制不同于我国黄河、长江流域及东亚地区传统的圆板具纽镜系统，而与流行于西亚、中近东及中亚诸古文明中的带柄镜相似，可能属于西方带柄镜系统的遗物。根据与西藏周边地区出土的相同或相似遗物已知年代数据的比较，将这一铜镜的年代大致推断为公元前8世纪。

萨松塘墓地位于阿里地区札达县东嘎乡皮央村南约500米的东嘎河南岸台地上，海拔4195米。1999年7～8月，西藏自治区文物局与四川大学考古专业联合组成的文物调查队进行了考古调查与发掘工作。共发现约70座墓葬，清理6座，2座为火葬墓，出土有陶器、铜剑、铜环饰等随葬器物。墓葬地表有丘状石堆，系用自然石块堆垒而成。墓葬形制有两种，一种是用石块在地表砌建墓室；另一种则先挖一浅穴，沿坑口垒砌石块形成墓室，再于四周向外加砌一重或两重石块形成石丘底部的范围，最后堆垒石块形成丘堆。

格林塘墓地位于阿里地区札达县东嘎乡皮央村东南约300米的东嘎河北岸坡地上，海拔4050米。1999年7～8月，西藏自治区文物局与四川大学考古专业联合组成文物调查队，共调查、清理墓葬10座、殉马坑1座、列石遗迹1处。墓葬形制有竖穴土坑墓、穹隆顶土洞墓两类。至少有3座墓葬内的尸骨为二次葬，其他墓葬中可辨葬式为侧身屈肢葬。出土有陶器、铜剑、铜泡饰、铜扣饰、铁剑、石镞、木器等随葬器物及羊头骨、马齿等动物骨骸。M6的碳素测定年代范围为公元前650～前540年（经树轮校正），相当于中原地区的春秋中晚期。

朗布钦墓地位于阿里地区札达县东嘎乡东嘎村西南约500米的东嘎河西南岸阶地上，高出河面约20米，海拔4070米。1999年7～8月，西藏自治区文物局与四川大学考古专业联合组成文物调查队，共调查墓葬约30座，清理10座。墓葬地表均有石块垒砌的丘状石堆，原高度均不详。石堆平面形状有长方形、等腰梯形和不规则形几种，以长方形占绝大多数。墓葬多被盗扰。除在M1的石丘封土内发现3件陶器外，仅个别墓内有少量碎陶片。M6碳素测年为距今1670±80年。

丁冬遗址位于阿里地区札达县东嘎乡东嘎村西北约550米的东嘎河西南岸阶地上，南距朗布钦墓地约20米，海拔4050米。2001年7月，西藏自治区文物局与四川大学考古专业联合组成文物调查队进行了局部试掘，共清理房屋建筑遗迹3座。F1为一半地穴石墙建筑，残墙基露于地表，平面大体呈长方形，为一座多间复合结构建筑，包括大小不同的两个单间，主体部分面积约50平方米。F2为一单间石墙房屋建筑，残墙墙基露于地表，平面大致呈长方形。门道向东，位于房屋东北角。F4为一多间石墙房屋结构，因后期建造佛塔时从中大量搬取石块，破坏严重。平面大致呈长方形，呈西北－东南方向。门道向南，位于南墙中部。房屋内出土遗物有较多陶片、石器、青铜残片等。陶片几乎皆为夹砂红褐陶，器表装饰有绳纹、刻划纹、戳刺纹、镂孔及模印三角纹等，可辨器型有罐、杯。石器有石镞、石磨盘、磨石、石球、砍砸器、重石。经对F4采集的炭灰进行碳素年代测定，其年代为距今2065±60年。遗址中还发现立石遗迹1处，立石已倒伏，其周围有一圈用大小不等石块围成的椭圆形石圈。

香贝墓地位于贡觉县香贝区，金沙江西岸支流香贝小溪和热曲河交汇处的扇形台地上。1975年发现石棺墓数座，1979年西藏自治区文物管理委员会曾派人实地调查，1986年8月西藏自治区文物管理委员会文物普查队清理石棺墓5座。墓葬形制有两种：一种在圆角长方形竖穴土坑内四壁用扁平石块砌筑成室，石壁内侧大致平齐，此类墓葬仅1座；另一种则在竖穴土坑中部以长方形石板拼砌成长方形石棺，石棺四周与墓坑四壁间填以石块。此类墓葬有4座，其中有3座在石棺内另用石板隔出头箱。葬式为仰身屈肢。出土有陶器、铜刀等随葬器物。陶器中双大耳罐与四川省雅江县呷拉墓地、炉霍县卡莎湖墓地石棺墓中的同类器型极为相似，而双耳陶簋则与云南省德钦县纳古、四川省巴塘县扎金顶石棺墓的同类器相似。其年代似可定在汉代前后。

浪卡孜县查加沟汉代墓地马形牌饰

查加沟墓地位于浪卡孜县工布学乡美多村查加沟，海拔4600米。2000年4月，因洪水冲毁一座墓葬，地区文物局前往调查。被毁墓葬位于羊卓雍湖东南岸约1公里的一条冲沟边，地表无明确封土痕迹，有以直径0.2米左右砾石围砌的梯形边框，长约7米。石框中央有一个方形砾石堆。地表下0.9米处分布有一层黑色炭灰，其下深1米处有两层平面排列呈“工”字形的砾石遗迹，其间出土有零散陶片、人骨及动物骨骼。该墓共出有随葬器物108件（片），有金质饰件、铜饰件、石串饰、贝饰、铁剑、铁刀、铁镞、陶器及纺织品

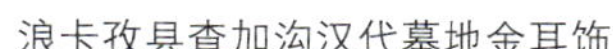

浪卡孜县查加沟汉代墓地金耳饰

浪卡孜县查加沟
汉代墓地金戒指

浪卡孜县查加沟汉代墓地筒形金饰

残片等，据出土器物并参考其他资料分析，推测其时代可能在距今2000年前后。该墓为当时西藏自治区经考古清理出土金质饰件的唯一一座，对研究西藏早期社会的历史具有重要价值。

夏拉木墓地位于隆子县斗玉乡政府东南约500米，海拔3020米。1991年6～7月，西藏自治区文物普查队调查清理了1座石棺墓，编为一号墓。该墓为在长方形竖穴土坑中用4块石板贴四壁砌成石棺，棺内长11.6、宽0.704、高0.408米，底部无石板，顶部以5块略经加工的石板盖压，其上叠压大小、厚薄不等的石板十余层。棺内人骨零乱，无头骨，可能系二次葬。随葬器物有陶器、石器两类。陶器2件，一件为斜直颈球形腹罐，另一件为长颈长流球形腹罐。石器为长条形磨制石斧。另外采集到一件长颈球形腹陶罐。对墓葬中出土标本进行的^{14}C年代测定结果为公元前855±125年（^{14}C半衰期为5730年，树轮校正年代为前1048～前800年）。出土的长颈长流球形腹罐还见于扎囊县结色沟墓地，二者间器物形态很相近，时代差异应不致太大。然而清理者将结色沟墓地出土有长颈长流球形腹罐的三号墓时代定为吐蕃时期，与夏拉木墓地一号墓测定的碳素年代相差很大，具体原因尚不明。因此，对于这类目前仅见于西藏南部雅鲁藏布江中游地区的遗存进行更加深入的研究，将会为探索西藏南部早期历史起到十分重要的作用。

琼结县吐蕃王朝时期藏王墓

三　吐蕃王朝时期

吐蕃王朝时期考古的重要收获，首推近年来一大批吐蕃墓葬的调查发现，不过经过考古发掘的屈指可数。位于山南琼结县境内的吐蕃王陵（俗称藏王墓）在2003年编制藏王墓的保护规划时共确认墓葬22座，分为东、西两个陵墓区。

这个时期的遗存经过正式考古发掘的很少，大多是文物普查时试掘的墓葬。主要有朗县列山墓地，扎囊县斯孔村墓地，林周县澎波农场墓地，安多县芒森墓地，乃东县普努沟墓地、切龙则木墓地，仁布县让君村墓地，萨迦县吉隆堆墓地、给白山墓地、典掂墓地、给屋热琼墓地、拉孜县查邬岗墓地，定日县门追墓地、唐嘎墓地，墨竹工卡县同给村墓地、益其村墓地，昂仁县布马村墓地，择其要者介绍如下。

琼结县吐蕃王朝时期藏王墓石狮

列山墓地位于林芝地区朗县东嘎乡列村之列山南坡上，共有184座墓，面积达80多万平方米。1982年，西藏自治区文物管理委员会、山南地区文物管理委员会、朗县文教科等单位先后两次进行了调查和试掘。1987年，西藏自治区文物管理委员会文物普查队再次对墓地中的1处殉马坑和1座坛城型墓进行了试掘。墓葬封土多为梯形，亦有方形、圆

朗县列山吐蕃王朝时期墓地

形、“亚”字形。封土及墓穴为石、土、木结构，夯筑而成，夯筑方法为板筑法、分节隔垫石板及圆木夯筑法，穴底使用阿嘎土。葬具有两种，一为石板拼砌的长方形无底板石棺，一为石板叠砌的半圆形墓穴。葬式为屈肢葬，未见遗物。墓地附属建筑有1处房屋遗迹，2处祭祀场所及1个石碑底座。

芒森墓地位于那曲地区安多县扎萨区西4公里的芒森山上，海拔4800米。1987年5～8月，西藏自治区文物管理委员会文物普查队在那曲地区普查期间对芒森墓地进行了调查和试掘，共发现封土墓67座，对M10、M16、M63三座墓进行了清理。墓葬封土可分为梯形、方形、平行四边形、三角形等四种类型。其中M10的建造方法为：先挖一竖穴，用天然砾石砌成长方形石棺及头箱，顶盖石板，上砌天井，棺底夯实。石棺四边用石块砌筑成高1.2米的等腰梯形边框，南边长12、北边长9.5、两腰长11米。石砌边框内石棺顶盖以上有封土5层。石棺内仅见几节指骨和赭色漆皮、残铁块。该墓东侧有一盗洞，其中发现有单耳长流陶罐、铁镞、铜扣、铜饰片等器物。

普努沟墓地位于乃东县昌珠区桑珠德庆公社东约2公里的普努沟，墓地在雅砻河中游东岸的洪积扇上。共发现墓葬323座，清理6座。所有墓葬均背山面水，平面为等腰梯形，皆有石砌边框，保存较好的墓葬石砌边高达2米。石砌边框内另挖有圆形或椭圆形竖穴土圹，圹内以石块叠砌或以石板竖砌成长方形棺室，其中的M15石砌边框内有2个土圹，相互间有打破关系，说明非同时下葬，圹内各以石块叠砌棺室。随葬器物有陶器、铜器、铁器、石器、绿松石饰件、漆片等。陶器以泥质红陶为主，有少量夹砂红陶，多素面，纹饰有篦纹及凹弦纹。器型以圜底罐为主，平底罐较少，有长流罐、带鋬圜底罐、单耳圜底罐等，另发现有1件似为三联罐残件的三叉状陶器残片。铜器中发现1件装饰方块纹、三角纹、折线纹和人字纹的“Π”形铜牌饰，发掘者推测可能是表示官阶身份的“小铜告身”。铁器有箭镞、带扣、铠甲片等。石器有石斧、穿孔石器等。发掘者将墓葬时代定在吐蕃时期。

让君村墓地位于仁布县姆乡让君村东南研隆拉山腰坡地上，海拔4100米。1987年，当地因开矿修路曾挖毁石棺墓多处。1990年6月，自治区文物普查队调查发现在大约6400平方米的范围内分布有百余座墓葬，试掘了其中5座。墓葬有两类：一类地面有封土，以石块在竖穴土坑内垒砌成棺室；另一类则无封土，为长方形竖穴土坑墓，以石板砌成棺室。葬式均为侧身屈肢，随葬器物多置放于近头端处，也有置于石棺外者。随葬器物有陶器、红铜片、铁剑等。陶器器形较小，多圜底，平

底较少，带耳器较多，有单耳长流圜底罐、单耳罐、双耳罐、壶等。发现的残铁剑系锻打而成，剑身有朽木痕迹，应为剑鞘。征集的一件铜钵（1987年出土）系红铜锻打而成，工艺不精。发掘者推测无封土的石棺墓时代为吐蕃早期，而有封土的墓葬为吐蕃中晚期。

四　吐蕃分裂时期

9世纪西藏吐蕃王朝灭亡，随后西藏经历了几个世纪的地方政权分裂割据时期，直至13世纪建立萨迦地方政权与中原元王朝形成政治隶属关系。这个时期以阿里地区扎达县境内古格王国遗址各类遗存的调查与发掘、皮央·东嘎遗址最为重要。

古格故城遗址位于札达县托林镇札布让村南约2000米，朗钦藏布南岸约2500米。遗址区南北长约1200、东西宽约600米，总面积约0.72平方公里。10世纪中叶～17世纪初，古格王国雄踞西藏西部，弘扬佛教、抵御外侮，在西藏吐蕃王朝以后的历史舞台上扮演了重要的角色。古格故城由吐蕃末代赞普朗达玛第三代孙吉德尼玛衮始建于10世纪，1630年为拉达克人攻灭。西藏和平解放以前，对古格故城遗址的考察都是由西方人进行的。1979年6～9月，西藏自治区文物管理委员会和新疆自治区文物管理委员会联合对古格故城遗址进行了首次专业考察。1981年9月，西藏工业建筑勘测设计院对古格故城进行了测绘、考察。1985年6～10月，西藏自治区文物管理委员会、文物出版社、故宫博物院、四川大学等单位组成的考察队对古格故城遗址的建筑遗存、墓葬进行了全面、深入的考察，取得了重要成果。建筑遗迹主要分布在遗址西南部主体土山的东、

札达县吐蕃分裂时期古格故城

札达县吐蕃分裂时期古格故城局部

札达县吐蕃分裂时期古格故城壁画

札达县皮央·东嘎吐蕃分裂时期遗址

札达县吐蕃分裂时期东嘎I区2号窟北壁佛龛与壁画

札达县吐蕃分裂时期东嘎I区1号窟窟顶

札达县吐蕃分裂时期托林寺迦萨殿

北两侧山腰和山顶台地上，东、北两面的缓坡地带和那布沟东侧的土梁上也有散布，土山西侧较少。建筑类型有佛教建筑、王宫及民居、军事设施、道路与暗道等几大类，共调查登记各类房屋遗迹445处、窑洞879个、碉堡58座、暗道4条、佛塔28座，新发现武器库1座、石锅库1座、大小粮仓11座、供佛洞窟4座。墓葬有洞葬1处、壁葬1处、木棺土葬1处。采集、清理、出土大批生活用具、生产工具、兵器和佛教艺术品，对研究古格王国的历史、政治、经济、军事、建筑、宗教文化和艺术提供了极为珍贵的实物资料。

皮央·东嘎遗址群位于札达县东嘎乡皮央村和东嘎村境内的一条东西向沟谷中。1992～2001年间西藏自治区文物管理委员会、西藏自治区文物局、四川大学等单位先后7次对皮央·东嘎遗址群进行了调查、发掘。发现有石窟、佛塔、佛寺、僧舍、土墙等遗迹，对其中的部分佛寺建筑遗址进行了局部发掘，出土了彩绘泥塑佛像、木雕、铜佛像、石雕、骨雕、牙雕、桦树皮印像、藏文佛经残页、唐卡等遗物。

托林寺位于札达县扎布让乡托林村，原占地面积31.39万平方米，现建筑面积12万平方米，1996年被列为全国重点文物保护单位。1997年西藏自治区文物局组成阿里文物抢救办公室，连续对托林寺迦萨殿、金殿、罗汉殿、吉康殿、转经殿等遗址进行了发掘清理。并以考古资料为依据，复原重建了这些建筑。对迦萨大殿的考古发掘中，出土了大量木雕、泥塑、铜像等佛教美术

札达县吐蕃分裂时期托林寺内四塔（T55）塔殿内的残塑像、壁画

札达县吐蕃分裂时期托林寺壁画

那曲县吐蕃分裂时期察秀塘祭祀遗址1号遗迹

那曲县吐蕃分裂时期察秀塘4号遗迹出土的墨书牛头骨

品和不同时期的经卷，各个殿堂内发现了大量残存的壁画和木构建筑，极大丰富了人们对于这座始建于11世纪初年的早期古格佛寺的认识。

察秀塘祭祀遗址位于那曲县罗马乡十七村，为4座石片、石块堆置的石构遗迹。是西藏首次发掘的一处保存完好、规模较大、出土文物丰富的祭祀遗址，出土有大量牛、羊、马、犬等动物头骨，有的头骨上有墨书藏文及墨绘图案，还有吐蕃王朝时期典型的单耳带流红陶罐，鎏金铜泡、铜牌饰、铜箍等铜器，铁箍、铁条等铁器，料珠及骨饰，模制小泥塔等遗物。根据陶罐特征

萨迦县萨迦政权时期萨迦北寺得确颇章遗址

萨迦县萨迦政权时期萨迦北寺得确颇章遗址

萨迦县萨迦政权时期萨迦北寺得确颇章发现的制药工具

及墨书藏文的分析，初步认为该遗址的年代应在9～11世纪前后。

五　萨迦政权时期

1260年，元世祖忽必烈封萨迦派喇嘛八思巴为国师，1270年封为帝师。1272年设总制院，即命八思巴以帝师领总制院事。从此时起萨迦派即掌管西藏地方政权。从1272年起，至1349年帕木竹巴绛曲坚赞突起建立帕竹政权使萨迦的统治宣告结束为止，中经14位帝师、25任本钦，共统治约70余年，故称此一时期为萨迦政权时期。这一时期经过正式考古发掘的遗存主要是萨迦寺。

2005年7月～2007年8月，由陕西省考古研究所、西藏自治区文物局、西藏博物馆组成的联合考古队对位于日喀则地区萨迦县境内的萨迦寺开展了为期三个年度的配合萨迦寺维修工程的考古调查与发掘工作。2005年7～9月为第一年度，2006年5～10月为第二年度，2007年8月为第三年度。其中前两个年度历时7个月，以调查与发掘为重点，对萨迦北寺得确颇章、古绒、乌孜大殿、南寺羊马城墙及护城河等进行了发掘。发掘面积6126平方米，出土各类文物1000余件。通过对萨迦寺进行的考古调查与清理，使我们对其主要建筑的历史沿革、建筑技艺有了较为详细的了解。调查中发现的佛教壁画和考古清理出土的铜像、擦擦、泥塑遗物说明，以萨迦寺为中心发展起来的后藏上部地区佛教艺术较西藏其他地区的佛教艺术有着较为独特的特征。

（执笔：杨曦）

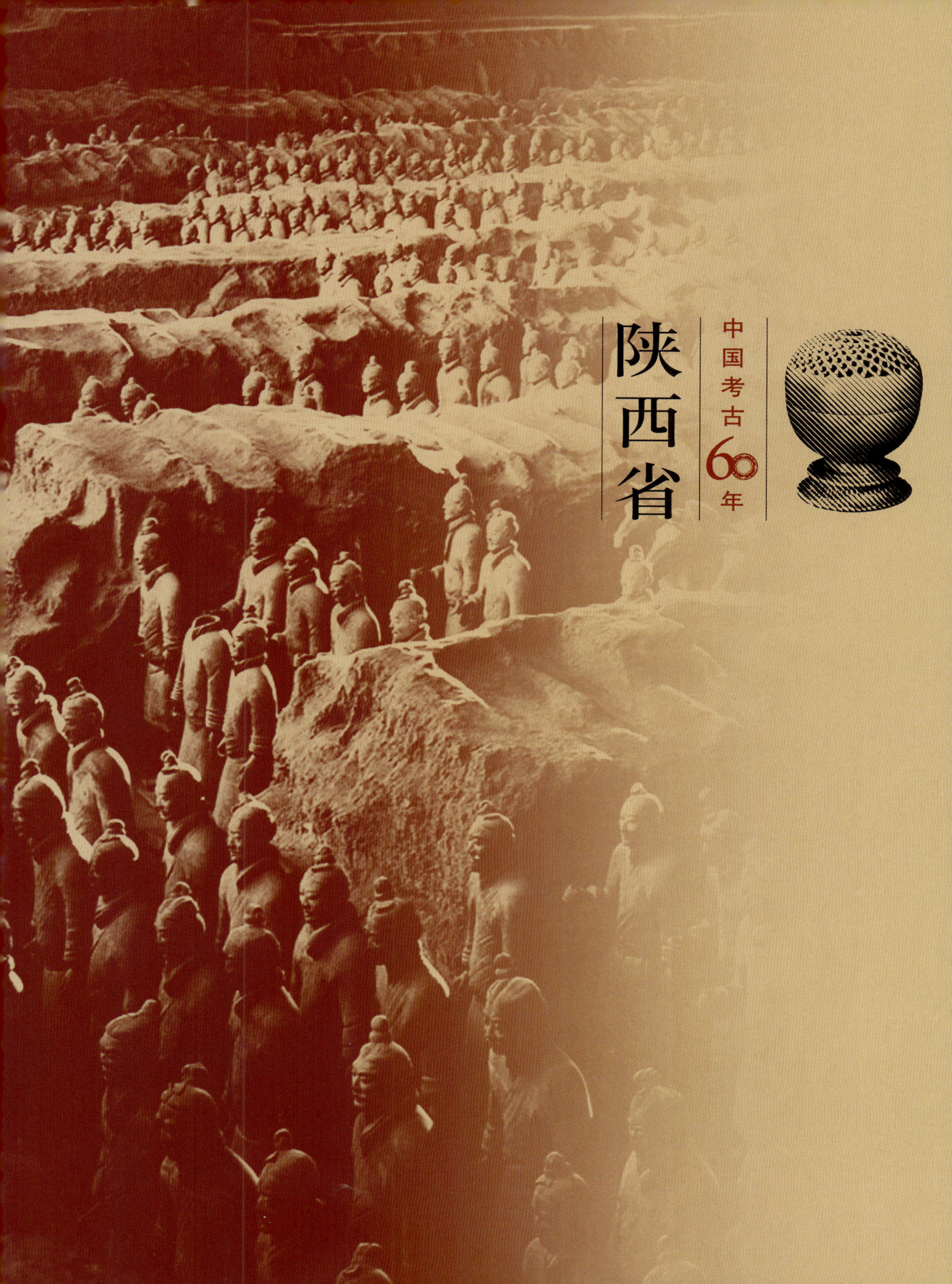
陕西省
中国考古60年

中国考古60年 陕西省

一 旧石器时代考古

1949年后，陕西旧石器时代考古工作获得了进一步的发展，迄今为止，陕西全省已发现旧石器时代早、中、晚期人类化石十多件，分别代表了古人类发展过程中的直立人（猿人）、早期智人和晚期智人三个阶段。这些遗存主要分布于关中东部、中部的洛河、渭河流域和陕南的汉水上游及南洛河流域，关中西部和陕北亦有零星分布。其中，旧石器时代早、中期遗存多分布于关中和陕南，陕北则多见旧石器时代晚期遗存。

旧石器时代早期文化主要发现有蓝田直立人及其旧石器文化、蓝田辋川锡水洞旧石器文化遗存、汉水上游地区的旧石器地点群以及洛南花石浪洞穴遗址及旷野旧石器地点群等，其中以蓝田直立人化石和旧石器文化为代表。1963和1964年，中国科学院古脊椎动物与古人类研究所等单位在蓝田发现陈家窝直立人和公王岭蓝田猿人化石；1965年和1966年在公王岭发掘出土了一批动物化石和旧石器，第一次提供了陕西旧石器考古和古人类化石完整的资料。有的学者对两个标本体质形态进行深入研究，并结合两个地点地质时代的先后、哺乳动物群的差异，提出把公王岭出土的头骨化石命名为“蓝田人”，陈家窝下颌骨化石为“直立人陈家窝亚种”，也可俗称“陈家窝人”。蓝田发现的石制品特征属于“匼河 — 丁村系”，即“大石片砍砸器 — 三棱大尖状器传统”。蓝田猿人化石的发现，是我国科学家独立发现、发掘和研究的第一批古人类化石，极大地促进了我国古人类学和旧石器考古学的发展。

1995年初～2004年2月，陕西省考古研究院对陕南商洛山区持续进行旧石器时代田野考古调查和发掘工作，在洛南盆地的南洛河及其支流两侧第二级以上阶地上共确认旷野类型旧石器地点268处，采集各类石制品13579件。在此期间，还通过1995～1997年对洛南花石浪龙牙洞遗址的系统发掘，获得了77000余件石制品、20余种哺乳动物、鸟类和水生动物化石以及人类活动踩踏面、灰烬层、烧石、烧骨等大量的人类文化遗物和遗迹。遗址中无论是石器，还是动物化石，都有明显的南、北特征，是又一处旧石器时代文化的交汇点，这项成果填补了秦岭山区旧石器时代考古的空白，洛南盆地花石浪龙牙洞遗址及旷野类型旧石器地点群石器工业和聚落形态

公王岭遗址出土蓝田猿人头骨化石

的综合研究，其重要性不仅在于数量极为丰富的旧石器地点和遗存资料的收获，更体现在本次工作所包含的研究目的、方法以及研究领域的层次性等多方面的进步，它标志着陕西旧石器时代考古学研究正在迈向一个全新的、与世界旧石器研究领域接轨的时代。

花石浪遗址出土旧石器时代打制尖状石器

旧石器时代中期文化以大荔人的发现与研究为代表。1978年，陕西省水电厅勘察设计院在大荔县解放村甜水沟洛河右岸第三阶地的砂砾层中，发现了一具完好的古人类头骨化石。1978～1984年，中国科学院古脊椎动物与古人类研究所、西安半坡博物馆等单位对该遗址进行了发掘和调查，发现了许多旧石器地点。1984年后，陕西省考古研究院对大荔及蒲城地区的旧石器地点群进行调查和发掘，获得了上万件标本。

大荔人头骨化石仅缺失下颌骨部分，是目前我国发现的古人类化石中保存最为完好的一具头骨化石。经铀系法测定，大荔人的年代约为距今23万～18万年。从头骨特征、地层关系、动物群和绝对年代的测量值判断，大荔人属于早期智人中一种较早的古老类型，应晚于蓝田人和北京人，而早于丁村人，属于旧石器时代中期早一阶段。大荔人的文化遗物以石制品为代表，共计1221件，包括石核、石片和工具三大类。以石制品的总体特征看，明显属于我国华北地区以小石器为主的船底形刮削器—雕刻器传统。大荔人及其大量的以小型石片器为主的出土遗物，在时间上弥补了我国更新世旧石器文化的缺环，空间上又是东西小石器文化的中间地带，对研究小石器文化具有重要意义，填补了我国乃至东亚古人类研究的空白。

陕西的旧石器时代晚期文化中，属于晚期智人的材料主要有黄龙人、河套人和金鼎人化石，而旧石器文化遗存则以禹门口文化为代表，另外在乾县等地也发现了一些零星的文化遗物，而近年在宜川龙王辿遗址的发掘也取得了较大收获。

2005～2006年，中国社会科学院与陕西省考古研究院组成联合考古队，对龙王辿遗址进行了考古发掘，出土2万余件石制品及一些动物骨骼，并发现用火遗迹20余处。据初步的年代测定，并参照周边其他遗址的材料，可知该遗址的年代应为距今20000～15000年前后。尤为可贵的是，清理出丰富的人类活动迹象的同时，还发现有石磨盘和在刃部有磨制加工痕迹的石铲等重要遗物。该遗址的发掘资料对于了解黄土高原东南部边缘地带细石器文化的谱系、更新世末期黄河中游地区人类的生业形态和自然环境的变迁具有较为重要的学术价值，同时对于进一步深入研究中国北方旱地农业的起源以及黄河中游地区旧石器时代向新石器时代的过渡等重大学术课题具有重要意义。

二　新石器时代考古

陕西新石器时代考古研究成果尤为突出，目前大部分地区已经建立起了比较完整的考古文化编年系列，为周边地区的考古年代研究提供了较为可靠的参照系。1959～1963年，我们对渭水、泾水、汉水、嘉陵江上游、无定河、北洛河、延河等陕西境内主要河流两岸的新石器时代遗址进行的调查与试掘，为全面了解陕西地区新石器时代遗存提供了线索。从2002年开始，为了“河套地区先秦两汉时期的文化、生业与环境研究”项目的实施，陕西省考古研究院在大理河流域进行了长达5年的考古调查与试掘，这种以地毯式调查为基础、以了解考古学文化序列的试掘推动区域调查的方法，为区域考古研究摸索出了一套成功的路径。目前，已经通过这种方法建立起了陕北北部地区的考古学文化编年系列。

陕西目前发现最早的新石器时代考古文化是老官台文化。1960～1961年，陕西省考古研究院在西乡李家村遗址发掘中发现的老官台文化李家村类型遗存曾受到考古界的高度关注。20世纪80年代，陕西省考古研究院的汉水与安康两个考古队又先后在何家湾、龙岗寺、白马石、马家营、阮家坝等遗址发现了“李家村类型”遗存，马家营遗址还第一次发现了这类遗存的彩陶，阮家坝发现了其早晚地层关系，龙岗寺发现了它最晚期的单位。这些发现使“李家村类型”遗存的研究走向深入，为探索汉水上游地区仰韶时代遗存的渊源提供了宝贵的线索。2002年，在对宝鸡关桃园遗址的发掘中，发现了丰富的遗存和复杂的层位关系，据此可将该遗址的前仰韶时期遗存分为三期，使渭水流域同类遗存的面貌变得越来越清晰。

1995～1996年，为配合临潼至渭南高速公路建设，在临潼零口遗址发掘中发现“零口遗存”。它是处于老官台文化到半坡文化之间的一种考古学文化，与晋西南地区发现的枣园文化遥相呼应，为新石器时代早期考古文化的研究提供了难得的资料。

陕西是仰韶文化的中心，据统计，这一时期的遗址全国共发现5000余处，陕西就占了2040处。20世纪50年代，随着西安半坡和陕县庙底沟遗址的发掘，学界开始将仰韶文化划分为半坡类型和庙底沟类型，由此开启了探索仰韶文化分期和类型划分的先河。

半坡遗址是中国第一个大面积揭露的新石器时代聚落遗址，在中国新石器时代考古研究史上具有里程碑式的意义。此后，渭水流域成为半坡文化遗存发现最多、遗址规模最大、文化最为鼎盛的地域。经过较大规模考古发掘的主要遗址有：宝鸡北首岭、华阴横阵村、华县元君庙、彬县下孟村、临潼姜寨、铜川吕家崖、李家沟、瓦窑沟、渭南史家、华县梓里、蓝田泄湖、临潼零口、陇县原子头、西安鱼化寨、合阳吴家营等。其中，半坡、北首岭和姜寨等遗址都发现了保存较好的原始村落布局，一般都有居住区、围沟、公共墓地及陶窑区等，尤其姜寨一期的聚落保存基本完整，清晰展示了此阶段原始村落的全貌，为半坡文化聚落形态的研究提供了非常难得的资料。

丹江上游地区发掘过的遗址中含有半坡文化遗存的仅商县紫荆遗址一处，考古工作略显薄弱。汉水上游地区发掘过的含半坡文化遗存的主要有西乡何家湾、南郑龙岗寺、紫阳马家营和阮家坝等遗址，尤其龙岗寺的发掘极大推动了秦岭南麓半坡文化的研究进展。

陕北地区目前缺乏此类遗存的详细资料，主要是调查发现的一些线索，目前在榆林地区发现的遗址有子洲十里塬、横山波罗镇、神木枣稍沟、佳县四界梁以及清涧宽洲镇附近见到此类遗存的陶器残片标本，延安东南部的黄龙县曹店、西山遗址发现少量此类遗存。

1958年和1959年，黄河水库考古队发掘了陕西华县泉护村遗址，这一发掘进一步丰富了西阴文化的内涵，特别是廓清了其早期面貌；首次对西阴文化遗存进行了分期，并建立起可靠的年代

标尺。事实上，这也是中国考古学界首次对一种文化进行分期，具有重要意义。截至20世纪90年代以前，陕西已对60多处这类遗址进行过考古发掘，其中有彬县下孟村、西乡何家湾、南郑龙岗寺、紫阳马家营、汉阴阮家坝、临潼姜寨、宝鸡福临堡、渭南史家、临潼零口村、陇县原子头、华县泉护村、彬县水北、千阳丰头等遗址。在上述遗址中，以泉护村、福临堡、原子头等遗址西阴文化阶段遗存较为丰富，为西阴文化的分期研究及类型划分提供了重要资料。1997年，在配合渭南至潼关高速公路建设的考古项目中，陕西省考古研究院对泉护村遗址又进行了第二次发掘，在这一遗址的西阴文化灰坑中发现了炭化的稻米，第一次将我国新石器时代稻米实物的发现推广到了黄河流域。自2004年起，陕西省考古研究院对位于高陵县泾渭镇的杨官寨遗址进行了长达数年的考古发掘工作，首次发现了属于西阴文化时期的完整环壕，这一发现对西阴文化聚落的考古研究具有非常重要的学术意义。

泉户村遗址出土新石器时代鹰鼎

泉户村遗址出土新石器时代陶盆

自西安半坡遗址发掘中首次发现了仰韶晚期文化遗存后，在渭水流域的华县泉护村、临潼姜寨、宝鸡福临堡、扶风案板、长安花楼子、铜川李家沟、眉县白家、岐山王家咀、千阳丰头、彬县水北等遗址中也相继发现了此类遗存。

考古资料显示，汉水上游地区此阶段遗存较为缺乏，文化面貌不甚明了，主要以西乡李家村晚期遗存为代表，但也有学者认为这一遗存属龙山文化早一阶段，大约和庙底沟二期文化相当。丹江上游地区经发掘的仰韶晚期遗存仅商县紫荆一处遗址，其中紫荆遗址第三期遗存当属仰韶晚期半坡四期文化范畴，第四期的部分遗存应代表了这一地区仰韶晚期阶段的两种谱系的文化：一种与关中地区仰韶晚期遗存相近，一种与屈家岭文化晚期遗存的文化面貌相当。

陕北地区仰韶晚期遗存主要发现于陕北北部的榆林地区。目前发现的仰韶晚期阶段遗存主要有靖边五庄果梁、吴堡后寨子峁、榆林王则湾、绥德小官道、神木寨峁、府谷郑则峁、横山山神楼和五龙山、子洲新窑上和石垛坪等遗址，这些遗存部分文化因素与关中等地仰韶晚期遗存文化面貌相当，同时也富有地域特色。

泉护二期文化是以1958年发掘的陕西华县泉护村遗址的第二期考古文化命名的，它是真正意义上的仰韶时代到龙山时代的过渡性文化。近年来在榆林地区发现了大量相当于泉护二期文化阶段的遗存，吴堡后寨子峁的发掘还证明这一时期陕北北部地区突然出现石城聚落，这种石城多选择在三面被深沟陡坡环卫的山顶上，类似陡峭的台城。这种石城聚落从此成为陕北北部及相邻的内蒙古中南部和晋中北地区流行的聚落形态，在陕北北部地区甚至延续至商周时期的李家崖文化阶段。

陕西的龙山时代大致可以分为早晚两个阶段，早期与庙底沟二期文化相当，晚期基本和客省庄文化同时。由陕西省考古研究院发掘的庙底沟二期文化时期的遗址相对较少，除旬邑下魏洛、韩城昝村、西安米家崖等遗址外，其他主要的工作集中在陕北地区，如绥德小官道、甘泉史家

白水下河新石器时代遗址发掘现场

湾、神木寨峁、府谷郑则峁、横山瓦窑渠、金山寨、佳县石摞摞山、吴堡关胡圪塔等遗址。陕北地区相当于庙底沟二期文化阶段的陶器，与庙底沟二期文化关系密切，但个性特征也十分明显，如横山瓦窑渠的F3，发现有空三足器和退化尖底瓶共存的现象。另外，这一时期陕北北部普遍使用石城，石城聚落的发展达到了顶峰，这些特征都是典型庙底沟二期文化所不具备的。客省庄文化时期也揭示出一些值得重视的文化现象。如康家遗址成排成列的房子，形象反映了当时的家族生活。与康家遗址同时期或者稍早的白水下河遗址，面积达150万平方米以上，发现客省庄文化房址达70余处，在试掘的76平方米范围内，发现了由双把鬲、三足瓮等组成的瓮棺葬27个。下河遗址的整体面貌属于客省庄文化，但其中也不乏一些新的因素，如铲足三足瓮、圜底瓮等都是客省庄文化前所未有的，这些因素与黄河对岸的山西同期文化关系密切。陕北地区相当于客省庄文化或者稍晚的遗存以神木新华、寨峁等遗址为代表，晚期已经进入夏纪年，以双錾鬲最富特色，陶器群中不仅有河套地区的风格，还表现出与关中、晋中等地同时期遗存的关系，为陕西北部地区龙山时代晚期及夏商时期考古文化的研究提供了难得的资料。另外值得一提的是，1998年在神木新华遗址发现了1个形似墓葬的玉器坑，其中埋藏了36件玉石器，共分六排，竖直侧立插入土中，有刃部的器物刃部朝下，无刃部者背面朝下，每排插置器物数量不等，多者10件，少者仅2件，器物之间基本保持平行。坑底中央还有1个圆形圜底小坑，埋有少量鸟禽类的骨骼。以这个玉器坑为中心环绕分布有十余座墓葬，墓向一致，均没有和玉器坑发生叠压或打破之关系，共同形成了一个相对独立的单元。玉器坑和这些墓葬乃至整个遗址之间应该存在着一种特殊的关系，很可能是专门用于祭祀的。这一发现也使聚讼已久的陕北北部地区诸如神木石峁遗址大量发现玉器的现象有了归属。

三　夏商周考古

经几代考古人的辛勤耕耘，对陕西地区夏商周时期的考古学文化已有了比较清楚的认识，使文献记载匮乏的三代历史得到了不同程度的充实。

夏时期文化遗存原在陕西发现很少，研究工作起步也晚，直到1990年以后才开始进入学术界的视野。现在可以确定已经发现了一定数量的夏代遗址，基本状况是关中东部地区略多，陕南、关中西部及陕北亦有零星发现。

20世纪50年代，为配合三门峡黄河水库的建设，关中东部华县、华阴等地的考古发掘中发现

了少量夏时期的文化遗存。华县南沙村有与二里头文化内涵相似的文化层，华县元君庙、华阴横阵村发现了类似于二里头文化的墓葬。因所见不多，或被认为属于龙山文化晚期，或被认为与二里头一类遗存相近。到了80年代，先后在蓝田泄湖遗址发现了属于二里头文化的墓葬，大荔县的赵庄遗址发掘到二里头文化的灰坑，西北大学在西安老牛坡遗址发掘到二里头时期的墓葬7座和灰坑3个，增加了比较多的资料。

关中东部的二里头文化发现尽管不多，但已能大体说明，关中的西安以东地区在夏代早期存在着相对独立的“老牛坡类型”遗存，可能是在客省庄、齐家和二里头文化共同影响下产生的一类新文化。而从二里头文化三期开始，关中东部就属于二里头文化的分布区，说明夏王朝的势力在此时已经扩展到了陕西境内。

关中西部相当于夏代的文化遗存颇少，过去仅从一些考古调查所获的资料中，观察到可能含有相当这一时期的遗物。如岐山双庵遗址采集到的花边罐，千阳望鲁遗址采集的花边罐、花边鬲以及礼泉朱马嘴遗址采集的高领带鋬鬲等。1991年北京大学等单位在麟游蔡家河清理的灰坑H29，出土陶器以花边罐类居多，虽与客省庄二期文化有传承脉络，但也与上述调查标本类似，故被推测已经进入到夏的纪年范围。

需要注意的是，在关中西部西端的陇县川口河遗址等，先后发现有齐家文化陶器。这些遗物除了具有齐家文化的基本特征外，有些带流的单耳罐、双耳罐与关中东部老牛坡类型同类器形制一致，应是齐家文化向东发展的产物，年代约相当于夏代早期，被命名为齐家文化“川口河类型”。

陕南丹江上游地区早在1977年发掘商州市紫荆遗址时，出土的陶觚等，与二里头文化的同类器相似，暗示这里可能存在相当于二里头时期的单位，首次提供了二里头文化波及此区的信息。20年后，陕西省考古研究院在对商州市东龙山遗址连续几年的发掘中，清理了夏代的遗迹单位170多个和大量的遗物，不仅印证了紫荆的发现，更重要的是提供了研究陕西夏代文化遗存的批量资料。汉江中上游相当于夏商时期的遗存，在紫阳县白马石遗址有少量发现，其文化面貌与关中东部、丹江上游及河南地区的二里头文化均有较大的差别，而与四川盆地及三峡地区以三星堆为代表的早期巴蜀文化相近似。

过去，在陕北未见相当于夏代的文化遗存。1996年陕西省考古研究院发掘的神木新华遗址与当地龙山晚期石峁类型的文化面貌有一定的差别，而与内蒙古中南部、晋西北黄河沿岸夏时期文化遗存有一定的相似性，为在此区寻找同时期的文化遗存提供了参照。

陕西境内经正式发掘的商代文化遗址在1980年以前，只有华阴南沙村和蓝田怀珍坊两处。现在，可以基本认定的商代文化遗址约有近百处之多，经过科学发掘的商时期遗址、墓地就有20多处。现在可确认的商文化、先周文化、刘家文化及碾子坡文化等分布在关中地区，朱开沟文化、李家崖文化分布在陕北地区，陕南的丹江上游也是商文化分布区，宝山文化则分布在汉水上游地区。

20世纪50～80年代，在华县南沙村、西安老牛坡、蓝田怀珍坊、耀县北村、大荔白村、赵庄等遗址都发掘到典型或较典型的二里岗期的商文化。这几处遗址可见的遗迹有灰坑、陶窑、居住基址等，老牛坡发现中型殉人墓葬、车马坑、马坑及大面积建筑基址，其他亦多有小型墓葬，铜川三里洞、华县桃下、西安老牛坡等地都出土过商代青铜器。从出土遗物看，与郑洛地区典型的商文化基本相同。

从20世纪70年代开始，西安以西至扶风、岐山交界地区的户县侯村、礼泉朱马嘴、岐山京当等地陆续有商代铜器的发现，扶风的白家窑水库还出土了商式鬲、假腹豆等较典型的商文化陶器，但也有侈口圆腹罐等颇具地方文化因素的器物，类似的遗存也见于周原，圆腹罐往往有花边口沿。但这些地点的有关发现均很零散，全貌不清。

1986年北京大学考古系发掘扶风壹家堡遗址，1995年北京大学考古系和陕西省考古研究院在礼泉朱马嘴遗址发掘，同年陕西省考古研究院在周至豆村发掘，后有关单位又发掘了周原王家嘴、长安羊元坊等遗址，均见到商文化与当地其他文化因素共存于同一遗址的现象，与关中东部有较明显的不同。由于壹家堡和朱马嘴的统计资料均是商文化因素为主，处于主导地位，因而这些遗址的文化性质应为商文化遗址，属于商文化的范畴。

关中是周王朝的发祥地，从考古学探索周文化的渊源，必然是最受关注的地域。1959年沣西马王村发现了H10压在H11之上的地层关系，H10出土了一批商周之际的“瘪裆鬲”和商代晚期风格的铜簋陶范，H11则出有与瓦鬲墓初期相似的陶鬲、陶罐，这便从层位关系上确凿地证明了瓦鬲墓初期早于瓦鬲墓中期。1959～1961年在长武下孟村发掘到瓦鬲墓陶鬲与盆、罐等遗物，类似之发现也见于1963年岐山贺家村发掘的墓葬。

20世纪70年代末到90年代，更有一大批重要的先周文化遗址和墓地陆续在泾渭地区被发现和发掘。1977～1981年扶风北吕清理了数百座周墓，1979～1980年凤翔西村清理了数百座周墓，均有部分先周墓，数量达百余座。武功郑家坡、黄家河、长武碾子坡均发现先周时期的居址和墓葬。1991～1992年，武功岸底发掘了一处先周文化的遗址。1992年在麟游史家塬、1995年在彬县断泾也发掘出先周遗址。史家塬、郑家坡等先周文化遗址还出土过商代青铜器。这些遗址、墓地的文化面貌显示，北吕、郑家坡、黄家河、西村、岸底、斗鸡台、贺家等地一致性非常强，均以联裆鬲、折肩罐等为其文化主要因素，高领袋足鬲则较少见，断泾的陶鬲则多有分裆，成为一个特点。只有碾子坡遗址较独特，恰是以高领袋足鬲为最常见，联裆鬲甚少。然无论其面貌的异同如何，这些发现均对先周文化的认识具有极为重要的意义。

大量的重要考古发现显示了陕西特别是关中地区作为周王朝的王畿之地，西周时期，由附属于中原文化边缘跃居中心区域的特殊地位。周原、丰镐遗址的大型宫室宗庙类建筑、大量青铜器窖藏、大型墓地以及甲骨文的发现，带给世人以强烈的震撼，显示出作为周代王朝都邑的恢弘气势和厚重的文化积淀。周公庙、杨家村、赵家台等大型遗址也有高等级建筑基址、大型墓葬、青铜器窖藏及甲骨文等重要发现，可以见出周代贵族世家所居的采邑性质聚落的基本面貌和特点。夨国遗址的发现、梁带村等重要墓地的发掘，使我们有机会了解到可能属于周代畿内封国文化发展的特征。这些考古发现从不同层次多方面地提供了研究西周历史、文化、政治以及社会结构的珍贵资料。丹江上游商南过风楼、商州陈塬等遗址为代表的西周遗存，与关中及其他地区的西周文化的特征均有比较明显的差别，反映出与东周楚文化特征有较明显的传承关系，结合历史文献记载分析，其极有可能是探寻早期楚文化的重要线索。

周原、沣西地区西周考古学文化基本序列的建立，不仅为全国周代考古树立起了年代学的标尺，而且，新近关于周代社会结构、经济形态、礼制等深层次探索的大周原考古，采邑考古以及大型建筑性质等问题的提出，有力地推动了西周考古研究的深化。

陕西是发现商周青铜器及金文和西周甲骨文最集中和最重要的地区，也是青铜器、古文字以及相关研究的关注点。许多重要铭文和甲骨文都提供了非常珍贵的历史资料，著名的天亡簋、何尊、逨盘、毛公鼎等等均有内容重要的铭文，周原甲骨文更是涉及到周初的许多重要史料。

周原、周公庙等遗址发现的铸铜、制骨、制玉（石）和制陶等作坊，为商周时代手工业发展状况、分布特征以及经济地位的研究均提供了极为重要的资料。

进入东周以后，陕西地区考古遗存的发现并不逊于西周。几乎是踩踏着周人足迹的秦民族迅速占据了自然条件优越的关中平原，秦文化成为这片土地上的主宰者。陕南汉江上游紫阳白马石等遗址发现了少量巴蜀文化遗存外，在丹凤商邑古城等墓地、遗址发现的典型楚墓，则表明楚文化在相当长的时期内占据着丹

扶风云塘西周遗址发掘现场

岐山周公庙遗址发掘现场

梁带村墓葬出土周代玉握、组佩玉

梁带村墓葬出土周代金器

江上游地区。这里应属于楚国的商於之地，至战国中晚期之际方才易手入秦。米脂县张坪墓地、清涧县李家崖墓地的文化遗存，表明东周时期陕北地区的文化既有晋文化系统的明显影响，也可能存在着与赤狄、白狄等北方少数民族有关的文化遗存，直到战国末期才能看到秦文化北抵河朔的迹象。

四　秦汉考古

陕西的秦汉考古工作有着得天独厚的条件，据统计，全省范围内共发现早期秦、秦代和汉代文物遗存5300多处。60年来，经过几代文物考古工作者坚持不懈的努力，重点围绕着秦都雍城、秦都栎阳、秦都咸阳、秦始皇陵、汉长安城、西汉十一陵等开展了大规模“密集型”的调查、勘察和发掘，同时对遍布全省各地的其他秦汉遗存也做了大量考古工作，取得了丰硕成果。

自20世纪60年代以来，秦人都邑考古有了较大进展。陕西省考古研究院在凤翔南郊发现了秦都雍城的城墙，探明了雍城的平面形制及规模，大致区分出姚家岗春秋宫殿区，马家庄春秋宫殿、宗庙区及铁沟、高王寺战国宫殿区三大宫区；还先后发现青铜、铸铁、制陶等手工业作坊多处。另外在雍城南郊的千河东岸还找到了蕲年宫、橐泉宫、来谷宫、竹泉宫等遗址。

秦都咸阳的整体布局目前虽尚未探明，但已发现的夯土遗址大体可确定出20多处，作为分布于渭北咸阳塬上的宫殿建筑群的组成部分，它们应是同一宫殿建筑群体中的不同建筑单体。已发掘的一、二、三号宫殿遗址可能就是当时“咸阳宫”的一部分。秦都咸阳及其附近先后发现有冶铜、铸铁、制陶、建材、骨器等手工业作坊多处，咸阳塬上还发现了其他一些大型建筑遗址，应为秦人之离宫别馆。2002年以来对阿房宫遗址的发掘也已经取得了一定的成果。

此外，对汧邑、汧渭之会、平阳、泾阳、栎阳、商邑等，也进行了一些调查、发掘和研究，目前共发现包括行宫、关隘、居址在内的秦建筑遗址200余处。

咸阳塬秦咸阳宫一号建筑遗址

雍城陵区位于雍城南郊，已钻探出的49座大墓，平面形制可分为“丰”字形、“中”字形、“甲”字形、“凸”字形、刀把形、“目”字形、圆形七个类型。这49座大墓根据形制、布局和隍壕设施，分为14座陵园。每座陵园由不同类型的大墓2～8座有机地组成。陵园大多坐西朝东，仅十四号陵园坐北向南。每座陵园及部分“中”字形大墓的周围都设有中隍或内隍，将陵园区分为双隍、单隍及组合三种类型。已发掘的秦公一号大墓平面为“中”字形，虽屡经盗扰，但仍出土铜、铁、金、陶、玉、漆器及纺织品等各类文物3500多件。

根据目前资料分析，雍城陵区埋葬着从春秋中期到战国中期约20余位秦国国公。

毕陌陵区位于秦都咸阳城西北约10里的周陵中学附近，由两座覆斗状“亚”字形大墓组成。宋代以来被认为是周文王和武王之陵墓。2007年陕西省考古研究院对其进行勘探，确认其为战国时期的秦陵。

芷阳陵区亦即秦东陵。1986年在陕西临潼县韩峪乡发现战国秦陵园4座，每座陵园由“亚”字形或“中”字形主墓及陪葬坑、陪葬墓、建筑遗址等组成。

神禾塬陵区位于西安南郊神禾塬上，2004年陕西省考古研究院在此发现1座陵园，内有“亚”字形大墓1座，条状陪葬坑13个，其中两个坑中发掘出六驾等级的车马。发掘者认为是战国时期秦始皇祖母夏太后之陵寝，得到一些专家的认同，亦有专家认为是秦二世胡亥之陵。

秦始皇陵是秦人陵墓中唯一一座真正的皇帝陵墓，发掘研究证实，秦始皇陵区东西长约7、南北宽8公里。陵区的中心是封土，现为平顶的四方截尖锥形台体。探测认为其封土堆下、墓圹周围有一组环绕墓圹周边、上部高出地表、体量巨大的台阶式墙状夯土台。夯土台内部即墓室上部以粗夯土填充。封土以外是内城，呈南北向长方形，长1355、宽580米，外城南北长2185、东西宽976米。内、外城均由夯土筑成，且有数量不等的城门。陵区的北侧和东侧发现有大面积的建筑遗址，可能是寝殿、便殿和园寺吏舍等陵园建筑。陵区内还发现各类陪葬坑及墓葬600多处。主要的发现有兵马俑坑、铜车马坑、珍禽异兽坑、马厩坑、石铠甲坑、百戏俑坑、文吏俑坑、铜禽坑、鱼池、防洪堤、修陵人墓地等。2003年，在秦陵

凤翔秦公1号大墓发掘现场

西安南郊秦代神禾塬大墓椁室

临潼秦兵马俑一号坑

临潼秦陵K0007陪葬坑铜水禽出土情况

封土西北部、外城以西500米处的砖房村又勘探发现6座与秦始皇陵园有关的级别较高的墓葬。

雍城陵区、毕陌陵区、芷阳陵区、神禾塬陵区、秦始皇陵，加上甘肃礼县发现的西垂陵区，秦国陵寝体系基本完整且一脉相承，对中国古代帝陵制度的研究具有重要意义。

从20世纪30年代苏秉琦先生发掘宝鸡斗鸡台的“屈肢葬墓”至今，陕西已发掘秦人中小型墓葬2000余座。其绝大多数分布在以雍城为中心的宝鸡市和以咸阳为中心的咸阳、西安附近。雍城秦人墓地位于雍城南郊，先后在八旗屯、高庄、南指挥西村、邓家崖等地发掘小型墓葬8批，清理墓葬174座、车马坑7个。雍城小型墓葬大致可分为长方形竖穴土圹墓和洞室墓两大类。春秋时期均为长方形竖穴土圹墓，早期为狭窄式，中期出现宽敞式。战国中期出现“平行式”、“垂直式”、“直线式”三种类型的洞室墓，晚期“直线式”洞室墓成为主要的墓葬形式。其中小型墓墓主的头向大都朝西或稍偏北。葬式大多数为屈肢，也有直肢。根据墓葬形制、随葬器物组合及器形演变，有学者将雍城小型秦墓大致分为春秋早、中、晚，战国早、中、晚和秦代七期。也有专家将秦墓分为五个阶段。至此，秦墓的考古学编年基本建立。

长期以来，陕西省学者对秦长城、直道、驰道、郑国渠等军事防御、交通、水利工程设施的研究十分重视，也取得了阶段性成果。近年来国家启动的长城资源调查和线性大遗址保护工作使秦长城、直道的研究、保护加快了步伐。

21世纪初，陕西省考古研究院与甘肃省考古研究所、北京大学、国家博物馆、西北大学合作，在甘肃东部和陕西省关中西部开展“早期秦文化探索”项目。目前有研究表明，商代末期到达陇东地区的某些秦文化因素来自关中西部的先周文化遗存；当秦人由陇东向关中折返的过程中，又吸收了大量西周及周边文化因素，由此形成多元结构的秦文化。

从1956年10月开始，中国社会科学院考古研究所对汉长安城进行了50多年大规模、系统的考古调查、勘探、发掘与研究工作。先后进行了全面勘查，究明了城墙范围；分别对汉长安城霸城门遗址、西安门遗址、直城门遗址与宣平门遗址进行了考古发掘，了解了汉长安城城门形制与结构；对汉长安城南郊礼制建筑遗址进行了全面考古发掘；对武库遗址进行了考古调查、钻探和12次考古发掘；对未央宫遗址开展了全面的考古调查、勘探与发掘，究明了未央宫范围、宫墙、宫城角楼、宫门、宫城内部的主要道路、沧池遗址、明渠故道和大型夯土建筑基址分布，明确了前殿、石渠阁、天禄阁基址的布局形制及中央官署遗址、少府建筑遗址、椒房殿遗址、西南角楼遗址的基本形制；在汉长安城西市范围之内，发掘了21座烧造陶俑的官窑和铸币、冶铸遗址；在汉长安城遗址西北部发掘了民营陶窑群；发现了北宫宫城遗址，发掘了这座宫城遗址南部烧造砖瓦的官窑遗址群；中日联合考古队对汉长安城桂宫第二号建筑遗址A区和B

汉长安城长乐宫四号（临华殿）遗址

区、第三号建筑遗址、第四号建筑遗址进行了考古发掘；对长乐宫遗址的地下排水设施、长乐宫第二～六号建筑遗址进行了勘探、试掘或发掘；在汉长安城遗址西北部的相家巷发掘了战国时代和秦代遗址，出土了有可靠地层关系、为数众多的秦封泥，为研究战国秦汉时代的咸阳、长安提供了重要考古资料；对汉长安城遗址中的十六国与北朝时期相关都城之宫城遗址进行了考古勘探，并取得初步成果；近年又开展了上林苑及昆明池遗址的大规模考古调查、勘探与试掘等等。汉长安城的考古研究工作取得了举世瞩目的丰硕成果，为汉代考古、历史的研究提供了宝贵的资料。

在西汉帝陵方面，陕西考古工作者做了大量的田野和研究工作，其中对杜陵和阳陵进行了较为深入的考古调查、勘测、钻探和发掘。目前的主要收获有：在对西汉十一陵进行了全面、系统地考古调查和勘测的基础上，基本确认了咸阳塬西汉九陵的名位及排列顺序，纠正了历史文献中的多处错误记载。通过对杜陵的从葬坑、门阙、寝园遗址的发掘和对阳陵的大规模、全面的勘察钻探和发掘，大致掌握和了解了西汉帝陵的形制结构和布局特点。自2006年以来，为适应大遗址保护工作的需要，陕西省考古研究院对西汉帝陵展开了全面的考古调查与勘探工作，并对重点遗址进行了小面积的发掘。截至目前，已完成汉武帝茂陵、汉平帝康陵、“周陵”陵区的考古调查、勘探和局部发掘工作，确定了上述陵园的陵区范围和基本布局，探明了它们的结构、封土情况、墓葬形制、外藏坑、建筑遗址、陪葬墓等。还发现了诸如多重陵园、陵区道路系统等新的遗迹现象，大致了解了文物遗存的性质、内涵，基本排除了“周陵”为汉陵（或汉陵陪葬墓）的可能性。

60年来，陕西地区发掘了数千座西汉墓葬，集中发现于汉长安城周边，其他地区也有少量的发现。

汉代中型墓葬发掘较少，主要有咸阳杨家湾汉墓、西安新安砖厂积炭墓、汉景帝阳陵陪葬墓园M130、西安北郊枣园西汉早期墓等。

小型汉墓发掘数量巨大，其中比较重要的有西安北郊龙首原汉墓，西安东郊白鹿原汉墓，西安北郊尤家庄、张家堡汉墓、方新村汉墓，西安南郊乐游原汉墓，高陵梁村汉墓等，已出版专题考古报告多部。《白鹿原汉墓》包含的墓葬资料从西汉早期开始直到东汉晚期，是一部比较完整地反映汉代墓葬演变的发掘报告，从墓葬形制、葬具葬式、随葬品、分期与年代四个方面特别是对墓葬形制、随葬铜钱、铜镜进行了细

汉阳陵陪葬墓园出土彩绘陶俑

致的分析。《龙首原汉墓》对集中发掘于汉长安城东及东南部的42座汉墓的陶器作了详细的类型学研究，并结合出土铜钱、铜镜的时代特征，将42座墓葬的年代确定在西汉文景之前；《长安汉墓》将发现的139座墓葬时代定为西汉中期、中晚期、晚期及新莽至东汉早期四期，认定这139座墓葬的时代应与《龙首原汉墓》所收录的42座墓葬时代相衔接。这些资料基本上再现了长安地区西汉时期中小型墓葬演变历程，也折射出西汉京都地区种种社会文化习俗的嬗变。

陕西发现的西汉壁画墓较少，保存较好的有西安交通大学壁画墓和西安理工大学壁画墓，均为西汉晚期遗存。2004年在西安南郊乐游塬发现的大型壁画墓也可能是西汉晚期墓葬。

在难以枚举的西汉考古发现中，较为重要的还有：80年代前期，在华阴县发掘的建于汉武帝时期的京师仓；2004年，在陕西省宝鸡市凤翔县孙家南头村西发掘的一座汧河大型码头仓储建筑遗址；1980年发掘的澄城县善坡头村西汉铸钱遗址；1996年调查试掘的户县三官城铸钱遗址；1957年在西安灞桥附近的一座不晚于武帝时期的墓葬中，发掘出的麻类纤维纸的残片；1978年扶风中颜的西汉铜器窖藏中发现的坚韧耐折、色泽较好的麻纸。这些发现对西汉漕运、金融、科技史的研究均具有重大意义。

目前陕西发现的汉代城址已有多座，大部分位于陕北地区，如榆林市红石桥乡古城界城址、鱼河镇郑家沟城址，神木县何家圪台城址、大阿包城址，府谷县大昌汗城址、石马川城址、前城城址、古城梁城址，佳县石家瓜城址、横山县石刻峁城址等。这些城址一般规模较小，多处于山梁之上，作为边城的可能性较大。已经发表资料的有神木大保当汉代城址、靖边县瓦渣梁古城遗址等。

陕西省的东汉墓葬具有较明显的区域特色，可分为西安、西安周围、陕南、陕北四个区域。西安地区见于公布的有100余座，但以中小型为主，出土器物中陶器组合比较完整。西安周围地

西安乐游塬汉墓壁画

榆林郝滩汉墓壁画

榆林郝滩汉墓壁画

区的东汉墓葬已发表的有50余座，相对规模较大，家族墓葬较多，出土器物中多见陶俑、陶楼。潼关吊桥汉代杨震家族墓总计7座，排列整齐，墓葬形制为斜坡墓道多室墓，出土纪年朱书陶瓶、陶壶、陶建筑模型等，是截至目前陕西发现的最大的东汉墓葬群，在全国也比较少见。华阴岳庙公社还发掘5座东汉刘崎家族墓葬。2000年在旬邑县原底乡百子村发现东汉壁画墓1座，壁画内容丰富。陕南地区累计发现东汉墓葬十余座，其墓葬形制与出土陶器与西安及其周围地区类似，其特点是出土器物中铜容器较多，也可见铜摇钱树、铜菩萨造像、陶独角兽等，很明显是受到了毗邻的南方地区的影响。陕北地区的东汉墓发现近百座，以画像石见长，墓葬多为斜坡墓道多室墓，以砖石结合筑造。画像石的大量出土，使陕北成为中国四大画像石出土地之一。近年来在靖边郝滩、杨桥畔新发现壁画墓两座，壁画保存之完整，颜色之艳丽，场面之宏大，在迄今为止所发现的东汉壁画墓中尚不多见。

五　南北朝隋唐及宋元明清考古

陕西境内特别是关中地区，是中国魏晋南北朝和隋唐考古学研究的重点地区，地上和地下皆有极为丰富的遗存，因而有关研究一直为中外学者广泛关注。唐以后，陕西虽然不再成为国家政治、经济的中心，但仍是历代王朝重要的统治地区，所遗留的遗迹、遗物亦不在少数。

大夏统万城是陕西魏晋南北朝考古的重点，近年陕西省考古研究院先后三次对统万城进行调查，对西城西南隅及“永安台”进行了清理，发现内城外侧的护城壕，并测绘出外郭城、东西城的遗迹分布图。

新中国成立以后，中国社会科学院考古研究所对隋唐长安城展开了长期的勘探和发掘。到1962年底，先后完成了对外郭城（包括里坊街道、东西两市）、皇城、宫城和城内街道、坊市、宫殿、渠道等遗址的初步勘察，绘制出了长安城遗址实测图和初步复原图。同时发掘了兴庆宫、芙蓉园、西市以及大明宫麟德殿、含元殿、玄武门、重玄门等遗址，并出版了《唐长安大明宫》考古专刊。

唐长安城南圜丘遗迹

唐大明宫丹凤门遗址鸟瞰

隋仁寿宫、唐九成宫37号殿址

1970年～1994年，进一步调查或发掘了兴化坊、明德门、青龙寺、含光门以及大明宫内三清殿、东朝堂、翰林院、清思殿、含耀门等遗址，搞清了郭城里坊中划分大小十字街的格局，丰富了对唐长安城址内部结构和建筑遗址个体的认识。1995年以后，主要配合有关遗址的保护和展示进行考古工作，开展的主要工作有圜丘遗址发掘、大明宫含元殿遗址第二次发掘、大明宫太液池遗址中日合作发掘、大明宫丹凤门和御道遗址的发掘、延平门遗址发掘、西市遗址第二次发掘、大明宫遗址重新进行全面考古勘探和准确定位等。其中，西安唐长安城圜丘系唐代17位皇帝祭天活动的场所，是目前已知全国保留下来的唯一一处早于清代天坛的圜丘遗址。

大明宫是唐代最重要的宫城。1957年开展勘察工作，至1962年年底，基本完成了对宫城等范围和形制布局的调查和实测，绘制出了宫址实测图和初步复原图，并发掘了麟德殿、含元殿、玄武门、重玄门等遗址。1970～1994年，进一步调查或发掘了三清殿、东朝堂、翰林院、清思殿、含耀门等遗址。1995年以后，主要配合有关遗址的保护和展示进行考古工作，主要有含元殿遗址第二次发掘、大明宫太液池遗址中日合作发掘、大明宫丹凤门和御道遗址的发掘等，一些重要的学术问题如含元殿龙尾道位置和丹凤门门道数量等得以澄清。2007年至今，配合国家“十一五”大遗址保护和改造工程，对大明宫遗址重新进行全面勘探核查并对遗址作了准确定位和部分试掘。

调查或发掘过的隋唐离宫别馆有隋仁寿宫、唐九成宫、华清宫、玉华宫和翠微宫等。隋仁寿宫、唐九成宫是隋和初唐时期的主要离

宫。通过1978～1994年的多次考察和发掘，证实隋仁寿宫、唐九成宫遗址即在今麟游县新城区，勘明了其规模范围（东西直径1700、南北直径1900米）、基本的形制布局（宫城、缭墙、禁苑）等。唐华清宫遗址先后发现星辰汤、太子汤、贵妃汤、莲花汤、尚食汤5个结构各异的石砌浴池以及作为宫内道场的朝元阁、老君殿遗址和一组庭院式建筑基址。唐玉华宫的范围以及南风门、玉华殿、肃成殿的位置已经确认。

1994、2002年，陕西省考古研究院先后两次在西安东郊灞河发掘隋灞桥遗址，共清理出9座桥墩，可以确定这是一座规模较大的石条砌筑联拱桥遗址。20世纪80年代初发掘的唐东渭桥遗址规模宏大，结构复杂，是研究唐代桥梁建筑技术以及渭河河道变迁的重要资料；90年代抢救发掘了北周武帝孝陵。孝陵地面无封土及建筑遗迹，为斜坡道五天井单室土洞墓。出土的帝、后陵志、皇后金玺、十三环铜带具、大型玉璧等均为国内罕见或仅见。

礼泉唐昭陵北司马门遗址

目前唐十八陵的系统调查正在逐步展开。昭陵、乾陵、建陵、贞陵、崇陵、泰陵的陵园规模、布局已经探明，这几座陵园的下宫遗址也已探明，其中昭陵、乾陵、桥陵的下宫遗址保存较好。唐僖宗靖陵、昭陵北司马门、乾陵陵园建筑、顺陵门阙等陵园建筑遗址以及韦贵妃、新城长公主、永泰公主、懿德太子、章怀太子、节愍太子、惠庄太子、高力士等唐陵陪葬墓已经发掘。1995年对靖陵的考古发掘，是对唐代皇帝陵的第一次科学发掘，使我们得以了解晚唐帝陵的形制。2002～2003年，发掘昭陵北司马门遗址，揭露出唐代和清代两个时期的建筑遗迹。首次发现了唐代建筑中阶梯状长廊遗址和“昭陵六骏”的位置，出土了包括“昭陵六骏”和“十四国君长像”残块在内的一批珍贵石刻，对研究唐陵的布局、结构及其演变具有重要意义。建陵、贞陵、崇陵、泰陵最新发现的石刻则进一步丰富了对唐陵石刻组合、石刻制度演变的认识。

北朝墓葬20世纪50年代仅在咸阳、西安发现数座。80年代之后多座西晋、十六国和南北朝时期墓葬陆续发现，其中咸阳国际机场北周墓葬群的发现最为引人注目。21世纪以来，西安北郊陆续发现安伽墓、史君墓、康业墓等北周粟特人墓葬，出土的围屏石榻或石棺椁基本反映了入华定

西安北周安伽墓石榻

西安北周安伽墓石榻石刻局部

西安北周李诞墓石棺线刻画局部

居的外来民族的丧葬习俗，引起学界重视。2005年在同一区域发现的李诞墓则是北周时期婆罗门后裔墓葬的首例。

陕西发现的南朝墓多集中于安康地区，以中小型单室砖墓为主，对研究南北朝时期民族融合、文化交流等都具有相当的价值。

隋墓迄今已发掘30余座，多集中于西安附近。近年在长安清理的一批隋墓纪年明确、出土器物丰富，为隋墓形制及陶俑演变和断代提供了依据。2005年在潼关税村发掘一座壁画大墓，出土的线刻石棺图像与北魏流行的“升仙”石棺如出一辙，墓道东西壁绘制场面较大的仪卫图，代表了隋代人物画的最高水平。

陕西已经发掘的唐代墓葬数量居全国之冠，西安及附近尤为密集，目前已发掘的墓葬数量达4000余座，一些纪年墓可作为分期断代的标尺。学术界将西安地区隋唐墓一般分为三期，也有四期或七期的

潼关隋墓壁画

唐李晦墓出土三彩器

蓝田宋代吕氏家族墓地出土带铭文的石敦

蓝田宋代吕氏家族墓地出土白瓷香熏

划分，阶段特征明显。从隋唐墓葬内出土了大量具有重要价值的石刻线画、壁画和三彩俑、陶俑群等，成为中国古代文化全盛期的艺术宝库，受到学界的高度关注。

陕西五代墓葬发现较少，迄今发表的资料仅有3处：冯晖墓、李茂贞夫人墓和李茂贞墓。

陕西宋金时期墓葬发现不多。关中、陕南、陕北各有数例宋墓，砖雕仿木作门楼、砖雕人物、多室是这个时期砖室墓葬形制的主要特点。位于蓝田县的宋代吕氏家族墓地的发掘极大地丰富了这一时期的考古资料，出土大量瓷、陶、石、铁、铜、银、金及珠贝类等随葬器物，已发掘的墓葬形制与关中常见墓葬不同。西安市北郊发现一座金墓，出土有朱书砖墓契、铁猪、陶器等。耀县董家河清理小型土洞金墓2座，其中M1出土金明昌四年（1193年）朱书墓契，墓前立有石羊、石虎、石翁仲等石刻。

西安、长安、高陵、户县、蒲城、延安等地先后发现元代墓葬十余座。元代墓葬的形制多为斜坡墓道、方形或长方形砖室或土洞墓室，出土器物中的陶俑及模型明器最具特色，陶色灰黑，时代特征明显。

陕西地区明代和清代考古主要以墓葬为主，先后在西安南郊清理了秦藩安僖王朱秉欓墓，汧阳端懿王朱公镥、朱秉橘家族墓地，出土大量随葬陶俑。2008年新发现的高陵灰坡堆明代夫妻合葬墓保存完好精美，墓志内容丰富，为研究西安地区明代的丧葬习俗与物质文化提供了重要的实物资料。近年最为重要的清代墓葬考古发现是大荔县八鱼村李氏家族墓地。所发掘的五座均为大型石室墓，多数石构件上有精美的雕刻图案。出土墓志内容涉及封捐官吏制度、回民起义等，是相关历史研究的重要资料。

迄今陕西共发现十余处唐宋时期的窑址，重要者首推铜川耀州窑及其前身唐代黄堡窑址。黄堡窑是北方地区烧制陶瓷品种最为丰富的综合性窑场，主要烧制黑瓷、白瓷、青瓷、三彩等。黄堡窑发现唐代作坊17座、窑炉8座，其中8座作坊、3座窑炉用来烧制三彩。五代时期，黄堡窑烧造技术更加成熟，改变了唐代初创时期烧制各种釉色瓷器的风格，确立了黄堡窑及耀州窑主要烧造青瓷的特点。“官”字款的发现，表明黄堡窑五代时期曾向朝廷定向供应瓷器。宋代是耀州窑的鼎盛时期。发现宋代作坊40余座，瓷窑近30座，生产规模较前成倍增长，窑炉也较唐、五代时期大。宋代耀州窑以烧造青釉瓷为主，划花、刻花及印花为主要装饰手法，达到其烧造历史的最高水平，成为我国北方青瓷的代表。进入金代，耀州窑继续烧造，陈炉窑也开始烧造。元代烧制的青瓷以姜黄釉为大宗，其釉色、造型、纹饰和工艺技术与五代、宋、金相比变化较大。

1999年，西安草阳村唐礼泉坊遗址内4座三彩窑址的发现，证实长安城内也有三彩烧制作坊，其年代大致在天宝四年（745年）前后的几十年中。近年勘察的富平桑元窑址面积达1平方公里，发现陶窑40余座，出土大量建筑砖瓦，系修建渭北唐诸陵的官窑。唐长安城内也发现有几处砖瓦窑址，如大明宫内含元殿遗址中就发现有21座砖瓦窑，直接为大明宫的修建提供建材。

陕西境内石窟及摩崖造像共发现近150处，其中北朝16处、隋唐40余处、宋金元各代90余处。北朝石窟多在陕北地区，隋唐石窟多分布在关中西部和延安地区，宋金元主要分布在延安

高陵灰堆坡明代墓葬

地区。2007年在安塞县城附近新发现北魏或西魏石窟5座，其中4号窟内有保存较为完好的浮雕佛传故事。彬县大佛寺是最大的一处唐代石窟群，有初唐至明代的洞窟130余座，千佛洞和罗汉洞造像最能体现盛唐艺术的特点。麟游慈善寺石窟和麟溪桥窟龛群是目前省内保存最好的石窟群。陕北的隋唐石窟一般规模较小，较为典型的有铜川金锁关造像龛、富县石泓寺石窟、洛川寺家河石窟等，其中洛川寺家河石窟保存有罕见的盛唐以后密宗造像，颇为珍贵。以子长县钟山石窟为典型代表的延安宋代石窟技法纯熟，更趋于写实和世俗化，成为陕西石窟艺术的又一个高峰，窟内有北宋纪年题刻多处。

1985年临潼新丰镇姜原村发现唐庆山寺舍利塔基下的地宫，出土线刻石门、地宫壁画以及“上方舍利塔记”碑、石刻舍利宝帐、银椁金棺和数十件保存完好的舍利容器和供奉器物。

1987年法门寺塔基地宫的发掘被认为是新中国成立以来最重大的考古发现之一，出土文物多为晚唐和盛唐时期遗物。晚唐文物在出土的“衣物帐”碑上有详细记录。除大批皇室供奉的金银器外，4枚佛指舍利的出土被视为世界宗教史上的重大事件，秘色瓷、伊斯兰早期玻璃、金银器錾文和物账碑等也有重要史料价值。

武功县报本寺塔地宫和白水县妙觉寺舍利塔地宫是陕西境内发掘的两座宋代佛塔地宫，分别清理出舍利容器和其他文物。

唐代金银器也是陕西隋唐考古的重点研究课题之一。1970年何家村发现窖藏唐代金银器205件，埋藏时间约在德宗时期。1987年在扶风法门寺塔基地宫内发掘出金银器121件

大荔清代李氏家族墓葬

大荔清代李氏家族墓葬画像石

铜川宋代耀州窑立地坡遗址发掘现场

扶风唐代法门寺地宫遗址

（组），主要为生活用具，供养器和法器三类，是唐代金银器的又一次重大发现。这批金银器制作年代明确，器物名称、重量、制作者等都有明确记载，为中晚唐金银器的研究提供了许多分期意义上的标准器。

60年来，陕西的考古工作者依托丰富的文物资源优势，立足周秦汉唐厚重的文化积淀，纵深开拓，不断进取。同时，其他各个时代的考古发掘与研究也得到了足够的重视，取得了丰硕的成果。近年来，大遗址保护考古项目、第三次全国文物普查、长城资源调查等各类项目的展开和深入以及各类大型建设项目的启动，使得陕西的考古事业迎来了千载难逢的契机和更为严峻的挑战。陕西的考古工作者将抓住机遇，迎难而上，努力拼搏，为我国的文物考古事业做出更大更多的贡献。

（执笔：焦南峰　李岗　曹龙）

甘肃省
中国考古60年

甘肃省

中国考古60年

甘肃地处祖国的西北，黄河上游，位于黄土高原、内蒙古高原的交汇处，西秦岭山地边缘，地貌和环境的复杂多样造就了其史前文化的多样性和鲜明的地域特征。甘肃自古以来不仅是中西文化交流的重要通道，还是北方草原游牧文化影响的重要地区之一，既是北方游牧文化向西南传播的主要通路，又是半月形文化分布带上南北东西文化交流的重要节点，因而其古代文化又呈现出兼容并蓄的特征。

甘肃省是文物大省，经第二次全国文物普查，共发现野外不可移动文物13284处，其中古遗址8594处，古墓葬1919处，古建筑1187处，石窟寺337处，石刻750处，近现代代表性建筑43处，其他文物122处。全省馆藏文物429300余件（组），其中一级文物3240件（组），文物资源丰富。其中以新石器至青铜时代的遗址墓地、长城遗址、简牍、石窟遗址和汉代到宋金时代的城址数量最多、内容丰富、保存也比较完好。

一　旧石器时代考古

甘肃是国内较早开展旧石器考古的地区之一。法国古生物学家桑志华等人于1920年在庆阳发掘了辛家沟和赵家岔遗址，是中国境内首次采用现代地层学方法发掘所得的旧石器时代的遗物。

新中国成立后，甘肃的旧石器时代考古工作主要集中在陇东的庆阳、平凉两个地区。新发现了巨家塬、楼房子、姜家湾、刘家岔、寺沟口、黑土梁、郝白东沟、牛角沟、合子沟、桃山咀、南峪沟等地点。1978年还对刘家岔遗址进行了正式考古发掘。这些地点除姜家湾和寺沟口为旧石器中期外，其余均为旧石器晚期地点。1976年，在泾川牛角沟还发现晚期智人化石，为女性个体。

20世纪80年代以后的发现将甘肃旧石器时代的地点扩展到甘肃中部及河西走廊地区。新发现的旧石器地点有泾川大岭上、东乡族自治县王家、庄浪双堡子和长尾沟、肃北霍勒扎德盖等旧石器时代晚期地点和遗址。同时，这一时期古人类化石也有了新的发现，1984年在武山县鸳鸯镇的骨头沟发现了晚期智人的颅盖骨，个体特征与柳江人、马坝人较接近，较山顶洞人古老。^{14}C测得含人类化石黏土的年代为38400±1500年。1988年在庄浪长尾沟遗址发现的人骨仅存额骨左侧的一半，亦属于晚期智人的范畴，该遗址的^{14}C测年为27100±600年。

21世纪以来，通过甘肃省文物考古研究所和兰州大学资源环境学院在甘肃东部和东南部地区

的调查，在这一地区发现了大量的旧石器时代遗址。所发现的石器主要分为两组，A组主要以石英为原料，至少占83%以上。以两极剥片法表现最为明显，可能也采用锤击法。断块和副产品较多。B组遗存发现较少，大地湾遗址03～05剖面从320厘米开始发现燧石制品。B组遗存多在修理好的台面上采用压剥法产生石叶或石片，石叶多呈叶形，通常用于复合工具。石制品主要由细石核和细石叶组成，个体较小。当与水洞沟下文化层有密切的关系。

甘肃旧石器时代文化遗存的地理分布很不平衡，多集中在陇东黄土高原，未发现旧石器时代早期遗存。

二　新石器时代至铜石并用时代

甘肃省是黄河流域新石器—铜石并用时代文化发达的地区之一。现已发现的新石器时代遗址约3800余处，基本遍布甘肃全境，占全省文物点的29%左右。在一些河谷地带，新石器时代遗址分布密集，而且出现许多规模大、延续时间长、内涵丰富的重要遗址。

甘肃目前发现的最早的新石器时代文化是距今约7800年的前仰韶文化，被称为大地湾一期。从1978年开始，通过连续7年对大地湾遗址的发掘，首次建立了甘肃东部地区距今7800年～5000年前后的文化序列。

大地湾一期遗存主要分布在天水及其周边的秦安、武山、西和、礼县、徽县等地，遗址数量很少。科学发掘的只有秦安大地湾、天水师赵和西山坪、武山西旱坪等处，文化面貌与老官台文化基本相同。其中，师赵和西山坪二期的文化面貌与北首岭下层基本一致。

仰韶文化的遗址经过科学发掘的有秦安大地湾、秦安王家阴洼、天水师赵、天水西山坪、武山石岭下、甘谷灰地儿、天水罗家沟、武山傅家门、平凉侯家台、武都大李家坪、宁县董庄、礼县高寺头、庆阳南佐、武山东旱坪和西旱坪、礼县西山坪、秦安雁掌坪、临潭石门等处。早期的遗址主要分布在甘肃东部和东南部的渭河上游及其支流、西汉水及其支流和白龙江流域。庙底沟类型时期其西界已抵洮河上游和湟水流域。晚期的遗址则在洮河、大夏河、湟水流域有广泛分布，并进入河西走廊东端的古浪。

王家阴洼揭露了完整的史家类型的墓地，是研究当时社会组织和家庭结构的重要资料。大地湾遗址发现了仰韶文化庙底沟类型的环濠聚落和仰韶文化晚期的大型宫殿式房屋、地画。礼县西山坪遗址发现了属于庙底沟时期的水稻。傅家门遗址发现了仰韶文化晚期的卜骨和祭祀坑。庆阳南佐遗址也发现了大型房屋基址并出土了仰韶文化晚期的水稻。大李家坪遗址和临潭石门遗址的发掘则使我们初步认识了洮河流域、白龙江流域和渭河流域仰韶文化面貌上的细微区别。

秦安大地湾遗址大地湾二期鱼纹彩陶盆

仰韶文化之后，以“常山下层”为代表

武威五坝山墓地马家窑类型曲腹彩陶盆

武威磨嘴子遗址马厂类型墓地局部

的一类文化在甘肃东部和东南部发展起来，进而演变为齐家文化，甘肃中西部则兴起了马家窑文化。马家窑文化经过科学发掘的重要遗址和墓地有永靖马家湾；永登蒋家坪、乐山坪；永昌鸳鸯池；景泰张家台；东乡林家；广河地巴坪；康乐边家林和张寨；兰州西坡屲和雁儿湾、曹家嘴、花寨子、青岗岔、土谷台、白道沟坪、徐家山东大梁；红古下海石；武威塔儿湾、五坝山和磨嘴子等。东乡林家遗址出土的青铜刀是我国目前发现最早的青铜刀，该遗址出土的粟、稷、白菜籽、大麻等植物种子则对农业考古的研究有重要意义。康乐边家林墓地和张寨遗址的试掘与调查提供了马家窑类型向半山类型过渡的新资料。永靖马家湾遗址发现的半地穴式房屋证明马厂类型也有自己的居址。永昌鸳鸯池墓地的发掘，发现了马厂类型墓葬打破半山类型墓葬的地层关系，提供了研究河西走廊马厂类型的完整资料。白道沟坪发现的马厂类型的制陶工场中有搓成条形的泥条及研磨颜料用的研磨盘和调色碟。乐山坪遗址出土有马厂类型的陶鼓和大量其他陶器。东大梁遗址发现的马厂类型墓葬其陶器特征更接近于齐家文化。红古下海石墓地出土的遗物属马厂类型晚期，与洮河、大夏河流域的马厂类型遗物面貌有所不同。武威磨嘴子遗址发现的马厂墓地多为二次扰乱葬，随葬器物很少，人骨均残缺不全。

已发掘的齐家文化重要遗址和墓地包括秦安寺咀坪、永靖大何庄、秦魏家、武威皇娘娘台、广河齐家坪、镇原常山、灵台桥村、平凉侯家台、礼县西山坪、临潭磨沟等。镇原常山遗址的发掘提出了“常山下层”遗存的概念，其年代与中原庙底沟二期文化接近，提供了有关齐家文化起源的新证据。在该遗址和侯家台遗址还发现了齐家文化的窑洞式白灰面房屋。灵台桥村遗址的发掘发现了一批齐家文化的遗迹和遗物，从其陶器特征上看受到客省庄文化的影响，出土有齐家文化的橘黄色篮纹陶瓦。卓尼苞儿遗址和临潭磨沟遗址的发掘提供了一批齐家文化晚期的新资料，其中已孕育了寺洼文化的因素。

磨沟墓地发现的齐家文化墓葬东西成列，排列整齐。以土葬为主，有少量火葬墓。墓葬形制以竖穴偏洞室墓为主。葬式多样，单人葬较少，以多人多次合葬为主；合葬形式有并排合葬，也

有叠葬者。合葬墓中因所葬位置不同，死者的身份也有区别。部分墓葬地表有小石块并在竖穴一端立有大石块，在竖穴填土中也有较大的石块。有殉葬现象。广河齐家坪和武威皇娘娘台发现以男性为主的男女合葬墓和祭祀遗迹。在西山坪遗址发现了齐家文化的殉葬坑。在广河齐家坪、武威皇娘娘台、临潭磨沟墓葬中出土了数量较多的铜器。武威皇娘娘台和广河齐家坪出土有齐家文化的玉器，在武威海藏寺还发现了齐家文化的治玉遗址。近年来齐家文化的玉器在甘肃各地有较多发现，为研究治玉工艺提供了新的资料。礼县西山坪遗址发现的3座齐家文化早期墓葬，全为东西向，葬式为头向西的仰身直肢葬，其中两座墓随葬有较多陶器，最多的一座墓达20件。陶色以灰陶为主，体形较大的双耳绳纹陶罐为其中主要的器类，具有较明显的地方特征。

广河齐家坪遗址齐家文化三角折线纹圜底陶罐

经过长期的调查、发掘和研究，基本建立了甘肃新石器—青铜时代的文化序列。甘肃中部地区为庙底沟类型—仰韶文化晚期—马家窑类型—半山类型—马厂类型、齐家文化—辛店文化、寺洼文化的序列；陇东、陇东南地区为大地湾一期遗存—半坡类型—庙底沟类型—仰韶文化晚期—“常山下层”类型遗存—齐家文化—寺洼文化；河西走廊中西部为马家窑类型—半山类型—马厂类型—四坝文化；河西走廊东段为仰韶文化晚期—马家窑类型—半山类型—马厂类型、齐家文化—沙井文化的序列。

早在仰韶文化阶段开始就存在着一个文化由东向西的传播过程，半坡类型只到甘肃东部，庙底沟类型的分布范围已越过甘肃中部，抵达青海东部，到马家窑类型时抵达河西走廊东部，马厂类型的分布到达河西走廊的西段。对半山、马厂彩陶的综合研究也表明，自仰韶文化后，确实存在着人群的西进和彩陶的西渐过程。

甘肃境内的史前文化呈现出复杂、多变的特点。马家窑文化是继仰韶文化之后在甘青地区发展起来的一支新的考古学文化，是在仰韶文化西渐过程中融合当地其他文化因素碰撞交融形成的。马家窑类型以甘肃中部为中心，西抵酒泉，东达陇山东部，南至岷江上游。可分为以雁儿湾、西坡洼、王保保城为代表的三期。以小坪子和边家林为代表的一类遗存具有从马家窑类型向半山类型过渡的特征。甘肃中部、南部和西部河西的马家窑类型存在一定的地域差异。

半山类型的分布空间也是主要位于甘肃中部，西端可达河西走廊的永昌，东界在陇山西侧的渭河—葫芦河流域，北到景泰。半山类型的红彩和锯齿纹可能和鄂尔多斯高原存在一定的关系。

马厂类型分布在甘肃中部及河西走廊，最西到酒泉。随着齐家文化的西进，马厂类型的势力范围遭到侵削，迫使马厂类型大规模进入河西走廊。研究表明马厂类型尚处于父系社会的初级阶段，保留着较多的母系残余，可见到单偶制婚姻和亲属关系及财产父系继承制。

齐家文化是甘肃境内分布范围最广的一支史前文化。它是仰韶文化经由常山下层一类文化遗存发展起来的，在其形成和发展的过程中东面吸收了客省庄文化、西面吸收了马家窑文化的诸多因素，形成了东西部齐家文化各具特色的格局。在其发展中也经历了一个自西向东的过程。

随着文化的发展和各地地理环境的差别，各地的文化面貌也呈现出一定的差异，并随着时间的演进逐渐增强。这些地域性特征的形成为以后甘肃地区青铜文化的多元化发展奠定了基础。环境变化所导致的经济生活方式的变化是甘青地区的青铜文化向多元化和小型化分裂发展的主要动因。

聚落形态的研究随着大地湾、南佐等遗址的发掘也取得了很大进展。仰韶文化前期的聚落形态为凝聚式、向心式的，聚落内部有明确的划分，聚落内部实行独立性或自给自足的原始共产制，反映了胞族—氏族—家族—对偶家庭的社会组织结构。仰韶文化晚期的聚落布局虽然基本上还是凝聚式的，但出现了发展水平较高的中心聚落，聚落内部不但有明确的划分，而且有一定程度的分化。房屋的建筑技术也得到了不断的发展，仰韶文化晚期开始使用掺料礓石的砂浆和以料礓石烧制的水泥和木骨泥墙技术，出现了大型宫殿式的公共建筑和分间房屋。常山下层时期在陇东地区因地制宜发展起了窑洞式房屋。

环境考古的研究也得到长足的发展。考古学文化的空间分布上自大地湾一期开始上升，至常山下层达到顶峰，其后开始下降。离河高度自仰韶文化早期开始上升，至齐家文化时期达到顶峰。人类活动的规模在仰韶文化晚期至齐家文化时期最大。距今4000年前后发生的气候变干和变冷的过程导致了植被由森林向草原的过渡，引起了建筑方式和经济生活的变化。畜牧业的成分由南向北逐渐增强，表现为居无定所，陶器少而粗糙，家畜骨骼多见。

三　青铜时代

继马厂类型和齐家文化之后，随着环境的变化和中原地区进入奴隶制王国时代，在甘肃东部部分地区有西周的方国建立，在中部和河西走廊则发展起多支小规模、相对独立的地域性青铜文化。这些地域性青铜文化多与马厂类型及齐家文化存在一定的关系，主要有四坝文化、辛店文化、寺洼文化、沙井文化及骟马文化。

四坝文化分布于河西走廊的中西部，是由河西马厂类型经过渡类型遗存发展演变而来的，与河西走廊的马厂类型有直接的继承关系，并从齐家文化、北方游牧文化中汲取了一定的养分。经

玉门火烧沟遗址四坝文化回纹双大耳彩陶罐

玉门火烧沟四坝文化金耳环

玉门火烧沟遗址四坝文化人形彩陶罐

科学发掘的四坝文化遗址和墓地有玉门火烧沟、民乐东灰山、酒泉干骨崖、酒泉西河滩，并在玉门小金湾采集到一批属于四坝文化早期的陶器。在酒泉西河滩遗址发现了四坝文化早期的半地穴式和平地起建的单间及多间房屋，房屋排列有一定规律。并有储藏坑、烧烤坑、陶窑、牲畜圈栏等遗迹。遗物发现有陶器、玉（石）器、骨器以及小件青铜器等。出土的陶器具有由马厂类型向四坝文化过渡的特征。这是目前在河西走廊发现的青铜时代最大的聚落。在民乐东灰山、酒泉干骨崖、玉门火烧沟都发掘了四坝文化的墓地，发现了四坝文化的竖穴偏洞室墓，出土的随葬器物包括陶器、铜器、玉石器、骨蚌器等，其中有人形彩陶罐、镶嵌绿松石和蚌泡的双大耳罐、舞蹈纹彩陶罐、玉权杖头、青铜四羊权杖头、鱼形及人形彩陶埙、金耳环、银耳环等精美器物。民乐东灰山还发现有四坝文化时期的小麦，是研究我国小麦起源的重要资料。四坝文化是目前我国发现早期铜器最多的青铜时代文化之一。

四坝文化目前测定的^{14}C年代在公元前2000～前1600年前后。其经济形态为半农半牧式，因所处地理位置的不同和生态环境的差异，一类偏重于农业，另一类偏重于畜牧业。四坝文化向西的影响可以到达新疆天山东端。其族属当与羌人有关。

沙井文化是主要分布于河西走廊东部民勤、永昌、金昌三县市境内的一支土著青铜文化，以经营畜牧业为主。它的相当一部分文化因素来源于当地的原始文化，并受到董家台类型、北方草原文化的影响，又和渭河上游的一些土著文化发生过接触。其年代在西周中晚期到春秋前后。沙井文化的消失可能与北方匈奴的崛起与扩张有直接关系。已经发掘的沙井文化遗存主要集中在永昌县。永昌三角城遗址和蛤蟆墩、柴湾岗、西岗等墓地的发掘首次比较全面地揭露了沙井文化的聚落和墓地。永登榆树井沙井文化墓葬的发现将沙井文化的分布地域扩大到兰州附近。

寺洼文化分布的中心区域是甘肃境内的洮河中上游地区，东到泾河上游，北到葫芦河流域，南抵西汉水、白龙江流域。寺洼文化的起源与齐家文化有密切关系，在临潭磨沟墓地可以看到二者间的紧密联系。寺洼文化目前的发掘以墓地为主，主要有岷县占旗、合水九站、庄浪徐家碾、西和栏桥等。占旗墓地的墓葬以长方形竖穴土坑墓为主，也有近方形和不规则形的，葬式主要以单人仰身直肢葬为主，有少量的双人合葬。出土部分陶器上还能看到齐家文化的遗风。该墓地出土的随葬器物除陶器外，还有铜器、石器和骨器，其中部分铜器中可看到北方游牧文化的影响。合水九站遗址发掘中，发现了以单耳乳状袋足鬲等器形为代表的寺洼文化的地方类型。该遗址中发现有典型周文化的陶器与寺洼文化的陶器共存，否定了寺洼文化作为先周文化来源的可能性。庄浪徐家碾寺洼文化的公共墓地埋葬形式多样，以长方形竖穴土圹墓为主，少数呈方形，个别为梯形或椭圆形，流行使用木棺或木椁。二次迁葬墓占绝大部分，有人殉现象。随葬器物除寺洼文化的典型陶器外还有周文化的陶罐、陶簋和铜戈及受辛店文化影响的彩陶。近年来，在礼县西汉水上游的调查中发现，寺洼文化和当地周秦文化既有交错又具有其各自主要分布地域的独立特征，与史书所载当时秦和西戎之间错综复杂的关系相吻合。

寺洼文化初步可分为寺洼山、栏桥—徐家碾、九站三个类型，在其向东发展的过程中与周文化发生接触。可以肯定，寺洼文化的发展已传播到陕西宝鸡市渭河南岸乃至于周岐邑等地，和周文化存在错综复杂的文化交流和融合现象。它与先周文化、周文化同时并存、地域上相互交错、互有影响又各自独立发展，在春秋初年趋于消亡，西汉水流域的寺洼文化在末期出现了以铲形袋足鬲为代表的一类遗存。寺洼文化的年代大致在夏到春秋。

辛店文化分布的中心区域在洮河和大夏河流域，目前所知东到渭河上游的甘谷、庄浪一线，北到兰州附近的永登、榆中一带。永靖张家咀和姬家川遗址的发掘，揭示了辛店文化张家咀和姬家川类型的文化内涵；临夏马路塬、永靖莲花台遗址的发掘，证实辛店文化姬家川类型早于张家咀类型。辛店文化是齐家文化晚期文化因素分化发展的结果，同时有马厂类型的部分彩陶文化因素。可分为山家头、姬家川、张家咀三个发展阶段。辛店文化与卡约文化曾发生过广泛的交流，唐汪式陶器只是张家咀类型遗存的一部分陶器。辛店文化的发展经历了夏代晚期、商、西周三个历史时期，年代为距今3600～2600年前后。

骟马文化是分布在河西走廊中部的一支地方青铜文化。2005年在玉门火烧沟遗址发现了骟马文化的聚落和墓葬。遗迹主要包括房址、窖穴和墓葬。窖穴多呈圆形，内壁以细草拌泥抹光并在底部放置有大型石磨盘者推测应为房址。出土的骟马文化陶器多为夹砂灰陶和灰褐陶，器形以罐、鬲、盆、杯为主；罐多有双耳，器形较大，耳部及口部多有刻划的折线纹；鬲为袋足，方足根，裆部饰泥条。骨器数量和种类比较丰富，发现少量铜器，主要为生产工具，并有陶斧范和炼铜坩埚。骟马文化窖穴打破四坝文化墓葬的地层关系证明其晚于四坝文化。

甘肃是我国发现早期铜器最多的地区。东乡林家遗址出土的马家窑类型的合范浇铸的含锡青铜刀，刃部经轻微的冷锻或戗磨，是我国目前发现的时代最早的青铜器。该遗址出土的铜渣经鉴定为铜铁共生矿冶炼不完全的遗物。永登蒋家坪和酒泉照壁滩、高苜蓿地分别出土有马厂类型的铜器，前者为青铜，后者为红铜。

齐家文化的铜器在甘肃境内有6处遗址，出土铜器45件。武威皇娘娘台出土30件铜器，其中13件经测定为红铜。永靖秦魏家和广河齐家坪的铜器中有铅青铜、铅锡青铜和锡青铜。铜器的制作有铸有锻，种类增加，有刀、锥、斧、镰等。另外，2008年开始发掘的临潭磨沟墓地也出土了大量铜器，经初步检测为青铜制品。

四坝文化的铜器见于火烧沟、东灰山和干骨崖，火烧沟墓地有200余件，东灰山遗址有15件，干骨崖遗址有48件，另外在安西鹰窝树、兔葫芦等遗址也都采集到铜器。经测定材质有红铜、砷铜、锡青铜及多元合金。其中四羊青铜杖首是我国目前发现最早的镶嵌铸件。加工工艺除冷加工外，还有热锻和铸造工艺。东灰山出土的铜器均为砷铜，砷的含量在1%～6%之间，干骨崖所出土的铜器中有15件砷含量超过2%，火烧沟出土的铜器经测定的标本中也有13件砷含量超过2%。东灰山的铜器全部热锻成形；干骨崖有锻有铸；火烧沟仅4件为锻制，其余均为铸件，在技术上存在一定的差异。这种差异的形成可能是由时代、人种、资源、社会和经济等诸多因素决定的。四坝文化的铜器冶炼工业大致经历了纯铜—砷青铜—锡青铜的演变过程。从矿物学和当地矿藏资源分析，四坝文化的砷铜可能是通过冶炼当地含砷的共生矿时得到的，但不能排除受到西方影响的可能性。近年来在河西走廊开展的早期冶金遗址调查与研究，发现了一批齐家文化—骟马文化时期的铜器加工遗址，在遗址上采集到大量铜矿石、炼渣和铜器，对我国早期铜器的起源和冶铜技术的研究具有重要意义。

四　两周时期

早在周王朝建立之前，周人的祖先就在甘肃东部一带活动，周王朝建立后，仍然控制着甘肃泾河上游的大片地区，并建立了小方国，因而这一地区青铜时代的面貌既与周王朝有相当大的一致性，又有地方文化——寺洼文化的因素存在。周文化影响的最西界可以到陇西西河滩遗址。已发掘的重要遗址和墓地有崇信于家湾、灵台白草坡西周墓地；洞山、景家坪春秋墓葬和车马坑；礼县圆顶山春秋秦贵族墓地、礼县大堡子山遗址、礼县西山坪遗址；平凉四十里铺战国墓葬和车马坑；甘谷毛家坪遗址；张家川马家塬战国墓地。发现有大批金银器、铜器、玉器、玻璃器、陶器和铁器。

崇信于家湾墓地的发掘建立了陇东地区先周文化和周文化的发展序列。灵台白草坡发现了属于西周早期封国潶伯的墓葬。

随着1982年和1983年甘谷毛家坪遗址的两次发掘，发现了两类遗存。A类遗存属西周时期的秦文化，将秦文化的认识上推到西周时期，为研究东周秦文化的形成提供了重要资料。B类遗存是以铲形袋足鬲等为特征的一类文化遗存，主要分布在甘肃东部，以陕西宝鸡、宁夏固原为边缘地带。毛家坪B类遗存不属于秦文化，当与春秋战国时期活动在这一带的西戎系统有密切的关系。

崇信于家湾墓地西周长弧刃铜钺

《史记·秦本纪》载，远在商代晚期，秦的祖先就已“在西戎，保西垂”。王国维考证其地即今天水地区和西和、礼县一带。1994年和1998年在礼县大堡子山和永兴乡赵坪村圆顶山的发掘，揭示了两周之际秦人在甘肃东部的崛起及初创时期的秦陵形制和春秋贵族墓葬的形制。

礼县大堡子山春秋战国时期遗址远景

礼县大堡子山遗址春秋镈钟

大堡子山发掘大型墓2座，车马坑1个，中小型墓9座。出土的鼎、簋等器物上有“秦公作铸用鼎”、“秦公作宝簋”等铭文。圆顶山墓地共发掘墓葬2座，车马坑1个，出土大量制作精美的青铜器。

为了进一步廓清早期秦文化的面貌，理清其发展和演变的脉络，从2004年开始，由甘肃省文物考古研究所、陕西省考古研究院、北京大学考古文博学院、国家博物馆考古部、西北大学文化遗产与考古学研究中心联合成立了早期秦文化考古与研究项目组，对早期秦文化分布的主要区域展开了考古调查、勘探、发掘和研究工作。通过几年的努力，项目取得了丰硕的成果。

2006年对大堡子山遗址进行了详细调查和勘探，发现各类遗迹近700处，计有夯土城墙、建筑基址、墓葬、车马坑、灰坑等。大堡子山城墙依山势而建，平面呈不规则形，总面积约150万平方米左右。城墙内已钻探出夯土建筑基址26处和堆积较丰富的文化层及少量小型墓葬等，被盗的秦公大墓、车马坑和新发现的“乐器坑”也位于城内。东北城墙外为中小型墓地，分布密集，钻探发现墓葬400余座。

与大堡子城址隔河相望，在西汉水对岸的山坪也发现一座城址。夯土城墙断续残存300米以上，并发现早期秦文化堆积，初步判断这里也是一座春秋时期秦人的城址。

大堡子山遗址发掘了大型建筑基址1座，乐器坑1座和祭祀坑4个，中小型墓葬9座。大型建筑基址南北全长103、东西宽16.4米（包括夯土墙基在内的宽度），应为府库类建筑。建筑基址大约始建于春秋早期晚段或春秋中期早段，战国时期废弃，汉代遭严重破坏。大型“乐器坑”位于被盗秦公大墓（M2）的西南部，相距约20米。坑内有3件青铜镈、3件铜虎（附于镈）、8件甬钟和2组10件石磬，均保存完好。镈舞部及镈体部以蟠龙纹为主要装饰；四出扉棱为透空的纠结龙纹，造型华美；鼓部素面，有铭文20余字，为“秦子”器。通过对“秦子”的考订，我们认为该“秦子”当为静公，进而推定大堡子山两座大型墓葬分别为文公和静公之墓。

礼县西山坪遗址是首次发掘的与早期秦人有关的聚落。西山坪城址依山而建，平面呈不规则的长方形，面积约10余万平方米。目前已断续发现除东南部以外的各段城墙总长约1200米。

城内已发掘的重要遗迹有设排水管道的夯土基址，具有典型周文化风格、又显露秦人特点的三鼎两簋贵族墓葬以及一批春秋时期的秦墓。在墓地周围还发现了马坑7个、牛坑1个、狗及其他动物坑3个。带有陶水管道的夯土建筑基址、城墙等遗迹显示出较高的等级，有可能是西周和东周时期秦人的一处中心聚落遗址。周秦遗存繁盛的时间为西周中晚期及春秋初，同时共存一定比例的寺洼文化遗物；从两个地点的城墙解剖看，城墙的废弃年代不晚于春秋早期。

在西汉水上游、牛头河流域、清水河流域和葫芦河流域自2004年以来的调查中，发现了一批属于早期秦文化的遗址和春秋战国时期与西戎相关的遗址和墓地。其中西汉水上游的调查中发现了以早期秦文化为主的遗址38处，按面积大小可分为大、中、小三个级别，三个不同规模的遗址错落有致，占据了流域中的不同位置，构成了“六八图—费家庄”、“大堡子山—赵坪”、“雷神庙—石沟坪”三个相对独立、又互有联系的遗址群，也可以说是周、秦文化的三个活动中心区。为确定早期秦都邑的地望提供了重要的线索。

西汉水上游礼县境内寺洼文化遗址发现22处，既有遗址，也有比较纯粹的墓地。寺洼文化遗址和周秦文化遗址既有各自主要的分布范围，又有彼此对峙、交错的地段。应该说，这里的寺洼文化就是文献中与秦人敌对的戎人的遗存。

战国时期最重要的考古发现为张家川马家塬墓地。经钻探发现该墓地由59座大、中、小型墓葬和祭祀坑组成。墓地的布局以M6为中心，其余墓葬呈半月形分布在其北部和东西两侧。除大型墓M6是两侧九级阶梯式墓道，中间为斜坡墓道的“甲”字形竖穴木椁墓外，其余均为竖穴偏洞室墓，洞室位于竖穴北壁偏西处。普遍有以马、牛和羊头随葬的现象。墓道有数量不等的阶梯，最多者9级，最少者3级。和阶梯数量相对应，墓葬的大小、随葬车辆的数量、随葬器物的质地和多寡也呈现出相应的差别。最小的墓葬没有车辆随葬。

马家塬墓地出土的以髹漆、金、银、铜、锡和料珠装饰的豪华车辆是目前国内首次发现。出土的随葬器物中以各种质地和形状的珠子为大宗，是国内目前出土玻璃和玻璃态材料最多的地方。其次为金、银、铜、锡质的车马饰件和装饰品，车马饰件有金虎、银虎、金大角羊和其他金银质动物形及镂空花形饰件，铜饰件主要为大角羊以及方形、三角形和菱形镂空饰件，并有大量嵌金银铁车饰。容器包括铜鼎、铜壶、铜甗、铜鬲、金杯、银杯和玻璃态材料制成的杯子，陶器

张家川马家塬墓地战国晚期墓葬全景

张家川马家塬墓地战国晚期玻璃杯

张家川马家塬墓地战国晚期铜鬲

张家川马家塬墓地战国晚期
大角羊银饰

张家川马家塬墓地战国晚期
车轮金花饰

张家川马家塬墓地战国晚期
大角羊、虎金饰

较少。其中，马家塬墓地发现的金银制品的制作工艺丰富多样，目前初步观察到的有铸造、包金、镶嵌、炸珠、焊接、镂空、捶揲、錾刻、掐丝、鎏金、嵌金银（贴金银）等。随葬器物中包含了西戎文化、中原文化、北方游牧文化和西方文化等多种文化因素。该墓地应当是战国晚期一支西戎首领和贵族的墓地。同样的墓地在清水河流域还发现有多处。

另外，在庆阳地区零星发现的春秋、战国墓葬和车马坑中出土的具有北方地区青铜文化特征的青铜短剑、刀、矛、鹤嘴镐及青铜牌饰等，可能是当时活动于这一带的义渠、乌氏等西戎部落的遗物。

五　秦汉时期

随着秦汉的统一，甘肃绝大多数地区纳入了中央王朝的统治范围，汉武帝以后又作为中西交通的咽喉要道，留下了大量的遗迹和遗物。考古工作除了发掘少量的秦代墓外，主要集中在河西走廊汉代遗址和墓葬的发掘。重要的发掘有秦安上袁家秦墓；天水放马滩；居延甲渠侯官、第四燧、肩水金关遗址；武威雷台汉墓、磨嘴子；敦煌悬泉置；成县尖川；礼县鸾亭山；永昌水泉子墓地等。其中，上袁家墓地出土的秦代铜权上刻秦始皇统一度量衡和秦二世元年（前209年）的诏文，是秦统一度量衡的实物证据。武威雷台东汉晚期墓出土了成套组的铜车马俑和马踏飞燕。永昌水泉子发现了东汉时期的木椁墓，出土了日书简等重要遗物。居延甲渠侯官、第四燧和肩水金关的考古发掘使我们全面认识了当时河西走廊的边塞防御系统和侯官、障燧等军事建制的

居延汉代肩水金关遗址
“张掖都尉棨信”帛书

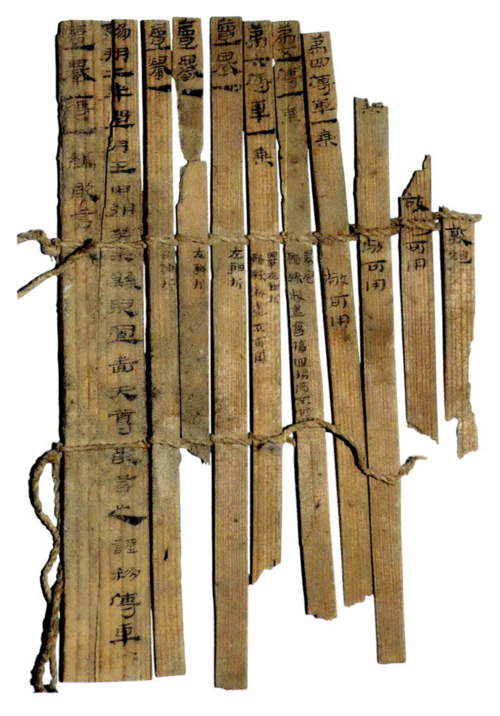

敦煌悬泉置遗址西汉阳朔
二年（前23年）传车簿

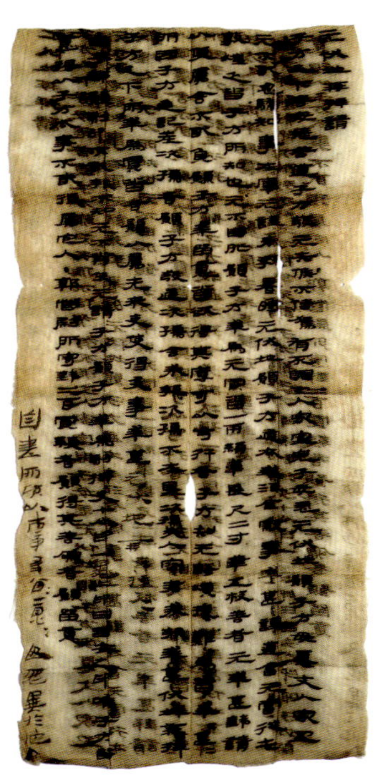

敦煌悬泉置遗址汉代
“元致子方”帛书

规模、结构和布局。这几处遗址新出土2万枚汉简，是当时全国出土简牍最多的一次。磨嘴子发现有《礼仪记》简、《王杖》简、医方药简、优待宗室诏书简，并有大量木器、丝织品、毛笔、漆栻盘等重要遗物。

1986年秋，在天水放马滩发掘了13座秦墓和1座汉墓。出土秦代竹简470枚，内容包括墓主记和日书等；木板地图7幅，标示了当时这一地区的山川地貌；并出土了汉代纸质地图残片。

1990～1992年敦煌悬泉置遗址的发掘，是首次发现的邮驿传置性质的遗址，开创于西汉武帝时期，至魏晋时期废弃，前后延续220余年。遗址由坞院、马厩、房屋及其附属建筑构成，发现有简牍23000余枚，帛书10件，纸文书10件及墙壁题记等重要遗物。简牍的内容广泛，有诏书、官府文书、法律和司法文书、各种簿籍、信札、文化典籍、邮置和邮书及其他史料。麻纸共460余件，其中写有文字的汉纸9件，晋纸1件。墙壁题记为王莽时期的月令诏书。悬泉置自西汉早期至魏晋时期纸的大量发现为研究我国造纸技术的起源和发展提供了丰富的资料。

礼县鸾亭山汉代祭祀遗址俯瞰图

成县尖川西汉早期墓地的墓葬形制分为“中”字形和长方形土坑竖穴墓两种类型。“中”字形墓为大型多室墓，东墓道为阶梯式，共有13级，在每一级台阶上均随葬碎陶片、马牙、马头和牛头骨。在西墓道近墓室处有完整的殉马3匹。椁室分为南室、北室和耳室。南室主要随葬车、车马饰和部分陶器；北椁室由棺、头箱和边箱三部分组成，墓主人葬于北椁室的棺内。棺为长方形，髹黑漆，外侧裹布。头厢和边厢放置随葬器物。出土的漆器保存较好，一般为黑底红色花纹，以勾连云气纹为主。长方形竖穴土坑墓，在墓壁和棺（或椁）之间填以青膏泥，葬具为单棺。每座墓随葬数量不等的羊头骨和蹄骨，基本不见牛马头骨。

礼县鸾亭山遗址位于县城西北海拔约1700米的山顶，顶部有夯土台，附近发现有周代祭祀坑。山腰位置还有两处东西对称的夯土台，貌似“子母阙”。经过2004年和2005年的两次发掘，可知山顶祭祀遗址平面形状为东西长、南北短的椭圆形，面积约2500平方米，周缘有平地起夯的汉代夯土围墙。

在祭坛上共发掘夯土墙1段、房址4个、灰坑19个、灰沟4条、祭祀坑1个、柱洞22个。出土有大量的粗绳纹筒瓦、板瓦及“长乐未央”瓦当、玉璧、玉圭、玉人等祭祀用玉。在祭坛下台地西南的汉代祭祀坑内埋有丰富的牛、羊、猪以及禽类的骨骼。

从遗址所处的位置、祭坛的形制、玉器的组合和规格来看，鸾亭山山顶在汉代是一处皇家祭天的地点，应即西畤。秦人所建的西畤应该就在它附近。出土的玉器组合完整，为研究汉代郊祀

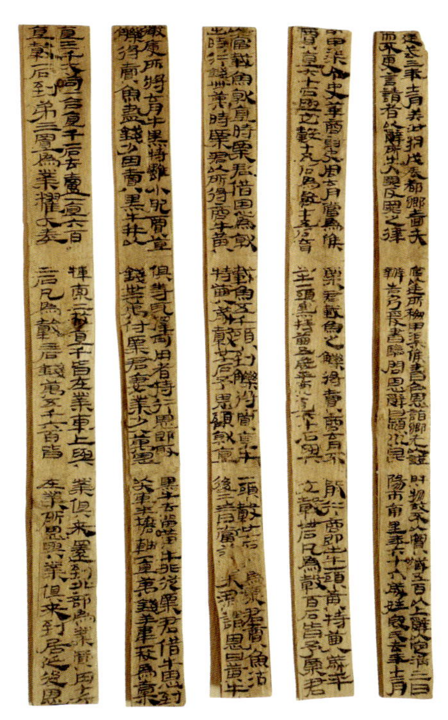
居延破城子遗址东汉建武三年（27年）寇恩册

用玉及相关礼制提供了重要资料。

甘肃出土的4万余枚汉代简牍包含内容极其丰富。以居延汉简和敦煌汉简为中心的简牍内容涉及政治、经济、军事、法律、中外交流、民族关系、邮驿制度、屯田制度、水利建设等方面。结合里程简的研究和悬泉置遗址的发掘，基本确定了汉代自长安至敦煌的邮驿路线和驿站的建制、结构。驿道可分为南道、中道、北道三条路线。南道由今临洮、临夏、积石山渡黄河进入青海，再出扁都口，进入甘肃民乐，经张掖、酒泉、玉门、安西至敦煌。中道自今兰州始，经河口北渡黄河，越乌鞘岭，经武威、永昌在山丹县峡口和南道汇合。北道出萧关，至今固原，向西北经海原、靖远渡黄河，经景泰、古浪，在黄羊镇西与中道汇合。

六　魏晋南北朝时期

自316年西晋灭亡至439年北魏统一北方的百余年间，有5个地方政权先后在河西走廊称雄割据，简称“五凉”。在中原战乱的情况下，河西地区相对安定，大量中原移民进入这一地区，促进了当地经济文化的发展，同时也使中原文化在这一地区得以继承和发展。60年来，在河西走廊发掘了大批魏晋十六国时期的墓葬，规模较大和比较重要的有武威旱滩坡、五坝山；高台骆驼城、地埂坡；酒泉西果园、丁家闸；嘉峪关新城墓群；玉门花海毕家滩、玉门官庄子、金鸡梁、白土良、蚂蟥河；敦煌祁家湾、佛爷庙湾；崇信于家湾等。崇信于家湾发现的墓葬填补了后赵时期考古发现的空白。敦煌祁家湾的发掘初步建立了敦煌地区自西晋初年至西凉时期的墓葬和随葬器物的编年。玉门毕家滩墓地发掘的53座土坑墓，出土有晋律注残件、衣物疏、丝织品等重要文物。蚂蟥河墓地的墓葬，在木棺上绘有树木、太阳、房屋等，所出土的陶器中发现有完全不同于其他墓地的胡须状附加堆纹红陶罐，其族属当与活动于这一地区的少数民族有关；白土良墓地也有同样的现象。在玉门官庄子墓葬中还发现了这一时期的纸画，画面由牵马人、高轮卷棚牛车、御者及随行人员组成，是目前发现最早的纸画之一。高台地埂坡墓地的墓葬为斜坡墓道竖穴土洞墓，双室有侧室。墓室中在黄土上雕刻出仿木结构建筑，并绘有大面积的壁画。壁画中的人物形象有戴冠的汉族、深目高鼻戴尖顶帽的胡人、髡发或缠头的人物等，是反映丝绸之路上文化交流的重要资料。

武威旱滩坡墓地魏晋木连枝灯

高台地埂坡墓地西晋金头饰

这一时期的墓葬分为竖穴土坑、土洞墓和砖室墓三大类。竖穴土坑墓仅见于玉门花海毕家滩和蚂蟥河墓地，其余墓地均为斜坡墓道土洞墓和砖室墓，白土良墓地还发现了用石板垒砌的墓葬。墓地盛行族葬和祔葬，家族墓流行以沙砾垒堆的茔圈，有丘形或覆斗形封土及墓道隆埂。砖室墓多有用砖或土坯砌筑的门楼式照墙。流行随葬斗瓶，多成对使用。双室墓的前室为葬尸场所，后室最初作为祔葬之用，后仅为象征，甚至作为庖厨之所。与中原汉文化的“前堂后室”的传统不同。墓葬的文化面貌以前凉为界，前后有较大的差异。棺盖内侧常见伏羲、女娲图像。

玉门官庄子墓地魏晋纸画

这一时期墓葬的另一个特点就是发现有一定数量的画像砖墓和壁画墓。画像砖墓较多，在敦煌、嘉峪关、酒泉、高台、玉门、民乐、永昌等地都有发现，可分为以酒泉、嘉峪关为中心的河西走廊中部地区和以敦煌为中心的西部地区。二者既有相同之处，也存在一定的差异。突出的共同点是门楼式照墙均饰以复杂的仿木结构彩绘砖雕，象征坞堡。敦煌地区以墓葬照墙为主要施画区域，兼及墓室内壁；均为一砖一画的小砖画；画像砖的题材内容以“四神”等神禽瑞兽为主，流行表现历史故事，世俗生活的画面少而简单。酒泉、嘉峪关地区则以墓室四壁为主要施画区域，兼及照墙，画像砖的题材和内容以反映墓主人生前的奢华生活和庄园生产等社会生活场景为主，神怪灵异所占比例较小。同时，敦煌的画像砖艺术也影响了莫高窟佛教艺术。

高台地埂坡墓地4号墓葬前室西晋击鼓壁画

值得一提的是，在天水石马坪的北朝墓葬中出土的围屏石棺床其内容和风格与安伽、虞弘等墓接近，也应当是当时北朝粟特人的墓葬。

敦煌佛爷庙湾墓地魏晋莲花画像砖

七　唐宋元明时期

唐宋及以后各时期的田野考古工作较少。唐代墓葬在敦煌、瓜州、武威、秦安、庆阳等地有少量发现。秦安杨家沟唐墓出土了精致的三彩

武威塔儿湾遗址西夏釉下黑彩缠枝牡丹纹瓷罐

俑。2001年发掘的庆城唐游击将军穆泰墓为单室砖墓，随葬的唐三彩俑种类丰富，制作精美，堪称唐三彩中的珍品。

1995年敦煌佛爷庙湾发现的唐墓绝大多数为刀把形斜坡墓道土洞墓，有5座砖室墓。砖室墓以模印花纹砖砌筑，其中有“胡人牵驼”和“骑士出行”砖。酒泉西沟的唐墓为双室砖墓，模印砖的内容有伎乐、骑士出行、力士、守门武士、十二生肖等。

1980年在武威青嘴喇嘛湾清理的7座吐谷浑王族残墓中出土了彩绘木俑、阮咸、琵琶等。尤其重要的是出土了9方墓志，弥补了史籍的漏载，是研究唐代吐谷浑历史的珍贵资料。

宋、金时期的墓葬在甘肃大部分地区都有零星发现。多为单室砖墓，大都有仿木结构和彩绘雕砖、模印砖或壁画。内容多为夫妇对坐、伎乐、花卉等，孝子图是常见的题材。

唐代以后，党项占领河西走廊达200余年，武威曾作为西夏的陪都，留下了许多西夏时期的遗迹和遗物。1992～1993年在武威塔儿湾遗址发现了大批西夏瓷器和作坊遗迹，提供了研究西夏制瓷工艺的新资料。亥母洞发现了泥活字西夏文佛经和《音同》残页，其中的佛经是国内最早的泥活字版西夏文佛经。武威西郊墓葬中还出土了西夏时期的木版画。

1999～2000年发掘的白塔寺遗址，塔基为土心砖表结构，土心为十字折角形。白塔即为藏传佛教第四代祖师萨迦·班智达灵骨塔。该塔是西藏全境归属祖国的历史见证，对研究白塔寺的历史及藏传佛教具有重要意义。

漳县徐家坪发掘了元代和明代汪世显家族墓，元墓为仿木结构，墓室四壁为砖雕“二十四孝”和鹳鸟、花草；明墓多四壁涂白灰，画有墓主像、出行图及山水花卉等大幅壁画。陇西西河滩的元代墓葬也是家族墓地，仿木结构砖室墓，模印砖内容主要为花卉、图案及孝子图。

其他明代墓葬主要为在兰州清理的尚书彭泽夫妇合葬墓和戴廷仁夫妇合葬墓。

武威元代白塔寺遗址塔基

八　长城

甘肃境内存在有三个时期的长城：战国秦长城、汉长城、明长城。战国秦昭王筑长城以御匈奴，长城起于今临洮县北三十里望儿嘴，沿东峪沟北岸山梁逶迤东向，经渭源、陇西、通渭、静宁进入宁夏，自宁夏彭阳进入甘肃，经镇原、环县、华池而入陕西境内。长城以黄土版筑而成，充分利用自然地理形势，据险设防，因险致塞，沿线有烽燧和城障。在长城沿

线散布有筒瓦和板瓦。

随着对匈奴战争胜利，汉武帝在河西设武威、张掖、酒泉、敦煌四郡，开始了对河西的经营和开发。河西汉塞的兴筑是伴随着对河西的开发和河西四郡的建置分段进行的。共经公元前111年、前107年、前102年、前100～前99年、前67年的五次修筑方得以完成。此外，南山（今祁连山）北坡为防备羌人，在兴筑北塞的同时，亦筑有障塞烽燧。

汉长城（汉塞）东起兰州市河口的黄河北岸，西至敦煌榆树泉以西，北经金塔金关沿黑河进入今内蒙古额济纳旗。它的主要职能是阻遏匈奴的南下，维护中原通往西域驿道的安全和屯戍士卒的粮食供给。酒泉以东乌鞘岭以西的塞防结构以堑壕为主。酒泉以西以堑壕和墙垣相结合。在不同的地区，墙垣的结构又不尽相同。普遍设置“天田”，有“悬索”、“虎落”等防御性结构。同时，广泛利用自然地形以为屏障。作为一套完整的防御体系，汉塞的配套设施有障、坞、燧、关等。汉塞要冲之处多置关隘，重要的有玉门关、阳关、肩水金关、悬索关等。值得注意的是，这一时期长城沿线的一些坞堡门外开始出现曲壁，应是以后瓮城的雏形。

明长城史称边墙，西起嘉峪关市西的北大河北岸，经河西走廊入景泰，东逾黄河入靖远，沿黄河南岸蜿蜒向东北，经黑山峡入宁夏境。甘肃境内明长城皆黄土夯筑，由墙、烽火台、坞障、城堡组成防御体系，长城沿线有随墙墩、烟墩等不同作用的墩台。墙内侧设墩堡，供戍卒驻防。长城沿线每隔一定距离筑城，城大小不等，有的有瓮城、角墩，并在四周设城壕。据最新统计数据，甘肃境内的明长城全长1738.3公里。

九　石窟寺、岩画

在甘肃各地广泛分布的石窟寺是甘肃最有特色的文物资源之一。甘肃是中国石窟寺开凿较早、现存重要石窟寺最多的省份之一，现已发现170处，遍布全省。开凿年代自十六国时期始，历经北朝、隋、唐、宋、西夏、元、明、清，基本涵盖了中国石窟寺发生、发展与衰退的全过程。在地域分布上西起河西走廊，东至陇东，南至陇南山区。著名的石窟寺有敦煌莫高窟、安西榆林窟、武威天梯山、永靖柄灵寺、天水麦积山等。

炳灵寺171窟唐代大佛

十六国时期的石窟主要有敦煌莫高窟早期洞窟、肃南文殊山石窟、金塔寺石窟、马蹄寺千佛洞、武威天梯山石窟、永靖炳灵寺石窟、天水麦积山石窟等。敦煌莫高窟早期洞窟中出现的仿木构建筑形式，是中国传统建筑和佛教

庆阳北石窟寺北魏至明代全景

天水仙人崖明代彩绘雕塑

石窟艺术结合的成功尝试。以天梯山石窟为代表的凉州模式对了解新疆石窟和以大同云冈石窟为中心的平城模式的源流关系具有重要的价值和意义。

北朝时期，开窟造像遍及今甘肃全境，其中武山水帘洞石窟、西峰北石窟寺、泾川南石窟寺、罗汉洞石窟、合水保全寺等都是有代表性的石窟群，敦煌莫高窟、天水麦积山、永靖炳灵寺等也开始进入开窟高潮。中国传统的建筑手法和文化内涵更多地在石窟中得到体现。

隋唐以降，开窟造像多是已有石窟寺的不断续建。甘肃石窟寺在唐代无论是数量还是雕塑绘画等艺术方面均得到空前发展。敦煌莫高窟、永靖炳灵寺、天水麦积山、庆阳北石窟寺等大型石窟寺达到开窟造像的高峰，另外有合水莲花寺石窟、甘谷大象山石窟等新石窟的开凿。宋、元以后，石窟寺的开凿虽趋于衰退，但在甘肃各地仍有新的石窟开凿，如泾川太山寺石窟、肃南马蹄寺北寺、镇原明代石窟和天水仙人崖等，为甘肃石窟增添了新的内容。

莫高窟北区的发掘中发现了过去鲜为人知的大量僧房窟、禅窟和瘗窟。发现有汉文、古代少数民族文字书写的佛经；西夏文字典；丝织品；影塑佛像、菩萨；唐卡等。

岩画主要分布于河西走廊西端的祁连山、马鬃山、黑山一带，甘肃中部靖远吴家川等地也有发现。技法分阴线刻和琢凿两类，内容多为各种动物形象、狩猎场面以及舞蹈等。岩画的年代上限约在新石器晚期，下限可至元明时期。通过在马鬃山地区的调查，发现岩画附近往往有居址和墓地。

（执笔：王辉）

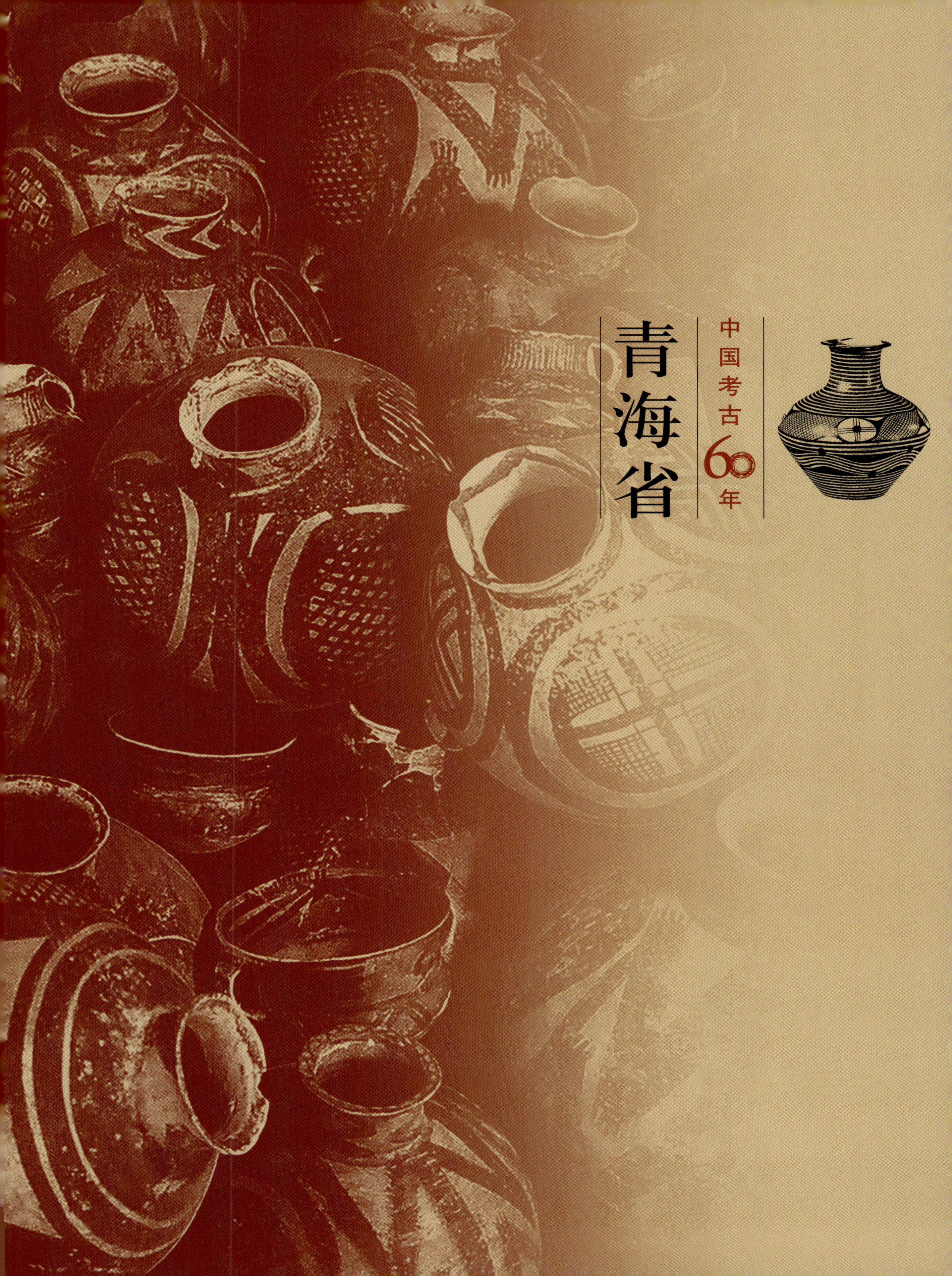
青海省
中国考古60年

中国考古60年

青海省

位于青藏高原的青海省地处祖国西陲，我国的两条母亲河黄河和长江均发源于此。其地理位置东越兰州通中原，西越新疆通中亚，南越西藏通印度。自古以来，这里为数众多的民族共同创造了我们伟大祖国的历史，留下了丰富多彩的文化遗产。新中国建立60年以来，在青海已发现旧石器时代至清代的遗址和遗迹3480余处。其中经正式发掘的遗址共40处，墓葬数千座，出土文物10万多件。这些文物古迹，对于研究青海各民族的历史，青海地区同中原地区的关系，我国统一的多民族国家形成的历史过程以及我国古代各族人民同中亚、西亚、南亚各国人民的友好往来，都具有重要的意义和价值。

一　旧石器时代和中石器时代

早在50年代，在青海省柴达木盆地以南的三叉口和长江发源地霍霍西里等地曾发现过一些零星的打制石器。但由于均系采集而不是从地层中出土，其年代也引起了一些争议。

经正式发掘的旧石器遗址是位于青海省海西州大柴旦镇东南小柴旦盆地内的小柴达木湖遗址。这个遗址是在1982年被中国科学院盐湖研究所和澳大利亚国立大学生物地理与地貌系等单位组成的盐湖与风成沉积联合考察队发现的。并在1983年和1984年进行了范围较大的调查。

1998年夏天，由中国社会科学院考古研究所和青海省文物考古研究所组成的考察队，对遗址进行了科学考察和发掘。经考察，小柴达木湖遗址面积在10万平方米以上，共采集人工石制品700余件，初步可分为石核、石片和石器三大类。其中石器工具又可进一步分为古人类用来打制石核、生产石片的石锤，用来刮净兽皮制成简单衣服的刮削器；用于从骨、角上切割适当大小的原材料以加工骨锥、骨针和鱼叉的雕刻器，用于在兽皮上穿孔的、配合骨针缝制皮衣及在骨针上钻眼的石钻，还有用来砍伐树木、肢解动物和敲骨吸髓的砍砸器等。此外，在遗址中还发现了以往未曾发现过的细石核和细小石器的新材料。根据小柴达木湖遗址附近地点采样所做^{14}C年代测定以及对所发现的古人类遗址性质的分析，可知这是一处距今约3万年的古人类的石器制造场。这是青海境内目前发现的最早的一处旧石器时代晚期遗址。当时的石器制造工艺技术已达到一定水平，这说明小柴达木湖遗址的石器是由比它更早的石器文化发展而来的。这些石制工具为我们研究当时的人类文化、当时人类生存的气候环境及环境的变迁都具有重要意义。

为配合青藏铁路建设，2003年在格尔木市纳赤台、三岔口北岸发掘打制石器地点两处，共出土（含采集）石器170余件，皆为打制石器，石器种类有石核、石片、刮削器、细石叶四种，质地有硅质岩、石英岩、水晶、玉髓、蛋白石、燧石、流纹岩、沉凝灰岩等。石片中很大一部分标本没有第二次加工痕迹，宽度多为2～5厘米，两地发掘的石器形制基本相近。

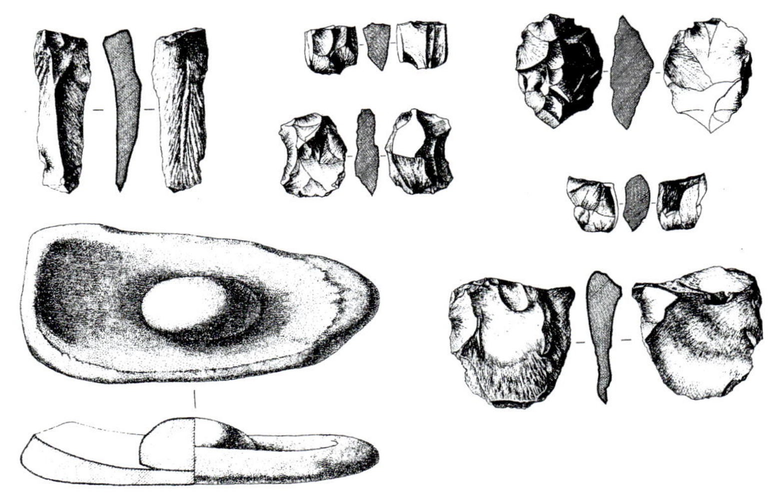

贵南县出土拉乙亥中石器时代遗址石器

青海境内曾经发现过大量第四纪早期的哺乳动物化石。动物是人类食物链的重要组成部分，在青海应该有更早的、与哺乳动物化石伴生的古人类遗迹发现。这方面还需进一步的调查。

今天的柴达木盆地是典型的大陆性高原气候，多风少雨，低温干燥，气温日差较大，植被稀疏，小柴达木湖为咸水湖，该地区不适合人类居住。根据地质学家的考察，小柴达木湖地区由于气候的变化，在晚更新世时期，出现过多次咸水与淡水的交替。当气候转暖、湖水淡化时，古人类就由他处迁入此地，采集野生植物、猎取山上和草原中的动物为食。

直到目前，我国中石器时代的考古还是一个薄弱环节，甚至新石器时代早期的文化也还在探索之中。青海省1980年发掘的贵南县拉乙亥遗址为中石器时代文化研究提供了重要线索。拉乙亥遗址位于共和盆地的中部，共发掘了7个地点，揭露面积1300平方米。发现椭圆形和不规则形的灶、坑50余座，有平底和锅底形两种。所出遗物以石器为主，有石核、刮削器、圆头刮削器、尖状器、石锤、石片、石叶、砥石等。骨器有骨锥、骨针等3000余件。石器均为打制石器，细石片占总数的90.4%以上。一些石器上可以见到琢修痕迹。琢修技术出现于中石器时代，在从旧石器时代向新石器时代过渡阶段中，起着承前启后的作用。

在我国，目前认为属于这一时期的材料有陕西大荔沙苑、河南许昌灵井、内蒙古海拉尔、内蒙古扎赉诺尔、黑龙江顾乡屯、新疆七角井子、西藏聂拉木等。其中有些遗址由于地层混乱或资料不足，其时代属性尚存争议。因此，拉乙亥遗址就显得极为重要。拉乙亥遗址在地层、古生物、文化遗物遗迹等各方面都将为探讨中石器文化的性质、特点、经济形态及社会发展状况等各方面提供宝贵资料。

实物研究表明拉乙亥遗址属中石器时代全新世早期人类遗址，并经中国科学院古脊椎动物与古人类研究所对遗址出土木炭进行^{14}C测定，其绝对年代距今6784年。这个数据的获得填补了青海省旧石器时代向新石器时代过渡期间2000年的空白。

二　新石器时代

（一）　马家窑文化

马家窑文化因1923年发现于甘肃临洮县马家窑而得名。文物普查结果表明，马家窑文化的地理分布相当广泛，东起泾、渭水上游，西至黄河上游的共和、同德县，北入宁夏的清水河流域，南达四川省汶川县。由于地域性与时间的差异，一般认为可区分为石岭下类型、马家窑类型、半山类型、马厂类型。在青海省境内，这四种类型均有分布，其分布范围东接甘肃，西至海南州同德县，北至大通县，南达黄南州隆务河流域。共调查登记遗址917处。

1980年民和县阳洼坡遗址的发掘，填补了青海省马家窑文化序列上的缺环。遗址中发掘房址6处、灶9个、灰坑2个，是一处居住遗址。文化层中出土有大量陶片、陶器和石器。从文化内涵分析，不同于庙底沟类型的器物，而明显要比庙底沟类型进步。有的器形、纹饰接近于马家窑类型，与甘肃东部的石岭下类型更为接近，应归属于庙底沟与马家窑类型之间的一种过渡形态。有人认为应归属于石岭下类型，也有人认为其文化内涵没有超出仰韶文化，应属仰韶文化分布的最西端。

同样类型的遗址仅见于民和县的中川地区和循化县的东界（民和县2处，循化县1处）。关于这支文化的来龙去脉及与其他新石器文化的关系问题，还有待进一步研究。

马家窑类型、半山类型、马厂类型的遗址经发掘的有大通上孙家寨、贵南尕马台、民和核桃庄、民和新民阳山、乐都柳湾、民和马排、互助总寨、同德宗日等处。多为墓葬。

马家窑类型墓葬一般比较规整，大多为竖穴木棺墓，具二层台，整个平面呈“回”字形。待放置尸体及随葬器物后，再覆盖圆木、树枝和杂草、填土。大通上孙家寨墓葬多为单人葬，少见男女合葬，但都没有完整的骨架，是一种二次扰乱的葬俗。尕马台多见瓮棺葬，同德宗日则多见二次扰乱葬、俯身葬、石棺葬等。随葬器物中多见精美彩陶。民和县核桃庄一座墓中出土的彩陶堪称精品。大通上孙家寨、同德宗日均出土了舞蹈纹图案的彩陶盆，同德宗日还出土一件两人抬物图案的彩陶盆。另外，为配合公伯峡水库建设，在公伯峡尖札县的垃毛遗址，化隆县的亚曲滩遗址、苏龙拉遗址、尖札县的尔其给，安达其哈遗址进行了发掘。

民和县核桃庄出土新石器时代马家窑类型圆点网纹彩陶瓶

同德宗日出土新石器时代马家窑类型舞蹈纹彩陶盆

同德宗日出土新石器时代马家窑类型同心圆圈纹彩陶盆

同德宗日出土新石器时代马家窑类型“二人抬”纹彩陶盆

半山类型墓葬在乐都柳湾发掘了150余座。这些墓葬多为规整的长方形竖穴土坑墓，一般墓内有略呈梯形的木棺葬具，随葬陶器二三件，与甘肃广河等地的半山墓葬有明显区别。男性墓多见石刀、石斧，女性墓常出纺轮。

马厂类型的墓葬发掘以乐都县柳湾、民和县阳山两地规模最大，其主要特点是，均为洞室墓，有三分之一以上的墓带有长方形或梯形的墓道。墓室多呈不规则的长方形和椭圆形。在墓室和墓道之间，用一排至三排木棍和树枝封门。墓中多数有成形的木棺和垫板，木棺的结构和半山类型不同，棺底板下和棺盖板上各横放三块对应的木板，木棺两端凿有圆孔，圆孔中插上木柱，用以固定棺板。葬式有仰身直肢、侧身屈肢、俯身葬和二次葬。

民和阳山马厂墓与柳湾墓在葬俗上有较大差别，没有发现木棺葬具。葬式除少量屈肢葬外，普遍采用俯身葬，应是一个氏族部落特有的风俗。柳湾墓葬中还发现了殉人墓。阳山墓葬中同性合葬、成人与小孩的合葬墓占有一定比例，从葬人数2～5人不等，反映了相当复杂的社会情况。

民和县山城村出土新石器时代马厂类型蛙纹双耳彩陶壶

民和县加仁庄出土新石器时代马厂类型鸭形彩陶壶

民和县官户台出土新石器时代马厂类型提梁彩陶罐

乐都县柳湾出土新石器时代马厂类型裸体人像彩陶壶

马厂类型墓葬随葬器物中彩陶甚多，但墓中随葬器物的数量差别明显，反映出贫富的分化。生产工具中石斧、石锛较多，充分说明当时以农业经济为主。少量的骨器与动物骨骼表明家畜和狩猎在当时人们生活中也占有一定地位。纺轮的大量出土说明当时纺织技术的普及程度。彩陶纹饰中大量的变形人形纹饰（蛙纹）及人头形彩陶罐、泥塑人体器等折射出了先民们的精神世界。

依据地层关系及^{14}C测定，可以得出马家窑早于半山，而半山又早于马厂的继承关系。总的年代约占1000年，即公元前3000～前2000年，晚于中原地区仰韶文化。

总的来说，马家窑文化与中原仰韶文化有着亲密的源流关系，是一个地方变种。

（二） 宗日文化

青海地区另一个与马家窑文化并立的新的文化是宗日文化。这是因1994～1995年同德县宗日遗址的发掘和发现而命名的。目前认定的同类遗址有51处。主要分布于黄河两岸以及各支流接近入河口处的岸边，起自同德、兴海两县交界处的巴曲入河口，下至贵德县的松巴峡，分布区域为青海湖南面的共和盆地。这一区域在自然环境上也恰巧是一个比较封闭的单元。

宗日文化的葬俗，墓坑平面呈圆角长方形和长方形，有二层台和侧室，葬具为木椁与棺等。同新石器时代以后一个时期内其他地区墓葬相同。葬式普遍存在二次扰乱葬、俯身葬和石棺葬。

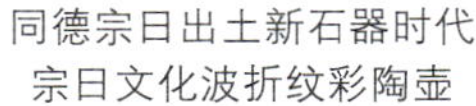

同德宗日出土新石器时代宗日文化波折纹彩陶壶

同德宗日出土新石器时代宗日文化鸟纹彩陶壶

二次扰乱葬时对葬具甚至人骨的焚烧、墓地祭祀坑与墓上祭祀以及地表列石标志等都不见于其他地区，这是宗日文化遗址特有的现象和墓葬特征。

宗日文化陶器器类有壶、罐、碗、杯等。夹粗砂乳白色陶占绝大多数，有极少量泥质乳白色陶。绳纹、附加堆纹较普遍。彩陶占一定比例，为单一紫红色，图案主要是变形鸟纹和多道连续折线纹（俯视呈多角星纹），还有折尖长三角纹、竖线折尖纹、网格纹、条线纹等。大型小口器物彩绘多在颈、肩部及口沿内侧，小型敞口器物则多为内彩。

宗日遗址中包含有大量马家窑类型文化的陶器，说明早期受其影响，也许两者本身就是一个大的民族群体。但陶器和葬俗等方面均有较大差异，且宗日遗址延续年代较长，文化内涵丰富，是一个具有代表性的典型遗址。

宗日遗址的年代始于马家窑文化时期，结束于齐家文化时期。据^{14}C测定，该遗址的时间大致在距今5600～4000年，延续了大约1600年。

（三）齐家文化

新石器时代末期的青海，继马家窑文化之后发展起来的是齐家文化。齐家文化集中分布在东部农业区河湟谷地及支流的台地上。分布范围与马家窑文化大体相同，在湟水流域稍有扩大，西至青海湖北岸的沙柳河边。目前调查登记的齐家文化遗存有430处。以乐都、民和、循化、化隆等县分布较为密集。经考古发掘的遗址有乐都柳湾、互助总寨、大通上孙家寨、贵南尕马台、民和清泉、西宁沈那等。

齐家文化的人们主要从事畜牧和农业生产活动，生产力有了较大发展，出现了红铜器和青铜器。

齐家文化墓葬多采用长方形土坑，有单人葬和合葬。墓葬中反映出来的男女分工较为明显，男性多随葬斧、锛、凿等生产工具，而女性墓中极少见，反映出女子在生产中的地位更为削弱。随葬器物的数量和类别差别较大，证明财富增长与聚集的不平衡性日益显著。乐都柳湾保存完整的40座齐家墓中，无任何随葬器物的4座，仅葬1件器物的7座。贫者所占的比例较马家窑文化显著增大。齐家文化墓中还发现殉葬，如柳湾M314棺外有一侧身屈肢的青年女子，一条腿压在棺下。此外，还大量发现有头无身、有身无头和四肢不全的骨架，均有木质葬具和随葬器物，实际上是二次扰乱葬。

大通县上孙家寨出土新石器时代齐家文化双大耳彩陶杯

贵南尕马台齐家文化墓地发掘了40多座墓葬，有单人葬也有合葬，均排列整齐，墓与墓之间有一定距离。其中发现了30余座俯身葬墓。这

种葬俗尚属首次发现。这些墓葬可分四种情况：1．葬在墓地中央，全身骨骼完整，随葬器物较多，反映了死者在氏族中地位较高；2．葬在墓地东部边缘，多为无头骨架，随葬器物仅随身的几件装饰品；3．二次扰乱葬；4．迁葬墓。出土的生产工具有细石器、石球、骨针等，装饰品有铜指环、铜泡等。

位于民和县官亭盆地的喇家遗址为齐家文化的大型聚落遗址。2000年发掘清理房址7座、墓葬2座，灰坑15座，出土陶器、玉器、石器、骨器共计255件。探明本遗址是具有宽大环壕的大型聚落遗址，在聚落内分布有密集白灰面房址。F3、F4两座房址内均发现有人骨，数量不等，姿态各异，一组组呈不同姿态分布于居住面上，有的相拥而死、有的匍匐在地、有的母子相依，从人骨分布及姿态分析，反映出室内死者应属意外死亡。有可能是一场特大洪水侵袭夺去了他们的生命。这种史前灾难遗存是一项具有重要学术意义的发现，同时发现的洪水沉积层再现了黄河大洪水的历史，这些都极具研究价值。

齐家文化手工业技术较先进，尤其是冶炼青铜的金属手工业的出现，有极为重要的意义。尕马台M25出土一面铜镜，经快中子放射性分析法鉴定，其铜和锡的比例是1：0.096，属青铜质。齐家文化的年代测定为公元前2255±140年，和马厂中、晚期相当，晚期相当于夏代或早商。

三　青铜时代

（一）卡约文化

卡约文化是青海地区青铜时代主要的文化遗存，分布地域东接甘肃西境，西至海南州兴海县、同德县境内，北至海北州大通河流域，南达黄南州泽库、河南蒙族自治县。河湟谷地及支流以及青海湖周围是卡约文化分布最为密集的地区。调查登记达1766处，分布之密集、数量之多，远远超过了青海省其他任何一种文化遗存。经过考古发掘的重要遗址有大通上孙家寨、循化阿哈特拉山、循化苏只、湟中下西河、贵南山坪台、湟源大华中庄等几处，共发掘墓葬2000余座。

卡约文化可分为两种类型，即上孙家寨类型和阿哈特拉类型。

根据陶器分期可知，唐汪式陶器与卡约文化是一脉相承的一个文化的不同发展阶段。这种文化的继承性表现在：

从组合上看，上孙卡约文化期与唐汪期基本上差别不大，都以小口双耳罐、大口双耳罐、粗陶双耳罐为基本组合。阿山陶器组合中，卡约期与唐汪期有一定差别。前者有大口双耳罐、小口双耳罐、堆纹口沿罐、腹耳壶等，后者有大口双耳罐、腹耳壶等。

从纹饰上看，唐汪期存在大量的卡约文化的传统纹饰，如复线回纹、斜三角纹、多线波

大通县上孙家寨出土青铜时代
唐汪式涡纹双耳彩陶杯

互助县张卡山出土青铜时代
唐汪式涡纹双耳彩陶罐

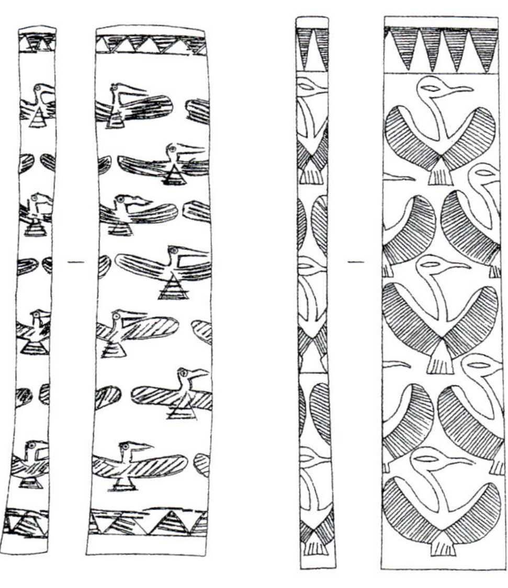
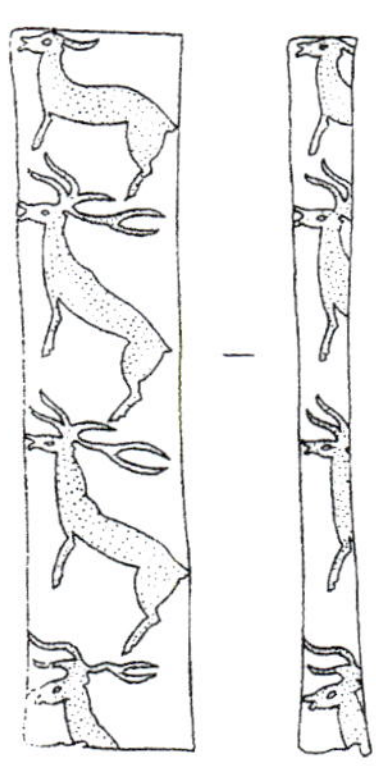

大通县上孙家寨出土青铜时代
卡约文化骨管纹样

折纹以及相同的彩绘符号。但唐汪式陶器有一种典型的勾连涡纹不能从卡约文化中探寻其发展线索，可能系某种外来因素或偶然因素形成。

在埋葬习俗方面，唐汪期同卡约期的墓葬形制、葬式、葬具的使用情况都比较一致。上孙墓地唐汪期墓打破卡约期墓的地层关系有七组，表明唐汪晚于卡约，其发展脉络在陶器分期中表现得尤为清楚。两者一脉相承的持续发展关系大体可以确定。

卡约文化青铜器种类较多，有小件铜戈、铜凿、铜斧、铜刀、铜镜、铜矛、铜钺、铜铃、铜泡等。据测试，有青铜器也有红铜器。从器形上看，反映出中原文化和北方草原系统文化的影响。出土的骨管刻有鸟纹和鹿纹，较为精美。

湟中县李家山出土青铜时代卡约文化铜凿

（二）辛店文化

辛店文化主要分布在兰州西至贵德的黄河沿岸及其支流地区。在青海地区共调查统计了97处。经考古发掘的有民和核桃庄、乐都柳湾、民和山家头、互助总寨、大通上孙家寨等。

核桃庄辛店文化的墓葬多为长方形竖穴，分有偏洞和无偏洞两种，有的竖穴墓有熟土二层台或多层台，均有木棺葬具。葬式多为仰身直肢葬和二次扰乱葬。

乐都县双二东坪出土青铜时代
辛店文化鹿纹双耳彩陶壶

辛店文化自1923年安特生发现以来，随着发掘工作的进展，已命名了几个类型和组别，主要是姬家川和张家嘴两类型（即甲组和乙组）。辛店文化的期别与类型的划分比较复杂，需要继续深入研究。1980年在民和核桃庄村东的山家头台地上发掘了33座墓葬，出土了69件陶器，风格独特。同类遗存还有柳湾，民和簸箕掌的石棺葬，临夏孔家寺遗址的几件陶器，临夏莲花台，洮沙四时定的遗存等。这些遗存有自己的分布区域——湟水、洮河流域及其间的黄河沿岸，又有一定的时间阶段——上承齐家，下启辛店甲组，可以作为一个新的文化类型，可称之为辛店文化山家头类型。

乐都柳湾出土青铜时代辛店文化彩陶鞋

民和核桃庄小旱地墓地的367座墓，绝大多数分属于姬家川和张家嘴两类型，但在类型学和地层学分析上还难以得出孰早孰晚的结论。其文化内涵、彩陶纹饰、器形及其与山家头、唐汪、卡约文化的相互关系

皆受到关注。

根据^{14}C测定和类型学分析，辛店文化早期相当于夏代末期，晚期相当于春秋战国时，与卡约文化的终始年代大体一致。

（三）诺木洪文化

1959年在海西州都兰县遗址进行了调查和试掘。据其内涵命名为诺木洪文化。目前已调查发现40处，主要分布在青海西部柴达木盆地一带，较典型的遗址还有巴隆的搭温他里哈和香日德的下柴克等地。

在诺木洪搭里他里哈遗址中，发现有土坯围墙建筑9处。方形和圆形的房子均采用木结构建筑。土坯砌成的窖可能是贮物用的。饲养家畜用的围栏内有羊粪堆积，还有牛、马、驼等粪便。遗址堆积的文化层厚达8～9米以上，表明当时过着相当稳定的定居生活。生产工具有翻土用的骨耜和收割用的石刀，另有骨、石制的箭头、笛哨等，说明这时的居民过着半农半牧的生活。

手工业生产是代表当时生产发展水平的一个重要方面。在该遗址发现有炼铜用具的残片和铜渣。铜器有斧、钺、刀、镞等。毛纺织品有布、带、绳。另有牛皮鞋等。

从诺木洪文化的陶器、石器和铜器分析，其早期与卡约文化联系紧密，年代上也接近。据测定，诺木洪文化早期为距今2905±140年，这个数据在西周年代之内。但其文化下限较晚，可以到汉代以后。经过第三次文物普查确知，诺木洪文化的遗址在柴达木盆地分布十分广泛，对该文化的发掘和研究工作还有待加强。

四　汉晋南北朝时期

两汉至魏晋时期，青海主要是羌人居住的地区，也有一部分鲜卑人、匈奴人、月氏人杂居其间。武帝时，汉的势力进入湟中，在今永登县西、大通河左岸建筑令居塞，并在湟水流域设立了许多县，隶属陇西郡；又置护羌校尉，统领羌中事务。昭帝时分置金城郡。宣帝时又在西宁一带设立西平亭，并设金城属国管理诸羌。后来还在乐都设破羌县，在湟源设临羌县，在贵德设榆中县等。王莽时在青海湖以东的三角城设立西海郡。后废，东汉永元复置。

60年来，在青海共调查发现236处汉代至魏晋时期的遗址、墓地和城址。发掘过的地点有大通上孙家寨、互助总寨、互助高寨、互助汪家庄等地。在乐都、西宁、湟中、平安等地零星清理了数十座墓葬。近年来发掘了西宁南滩、山陕台、陶家寨等地。

上孙墓地发掘了182座墓葬，是甘青地区已发掘的汉晋墓葬中延续时间较长、规模较大的一处墓地。其年代大约从西汉昭帝前后至魏晋初期，时间先后衔接，没有明显缺环，从而建立了青海地区汉晋墓葬标型分期和基本序列。

这批墓葬文化面貌的基本特点是，既含有汉文化因素，又因时代早晚不同程度保留着地方文化传统。其墓葬形制、陶器组合和釉色、铜器、车马明器、弩机、带钩、铜镜等均与中原地区酷似。但杀动物随葬、截体葬和二次扰乱葬等均与青海卡约、辛店文化相类，应属地方文化传统。

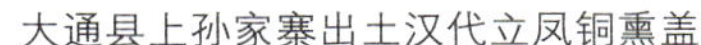
大通县上孙家寨出土汉代立凤铜熏盖

大通县上孙家寨汉代墓葬出土釉陶井

乐都县出土汉代铜龟形灶

墓葬没有像中原汉晋墓那样严格的等级划分。

在一座东汉末年的砖室墓中出土了一枚驼纽铜印，文曰“汉匈奴归义亲汉长”。据前、后《汉书》所记，这一带乃是匈奴别部“卢水胡”的活动范围。这部分匈奴人应是东汉时所说的“义从胡”。这枚铜印很可能就是“卢水胡”首领的一枚官印。若此推论成立，墓地的族属还应包括与羌人杂处的湟中“义从胡”或“卢水胡”。

墓群中乙区M3出土一件西方银壶，是研究这一时期中西文化交流的珍品。M115中出土一批木简，共400片。内容主要有部曲（军队编制）、操典（操练法规）、军队标志和军队爵级、赏赐制度及行杀、处罚等规定。《孙子兵法》简文中有些内容是新发现的佚文。这批简为研究西汉时期的军事制度提供了珍贵资料。在平安县画像砖墓中还发现了珍贵的佛教图像。

3世纪末，慕容鲜卑的吐谷浑部西迁，4世纪就居住在青海。有人认为海南州共和县铁卡卜古城是吐谷浑于6世纪修建的都城——伏俟城。该城南依石乃亥北山，北临布哈河，东距青海湖7公里。城外廓长方形。廓内偏东有南北内墙一道。西部有长约200米的方形夯筑内城。其6世纪初居住的国都有可能是在今都兰县香德镇。

此外，还对新发现的天峻县的加木格尔滩古城进行了试掘。这座古城东西长750、南北宽600、城墙基宽8、高18米，夯筑而成。城内有3个小区，1号小区的建筑遗址内发现大量的粗绳纹板瓦、筒瓦和瓦当。其中一种瓦当铭文为“长乐万亿”。中部探方内有大型铺地砖，并在该处南80米处清理出长方形房址两座。该城址东距天峻县13公里，位于布哈河南岸台地，根据出土文物判断其年代约在北朝时期，应系吐谷浑人所建。该城与铁卜卡城同处于布哈河南岸，相距数十公里。该城的试掘为研究和判定这两座古城与吐谷浑王都的关系提供了新资料。

2002年5月，在都兰县香日德镇以东3公里处的牧草村发掘了4座吐谷浑墓葬。系土坑竖穴形制，带土坯盝顶。其中一座墓中出土1枚拜占廷狄奥多西斯二世时期（408～450年）的金币。说明吐谷浑统治时期，经柴达木盆地赴西域的青海丝绸之路在中西交通线上占有相当重要的地位。

伏俟城西通鄯善（今新疆若羌），东连西宁、金城（今甘肃兰州）。5～6世纪，吐谷浑开发

今新疆境内“丝绸之路”的南道，中西交通线兴盛一时。1956年在西宁市内城隍庙街发现盛储货币的陶罐1件，其中银币约在百枚以上。后来收集到的76枚银币，都是波斯萨珊朝卑路斯在位时（456～484年）所铸，是当时中西交通频繁的证物。

西宁皇庙街出土波斯萨珊银币

乌兰县是吐谷浑、吐蕃的主要活动区域之一，也是丝绸之路青海道的必经之路。2000年对乌兰县大南湾遗址进行试掘，清理出墓葬、祭祀遗址、房址等，出土了铜器、铁甲、陶器、石柱础等。祭祀遗迹出土了罗马金币和波斯萨珊朝银币。

2009年6月7日，青海省考古所茶卡考古队在茶卡镇巴音乡乌兰哈达草原发现了一座吐谷浑王陵，其南面宽约150、南北长240、高约30米，对于研究吐谷浑的埋葬制度提供了重要资料。

都兰热水出土南北朝红地连珠太阳神锦

五　隋唐时期

隋唐时期重要的收获是对吐蕃墓群的发掘与研究。

通过对都兰县古墓的发掘和研究，较大的收获是确认墓群归属于吐蕃文化，是吐蕃统治下的吐谷浑邦国的遗存。

吐谷浑原系辽西慕容鲜卑中的一支。4世纪初，部分鲜卑人在首领吐谷浑的率领下，经过阴山，西迁到今甘肃东南部和青海东部，征服群羌，创立了新的国家。统治者的后裔即以其先祖之名为姓，国家则以吐谷浑为号。在青海地区存在了350余年。663年，吐蕃攻灭吐谷浑。吐谷浑王诺曷钵及其妻弘化公主被迫逃往凉州，请求内徙。吐谷浑故地皆入吐蕃。《旧唐书》、《新唐书》、《通典》、《资治通鉴》、《敦煌吐蕃历史文书》等古籍中，零散记载了灭国后吐谷浑人的活动情况。据文献记载，这部分吐谷浑人虽然被吐蕃人所统治，但仍有自身的建制，自己的可汗，自己活动的特定区域，并以部落为单位，保持着自己民族的组织结构。留在故地的吐谷浑人作为吐蕃的邦国存在，他们要向吐蕃称臣朝贺，交纳赋税，还要为吐蕃提供物资，当兵打仗。文献上虽有记载，但这部分吐谷浑人的遗迹却前所未见，其准确的活动地域一直是学术界争论的要点。都兰的发现使我们有理由认为，吐蕃统治下的吐谷浑邦国的活动区域主要是在青海柴达木盆地，而其国的政治中心应在都兰县。从空间上看，都兰墓葬主要分布在夏日哈河、察汉乌苏河、柴达木河流域，目前已发现近千座。而这一带正是文献所记吐谷浑人活动的中心地带。从时间上看，墓葬中出土文物所跨越的历史时代与吐谷浑国活动的时代亦相合。例如北朝晚期至初唐时期流行的丝绸数量较多，而这一时期的柴达木盆地尚在吐谷浑国的有效控制下，丝绸持有者只能是吐谷浑人。史载吐谷浑人使用汉字，汉化程度极深，这一点在都兰出土文物中得到印证。例如夏日哈出土一件“鸳鸯栖花锦”，背部墨书“薛安”二字。传出自热水的一枚印章上刻有篆文“谨封”二字。热水所出一件残漆器底上也刻划有汉字。另外，都兰墓葬所保留的殉犬习俗与文献所记载的东胡鲜卑人的生前畜犬，死后殉犬之俗完全一致。热水血渭一号墓即殉完整狗八只。符合“肥养一犬……，使护死者神灵归赤山”的鲜卑旧俗。此外，墓葬中所出带扣、带饰等装饰品，也在一定程度上反映出鲜卑风格。

这批灭国后的吐谷浑人墓葬与西藏山南和藏北的吐蕃墓相比，存在着文化因素上的一致。例如：圆形封土、梯形封土为两地所共有；均流行屈肢葬、二次葬和火葬等；殉牲习俗两地均有发现，特别是殉完整的马等等。且都兰墓葬中出有古藏文木简、木牍、部分木件和盖木上也书写有古藏文，说明这一时期使用古藏文较为普遍。加之墓葬所属的年代最晚可达中唐时期，而这一时期正是吐蕃统治时期。因此都兰这部分灭国后的吐谷浑人墓葬还是应归属到吐蕃文化系统。其自身的文化特点以及出土文物中所反映出的文化差异，则反映出吐蕃文化构成中的多民族性，以及不同居住区域内所存在的历史传统上的不同。将其作为吐蕃文化上的一个区域类型来对待，以区别于西藏山南和藏北的吐蕃墓。

进一步，在吐蕃埋葬制度研究上也有了新进展。由于吐蕃的埋葬制度和习俗在文献中记载较少，考古发掘所做不多。都兰的发掘使我们对这一领域的研究不断地有新发现和新进展。

值得注意的是热水血渭一号大墓的规格与西藏山南地区琼结县的吐蕃王陵相比，有惊人的相似之处。例如高度和基座的宽度大体相当，墓前列石（西藏藏王墓未经发掘）均一致，墓前石狮则小于西藏吐蕃王陵。这显然是一座具备王的等级的王陵。这个王既然葬在青海，其地位就要低于吐蕃的王。

“杰琛”（rgyal phran）一词，出自敦煌古藏文卷子P.T.1286。一般译为“小邦邦伯”、“小王”或“小国”。西方学者解释为“虽承认吐蕃赞普的宗主权，但在自己的领土上仍拥有一些独立性的统治者”。即指吐谷浑灭国以后，由吐蕃扶持的吐谷浑王。

《吐蕃大事纪年》记载的吐谷浑这种藩属国王有“达延莽布杰”、“坌达延墀松”、“坌达延赞松”，这是吐谷浑诸部中反唐亲蕃的一族，受吐蕃的倚重，被授予高于大相的“杰琛”头衔。

真正吐谷浑本部的可汗，则是《吐谷浑纪年残卷》中提到的莫贺吐谷浑可汗。莫贺吐谷浑可汗可能是伏允次子尊王这一系统的后代，于689年下嫁吐谷浑王的吐蕃公主墀邦就是其生母。因此莫贺吐谷浑可汗于706年时约十六七岁。至727年墀德祖赞赞普（704～754年）任命其为众相。从此莫贺吐谷浑可汗正式取代坌达延系，进入蕃廷任要职。坌达延系自714年不复见于吐蕃史册之中。

显然，坌达延系与吐谷浑王乃分属不同的部族。根据墓葬丝织品研究可将血渭一号王陵的年

代断在8世纪中叶，即750年左右，此时的莫贺吐谷浑可汗也已达六十六七岁，墓葬的主人是否是他，值得深思。此外，距大墓以北六七十米的M6出土一枚木牍，用古藏文书写，寄信者称呼墓主人为“赞蒙”，说明墓主人的身份为“王后”，这些都为我们判定热水血渭王陵的身份和地位提供了参考依据。

属于吐蕃王朝时期纯粹的吐蕃墓葬在都兰也有发现，1999年青海省考古研究所会同北京大学考古文博学院在血渭大墓正南的察汗乌苏河南岸发掘了4座被盗掘过的吐蕃墓葬，发现了一批古藏文资料，中央民族大学王尧教授进行了考证。他认为，墓石字迹十分清晰，从残留金箔痕迹看，阴刻文字内原来贴有金箔。文字中说墓主人的身份是所谓blon，汉字译为“论”，就是部长一级的长官，可译为“相”。这方墓石说明墓主人的身份属政府高级官员，因而才有如此豪华的陪葬器物，并树有墓石。

在这次发掘出土木简中，有一简编号为RB115.Ki22（99DRNM1：36），简文写有vdzong/zhang-skyes一词，应包含了墓主人的名字，可译作“为尚思结送葬”。“尚”是与王室通婚的家族，在吐蕃时期，和王室通婚的有四大家族，它们是：vbro氏，汉文译作“没庐氏”；sna-nam氏，汉文译作“南东氏”；mtshims氏，汉文译作“綝氏”；tshe-spom氏，汉文译作“蔡邦氏”。这四大家族成员往往以后党身份，由外戚入主大政，左右吐蕃政教事务。因而，墓主人“尚思结”可能就是《敦煌本吐蕃历史文书》提到的“结桑”，按照古代发音，应读“思结桑”。

从文献记载看，这位尚论思结桑名叫“甲贡”，一直参与并主持会盟重典，权力很大，在757年死于任上。这个发现提示我们，可能因为那时吐蕃已经攻陷一系列青海、河西一带城池，军事攻略的军帐就设在吐谷浑旧地，而都兰一带属于吐蕃后方，故葬于此地。此类问题均有待于进一步考察。

都兰热水出土吐蕃王朝嵌玉金饰牌

吐蕃墓葬多有封土，少数无封土，一般均在地面砌梯形石墙，墓室上方盖有柏木、柏木大小与墓室大小成正比。柏木上再盖砾石一层。墓室常见长方形、方形、梯形等形式，分单室、双室和多室等几种。也发现有带回廊的。一种分前后两室的墓葬，前室为石砌，后室为木椁。墓底一般均以石块和木板铺地。葬具发现两种，一种为近方形的木制棺箱；一种是仅有底板和侧板，无盖板的棺箱。无葬具，将尸体直接放置于铺地板和铺地石上的墓葬数量较多。葬式中多见屈肢葬，分俯身和侧身两种。二次扰乱葬也有一定数量。仰身直肢葬罕见，火葬数量亦较少。有单人葬、男女合葬和三人合葬等等。墓葬随葬器物中数量及种类因墓葬大小而有不同。

热水血渭一号墓的墓上建筑引人注目。该墓为双覆斗式封土，上层封土由黄土、沙土、砾石、巨石等组成，排有七层穿木，并构筑梯形混凝夯土墙和梯形石墙，有器物陪葬墓和动物陪葬墓两座，均未见人骨，经测定，主墓在下层封土的下方。符合《旧唐书·吐蕃传》中的记载，

都兰热水出土吐蕃王朝忍冬花形镀金银饰片

都兰热水出土初唐黄地小团窠连珠对羊纹绵

都兰热水出土初唐黄地小团窠连珠对马纹绵

都兰热水出土盛唐刺绣忍冬纹鞍鞯

都兰热水出土盛唐刺绣宝相花纹锦袜

证明吐蕃显贵人物有在主墓之上建供殿或享堂的习俗。

文献中记载的吐蕃丧葬仪轨中，殉牲习俗占有重要地位，这一点在都兰墓葬中得到了印证。主要有以下几点不同的形式：一是以割裂的动物肢体殉葬；二是将兽骨置于墓葬的耳室中；三是以单独墓葬出现，作为大墓的陪葬；四是以组合遗迹形式出现。例如热水血渭一号墓南面平地上的陪葬遗迹，由27个圆坑和5条陪葬沟组成。整个布列范围长30、宽50余米，共殉牛头、牛蹄者13座，殉完整狗者8座，陪葬沟中殉完整马87匹，其规模之大实属罕见。

以往关于吐蕃是否存在人殉制度的问题一直聚讼难定，夏日哈1号墓，智尕日3号墓均发现殉人，是吐蕃存在人殉制度的实证。

近年来，许多学者根据大量的考古资料，认为藏族的古文明从文化主体上看应归属于东亚文明体系，这种文明从新石器时代起就同青藏高原东部氐羌系统的文化以及北方草原系统的游牧文化相融合，并与华夏文化发生了深刻的渊源关系。这种渊源关系正是导致藏族文明不断向东发展，从而最终归属于中华文明这一大格局的重要原因。这种文化上的东向性，在都兰吐蕃墓葬中有较为集中的体现。表现在：从出土文物上看，部分陶器例如一种带双腹耳的灰陶罐同青海东部汉晋墓、河西汉晋墓中同类器物接近，沿袭特点明显，显然受汉地影响；墓葬中出土一批“开元通宝”铜钱，小宝花铜镜为中原汉地输入；大量漆器如杯、碗、盘等属汉地制造；部分木器和织锦上书写有汉字，可能此时汉字在一定程度上还继续使用；绝大多数丝绸为中原汉地织造，品种几乎囊括了唐代所有的品种；出土汉地织锦中出现佛教图像，说明此时吐蕃所流行的佛教图像在相当大的程度上是从中原汉地输入的。

从墓室形制上看，汉代中原的诸侯王、列侯实行“明堂”、“后寝”、“便房”、“正藏”与“外藏椁”制度，即一种“前堂后室”的前后两室，以及东西耳室、各室之间以回廊连通的墓室建筑制度，也即所谓“汉制”。这种墓室一般流行到魏晋时期。到了魏晋时期，许多贵族墓往往建成单室方形，即所谓“晋制”。值得注意的是，这种墓室制度也在吐蕃墓葬中发现。例如：热水血渭1号墓第2号陪葬墓即有前后室、东西耳室以及边通各室的回廊，智尕日2号和8号墓亦作成前后两室的形式。单室方形墓在都兰吐蕃墓中数量较多，普遍存在。上述情况表明，在墓室建筑制度上，无论是“汉制”还是“晋制”，都被吐蕃所沿用。自然，其墓葬制度因袭汉地应早有渊源，并不是从唐代才开始。应从构成藏族的其他民族成分，如羌、鲜卑等与中原汉地的关系去理解。藏汉之间的文化融合，也应该是在这些民族的迁徙、交往的过程中逐步形成的。无论如何，从都兰的发现可以证明，藏族人民与汉族人民早在1000多年前的唐代，就已经形成了一种在文化上密不可分的血脉相连的关系。

以出土文物为例：1965年我国考古工作者在敦煌莫高窟的K130窟内及K122、K123窟前遗址中发掘出一些丝织品，其时代属于盛唐，品种有数十种；新疆吐鲁番阿斯塔那古墓群是建国以来丝绸出土较多的一处。其年代从汉一直到唐代中期，从发表资料看其品种有七八十种；陕西省扶风县法门寺地宫内出土了大量的丝绸，品种多达百种，但多数属晚唐之物；除此之外，在日本正仓院内亦保存着大量的丝绸，时代为7～9世纪，品种有一百几十种，与上述四处相比，都兰吐蕃墓所出丝绸数量之多，品种之全、图案之美、技艺之精、时间跨度之大（约6世纪末～8世纪后半叶）均有过之而无不及。种类之多几乎囊括唐代的所有品种。其中织金锦、缂丝，嵌合组织显花绫、素绫、绀锦等均属国内首次发现。据统计，这批丝绸中，共有残片350件，不重复图案或色泽的品种达130余种。其中多半为中原汉地织造，占品种总数的85%，18种为西方中亚、西亚所织造，占品种总数的14%。西方织锦中有独具异域风格的粟特锦和波斯锦，一件织有中古波斯使用的钵罗婆文字锦，是目前所发现世界上仅有的一件确证无疑的8世纪波斯文字锦。

六　宋元明清时期

自1979年以来，先后在青海互助、湟中、大通等地征集到一些宋代瓷器。胎质多为浅黄色，釉色有白、黑、酱等。有的一器施两种釉，如内施白釉，外施黑釉等。装饰技法以剔刻釉为主。器形有高足碗、斜壁碗、高足灯、浅盘、扁水壶、罐、双耳罐、多耳罐、瓮、经瓶（牛腿瓶）等。釉色与器形大多与西夏瓷相似，应归于西夏。但部分器物，尤其是饰黑釉和酱色釉的器物体壁较厚；剔花瓷罐多为敛口无颈，体形矮胖，花叶硕厚；扁水壶带圈足，无剔刻花，有瓦棱纹，均具地方特色。剔花瓷罐上的白菜图案和阴剔花技法更为其他西夏瓷器所未见。这些情况说明青海发现的西夏瓷是当地窑口的产品。

11世纪初，吐蕃后裔唃厮罗兴起于青海东部，先后以廓州（今化隆）、宗哥（今平安）、邈川（今乐都）和青唐（今西宁）为都，与宋友好，成为西北地区一支举足轻重的政治力量。1099年，唃厮罗内讧，宋军进入河湟，改青唐城为鄯州，邈川城为湟州，由于军粮不继、后无援兵，旋即退出河湟。崇宁三年（1104年）宋军再度进入河湟，改鄯州为西宁州、改湟州为乐州，西宁之名由此开始，一直沿用至今。后南宋偏安江右，河湟地区成为金和西夏逐鹿之地，对峙达百年之久，大抵以黄河为界，各领南北。

青海地区宋代遗物至今发现甚少，这和赵宋王朝直接统治河湟时间短暂有很大关系。宋代考古发现以互助丹麻窖藏最为重要。1982年，互助土族自治县丹麻乡泽林村社员在建房时发现一窖穴，出土瓮、盘、

互助县丹麻乡出土西夏剔花瓷罐

碗、盏等瓷器十余件，其中两件制作精致，器表遍施一层酱色釉，口部饰有几道弦纹，腹部减地剔刻出菊花和缠枝牡丹图案，线条流畅，黑白对比强烈。1983年以来，在青海东部农业区的湟中、互助、大通、民和、化隆等地，先后征集到宋代、唃厮罗、金和西夏的文物，计有银碗、铜盆、瓷碗、瓷盘、瓷背水壶、四系和六系的瓷罈等，多出于窖藏之中。此外，大通县花科村征集的金代“通津堡道路巡检之记”铜官印，化隆县昂思多乡沙吾村征集的带柄神仙故事镜、春宫图铜镜，以及民和征集的西夏文铜官印等都是这一时期的重要发现。对研究青海地方史和宋与西夏、金、唃厮罗之间的关系有重要价值。

1227年，成吉思汗首先攻灭西夏，旋又攻占西宁、积石等州，尽有河湟之地。不久又灭金（1234年）亡宋（1279年），统一全国。青海地区先后归蒙古帝国和元朝统治达140年之久。至元二十三年（1286年），廓、乐二州，并入西宁，并于河州路下设贵德、积石二州。青海广大牧区则归属设于河州（今临夏）的“吐蕃等处宣慰使司”管辖。1368年以后，青海地区土司各族首领相继归附明朝。明设河州卫，辖黄河流域的贵德、积石两个千户所。同时改西宁州为卫，辖西宁、碾伯、北川、镇海、南川、古鄯六个千户所。西部牧区置安定、阿端、曲先、罕东四卫。清初沿袭明制，雍正三年（1725年）改卫为府，青海东部农业区逐渐形成一府（西宁府）、三县（西宁、碾伯、大通）、四厅（循化、贵德、巴燕戎格、丹格尔）的建置格局。

元代以前，藏族和汉族是青海地区最主要的民族。元代之后随着蒙古族南下，撒拉族、回族的迁入，土族的形成，青海成为名副其实的近代民族聚居地。1958年冬，在柴达木诺木洪农场挖出一具保存完整的古代干尸，肌肉虽已风干，但须发俱全。身着黄色织锦缎面皮袍，头戴红缨皮帽，脚穿长统皮靴，软甲护身，腰贯皮带，周身用毛毡包裹。骨架一侧有马尾、鞍镫（代表战马）、弓箭等物，胸部有伤口，内塞一块丝绸，显有血迹。从衣着和出土文物判断，死者系一员战殁疆场的元代蒙古族武将。1955年秋，在格尔木农场发现用毛毡包裹的元代纸币一包，计400余张，面值有五十文、一贯、两贯3种，分别为元代中统、至元、至正时期印发的，应为游牧于该地的蒙古族遗物，其时代应为元末或明初。

元代以后，随着伊斯兰教的传入和藏传佛教的发展，特别是黄教（格鲁派）的迅猛兴起，各种宗教寺院如雨后春笋般兴建，至清代蔚成大观。这些寺观庙宇大致可分汉式和藏式两种。一般说来，汉式建筑通常由山门、殿堂、廊房和厢房组成，呈中轴对称式布局，以乐都瞿昙寺为代表。藏式寺院多建筑在风景秀丽的名山高坡上，因地制宜呈自由式发展。但是，大的寺院往往也将汉、藏建筑统一在一起，成为汉藏结合式，在黄教六大寺院之一的塔尔寺表现得最为突出。这种藏式寺院建筑中揉进了不少汉式技术，成为汉藏建筑技术融合交流的产物。伊斯兰寺院建筑，不论规模大小，一般由照壁、山门、唤醒楼、礼拜殿、经房和浴房等组成。以唤醒楼和礼拜殿最为雄伟。唤醒楼多为三层三檐八角攒尖顶式结构，礼拜殿则多单层单檐大木作歇山顶建筑。照壁和大殿前廊墙壁多有精美的砖雕和木刻，具有浓郁的生活气息和地方民族特色。宗教寺院大多保存了一些名贵的宗教文物，如塔尔寺的壁画、堆绣、酥油花，瞿昙寺的壁画，洪水泉等清真寺的砖雕和木作以及一些名贵的塑像、经籍、唐卡、法器、印玺、碑碣、香炉、金银灯盏等。

1957年12月，在西宁南滩清理了被盗的晚明总兵祁秉忠夫妇合葬墓，出土木质灯台两盏、墓志两方。1976年8月，在大通县大哈门清理了晚明总兵柴国柱、其母赵氏和两个儿子的墓葬共4座。出土铜、锡、铁、木、玉、石质文物200余件，随葬器物多为明器。以上两处明墓共出土墓志6方，铭文8700余言，较详尽的记述了祁、柴两大家族的家世源流及主要人物的生平事迹。字里行间较多涉及历代移民实边和明末阶级斗争、民族矛盾日益激化，边疆军事活动部署，以及统治阶级内部昏庸腐败等方面的情况，具有一定的历史价值。1985年，在互助土族自治县五峰乡的陈家台村出土了陈土司的旁系传人陈转的墓志一方，也是这方面的重要发现。

从唐代开始在日月山一带交马互市，进行民族贸易的传统一直沿袭到明清时期。青海省贵德县发现朱明王朝颁发给纳马部族的“金牌信符”是这方面的实物例证。金牌正面楷书“信符”二字，背面篆书“皇帝圣旨，合当差发，不信者斩”。

明代传世的鎏金铜印、封诰、贝叶经、手抄本古兰经、水陆道场图等都是不可多得的珍贵文物。传世瓷器在青海也有一定收藏，如藏于青海省博物馆及文物商店的清代五彩百鹿图瓷瓶、五彩童子嬉戏图瓷壶、墨彩山水图瓷壶、蓝釉瓷酒壶、鸡血红釉瓷壶、羊皮画等。由于青海是多民族聚居的地方，所以遗留下大量的民族民俗文物。精美耐用、灵巧轻便的藏刀、蒙古刀、保安刀均享有盛誉。精巧的金银酒具和以玛瑙、翡翠、玉石制作的鼻烟壶在牧区也不罕见。马是牧民们主要的放牧对象和交通工具，人们用华丽的鞍镫和名贵的佩饰来妆点骏马，以表达对马的钟爱。蒙、藏群众虔诚信仰佛教，他们随身携带的护身符刻满各式花纹，镶以珍珠、玛瑙，中置佛像符咒，具有独特的宗教色彩。以金、银、珊瑚、玛瑙、绿松石、琥珀等贵重物品制成的耳坠、手镯、戒指和项链是各族妇女最常见和最喜爱的装饰品。一部分藏族男子也有戴戒指、手镯和耳环的习俗。回族和撒拉族妇女也喜欢戴耳环和戒指，但以金银为主，形制要小巧玲珑一些，其图形以植物花卉为主。此外还有土族的各式纽达（头饰）、蒙古族和藏族的胸佩、辫套上的银盾，以及各个少数民族各具特色的服饰、刺绣等等。

在文物普查中共发现古城295座，主要分布在湟水谷地及交通要隘上，从汉代至明清时期均有，但经过发掘的较少。此外，在青海西部的广大牧区共发现岩画地点17处，图像数百幅，其年代从青铜时代延续至隋唐时期。

60年来文物考古的收获，可以充分说明，从远古时代中华民族的祖先就劳动生息和繁衍在青海省。这些物质文化遗存，不仅可以印证历史文献的记载，而且为我们研究古代西北方的羌、月氏、匈奴、鲜卑、柔然、突厥、吐谷浑、吐蕃、党项等族的历史和文化，提供了可靠的实物资料，填补了史籍记载的空白。

青海省发现的大量古代文物，富有浓郁的民族特点和地方特色。古代各民族的文化遗物，和中原地区的文化遗物或多或少地同时并存，反映了古代西北地区与中原地区密切交往和不可分割的联系。

七 结语

青海境内的区域性考古学由于在内涵上是以民族考古学文化为主体，加之青海地处古代东西交通和文化交流的要冲，故在文化面貌上呈现出多样性和复杂性。就青海省本身而言，由于在汉通西域之前尚无文字，故研究汉以前的历史只能靠青海考古学，所以着力加强和发展考古学是非常重要的。由于特殊的地理环境和气候条件，青海的许多遗迹和遗物保存较好，因此，青海又成为研究古代东西文化交流的热点地区。

青海考古也存在一些薄弱环节，比如在发掘工作中，以墓葬发掘居多，对可解决重大学术问题的不同时期的各类遗址发掘有限，制约了对重要学术课题的研究。青海幅员辽阔，但目前的考古工作局限在东部和海南、海西、黄南的部分地区，海北、玉树、果洛地区空白点很多。另外，青海20世纪70年代以来发掘的遗址较多，而资料整理编写和刊布工作较为滞后，直接影响了青海考古学研究和发展的进程。

此外，为了新世纪青海考古学的发展，还要在青海考古学的战略目标、人才培养、研究手段等方面作出更多努力，以便解决一些重要问题，创出佳绩。

（执笔：许新国）

中国考古60年
宁夏回族自治区

中国考古60年

宁夏回族自治区

从德日进（P·Teilhabd）发掘水洞沟遗址算起，宁夏考古工作已逾80年，但真正意义上的宁夏考古事业的开始是在新中国成立以后。经过了60年的发展，已经发现各类遗址、墓葬近2000处，并且还处于不断增加之中。在国家对考古事业的支持下，伴随着考古学理论与方法的不断成熟，现代科学技术的采用，科研队伍的逐渐壮大，宁夏地区的考古工作在60年的探索与实践中取得了长足的进步。

一　旧石器时代

作为中国最早发现、发掘的旧石器时代晚期文化遗址，水洞沟遗址的意义非同寻常。它不仅是我国发现和发现时间最早的两个旧石器文化遗址之一，并包含丰富的文化遗物，其石器工业中更具有大量极为明显的欧洲莫斯特文化和奥瑞纳文化的技术风格，是我国众多旧石器文化遗址中极为罕见的可以与欧洲旧石器文化传统进行全面比较的代表性遗址。它的发现不但纠正了“中国没有旧石器时代”文化的论断，还显示出该地区在2万多年前就已存在着东西方文化之间的交流与碰撞。自1923年以来，对该遗址共进行了5次系统发掘。1923年法国神父桑志华（E·Licent）与德日进教授的发掘工作持续12天，采集到犀牛、鬣狗、羚羊、黄羊、野牛、马、鸵鸟等动物化石；文化材料中有烧骨和多达300公斤的石器，其文化时代被定为莫斯特期或奥瑞纳早期。法国学者步日耶（H·Brehil）根据欧洲中部旧石器文化的现成类型概念，对水洞沟石器进行了类型学研究。石核、尖状器、刮削器、雕刻器皆呈现多种形状，虽然也有类似手斧的毛坯，但实际上完全缺乏典型的手斧。通过石片加工的尖状器、刮削器以及刮削—尖状器都与欧洲莫斯特型工具类似，尤其是石片台面上呈现的片疤，清楚地表明是莫斯特技术。石器原料多出自本地区含煤砾岩。步日耶认为水洞沟石器工业处于进化的莫斯特文化和正在成长的奥瑞纳文化之间，或为这二者的混合体。如果仅从类型学的角度来看，他的研究代表了当时世界上旧石器研究的最高水平。1960年中苏合作的考古发掘中共获得2000件材料，其中包括砍斫器，结论和步日耶稍有不同。认为石器在类型上既有旧石器中期的文化性质，同时也具有晚期特征，与旧石器晚期丁村较为接近，并可能有一定的承袭关系。裴文中等主张将其与水洞沟和萨拉乌苏合称的“河套文化”分开，称“水洞沟文化”。1963年由裴文中带领的中科院古脊椎动物与古人类研究所考察队进行的第四次系统发掘第一次明确了水洞沟遗址不是单一的旧石器时代文化遗存，而是包含了旧石器时代和新石器时代两个不同的遗存，只有底砾层（即7层）下部才是旧石器时代晚期遗存，代表水洞沟文化的面貌。1980年的发掘进一步支持了裴文中的主张，出土的6000余件石制品表明其在制作技术、风格等方面的显著差异。水洞沟石器有其独特性的一面，或与丁村较为接近，但后者年代较老，前者出土的两个封闭性良好的骨化石铀系法测定年代为34000±2000aB·P和38000±2000aB·P，但^{14}C测年数据——17250±210aB·P（动物化石）、26320±800aB·P（钙结核）——则显得更年轻。依目前而言，把水洞沟遗址看作一种旧石器晚期之初的文化或更恰当。水洞沟石器制作中的勒瓦娄哇技术（Levallois）在中国其他旧石器遗址中很少见。水洞沟石器上层全新世石器与下层差别不大，稍有不同的是雕刻器、尖状器减少，复刃刮削器更少。制作技术上也较旧石器时代的石器粗糙，尤其表现在尖状器上。一般认为，细石器工艺产生于旧石器时代晚期，水洞沟细石器的出现始于下层，据观察，这里的细石器并不十分精细。前四次发掘都是在当年德日进发现的第一地点进行的，2003年，宁夏考古研究所和中国科学院古脊椎动物与古人类研究所组队在两年野外调查的基础之上对水洞沟第2、3、4、5、7、8、9和12地点进行了科学发掘。在为期4年的工作中，发掘石制品和动物化石3万多件。石制品类型多样，带有明显的勒瓦娄哇技术风格的石核与石片的发现是一项重要突破，对界定水洞沟文化的性质及其与北方（蒙古、中亚和西伯利亚）、西方（欧洲）旧石器时代中、晚期文化关系提供了重要依据。在水洞沟，不仅存在着具有欧洲旧石器传统的石器形态，还在某些地点发现华北小石器传统的大量石制品、骨制品以及距今1.2万年的典型草原细石器。这些石制品与穿孔鸵鸟蛋皮、动物碎骨、火塘、灰烬层等遗物与遗迹的发现，对于更清楚地理解该文化人群的生产力水平、行为模式和审美意识有着重要的启示。

灵武水洞沟旧石器时代遗址出土的完整石叶

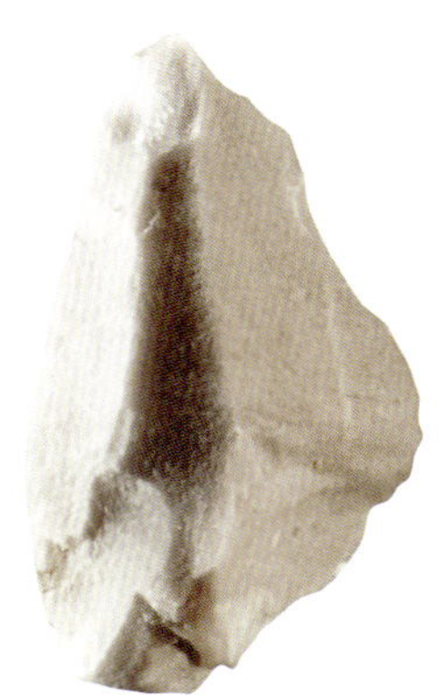
灵武水洞沟旧石器时代遗址出土的尖状器

鸽子山遗址属于中石器时代至新石器时代早期，调查结果表明，距今1.2～1万年间这里的狩猎、采集经济发生了重要的转化，主要是由于夏季风变弱引起寒冷，人类为适应环境、气候，其生存方式也有深刻的转变，主要表现在获取食物方式的进步促使食物量增长。一些学者曾引述欧洲、近东、美洲新大陆的材料借以说明这种变化的世界性。鸽子山石器已显现出由原来大型石器、石片向着小型、细化方向发展的趋势，此后便进入了一个细石器工业为主的时代，这种转化相当漫长。鸽子山的人们减少了迁徙次数，有了定居的生活。新石器早期的石器仍然包含有旧石器晚期打制石器的某些特征，尖刃器和采用指垫法的修理技术都可从水洞沟文化中找到共同点。其中所谓的磨食器（Milling Stone）值得重视，它是主要用于加工种粒和其他食物的工具，与原始农业有密切关联，后者则往往与新石器文化联系在一起。精细较小的磨食器移动时被带走，厚重的磨食器只在固定地点使用。鸽子山的12个地点中有4个地点还采集到新石器时代早期的红色泥质陶和夹砂陶器残片。打制石器、细石器、磨制石器和陶器的共生是荒漠草原文化的主要特征。

二　新石器时代

宁夏典型新石器时代遗址首推德日进的发现，1923年他在调查发掘水洞沟的同时，在长城外500米处发现新石器时代遗存。后来的调查证明，这是一处以细石器工艺制品、陶片、磨光石器等为主要内容而广泛存在于我国北方草原地带的原始文化。

大规模的新石器遗存调查开始于50年代中期，以后的20多年间，多为地面调查，并有少数墓葬清理，采集品多半没有可靠的地层作支持，只能通过类比进行一些简单推测，尽管如此，仍有一些重要发现。就地域来说，可分为南北两部分。北部的细石器文化广泛分布于黄河两岸沿线。如贺兰暖泉遗址中的浅地穴式房址，方形圆角单开间，门东向，狭长门道，房址中有一圆形火塘，后壁嵌一夹砂红陶罐，旁边有一副磨盘、磨棒，其形制与仰韶文化房址相近。该遗址中可随处采集到燧石、玛瑙、蛋白石、石英、砂岩等制成的细石器，有尖状器、刮削器、石核、石叶、石镞、石钻等，并常常伴出少量的磨制石器如磨盘、磨棒、石斧、锛、砺石等，常见一种加工精细的圆头刮削器，形制很小。在这类工具的基础上形成了狩猎、采集等经济形式。在靠近南部的细石器遗址中则发现数量相对较多的陶片，在泥质红陶中，彩陶占有一定的比重，彩陶以黑彩为主，也有少量的红彩，图案有三角弧线、条带、网状、圆点等，其风格接近马家窑文化陶器。农业在人们的生活中已发挥重要作用，旱作农业使人们可获得连续不断的食物，给采集活动以有力的补充。由于这些遗存大多缺少原生地层，又未经大规模发掘，虽然调查材料反映出和北方草原地带原始文化的共同性，但其文化内涵的全貌、与周边文化的关系、年代先后等诸多问题，尚需以后逐步解决。

宁夏南部是西北黄土高原的一部分，深厚肥沃的黄土为原始农耕提供了良好的发展条件。调查发掘资料表明，仰韶文化早期开始，这里就有农耕居民，1986年发掘的隆德页和子遗址中，除去仰韶晚期遗存外，还出土有仰韶文化早、中期的彩陶，可见这里曾经是仰韶文化分布的西缘。尽管如此，仰韶文化在该地区并没有得到像陕西等地那样充分的发展，而是为兴起的马家窑系统文化所取代。海原菜园马樱子梁遗址，出土的彩陶约占三分之一，以黑彩为主，与马家窑文化石岭下类型相似，^{14}C测定约为公元前3000年，与前者相当。相去不远的曹洼遗址，却是一个单纯的马家窑类型遗存，彩陶以橘黄色地居多。马家窑文化系统的石岭下、马家窑类型继仰韶文化之后在这一地区得到了充分发展。

在石岭下类型之后，约与甘、青地区半山、马厂文化同时，宁夏南部地区发展出了菜园类型，遗存分布范围广泛，业经发掘的除菜园外，还有固原店河、海原粪湾、海家湾等。从发掘材料较为丰富的海原菜园林子梁遗址看，居室有穹隆顶窑洞和半地穴式，根据一座没有扰动过的大面积窑洞推测，菜园人已经具有固定的抽象信仰生活。竖穴土坑、竖穴侧龛、竖穴土洞、横穴土洞、侧龛土洞5种墓葬形制同时并存，其中竖穴侧龛、侧龛土洞为其他地区鲜见，单人屈肢葬甚多流行。陶器以中等体量的小口罐、单耳罐、双耳罐最多，均为平底器，制法是泥条盘筑，未见慢轮修整，以夹砂陶居多，且以篮纹为主要纹饰。彩陶的数量少，以黑彩为主，也有少量的紫彩和红彩。图案有宽带、条纹、弧线、竖条、斜条、网络、锯齿等纹样，而以网络纹最发达，且往往数种图案组合在同一件器物之上。依照陶器的特征、组合和彩陶纹样母题的对比分析，菜园文化是由马家窑文化孕育而来，与马家窑文化的直系后继者半山、马厂文化表面风格类似，实际上却相去甚远；一部分器物与常山下层有密切的关系，代表着马家窑类型沿袭风格的陶器却不见于常山下层。应该是一种有着明显地域特色，与半山、马厂文化并行发展起来的独立文化。

菜园切刀把墓地出土新石器时代彩陶器

隆德页和子遗址第二段的遗存，出土陶器的主要器形有高领折肩罐、夹砂深腹罐、泥质双耳罐、单耳罐、夹砂双耳罐、单耳罐、鬲、斝、盉、盘等。颜色以橘黄、橘红为主，多见磨光和素面，其次为篮纹、麦粒状绳纹，有一定数量的附加堆纹和少量的刻划纹、方格纹陶器及彩陶。其中高领折肩罐、双大耳罐等主要器种的陶色、纹饰、器形与典型齐家文化秦魏家、皇娘娘台遗址大体一致，归入齐家文化范畴或许是恰当的。值得指出的是，在此之前发现的兴隆、上齐家遗存，却有与之相同的陶器特征，而前者则被认为是齐家文化的典型遗存的主要来源。这一观点值得进一步注意，当然以现有的材料而言，尚不能证明这种推测的可靠性。

尽管页和子遗址没有发现类似菜园遗址和第二段遗存在地层上的叠压关系，但后者晚于前者却是不争的事实。其中单、双耳罐、深腹罐、麦粒状绳纹等陶器主要特征，是由菜园类型发展而来。考虑到齐家文化在地域发展上的不平衡因素，菜园文化可能是陕（西）、甘（肃）、宁（夏）交界地区这类文化的主要源头。以页和子遗存第二段为代表的齐家文化在其发展过程中，明显受到其东部客省庄二期文化的巨大影响，从而产生了菜园文化所缺少的鬲、斝、盉等三足器新的文化因素。

三　青铜时代

气候干旱发生在公元前2000～前1000年，以后在中国北方地区原始农业区逐渐产生一种顺应气候条件、利用食草动物特性改变人们生产方式的经济。这种专业游牧化经济在公元前1000～前800年迅速在欧亚大陆的草原蔓延，一种以兵器、马具、动物纹样为代表的青铜文化普遍流行。北方青铜器研究在西方由来已久，但在中国却是近30年才形成一定规模。宁夏青铜时代典型的西周成、康时期墓葬在固原被发现，出土有鼎、簋、兵器、马具等，被认为是周人势力越过陇山以西的重要证据。后来宁夏则成为北方青铜文化集中分布区之一，中原式青铜器逐渐退出。北方系青铜器从70年代起就有一些零星发现，80年代发现甚多，导致了彭堡余家庄、杨郎马庄墓地两处大规模墓地的发掘，使我们大体上了解了这种文化的一般面貌。墓葬集中在某一地区，形制包括土坑墓、竖坑土洞墓、侧室土洞墓等，其中以洞室墓最具特色，显示出另外一种重要序列。它兴起于西北黄土高原，主要是模仿墓主人生前所居住的窑洞形式营造的，墓室中有30° 的斜坡。墓室中陪葬大量食草动物马、牛、羊的头骨，有时配以蹄骨，每墓从几具到几十具不等，最多达50多具。墓主人头低足高现象多见，大多数人仰身直肢葬，没有葬具，身体的方向是头东足西，或头东北足西南，是当地的一种重要葬俗。一般认为墓主人的头向所表示的是自身来源或信仰等，可能和北方游牧民族崇尚日月的习俗有关。随葬器物中可称得上农业生产工具的很少，陶器通常只有一两件，制作较为粗糙。大量随葬青铜兵器、马具和动物纹样的装饰品。管銎啄戈是武器中具有代表性的，逐渐演化成为沿用时间较长的鹤嘴斧。青铜短剑是北方青铜器中标志性的器形，其形态上的由简到繁、由繁至简或两者并存是一个尚待解决的问题。在春秋晚期的墓葬中出现铜柄铁剑，是一种全新的武器，伴随着铁器工艺的使用，性能优良的铜柄铁剑占了相当重要的位置。在此后多年间这种武器随北方青铜文化迁徙传入西南地区，成为西南青铜器的重要组成。动物纹样的饰品代表了北方青铜文化的主流，浑体动物鹿、羊或其他动物纹的牌饰中以虎噬鹿为代表的构图集中反映了专业牧人在艺术上的追求。动物题材大多数与内蒙等地的鄂尔多斯式青铜器非常一致，但也有一些内容为当地所独有，鹿形牌饰是本地制造专供随葬使用的装饰品。骨角类装饰品、马具则是另外一个重要特征，它们所采用的原材料是鹿角，鹿亦是当时这一带的常见动物。其中关于怪兽题材的母题，是公元前7世纪前后由南西伯利亚传入我国北方草原的，深刻影响了北方青铜文化。流动民族的居住生活遗迹很少被发现，墓葬中也几乎没有打破关系，给确定时代带来一定困难。在研究器物群变化时又缺少陶器，只能选用一些典型青铜器探讨其年代。宁夏的这类墓葬早期可至春秋时期，春秋晚期至战国中期是这种文化最为发达的时期。活动在旱作农业区的边缘地带是该文化拥有者的基本特征。根据对余家庄、马庄、倒墩子几批墓葬人骨材料的研究，人体的主要特征性指数落在了北亚蒙古人种的范围之内，与具有东亚蒙古人种特点的新石器时代的菜园人群完全不同。在区分宁夏地区的北方青铜器与内蒙鄂尔多斯式青铜器时涉及了这种文化的命名，于是有了黄土高原青铜文化、西戎文化、杨郎类型、马庄类型等说法，以现有的发现与研究尚不足弄清这些文化间的差异。

王大户村春秋战国墓地是近年来在宁夏南部地区发掘的较为重要的一处青铜时代墓地。墓葬除1座是由短斜坡墓道、竖穴土坑和洞室组成外，其余6座均由竖穴土坑（墓道）和洞室组成，平面形制有“凸”字形和倒刀把形两种。洞室掏挖于竖穴土坑底部中东部或东部偏一侧，较窄且低矮，底部呈东低西高的斜坡。殉牲主要为马、牛、羊的头骨，并有少量的蹄骨，其中部分头骨带环锥，主要放置于竖穴土坑内洞室开口部及其周围。有的墓中头骨分层放置，成为该墓地的一个特点。随葬器物有陶器、铜器、铁器、骨器和绿松石、玛瑙饰件等，铜器有剑、

杨郎乡马庄墓地出土春秋晚期至战国时期青铜鹿牌饰

戈、刀、矛、镞、马衔、带饰、鹿形车饰、牌饰、带扣、鹤嘴斧、锛、鸟头形杆头饰、铃、各种泡饰等。铁器有马衔、矛等。其中鹤嘴斧、锛、鸟头形杆头饰等銎内残存朽木，断裂面带清晰的毛刺，应属将完整器毁坏后放入。骨器有马镳、节约、饰件和镞等。另出土1件铜柄铁剑。随葬器物主要出土于洞室，大多数分层放置。

彭阳王大户村春秋战国墓地青铜剑　彭阳王大户村春秋战国墓地青铜鹿饰

战国晚期以后，宁夏地区文化趋向与中原统一的方向，已经发掘的数百余座汉墓在形制、随葬器方面与中原系统大体相同。其中固原一些墓葬棺木、人骨均有明显火烧的现象，引起学者的注意。但一些少数民族墓葬却有鲜明的自身特点，年代为西汉中晚期的同心倒墩子匈奴墓地的墓葬形制仍然沿用了春秋战国时期北方系青铜器墓的特征，以土洞墓最引人注目，亦随葬有牛、羊头、蹄骨，值得注意的是没有马头骨。葬具方面除去婴幼儿墓葬外，大部分都有棺木。随葬器物中陶器数量增加，多数墓有1～3件不等的陶罐，形制纹样与内蒙古、蒙古、原苏联外贝加尔地区的匈奴墓陶罐一致，据认为是带有匈奴特征的器物之一。装饰品中则展现出诸多原有风格，最具代表性的有动物纹铜牌饰、带扣等。来自内地的产品则较为普遍，有漆器、五铢钱币等，这个人群已经采用了定居的生活，随葬的牛、羊说明是以畜牧经济为主，生前年龄从几岁到50多岁不等，但基本上没有超过50岁的。墓主人的族属据推测有可能是匈奴人或戎人后裔。固原南塬地区汉墓中青铜（铁）鍑的发现，显示出两汉时期西羌一些族属在固原一带活动的踪迹，反映了欧亚大陆游牧民族文化向农耕区的扩张。

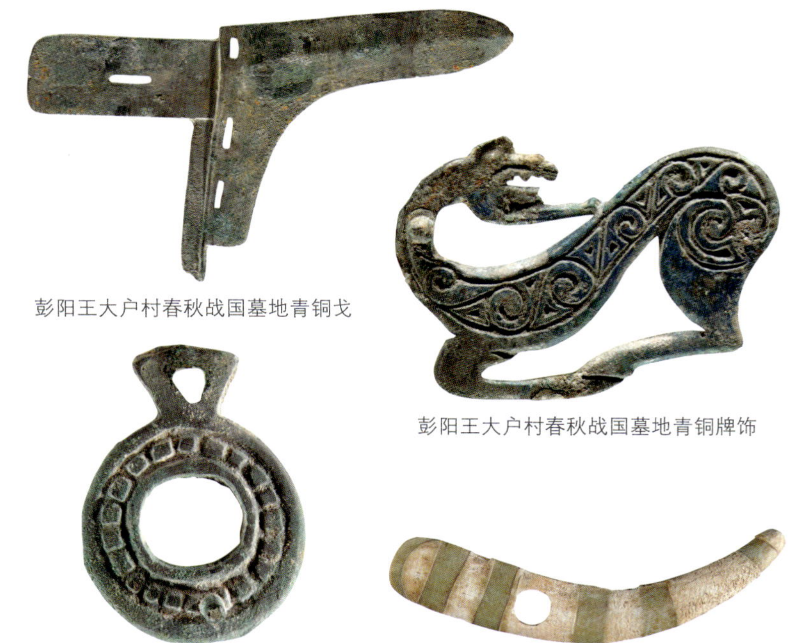

彭阳王大户村春秋战国墓地青铜戈

彭阳王大户村春秋战国墓地青铜牌饰

彭阳王大户村春秋战国墓地青铜带扣　彭阳王大户村春秋战国墓地出土马镳

四　北朝至隋唐时期

宁夏北朝至隋唐考古工作亦是引起国内外学术界广泛关注的重点之一。西晋十六国开始，我国西北地区开始出现一种在墓道上开凿长方形天井的做法，北朝时期长墓道、多天井的墓葬开始流行，天井最初是出于工程营造的目的而出现，后来发展成为院落的象征。彭阳新集发现两座北魏早

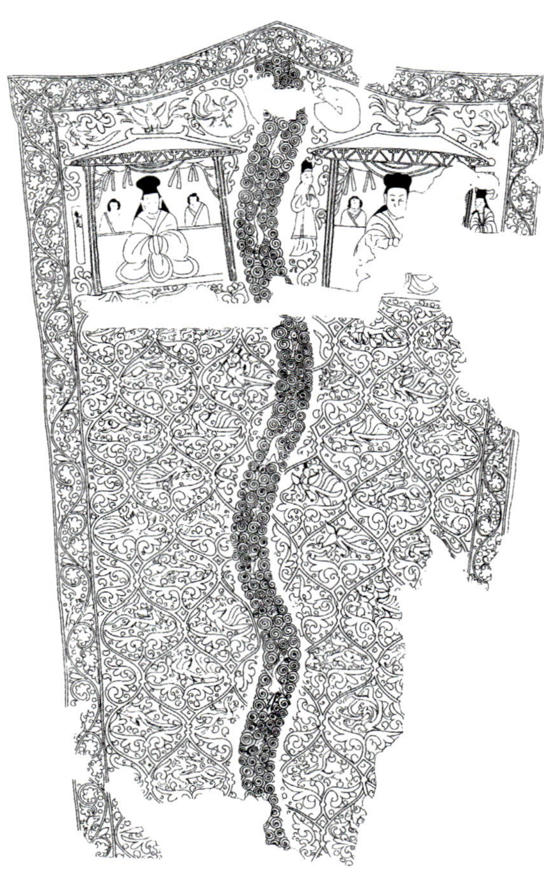

固原东郊雷祖庙村北魏墓漆棺画

期的墓葬均为长墓道，有两个天井，其中M1墓封土下有一简单的房屋模型和一完整的土筑房屋模型，以天井为中心合成一完整庭院。这种长墓道、多天井、洞室墓葬，在北周时期被固定下来，李贤墓有3个天井，宇文猛墓、田弘墓则有5个天井，墓葬全长在40～50米以上，是北周贵族最多采用的墓葬形式，隋唐长安周围中、高级官员墓葬多沿用。人们在研究隋唐墓葬形制时往往认为天井象征多重院落，甚至其数量的多寡往往与被葬人品级高下有关，但以固原、西安两地隋唐墓葬比较分析，这种意见并不能获得充分支持。墓葬的被盗与坍塌，是我国古墓葬中最常见的两种迹象，为以往考古发掘中所忽视。唐史道洛墓的发掘复原了墓室坍塌的过程。经过对动物骨骼的研究，确认了有狗、马、牛、羊等8种动物的存在，对了解当时该地生态环境及人类活动具有重要意义。

夫妇合葬是北朝隋唐大中型墓的一个重要特征，过去考古发掘中除在墓中发现不同遗物和墓志记载外，具体的合葬过程并不被发掘者注意。田弘墓的发掘使我们有机会了解到合葬的情况，在墓道至第五天井预留一个纵向剖面，剖面显示墓道至第三天井在被回填后没有重新开启。第三与第四天井之间在营建和二次葬之间曾坍塌，两天井被连在一起，二次葬仪时由此进入墓室，墓室中随葬器物得到清理，以保证合葬所需空间。

北朝后期是中国历史上继东汉之后壁画墓又一个兴盛时代。在1983年北周李贤墓发掘之前，学术界对于北周墓室壁画所知甚少。李贤墓墓道绘制执刀侍卫，天井过洞上方绘门楼，墓室中有执鼓乐侍女。田弘墓墓道天井没有壁画，墓室之中有三壁绘侍卫，西壁南侧绘侍从群像，从残留的足部看其中有女性，虽然两墓年代接近，绘画风格却表明他们来自两个工匠集团。这两座墓壁画的基本构图形式为隋史射勿墓所沿袭，墓道、天井两侧有执刀侍卫，尤以幞头执笏侍宦初见，此后这一形象成为唐墓壁画中最常见的人物题材。隋唐墓葬从基本形式到壁画内容都可在北周墓葬中找到渊源关系，因此后者可视为前者重要的来源。

固原南郊北周李贤墓出土鎏金银瓶

固原南郊北周李贤墓出土玻璃碗

以牛车为中心的大规模陶俑组合形式在西晋时已被固定下来，彭阳新集北朝早期墓沿续了十六国晚期直至西晋陶俑的组合形式。形成以牛车为中心随葬甲骑具装俑、武士俑、文吏俑、女侍俑的出行仪仗群，其中的甲骑具装俑反映了十六国以来的新因素。用鼓角俑作为主要力量是

该墓鼓吹军乐俑组合的一种重要特色。北周的这类陶俑虽然数量大量增加，体积却在明显缩小，多用半模制成，经焙烧后彩绘。无论固原还是西安贵族墓出土的陶俑，都表现出惊人的相似，与精美的北齐陶俑相比显得较为粗糙。北周、北齐经济实力、地域风格的差异，是我们需要考虑的外在因素之一，但两者相差悬殊的内在原因暂不能有令人满意的结论。

固原北魏墓漆棺画被认为是北朝画迹最重要的发现之一，其确切年代在北魏孝文帝太和十年（486年）前后，漆棺人物虽着鲜卑人装束，反映的内容却是中国传统神仙思想、孝悌思想，是北魏孝文帝太和改制的实物佐证。除此以外，在吴忠北郊发现的可能属于鲜卑人的北魏墓葬与唐墓在同一墓地分布的情况，印证了《魏书·地形志》记载的北魏最初在此设置的薄骨律镇与后来改置的灵州城以及唐灵州城的位置一直未变，属于同一城址。

北朝隋唐墓中发现的由中亚或西亚传入、反映中西文化交流的实物最为引人注目。凸丁装饰玻璃碗，对于确定萨珊王朝类似玻璃制品年代具有标尺性功用。鎏金银瓶腹部三组人物为希腊神话故事内容，是一件具有萨珊贵金属工艺风格的巴克特利亚制品。镶宝石的金戒指、银装铁刀、蓝色帕勒维铭文宝石印章，有日、月图案的金覆面，都是由中亚、西亚传入的奢侈品。田弘墓出土5枚东罗马列奥一世（Leo I）、查士丁尼一世（Justinian I）的金币，是中国境内发现东罗马金币最多的一次发掘。

隋唐时期宁夏地区少数民族与外来民族互动频繁，一些墓葬的发现极大地丰富了我们对这些民族以及民族间文化交流的认识。如同心韦州发现的吐谷浑墓和青铜峡发掘的铁勒契苾氏墓。

固原南郊隋史射勿墓幞头执笏侍宦壁画

固原南郊唐史诃耽墓蓝宝石印章

固原南郊唐史道德墓金覆面

盐池唐墓石门上的胡旋舞拓本

吴忠唐墓出土胡俑

吴忠唐墓出土马俑

吴忠唐墓出土塔形罐

唐史铁棒墓出土
萨珊金币仿制品正面

唐史铁棒墓出土
萨珊金币仿制品背面

盐池窨子梁发现一处中亚何国人后裔的墓群，墓地形制与中原地区流行形式十分不同。墓葬依山坡地势凿岩而成，有单室、双室、多侧室等数种，尸骨的处理也有单人葬及多人合葬一室，似有二次葬的痕迹，是一种独特的葬俗。墓葬早年间被盗，出土遗物不多，最引人注目的是M6墓石门上各刻有一名中亚形象的胡人男子在跳舞，据认为是隋唐间中亚流传中国的胡旋舞。吴忠唐墓还发现有深目、高鼻、多髯的胡人俑以及独立的马俑和塔形罐。固原南郊史氏墓地则是目前国内唯一一处有计划发掘、研究的大型粟特人家族墓地。墓葬虽多次被盗，但仍出土一些有价值的遗物。在已发掘的9座隋唐墓葬中7座有墓志，据载他们是流寓中国的中亚史国人后裔，维持聚族而葬的习惯。墓葬虽与典型的隋唐墓葬形制无二，一些特殊遗物却值得注意，每墓均出一枚萨珊银币、东罗马金币或其仿制品、萨珊金币仿制品，为墓主人口含或手握，是一种独特的葬俗。其人骨经体质人类学家鉴定，接近于高加索人种的河中类型。近年来在固原南塬又发现了一批隋唐墓

葬，其中九龙山唐墓还出土了不少精美的瓷器。一些存在口中含钱葬俗的墓葬与固原南郊史氏粟特人墓地接近，而体质人类学的研究结果也显示出有些头骨的颅面特征趋向于高加索人种，进一步说明隋唐时期的原州（即今固原）已经有相当规模的西来人口，但是需要注意的是，这些流寓至中国西北原州地区的异族在竭力保持自身葬俗的同时，无论是墓葬形制还是棺木土葬的采用都与所在墓地的同时期汉人墓葬无异。

采用考古学的方法来考察须弥山石窟是北朝隋唐考古的另一项重要成果，通过一系列的类型学研究，将须弥山北朝至隋唐时期石窟造像分为七期，在石窟年代学上具有特别重要的意义，也对研究无明确纪年的造像具有标尺性的贡献。当然在方法上有时为配合分类与断代也有将复杂内容简单化之嫌，类似的情况当不独限于须弥山石窟。

固原九龙山唐墓出土青釉四系盖罐

固原九龙山唐墓出土白釉三足盘

五　西夏时期

西夏文书、艺术品在20世纪初有两次重大的发现，与1908年俄国探险家科兹洛夫发现2000多册西夏文文书及几百幅艺术品相比，1928年灵武知县余鼎铭修城墙时发现的两大箱西夏文书就鲜为人知了。这批以《大方广佛华严经》为主的西夏文书，是元朝大德年间在杭州路（今杭州市）大万寿寺印刷的印本，散施于宁夏路等处寺院，据研究是采用木活字技术印制而成。近年来一些重要的西夏文书、艺术品的发现有赖于诸多西夏佛塔的维修或突发事件。宏佛塔、拜寺口双塔、108塔的维修中，在天宫、塔刹等部位发现大量绢质彩画、彩绘泥塑造像、彩绘木雕菩萨、女伎乐像、上乐金刚、彩绘桌、椅、绢纸花等，还有西夏文木雕版2000多块以及蒙元时期的银币如大朝通宝、中统宝钞等。西夏流行藏传佛教，这些佛塔、寺院遗址是西夏国的重要寺院，显示出西夏佛塔、佛寺的独特风格。艺术品中以唐卡最为突出，其内容既包含了西藏密教艺术，也反映出汉地佛教的影响。它们基本上都是在12世纪前后制造的。

考古工作者清理拜寺沟方塔时发现十多种西夏文书，如仁宗皇帝发愿文等。方塔建于西夏大安二年（1076年），是现存唯一塔心柱从底层直贯塔顶的唐塔作法。汉文文书表明西夏盛行华严宗。西夏文《吉祥遍至口和本续》是译自藏传佛教的密宗经典，藏文原本已佚，是现存的世界上最早的木活字印本。方塔内还出土了罕见的收录有75首汉文诗的西夏诗集，这些文学作品不同程度地反映出西夏当时的社

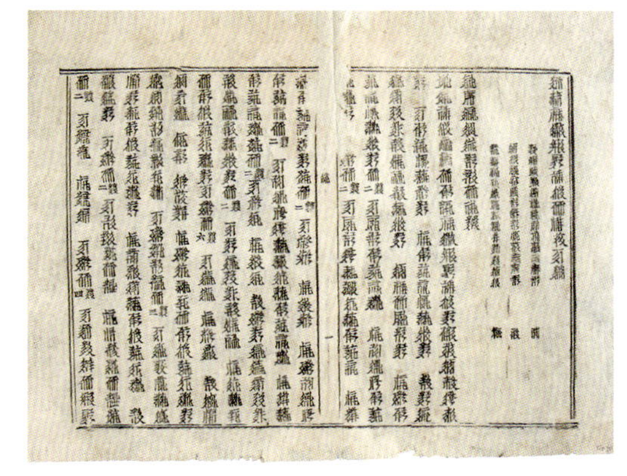

拜寺沟西夏方塔出土西夏文佛经《吉祥遍至口和本续》内页

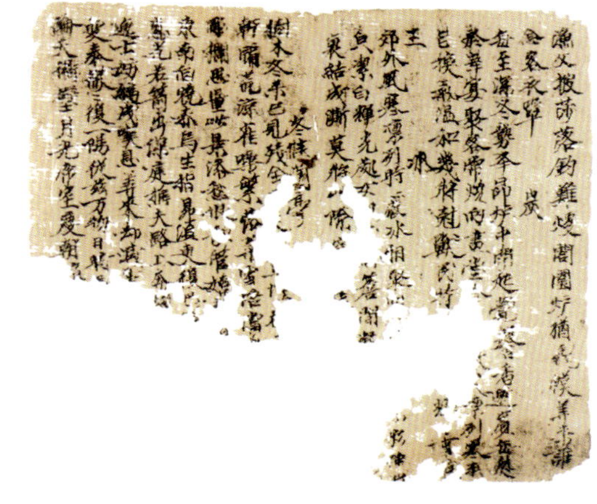

拜寺沟西夏方塔出土佚名“诗集”中的一页

会与文化状况、风土人情等。

西夏王陵埋葬着西夏九位皇帝，陵区东西宽5公里、南北长10公里，从70年代初期一直是宁夏考古工作的重点，通过20年的工作已经基本搞清了陵园的构成。每座王陵都是一个完整的建筑群，大体由角阙、鹊台、神墙、碑亭、内外城、灵台等建筑设施组成，占地面积达10万平方米以上，平面上强调对称。已发掘的三号、六号陵碑亭中出土大量西夏文、汉文残碑，内容涉及政治、军事、经济、文化方面及与北宋、吐蕃、女真、契丹等王朝民族关系。三号陵出土了大量建筑装饰性构件，有套兽、鸱吻、摩羯、海狮等。六号陵陵园地面遗迹主要由角台、阙台、碑亭、月城、陵城、防洪墙等构成。虽然建筑群各单元的大体构成与三号陵相同，但是门址、角阙、献殿和碑亭所表现出的具体形制以及建筑的表面装饰却不完全一致。王陵附近分布着200余座陪葬墓，经发掘墓道为阶梯式，陪葬有石狗、马、铜牛、织物等。由于王陵全部遭致盗掘，所留遗物甚少。

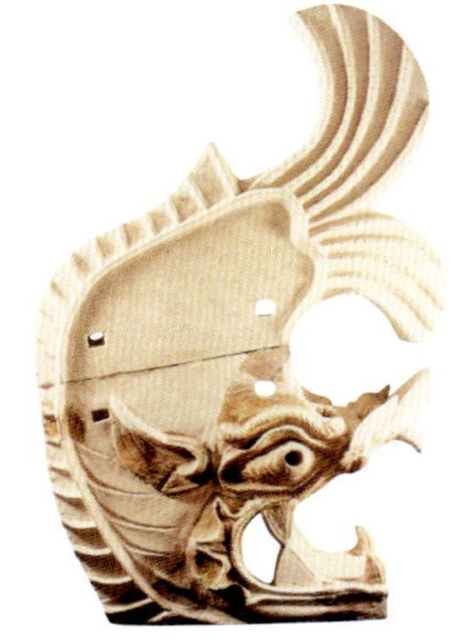

银川市郊西夏三号陵北门灰陶鸱吻

银川市郊西夏三号陵北门直筒方颈红陶套兽

银川市郊西夏六号陵南门门址

闽宁村西夏墓地木俑

距西夏陵区南端1、2号陵约20公里的宁夏闽宁县永宁村西夏墓地是一处西夏建国前后修建的与野利氏家族有关的党项人墓地。该墓地所表现出的墓葬形制、随葬木俑以及土葬与火葬并行，普遍随葬马、骆驼、绵羊等动物骨骼的葬俗，丰富了我们对西夏尤其是西夏建国前后时期党项人丧葬习俗与社会生活的认识。

西夏考古另一个重要收获就是发现几处西夏窑址，使以往鲜为人知的西夏瓷确立了在中国陶瓷史上独特的地位。通过80年代中期灵武窑的调查、发掘，基本上解决了西夏瓷器的年代与分期问题。窑址沿续的年代较长，可分五期，最晚可至清代，三期以上基本属蒙元以前，最早可推至西夏早期，与宋金时期流行的题材特征一致，其中“春水秋山”的主题亦似从辽代传入。扁壶则反映出西北游牧民族生活特征，成形十分复杂，仅胎体在尚未完全干燥情况下粘接就要求制造者有极高的技艺。装饰技法多样，其中剔刻釉占有突出地位。其装烧

工艺直接受山西同期窑影响，产品部分为官府生产，较粗器物或为民用，规模与产量、质量可与辽、金两期相比，证实西夏国有高度发达的制瓷手工业。与灵武窑相去不远的回民巷是另一处重要窑址，其造型特征虽与灵武窑基本一致，但表面装饰却与之有较大区别，以印花为主，受陕西耀州窑影响较大，产品质量则略高于灵武窑。

宁夏境内的古代石窟大多分布在南部山区的古代交通要道附近，而在贺兰山中开凿的大型西夏石窟当数山嘴沟石窟，这与贺兰山在西夏时期被认为是神山、圣山，统治者在此大规模修筑寺庙有关。早在20世纪80年代的文物普查工作中就已发现该石窟，近年来通过科学考古调查，在石窟壁画与出土文献两方面有重要收获。不仅出土了《金刚般若经集》、《妙法莲花经集要义镜注》、《圣妙吉祥真实名经》等佛经，还发现了藏传佛教文献和西夏文的辞书残页，这些出土文献除了具有很高的学术价值外，也是西夏活字印刷技术的佐证。山嘴沟的石窟壁画将汉藏风格的佛教造像安置于同一铺壁画中，并将藏传图像完全西夏式“汉化”为宋画菩萨，还出现了确定的西夏王夫妇供养人以及其他石窟壁画中少见的伏虎、降龙罗汉等题材，显示出12～13世纪中国各民族之间在思想文化领域的相互交流与融合。

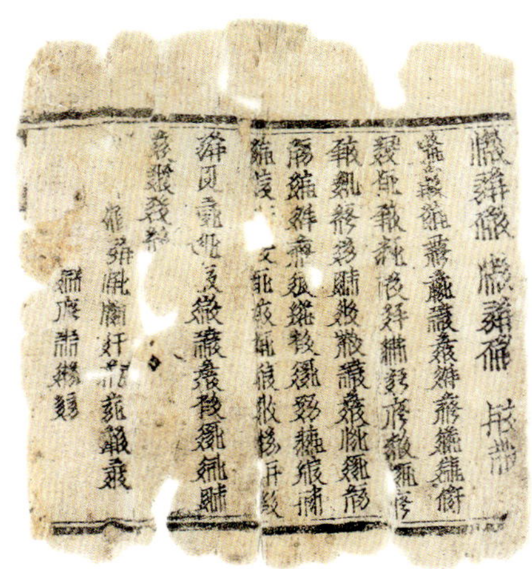

山嘴沟西夏石窟K2《金刚般若经集》残页

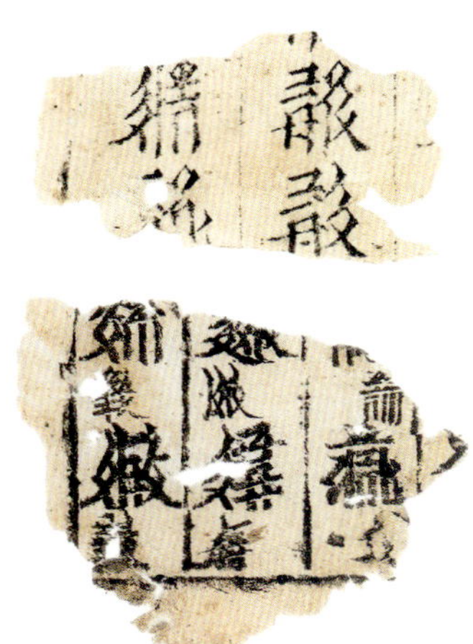

山嘴沟西夏石窟K2出土辞书《同义》、《同音》残片

六　元明时期

位于固原市原州区北18公里外的开城安西王府遗址曾经是元世祖忽必烈第三子安西王忙哥剌系在“六盘”的避暑府邸，也一度是西北地区的行政中枢，因地震毁于成宗大德十年（1306年）。作为一处元代大型宫殿建筑群，

山嘴沟西夏石窟K3窟内南壁壁画佛顶尊胜佛母

盐池明墓丝织衣物

盐池明墓丝织品

该遗址的分区布局、建筑规制、建筑性质与功能等问题一直悬而未决。自2003年以来宁夏考古研究所先后对北家山I区、北家山II区、长虫梁等地点进行了考古钻探与测绘，初步勘定了“六盘”安西王府宫城规制，其中最重要的收获就是发现了王府宫城高等级大型中央宫殿夯土台基和宫城的独特角台形制。

元代的开城地区民族成分相对复杂，混居汉、蒙以及中亚的穆斯林民族。从固原开城墓地出土的买地券上记载的汉人姓氏和名字以及一些头饰、发簪与内蒙古发现的元代蒙古人墓葬中同类器物形制相同，说明固原开城墓地应是当时居住在开城一带的汉人、蒙古人的丛葬地。个别墓中出土的明初洪武通宝，显示出该墓地的使用一直延续到明初。

盐池县郊冯记圈村发现的明代墓葬群，其中3处（M1、M2、M3）属于明代嘉靖到万历年间的边防守将杨氏家族墓葬，出土了60余件带有精美织纹与图案的丝织品，以墓主人的衣帽为主，包括有纱帽、方巾、头巾、袍服与补服、裤、裙、袜、靴、鞋以及陪葬的被面、铭旌等，多为斜纹组织的提花织物和缎纹织物，还有为数不多的绞经织物。盐池出土的这批丝织物数量大、品种集中，不难看出提花等技术在明代晚期已具备相当高的水平，同时，这些精美的丝绸织物在西北边陲出现，显示出明代以丝绸贸易为代表的商业活动的兴盛与活跃。

宁夏也是长城遗迹较多的省份之一，境内主要有战国秦长城与明长城。根据近两年来所开展的宁夏明代长城资源调查获得的系统资料，它们主要分布在宁夏东部、西部、北部和中部，始筑于成化八年（1472年），其后又不断续筑和修补。先后筑有东边墙、西边墙、北边墙和固原内边等四条骨干边墙，穿越了盐池县、灵武市、兴庆区、中卫市、中宁县、青铜峡市、永宁县、西夏区、贺兰县、平罗县、大武口区、惠农区、同心县、红寺堡开发区、海原县，全长约1300公里。遗存主要涉及墙体、敌台、铺设、烽火台、关、堡、采石场、挡马墙、壕沟、品字窖、居址、石刻等。这些长城主要分布在沙漠、丘陵、贺兰山和黄土高原的沟壑峁梁等处，自然环境比较恶劣，除红果子沟、三关口、下马关等几个重要关隘尚有砖石墙体遗迹外，绝大部分长城以黄土夯筑为主。此外，宁夏南部固原市境内还分布有200余公里的战国秦长城，秦昭襄王时始筑。从甘肃省静宁县进入宁夏西吉县，穿越原州区、彭阳县进入甘肃镇原县。宁夏境内这些规模宏大，建

盐池县明代长城墙体

筑形式多样的长城防御体系建筑，为长城研究及西北地区历史、地理、政治、经济、文化、军事和农业发展、民族迁徙融合等提供了十分宝贵的实物资料。

七　结语

根据以上对宁夏考古事业60年来的回顾可以看出，本地区在以下几个方面的课题有所进展。

1．水洞沟遗址对于研究东亚地区细石器传统起源有着重要意义。从目前的材料和测量结果来看，中国的细石器工业出现的时间均晚于水洞沟文化，而水洞沟的长石片或石叶工业所具有的强烈的西方旧石器晚期早一阶段的技术特点，或许暗示着从西方与北方传入的以预制石核为主要特征的石叶技术在水洞沟与中国北方已有的砸击技术相结合而产生的细石器文化向其他地区的传播。目前我们已对该遗址进行了多年的系统发掘，利用动、植物考古学、环境考古学等多学科合作的优势，对古人类文化与技术特点、生存环境、生计方式和适应行为等方面的研究信息不断有新的收获。

距今2000～1000年被认为是人类生产类型转变的关键时期，弄清各种石器出现或消亡的原因、时间、速度，成为考古学家所追逐的目标，旧石器晚期的水洞沟遗址以及鸽子山盆地遗址的大体年代均落在这一范围之内，水洞沟遗址上层已经发现距今约8000年的磨制石器，早期新石器因素应成为我们寻找重点。围绕着新、旧石器过渡时期气候、环境演变所带来的人类在获取食物时的变化，即新石器农业起源，其中重要的成分由何而起，虽已进行了一些工作，但距真正解决问题尚有很大的差距。相较之下，建构石器时代文化的基本框架，是我们的当务之急，北部新旧石器衔接是工作的重点。南部新石器中晚期一些遗址或成为解决齐家文化来源的关键。

2．以北方系青铜器为主要特征的游、畜牧民族文化，是国际学术界关注的热门话题。宁夏地区在地理、气候上正处于农、牧业分界线之中，我们已经发掘了几批处于专业游牧化之中的游牧、畜牧民族墓地。但在专业游牧化过程中起决定作用的遗址、墓葬尚未被发现，这种文化突然进入的外部证据，及迁徙、扩散的直接证据，将会是我们未来高度重视的方面。

3．北朝至隋唐是我国与其他周边甚至遥远国家交往最为频繁的时期，大量的外来民族流寓中国，而宁夏正处于其进入中原的要道丝绸之路上。关于这一课题的研究我们已经进行了一些有益的探索，也取得了国际合作的经验。该时期考古出土器物琳琅满目，而田野考古的目的在于追求信息量的最大化获取，一些重要的迹象只有也只能在田野发掘时取得，并不是在田野工作结束后再做牵强的推断。如关于盗墓、合葬等习俗虽有令人兴奋的个案，但要推衍到普遍意义上则需要更多深入工作支撑，这时田野考古的旨趣才能得以充分凸显。

4．西夏考古作为宁夏考古工作的重点理应受到加强。继3号陵之后，近两年又对6号陵地面遗迹进行了发掘。未来在以保护为主的原则下，将配合西夏陵城的土遗址保护，陆续展开关于西夏陵地面遗址的发掘，搞清每个园陵的布局及其相互之间的差异将是未来工作的方向。灵武窑与回民巷两处窑址面积多达20多万平方米，现仅发掘800平方米，现有结论或不周全。西夏佛教寺院，过去仅以佛塔为中心，而对寺院遗址的平面布局及其他建筑均未曾涉及。西夏国都城遗址考古的重要性是显而易见的，而以往几乎没有涉及，值得投入大力量去做。

5．以上这些课题的深入研究有赖于我们具有一支高素质的考古研究力量，目前这支队伍从获取原始资料的技术手段、研究资料的方法及学科理论的掌握等诸方面都有值得进一步省思之处。考古学者能力的培养亦将成为学科发展的关键，以往人们关注的焦点主要集中于考古学科本身知识的增长，忽视其他人文学科尤其是社会科学背景的训练。而影响一个学者思维习惯的不但有其专业知识，其背景知识往往也占主导地位。研究材料的过程本身都会有意无意存在着某种理论支撑，中国考古学的理论环节则相对薄弱。其技术层面理论基础是所谓的地层学、类型学，但这二者更接近方法论。任何情况下地层学都是表示年代特征的基本方法，类型学中遗物所包含的是相对年代的基础，就中国材料的广大繁多而言，它们已经发挥了相当重要的作用，如果深究起来，二者仍然存在着局限性。许多研究只停留在分类、描述的形式上，恐怕与方法上的单一不无关联。类型学在历史时期后期考古学上的运用显得尤为突出，有过于迁就类型形式需要、将复杂问题简单化的倾向，并没有仔细考虑作为解释前提的种种基本要素，结果成为个人主观色彩浓郁的推测。

对于中国考古学，张光直有一些深刻的思考和殷切的希望，其中理论多元化、方法系统化、技术国际化最具针对性，或许在今后相当长的时间内，这三点期待亦将成为我们努力的目标。培养一支在考古学理论、方法与实践的运用方面能够更加成熟的高素质科研队伍将是宁夏考古事业未来的发展中无法回避的现实，并且已提上人才培养的日程。

（执笔：罗丰）

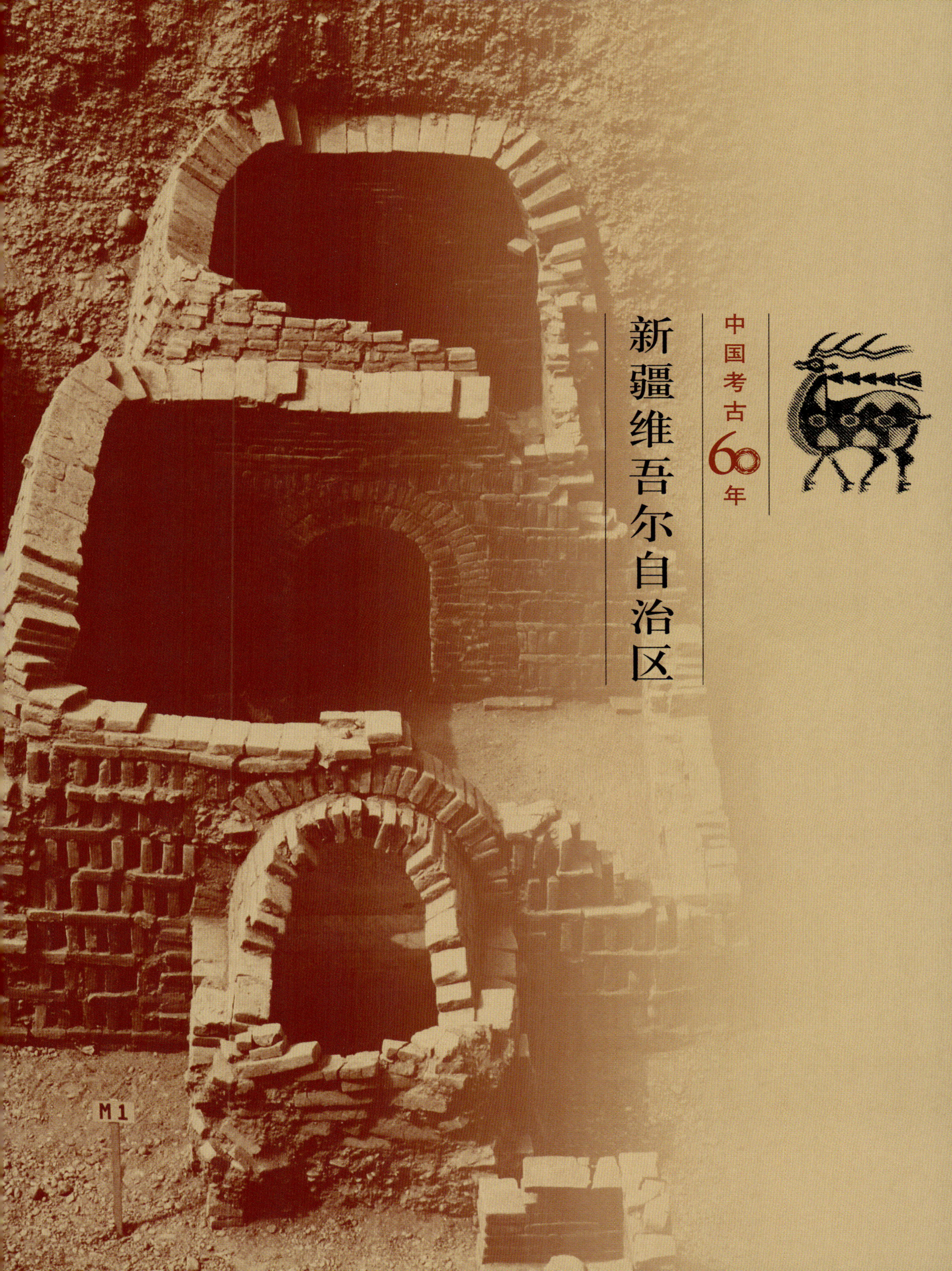
新疆维吾尔自治区
中国考古60年
M1

中国考古60年

新疆维吾尔自治区

新疆考古始于19世纪末～20世纪初国内外学者、探险家在新疆的探险、考察和盗掘。1927～1935年，中华民国政府组织了中瑞西北科学考察团，对新疆首次进行了考古学、地理学等综合考察活动。1949年以来，新疆文物考古工作始终贯彻国家文物保护方针，60年来考古成果显著。迄今在新疆已发现古文化遗址和墓葬近4000多处，重点调查和经过科学发掘的古遗址、墓地100余处，出土大量精美、珍贵的文物（丝绸织物、干尸和简牍文书等）。文物考古发现及其成果，对于科学研究古代新疆璀璨的历史文化、系统阐明新疆自西汉以来就是中国不可分割的一部分、全面揭示古代新疆各族共同创造的西域古代文明内涵及其在世界文明进程中的地位，具有重要价值。60年来的新疆文物考古工作，为维护国家统一稳定、促进民族团结进步及和谐社会文化建设，做出了积极贡献。

一　石器时代

新疆地域辽阔，境内有着丰富的古生物化石遗存。在20世纪20～30年代，中瑞西北科学考察团等就开始在新疆进行地质和古生物学考察研究。1993年在鄯善县飞跃、东池火车站附近清理发掘了一处第三纪大型哺乳动物化石，绝对年代为距今大约2400万年前后，对新疆东疆地区古地理环境变迁研究具有重要的意义。

旧石器时代遗址或地点的调查一直是新疆考古的重点和难点。1983年，在塔什库尔干县塔什库尔干河流右岸的吉日尕勒发现了一处古文化遗存，在原生堆积中发现了人工用火的遗迹，还发现了一件打制石器和若干石片，具有旧石器的特征。遗存地层年代为晚更新世，距今至少1万年。1987年，在和田市哈烟达克以南玉龙喀什河右岸，采集到一件打制砍砸器，在洛浦县等地采集到打制石核和石片，时代属晚更新世。采集的打制斧状砍斫器具有旧石器特征。

1993年，在交河故城沟西台地，采集到大批打制石器。在以石叶—端刮器为代表的文化遗存中，石器多使用自由锤击法，有柱状、锥状、圆盘状石核，石器有砍砸器、雕刻器、端刮器、锯齿状器、边刮器、端边刃刮削器，其年代相当于旧石器时代晚期；以细石核为代表的文化遗存中，石器使用间接打击法打片，有锥状细石核、柱状细石核、半锥—薄板状细石核、楔形石核等，为旧石器遗存。

2004年，在塔城、阿勒泰、吐鲁番盆地等多处地点发现旧石器遗存。在和布克赛尔县和什托洛盖镇骆驼石地点，大量打制石器、石制品散布于地表，主要类型有石核、石片和石器以及勒瓦娄哇石片等；石器以大型和中型居多，类型有砍砸器、刮削器、薄刃斧和手镐等，多数单向加工；初步判断应属于旧石器时代中晚期。在吐鲁番二堡乡和艾丁湖的烽火台附近也发现多处旧石器地点；其中烽火台遗址是一处有确切地层依据的重要遗址，石质品埋藏于地表以下的细砂和粉沙层中，类型以石核、石片、刮削器为主，以小型居多；初步判断其时代属于旧石器晚期至新石器时代早期。

新疆细石器遗存分布较多，在南北疆均有发现，如哈密七角井、乌鲁木齐市柴窝堡、吐鲁番阿斯塔那、木垒、疏附乌帕尔、辛格尔、罗布泊楼兰地区、阿尔金山野牛泉、克拉玛依、哈巴河齐德哈仁、150团场等；较为重要的有乌帕尔、柴窝堡等地点。

疏附县乌帕尔细石器地点是目前发现全疆分布面积最大、石器散布密集、保存最好的细石器地点，地表上见有集中成堆的制作石器的石料和工具等。采集的石器有细石核、石叶、刮削器、石镞、石片、石杵、石刀、预制石核、石砧、砍砸器、石料等。经初步分析，石器的年代可能早至旧石器时代晚期。柴窝堡石器地点发现的细石器达600余件，有石核、石叶、石片、刮削器、雕刻器、石镞等。在同地域还采集到少量打制的粗大石器，有刮削器、尖状器和矩形砍砸器等。其年代可能距今约10000～7000年。

新疆境内细石器基本上是地表采集，相关研究尚待深化。有学者曾就新疆细石器遗存进行过研讨。迄今新疆境内尚未发现和发掘真正意义上的新石器时代文化遗存。

二　青铜及铁器时代

60年来的考古发现与研究显示，约在公元前2000～前1000年和约在公元前1000年～公元前3世纪，新疆各地先后进入青铜时代和早期铁器时代。

（一）新疆地区青铜时代考古文化主要发现于罗布泊地区、哈密、塔城、石河子、和硕、尼勒克、和田等地

孔雀河古墓沟墓地出土青铜时代木雕像

小河青铜时代墓地

小河墓地出土青铜时代女尸

1．罗布泊地区的青铜时代考古文化遗存，以若羌县孔雀河古墓沟墓地、铁板河墓地、小河墓地等为代表，主要分布在塔里木盆地东缘孔雀河下游三角洲地区；目前尚未发现与墓葬有关的聚落遗址。这类遗存的发现始自1934年中瑞西北科学考察团的贝格曼首次对小河墓地的调查和试掘。1979年，新疆社会科学院考古所（今新疆文物考古研究所）对古墓沟墓地42座墓葬做了发掘，多数墓葬地表仅见两根立木，墓穴及葬具结构简单，多单人葬，仰身直肢，缠裹毛织物。其中6座墓葬地面见七圈规整的环列木桩，向外还有呈放射状展开的列木阵，墓穴在正中，矩形木棺（已朽），葬者头戴尖顶毡帽，足穿皮靴，胸前置装有麻黄枝、小麦粒的小草篓。随葬器物不见陶器，多木器和毛织物，还出土有细石镞、玉珠、小铜卷、骨锥、木雕和石质人像等。墓葬年代约为公元前1800年。小河墓地于2002～2005年经过全面发掘，发掘墓葬167座。墓葬分层密集埋葬，木棺上普遍覆盖牛皮，棺后竖红柳棍或细的胡杨木棍。棺前立木因死者性别不同而有区别，男性棺前立木似桨，女性棺前立木基本呈柱体。多数墓葬在墓室最前端再立一根高约3、5米的粗木柱，露出地表的部分涂红，有些顶端变细，悬挂牛头。木柱根部多放置一把草束，中夹粗芦苇杆和羊腿骨，旁放草篓。死者仰身直肢，头戴插鸟羽的毡帽，全身包覆毛织物，脚穿皮鞋；随葬木器、骨角器、石器、木雕人像、石雕人像、草编器、铜器、草编织物等。小河墓地考古文化面貌与孔雀河古墓沟墓地关系密切，年代约在公元前2000～前1500年。

天山北路墓地出土青铜时代双耳彩陶罐

天山北路墓地出土青铜时代铜镜

2．哈密地区遗存，主要有哈密市天山北路墓地（即林雅墓地）、巴里坤草原的南湾墓地和兰州湾子遗址。天山北路墓地已发掘墓葬700余座，形制有长方形土坑竖穴和土坑竖穴土坯墓两种。出土陶器有双耳罐、单耳罐、杯、壶、钵等，红衣黑彩或红彩，纹饰多样；铜器主要为耳环、手镯、圆形牌饰等；银器均为簪；骨器多为长方形骨牌饰；石器有珠、簪、石杵。该墓地延续时间长，年代约在公元前1900～前1400年，文化面貌与甘肃四坝文化关系密切。南湾墓地墓葬以单人葬为主，随葬陶器有双耳罐、四耳罐、单耳罐、单耳钵、单耳杯、双耳壶等，有少量彩陶；铜器有刀、镞、锥、镜、牌、管、耳环等。还有石器及少量毛织物，年代约距今3400～3000年。兰州湾子遗址遗迹类型多样，有规模宏大的石构建筑遗迹群、墓葬等，曾出土过彩陶、铜器、石磨盘等。在一处巨石构成的大型建筑遗址内，出土有陶器、石器、铜器等，铜器有环首小刀和圈足镀，还发现已炭化的麦粒。遗址年代约为公元前1200年。

3．塔城—石河子地区的文化遗存，包括塔城卫校墓地、塔城市下喀浪古尔村遗址、石河子水

泥厂墓地、托里县萨孜村墓地等。塔城市卫校西遗址发现有居住面和火炕及可能与祭祀有关的遗迹。出土陶器有缸形器、折肩平底罐，纹饰以指甲纹最多。石器有石砧、磨盘、磨棒、石杵、三角形有孔磨光石锄、石锤、三系石斧、环刃石器、砺石、纺轮、石球等。另有两侧磨光的羊距骨、小铜器及铜炼渣。并清理墓葬16座，随葬陶器和遗址区所出基本相同。文化面貌和南西伯利亚和中亚的安德罗诺沃文化相似，年代约为公元前2000～前1000年。石河子市水泥厂墓葬为竖穴土坑，单人葬，随葬陶器主要是盆形或瓮形器，多有刻划或压戳纹饰；铜器有刀、镞、镰等。在托里县曾采集、收集到一批安德罗诺沃文化时期的铜斧、铜镰、铜刀等，表明安德罗诺沃文化在新疆北疆地区有较广泛的分布。

4．和硕—焉耆盆地，在南疆地区，除阿克苏喀拉玉尔衮遗址和疏附阿克塔拉等处遗址发现以大量磨制石器为特征的考古文化遗存外，在和硕新塔拉遗址发掘和采集到大量磨制石器，还有少量打制石刀、刮削器、陶釜、彩陶器、铜刀、铜锥等；为青铜时代文化遗存。

5．昆仑山北麓地区的遗存，主要包括民丰县尼雅遗址以北地区遗存和于田县克里雅河下游遗存、克里雅河上游的流水墓地等。尼雅遗址以北发现的青铜时代遗存有房址一处，采集到石器、铜刀、陶器、骨珠、石珠等，年代约为公元前1000年。在克里雅河下游西北尾闾地区、圆沙古城以北多处地点，发现了早期房屋建筑遗存，采集到半月形石镰、石磨盘、陶罐、带流罐、刻纹陶杯、钵、料珠、铜刀等。年代约为公元前1000～前800年。流水墓地发掘墓葬52座，出土有双耳罐、深腹罐、单耳罐、四系罐、钵、杯、盆等，纹饰主要是刻划、压印的三角纹、弦纹、菱纹、网纹等；铜器有刀、扣、镞、马具、耳坠、手镯、铜镜等；石器有穿孔砺石、石眉笔与炭精块、玛瑙珠和玉佩等；金器有耳坠、珠饰；还出土贝壳、蚌壳、料珠、马镳、骨镞、铁器等；年代约在公元前1000年。上述诸地点属同一考古文化类型，可能与小河墓地、中亚瓦赫什文化、安德罗诺沃文化存在某种文化联系。据最新考古调查，在克里雅河下游地带新发现了与小河墓地文化面貌极为近似的墓地。

6．伊犁河流域地区，2007年在尼勒克县穷科克喀拉苏遗址首次发现了有明确地层关系的安德罗诺沃文化时期遗存，出土了一批重要文物，时代约为公元前1000年。这一发现对伊犁河流域史前考古文化序列、文化关系研究具有重要价值。

（二）新疆地区早期铁器时代的考古文化遗存，在哈密、吐鲁番、昌吉、且末、乌鲁木齐、巴州、阿克苏、克州、伊犁、阿勒泰、塔城等地都有发现

1．哈密地区以焉不拉克文化为代表，经过考古发掘的有哈密五堡墓群、焉不拉克墓葬和城堡、拉甫却克墓葬、艾斯克霞尔墓葬、黑沟梁墓地、庙尔沟墓葬、寒气沟墓葬、伊吾县拜其尔墓地和巴里坤东黑沟遗址、西黑沟遗址等。五堡墓地已发掘清理墓葬113座，随葬有陶罐、木桶、木勺、木梳、石杵、青铜小刀、锥、带把小镜、镞、牌饰、毛织物

焉不拉克墓葬出土铁器时代陶器

巴里坤东黑沟
出土铁器时代饰件

等。部分陶罐及木桶上饰有红衣黑彩和红彩。生产工具有石磨、木耜、木质三角形掘土器、木柄铜锛、骨针、石球、马具及木质车轮，还有小米饼、青稞穗等。墓地年代约为公元前1300～前1000年。焉不拉克墓地两次发掘共清理墓葬90座，墓葬用土坯砌成，多呈长方形，亦有椭圆形和方形有竖穴坑墓等，随葬陶器有单耳罐、单耳钵、单耳杯、单耳豆、腹耳壶，彩陶较多红衣黑彩，花纹有曲线纹、锯齿纹、水波纹、S形纹、倒三角纹、十字双钩纹、竖线纹等；铜器有刀、镞、锥、镜、牌、耳环、扣等；铁器有刀、剑和戒指；木器有俑、盘、碗、勺、桶、锥等；石器有杵、铲、磨石等。年代约为公元前1300～前500年。艾斯克霞尔墓地墓葬文化特征明显与焉不拉克、五堡、拉甫乔克等墓葬相同或相似，年代相当于焉不拉克文化早期墓葬。拜其尔墓地年代约为公元前900～前500年，相当于焉不拉克墓地中晚期。东黑沟遗址是近年发掘的一处重要遗址群组，发现了多处经过多次使用的高台建筑基址和石围居址，有火塘、灰坑等，出土石磨盘、双耳高领罐、陶釜、陶钵、单耳陶罐、陶盆、石陀螺、单耳杯、刻划纹羊距骨等。发掘墓葬10座，墓葬、高台、石围居址可能属于同一考古学文化的遗存。这批墓葬中最重要的发现是：既有墓主及其随葬器物，又有被肢解埋葬用作墓祭的人牲及其随葬器物。墓葬人牲和石圈遗迹内人牲的随葬器物都为实用器，器形和纹饰都与焉不拉克墓地、寒气沟墓地、艾斯克霞尔墓地等出土的器物存在联系，代表的应是一种在当地延续发展的土著文化；而墓主随葬器物中多属明器的陶器与土著文化的陶器明显不同，可能和动物纹金银牌饰等其他器物一起代表了一种新出现的外来文化。这批墓葬年代为战国晚期至西汉前期。

2．吐鲁番盆地及乌鲁木齐地区以苏贝希文化为代表。苏贝希文化主要分布在天山山脉东段的木垒、奇台、吉木萨尔、阜康、乌鲁木齐、米泉、呼图壁、玛纳斯、吐鲁番、托克逊和鄯善县等地，重点调查、发掘的有吐鲁番艾丁湖墓葬、鄯善县苏贝希墓葬和遗址、三个桥墓葬、洋海墓葬、托克逊县英亚依拉克墓葬、喀格恰克墓葬、奇台县半截沟遗址、五马场遗址、木垒县四道沟遗址、吉木萨尔大龙口墓地、甘河子墓葬、三工乡墓葬、乌鲁木齐阿拉沟墓葬、柴窝堡墓葬、乌拉泊水库墓葬、呼图壁康家石门子岩刻画等。苏贝希遗址位于火焰山吐峪沟西坡台地上，清理发现有房址、灰坑，出土有石器、木器、毛织品、陶器等。苏贝希墓地经过发掘的墓葬30余座，随葬器物有石器、陶器、铁器、骨器、木器、角质器、皮革制品、毛织物等。墓中男性与女性皆穿皮大衣，内套毛织衣、毛织裤或裙等，脚下着靴。个别尸体保存较好。随葬陶器有深腹罐、平底碗和单耳直腹杯、涡纹彩陶器；木器有盘（俎）、弓箭（箙）、钻木取火器；也有各种植物种子和食物。墓葬和遗址年代基本相同，为战国至西汉。洋海墓地墓群分布在鄯善县洋海村西北三片相对独立的黄土台地上，在西北区域的台地上还零星分布有一些偏室墓和斜坡墓道洞室墓。1988、2003年清理发掘墓葬近600座。早期墓葬多为椭圆形竖穴墓；晚期是竖穴单偏室和竖穴双偏室。葬具中多用圆木做成尸床，并大量使用编织精美的草席，草编帘垫、毛毡和地毯。出土陶器中彩陶较多，多为红地黑彩；木器有桶、纺轮、曲棍、箜

鄯善苏贝希文化墓地

筷、手杖、钻木取火器、碗、钵、盘、冠饰、耳杯、鞭、镳、梳及弓箭袋，木器上刻出连续的三角纹及成组的动物形象；铜器有环首刀、长銎斧（戚）和直銎斧、铜贝饰、铜节约等。还有泥塑人头像、泥制吹风管、草编器、皮革制品、织物和服饰等。洋海墓地年代为公元前1000年稍早到纪元前后。

阿拉沟墓地出土战国至汉代金器

北疆沿天山一线东段，即今昌吉州大部地区经过发掘和重点调查的考古遗存以四道沟遗址、大龙口墓地、半截沟遗址等为代表。四道沟遗址已发掘的有房址、灰坑和墓葬，出土有双耳罐、双耳盆、单耳罐、单耳筒形杯、钵、盘、釜、器盖、纺轮、刀范等，有一定数量的彩陶。细石器主要是圆柱形、长方体形和不规则形石核，磨制石器主要有球、杵、磨盘、磨棒、锄、锛、钻、臼、纺轮等；骨器有镞、锥、针、纺轮、梳等；铜器有小刀、环、饰件等。年代为公元前1000～前200年前后。大龙口石堆墓出土有陶罐、陶钵、陶釜、铜耳饰、玛瑙珠、铁器等，还出土有高1.9米的鹿石。年代可能为战国到汉代前后。

乌鲁木齐经发掘的有阿拉沟、柴窝堡、乌拉泊、大西沟等墓地。阿拉沟墓地清理发掘墓葬80余座，其中73座为石室竖穴，出土有纺轮、木簪、钻木取火器、石杵、砺石、石锥、海贝、骨雕、石骨串珠及小件铜器（小刀圆铜片、铜耳环）等。陶器有盆、钵、罐、壶、小杯、豆等，彩陶多红衣黑彩，图案有三角纹、三角形网状纹、涡卷纹或几何纹等。墓葬中见有漆器、丝织物、小件铁刀。时代为春秋至战国时期。7座竖穴木椁墓规模较大，随葬器物有陶器、金器、银器、漆器、丝织物、货贝、珍珠、小铁刀、铁镞、羊骨等；各墓内普遍出土金器，有配饰金叶、金泡、串珠状金饰及各种野兽纹金牌饰，如虎纹圆金牌、对虎纹金箔带、狮形金箔饰等，另外还有六角花形金饰、兽纹银牌饰。铜器主要为承兽方座铜盘。墓葬规模及随葬器物显示此处为一批统治阶级上层贵族的葬地，时代为战国至汉代。在乌拉泊、柴窝堡等地墓葬，出土陶器既有素面罐、碗，也有单耳彩陶罐及少量单耳带流彩陶罐、彩陶豆；铜铁器有带柄镜、箭头；还有小铁刀、石环、砺石、骨锥、饰珠、饰件等。2006～2007年，在乌鲁木齐南大西沟水库区发掘墓葬152座，出土器物主要有陶器、铜器、骨器、石器等；墓地年代跨度较大，文化面貌与阿拉沟墓地、乌拉泊墓地等接近。呼图壁康家石门子生殖崇拜岩画，面积达120平方米左右，其上刻有姿态各异的舞蹈人物三四百人。画面人物大者过2米，小者仅2厘米左右。岩画年代当在公元前1000年前半期。

3．巴州－库车地区的早期铁器时代考古文化以察吾呼文化为代表，分布范围北起天山南麓，南达且末县，东自和静县，西至库车以西；已发掘重要遗存有和静县察吾呼墓地、哈布其罕墓地及拜勒其尔墓地、察汗乌苏墓地、小山口墓地，轮台县群巴克墓地、阿孜干墓地，拜城县克孜尔水库墓地、多岗墓地，且末县扎滚鲁克墓地和加瓦艾日克墓地等。年代约为公元前1000年至西汉前后。有学者认为，察吾呼文化可划分为察吾呼类型、群巴克类型和扎滚鲁克类型。

察吾呼类型以和静县察吾呼一、二、四、五号墓地、拜勒其尔墓地、哈布其罕墓地、察汗乌苏墓地、小山口墓地等为代表。察吾呼墓地已发掘500多座，墓葬大体可分为石圈和石堆墓两

察吾呼墓地出土铁器时代彩陶

克孜尔水库墓地出土铁器时代彩陶罐

种，随葬陶器以平底器为主，多单耳带流罐，多红陶衣绘红、黑彩；还出土铜器、石器、木器、骨器、金器，个别墓地有铁器以及毛麻织物。年代约为公元前1000～前500年。拜勒其尔墓地已发掘墓葬8座，时代在察吾呼文化晚期，出土了精美的包金铜饰件，显示是高等级墓葬。2004～2007年在察汗乌苏墓地、小山口墓地清理发掘墓葬近300余座，有许多石围石堆墓属于察吾呼文化类型。

群巴克类型以轮台县群巴克一、二号墓地、阿孜干墓地和拜城县克孜尔水库墓地、多岗墓地为代表。群巴克墓地清理发掘墓葬50余座，墓室为竖穴土坑，流行多人二次合葬，有的墓室周围又有儿童墓和马头、骆驼头及狗头坑。随葬器物多大型带流器，有一定数量的彩陶，还有铜镞、铜戈、带柄铜镜、铜牌、马衔、铁刀、铁镰、铁短剑、磨石、石锥、骨锥、骨镞、骨镳、钻木取火器、木纺轮、毛织物和小麦粒等。年代约为公元前1000～前500年。克孜尔墓地共发掘墓葬160座，男性普遍随葬铜刀、砺石，女性随葬纺轮、饰珠等。随葬陶器有釜、双耳罐、带流罐、盆、钵、杯、壶等，多彩陶；铜器有斧、镜、刀、锥、扣、纺轮和饰件；还出土骨纺轮、骨珠饰、砺石、石锥、石镰、料珠等。年代约为公元前1000～前500年。

扎滚鲁克类型以扎滚鲁克一号墓地和加瓦艾日克墓地为代表。墓葬多为竖穴土坑，有焚烧现象，还有树棺葬和木椁葬，多人合葬；随葬有带流器、折腹钵、单耳罐；木器有弓、箭、盘、桶、杯、勺、竖箜篌等；还出土保存较好的毛织物、铁针、木器、铜器、铁器等。年代为公元前1000年至汉代前后。

4．克孜勒苏州托什罕河流域以阿合奇县库兰萨日克墓地为代表。墓地经发掘清理墓葬10座，多为单室长方形竖穴土坑墓；随葬陶器有钵、壶、罐、瓶等；铜器均为小饰品；铁器有小刀、矛等；金器有牌饰和耳环、戒指等。少数墓随葬鹰骨。年代为战国至西汉时期。

5．在伊犁河的三大支流——喀什河、巩乃斯河、特克斯河流域以及汇流之后的伊犁河干流地域，经过考古发掘的重要遗存有新源县铁木里克墓地、巩乃斯种羊场石棺墓、七十一团一连渔塘遗址、尼勒克县哈拉图拜墓地、索墩布拉克古墓群、尼勒克县吉林台水库库区墓地、特克斯县一牧场墓葬、恰甫其海水库墓地、昭苏县夏台、波马墓葬等。

喀什河流域以尼勒克县吉林台水库库区墓地、奴拉赛铜矿遗址为代表。2000～2005年，新疆文物考古研究所在吉林台墓群穷科克墓地、穷科克遗址、乌图兰和呼吉尔沟墓地、吉仁托海墓地、加勒克斯喀茵特墓地、别特巴斯陶墓地、铁木里克沟墓地等处共发掘墓葬780多座，清理遗址数百平方米，出土大量珍贵文物。墓地墓葬多呈南北向链状排列，封堆有石围或石圈，部分墓口有石围。在穷科克一号墓地发掘墓葬55座、祭祀坛两座。墓葬随葬器物有陶器、铁刀、木盆、羊骨等。陶器有罐、杯、钵等。年代约在公元前1000～前500年。在穷科克二号墓地一共发掘墓

吉林台水库墓地出土铁器时代彩陶壶

墓葬80余座，墓室多为竖穴石棺墓。一个封堆下多为单墓室，少量为双室或4个墓室。随葬器物有陶器、铁器、木器等。陶器有杯和盆、钵，陶罐较少。墓地年代在公元前500年到公元元年前后。在加勒克斯喀茵特墓地发掘墓葬209座，墓室多为竖穴土坑，相当一部分墓葬无随葬器物。出土陶器有钵、罐、杯等；铁器为小铁刀；铜器很少，有铜锥和铜簪等；石器有石磨盘、砺石等。墓地可分为两期，早期年代相当于战国到汉，晚期墓葬的年代晚至汉晋。别特巴斯陶墓地发掘墓葬70余座，墓室多为竖穴土坑，多数墓葬无随葬器物，出土陶器有壶、罐、钵、杯、盘，偶见彩陶；铁器有铁锥、铁刀、铁簪等。铜器种类较多，有簪、刀、针、泡、镜、手镯等；石器主要为石磨盘、砺石。出土的铁或铜簪的首部多为包金，还有嵌宝石的金饰件、金马饰等。墓葬年代相当于战国到汉。在吉仁托海墓地发掘墓葬187座，出土陶器有钵、罐、杯等；铁器为小铁刀；铜器有铜锥、铜簪等；石器有石磨盘、小砺石等。墓葬的年代在战国到汉代。另一类墓葬为竖穴土坑或竖穴偏室墓，随葬器物很少，少数墓葬有埋葬完整殉马的习俗。奴拉赛铜矿遗址时代约在春秋战国时期，是我国重要的矿冶遗址，对中国冶金史、新疆史前考古文化以及东西方早期文化比较研究等均有重要价值。

吉林台水库墓地
出土铁器时代金戒指

特克斯河流域以特克斯县恰甫其海水库墓地、昭苏夏台古墓等为代表。恰甫其海水库墓地分布在特克斯东北河流沿岸，有20余处，2003～2006年总计清理墓葬近300座，出土大量陶器，还有金、银、铜、铁、骨、石器等。墓葬主要为大型土墩墓和小型土石堆墓，还有积石堆墓、石堆石棺墓等。随葬陶器有罐、杯、碗、钵等，有些为彩陶；铜器有碗、锥、镜、铃、镞、笄、环等，一件铜镜柄首以圆雕形式铸出大角羊；铁器有釜、刀、马镫、短剑等；石器有磨盘、眉笔及化妆棒盒等；骨器有雕花刀鞘、镞、骨饰件等。2004年在恰甫其海水利枢纽二期工程沿线清理发掘古墓葬36座，出土了一批陶器、铁器、铜器、骨器、石器等。在恰甫其海水利枢纽工程南岸干渠清理发掘了部分墓葬。年代多为公元前4～前2世纪，有些为3～4世纪；可能是汉代前后塞克—乌孙人的遗存。昭苏县夏台、波马和萨尔霍布墓葬共发掘了10座，出土陶器有壶、罐、盆、钵、盘、碟、烛台、杯等，有彩陶；铜器有碗、锥和饰件；铁器有刀、锥、钉、剑、铧等；金器有戒指、耳环和金箔片等；还有织物和漆器残片等。时代约为公元前450～前350年。

巩乃斯河流域以新源县铁木里克墓地、巩乃斯种羊场石棺墓、七十一团一连渔塘遗址为代表。铁木里克墓地发掘了墓葬15座，随葬陶器有壶、罐、盆、钵。还有带柄铜镜、铜簪、铜镞、圈足球形包金铁器等。时代约公元前650～前250年。渔塘遗址发现有房址、灶坑、灰坑和墓葬，墓葬出土陶器有罐、杯和碗；石器有磨石、杵、球和砍砸器；骨器有镞和刀；铜器有簪和残饰件；铁器有刀和带扣等。另外还发现过跪姿武士俑、高足承兽方盘、兽足四耳大釜、双对兽圆环等。土墩墓与尼勒克哈拉图拜、昭苏夏台、波马、萨尔霍布墓葬基本相同，应该属于同一种文化类型。

特克斯恰甫其海水库墓地出土铁器时代动物纹雕版

伊犁河干流区段以察布查尔县索墩布拉克古墓群为代表。墓地清理发掘的墓葬有31座，随葬陶器有单耳罐、无耳罐、盆、钵、壶、碗等，有彩陶；还见少量的铁器、铜器；部分随葬有牛、羊、猪骨肉，多置于盆、钵内，同锈铁残片共存。竖穴墓道偏室墓占一定比重，所出陶器的形制和纹饰有些同昭苏乌孙墓相似，与特克斯县和哈萨克斯坦境内的塞克墓葬相同。其时代似在战国至西汉时期。

6．塔什库尔干地区以塔什库尔干塔吉克自治县香宝宝墓地和下坂地墓地为代表。香宝宝墓地发掘墓葬40座，随葬陶器有釜、罐、碗、钵等；铜器有镞、牌、泡、镯、指环、羊角形饰件等；铁器有环首小刀、镯、指环、管等。时代约为公元前900～前500年。2001～2004年，在塔什库尔干下坂地水库淹没区内13处地点发掘墓葬181座，随葬陶器有罐、钵、杯、碗、釜等；木器有盘、钵、罐、结具等；铜器为手镯、耳环、脚链、戒指、泡等饰品。部分墓随葬羊、马等动物骨肉和核桃等果核。还有铁、石、葫芦器、纺织品、皮草制品、琉璃器、马鞍、弓等。火葬墓也见于香宝宝墓地及帕米尔以西地区，部分陶器亦见于香宝宝墓地及安德罗诺沃文化中。特别是喇叭形耳环更是安德罗诺沃文化中的常见器。墓地的年代约在公元前1000～前500年前后。

7．阿勒泰地区以阿勒泰切木尔切克墓地和富蕴县喀拉塑克墓地为代表。切木尔切克墓地（过去称“克尔木齐”）共发掘了82座墓葬。墓葬表面或有石堆封土，有数座墓周围绕以长方形石围或土围，在部分石围或土围和石堆封土前立有石刻人像或长条石。墓葬有竖穴土坑和竖穴石棺两种，随葬陶器有罐、橄榄形罐、豆形器、壶等，多饰有篦纹、划纹、点纹、压印纹、波带纹；石器有罐、杯、钵、灯、杵、桂叶形石镞；骨器有镞、带扣、饰件；铜器有刀、矛、镞、镜；铁器有刀、锛、带扣、钉等。部分墓葬应属青铜时代，可早到公元前2000年，多数遗存年代当在公元前1200～前700年。2006～2008年，在喀拉塑克水利枢纽建设涉及的富蕴县境计42处地点考古发掘墓葬160余座。出土陶器、铁器、木器、铜器、骨器等，部分墓随葬马1～2匹，马身上有鞍、马衔等马具。墓地年代上限约为公元前1000年，晚的可能到汉晋时期，或者更晚。

三　汉晋时代

（一）罗布泊地区

1979～1980年在罗布泊地区进行了以楼兰古城为重点的考古调查和发掘，对楼兰古城及城郊平台、孤台墓地进行了发掘。在楼兰古城周围采集到许多细石器、磨制石器，陶器有纺轮、罐、壶、钵、甑瓮、杯等。木器有建筑构件和生活用品如纺轮、梳、臼、桶、罐等，铜器有镞、釜、镜、镊、戒指、扣饰、发钗、小铃等。铁器有镞、钉。铅器主要为纺轮。玻璃器均为残件。金银器有金、银戒指。骨器有梳、鞘、雕刻饰件。珠饰品有骨、玻璃、玉髓等。纺织品有丝、毛、棉、麻四大类。钱币主要有五铢、榆荚半两、小五铢、小泉五十、小泉直一、货泉、贵霜铜币等。另外还有海贝、珊瑚和蚌饰件。清理出土汉文简牍文书63件。平台墓地发掘墓葬5座，均为竖穴土坑墓，其中一座为带斜坡墓道的方形竖穴土坑墓；随葬器物中陶器有杯、罐、豆形灯；

楼兰古城东汉墓“长乐明光”锦

楼兰古城东汉墓出土漆器

木器为长方形案；铜器有铜镜、耳饰、五铢钱；铁器有镞、残器件、耳饰；还有弓箭。孤台墓地发掘竖穴土坑墓1座，随葬陶杯、木盘、木杯、木梳、木制弓箭、漆杯、漆盖、漆碗、铁环、皮条、锦、绮、绢、刺绣及毛布、毛毯、素色棉布等。其中以“延年益寿大宜子孙”、“长乐明光”、“续世”、“广山”、“登高望”、“望四海贵富寿为国庆”等文字织锦残片最为珍贵。墓葬时代为西汉至东汉。

尉犁县营盘遗址位于尉犁县东孔雀河北，现存遗迹类型有古城址、烽燧、佛寺、农田、灌溉渠道、墓地等。1989、1995、1999年，对墓地220余座墓葬进行了清理发掘。墓葬一类是竖穴土坑墓，出土多具箱式彩绘木棺；另一类是竖穴偏室墓，内无葬具。随葬器物以各种毛、丝、棉织衣物和木制生活用具为多，另外还有陶器、铜器、铁器、漆器、石器、骨器、玻璃器、金银器、皮革制品、粮食作物和面食等；男性随葬器物为弓箭、铁刀，女性为纺轮、铜镜、漆奁。1995年发掘的15号墓，葬具为一满绘成组穿璧纹、卷草、花卉纹样的箱式木棺，棺上覆盖彩色狮纹栽绒毯，棺内葬成年男性，上身穿红地对人兽树纹罽袍、淡黄绢内袍，下身穿绛紫色花纹毛绣长裤，脚穿特制的绢面贴金毡袜，腰系绢腰带，上系挂香囊、帛鱼，右臂上系扎长方形蓝绢刺绣护臂，身盖有淡黄色绢衾，头枕缀串珠玑的绣绮鸡鸣枕，面部罩盖麻质面具，上贴金箔；胸前及左手腕处各置一件绢质冥衣。

1998～2004年间，在楼兰古城以北LE古城附近多次抢救性发掘以彩绘木棺为葬具的墓葬。1998年一座竖穴土圹墓中出土彩棺一具，棺体上满绘束带连璧纹、云纹和花草图案，挡头部位分别绘有表示日、月的乌鸟和蟾蜍纹样；出土两件漆杯和一件漆盘。墓葬年代当为汉晋时期。2003

营盘墓地M15汉晋时期男尸

营盘墓地出土
汉晋时期漆器

楼兰LE古城北1998年发现的汉晋时期彩棺

年，对一处被盗掘的长墓道前后室洞室壁画墓进行了清理发掘。墓室四壁均有壁画，前室墓门右侧绘一位身着袍服的跪坐人物，旁绘一着红色袈裟的僧人形象；门左侧壁面绘镇墓独角神兽；西壁面绘人物戏斗骆驼；东壁绘有六个人物宴饮画面，左为三个女性，右为三个男性，作两两交谈状。有墨书佉卢文字。前室北壁左侧绘有斗马图。前室与后室连通的门的上部，有双耳罐、仆人图像。前室中部为方形底座生土圆中心立柱，上面满绘星团状莲花纹（或法轮）图案。后室的四壁满绘莲花纹。清理发现多具彩绘束带穿璧纹、云气纹箱式木棺；出土有木杯、彩色箭杆、皮囊、小皮马鞍（明器）、象牙篦、木梳、衣物与织物等。墓葬的年代应在3～4世纪。

2002～2008年，在小河墓地附近新发现了一处汉晋时期古城遗址，并有多处墓葬。

（二）和田地区

尼雅遗址位于民丰县北尼雅河下游尾闾地带，为汉代“精绝国”故地。1901年由英国探险家A·斯坦因首次发现；1959年新疆博物馆对遗址中东汉时期的墓葬、居址进行了考古发掘；中日尼雅遗址联合考察队对遗址进行了多年连续调查和发掘，其中1995～1997年对N5佛寺遗址和新发现的两处墓地、古城遗址等进行了清理发掘。古城城垣大致呈椭圆形，周长约530米，南有城门遗址；城门南有一处房址，出土有佉卢文简牍等遗物。年代为3～4世纪。N5佛寺平面呈正方形“回”字状，面积约28平方米；门西向开；出土有木雕人像、木柱头、壁画残片。在西侧房屋遗址出土有木雕人像、佉卢文书、汉文木简、陶器、木器和建筑构件等。佛寺的使用年代应该在3世纪中后期。1995～1997年，在95MNI号墓地清理发掘汉晋时期墓葬15座，3座为长方形箱式木棺，12座为独木舟式船棺，出土大量珍贵文物，有木器、陶器、铜器、铁器、漆器、玻璃器、皮革制品、毛丝棉织物、农作物等，其中“万世如意”、“延年益寿大宜子孙”、“世毋极锦”、“王侯合昏千秋万岁宜子孙”、“恩泽下岁大孰长葆二亲子孙息兄弟茂盛寿无极”锦、“长乐大明光”、“安乐如意长寿无极”、“韩侃吴牢锦”、“五星出东方利中国”、“大明光受右承福”等文字织锦色彩鲜艳，引人注目。1998年在遗址西北一座墓葬中还出土“元和元年”织锦锦囊等，元和元年即84年。

尼雅遗址汉晋时期建筑遗迹

尼雅遗址出土汉晋时期“五星出东方利中国”织锦护臂

洛浦县山普拉墓地经1984、1992年两次清理发掘，墓葬结构为圆角长方形竖穴土坑和方形竖穴土坑棚架墓，随葬陶器有双系罐、双耳罐和钵；木器有杯、碗、钵、罐、盘、盆、梳、篦、弓箭、木雕饰件等；铜器有镜和饰件；铁器有刀、镰和针；食物有麦、大麦饼、黍米饼和粥等；衣物有帽、衣、裤、靴、鞋、袜、袋等；织物有褐、纱、绦、毯、缂毛带、毛罗、绢、缣、绮、锦、棉布等；缂毛织物有各种动物、植物、人物、几何纹等图案，织造精湛；还出土中原地区的铜镜等。墓地

山普拉墓地出土汉晋时期木器

山普拉墓地出土汉晋时期缂毛织物

年代约在公元前350～250年。

1991～2001年，中法克里雅河考古队对于田县克里雅河下游两座佛寺、一座佛塔、两处民居建筑等进行了调查清理；新发现圆沙古城遗址一处、墓葬多座。古城为不规则的四边形，周长约995米，在南墙中部和东墙北段各有一个城门，城门两侧都有立柱形成门道。地表散布有残陶器、石器、铜铁小件及料珠，还有数量不少的动物骨骼。三处建筑遗迹经清理发掘，地表仅存排列有序的立柱基础，发现许多袋状灰坑或窖穴，出土陶片、谷物等。古城的年代上限应不晚于西汉时期；据文献记载，西汉时期这里应是扜弥国地望所在。在圆沙古城周围及以北地区发现6处古代墓葬，有胡杨树棺葬、竖穴土坑树棺墓葬、竖穴土坑墓、木椁墓等。保存较好者体质特征明显，深目高鼻、棕色长发，多辫，身着粗、细毛布内衣，外着皮衣，有的还戴帽并系有腰带。墓地出土陶器有罐、钵、壶；石器有砺石；木器有梳篦、纺轮、钻木取火杆、木杆皮鞭、碗等，还有小铁器、铜器饰件、料珠、毛织物等。墓地年代上限可能早于西汉，下限可能在东汉或稍晚。

（三）吐鲁番地区

90年代初期，为配合联合国教科文组织保护交河故城工程保护维修，对沟北墓地、沟西墓地进行了考古调查和发掘。沟北台地共发掘墓葬55座、殉（驼）马坑55座。沟西台地考古发掘41座墓葬，出土陶器有钵、盆、罐、杯、釜、瓮等；金器有镶石金耳饰、虎纹金戒指、野兽纹金片饰及金项饰；铜器有星云纹镜、铜环等。铁器有刀、箭镞、牌饰等；骨器有骨扣、骨针；还有蚌饰、石珠饰和五铢钱等。墓葬年代应可早到西汉。

克里雅佛寺壁画

自20世纪50年代以来，阿斯塔那－哈拉和卓墓地进行过十余次考古发掘。早期墓葬为晋十六国时期，墓葬形制为竖穴土坑偏室墓或斜坡墓道洞室墓。葬具一般用木棺。发现多座壁画墓。出土木器种类繁多，有木案、罐、盒、豆、碗、耳杯、勺、铲、尺、梳、鸠杖、衣架等，还有马、牛、牛车、怪兽、猪、鸟、刀、“代人”木牌、木桶等明器；陶器

交河古城沟北汉代墓地

交河沟北墓地出土汉代金器

阿斯塔那晋十六国时期墓地

交河沟北墓地出土汉代金器

交河沟西墓地出土汉代金饰

或绘黑白彩；还有漆器、铁器、干果、面食及纸鞋、纸人、麻、丝棉织物等。从随葬的纸鞋中，拆出用汉文书写的文书140多件，主要为郡县文书，多属西凉、北凉时期。涉及的纪年有前凉“升平十一年”（367年）和前秦建元，西凉建初、嘉兴，北凉玄始、义和、缘禾等。内容涉及高昌郡职官建置、隶属、公文制度、科举、兵制及征发赋税、劳役的情况。

（四）且末地区

且末县扎滚鲁克墓地三期文化遗存，是汉晋时期“且末国”的文化遗存。发掘过一批竖穴土坑墓葬，有多人合葬，单人葬，出土了一批陶器、木器、漆器、食品、汉文纸文书、玻璃器等。

（五）库车地区

2007年，在库车县友谊路清理墓葬10座。墓葬为典型的汉式穹隆顶砖室墓葬，分为前后室穹隆顶、单室穹隆顶，或单室纵券顶墓，部分墓葬墓门上部有照墙，主室有耳室，多人多次合葬，砖砌棺床，有髹漆贴金棺具；出土有陶器、五铢钱、带钩、银耳环、铁镜以及随葬的食物等。墓葬形制与酒泉、敦煌等地晋十六国时期墓葬极其相似，葬者抑或就是居住在龟兹的汉地吏民、屯戍军吏或移民。年代可推定为魏晋十六国时期。

（六）伊犁地区

在伊犁地区特克斯、尼勒克、昭苏、察布查尔等地，分布有许多规模宏大的土墩墓葬，墓葬多呈链状排列，部分已发掘，出土铁器、陶器、金饰品、骨器等。研究表明，这些土墩墓多为汉晋时期乌孙的文化遗存。

（七）库尔勒、和静地区

2004～2007年清理发掘察汗乌苏墓地、小山口墓地墓葬300余座，其中，竖穴土坑墓中多见木棺和石棺葬具，出土了铜器、陶器、铁器、石器、骨器、漆木器及丝织品等遗物，这批木棺可分为矩形箱式棺、槽形棺、船形棺，死者身着袍服，从残存碎片看有绢、锦、刺绣等。木棺、石棺墓的年代在汉晋时期。

库车友谊路晋墓M1

四　北朝至隋唐

（一）吐鲁番地区

20世纪90年代初，为配合交河故城保护工程，对古城城内的城门、民居、寺院等进行了考古发掘。东门系用“减地法”向下挖出一半圆形的空间，有土坯垒砌的主门和侧门；门南侧高处发现6眼水井及装满卵石的擂石坑，东南侧壁上还清理出两间居高临下的龛状岗楼。发掘的两处民居遗址，一号民居位于故城中心大街南侧，是一处高台立壁上掏出的两间窑洞式房屋，两房互通；另一处民居位于故城北部，为一长方形院落式住宅，院内有水井。西北小寺是一庭院式佛寺，殿堂居中，僧房等设施对称分布在两侧；寺内出土了面部敷金的佛像和一件回鹘文文书。在佛寺的两间地下室出土了大量泥塑残件。交河古城沟西台地斜坡墓道墓于1994～1996年共清理22座，随葬陶器有碗、钵、盆、罐等，多施红色覆莲纹及白色圆点纹；铜器有铜簪、铜牌饰等。出土有墓志，其中两块分别置于墓道入口处左侧的壁龛内。墓葬年代为麴氏高昌至唐西州时期。

阿斯塔那、哈拉和卓古墓群中期墓葬为北魏至高昌国时期的墓葬，均为斜坡墓道洞室墓，墓后壁或墓室顶挂麻、绢质伏羲女娲画像。普遍于墓口埋置墓志，出土有陶器、木器、纸制明器、各类织物及食物。出土钱币有“五铢当千”、“五铢”、“高昌吉利”钱、波斯银币、东罗马金币等。出土陶器占比例略大，多彩绘仰莲或覆莲纹。有各种仪仗木俑，部分正面朱书“代人木牌”。还出土柔然郁久闾予成（即受罗部真可汗）“永康十七年”（480年）残文书。丝、麻、棉等丝织物较多，锦纹图案有夔纹、对禽纹、对兽纹、树纹、戴胜鸾鸟、棋纹、联珠对鸟或对兽纹等。从纸鞋、纸帽、帽圈等纸制品中拆出的文书有数百件，内容包括契卷、启状、账单、寺院文书、随葬衣物疏、谱牒等。阿斯塔那、哈拉和卓古墓群晚期墓葬为唐西州时期，除普遍出土一

阿斯塔那墓葬出土唐西州时期鹿纹织锦

般砖志外，大墓出土有青石墓志。出土有陶器、木建筑明器、“开元通宝”铜钱、波斯银币、拜占庭金币等。这一时期的墓葬为斜坡墓道洞室墓，墓道内出现天井、甬道、耳室。少数见屏风式墓室壁画，有一座墓室顶部绘天文图。出土的各类泥塑俑包括镇墓兽、天王、武士、歌舞俑、宦者俑、百戏俑、马球俑及各类劳动女俑。另外还出土一批十分珍贵的仕女绢画。出土的织物除麻、毛织物外，还有联珠天马骑士纹、鹿纹、双人、猴头、猪头、小联珠对鸭纹、红地团花纹、龟背“王”字纹、对鸡对兽“同”字纹、棋纹等织锦。少量麻布上有墨书题款，写有纳布年月、州县及纳布人姓名等。出土文书多拆自纸鞋、纸帽、纸带、纸棺等。内容大多数属于西州都督府所辖各级军政机构的公文档案。此外，还出土有如《毛诗》、《郑玄注论语》、《伪孔传尚书》、《孝经》、《急救篇》、《千字文》、薛道衡《典言》、佚名《晋史》、《唐律疏义》、《针经》和《佛经》等古籍抄本。2005～2006年，为配合高昌故城维修工程，对高昌故城护城河遗迹、西门、大佛寺、东南佛寺进行了考古清理，确定了东城墙和南墙外存在护城河遗迹、西门外瓮城城门遗址；清理大佛寺及东南、东北排房115间房屋建筑遗迹、多处灰坑和水井，出土了大量钵、罐等残片、瓦、砖、“开元通宝”铜钱、佛像铜牌饰、壁画残片、石磨盘等。大佛寺的使用年代应在唐代及回鹘高昌时期。2008年，为配合台藏塔遗址维修保护，对塔体及其下的十六国墓葬进行了清理发掘。

1997年吐鲁番地区文物局在洋海墓地清理了一座高昌国时期的斜坡墓道洞室墓，2000年以来，还先后在巴达木墓地、阿斯塔那墓地、木纳尔墓地等处发掘一批唐代墓葬。

（二）和田地区

这一地区北朝至隋唐时期的主要考古工作，是中日合作对策勒县丹丹乌里克遗址的调查、发掘。2002、2006年，新疆文物考古研究所对地处策勒县沙漠腹地的丹丹乌里克遗址进行了考察，并抢救清理了已经暴露在外的佛寺壁画遗存和居址。

（三）巴州等其他地区

1970年在乌鲁木齐盐湖地区发现唐代墓葬，出土了马具、织物等遗物。2002年在库尔勒市上户乡墓地发掘部分唐代墓葬，出土有“建中通宝”钱币等遗物。2007年在和静县小山口水库墓地发掘了一批竖穴偏室墓，地表有大型土石堆，墓葬的年代为唐代。

五　宋元明时期

1949年以来，考古工作者在新疆调查、发现了较多宋、元时期及其后的遗存。在和田依玛木·木沙·卡孜木麻扎古墓群曾发掘彩绘有四神及水鸟花卉图案的彩棺，尸体均身着丝绸衣物，发式保存较好，面部、身体上放金箔，覆面白绫上墨书汉字。时代为9～10世纪。1996年，在该墓地

又发掘多座墓葬，出土具有浓厚汉文化因素的彩棺。墓葬的年代也为10世纪前后，这些墓葬是北宋时期于阗国的文化遗存。在乌鲁木齐盐湖古墓还发现不少珍贵文物。

元明时期的文物遗存中，重要的古城遗址有伊犁地区阿里麻里古城、磨河古城、吐鲁番圩子古城、海努克古城，昌吉古城、阜康六运古城和滋泥泉古城，博乐达勒特古城，且末瓦石峡遗址等。阿里麻里古城内出土了元代龙纹青瓷盘、青花瓷碗、龙纹瓷碗等一批产自景德镇龙泉窑的瓷器及叙利亚文景教徒墓碑及当地制造的察合台汗国银币等。在吐鲁番、且末、伊犁等地发现多种语言文字的文书资料，包括蒙古、汉、回鹘、察合台、波斯、阿拉伯、叙利亚语等。在吐鲁番柏孜克里克石窟等地还保留有反映蒙元时期西域佛教盛况的壁画。博乐、阜康等地曾出土过察合台汗国时期的金币等文物。

六　佛教考古

新疆地区佛教遗存主要分布在喀什、和田等地区，重要的有喀什莫尔佛寺、洛浦县热瓦克佛寺、民丰县尼雅遗址佛寺、民丰县延姆佛塔、于田县克里雅河下游佛寺遗址、若羌县米兰佛寺、库车苏巴什佛寺、策勒县丹丹乌里克佛寺和乌尊塔提佛寺、焉耆七个星佛寺、哈密白杨沟佛寺、图木舒克市托库孜萨来佛寺等。石窟集中分布在古龟兹（今库车、拜城）、古焉耆（今焉耆）、古高昌（今吐鲁番）三个地域，主要有拜城克孜尔石窟、库车县库木吐喇石窟、森木塞姆石窟、玛扎伯赫石窟、克孜尔尕哈石窟、阿艾石窟，吐鲁番雅尔湖石窟、柏孜克里克石窟、胜金口石窟、吐峪沟石窟等。

克孜尔石窟龟兹壁画

吉木萨尔西大寺壁画

吉木萨尔西大寺壁画

新疆地区佛教考古起始于20世纪初国外探险队对新疆佛寺、石窟的盗掠。中国学者对于新疆地区石窟的调查发现，始自20世纪30年代黄文弼对库车等地的调查。1949年后，西北文化局新疆文物调查组、新疆石窟调查组先后对天山以南石窟等做了调查。1979～1980年，北京大学石窟寺考古实习组与克孜尔千佛洞文物管理所（今新疆龟兹石窟研究所）合作，对克孜尔石窟做了考古调查，取得一系列重要成果，开启了新疆石窟考古的新阶段。1989～1990年，对拜城克孜尔石窟进行了部分清理和发掘工作。现择要概述如下：

1979年，对吉木萨尔县北庭故城西门外一座佛教寺院遗址（寺院俗称“北庭西大寺”）的东部和南部进行了考古发掘。佛寺平面呈长方形，夯土台基，上下土坯砌筑。整个遗址分南、北两部分，南部为配殿、僧房、库房等，北部是正殿，其四周环筑洞窟。寺院塑像大部残毁，有佛、菩萨、罗汉、天王、狮子等；壁画内容有经变、供养人等；有些像和壁画贴金。残存有许多回鹘文题记和回鹘装束的供养人像。该寺庙为高昌回鹘的王室寺院，最后毁弃的年代不晚于1383年。壁画与吐鲁番柏孜克里克石窟高昌回鹘时期壁画风格相同。

在于田县克里雅河下游发掘两座佛寺遗址，出土许多壁画，佛寺的年代约在4世纪。在吐鲁番交河故城内西北，发现一处地下的小型佛教寺院，有1间佛堂、2间僧房、2间小龛室。佛堂以土坯砌出通壁长的两层条形像台，南像台后侧挖有长方形坑，内存大量模制佛、塔，上印有梵文和古藏文。在佛堂壁上绘有千佛像、供养人像和回鹘文、汉文题记。在佛堂中还发现一个铜银相套、内装舍利子和海珠的小型容器。

1995年，对尼雅遗址一处佛寺遗址进行了发掘（见前述），发现绘有佛、菩萨壁画残片；并对佛塔及其周边进行了重点清理和测绘。

2003年，对于田县达玛沟托普鲁克墩1号、2号佛寺遗址进行了考古清理，出土了一批精美壁画。1号佛寺遗址平面呈长方形，南壁中部设门，木骨泥墙结构，主尊佛像肩部以上残，四面残壁保留大量色彩鲜艳的佛教壁画。2号佛寺平面呈“回”字形，残存佛殿基础部分以及像台，出土有大量壁画残块，有联珠纹龛坐佛、罩帏式袈裟立佛、女神骑象、千佛、菩萨等题材；还出土了贴塑像、擦擦、护法泥塑头像、千眼坐佛木板画、各类莲花纹贴塑等。1号佛寺的年代可能为6世纪中叶～7世纪前半叶。2号佛寺始建年代可能为7～8世纪，废弃应该在10世纪末～11世纪初。

2003年发掘的丹丹乌里克佛寺遗址，平面为长方形，南北长8.2、东西宽6.02米，外回廊轮

丹丹乌里克7世纪晚期佛寺壁画

廓保存基本完整，内回廊约5米见方，清理出土壁画20余块，内容有清晰的佛像、骑士图、婆罗谜文题记等，墙体为木骨泥墙，佛寺的东墙整体倒塌，部分墙上的壁画基本完整，内容为佛像和呈连环画形式的故事画。残存壁画主要发现在外回廊四壁，清理发现，南回廊和西回廊内有整块切割壁画的痕迹。初步研究表明，佛寺的年代上限在7世纪晚期，壁画的绘画技法与古代于阗尉迟画风一致，具体内容及其所反映的问题还有待深入考证。

七　钱币、简牍及其他

60年来，新疆地区考古出土大量钱币资料，一直为考古学、钱币学界所关注。20世纪50年代，在乌恰发现了一批萨珊波斯银币；70年代，在吐鲁番阿斯塔那唐墓中出土了东罗马金币和萨珊银币；80年代末，在楼兰古城发现一批汉晋时期的钱币，并在安迪尔遗址发现一枚汉佉二体钱。1980年在南疆阿图什发现了喀喇汗朝时的钱币窖藏，约17000余枚，钱圆形无孔，打制。据初步研究，钱文绝大部分是古代科斐体阿拉伯文，只有1枚上发现回鹘文。这批钱币大约有三类：第一类是穆罕默德阿斯兰汗所造，第二类在钱文中有“真主的崇拜者和依托者纳斯尔之子”的字样，第三类钱中有“桃花石可汗”的字样。喀喇汗王朝钱币在我国新疆境内这样集中地大量发现还是第一次。近年，在吐鲁番阿斯塔那古墓新出土不少反映东西方古代文化交流的钱币。在博乐达勒特古城还出土了窝阔台汗国时期的金币。这些发现，促进了西域古代社会经济史、丝绸之路史的研究。

新疆出土的木简、文书、题铭等，是研究西域古代文明和东西方文化交流的宝贵材料。自

20世纪50年代以来，各地考古陆续发现了许多汉文、佉卢文、于阗文、婆罗谜文、吐蕃文、粟特文、吐火罗文、回鹘文、察合台文等文书、简牍，其中部分为双语文书。这些文书的释读与研究，不仅丰富了人们对相关历史细节的认知，同时还对考古遗迹和出土材料的年代学研究有所助益。“吐鲁番出土文书”整理的成果、吐鲁番新出汉文文书整理与研究、鄯善王童格罗伽王纪年木简的发现和研究等都极大地推动了西域史诸领域的研究。

20世纪80年代以来，新疆出土了大量干尸和骨骼标本，为体质人类学研究提供了宝贵资料。对古墓沟墓地、阿拉沟墓地、五堡墓群、香宝宝墓地、昭苏古墓、焉不拉克墓地、洋海墓地、尼雅遗址墓地、山普拉墓地、扎滚鲁克墓地、石河子南山矿区墓地、营盘墓地、索墩不拉克墓地等地出土人骨、干尸的体质人类学研究表明，古代新疆是一个多民族聚居的地区，既有蒙古人种，又有相当数量的古代欧洲人种。近年，除传统测量分析外，ＤＮＡ技术开始应用于新疆考古人类学研究，对小河墓地、克里雅河下游地区墓葬、吉林台墓群、林雅墓地等研究，已经取得阶段性成果。

20世纪90年代以来，科技考古研究成为新疆考古学的重要方面，逐步受到考古、科技界的高度重视。对阿斯塔那、尼雅、楼兰、山普拉、扎滚鲁克、营盘、洋海等地出土纺织品和出土玻璃器的分析，对小河墓地出土动植物标本的ＤＮＡ测试分析，对奴拉赛铜矿遗址、察吾呼文化墓地、林雅墓地、洋海墓地、克里雅河下游、克孜尔墓地、小河墓地等地出土金属器的冶金考古等诸领域的研究，皆已获得诸多新的进展，成果令人瞩目。

（执笔：于志勇）

中国考古60年
香港特别行政区

中国考古60年

香港特别行政区

香港位于珠江口，境内有260多个岛屿和多个半岛，面积约1000平方公里。香港岛原称“红香炉”，港岛北部和九龙半岛是维多利亚港两岸的早期开发区。在人烟稠密的市区已经没有古文化的遗址，在港岛南部以及交通不便的新界和离岛地区，先后发现古代遗物地点或遗址逾200处。2007年是香港回归祖国十周年，《考古》与《华夏考古》均刊发了香港考古的专辑。本文将重点介绍香港考古约80年的曲折历程和各时期的主要发现。

一　香港考古的历史

早在20世纪20年代，香港大学的教员和殖民地政府官员就开展了香港早期的考古活动。韩义理（C. M. Heanley）医生与沙维尔（J. L. Shellshear）教授在中国地质学报及越南河内史前会议上，公布了扫管笏、屯门遗址(?)、香港岛、醉酒湾、龙鼓洲的调查成果。袁复礼曾经撰文，讨论这些标本的分类标准和年代，质疑石器与陶片共存的层位关系。另外，芬戴礼（Daniel J. Finn）神父在南丫岛大湾、榕树湾、洪圣爷湾进行调查和挖掘，考古报告在《香港博物学家》(The Hong Kong Naturalist)中连载，后经翻译在《说文》期刊转载。1936年，他代表香港大学及政府参加奥斯陆(Oslo)学术会议，并且公布有关发现。施戈斐侣(Walter Schofield)是一名政府公务员，1937年，他邀请安特生(Anderson J. G.)来港勘察大屿山石壁东湾，指导发掘工作。1938年，新加坡第三届远东史前研究会议公布了相关发现。

1937年，林惠祥因避日寇居港。他经许地山介绍，到香港大学参观了芬戴礼神父的标本，并且踏勘南丫岛，还在香港岛大潭水塘发现了石器。执掌香港大学中文系的许地山，于1938年4月前往大屿山考察古物，并在《香港与九龙租借地史地探略》一文中，讨论香港考古的发现、地层的年代、墓葬所见的玦饰等问题。陈公哲迁居香港后，1938年自己购船，命名“一芥”号，进行了8个月的调查和发掘，更在大屿山石壁发现古代石刻。陈公哲函告卫聚贤有关发现。1939年，他与陈志良一起考察屯门扫管笏和青山。1941年12月香港沦陷以前，大批文艺界人士南来香港，组织了中国文化协会。中国文化协会在香港大学冯平山图书馆举办大型的广东文物展览，展品中就包括不少的香港发现的古代遗物。同时，该协会还出版了展览目录和《广东文物》三册论文集。

第二次世界大战结束后，翦伯赞曾执教于屯门达德学院。他亲率学生前往南丫岛考察，并于1948年10月在《文汇报·史地周刊》发表《舶寮岛史前遗迹访问记》。该文章指出，南丫岛的史前遗存与北方仰韶、龙山文化无关。

二战后到香港考古学会成立以前，本地的考古研究仍是由香港大学主导。1955年，在深水埗发现东汉砖室墓，中文系外籍教授林仰山率领师生对其进行清理。翌年，香港大学正式成立考古队。1958年，大学考古队从东方文化研究院转到地理系，同年发现大屿山万角咀遗址并进行发掘。

1967年香港考古学会成立，设立了田野设备、地图、田野工作三个小组，这是香港业余考古的里程碑。早期香港考古学会的贡献良多，例如70年代初，香港考古学会编制《香港考古地图》，标示发现古代遗物的地点，还进行多项考古调查与小型的抢救发掘。而1976年实施的古物古迹法例，以及成立香港古物古迹办事处(简称“古迹办”)，就是多年推动之成果。南丫岛深湾是学会早期最重要的考古发掘，该田野发掘建立了香港考古编年的基本框架。南丫岛深湾考古报告提供多学科的综合研究成果，明确显示其发掘是按深度进行。但遗物整理只有几何印纹陶或夹砂陶、软泥陶和硬陶的分析概念，所以各期遗存的文化面貌未能清晰报道。

香港考古学会一直以外国人或学者为主，20世纪80年代中期以后，随着活跃会员的离世及离港，考古学会渐趋本地化、平民化。1987年，前广东文物工作队队长区家发在大屿山石壁东湾进行考古发掘。东湾简报显示了多个按层序发掘的文化层和遗迹，进而讨论间歇层与

马湾东湾仔北遗址

西贡蚝涌遗址

西贡沙下遗址

夔纹陶下限等问题。

20世纪70年代末，香港中文大学设立中国考古艺术研究中心。80年代中期，它先后联系深圳、广东、陕西等考古研究机构和中山大学人类学系参与香港的田野发掘工作，如大屿山石壁东湾、南丫岛大湾、北大屿山、扒头鼓等，其中在扒头鼓遗址发现20多座房屋遗迹。中国考古艺术研究中心提出了香港考古编年的不同方案，并且在石器的制作工艺、玉石环玦的制作和树皮石拍等方面作了研究，提出东湾I期及II期文化、大湾文化、钵形釜陶器群等。

20世纪80年代后期，随着多项大型基建工程的开展，古迹办安排大量调查与发掘。值得一提的是1997年开展的第二次全港考古普查，重新评估已知的遗址或遗物发现地点，并发现一批新遗址，为开展香港文物保护工作提供了基础。

香港回归后最重要的考古发现，当是古迹办与中国社会科学院考古研究所在马湾东湾仔北遗址进行的考古发掘，在沙丘遗址发现20多座史前墓葬，被评为1997年全国十大考古新发现。1999年，古迹办与湖南省文物考古研究所、广西壮族自治区博物馆和中山大学人类学系合作，在西贡蚝涌遗址进行抢救发掘。主要发现新石器时代晚期、青铜时代和宋代三个时期的文化遗存。

2000年，古迹办与北京大学考古文博学院合作，在屯门扫管笏发现相当于珠海东澳湾或棠下环的史前遗存、东汉时期灰坑2个，以及明清时期墓葬34座。2001～2002年，古迹办与河南、广州、陕西、河北四省市的考古所合作，在西贡沙下遗址进行大规模的抢救发掘，发掘面积达3000多平方米。主要发现史前文化遗存(新石器时代晚期和青铜时代)，以及少量东汉和宋时期的遗存。其中史前遗迹包括由多组柱洞构成的房屋、石器制作场所和多组墓葬，为探索整个沙丘遗址的聚落形态和社会组织提供了重要线索。2008～2009年，古迹办与社科院考古所联合，在屯门扫管笏进行大规模的抢救发掘，发掘面积达3000多平方米，发现大量夔纹陶时期的遗存、东汉墓一座和一批明清时期墓葬。

二　香港考古的主要发现

许多研究者将香港的史前时期遗存划分为新石器时代和青铜时代两个阶段。距今约6000多年彩陶和细绳纹陶遗存为新石器时代中期，接着是时间延续较长的新石器时代晚期，青铜时代出现

春坎湾出土新石器时代中期镂孔彩陶圈足盘

赤鱲角过路湾出土新石器时代中期刻划纹泥质陶簋

赤鱲角虎地湾出土新石器时代中期石拍

屯门涌浪新石器时代晚期墓葬

马湾东湾仔北浮滨文化墓葬

青铜器或共存典型的几何印纹硬陶(即夔纹陶等)。而历史时期考古始于汉代到清代，近代还有关于殖民地时期的考古调查。香港的历史背景和相关的考古发现曾在《香港澳门五十年来的考古收获》中叙述，本文不再赘述。

（一） 史前时期的考古发现

新石器中期前段的遗存有香港岛春坎湾、长洲东湾、南丫岛大湾、深湾和芦须城、大屿山大浪湾和蟹地湾、龙鼓洲、龙鼓滩早期遗存、涌浪第一期遗存、赤鱲角深湾村等11处，主要出土彩陶圈足盘、彩陶圈足碗、彩陶罐，白陶圈足盘，细绳纹夹砂陶罐、釜、钵，支脚和器座等。新石器中期后段遗存主要有马湾东湾仔北一期、大屿山长沙栏、赤鱲角虎地和过路湾(上)、南丫岛深湾、长洲东湾和西湾、新界沙头角、西贡沙下等遗址，发现白陶和细绳纹陶，而不共存彩陶。此期石器有石锛、石饼、石拍、砺石、砾石工具及打制石器等。

新石器晚期前段遗存主要有涌浪第二期遗存、春坎湾、长洲南湾、沙螺湾岬角、扒头鼓、滘西洲、沙下、元朗虎地凹等。陶器出现拍印几何印纹泥质陶和大型夹砂陶釜，不见中期的彩陶、白陶、石饼和石拍，却共存陶纺轮、石锛、箭镞、石钺、网坠、石锚、环玦和垂饰。1992～1993年，在屯门涌浪遗址发现20多座墓葬，多是随葬陶器和石块各1～2件，约呈8～10排，与海湾平行分布。涌浪墓葬新文化因素的涌现，应是受珠江三角洲腹地文化发展的影响。

屯门涌浪出土新石器时代晚期
叶脉纹泥质陶罐

新石器晚期后段遗存包括南丫岛大湾、深湾、芦须城、沙埔村，马湾沙柳塘、东湾仔，长洲鯆鱼湾、大鬼湾，大屿山石壁东湾、白芒、沙螺湾岬角、扒头鼓、万角咀、狗虱湾、鹿颈，屯门扫管笏、石角咀、龙鼓洲、龙鼓滩、龙鼓上滩、沙洲、曾咀，元朗吴家园、陈家园，赤鱲角

屯门涌浪出土新石器时代晚期石镞

马湾东湾仔出土新石器时代晚期石戈

马湾东湾仔出土新石器时代晚期带流夹砂陶罐

西贡沙下出土新石器时代晚期方口绳纹夹砂陶罐

虎地湾、深湾村，西贡沙下等遗址。其中最重要发现是东湾仔北遗址的墓葬。夹砂陶器占绝大多数，共存少量拍印云雷纹、曲折纹、方格纹、菱格凸点纹、复线菱格的泥质软陶，其时代相当于珠海东澳湾或棠下环、深圳向南村等遗存。石器种类与前阶段相似，不见石钺而出现牙璋、石戈、石矛头、有肩(T字形)石环等。这一时段常被邻近地区研究者推定为夏商时期，而夔纹陶遗存则被推定为春秋时期，二者之间存在着年代上的缺环。

2001～2002年在西贡沙下和2008～2009年在屯门扫管笏，出土多组夔纹陶时期文化层和器物群。参照广东博罗横岭山同期遗存的分期标尺，可以梳理香港过往发现的同类遗存。如石壁东湾、沙螺湾、东湾仔、过路湾、沙埔村、大湾、大浪湾、蟹地湾和万角咀等地点，均出土夔纹陶或几何印纹硬陶、小型青铜器(如斧、凿、篾刀、箭镞等）、石铸范等遗物。福建虎林山及博罗横罗山的报告表明，浮滨文化时期，墓葬已出现青铜器。而铸造青铜器的技术何时以及如何进入珠江口，对珠江口地区的文化或社会组织有何影响，珠江口史前文化的去向和消失过程，这些问题仍有待进一步探讨。

（二） 历史时期的考古发现

1955年发现的东汉砖室墓是香港最重要的汉代遗迹，建有李郑屋汉墓博物馆。该墓是穹隆顶和券顶砖室墓，平面呈“十”字形布局，由甬道、前室、东西侧室和后室组成，后室设有小龛。墓砖中见有模印文字、花纹或刻划文字。模印文字有“大吉番禺”、

西贡沙下出土青铜时代水晶玦

大屿山蟹地湾出土青铜时代夔纹硬陶瓮

"番禺大治历"、"薛师"三种，刻划文字有"六十四"，模印花纹有菱形及轮形构成的多种几何图案等。出土遗物共58件，包括陶器50件、青铜器8件。该墓应属于东汉晚期早段。

李郑屋东汉砖室墓

李郑屋东汉墓内"大吉番禺"墓砖

香港发现汉代遗物的地点还有15处。例如1991年大屿山白芒发现的汉代遗物，有陶瓮、三足罐、小盒、铁锸等。1992年，在大屿山竹篙湾发现汉代的遗物，可复原陶罐或瓮12个，主要拍印方格纹（网纹）加方形戳印或三角形戳印纹，有少量"米"字纹陶罐碎片和铁斧等。1993～1994年，在滘西洲北部发现汉代文化遗物，出土遗物主要有陶罐、六耳罐、盆、盒、釜、碗、网坠和石印章1枚。在屯门扫管笏，2000年发现两个汉代灰坑，其中一个坑出土汉代铜钱近百枚，包括半两钱1枚、货泉1枚、五铢和剪轮五铢约百枚，并发现钱堆内附有竹席和麻布残片。另一个坑出土拍印方格纹加方形戳印的汉代红陶罐碎片。

2002年，西贡沙下文化层出土有方格纹釉陶罐、方格纹红陶釜、灰陶小盒、盒盖、鼎足等汉代遗物。2004年，在旺角豉油街路面下发现4个东汉陶罐及陶釜残片。2009年初，在屯门扫管笏发现东汉土坑墓一座，随葬品有玉玦一对，铜耳杯、铜盘及铁斧各1件。这些遗存表明，香港与深圳、珠海等环珠江口地区有着一致的发展历程。

在香港境内的大量沿海遗址内，发现所谓的"唐代壳灰窑"。以往的考古报告基于窑炉内常发现珊瑚或贝蚌等残骸，多认为是生产石灰。近年来有学者认为，这些窑炉可能是煮盐或生产瓷器，此说仍待具体论证。

西贡滘西洲出土汉代戳印方格纹陶罐

在大屿山白芒、贝澳、沙咀头和南丫岛深湾等遗址，发现零星的晋至唐的土坑墓葬。只见少量随葬品，人骨架保存较差或无存，瓷器有罐、碗、钵和盏等，铜器有钗、带扣等。在屯门龙鼓上滩、石岗等地点，发现宋代堆塑陶坛，应与民间信奉佛教而采用"火葬"有关。

1980年，在元朗米埔发现铜钱近500枚，以宋钱为主，有少量五铢钱

元朗石岗出土宋代莲花陶器座　　元朗石岗出土宋代陶坛

屯门扫管笏明代墓葬

明清时期大埔碗窑龙窑

及唐钱，部分铜钱发现时尚有绳串连。亦有报告称指，在该地点旁的米埔陇村发现了唐、宋铜钱的窖藏。1991年，在铜锣湾奇力岛发现一个窖藏，釉陶罐内藏有2400多枚隋、唐及宋代的铜钱。赤鱲角虾螺湾发现13座窑炉遗迹，原发掘者估计，可能与金属熔炼有关。根据^{14}C年代测定的结果，此窑炉可能属于元代。

在大屿山石壁和屯门扫管笏等遗址，发现了明代土圹墓，其中以扫管笏发掘面积较大，两次发掘约90座。葬式多为单人仰身直肢葬，仅见一例是合葬墓，葬具多为木棺。人骨架普遍保存较差，头部常见枕于瓦片上。随葬铜钱常见是北宋铜钱，散落于棺内外不同位置。棺外随葬釉陶罐两个，罐口各覆盖一碗，其中一个罐内盛有稻米遗留。类似的明代墓葬亦见于珠海、深圳及中山等地。此外，在元朗厦村区东头村，发现明代“成化十一年立”（1475年）的石柱础。在流浮山辋井围，发现明代房屋遗迹，内有铺砖地面和水渠等。

大埔碗窑是香港唯一的青花瓷窑址，发现从采矿到入窑装烧各项工序的遗迹，包括矿坑、水碓作坊、石碾槽、淘洗池、龙窑等。按原发掘者的观点，碗窑生产青花瓷始自明代中期，一直到20世纪30年代。亦有研究者认为，其始烧年代应为明代晚期。

除了前述的碗窑之外，二战后曾在九龙圣山和龙鼓洲发现少量宋代瓷器，在大屿山稔树湾发现大量龙泉青瓷片，在深湾村出土少量的唐代长沙窑残片和宋代青瓷。20世纪70年代，在西贡沙咀发现一艘沉船，采集了东南亚陶瓷残片。90年代，在大屿山竹篙湾的明代灰坑内，填满了废弃的青花瓷器残片以及东南亚陶瓷残片。

近年来，在西贡蚝涌出土大量宋代青瓷、

赤鱲角深湾村出土宋代青瓷水注

西贡蚝涌出土宋代黑釉描金彩碗

西贡沙下出土宋代石湾奇石窑印花釉陶盆

大屿山竹篙湾出土明代八吉祥青花瓷碗

清代九龙寨城南门

釉陶、青白瓷、白瓷和黑釉瓷。其中黑釉茶盏内描金“寿山” 二字，与福建武夷山的遇林亭窑的发现相似。另外，在九龙大磡村，发现了唐代长沙铜官窑，宋代广东奇石窑、潮州窑、福建同安窑、德化窑，明代广东石湾窑、惠阳窑、江西景德镇民窑青花瓷的残片。其中广东奇石窑出土了印有南宋“绍兴九年”（1139年）、“春光”及“王”字和印花的釉陶片。这些陶瓷器均来自华南的不同窑系，东南亚一带亦不少同类或相似的发现。香港的沿岸地区可能是中国南方海上贸易的停泊处，曾为往来广州的船只提供补给。

关于清代的考古发掘，主要有东龙洲(佛堂门)炮台、九龙寨城、大夫第、佛头洲晚清税关遗存，以及始建于1873年的龙津石桥等。前二者的考古发现与清代香港海防的兴废，已在《香港澳门五十年来的考古收获》一文中详细阐述。大夫第是同治四年新田文氏所建，是新界最华丽的传统建筑之一，1987年被列为法定古迹。2001年，古迹办在大夫第正门前空地进行考古调查，发现一些房屋地基、通道，出土器物有青花瓷器、鸦片烟盅等。

20世纪60年代，曾有郊野人士依据新安县志，在佛头洲寻找古代税关基址，发现了宋代税关断碑。1979年，古迹办在此进行调查时，寻获该断碑的残缺部分。石碑拼合可见“德怀交趾国遥通贡赋”，下款刻有“税厂值理重修”。2004年4月及11月，古迹办再次展开佛头洲的田野调查，并进行试掘。发现多座房基、铺砖地面等遗迹，遗物则有篆刻“拜舞肃鸟趋舒将念切”的石柱、刻有“公义(仪?)祠尝业”的石碑、钱币、瓦当和滴水等建筑构件、日用陶瓷器等。这些遗迹应是晚清税关的遗留。

龙津石桥始建于1873～1875年，该桥原长60丈、阔6尺，实乃码头之用。1892年，在朝海的一端加建木桥。20世纪20年代实施填海工程时，龙津石桥的大部分被埋在地下。龙津石桥曾是连接九龙寨城的码头，1898年中英两国签订《展拓香港界址专条》，列明九龙城码头(即龙津石桥)供九龙寨城官民使用。1899年5月，英军无理驱赶清廷官员离开九龙寨城，尔后中英就九龙寨城的问题多次出现争议。鉴于龙津石桥的重要性，2008～2009年，在此进行了两次发掘，已发现1875年石桥建成时的分布范围、1892年加建木桥部分，以及接官亭的房基。

三　香港考古的展望

1976年，香港古物古迹法例生效，每一项考古发掘必须申领牌照，所有出土的古代遗物均属于政府，收藏于中央庋藏室以供研究、展览与教育用途。1997年中国政府恢复行使对香港的主权后，在“一国两制”的基本原则下，香港特别行政区沿用原有的文物保护法规与行政架构。1998年施行环境影响评估法例，指定的工程必须进行文化遗产影响研究，必须按法例公开资料，接受公众的监督。自此以后，工程部门或顾问公司纷纷委托考古学家，进行陆地或水下的考古调查，促使香港合约考古的出现。除了环境影响评估项目，近年来，私人发展商也聘请考古学家进行考古遗产的影响评估，政府机构不再是合约考古项目的唯一来源。

2004年，古迹办获得国家文物局的协助，邀请了内地8位著名学者担任名誉考古顾问。又在珠江三角洲文化合作框架下，邀请广东省及广州市文物考古研究所的学者，出任古迹办的客座研究员。2007年12月，国家文物局派员来港，主持“文物保护与南中国史前考古国际研讨会”的开幕，并在研讨会上介绍中国的考古管理制度和政策，以及全国第三次文物普查的成果。这些举措将不断推动香港与内地的交流、合作，进一步促进香港考古与文物保护事业的发展。

（执笔：孙德荣　曾志雄）

中国考古60年

澳门特别行政区

中国考古60年

澳门特别行政区

澳门地处中国东南珠江口，由澳门半岛、路环岛和凼仔岛三地组成，地理坐标位于北纬22°06′39″～22°13′06″，东经113°31′36″～113°35′43″之间。澳门古称“濠镜”，自16世纪葡人东来，将西方文化植入澳门，与本地一脉相承的中国传统文化共融交织，形成风格独特的城市。据近年来澳门考古发现的人类活动数据显示，澳门的历史可追溯到约7000多年前的新石器时代。对于澳门近代史的研究，考古工作也发挥了重要的积极作用。澳门地区的考古工作起步较晚，自1972年澳门路环发现的考古地点，迄今只有不到40年的历史。

1972年7月，香港考古学会一些业余爱好者在路环进行地表的调查工作。分别在竹湾、黑沙、路环村及九澳湾等5个地点发现了史前及唐宋历史时期的遗物。在竹湾西部岩阴及谷地，发现了一些夹砂几何印纹陶及残玦形饰。黑沙分南、北两个地点，黑沙的南部即现今黑沙公园的范围，在这里沙堤上暴露出较丰富的遗物，如夹砂绳纹或素面陶片、刻划纹残器座、石纺轮、砾石、砾石尖状器等。此外尚发现有一些带绿釉陶罐残片；黑沙的北部沙堤窄小，地表暴露有夹砂粗陶及网状纹泥质陶、辘轳承轴器、有肩石锛等。其附近因修路暴露出不少夹砂粗陶及几何印纹硬陶破片。此外，还发现1件残石英环及“玉髓刮削器”（长5、宽2厘米，有较细致的加工）。九澳湾并没有形成第二级沙堤，湾内捡拾到若干的遗物，如绳纹及几何印纹泥质陶片、石网坠及一些带青釉陶片。

黑沙遗址发掘情形

1973年5月，香港考古学会在黑沙遗址进行调查试掘，发现“五铢”钱、可能属于唐代的陶瓷和若干几何纹泥质陶片。

1977年10月，香港考古学会在黑沙组织调查和开探方发掘以及在遗址的沙堤上钻探调查。在表土以下0.2～0.3米处发现有许多清代陶瓷残片、钱币。这次调查发现了包括史前两个不同时期的文化堆积，在下层文化堆积中出土可复原的彩陶盘圈足一件。

1985年1月，香港考古学会于黑沙进行发掘，共开3个5×5米探方及1个三角形探方。

黑沙遗址出土陶片

黑沙遗址出土残石环及玉髓刮削器

此次发掘成果包括：第一文化层，包括石英石蕊、有沟砾石、打制砾石工具。此外，还有36片石英或火成岩石片以及5000件陶片，有划纹、席文、条纹、绳纹等多种，若干白陶表面有朱彩残迹；第二文化层，以泥质红陶为主，上有朱彩、刻划及镂孔。此外还有绳纹夹砂陶和白陶。

黑沙遗址出土石器

1988年葡国考古学者初步钻探圣保禄学院教堂（大三巴）遗址，采集瓷器并发现一些近代墓葬。

1990～1992年间，澳门政府聘请葡国考古队对圣保禄学院教堂（大三巴）遗址进行大规模的科学研究及考古工作，发掘深度达4米，并运用雷达探测，对教堂建筑遗迹进行详尽的记录和局部复原。此外还发现了大量陶瓷遗物。随后进行遗址博物馆的建设工程，于1997年以大三巴牌坊后的遗址建成“天主教艺术博物馆”。

黑沙遗址出土石辘轳承轴器

1995年1月，香港中文大学中国考古艺术研究中心与澳门大学中文系在澳门基金会的支持下，在澳门路环黑沙遗址再次进行发掘，发现新石器时代两个不同时期的文化层。在距今约4000年前的文化层中出现了一处红烧土与砾石建筑遗迹，同时出土一些水晶玉石饰物的半成品。

1995年，澳门政府决定在大炮台内新建澳门博物馆，工程包括对圣保禄学院和大炮台的考古发掘工作，此次发掘工作持续了两年。发掘范围主要包括1835年被大火焚毁的神学院建筑群、大炮台内部、碉堡、城墙、排水设施等遗迹。此次考古发掘并未全面揭露圣保禄神学院的原有空间，只发掘了神学院中央庭院与一号、二号走廊间的遗迹，显示了神学院是位于教堂与大炮台之间的一处过渡性地段。与此同时，大炮台中心位置的遗迹得到全面发掘，并发现储水池及复杂的排水石构件。

澳门回归后，2001年特区政府文化局委托广东省考古研究所对全澳进行考古普查工作，报告指出主要的潜在考古地点还是集中在路环岛的黑沙地区。

2006年11、12月，在澳门民政总署的支持下，由香港中文大学、香港大学及澳门艺术博物

圣保禄学院教堂遗址发掘情形

馆、澳门博物馆联合组成黑沙考古工作队，对黑沙遗址再次进行考古发掘工作，发掘面积124平方米，发现新石器时代晚期玉石作坊建筑遗迹和共存的丰富遗物。

澳门近40年的考古工作，在黑沙遗址7000年前文化遗存、4000年前水晶饰作坊遗址以及澳门近代大三巴遗迹的发现等卓有成效，为澳门的历史文化研究奠定了重要基础，推动了珠江口沿岸、港澳地区史前文化编年的研究，并对认识中国近代文化的交流具有重要意义。

（执笔：张鹊桥）

台湾省
中国考古60年

中国考古60年

台湾省

台湾省位于中国东南沿海的大陆架上，地处东经119°18′03″至124°34′30″，北纬21°45′25″至25°56′30″之间。包括台湾本岛及兰屿、绿岛、钓鱼岛等21个附属岛屿，澎湖列岛64个岛屿，总面积36000余平方公里。

台湾自然环境复杂多样。海拔100米以上的山地和丘陵约占全岛的三分之二。台湾山系东北—西南向竖卧于台湾岛中部偏东位置，形成本岛东部多山脉、中部多丘陵、西部多平原的地形特征。台湾属热带和亚热带季风气候，其四面环海，受海洋性季风调节，终年气候宜人。

台湾东临太平洋；东北邻琉球群岛，相距约600公里；南界巴士海峡，与菲律宾相隔约300公里；西隔台湾海峡与福建省相望，最窄处为130公里。远古时代，台湾与大陆连成一体，后来才由于地质、地理环境变化等自然原因与大陆分开。地质学研究的结果表明，台湾海峡的海底河谷存在着向南和向北两大河系，这种海底河谷地形是当台湾海峡还是陆地时由陆上河谷侵蚀而成的，一般深度在50～60米之间，说明台湾的地质构造与中国大陆属于一个整体。

自1896年日本学者发现台北芝山岩遗址，尤其是中国学者自1949年发掘南投大马麟遗址至今60年间，考古学家们做了大量的考古调查和发掘，发现遗址达一千余处，初步建立起台湾地区史前文化发展序列。尽管目前学术界尚未在文化命名、年代和发展序列等方面形成共识，但一般都把台湾的古代文化划分为旧石器时代、新石器时代、铁器时代及历史时期等四个阶段。

一　旧石器时代

20世纪60年代末70年代初，台湾地区陆续发现了古人类化石和旧石器时代遗址，证明在距今5～3万年前的旧石器时代晚期台湾就有人类居住。

这一时期的代表性文化有东部及恒春半岛沿岸的长滨文化和西海岸中北部丘陵台地地区的网形文化。这两个文化的年代和华南地区的旧石器时代晚期相同，但延续的时代较晚。

长滨文化因最早发现于台东县长滨乡八仙洞而得名。1968年3月发现，同年12月台湾大学考古发掘队对其进行了初步发掘，此后又进行了四次较大规模的发掘。先后发掘了乾元洞、海雷洞、潮音洞和永安洞等四个海蚀洞穴，共发现打制石器6000多件，骨角器100多件。石器以石片石器为主，石核石器数量较少。石器打片方法多采用锐棱砸击法。主要器类有刮削器、砍砸器和尖状器。砍砸

器多经一面或两面打制，留有修整或使用痕迹。刮削器和尖状器多用石英石片打制。骨角器有长条尖状器、穿眼骨针、两头尖骨器、骨凿等。石器可分两大类，第一类是大型石器，以矽质砂岩、橄榄岩、安山岩、辉长岩等粗质砾石打制而成，多出自乾元洞遗址。第二类是小石器，数量最多，器形一般很小，最大的长度不超过8厘米，材料均选自质地细密的燧石和石英，多出自潮音洞。两类石器或许代表了时代上的差异。

长滨文化石器

根据对地层中所含碳样测定，最早的数据为距今1.5万年，另外四个数据处于距今6000～5000年间。其年代跨度较大。可能长滨文化有一个发生、发展和消亡的过程。也有学者认为长滨文化的年代可早到距今3万或5万年。

1979年底，在台北市士林区芝山岩背后的水田中发现了一件典型的砾石砍砸器，与长滨文化同属于旧石器时代。说明台湾北部亦存在着这种旧石器时代文化。

网形文化主要分布在台湾北、中部地区，以苗栗网形地区的伯公垅遗址为代表，其典型石器为单面石核砍砸器和刮削器，与长滨文化的石片石器有异。

台南县左镇乡菜寮溪是台湾地区唯一发现人类化石的地点。1970年在菜寮溪发现了晚期智人的右顶骨化石残片。据右顶骨氟及锰含量分析，其年代距今3～2万年，属于旧石器时代后期，被命名为“左镇人”。这是目前台湾发现最早的住民。属于左镇人的材料至今已有9件，其中头骨碎片7件、牙齿化石2件。据鉴定，其中一个个体为年轻女性，两个个体可能属成年人，性别不明。左镇人被推测为长滨文化的主人。当时人们以狩猎和采集为生，还没有出现农业。

学术界一般认为台湾古人类及其文化是从大陆迁徙而来的。福建省漳州境内“东山人”、“清流人”等人类化石和一批旧石器地点的发现，为研究台湾地区旧石器时代文化的来源提供了直接线索。长滨文化发现的动物化石种属与大陆所见基本相同，其石制品中锐棱砸击的石片和石核为我国华南地区的典型器物。根据华南地区第四纪地质学资料，在晚更新世后期，气候变冷，海平面下降，台湾海峡的一部分成为陆桥，使大陆的人类和哺乳动物能够迁徙到台湾。以狩猎和采集为生的旧石器时代的人类，开始在台湾岛上生息、繁衍。自此，台湾与大陆的联系就没有中断过。生活在台湾的居民创造了丰富多彩的物质文化，成为中华文明一个重要的组成部分。

二　新石器时代

台湾地区的新石器时代遗址遍及全岛，在澎湖列岛等附属岛屿上也有发现。这个时期不但聚落的数量大大增加，分布范围扩大，而且在晚期出现了大型的中心聚落。

目前可将台湾的新石器时代分为早期和晚期两个阶段。早期阶段，大约距今6000～5000年，以大坌坑文化为代表。晚期阶段一般又分为早、晚两段：早段的年代在距今5000～3500年间，主要包括圆山文化、芝山岩文化、绳纹红陶文化等；晚段的年代在距今约3500～2000年间，主要有

大坌坑遗址的发掘

植物园文化、营埔文化、卑南文化、大湖文化和麒麟文化等。

大坌坑文化也被称为“绳纹陶文化”。因台北县大坌坑遗址而得名。主要分布在台湾西海岸，以西南海岸最为密集。另外，在东部海岸、澎湖列岛也有零星发现。主要遗址除大坌坑外，还有圆山下层、凤鼻头、台南八甲村等，大都属于贝丘遗址。

大坌坑文化的陶器比较原始，质地松软，胎壁较厚，火候不高。陶色红褐或灰褐色，器形简单，主要有罐、钵和碗，往往在口部外缘唇、颈之间有一圈圆脊。主要纹饰为拍印粗绳纹和划纹，也有彩绘和镂孔。虽然台湾学者大都认为大坌坑文化时期已经有了根栽或园艺式的农业，但迄今并没有发现与农业活动有关的直接证据。

大坌坑文化可能和长滨文化并存了一段时间，但从文化面貌上看，大坌坑文化并不是从长滨文化发展来的。其陶器的特征与大陆东南闽粤沿海的绳纹陶非常相似，很可能是距今7000年以来在大陆东南沿海形成的，以适应海岸和海洋环境为主要特征的文化之一。最新的考古成果显示，台湾新石器时代晚期的许多考古学文化都可能是从大坌坑文化发展而来的。

另一个重要的新石器时代早期遗址，是台南县南科园区的南关里遗址。其略晚于大坌坑文化，但文化面貌与大坌坑文化相当近似。当时居住在此的史前人类同样懂得渔、猎，也精通陶器制作。在南关里遗址，发现了距今约5000年的稻米遗存。这是目前台湾所知最早的、明确与人类产食活动有关的证据。在南关里遗址还发现了犬类遗骸。由于这只犬类遗骸全躯下葬、保存良好，因此有学者推测该犬曾经和南关里人一同生活，甚至可能是南关里人的宠物，而非食物。这是目前所知台湾史前人类驯养动物的最早证据。

圆山文化是继大坌坑文化之后的新石器时代文化之一。圆山文化主要分布在台湾东北部沿海和台北盆地，以台北圆山贝冢遗址上层为代表。年代距今约4000～3500年。1953～1954年，石璋如主持发掘时发现该遗址分为上、下两层。上层出土红褐色素面陶器，下层出土绳纹陶器，第一次为台湾史前文化建立了地层上的年代标尺。以圆山遗址上层为代表的圆山文化，夹砂陶器较多，火候较高，陶色以红褐色为主，器形以鼓腹圈足罐为主。多素面无纹，器表常施红彩，偶见网纹，器盖或把手上有捺点纹。石器包括有肩石斧、有段石锛、巴图形石斧、三角形带孔石镞和带槽网坠等。玉器使用较多，骨角器也常见。圆山文化中尚有少量的铜器，如在圆山遗址出土两翼形青铜镞和手镯一类的青铜片等，当是与大陆频繁交流的产物。葬式为仰身直肢葬，芝山岩遗址还发现了圆山文化的瓮棺葬。

圆山文化有肩石斧

圆山文化的许多文化因素表明，圆山文化与大陆古代文化之间存在着密切联系。圆山文化中发现的有段石锛、有肩石器、彩绘陶、印纹陶及双翼铜镞、石刀和玉玦等遗物，都明显地受到了大陆文化的影响。

芝山岩文化仅发现于台北芝山岩遗址。年代距今约3500年。台湾大学人类学系于1981年2月进行发掘，发现了两个文化层。上为圆山文化层，下为芝山岩文化层。芝山岩文化层出土了极为丰富的遗物，有陶器、石器、骨角器、木器、草编、藤编、种子、稻谷、人骨、兽骨、鱼骨、贝饰及贝类等。陶器以泥质陶为主，陶色有灰黑、红褐、黑皮陶、红衣陶等。器类以罐为主，还有钵和少量的豆、碗、盘、环、纺轮。彩陶为黑彩，大多施于泥质红陶罐上，少数施于钵上，以数条平行线组合为主，或数组平行线交叉形成方格或菱形网纹，还有圆点、叶状或植物状钩纹、三角纹等。黑皮陶胎为灰色，陶衣厚，黝黑而光亮，器壁较薄。石器较为发达，有斧、网坠、凹石、锤、杵、锛、凿、刀、镞、环及砍砸器等。骨、角、牙器很多。另外还发现了木器，类型包括尖状器、掘棒、陀螺形器和木桨形器。芝山岩遗址最重要的是发现了炭化稻谷的遗存，似为粳稻，为研究我国稻作农业的起源和传播具有重要意义。

绳纹红陶文化广泛分布于台湾西海岸中部、南部和澎湖列岛等地区，其文化面貌比较一致，是台湾文化的主要基干。目前，学术界对该类文化遗存的认识尚不统一，文化名称也有多种不同的称谓。有学者按不同地区的代表性遗址分别称为“凤鼻头文化”、“牛稠子文化”、 “牛骂头文化”(或称为“草鞋墩文化”)和“东部地区的绳纹红陶文化”等。也有将“牛稠子文化”分为牛稠子和垦丁两个类型的。今后，尚需要对台湾不同地区以绳纹红陶为特征的新石器时代文化遗存进行认真的分析对比与研究，以期客观、准确地认识该类文化遗存。凤鼻头遗址发掘后，张光直推测这个文化是从大陆渡海而来。原型应当是青莲岗或马家浜文化。20世纪70年代“浊大计划”发掘了中部地区的牛骂头遗址，发现细绳纹红陶中有不少大坌坑文化陶器的特征，为认识这个文化的来源提供了新材料。现在一般认为，绳纹红陶文化的年代约距今4700～3500年，除来源于大坌坑文化外，也吸收了大陆东南沿海地区的一些文化因素，如稻作农业、农具、陶器中的鼎和豆等，因此造成了文化的变迁。台湾西海岸南部的“牛稠子文化”材料比较丰富，并可以进行类型的划分，其中垦丁遗址的发掘最为重要，陶片上有豆类和稻壳印痕，稻壳经鉴定属于籼稻。当时人们存在着拔牙习俗。

植物园文化分布在台北盆地和淡水河中下游一带，以台北植物园遗址为代表，另有树林狗蹄山、潭底、关渡、慈法宫、桃园县大圆尖山等遗址。陶器主要为褐色或浅褐色带灰黄的方格印纹陶及素面陶，手制，夹砂，质地粗，火候低，易碎。器类主要有罐和钵，主要饰方格纹。石器与圆山文化相似，但不见有肩石器。至于其来源，有两种假设：一是由圆山文化发展而来；二是在台北盆地南部独立发展起来。

营埔文化主要分布在台湾中部大肚溪和浊水溪中下游一带，以1964年发掘的台中营埔遗址为代表，其他比较重要的还有台中县清水镇牛骂头、南投顶崁子、曲冰、南投军功寮和大马璘遗址等。营埔文化分布较广，各遗址文化面貌存在地域上的差异。陶器以灰黑色为主，次为红褐色，皆夹砂。此外，还有一些磨光黑陶。器形以罐、钵为主，营埔遗址还曾出土过鼎足。纹饰种类较多，主要有羽状纹、波浪纹、圆圈纹、贝纹、弦纹和彩绘纹等。石器种类繁多，有斧、锛、矛、镞、刀、锤、网坠等。装饰品有石环、陶环等。在营埔遗址的陶片上曾发现有稻壳的印痕，经鉴定属于印度亚种的栽培种。在曲冰遗址发现了大量与房屋建筑有关的由板岩组成的遗迹和42座石板棺。石

麒麟遗址的发掘

卑南遗址墓葬

板棺形制大多为长方形横式箱形。石板棺中无人骨遗留。绝大多数石棺内无随葬品，少数有石斧、石刀及少量陶片。营埔文化大体上始于公元前1500年左右，止于公元前后。

大湖文化主要见于台湾南部，以高雄大湖遗址为代表，遗址多为贝丘遗址。陶器以夹砂红陶和夹砂灰黑陶为主，此外有泥质红陶、泥质灰黑陶以及数量很多的磨光黑陶。器形有罐、桶状罐、钵、盆、杯等。陶器多为素面，纹饰有刻划纹、方格纹、绳纹、席纹、篮纹等，还有相当数量的彩陶和黑陶。石器和骨、角、贝器比较发达。根据凤鼻头遗址的层位关系，大湖文化晚于“牛稠子文化”，年代在距今2400～1300年间。

麒麟文化又称“巨石文化”，主要分布在台湾东部海岸山脉中段东面的山麓，与卑南文化并存。发现十多处遗址，仅在台东麒麟遗址进行过发掘。该文化最主要的特色是在遗址中发现成群的经人工雕琢的巨石，如岩棺、岩壁、石轮、带肩巨石、带槽巨石、中孔石盘、条状巨石和人像等。据推测这些巨石可能和祭祀等礼仪有关。与巨石伴出的有陶器、石器。陶器以夹砂红褐陶为主，器类以罐为主，另外还有钵、纺锤等，大都素面无纹。石器包括砾石打制石斧及磨制石斧、锛、刀、凿和网坠等。推测麒麟文化的年代在距今4000～3500年间。

卑南文化主要见于台湾东部的海岸地区和花东纵谷南段的河旁阶地、海边阶地或山区的缓坡地。重要遗址有卑南、平林、舞鹤、红叶、太麻里、鲤鱼山、东河、泰源等。以台东的卑南遗址为代表。卑南遗址面积超过30万平方米，是目前台湾地区所见面积最大的一个遗址。先后经十多次发掘，是80年代抢救发掘中最为重要的发现，出土的文物非常丰富。板岩石板棺、石槽、石柱、大型石制容器和石墙等遗存是其文化的基本特征。石棺内的人骨呈仰身直肢，头多向南。陶器有陶罐、壶、杯、纺轮等，纹饰有绳纹、划纹及少量彩绘。石器有打制的斧、锛、刀、镰、杵、镞和矛头等。装饰品有陶环、石玦、玉玦、玉坠、玉管与玉珠、玉佩和玉雕等，其中玉玦形状繁多。此外还有动物牙齿、肩胛骨、肋骨、肢骨、脊椎骨及鹿角、鱼椎骨等。成年男女有拔牙的习俗。卑南遗址及其他遗址出土的大量玉器，说明在新石器时代晚期出现了兴盛的玉器工业，构成了台湾史前文化的一个重要特点。台湾史前的玉器工业是以卑南文化为主导，且以卑南遗址为玉器工业之中心地区。卑南遗址出土的边缘带突起的玉玦，在广东石峡和广西地区皆可见到，表明它们可能存在一定的文化联系。有学者从卑南文化玉器制作技术的发展阶段和年代分析，认为其玉器很有可能来源于长江下游地区。年代大约距今3000～2000年。

另外还有发现在南部丘陵和山麓地带的“响林文化”，年代在距今3000年前后。

三　铁器时代

距今1800年前，台湾各地逐渐迈入了另一个重要的文化阶段。此时台湾西海岸的古代人类，开始掌握铁器与金器的制作技术，因此开始以金属器作为主要的生产工具和生活用具。但在东部和中央山区等地，由于金属器不易取得，仍然以石器作为主要的工具。因此也有人把这一阶段称为“金属器时代”、“金石并用时代”。

由于铁器的使用，农业有了普遍的发展，工具与武器持续进步，聚落与人口数量稳步增长，而各地之间在文化表现上的差异更大。除了逐渐复杂化的社会发展趋势之外，台湾与岛外的交流亦更趋热络。这一时期台湾地区的考古学文化主要包括北部的十三行文化、中部的番仔园文化，南部的茑松文化和东部地区的静埔文化等。

十三行文化是公元前后出现于西海岸北部地区的早期铁器时代文化。主要分布在台湾北部沿海和台北盆地，主要遗址有台北县八里乡十三行、基隆，台北市西新庄子、社子，宜兰县新店遗址等，而以十三行遗址为代表。

十三行文化的陶器以红褐色夹砂罐、瓶、钵、盆等为主，火候较高，质地坚硬，饰方格纹、斜方格纹、雷纹、圆圈、刺点和平行线等几何形花纹。遗址中出土的各式各样动物与人物造型的陶偶和人面陶罐更是台湾古代文化中的经典。石器不多，只发现少量凹石、石锤和磨制石器、石支脚、枕头形琢制石器。大多数生产工具和武器可能是铁制。此外，还出土大量的玛瑙、玻璃手镯、玻璃耳玦、玻璃珠及其他质料的珠子。墓葬流行侧身屈肢葬，头向西南。发现了炼铁作坊遗迹、炼炉和铁渣，证明当时已掌握了炼铁技术。居民以农业为主，种植水稻，同时也兼营渔猎。十三行文化中强烈的外来文化要素，除台湾东北海岸宜兰、花莲及中部沿海一带的陶器外，还有唐宋时期的铜碗、铜钱和瓷片，印度出产的玛瑙珠等遗物。另外，还有一些青铜器如刀柄、铃铛、箭头等。由于台湾当时并无制作铜器的技术，这些青铜器可能都是交易而来的物品。由此显示了十三行人在当时西太平洋与亚洲大陆之间的贸易网络中，曾经占有一席之地。

十三行遗址出土陶人面罐

十三行文化是否从植物园文化发展而来，现无确切证据。但从陶器纹饰及器形来看，两者似有一定的联系。其后续文化，由于宜兰县五法乡季新村新店遗址出土的陶器与当地平埔族、噶马兰族所使用的“木扣”（即土语“陶罐”）十分相似，推测十三行文化与北部平埔族之间可能存在某种联系。

十三行遗址出土金饰

番仔园文化主要分布在台湾中部沿海一带，主要遗址有台中县大甲镇番仔园、外埔乡麻头路、龙井乡龙泉村，彰化市八卦山及苗栗县后龙底苑里等。以番仔园遗址为代表，遗址多为贝丘遗址。陶器以黑灰陶为主，红橙色陶次之，偶见磨光黑陶。器类以罐、瓶、钵为主，饰方格纹、刺点纹、鱼骨纹、波浪状篦纹和曲折纹。石器以打制的石刀最多且富有特色。已经使用铁器。墓葬以俯身直肢为主，头向东偏南。有的还将陶罐覆盖在死者的头部。捕鱼、采贝和狩猎是当时生活的主要来源。

大邱园文化主要分布在南投县浊水溪中游河谷一带，以南投田寮园遗址为代表。陶器以红褐色夹粗砂素面软陶为主，多为敛口罐形器。石器种类丰富，没有发现铁器。大邱园文化的内涵尚待进一步探索。年代大体与番仔园文化略早或相当。

茑松文化主要分布在西南部，主要遗址有台南县永康乡茑松、官田乡乌山头，高雄县湖内、小岗山，高雄市覆鼎金等，以茑松遗址为代表。遗址面积一般较大。陶器以夹砂红褐色素面陶为主，主要器形为罐和钵，还有少量甑，器表多抹光或施红色陶衣。红褐色陶中有的施划纹及圈点纹。黑陶数量极少，多为小型陶罐，有的腹壁上也带有四纽。此外，还发现陶器盖、支脚、鸟头状器、珠、纺轮、网坠及环，陶环数量多且形状变化大。还发现有石珠、石环和骨器。出土大量鹿和野猪的骨骼。石器非常少见，晚期的遗址基本不见，而常发现铁器残片。由此推测茑松文化可能进入了铁器时代。茑松遗址出土带穿孔的人下颌骨，以及人的头盖骨、牙齿、肢骨等，分布零乱，可能与当时存在猎头习俗有关。

静埔文化，又称“阿美文化”，主要分布在东海岸一带，以花莲静埔遗址为代表，其他重要的遗址有白桑安、水琏、富南和小马洞穴上层等。陶器以红褐色夹砂陶为主，主要器形有敞口罐、釜、钵、瓮、瓶、杯和碟等。大都素面无纹。石器只有少数的石锄、锛、杵等，缺乏有刃石器，应是被铁器取代的表现。陶器的形制与阿美族祭祀用的器物有些相似，可能与阿美族的祖先有关。

四　历史时期

台湾本岛宋、元时期的遗址不多。而澎湖地区在宋代隶属泉州晋江县，元代曾于此设立澎湖巡检司。在澎湖地区发现的历史时期的遗址和文物比较丰富，表明与大陆的交往比较密切。目前在澎湖地区发现的历史时期遗址有30多处，主要有中屯、后寮、通梁、姑婆、安宅、布袋港等。考古资料显示至迟至唐代末期就有大陆居民在澎湖列岛开发的线索，发现了当时的临时性短期聚落。到南宋时期开始有了大的定居聚落。当时以捕鱼、采贝、耕种等为生，与大陆东南沿海及东南亚地区进行贸易。白沙岛发现的一处南宋时期的房基，以卵石和岩石铺造，长约15米，宽约5米，是目前在台湾地区发现的最早的汉人建筑遗迹。

20世纪50年代以来，尤其是1975年以后，台湾学者在澎湖列岛采集、发掘的宋元陶瓷标本多达万件以上，大致可分为青瓷、白瓷或青白瓷、黑釉瓷、陶质器皿和曾竹山陶瓶五大类。青瓷数量较多，主要为福建同安窑系产品，也有一部分出自浙江龙泉的窑口。白瓷、青白瓷主要出自福建的窑场，另有少量来自江西。黑釉陶器皆为建窑系列的产品。泉州晋江磁灶曾竹山陶瓶的数

量最多，残片达2000余件，分布于澎湖所有宋元遗址。这种陶瓶，细口、丰肩、修身、小足，从口唇到肩部施釉成一环，器表平坦，器内布满拉坯痕迹，可能是一种用以盛装水银的外销瓷。另外也曾发现明末清初之际景德镇民窑的产品。澎湖列岛出土的陶瓷一部分是住岛居民日常生活使用后的遗弃品，而相当多的则是经商贸易的物证。澎湖列岛介乎于大陆和台湾岛之间，是早期中国对外开放的中心点。除陶瓷外，在澎湖地区还出土有“开元通宝”、“政和通宝”、“熙宁通宝”等铜钱。

近年来台湾历史时期考古研究的重点又有新变化。由于台湾早期文献史料较少，使用考古学的方法、运用考古材料，对荷据时期（1624～1684年）和明郑时期（1661～1684年）的聚落及其内涵进行考察，并探索早期历史已成为新的研究领域。如史语所考古组在高雄的发掘，揭露出从明末到日据时期连续堆积的文化层和建筑遗址。台南的社内遗址，是17世纪后半期平埔族群原住民的生活遗址。社内遗址所处的时代，正是明郑与清朝政权逐步交替的时期。在社内遗址中，除了传统台湾考古学文化所习惯制作的陶器以外，更出土了大量由中国福建地区窑厂所制造的安平壶与瓷器。这些安平壶除了成为平埔族原住民日常生活的用品之外，更在平埔族群祀壶信仰体系中扮演了重要角色。

从明代晚期开始有三次大的移民浪潮，汉族与台湾的土著居民一起为共同开发台湾做出了重要贡献，为统一多民族国家的建立奠定了坚实基础。

本文主要参照臧振华：《台湾考古》；中山大学人类学系台湾省文物地图集专题组：《近十年台湾考古综述》（文物出版社编《文物考古工作十年(1979～1989)》）；厦门大学历史系考古教研室、厦门大学人类博物馆：《台湾省三十年来的考古发现》（文物出版社编《文物考古工作三十年(1949～1979)》）；文物出版社第一图书编辑部编：《台湾考古五十年》（文物出版社编《新中国考古五十年》)等文编写而成。照片均采自臧振华：《台湾考古》。谨致谢意。

（执笔：默闻）

协作单位

中国社会科学院考古研究所

北京市文物研究所

天津市文化遗产保护中心

河北省文物研究所

山西省考古研究所

内蒙古文物考古研究所

辽宁省文物考古研究所

吉林省文物考古研究所

黑龙江省文物考古研究所

上海博物馆

江苏省文物局

浙江省文物考古研究所

安徽省文物考古研究所

福建博物院

江西省文物考古研究所

山东省文物考古研究所

河南省文物考古研究所

湖北省文物考古研究所

湖南省文物考古研究所

广东省文物考古研究所

广西文物考古研究所

海南省文物考古研究所

重庆市文物考古所

四川省文物考古研究院

贵州省文物考古研究所

云南省文物考古研究所

西藏文物保护研究所

陕西省考古研究院

甘肃省文物考古研究所

青海省文物考古研究所

宁夏文物考古研究所

新疆文物考古研究所

澳门特别行政区政府文化局

装帧设计／刘　远　程星涛
责任印制／梁秋卉
责任编辑／张小舟　李缙云　王　霞
郑　彤　刘　婕

图书在版编目（CIP）数据
中国考古60年：1949～2009 ／ 国家文物局主编. — 北京：文物出版社，2009.9（2010.3重印）
ISBN 978-7-5010-2838-2

Ⅰ.中… Ⅱ.国… Ⅲ.考古工作—成就—中国 —1949～2009—图集 Ⅳ.K87-64

中国版本图书馆CIP数据核字（2009）第163573号

中国考古60年
1949～2009
国家文物局　主编

出版发行　文物出版社
地　　址　北京东直门内北小街2号楼
邮政编码　100007
http://www.wenwu.com
E-mail:web@wenwu.com

制版印刷　北京圣彩虹制版印刷技术有限公司
开　　本　889×1194毫米　1/16
印　　张　39.5
版　　次　2009年9月第1版　2010年3月第2次印刷
书　　号　ISBN 978-7-5010-2838-2
定　　价　600.00元